6007

BIBLIOGRAPHIE MONTOISE.

BIBLIOGRAPHIE MONTOISE.

ANNALES
DE
L'IMPRIMERIE A MONS,

DEPUIS 1580 JUSQU'A NOS JOURS,

PAR HIPPOLYTE ROUSSELLE,

PRÉSIDENT DE LA SOCIÉTÉ DES SCIENCES, DES ARTS ET DES LETTRES DU HAINAUT,
SECRÉTAIRE DE LA SOCIÉTÉ DES BIBLIOPHILES BELGES, SÉANT A MONS,
MEMBRE HONORAIRE DE LA SOCIÉTÉ ROYALE DES BEAUX-ARTS
ET DE LITTÉRATURE DE GAND, ETC.

MONS,
Typog. de Masquillier et Lamir,
Grand'Rue, 25.

BRUXELLES,
Librairie polytechnique d'A. Decq,
rue de la Madeleine, 9.

M. DCCC. LVIII.

Il y a bien des années déjà, lorsque nous commençâmes à rechercher les livres imprimés à Mons, nous étions loin de penser que nous publierions un jour les annales de la typographie montoise. Nous ne cédions alors qu'à notre amour pour tout ce qui intéresse notre ville natale, à ce goût ou, si l'on veut, à cette manie des collections qui fait le charme des bibliophiles.

Nous offrons aujourd'hui à nos concitoyens le fruit de nos longues et patientes recherches, sans autre prétention que celle de mériter quelque titre à leur bienveillance pour avoir mené à fin une entreprise ingrate mais qui peut être utile.

Si plus tard une main habile, écrivant l'histoire littéraire du pays, trouvait à s'aider des nombreux matériaux rassemblés dans notre Bibliographie, notre but serait atteint, la récompense de nos efforts serait acquise !

Pour réunir les éléments de cet ouvrage, que de bibliothèques de la Belgique et même de l'étranger n'avons-nous pas dû explorer; combien de catalogues de livres ne nous a-t-il pas fallu consulter ! Et pourtant, si persévérantes qu'aient été nos démarches, si consciencieuses qu'aient été nos investigations, notre œuvre, nous le savons, n'est pas exempte de lacunes. Le temps et l'obligeant concours des bibliophiles, que nous osons réclamer, nous permettront seuls de faire disparaître en partie ces imperfections, lorsque nous donnerons un appendice, complément nécessaire d'une publication de ce genre.

Deux mots maintenant sur le plan que nous avons suivi.

Nous avons fait précéder l'inventaire descriptif des produits des presses montoises d'une introduction, où nous avons essayé d'esquisser l'histoire littéraire de Mons et de passer en revue la législation sur la presse en Belgique jusqu'en 1852, époque de l'impression de cette introduction.

La partie de notre travail qui retrace les annales de l'imprimerie à Mons contient, suivant l'ordre chronologique des imprimeurs depuis 1580, le catalogue de toutes les productions de la typographie montoise parvenues à notre connaissance. Seulement, nous n'avons pas énuméré, et nous l'avons fait à dessein, les travaux des imprimeurs qui exercent encore leur profession ;

il nous a semblé que pour entreprendre de donner la nomenclature des labeurs d'un atelier typographique il valait mieux attendre qu'il eût tout-à-fait cessé de fonctionner.

Nous nous sommes imposé la loi de reproduire textuellement les titres des livres, avec leur orthographe, leur ponctuation et leur accentuation, bonnes ou mauvaises. La plupart de ces livres ont été feuilletés par nous. Ceux qui ont échappé à nos recherches, nous les avons cités sur la foi des auteurs ou des catalogues qui en font mention ; mais alors nous avons toujours eu soin de les distinguer par un astérisque. Les ouvrages qui ne portent pas de date d'impression et auxquels il nous a été impossible d'en assigner une, nous les avons placés à la suite des productions datées de chaque imprimeur.

Enfin nous nous sommes fait un devoir d'indiquer les sources où nous avons puisé nos renseignements, et les bibliothèques publiques ou particulières qui possèdent des exemplaires des livres que nous avons décrits.

Il existe un certain nombre d'ouvrages portant à leur frontispice la fausse indication d'une origine montoise ; nous avons eu soin de ne pas les comprendre dans notre Bibliographie. C'est ainsi qu'on y chercherait en vain la *Nouvelle bibliothèque des auteurs ecclésiastiques par* **L. Ellies Du Pin**, et d'autres livres encore, notamment la plupart de ceux qui ont été édités par l'importante maison de librairie Martin-Juste Leroux, établie à Mons au commencement de ce siècle.

On rencontrera cités dans notre travail un certain nombre d'ouvrages qu'aucun intérêt ne semble recommander à l'attention du lecteur. Si nous les avons mentionnés, c'est qu'ils avaient leur place marquée dans l'ordre chronologique des travaux de la typographie montoise, et que d'ailleurs, à défaut d'autre attrait, une monographie bibliographique doit être aussi complète que possible et offrir au moins le mérite de l'exactitude.

Avant de terminer qu'il nous soit permis d'exprimer notre gratitude à ceux qui, par d'obligeantes recherches, par de bienveillantes communications, ont allégé notre tâche et nous en ont fait oublier l'aridité par le charme des plus aimables relations.

Mons, le 31 décembre 1858.

INTRODUCTION.

§ I.er

Essai sur l'histoire littéraire de la ville de Mons.

Avant de faire connaître le résultat de nos recherches sur l'établissement et les progrès de l'imprimerie à Mons, nous croyons devoir jeter un coup d'œil rapide sur l'histoire littéraire de cette ville.

Nous n'imiterons pas ceux qui, par un sentiment de vanité nationale, s'efforcent de pénétrer l'obscurité des temps, pour assigner à l'histoire des lieux qui les ont vu naître une date glorieuse par son antiquité, mais presque toujours imaginaire; nous saurons résister à ce patriotique entraînement et imposer silence à notre amour-propre, préférant nous borner au narré des faits dans toute sa simplicité et son exactitude.

La ville de Mons, qui doit son origine, d'après l'opinion la plus probable et la plus accréditée, au pieux oratoire que sainte Waudru éleva, vers le milieu du septième siècle, sur l'emplacement d'un ancien camp romain, ne vit apparaître qu'au douzième, à son horizon scientifique et littéraire, ces premiers rayons de lumière qui dissipèrent peu à peu les ténèbres dont la plupart de nos contrées étaient alors enveloppées.

Ce n'est pas à dire cependant que, dans les établissements religieux fondés à Mons et ses environs, les hommes voués à la vie monastique ne se livrassent pas déjà, avant cette époque, aux travaux de l'esprit : les nombreux manuscrits qui se trouvaient dans les riches bibliothèques de nos monastères sont là pour attester que ces pieux cénobites, tout en défrichant le sol, ne négligeaient pas le domaine de l'intelligence. Qu'on leur reproche, si l'on veut, de s'être réservé trop long-temps le monopole des connaissances acquises, mais qu'on ne leur dispute pas l'honneur d'avoir, pendant le moyen-âge, conservé au monde civilisé ces chœfs-d'œuvre de l'esprit humain, ces précieux trésors de l'antiquité, échappés, comme par miracle, à la destruction des barbares, après la chute de l'empire romain.

Les premiers souvenirs littéraires que nous rencontrons dans l'histoire de Mons remontent à l'établissement des clercs, antérieurement à l'an 1200. Ces clercs, conseillers du prince pour l'administration de la justice, étaient les hommes lettrés de l'époque; la rue où ils se logèrent a retenu d'eux le nom de *Rue des Clercs*, qu'elle porte encore aujourd'hui.

Jacques De Guyse nous apprend que, « vers l'an 1200, Baudouin, comte de Hainaut et de Flandre, à la suggestion de certains grands clercs de ses états, fit réunir et composer par eux des histoires sous une forme abrégée, à partir de la création du monde jusqu'au temps où il vivait, particulièrement celles qui avaient rapport à ses pays, et les généalogies des princes du lignage desquels il paraissait venu. » Le vieux chroniqueur montois en a inséré plusieurs dans son ouvrage. Ces compilations, qui prirent le nom d'*Histoires de Baudouin*, furent rédigées en langue française. Les clercs furent aussi chargés par ce prince de rassembler en corps de loi et de rédiger les coutumes du Hainaut et de la Flandre.[1]

Baudouin vi, dit *Baudouin de Constantinople*, qui eut la noble ambition d'être l'historien et le législateur de son pays, aimait, comme son prédécesseur Baudouin v,[2] surnommé *le courageux*, à cultiver les lettres. C'est donc à tort que Philippe Mouskes lui adresse un reproche d'ignorance dans sa Chronique rimée.[3]

On cite de Baudouin vi des vers, en langue provençale, qu'il adressa, en 1202, au troubadour Folquet de Roman, alors qu'ils se trouvaient à la cour de Boniface ii, marquis de Montferrat, avec lequel le prince s'embarqua pour la Terre-Sainte. Voici à quelle occasion il composa ces vers : Le troubadour, jaloux de la dignité et des droits de l'intelligence, répugnait à se montrer le flatteur des grands. Le comte de Hainaut, qui aimait, paraît-il, la flatterie, voulant donner une leçon au poète peu courtisan, lui reprocha, dans les premières strophes d'une tenson, d'avoir déjà amassé quelque fortune et d'affecter des airs au-dessus de son rang.

---

[1] Jacques De Guyse, *Annales du Hainaut*, traduction de Fortia d'Urban, tome xiii, page 245.

[2] Baudouin v, qui fut appelé, en 1171, à succéder à son père Baudouin, dit *l'édificateur*, se distinguait par sa magnificence et par la splendeur de sa cour. Il était assez versé dans la grammaire, dans la rhétorique, et surtout dans la poésie, *maximè in poetriâ, imbutus fuit*. Il savait presque par cœur le Traité de la Consolation, de Boèce, ainsi que plusieurs autres ouvrages ; et sa mémoire était si bonne, que fort souvent elle lui tenait lieu de livres. Jacques De Guyse, *Annales du Hainaut*, traduction de Fortia d'Urban, tome xii, page 207.

[3] Philippe Mouskes, tome ii, page 461.

Voici une de ces strophes que nous transcrivons, comme un échantillon du talent poétique du comte de Hainaut :

> Pero conseill li darai gen
> Et er fols s'el no l'enten,
> C'ades tegna son viatge
> Dreit lai vas son estatge;
> Que sai vei la gent disen
> Que per cinq cent marcs d'argen
> No ill calria metre gatge.

La réponse du poète ne manqua, dit-on, ni de noblesse ni de causticité.[1]

Mons, comme toutes les villes capitales où le prince avait sa résidence et tenait sa cour, eut sans doute, avant comme depuis le douzième siècle, ses joyeux trouvères[2] et ses ménes=trels,[3] poètes romanciers, amants de la gaie science, qui célébraient dans leurs vers, tantôt les exploits du comte et de ses guerriers, tantôt les triomphes plus doux de la beauté des dames du Hainaut.

Les écrits de nos vieux poètes montois, leurs noms mêmes, sont restés pour ainsi dire ignorés jusqu'aujourd'hui ; mais la publication des *Trouvères du Hainaut*, promise par Mr Arthur Dinaux, et si impatiemment attendue, les arrachera sans doute à l'oubli. Citons, en attendant, Raoul de Bresy, de

---

[1] RAYNOUARD, Choix des poésies des troubadours, vers 152; — *Histoire littéraire de la France*, XVIII, 622; — DE REIFFENBERG, Introduction à la chronique rimée de Philippe Mouskes, I, page CXL.

[2] *Trouveur, trouvère, trouvadour, troubadour*, sont des mots qui correspondent à notre expression *poète*, formée du grec ποιεω (*poiéo*) qui signifie *inventer, trouver*.

[3] Mr Gibelin, procureur général à Pondichéry, dans ses études sur le droit civil des Hindoux, fait dériver le mot *ménestrel* du sanscrit *ma=nastarala*, qui signifie celui qui donne l'illustration aux mânes, le chantre des ancêtres.

Mons ; Regnier, de Quaregnon ; Gauthier, de Soignies, et Colins, erronément connu sous le nom de *Colmi*. Puisse un heureux hasard nous révéler un jour l'œuvre et le nom de ce poète qui chanta le courage des Ronds, dans un poème, en langue vulgaire ou romane, d'environ deux mille vers, que Jacques De Guyse eut sous les yeux et dont la perte est d'autant plus regrettable que ce serait un des plus anciens monuments du langage français, dont l'usage écrit ne s'est introduit dans nos contrées qu'au commencement du douzième siècle !

On sait que la ligue des Ronds fut formée par les six fils de Gérard-le-Rond, boucher à Chièvres, qui voulurent venger la mort de leur père tué par les vassaux flamands de Marguerite II, dite *de Constantinople*, devenue comtesse de Flandre et de Hainaut en 1244. Cette ligue eut aussi pour but d'affranchir cette province du joug des Flamands et de l'oppression du gouvernement d'une princesse que le peuple, dans son énergique langage, a surnommée *la noire dame*.[1]

Le Hainaut, où l'amour de la rime florissait dans ces anciens temps, peut être considéré comme le berceau de la poésie française.

« C'est un fait digne de remarque, dit M.r Auguis,[2] que le Hainaut, l'Artois, le Cambrésis et la Flandre soient, de toutes les provinces de France en deçà de la Loire, celles qui, au treizième siècle, aient compté le plus grand nombre d'écrivains en vers, et que tous ces écrivains aient été regardés comme les meilleurs de leur temps. Leurs ouvrages ont été

---

[1] Jacques DE GUYSE, *Annales du Hainaut*, traduction de Fortia d'Urban, XV, page 111 et suivantes ; — DE REIFFENBERG, Introduction à la Chronique rimée de Philippe Mouskes, I, page CL.

[2] *Les poètes français* depuis le douzième siècle jusqu'à Malherbe. Paris, 1824 ; 6 vol. in-8.º ; tome I, page 379.

des modèles pour les auteurs de la même époque, et même pour les siècles suivants. Marot lui-même avait appris, au quinzième siècle, d'un Belge, les règles de la bonne versification et les premiers principes de l'harmonie dans les vers ; car ce fut Jehan Lemaire (né à Bavay) qui enseigna à Marot l'art de faire des vers où la mesure fut marquée, l'élision faite à propos, l'hiatus évité, les rimes masculines et féminines alternées ; art que l'on reproche à Marot de n'avoir pas assez souvent observé. »

Marot, rendant hommage à la verve et à l'entrain des habitants du Hainaut, disait, dans son épigramme à Salel sur les poètes français: *Ceulx de Hainaut chantent à pleines gorges !* [1]

Les efforts individuels, les productions plus ou moins heureuses des amis de la chanson et de la rime dans ces temps reculés, ne sont encore, pour ainsi dire, que les premiers jalons de notre histoire littéraire.

Il est bien vrai que déjà au commencement du treizième siècle, Gilbert, prévôt de Mons, avait écrit sa chronique, ce précieux monument de l'histoire du Hainaut, depuis 1030 environ jusqu'à 1195 ; mais, quoiqu'il en coûte à notre amour-propre, il faut bien avouer que, jusqu'à la fin du quatorzième siècle, époque où Jacques De Guyse écrivait les annales de sa patrie, ses concitoyens attachaient peu d'importance encore aux travaux de l'intelligence, surtout à l'étude des sciences exactes ou spéculatives. Écoutons, avec quelle touchante simplicité, avec quelle modeste abnégation, l'historien du Hainaut expose les motifs qui l'ont engagé à entreprendre son œuvre : [2]

« Jacques, dit-il, serviteur, non seulement de Jésus-Christ,

---

[1] MAROT, épigramme 4, livre 5.

[2] Jacques DE GUYSE, *Annales du Hainaut*, traduction de Fortia d'Urban, I, page 64 et suivantes.

mais encore de ses concitoyens; Jacques, non seulement mineur, mais le moindre des mineurs, s'efforce de servir les princes et les tribus du Hainaut et ses concitoyens, en recherchant les vestiges de sa nation faible et peu connue. Ce même Jacques voyant que, depuis vingt-six ans, il avait consacré les jours que Dieu lui a donnés, à l'étude de la logique, de la philosophie naturelle et morale, des mathématiques et de la physique, et étant enfin parvenu au grade de docteur en théologie; après être revenu dans son pays natal, c'est-à-dire dans le Hainaut, et ayant reconnu l'esprit qui y règne, il s'est convaincu que la théologie et les autres sciences spéculatives y étaient méprisées, et même que ceux qui les possédaient étaient regardés comme des insensés et des gens en délire, *imò quod quasi delirantes et amentes harum possessores reputabantur.* Réfléchissant en lui-même et pensant comment il pourrait préserver le reste de ses jours de l'ennemie de l'âme, l'oisiveté, et comment il se consacrerait, de manière ou d'autre, aux sciences communes et matérielles, *ad scientias grossas atque palpabiles;* reportant ensuite son attention sur les premiers éléments, et voulant servir son prince et son pays, il a entrepris le présent ouvrage qui est hérissé de fatigues et de difficultés. »

Dans la première moitié du treizième siècle, les Frères Mineurs de l'ordre de Saint-François, attirés par la libéralité de la comtesse Jeanne, fille de Baudouin de Constantinople, établissent un couvent à Mons, et, bientôt après, des religieux de l'ordre de Saint-Augustin, de la congrégation du Val des Écoliers de Paris, appelés en cette ville par la munificence de la comtesse Marguerite, sœur de Jeanne, y fondent aussi un établissement.

La bibliothèque du couvent des Frères-Mineurs renfermait des richesses littéraires qui s'étaient surtout accrues par la donation de plusieurs ouvrages que lui firent, en 1397, Jacques De Guyse, l'historien, et Jean De Guyse, son frère, ouvrages parmi lesquels se trouvait, peut-être, le manuscrit autographe des annales du Hainaut.[1]

Après les *ménestrels*, qui tenaient encore leurs assemblées ou leurs écoles à Mons, en 1406, ainsi que le prouve un

---

[1] A. LACROIX, *Souvenirs sur Jacques de Guyse*, pages 2—6.

On est assez peu fixé sur le sort du manuscrit autographe des *Annales du Hainaut*. Il est incontestable toutefois que ce manuscrit, donné, vers 1490, d'après ce que dit Vinchant (édition des Bibliophiles, tome 2, page 552), au couvent des Frères-Mineurs de Mons par Antoine de Bourgogne, fils naturel de Philippe-le-bon, est resté dans ce couvent, au moins jusqu'en 1691. On cite une anecdote qui fait peu d'honneur aux connaissances de ces religieux : Le baron Leroy ayant écrit au père gardien pour avoir copie de quelques chapitres de cette chronique, il lui fut répondu qu'aucun des frères ne pouvait la déchiffrer.

Bayle, Foppens et Paquot pensent que ce manuscrit a été brûlé lors du siége de Mons en 1691. M.r Adolphe Mathieu, dans sa *Biographie montoise*, partage l'opinion de ceux qui soutiennent, avec le père Lelong, que, devenu, on ne sait comment, la propriété des frères Jacques et Pierre Dupuy, ce manuscrit fait aujourd'hui partie de la bibliothèque du roi à Paris. M.r le marquis de Fortia d'Urban croyait qu'il se trouvait à Valenciennes ; mais le bibliothécaire de cette ville, feu M.r Aimé Leroy, était d'une opinion contraire, et les raisons sur lesquelles il s'appuie sont victorieuses. Sans prétendre résoudre une question encore indécise, mais désireux de faire connaître les divers sentiments exprimés à cet égard, nous croyons qu'on nous saura gré de transcrire ici, sous toutes réserves contre la préférence accordée à Valenciennes, une note inédite d'un auteur montois qui s'est beaucoup occupé de notre histoire.

« Il n'est pas vrai, dit M.r le curé Amand, que le manuscrit de Jacques De Guyse périt pendant le siége de Mons en 1691. Voici ce que je sais : La ville ayant été prise par Louis XIV, il chassa du couvent de Mons les récollets de la province wallone, et y introduisit les récollets de la province française de Saint-André, si je ne me trompe. On croit que le sujet de la colère du roi contre les récollets vient de ce qu'il faillit être emporté dans son carosse d'un boulet de canon, qu'un récollet avait pointé sur lui depuis les remparts. Quoiqu'il en soit, quand les récollets français évacuèrent le couvent de Mons, en 1697, lorsque la ville fut rendue à l'Espagne par la paix de Riswick, ils emportèrent furtivement tout ce qu'il y avait de plus précieux dans le couvent, et entre autres effets, le manuscrit de document des archives communales,[1] on voit apparaître les *rhétoriciens*, dont l'existence en cette ville, comme association privée, semble pouvoir être fixée à une date même antérieure à 1431,[2] mais qui n'obtinrent cependant du conseil de ville, que le 13 mars 1553, l'autorisation d'y établir officiellement leur confrérie sous le titre de *Chambre de rhétorique*. C'est dans ces petites académies, érigées en l'honneur et sous l'invocation de la mère de Dieu, que nos ancêtres se livraient aux jeux et aux délassements de l'esprit.

Jacques De Guyse fut transporté à Valenciennes. Rien de plus simple que de dire qu'il avait été brûlé pendant le siége. Foppens l'a cru et l'a écrit dans ses notes sur Lemire et dans sa *Bibliothèque belgique*.

« En 1788, j'ai vu, dans la bibliothèque des Récollets, à Valenciennes, les trois volumes de De Guyse, sur vélin, avec le portrait de l'auteur en miniature à la tête du premier volume, et quelques lettres initiales dorées dans le goût antique. Le caractère est très-lisible et paraît être du siècle de l'auteur. On dit qu'il s'en trouve un exemplaire à Lille ; je ne l'ai pas vu, ainsi je ne saurais décider si celui de Valenciennes est autographe ou si c'est celui de Lille; au reste celui de Valenciennes le paraît ; il était enchaîné chez les récollets. Le troisième volume est rongé des rats. — Quand les monastères ont été détruits en France, tous les livres qu'on pût ramasser dans les maisons religieuses furent déposés au collége de Valenciennes ; j'y eus accès et j'y vis encore ledit manuscrit. Il y resta quelques années ; mais vers 1799, des commissaires de Paris devaient fourrager *(sic)* partout pour enlever les manuscrits précieux pour la bibliothèque nationale. La municipalité de Valenciennes, craignant pour le manuscrit de De Guyse, le fit transporter à l'hôtel-de-ville, où il est aujourd'hui (1802). Depuis il repose à la bibliothèque de cette ville. »

---

[1] A. LACROIX, *Episode du règne de Jean de Bavière*, page 43. Un compte de 1406 contient cette mention :

« Au roy des menestreurs de Haynaut et à plusieurs compaignóns menestrels qui, en sou quaresme, avoient tenut leur escolles en le ville de Mons fu donnet de courtoisie en ayde de fraix par yaulx fais, . . iiij liv. x s. »

[2] H. DELMOTTE, *Notice sur la chambre de rhétorique de Mons;* — *Bulletin de l'Académie de Bruxelles*, 1835, page 257 ; — VINCHANT, édition des Bibliophiles de Mons, tome 4, à la date de 1431.

Ces utiles institutions, si célèbres dans l'histoire littéraire de la Belgique, existaient dans presque toutes nos villes ; elles étaient connues sous les dénominations diverses de *Puys*[1] *d'amour*, de *Puys verd*, de *Confrérie des clercs*, de *Chambres* ou *Escoles de rhétorique*, etc., etc., et, c'est une justice à leur rendre, elles aidèrent puissamment à faire renaître et à développer le goût des lettres dans notre pays. L'instruction, qui, jusqu'à cette époque, était restée, en quelque sorte, concentrée dans les monastères, va se propager peu à peu, et déjà se lève l'aube de l'émancipation intellectuelle du peuple.

Ces chambres de rhétorique ouvraient des concours, proposaient des questions et décernaient des récompenses aux auteurs des meilleures réponses. Vinchant rapporte, sous la date de 1431, « que les bourgeois de Mons, qui se nommoient *rhétoriciens*, se trouvèrent en l'abbaye de Liessies, avec ceux de Valenciennes, Douay, Cambray, Hesdin et autres lieux pour assister à la dispute de rhétorique qui devoit y avoir lieu pour décider cette question mise au concours par l'abbé Gilles Duchesnes : *Pourquoi la paix ne cognoissoit le royaulme de France?* » Question toute de circonstance, à une époque où la France et l'Angleterre en armes luttaient avec le plus d'acharnement. Le premier prix, ajoute Vinchant, qui était *un paix*[2] d'argent, fut décerné à ceux de Hesdin, et le second, qui était un *agnus Dei*, à ceux de Valenciennes.[3]

---

[1] *Puy*, du latin *podium*. C'était un lieu élevé devant l'orchestre du théâtre où se plaçaient les consuls et les empereurs. Le nom de *Puy* donné à ces réunions littéraires où l'on jugeait les concours, est venu de ce qu'on élevait, dans ces occasions, un théâtre ou une estrade pour la distribution des prix.

[2] *Paix*, espèce de relique ou d'instrument sacerdotal, en métal ciselé, émaillé ou niellé, que le prêtre officiant donnait à baiser dans l'église les jours de grande fête. On ne baise plus aujourd'hui que la patène. Les paix niellées du quinzième siècle sont fort recherchées des curieux.

[3] VINCHANT, édition des Bibliophiles de Mons, tome 4, à la date de 1431.

Il est à remarquer que c'est aussi en 1431 qu'a lieu, sur la même question, le concours d'Arras, où figurent, dit M.ʳ Gérard dans sa notice sur les chambres de rhétorique, rapportée par M.ʳ De la Serna Santander, les sociétés de Valenciennes, Douay, Cambray et Hesdin.[1] L'auteur ne mentionne pas celle de Mons, mais il est à croire qu'ayant pris part au premier concours, elle a également assisté au second.

N'est-ce pas le cas de répéter avec le prophète : *Nihil sub sole novi?* Les choses qui paraissent nouvelles ne sont le plus souvent que des réminiscences, et, comme l'a dit un grand écrivain : *Inventer n'est que se ressouvenir.* Qui se serait douté que nos pères, devançant de plus de quatre siècles la manifestation de généreuses utopies, eussent aussi tenu leurs *congrès de la Paix?*

Au mois de juillet 1498, les arbalétriers de Mons, ayant remporté le premier prix au concours de Gand, auquel avaient pris part les sociétés de toutes les villes du pays, des rhétoriciens montois se distinguent particulièrement au banquet offert aux vainqueurs. Vinchant nous a conservé les noms de ces joyeux convives, amis de la chanson et de la rime ; voici ce qu'il en dit : « Aucuns rhétoriciens de Mons, en nombre de cinq, si comme Hierosme Fosset, Jamin Lescoignies, le petit Jacquet, Jacquemin Bosquet et Rogerie, donnèrent plusieurs récréations et contentements aux assistants. »[2]

Les rhétoriciens de Mons s'assemblaient à la maison de paix dans la chambre dite de *Notre-Dame* (aujourd'hui le grand salon de l'hôtel-de-ville), mise par le magistrat à la disposition de cette confrérie et appropriée à son usage aux frais du trésor communal. Souvenir honorable des encouragements que

---

[1] *Mémoire historique sur la bibliothèque de Bourgogne*, page 161.

[2] VINCHANT, édition des Bibliophiles de Mons, tome 4, à la date de 1498.

l'autorité municipale accordait aux utiles travaux et aux nobles plaisirs de l'intelligence.[1]

C'est vers le milieu du quinzième siècle qu'apparaît à Mons un genre de spectacle ou de représentations dramatiques populaires, en harmonie avec les mœurs simples et l'esprit religieux de l'époque. L'église condamnait les spectacles, comme elle avait auparavant défendu les tournois, les sotties ou les farces.

Pour amuser l'oisiveté des grands seigneurs et délasser le peuple de ses rudes travaux, tout en l'initiant à la connaissance de l'écriture sainte, on représenta des Mystères, drames, tirés de l'ancien testament ou de l'évangile, qui, servant de transition entre la tragédie antique et la tragédie moderne, doivent être considérés comme les premiers monuments de l'enfance du théâtre français. La scène où se représentaient ces mystères se formait de vastes échafauds dressés, le plus souvent, au coin des rues ou au milieu d'une place publique; les rôles étaient remplis par des membres de corporations ou confréries, auxquels s'adjoignaient presque toujours des personnages de distinction de l'ordre laïque et même de

---

[1] A. LACROIX, *Souvenirs sur Jacques De Guyse; la Chambre de rhétorique de Mons*, etc., page 7.

Lorsque nous écrivions ces lignes, nous éprouvions le regret de penser que la Société des sciences, des arts et des lettres du Hainaut, moins favorisée que les rhétoriciens du quinzième siècle, n'avait pu obtenir de l'autorité publique un asile convenable pour la tenue de ses séances. Constamment ballottée depuis son origine, en 1833, de local en local, passant successivement d'une salle de lecture de la bibliothèque publique à un salon de l'hôtel-de-ville, puis à une autre salle du gouvernement provincial, et enfin à une chambre incommode de l'école des mines (rue des Ursulines), cette Société voit arriver le terme de ses pérégrinations, car, nous le disons avec une vive satisfaction, le conseil communal a, par résolution du 27 juillet 1850, décidé qu'un local, dans l'hôtel-de-ville, attenant au salon ci-devant occupé par les rhétoriciens de Mons, serait mis à la disposition de cette société, qui pourra en prendre possession avant peu, les travaux d'appropriation étant sur le point d'être terminés.

l'ordre religieux. Les acteurs, qui prenaient, paraît-il, la chose fort au sérieux, couraient quelquefois certains dangers. Qu'on nous permette de citer ici, en forme de digression, une anecdote assez piquante que les frères Parfait rapportent dans leur histoire du théâtre français : [1] « L'an 1437, lorsque Conrad Bayer, évêque de Metz, fit exécuter le mystère de la Passion en la plaine de Veximiel, près cette ville, fut dieu un sire, appelé *seigneur Nicolle Dou Neufchatel en Tourraine*, lequel estoit curé de Saint-Victour de Metz, lequel fut presque mort en la croix, s'il n'avoit esté secouru; et convient qu'un autre prestre fut mis en la croix pour parfaire le personnage du crucifiement pour ce jour; et le lendemain ledit curé de Saint-Victour parfit la résurrection, et fit très-haultement son personnage, et dura ledit jeu. Et un autre prestre, qui s'appeloit messire Jean de Nicey, qui estoit chapelain de Métrange, fut Judas, lequel fut presque mort en pendant, car le cœur lui faillit, et fut bien hastivement despendu, et porté en voye. Et estoit la bouche d'enfer très-bien faite, car elle ouvroit et clooit quand les diables vouloient entrer et issir. »

C'est à l'occasion de la réception qui fut faite à Philippe-le-bon, lors de sa venue à Mons, au mois de juin 1455, qu'eut lieu l'une des plus remarquables représentations de drames populaires, ou mystères, dont les archives communales de cette ville nous ait conservé le souvenir.[2]

Hors de la porte d'Havré, par où le duc fit son entrée, on représenta la lutte de la religion contre l'hérésie. Un théâtre y avait été élevé, sur lequel se tenait debout une vierge, personnifiant la *Foi catholique*. Elle était tout échevelée et vêtue d'un manteau couvert d'inscriptions symboliques, telles

---

[1] *Histoire du Théâtre-Français*, tome II, pages 285 et 286.

[2] 2.me registre des résolutions du conseil de ville de Mons, entre les fol. 352 v.º et 353 r.º; — M.r GACHARD, notes sur l'*Histoire des ducs de Bourgogne*. Edition de Bruxelles, tome 2, page 132.

que : *la Foi Abel*, *la Foi Enoch*, *la Foi Noël*, *la Foi Abraham*, *la Foi Isaac*, *la Foi Jacob*, *la Foi Moïse*, *la Foi saint Pierre*, *la Foi saint Paul*; etc... — A sa gauche, était un grand prince appelé *Hérèse*, et ses complices, menaçant d'une hâche, qu'il tenait à la main, cette vierge que défendait un autre prince placé à sa droite, nommé *Ami* ou *Secours de Foi*, lequel avait des anges parmi ses compagnons. Vis-à-vis de l'entrée de la rue du Hautbois, se trouvait un autre théâtre où fut représentée la prise de Constantinople, par Baudouin, comte de Flandre et de Hainaut. Un troisième avait été dressé près de la fontaine sur le Marché.[1] On y exécuta le couronnement du comte Baudouin. Enfin, à l'entrée de la rue de Naast, on simula l'Assomption de Notre-Dame, ayant plusieurs vierges martyres à ses côtés; des anges chantaient des cantiques à sa louange, et, à coté de Dieu, parmi les apôtres et les chevaliers martyrs, on voyait saint George, saint Maurice, saint Victor, saint Eustache, saint Adrien. Un homme éloquent, c'est l'expression consignée dans le registre du conseil de ville (un rhétoricien sans doute), muni d'un livret, donnait au duc, à chaque théâtre, l'explication du spectacle.

La même année, le 26 juillet, commença la représentation, qui dura quatre jours, de la Vie, de la Passion, de la Mort, de la Résurrection et de l'Ascencion de Notre-Seigneur Jésus-Christ.[2]

Lors de la joyeuse entrée de Charles-le-téméraire à Mons, le 21 mars 1467 (1468 nouveau style),[3] le conseil de ville fit encore représenter des mystères.

[1] Aujourd'hui la Grand'Place.

[2] 2.me registre des résolutions du conseil de ville de Mons, fol. 333 v.o

[3] On sait que ce n'est qu'en 1575 que Philippe II, par un édit du 16 juin, ordonna que le commencement de l'année civile fût fixé au premier janvier. Antérieurement, l'année commençait à Pâques dans le diocèse de Cambrai. Par conséquent, le mois de mars inscrit 1467, était véritablement le mois de mars 1468, puisque l'on comprenait sous le millésime 1467 tous les mois qui s'écoulaient depuis Pâques 1467, venant le 29 mars, jusqu'à Pâques 1468, venant le 17 avril.

Il existe, aux archives communales, un compte détaillé des dépenses faites, à cette occasion, par le magistrat; ce document contenant quelques renseignements assez curieux, on ne nous saura peut-être pas mauvais gré d'en insérer ici, en note, un extrait succinct.[1]

Le mystère de la Passion, cette grande épopée religieuse, fut encore représenté à Mons, en 1501, avec une pompe extraordinaire.

Telle était l'importance attachée à ces sortes de solennités que Philippe-le-beau écrivit, le 2 juillet, au magistrat, pour

[1] A la vefve Hellin Lecarlier dite *le tourneur*, lequelle on fist faire ordonner et mettre soubz plusieurs hours (A) pour cause de ladite venue, si comme ung hourt sur le Marchiet sur lequel fut ordonné en estat qu'il appartenoit les xij pères, ossi les bannerez, les abbés et bonnes villes du pays de Hainaut. *Item* une porte à l'entrée de la rue de Nimy, entre la maison du *Miroir* (B) et la maison où demeuroit Mahieu Loste Clercq et allençon (c), d'icelle porte hours où furent ordonnez les personnages de saint Vinchien et sainte Waudru et au-dessus d'icelle porte ung lion, une pucelle jetant vin et yeau. *Item* ung hourt au-devant et emprès le capel de Medame (D) en ladite rue de Nimy où furent ordonnez les vij Vertus, ung autre hourt devant Saint-Jacques (E), où furent iiij Vertus; ung hourt au dehors de le porte de Nimy où fut ordonné Judicq; ung hourt en la ruë du Casteau où fut ordonné *Te Deum*, et le roelx de Fortune (F) et ung autre hourt assez près de l'église madame Sainte-Waudru, a esté paiet pour tous ces hours, fais et livrez, tant pour étoffes comme pour œuvre de le main, cariages et autrement, d'accord fait à elle,.. xlv liv.

(A) Exécuter plusieurs théâtres, échafaudages. — (B) La rue du Miroir ne fut ouverte, sur le terrain de deux maisons portant pour enseigne : *Au grand* et *Au petit Miroir*, d'où elle a pris son nom, qu'après l'acquisition de ces propriétés faite par la ville de Mons, le 14 avril 1516. — (C) Auprès, contre. — (D) Aujourd'hui l'église de Sainte-Elisabeth. Ce n'était en 1468, qu'une petite chapelle fondée en 1345 par Elisabeth d'Antoing, sur l'emplacement occupé par l'hôtel de son mari Gérard Deverchin, sénéchal du Hainaut. — (E) L'hôpital Saint-Jacques supprimé en 1705, par suite de sa réunion avec l'hôpital royal. Les confrères de la miséricorde y établirent leur confrérie en 1707, et sur l'emplacement a été bâtie, en 1818, par M.rs Honnorez frères, la maison portant aujourd'hui le numéro 108 de la rue de Nimy. — (F) La roue de fortune.

l'inviter à retarder de trois semaines ou d'un mois le jour fixé pour ce spectacle, afin qu'il pût y assister avec sa sœur la princesse de Castille, qui devait passer par cette ville. Le conseil envoya une députation au prince pour le prier de consentir à ce que la cérémonie eût lieu au jour primitivement fixé, donnant pour raison que les préparatifs faits, les dépenses qu'ils avaient entraînées et les avertissements répandus dans le pays pour attirer le peuple, ne permettaient pas d'ajourner la fête, sans un grand préjudice pour la ville de Mons.[1]

Ce n'est que longtemps après que la représentation de ce drame religieux est faite à Valenciennes. Il est assez curieux,

A Jacques Masselot pour avoir fait et teint xxiiij kevelures pour servir aux angeles ordonnez sur ledit hourt en ladite rue du Casteau, onze autres kevelures et ung pour saint Antoine, prix par accord fait portant. . lx sols.

Pour dépens fais par les *compagnons* du hourt en ledite rue du Casteau à plusieurs fois qu'ils se trouvèrent ensemble, tant pour adviser, ordonner matère de le mystère (G) qu'ils avoient intention de mettre soubz, comme en sollicier (H) ledit hour avec en pourvoir de ornements et tapisseries servant à le mystère dudit hourt, aussi le jour de ledite venue tant sur ledit hourt en attendant nostre très-redoubté seigneur, et après ce qu'ils furent dudit hourt descendus, pour être rendus à Baudouin Gossuin Clercq . . . . x livres xvij sols.

A plusieurs *compagnons* qui se mirent ensemble ès le maison de le Paix (J), pour keillier (K) advis et matères, le mannière de faire pour lesdits hours, tant du Marchiét, comme de celuy de Nimy, pour selon ce fournir et mettre soubz les *diclées* des mystères, fut donné pour faire ensemble bonne chière, ... xl sols.

Pour dépens fais par les devant dits commis, leur clercq et autres *compagnons* qui les assistèrent, que journellement il leur convenait tenir ensemble pour adviser à tout ce qu'il estoit de faire, et ossi pour compter et payer les parties devant dites et en autre manière besongnier, a esté pour la somme de . . . . xviij livres x sols v deniers.

[1] 4.me registre des résolutions du conseil de ville de Mons; assemblées du 12 et du 19 juin, du 5 et du 14 juillet 1501, fol.° 352 v.° à 354 r.°

(G) Préparer la matière du mystère. — (H) Établir. — (J) L'hôtel-de-ville. — (K) Recueillir.

pour se faire une idée exacte de ce genre de spectacle, de connaître les détails que Doutreman en donne dans son histoire, nous les transcrivons ici :[1]

« Aux festes de Pentecoste de l'an MDXLVII, les principaux bourgeois de la ville représentèrent sur le théâtre, la Vie, Mort et Passion de Nostre-Seigneur, en vingt-cinq journées : en chacune desquelles l'on fit paroistre des choses estranges, et pleines d'admiration. Les secrets du Paradis et de l'Enfer estoient tout à faict prodigieux, et capables d'estre pris par la populace pour enchantement. Car l'on voyoit la Vérité, les Anges et divers autres personnages descendre de bien haut, tantost visiblement, autrefois comme invisibles, puis paroistre tout à coup; de l'Enfer, Lucifer s'eslevoit, sans qu'on vist comment, porté sur un dragon. La verge de Moyse, de seche et sterile, jettoit à coup des fleurs et des fruits; les ames de Hérode et de Judas estoient emportées en l'air par les diables. Les diables chassés des corps, les hydropiques et autres malades guéris, le tout d'une façon admirable. Icy Jésus-Christ estoit eslevé du diable, qui rampoit le long d'une muraille plus de quarante pieds de haut : là il se rendoit invisible : ailleurs il se transfiguroit sur la montagne de Thabor. On y vit l'eau changée en vin, mais si mystérieusement, qu'on ne le pouvoit croire : et plus de cent personnes de l'auditoire voulurent gouster de ce vin; les cinq pains et les deux poissons y furent semblablement multipliés, et distribués à plus de mille personnes : nonobstant quoy il y en eut douze corbeilles de reste. Le figuier maudit par Nostre-Seigneur parut seché et les feuilles flestries en un instant. L'éclypse, le terre-tremble, le brisement des pierres, et les autres miracles advenus à la mort de Nostre-Seigneur furent représentés avec des nouveaux miracles. La foule y fut si grande, pour l'abord des estrangers, qui y vindrent de France, de Flandre et d'ailleurs, que la recepte

[1] DOUTREMAN, *Histoire de la ville et comté de Valenciennes*, page 596.

monta jusqu'à la somme de quatre mille six cens et quatre-vingts livres : combien que les spectateurs ne payassent qu'un liard, ou six deniers chacun. Les vers furent du depuis imprimés à Paris, sans le nom des aucteurs. »

Des mystères furent encore représentés à Mons à l'occasion d'autres réjouissances publiques ; nous citerons, comme les plus remarquables, ceux qui furent joués lors du passage en cette ville, au mois de novembre 1470, de Marguerite d'Yorck, accompagnée de Marie de Bourgogne, et plus tard, pour célébrer la joyeuse entrée des archiducs Albert et Isabelle, le 25 février 1600.

M.r Lacroix a consigné, dans une intéressante notice, la relation du premier, et madame Clément-Hémery le souvenir du second, en publiant le compte-rendu de Jean Bosquet, auteur montois, dont le manuscrit se trouve à la bibliothèque de Cambrai sous le numéro 693.[1]

Ces spectacles populaires qui marquent l'époque de l'enfance ou, si l'on aime mieux, de la renaissance de l'art théâtral, se rattachent trop intimement à notre sujet pour qu'on ne nous pardonne pas de nous être un peu trop complu, peut-être, à en parler.

Les établissements d'instruction publique, les musées, les bibliothèques, les sociétés scientifiques doivent aussi trouver leur place dans une notice sur l'histoire littéraire d'une ville. Jetons donc un coup d'œil rapide sur les institutions de cette espèce dont la ville de Mons fut successivement dotée.

Il nous est impossible de dire quels étaient les moyens d'instruction pour les habitants de nos contrées depuis le septième siècle jusqu'au onzième. On peut conjecturer toutefois, sans

---

[1] A. LACROIX, *Relation de la joyeuse entrée à Mons, en 1470, de Marguerite d'Yorck d'Angleterre et de Marie de Bourgogne*, page 14 et suivantes ; — CLÉMENT-HÉMERY, *Histoire des fêtes civiles et religieuses de la Belgique méridionale*, 2.e volume, page 300 et suivantes.

craindre de trop se tromper, que ces moyens étaient extrêmement restreints et presque exclusivement accessibles à ceux qui se destinaient à l'état ecclésiastique.

Le premier établissement d'instruction publique dont nos vieilles chroniques montoises nous aient conservé la mémoire, est la grande école dite *l'école au surplis*, fondée par les chanoines de Saint-Germain, à une date très-reculée, que nous ne pouvons préciser, mais qui est certainement antérieure au douzième siècle. Il est présumable d'ailleurs que la ville de Mons avait déjà, au commencement du neuvième siècle, une de ces écoles monastiques que Charlemagne, ce grand restaurateur de l'enseignement et des lumières, fit établir auprès de toutes les cathédrales et dans les principales villes de ses vastes états.

Un document authentique, reposant aux archives de l'administration des Hospices, le testament d'un curé de Saint-Nicolas, nommé Nicolas Leleux, daté du jour de Saint-Martin 1290, prouve qu'à cette époque déjà une école des pauvres existait à Mons. On y voit en effet que ce prêtre fait une donation en faveur de cet établissement.[1]

En 1545, le magistrat établit le collége de Houdain, après avoir fait, le 12 décembre 1544, un concordat avec les chanoines de Saint-Germain. C'est de ce collége, recommandable non moins par le mérite des professeurs, parmi lesquels figurent avec honneur Julien Waudré, Jean Desmaret et Pierre Procureur, que par les bonnes et fortes études qu'on y faisait, que sont sortis plusieurs de ces élèves distingués qui brillèrent au premier rang à l'Université de Louvain, et la plupart des hommes de lettres et des savants qui tiennent une place honorable dans la biographie des auteurs montois de la seconde moitié du seizième siècle jusqu'à la fin du dix-huitième.

[1] *Rapport sur l'origine et les revenus de la grande aumône et de la maison du Saint-Esprit, fait au conseil de régence de Mons, le 11 mai 1855, par Charles Rousselle.*

Bientôt après, en 1585, nous voyons apparaître à Mons, sous les auspices d'Alexandre Farnèse, cette corporation, célèbre à des titres si divers, constamment attaquée et toujours défendue avec une égale ardeur ; tantôt puissante, tantôt persécutée; sorte de phénix sans cesse renaissant ; espèce d'hydre dont les innombrables têtes se multiplient sous les coups qui les abattent; insaisissable Protée empruntant parfois l'éclat du flambeau de la raison et de la liberté, parfois se couvrant de l'ombre de l'ignorance et se chargeant des chaînes du despotisme ; véritable sphinx, en un mot, posant au monde une redoutable énigme qui n'est pas encore résolue.

Après quelques années de séjour à Mons, les jésuites y ouvrent, en 1598, leurs écoles d'humanités, et, en 1620, un séminaire, qu'ils y maintiennent jusqu'à la suppression de leur ordre en Belgique, en 1773.[1]

Les établissements d'enseignement primaire, exclusivement tenus et dirigés à cette époque par des instituteurs dépendants du clergé, jouissaient, ainsi que les deux colléges d'humanités qui existaient alors à Mons, d'une grande prospérité.

Nous trouvons les renseignements suivants, sur l'état de l'instruction publique en cette ville, dans un rapport fait par le magistrat à la fin du seizième siècle : « La josnesse y est tres-bien instruite, y ayant plusieurs gens d'eglise tenant escolles trivialles ;[2] sy y sont deux colleiges et maistres très-doctes ; les peres de la société de Jhesu y enseignent; et y sont pour le present environ IV^c escolliers, et n'en sont en moindre nombre au colleige de Houdaing, anchienne escolle soubz l'administration de la ville. »[3]

---

[1] Le décret de Marie-Thérèse abolissant l'ordre des Jésuites dans les Pays-Bas, en exécution de la bulle de Clément XIV, du 21 juillet 1773, porte la date du 13 septembre de la même année.

[2] Écoles élémentaires; écoles primaires.

[3] *Rapport sur les antiquités de Mons, fait par le magistrat.* Publication des Bibliophiles de Mons, n.° 2, page 9.

Les idées nouvelles, dont la révolution française voulut assurer le triomphe, amenèrent nécessairement des modifications profondes dans l'ancien système d'instruction publique. Une loi du 3 brumaire an IV posa les bases d'une nouvelle organisation de l'enseignement, et c'est en vertu de cette loi qu'une école centrale, pour le département de Jemmapes, fut créée à Mons, par un arrêté de l'administration départementale du 17 floréal an v (6 mai 1797). Elle cessa d'exister le 1.er nivôse an XI (22 décembre 1802),[1] par suite d'un arrêté du 26 vendémiaire précédent, instituant un lycée à Bruxelles, en exécution de la loi du 11 floréal an x (1.er mai 1802), loi qui, modifiant l'organisation précédente, divisait les institutions d'instruction publique en écoles primaires, en écoles secondaires, en lycées et en écoles spéciales.

De l'école centrale de Mons, établissement fondé sur des bases larges et solides, et dirigé par des professeurs habiles, sont sortis plusieurs des hommes distingués qui, depuis un demi-siècle, ont marqué dans l'histoire administrative, judiciaire, artistique, scientifique et littéraire de cette ville. Hallez (Germain) y enseigna le dessin; Malghem (Jean-Joseph), la grammaire générale; Robert et Masson-Regniez, les belles-lettres; Ricourt, la physique et la chimie expérimentales; Anthoine, les mathématiques; Boulenger (Charles), l'histoire et la géographie; Duvivier (Auguste), l'histoire naturelle; Thomeret (Athanase-Marie), la législation. La conservation et la direction de la bibliothèque étaient confiées à Philibert Delmotte.

A la fermeture de son école centrale, la ville de Mons eut deux écoles secondaires, ou d'enseignement moyen, instituées conformément à la loi du 11 floréal an x; l'une, qui siégeait au

---

[1] Les cours de l'école centrale étaient donnés dans les bâtiments du couvent des Ursulines, alors supprimé; le pensionnat était établi au local de l'ancien séminaire des Jésuites, aujourd'hui l'athénée.

refuge de Saint-Ghislain,[1] cessa d'exister en 1810; l'autre, qui occupait les bâtiments de l'ancien séminaire des Jésuites, fit place ou plutôt s'incorpora à cet important établissement d'instruction moyenne que l'autorité communale organisa en 1817, sous le titre de *collége de Mons*, et qui, depuis la loi du 1.ᵉʳ juin 1850, a pris celui d'*athénée*.

Ce nouvel état de choses appelle une réorganisation de l'enseignement; puissent ceux qui en seront chargés et qui arrêteront le programme des cours, ne pas céder à cet entrainement irréfléchi et trop commun de nos jours, de vouloir faire tout apprendre à la jeunesse! En étendant outre mesure le cadre des matières, on fait perdre en profondeur aux études ce qu'elles gagnent en superficie, et, dans les efforts d'une vaine tentative pour acquérir à la fois toutes les connaissances, l'intelligence des élèves s'étiole, leur jugement s'affaiblit, en même temps que le demi-savoir élève et grandit leurs prétentions.

La ville de Mons offre de nombreuses et précieuses sources d'instruction à la jeunesse; elle possède, indépendamment d'une école des mines fondée en 1837 et qui, lors de sa réorganisation en 1845, a pris le titre d'école spéciale de commerce, d'industrie et des mines, une académie des beaux-arts,[2] une école de musique[3] et un musée, dont la formation ne date que de 1839.

C'est un plaisir pour nous de pouvoir dire ici en l'honneur de la magistrature municipale de Mons qu'elle n'a failli, dans aucun temps, à ses devoirs envers l'instruction publique, ce

---

[1] Aujourd'hui le couvent des filles de la congrégation du Sacré-Cœur de Jésus, rue des Ursulines.

[2] Fondée en 1781.

[3] Fondée en 1820 et réorganisée d'abord en 1835 puis en 1844.

premier besoin des sociétés, et qu'elle n'a jamais reculé devant aucun sacrifice pour satisfaire aux exigences de l'enseignement.

Avant le dix-neuvième siècle aucun dépôt littéraire ouvert au public n'existait en cette ville ; toutes les richesses bibliographiques se trouvaient disséminées dans les bibliothèques des monastères. Les frères mineurs, les récollets de Mons, les abbayes d'Alne, de Saint-Ghislain, de Cambron, de Saint-Denys en Brocqueroy, de Bonne-Espérance, de Saint-Foillan au Rœulx, de Lobbes et d'Hasnon passent pour avoir possédé les collections les plus riches et les plus précieuses en livres imprimés et en manuscrits.

La bibliothèque publique de Mons doit son origine à la création d'une école centrale dans cette ville. La loi du 3 brumaire an IV, en instituant une école de cette espèce au chef-lieu de chaque département, avait ordonné qu'une bibliothèque y fût annexée. Celle de l'école centrale de Mons fut organisée, en l'an V de la République française, par les soins de Philibert Delmotte, et au moyen de la réunion des livres et des manuscrits provenant des collections littéraires des couvents supprimés. On y adjoignit 461 volumes fournis par la bibliothèque des États du Hainaut et 530 ouvrages provenant des couvents de Tournai.[1] Établie dans l'ancienne église de l'abbaye d'Épinlieu, elle fut ouverte pour la première fois au public le 15 floréal an X (5 mai 1802).

A l'époque de la suppression de l'école centrale du département de Jemmapes, en l'an XI, la ville de Mons fut au moment de perdre sa bibliothèque qui constituait une propriété de l'État ; mais, cédant à de justes représentations, le gouvernement lui en fit l'abandon. La vente par l'État du domaine d'Épinlieu rendit nécessaire le choix d'un nouveau local pour

---

[1] CH. DELCOURT, *Notice historique sur la bibliothèque de Mons*, page 65 *et passim*.

y transférer la bibliothèque de la ville. Une propriété communale, l'ancien collége des Jésuites, fut disposée pour la recevoir, et, le 6 août 1811, cette bibliothèque fut ouverte au public dans les bâtiments où elle se trouve aujourd'hui.

Formée, comme nous l'avons dit plus haut, de la réunion des livres et des manuscrits des couvents supprimés et de ceux de l'ancienne bibliothèque des États du Hainaut, elle s'est successivement enrichie depuis, notamment par les acquisitions faites à la vente de la belle bibliothèque de M.ʳ Leclercqz, qui commença le 3 août 1829, et, plus tard, de celles de M.ʳ le chanoine Wins et de M.ʳ le bibliothécaire Henri Delmotte, qui eurent lieu en 1835 et en 1838. Elle s'accroît encore chaque année par les acquisitions faites au moyen d'un subside communal, malheureusement insuffisant, et par les dons du gouvernement et de quelques particuliers.

Le catalogue de cette bibliothèque, que l'on imprime en ce moment, mettra enfin le public à même de connaître les richesses de ce dépôt littéraire.

La bibliothèque de Mons possède aujourd'hui 406 manuscrits et environ 16,000 volumes imprimés, dont 91 incunables.

Parmi les imprimés, nous citerons comme les plus importants : la polyglotte de Plantin et celle de Vitré; une collection assez précieuse des pères de l'église et de théologiens; les œuvres de Mabillon, de Du Cange, de Montfaucon, de Kircher, de Muratori, de Grœvius, le Journal des savants, l'Encyclopédie de Panckouke, le grand ouvrage sur l'Égypte, le Racine in-folio de Didot; enfin une riche collection de livres et de brochures sur l'histoire du pays et plus spécialement sur celle de la ville de Mons.

Les manuscrits les plus intéressants concernent l'histoire du Hainaut; on remarque toutefois, en dehors de cette catégorie, un Flavius Josèphe du douzième siècle *(De antiquitatibus judaicis)*; les Tournois de Chauvenci, par Jacques Brétex, annotés par Philibert Delmotte et publiés par son fils ; enfin le roman de Perceval le Gallois.[1]

Deux ouvrages xylographiques d'une grande rareté se trouvent dans cette bibliothèque : l'un est un exemplaire de la troisième édition dont parle La Serna[2] de la fameuse *Bible des pauvres*, exemplaire malheureusement incomplet, car il ne renferme que 21 planches du nouveau Testament ; l'autre est un exemplaire complet de l'*Exercicium super Pater noster*, ouvrage plus rare encore que la Bible des pauvres et qui a été cité pour la première fois dans le *Dictionnaire bibliographique du quinzième siècle*.[3]

Elle possède aussi un magnifique exemplaire de l'*An des sept dames*, incunable fort recherché, et un *Ptolemée*, imprimé sur vélin, à Venise, en 1511, avec les cartes enluminées.

N'oublions pas de mentionner le précieux dépôt, accessible au public, des archives des anciens États du Hainaut, de la trésorerie des chartes de cette province, de la cour féodale et des chapitres nobles de Sainte-Waudru et de Saint-Germain, auxquelles sont venus et viendront encore s'adjoindre des documents historiques extraits des archives judiciaires ; n'oublions pas non plus, l'importante collection des archives communales de Mons, toutes sources qui offrent, pour l'étude de l'histoire de la patrie, des matériaux non moins intéressants que nombreux, et qui n'attendent qu'une main habile et exercée pour en faire sortir une bonne histoire de Mons et du Hainaut.

---

[1] Mr Adolphe Mathieu a publié une liste des manuscrits de la bibliothèque de Mons sur l'histoire du pays ; elle a paru dans plusieurs recueils périodiques et notamment dans les *Archives du nord de la France et du midi de la Belgique*, nouvelle série, tome VI, pages 35—49. La Société des sciences, des arts et des lettres du Hainaut a maintenant sous presse un précis analytique, par Mr Alex. Pinchart, des manuscrits que renferme ce dépôt.

[2] *Dictionnaire bibliographique du quinzième siècle*, tome II, p. 209.

[3] *Ibidem*, p. 402—407 ; — *Bulletin du bibliophile*, Paris, 1840, p. 197.

Depuis les chambres de rhétorique, on ne trouve rien qui signale l'existence à Mons d'autres sociétés littéraires, si ce n'est l'essai tenté, en 1800, par les professeurs de l'école centrale, à qui est due la création de la *Société philomathique*, qui publia la *Feuille décadaire du département de Jemmapes*, depuis le 4 messidor an VIII jusqu'au 4 germinal an IX. En 1824, quelques hommes d'intelligence, amis de la gaieté et de la chanson, résolurent de s'assembler tous les mois et prirent l'engagement de lire, à chacune de leurs réunions, une pièce de vers composée par eux sur un sujet donné. Henri Delmotte, Auguste Defontaine, pour ne citer que ceux qui ne sont plus, faisaient partie de ce cercle littéraire, qui avait pris le nom de *Société lyrique* et dont les archives iné= dites, riches en spirituelles compositions et en joyeux refrains, sont restées en la possession de M.^{r} le docteur François, aujour= d'hui professeur à l'université de Louvain. Ce qui donne un relief tout particulier à cette société, c'est que Béranger, l'immortel chansonnier, avait bien voulu, par une faveur toute exceptionnelle à cette époque, en faire partie comme membre honoraire. Elle se recommande encore en ce qu'elle a donné naissance à l'idée et à la publication du premier journal d'un intérêt véritablement local, rédigé par des Mon= tois, qui parut à Mons du 9 juillet 1825 au 31 mars 1827, sous le titre: *Le Dragon*.

A partir de cette époque le goût des sciences et des lettres semble prendre un essor plus hardi, et nous touchons au moment où vont se poser deux actes qui auront l'influence la plus heureuse sur l'histoire littéraire de la ville de Mons ; nous voulons parler de la fondation *de la Société des sciences, des arts et des lettres du Hainaut*, qui eut lieu le 13 juin 1833, et de la création *de la Société des bibliophiles belges*, séant à Mons, instituée le 4 avril 1835, la première de ce genre qui ait été établie en Belgique.

En 1838 fut aussi fondée à Mons, sous le titre de *Société*

scientifique, une autre institution littéraire qui n'eut que quelques mois d'existence.

La Société des sciences, des arts et des lettres compte parmi ses membres plus d'une illustration dans les diverses branches des connaissances humaines, et, dans les colonnes du tableau de ceux que la mort lui a enlevés, on voit figurer, comme un souvenir d'honneur et d'éternels regrets pour elle, les noms de Fortia d'Urban, de Charles Nodier, de Germain Hallez, de Henri Delmotte, de Louis Delobel, et enfin de Fréderic de Reiffenberg, le dernier descendu dans la tombe, emportant avec lui tous les trésors d'un savoir encyclopédique, mais laissant à la ville de Mons la gloire d'avoir donné le jour à l'un des écrivains les plus érudits, les plus féconds et les plus infatigables de l'époque.

La Société des bibliophiles, créée dans le but de publier des documents historiques ou littéraires inédits, et de faire réimprimer des opuscules d'une grande rareté, concernant plus particulièrement le Hainaut et la ville de Mons, poursuit sa tâche avec un noble désintéressement et une intelligente activité. Elle a déjà mis au jour vingt volumes d'un haut intérêt, et, bien qu'elle ne reçoive aucun subside du trésor public, elle n'a pas hésité d'élever, avec ses propres ressources, un monument remarquable à l'histoire du pays, en entreprenant l'importante publication du manuscrit des *Annales du Hainaut*, par Vinchant, dont le père Ruteau n'avait donné qu'un abrégé défectueux et écourté.

Nul doute que ces deux utiles institutions n'aient été déjà fécondes en bons résultats, et ce sera un jour un beau titre pour ceux qui les ont fondées, d'avoir, en excitant leurs concitoyens à l'amour des travaux de l'intelligence, contribué à augmenter la richesse et l'importance de l'histoire littéraire du Hainaut et de la ville de Mons.

§ II.

De l'établissement de l'imprimerie à Mons.

La merveilleuse découverte du quinzième siècle, le grand art de la typographie, dont l'inventeur, selon la belle expression d'un poète, fut le mécanicien d'un monde nouveau, fit ses débuts à Mons à une époque assez tardive; c'est seulement en 1580 qu'un typographe flamand, du nom de *Roger Velpen*, mais plus connu sous celui de *Rutgher Velpius*, qu'il avait adopté, quitta la ville de Louvain où il exerçait son industrie, pour venir, le premier, établir une imprimerie dans la capitale du Hainaut.

Cette date n'a rien qui doive étonner : notre ville n'était pas un de ces grands centres d'instruction, un siège d'université, comme Louvain et Douai, qui attiraient le travail et la spéculation des imprimeurs. Elle manquait réellement des conditions nécessaires pour occuper l'activité d'une presse. Entourée, pour ainsi dire, d'un réseau de couvents et peuplée de religieux assez peu partisans de la publicité, elle ne possédait, à proprement parler, qu'une grande institution, la Cour souveraine du Hainaut, qui eût pu faire sentir la nécessité de l'établissement d'une imprimerie, si les avocats et les conseillers de cette cour n'avaient conservé l'ancienne habitude, qui s'est continuée même jusqu'à la fin du siècle dernier, de faire copier, pour leurs bibliothèques, tous les recueils manuscrits de la législation et de la jurisprudence du pays; mieux eût valu sans doute les livrer à l'impression, mais, soit crainte de la lettre moulée, soit désir de conserver le monopole de la science judiciaire, on ne le fit pas.

De pareilles mœurs, de pareils usages devaient nécessairement faire rechercher et rendre lucrative la profession de copiste et d'enlumineur de manuscrits ; aussi ces sortes d'écrivains, ou calligraphes, existaient-ils à Mons de temps immémorial, et même y formaient-ils une corporation importante en 1487, puisqu'ils obtinrent des lettres patentes le 17 juillet de cette année.[1]

Si notre ville ne jouit qu'assez tard de l'avantage de posséder une imprimerie, elle avait depuis longtemps des libraires, ou marchands de livres, qui faisaient déjà imprimer des ouvrages, pour leur compte, dans d'autres villes du pays.

Le premier qui tenta cette spéculation fut Jean Pissart, demeurant dans une maison située rue des Clercs et portant pour enseigne : *Saint Jean l'évangéliste*. En 1535, il fit imprimer, pour son compte, à Anvers, par les ordres du sénéchal de Hainaut, Pierre de Verchin, et par les presses de Michel de Hochstrat, la première édition des chartes du comté, de 1533, ainsi que des chartes et coutumes des chefs-lieux de la ville de Mons. Ce Jean Pissart était sans doute de la même famille que Jean et Antoine Pissart, libraires à Louvain, pour qui Guillaume Vissenaegen imprimait en 1544, à Anvers, une élégie sur la mort de Réné de Chalon, prince d'Orange.[2]

Les chartes du comté de Hainaut, celles des chefs-lieux de la ville de Mons et de Valenciennes furent encore réimprimées à Anvers par le même typographe et pour le compte du même libraire montois, en 1538 et 1540.

Deux autres libraires de Mons, nommés Jean Monsieur et Laurent Lenfant, firent imprimer, en 1553, par Jean Loy d'Anvers,

---

[1] DE BOUSSU, *Histoire de Mons*, page 426.
[2] Un exemplaire de cette brochure rarissime existe à la bibliothèque royale de Bruxelles, fonds Vanhultem, n.° 13,675. — Le *Bulletin du bibliophile belge*, tome 3, page 368, en a donné le titre.

les chartes du comté et celles du chef-lieu de Mons et de celui de Valenciennes.

Ces productions de la typographie anversoise se rattachant à l'histoire bibliographique de Mons, puisqu'elles ont été éditées par des libraires de cette ville, avant l'introduction de l'imprimerie dans ses murs, nous avons cru devoir donner ici les titres de ces volumes qui sont d'une extrême rareté.

a. Loix chartes: et coustumes du noble pays et comte de Haynnau qui se doibvent observer et garder en la souveraine et haulte court de Mons et jurisdiction dudict pays resortissans à la dicte court de Mons. — Imprime en Anvers par Michel de Hochstrat pour Jehan Pissart, libraire demourant à Mons en Haynnau en la rue des Clercs à lenseigne Sainct Jehan levageliste. M. CCCCC. XXXV. Cum gratia, et privilegio. In-folio, titre et feuillets liminaires 7 pages non chiffrées; texte LXXXIII pages. On remarque dans le titre une gravure sur bois, encadrée dans un cartouche contenant l'écusson des douze pairies du Hainaut, avec leurs noms sur une banderole, gravure qui représente Charles-Quint présidant l'assemblée des États du comté. (*Bibliothèque de M.^r l'avocat Le Tellier, à Mons.*) Mr Van Praet cite un exemplaire de ce livre imprimé sur vélin.

b. Loix chartes: et coustumes du chief lieu de la ville de Mons et des villes resortissans audict chief lieu de Mons. — Imprime en Anvers par Michel de Hochstrat pour Jehan Pissart, libraire demourant à Mons en Haynnau en la rue des Clercs à lenseigne Sainct Jehan levageliste. M. CCCCC. XXXV. Cum gratia, et privilegio. In-folio, titre et feuillets liminaires 4 pages non chiffrées; texte XXXVII. Dans le titre se trouve la même gravure qu'à l'ouvrage précédent. (*Bibliothèque de M.^r l'avocat Le Tellier.*)

c. Loix chartes et coustumes du noble pays et conte de Haynnau qui se doibvent observer et garder en la souveraine et haulte court de Mons et jurisdictions dudict pays ressortissans à la dicte court de Mons. Nouvellement reveues et corrigees. — Imprime pour Jehan Pissart libraire demourant à Mons en Hainaut en la rue des Clercs à lenseigne Saint

Jehan levangeliste. M. D. xxxiii. Cum gratia et privilegio. In-4.º, titre et feuillets liminaires 7 pages non chiffrées; texte CLII pages avec la même gravure au verso du titre. (*Bibliothèque publique de Mons: Fugitives, coutumes;* portefeuille n.º I.)

d. Loix chartes et coustumes du Chief lieu de la ville de Mons et des villes ressortissans audit chief lieu de Mons. Nouvellement reveues et corrigees. — Imprime pour Jehan Pissart libraire, demourant à Mons en Haynnau en la rue des Clercs à lenseigne Sainct Jehan levangeliste. Mil. D. xxxviii. In-4.º, titre et feuillets liminaires 5 pages non chiffrées; texte 69 pages. Au verso du titre se trouve aussi la gravure. (*Bibliothèque publique de Mons: Fugitives, coutumes;* portefeuille n.º VI.)

e. Coustumes et usaiges de la Ville Eschevinaige, Banlieue et Chief lieu de Vallenchiennes. — Imprime pour Jehan Pissart libraire demourant à Mons en Haynnau en la rue des Clercs à lenseigne Sainct Jehan levangeliste. Mil. D. xl. In-4.º, titre et feuillets liminaires 12 pages non chiffrées; texte 68 pages avec la gravure au verso du titre. (*Bibliothèque publique de Mons: Fugitives, coutumes;* portefeuille n.º V.)

f. Loix, chartres et coustumes du noble pays et conte de Haynnau qui se doibvent observer et garder en la souveraine et haulte court de Mons et jurisdictions dudit pays ressortissans à la dicte court de Mons, nouvellement reveues et corrigées. — Imprime pour Jehan Pissart libraire demourant à Mons en Haynnau en la rue des Clercs à lenseigne Sainct Jean levangeliste. Mil. D. xl. Cum gratia et privilegio. In-4.º, titre et table 8 feuillets non chiffrés, texte 152 pages avec la gravure au verso du titre. (*Bibliothèque royale de Bruxelles, fonds de la ville.*)

g. Lois, chartes et coustumes du chief lieu de la ville de Mons nouvellement reveues et corrigées. — Imprimé pour Jehan Pissart libraire demourant à Mons en Haynnau en la rue des Clercs à l'enseigne Sainct Jehan levangeliste. Mil. D. xl. In-4.º, titre et table 5 feuillets non chiffrés; texte 64 pages, avec la même gravure au verso du titre. (*Bibliothèque royale de Bruxelles, fonds de la ville.*)

h. Coustumes et usaiges de la ville eschevinaige banlieue et chef lieu de Valenchienes. — Imprimé pour Jehan Pissart, libraire demourant à Mons en Haynnau en la rue des Clercs à lenseigne Sainct Jehan levangeliste. Mil. D. xl. In-4.°, titre et feuillets liminaires 12 pages non chiffrées ; texte 68 pages avec la même gravure au verso du titre. (*Bibliothèque publique de Mons : Fugitives, coutumes ; portefeuille n.° v.*)

i. Loix, chartres et coustumes du noble pais et Coté de Haynault qui se doibvent observer et garder en la souveraine et haulte court de Mons et jurisdictions dudict pays resortissantes à la dicte court de Mons. — Imprimé en Anvers par Jehan Loy pour Jehan Monsieur et Laures Lenfant libraires de Mons en Haynault. Lan M. D. LJJJ. Avecq grace et priviliege. Petit in-8.°, titre et table 8 pages non chiffrées ; texte 205 pages. (*Ma bibliothèque.*)

k. Loix, chartres et coustumes du chieflieu de la ville de Mons et des villes ressortissantes audict chieflieu de Mons. — Imprimé en Anvers par Jehan Loy pour Jehan Monsieur et Laures Lenfant libraires de Mons en Haynault. Lan M. D. LJJJ. Avecq grace et priviliege. Petit in-8.°, titre, privilége et table 6 pages non chiffrées ; texte 94 pages, la dernière chiffrée abusivement cxiiii. (*Ma bibliothèque.*)

l. Chroniques abrégées des guerres faictes depuis l'an 1520 jusqu'à la prise du roi François, 1525. — Imprimé pour Jehan Pissart libraire à Mons. In-4.° (BRUNET, *Manuel du libraire et de l'amateur de livres*, tome 1.er, page 658.)

Cette obligation gênante de confier à l'étranger l'impression des ouvrages d'un intérêt local et d'un usage journalier, les nécessités de l'instruction publique à satisfaire et surtout les besoins de la civilisation, devaient mettre en évidence les inconvénients résultant de l'absence d'une presse. A la vérité, la ville de Mons, exposée à toutes les incertitudes des agitations politiques de la fin du seizième siècle et placée dans les conditions religieuses dont nous avons parlé plus haut, offrait peu de chances de succès à une spéculation industrielle basée sur l'exploitation d'une imprimerie.

Cependant, hâtons-nous de le dire, malgré ces circonstances défavorables, l'autorité municipale prit une noble initiative, et, dès l'année 1579, elle sollicita de Philippe II l'autorisation d'introduire l'art typographique à Mons. Transcrivons ici, comme un hommage à leur mémoire, les noms de ceux qui composaient à cette époque la magistrature communale : Louis Alauwe, Jean Amand, Jean Ansseau, Gilles Bocquet, Louis Bourguignon, Guillaume Caudrelier, Jean De Gevrey, David De Haulchin, Philippe Delabarre, Simon Delabarre, Gilles De Masnuy, Jean Dervillers, Toussaint Dervillers, Michel Dessus-le-Moustier, Jean Dufosset, Quintin Dupret, Jérôme Franeau, François Gaultier, François Godin, François Hallet, Jean Hallet, Martin Hallet, Jacques Hanot, Quintin Legrand, Jean Le Mesureur, Gabriel Le Roy, Antoine Longhehaye, Louis Mainsent, Laurent Monissart, Arnoul Moreau, François Pieron, Jacques Placquet, Gilles Pottier, Jean Resteau, Gilles Vinchant, Louis Vivien. L'autorisation fut accordée par des lettres patentes de Philippe II, datées de Maestricht le 14 janvier 1580, et ainsi conçues :

« Philippes, par la grâce de Dieu, roy de Castille, etc., etc., etc., à tous ceulx qui ces présentes verront, salut. Sçavoir faisons : Nous avons receu l'humble supplication et requeste de noz chiers et bien amez les mayeur, échevins et conseil de nostre ville de Mons, ensemble du maistre et recteur du collége d'icelle ville,[1] contenante que pour la multitude des escolliers y estans présentement, et qui pourront s'accroistre et augmenter à l'advenir, ilz ont bien souvent faulte de livres

---

[1] Le recteur ou régent du collége de Houdain à cette époque était Pierre Demaret, dit *Paludanus*.

propices et convenables pour l'instruction des enfants, à raison de quoy ilz nous ont très-humblement supplié leur vouloir *deslivrer la grâce et faculté d'imprimerie* en nostre dicte ville de Mons, et sur ce leur faire dépescher noz lettres patentes en tel cas pertinentes. Pour ce est-il que, nous, ce que dessus considéré ausdicts supplians, inclinans favorablement à leur dicte supplication et requeste, avons octroyé, consenty et accordé, octroyons, consentons et accordons, de grâce espéciale, par ces présentes qu'ilz puissent et pourront *faire dresser et ériger une imprimerie en nostre dicte ville de Mons*, et ce par provision et moïennant qu'en ce intervienne l'auctorité et ordre de nostre grand bailly de Haynnau, et en gardant noz ordonnances sur ce faictes. Si donnons en mandement à noz amez et feaulx les président et gens de noz privé et grand co(nseil et tous noz aultres)[1] justiciers et officiers qu'il appartiendra, que de nostre présente grâce, octroy et accord, selon et par la manière que dict est, ilz facent, seuffrent et la(issent plaine= ment faire et) paisiblement joyr et user, cessans tous contre= ditz et empeschemens au contraire; car ainsi nous plaist-il. En tesmoing de ce avons faict mett(re nostre séel à ces pré= sentes. Donné à) Maestricht le quatorziesme jour de janvier l'an de grâce mil cincq cens octante; de noz règnes, assavoir: des Espaignes, etc.

« Sur le pli :

« Par le roy en son conseil,

« Signé : D'Enghien. »

Ce document important, que nous avons eu sous les yeux, se trouve en expédition originale sur vélin aux archives générales du royaume, à Bruxelles, dans la collection des acquits des

---

[1] Les lettres entre parenthèses sont déchirées dans la charte originale.

comptes du sceau secret. Comment se fait-il qu'il n'en existe aucune trace dans les archives communales de Mons? Serait-ce que, dans la confusion administrative produite par les troubles du temps, il n'en eût pas été expédié copie au magistrat de cette localité? Ce qui nous porte à le penser, c'est que le conseil de ville, ignorant sans doute l'existence de ces lettres patentes du 14 janvier 1580 qui autorisent l'établissement d'une imprimerie à Mons, ne donna pas une exécution immédiate à son projet.

En effet, au mois de mai de la même année, alors qu'Alexandre Farnèse, gouverneur-général des Pays-Bas, vint résider à Mons avec sa cour, pendant que Bruxelles et la plupart des villes du pays étaient agitées par les troubles,[1] il n'existait pas encore d'imprimerie à Mons; mais la capitale du Hainaut, devenue le siége du gouvernement, ne pouvait plus se passer d'une presse; il en fallait une pour publier les actes du prince, et les archives communales nous apprennent qu'Alexandre Farnèse engagea le magistrat à en favoriser l'établissement.

Accédant à cette invitation qu'il n'avait pas attendue, disons-le en son honneur, pour penser à doter ses concitoyens du bienfait de l'art typographique, le conseil de ville résolut de faire approprier à ses frais un local pour établir l'atelier et l'habitation d'un imprimeur. Voici la mention que contiennent les procès-verbaux du conseil à la date du 3 juin 1580: *A esté conclud d'accomoder ung imprimeur,*

---

[1] Alexandre Farnèse tint sa cour à Mons, à l'hôtel de Naast, depuis le mois de mai 1580 jusqu'en 1581, époque où il alla s'établir à Tournai, après que cette ville se fut rendue aux Espagnols; il y séjourna jusqu'au mois de mars 1585, date de la reddition de Bruxelles. — COLINS, *Histoire des choses les plus mémorables advenues en ce temps*, pages 537 et 542; — VINCHANT, *édition des Bibliophiles de Mons*, à la date de 1590; lisez 1580.

d'une maison, pour y faire sa résidence en ceste ville, aux frais de la dicte ville.[1]

Bientôt après cette résolution arrive à Mons Rutgher Velpius, et les premiers produits de ses presses, en cette ville, portent en effet la date de 1580.

Aucune obscurité n'existe donc pour fixer, d'une manière précise, l'époque de l'introduction de l'imprimerie à Mons ; c'est bien réellement dans les six derniers mois de l'année 1580 que cet art civilisateur y fut implanté, et, rapprochement bizarre, nous en devons en partie le bienfait à l'intervention d'un prince espagnol représentant un gouvernement despotique et ombrageux.

Il ne faut attribuer qu'à une erreur typographique évidente la citation faite par Foppens, d'un livre de Mathieu Martin, prétenduement imprimé à Mons en 1528 ; c'est 1628 qu'il faut lire, car l'ouvrage dont il est question et qui a pour titre : *Les Apanages d'un Cavalier chrétien*, etc., est sorti des presses de François De Waudré, qui ne commença à imprimer en cette ville qu'en 1623.

Si Mons ne peut revendiquer l'honneur de figurer à côté des villes de la Belgique qui ont, les premières, comme Alost, Louvain, Anvers, Bruges, Bruxelles, Audenarde et Gand, accueilli, presque à son berceau, l'une des plus belles découvertes du génie de l'homme, elle tient encore cependant un rang distingué dans l'histoire bibliographique du pays et dans celle de la province actuelle du Hainaut ; elle occuperait même la première place s'il ne fallait la céder, peut-être, à la ville de Binche, où l'imprimerie ne s'est établie d'une manière permanente, à la vérité, que dans ces derniers temps, mais qui se

---

[1] 10.me registre des résolutions du conseil de ville de Mons, fol. 156 v.o

présente avec un titre apparent à la priorité, s'il faut en croire le témoignage du catalogue du duc De La Vallière et de celui de la bibliothèque dramatique de M.ʳ De Soleinne, d'après lesquels un typographe du nom de Guillaume Cordier y aurait imprimé en 1544 et en 1545.

Voici le titre de deux opuscules indiquant la ville de Binche comme lieu de leur impression :

Dialogue nouveau à trois personnaiges C'est à savoir Lembassadeur de Lempereur Dame Paix et Bellone la deesse de guerre, Bello pax comes est, Apres la guerre vient la Paix. En binch. Imprimé par Guillaume Cordier, Lan M. D. XLIV.; petit in-4.º de 8 feuillets. *Catalogue des livres de la bibliothèque du duc De La Vallière*, tome II, page 550. — Brunet s'est trompé en donnant à l'impression de cet opuscule la date de 1548. — *Manuel du libraire et de l'amateur de livres*, tome II, page 75. — *Bibliothèque dramatique de M.ʳ De Soleinne*, tome I, n.º 712.

La vie et legede de madame saincte Luthgarde. iadis tressaincte moniale au monastere de Euuiere ou pays de Brabant. Imprime en Binch pour monsieur Labbe Daulne, Lan M. V. C. XLV.; par M. Guillaume Cordier; in-4.º de 46 feuillets à 31 lignes par page; signature A—M (2 feuillets à la dernière signature.) BRUNET, *Manuel du libraire et de l'amateur de livres*, tome IV, page 617, 4.º édition.[1]

[1] Guillaume Cordier imprima encore à Binche un autre ouvrage ayant pour titre: *De varia fontium quorumdam natura fluminibus et anni partibus*. Binchii 1544; ouvrage cité aussi par Swertius, *Athenæ Belgicæ*, page 303, et par Foppens, *Bibliothèque Belgique*, tome 1.ᵉʳ, page 396.

Guillaume Cordier, né à Lobbes, imprimeur et poète, composait ordinairement les écrits qu'il livrait à ses presses. Voici ce qu'en dit Philippe Brasseur, dans ses *Sydera illustrium Hannoniæ scriptorum*, pages 20 et 21:

<blockquote>
Edidit hic *fontes adjunctis partibus anni*,
Et sita diversis *flumina rara* locis.
Amborum effectus, *naturalesque favores*
Quœ simul excuso[*] protulit ille libro.
</blockquote>

[*] Binchii, an. 1544.

On pourrait supposer avec quelque vraisemblance que ce nom d'imprimeur, cette indication de lieu et cette date sont apocryphes; il serait extraordinaire en effet que le premier imprimeur qui eût conçu le projet de s'établir dans le Hainaut fût allé de préférence fixer le siége de son industrie dans une ville de peu d'importance, plutôt que dans la capitale de la province; et ce qui pourrait venir en aide à cette supposition, c'est que les recherches minutieuses que nous avons faites et les renseignements que nous avons obtenus de personnes en position d'être bien informées, nous ont donné la certitude qu'il n'existe dans la ville de Binche aucun souvenir, aucune trace d'un établissement typographique antérieur à 1824.

Quoiqu'il en soit, et tout invraisemblable que cela paraisse de prime abord, comme il n'est pas impossible, à cause de la résidence que les gouverneurs-généraux faisaient à cette époque dans le magnifique château de Binche et dans la royale demeure de Mariemont, détruits, l'un et l'autre, en 1554, par la torche incendiaire des soldats du roi de France Henri II, et à cause aussi du voisinage des riches abbayes d'Alne et de Bonne-Espérance, qu'une presse portative et d'emprunt, peut-être, ait fonctionné momentanément à Binche en 1544 et en 1545, soit pour le compte du prince, soit pour celui des religieux; nous croyons devoir, par un sentiment de scrupuleuse exactitude, mais après avoir fait toutefois nos réserves en faveur de la ville de Mons, placer celle de Binche en tête du tableau que nous donnons ici pour indiquer — d'après l'état des dernières recherches bibliographiques et les renseignements que nous avons puisés aux meilleures sources — la date de l'introduction de l'imprimerie, avec les noms des premiers imprimeurs, dans toutes les localités du Hainaut où des presses ont été établies, depuis l'origine jusqu'au moment où nous écrivons.

TABLEAU CHRONOLOGIQUE
de l'introduction de l'imprimerie dans le Hainaut.

NOMS DES LIEUX.	DATES.	NOMS DES IMPRIMEURS.
Binche,	1544?[1]	Cordier, Guillaume.
Mons,	1580	Velpius, Rutgher.
Tournai,	1610	Laurent, Nicolas
Ath,	1610	Maës, Jean.
Bonne-Espérance,	1719	L'abbaye.
Beloeil,	1780	Le prince de Ligne.
Charleroi,	1809	Lelong, Hippolyte, de Mons.
Soignies,	1824	Robyns, Amand-Fidèle-Vincent.
Enghien,	1826	Guerin, Anne-Françoise, veuve Lemaire, de Cherbourg.
Lessines,	1827	Deltenre, Augustin.
Leuze,	1829	D'Ennetières, Éd., de Tournai.
Péruwelz,	1830	Willaume, Joseph-Félix, de Mons.
Thuin,	1835	Pinelle, Eugène.
Gosselies,	1837	Lelong, Hippolyte, de Mons.
Beaumont,	1837[2]	Dutront, Séraphin, de Beaumont.
Châtelet,	1838	Werotte, Alexandre, de Namur.
Chimai,	1840	Sébille.
Pâturages,	1841	Caufriez-Descamps, Pierre-Phil., de Pâturages.
Saint-Ghislain,	1842	De Paepe, Victor, de Waudrez.
Rœulx,	1845	Delmotte, Louis, de Binche.
Wasmes,	1846	Fay-Renuart.
Seneffe,	1846	Laurent, J.-B.te, de Seneffe.
Fontaine-l'Évêque.	1848	Delcourt-Sillez, Adrien, de Fontaine-l'Évêque.
Dour,	1848	Bailly, Jules, de Moustier.
Jemmapes,	1849	Pinguet, Maxim.-Louis, de Mons.
Houdeng-Gœgnies.	1849	Mazy-Gillard, Charles-François-Joseph, de Namur.
Chièvres,	1850	Capart-Bailly, Jules-J.-B.te-Jos., de Tournai.
Fleurus,	1850	Oudart, Félix, de Fleurus.
Boussu,	1851	Capart-Bailly, Jules-J.-B.te-Jos., de Tournai.

[1] Depuis Guillaume Cordier, en admettant qu'il ait réellement imprimé à Binche, rien ne révèle l'existence d'une imprimerie en cette ville jusqu'en 1824, époque où M.r Hippolyte Fontaine, de Binche, y créa un établissement typographique.

[2] C'est par goût plûtôt que par spéculation que M.r Dutront, horloger, établit une petite imprimerie d'amateur à Beaumont. Ce n'est qu'en 1844 que M.rs Florent Seutin et Joseph Gérard formèrent en société un établissement typographique réellement industriel.

Les bibliophiles, et notamment notre ami M.ʳ Renier Chalon, dans son intéressante notice sur Velpius, supposent que le premier produit de la typographie montoise est un pamphlet intitulé : *Le Renart decouvert*, dirigé contre le prince d'Orange, Guillaume-le-Taciturne. [1]

Il est difficile, pensons-nous, d'établir d'une manière certaine quelle est la première impression de Velpius à Mons; il est à croire qu'appelé par Alexandre Farnèse pour imprimer les actes du gouvernement, il a dû commencer par publier les ordonnances de police et les édits du prince. Quoiqu'il en soit, si *Le Renart decouvert* n'est pas le premier produit des presses montoises, il est assez probable qu'il est le premier opuscule de quelque importance qui en soit sorti.

D'après ce que nous avons dit des mœurs littéraires et de l'influence que les corporations religieuses exerçaient à Mons au seizième siècle, on comprendra aisément que les imprimeurs n'y devaient pas trouver un grand aliment à l'activité de leurs presses; aussi, pendant vingt-sept ans, c'est-à-dire de 1580 à 1597, n'y eut-il successivement qu'un seul imprimeur: c'était Rutgher Velpius de 1580 à 1585, année où il partit pour Bruxelles comme imprimeur du gouvernement, quelque temps après que cette ville se fût rendue aux Espagnols; puis c'est Charles Michel, de 1586 à 1607, alors que Lucas Rivius vient former un établissement rival.

A partir de cette époque le labeur des presses montoises devient plus considérable et le nombre des imprimeurs va lui-même en augmentant; il leur est impossible toutefois de lutter avec les grands établissements typographiques des villes d'Anvers, de Louvain et de Douai, protégées par une législation spéciale et des priviléges particuliers. C'est ainsi que l'édit des archiducs Albert et Isabelle, du 11 mars 1611, [2] défendait aux

---

[1] *Le bibliophile belge*, tome 1.ᵉʳ, page 9.
[2] *Recueil de placards fort utiles au pays de Hainaut*, page 202.

imprimeurs et aux libraires du pays de confier aucun livre aux presses étrangères, sans avoir auparavant offert aux établissements typographiques de ces trois villes une préférence qu'ils devaient leur accorder, même avec un prix supérieur de dix, quinze et vingt pour cent.

Les principales productions des presses montoises, jusqu'au milieu du dix-septième siècle, ont trait presque toutes à la liturgie, à la morale et à l'instruction de la jeunesse. L'imprimerie devait nécessairement refléter les sentiments et les opinions de l'époque, et l'on comprend que, sous l'empire de la législation existante et dans une ville soumise, comme l'était alors Mons, à l'influence des corporations religieuses, il ne pouvait sortir des presses locales que des livres entièrement orthodoxes et empreints de l'esprit ascétique du temps.

Avant d'être affranchi des entraves qui enchaînaient son essor, l'esprit humain a dû longtemps combattre pour conquérir le droit de libre manifestation de la pensée. On a peine à s'expliquer aujourd'hui les règlements sévères qui asservirent la presse, dans des temps qui ne sont pas encore bien éloignés de nous. Pour suivre les progrès de la lutte que l'intelligence a eu à soutenir contre l'intolérance politique et religieuse, nous allons essayer d'exposer succinctement quelle fut anciennement la condition des écrivains, des imprimeurs et des libraires, et quelle influence la législation a exercée sur l'émancipation de la presse en Belgique.

Disons toutefois pour être juste, qu'il ne faut pas juger avec une intolérante sévérité et en se plaçant au point de vue de notre civilisation actuelle, des mœurs et des institutions qui ont fait leur temps, sans doute, mais qui ont eu peut-être leur raison d'être, pour préparer et amener plus sûrement le triomphe de la raison humaine.

§ III.

Esquisse historique sur la police des livres et sur la législation de la presse, en Belgique.

~~~~~~~

Au moyen âge, les livres, bien qu'ils fussent très rares, étaient soumis, déjà depuis longtemps, à la surveillance du pouvoir civil et à la censure de l'autorité épiscopale. La poursuite et le jugement des délits commis à l'occasion de la liberté d'écrire appartenaient, au point de vue politique, aux officiers du souverain chargés du maintien de l'ordre public. Cette attribution d'administration générale fut spécialement confiée aux échevins de Mons par Jacqueline de Bavière qui, en 1428, leur accorda la juridiction sur toutes les affaires de police dans le ressort du chef-lieu.

Au commencement du seizième siècle les provinces Belgiques, heureuses et fières de leurs institutions politiques et de leurs priviléges, jouissaient encore d'un gouvernement doux et paternel. Tenu par son serment à respecter les constitutions et les coutumes du peuple, le souverain n'était, pour ainsi dire, que le premier magistrat d'un pays, dont l'administration par les États, ces organes sympathiques des vœux populaires, était sage et bienveillante.

Mais lorsque Charles-Quint, en 1519, eut placé sur sa tête la triple couronne d'Allemagne, d'Espagne et des Pays-Bas, ce prince, formé à l'école espagnole où il avait puisé l'amour du pouvoir absolu, médita le projet d'en faire passer les principes dans le gouvernement de la Belgique, sa patrie, en y introduisant le système inconnu jusqu'alors de la centralisation.

La puissante voix de Luther venait de se faire entendre,

proclamant la liberté de conscience et le droit d'examen. Les peuples émus s'agitaient aux mots nouveaux alors de réforme et de progrès.

Rome ne pouvait rester impassible au milieu du mouvement des esprits : le 15 juin 1520, Léon x publie sa fameuse bulle dont il réitéra les prescriptions le 3 janvier 1521, et qui condamne les doctrines de Luther et le frappe d'anathème ainsi que ses adhérents, mettant en interdit leurs personnes et leurs biens, si, dans les soixante jours, ils ne se rétractent et ne brûlent les livres infectés d'hérésie.[1]

A son tour Charles-Quint veut opposer une digue à l'entraînement des esprits. Il convoque à Worms une diète devant laquelle il ajourne Luther. Le moine réformateur refuse toute rétractation. Alors, sous le prétexte de défendre la religion catholique, mais dans le but surtout de protéger le principe d'autorité contre l'envahissement des idées nouvelles, ce prince substitue à la législation douce des temps antérieurs sur la police de livres, les lois les plus sévères qui aient jamais entravé la liberté d'écrire et d'émettre la pensée.

Le premier édit qu'il porte est daté de Worms, le 8 mai 1521.[2] Après avoir déclaré qu'il tient Martin Luther pour hérétique et séparé de communion, il ordonne de le saisir et de l'emprisonner, après le terme de vingt-et-un jours expiré, de poursuivre ses adhérents et de les priver de tous leurs biens meubles et immeubles ; il défend enfin d'imprimer, distribuer ou lire, non seulement les livres de Luther, dont il ordonne l'anéantissement, mais même aucune espèce d'ouvrage en matière de foi, sans la permission de l'ordinaire, c'est-à-dire de l'évêque diocésain, et, en toute matière, sans l'autorisation du souverain.

Cette ordonnance, que l'empereur fit publier, contrairement

---

[1] FRA PAOLO, *Histoire du concile de Trente*, livre I, page 10.
[2] *Placards des Flandres*; tome I, page 88. — FRA PAOLO, *Histoire du concile de Trente*, livre 1, page 14.

à l'usage, sans en avoir donné connaissance aux États, prononce la peine de la confiscation des biens des coupables pour les partager par tiers entre le fisc, les juges et les dénonciateurs.

C'est le commencement de l'inquisition aux Pays-Bas, cette ligue du despotisme avec la superstition.[1]

Mais les rigueurs de cet édit et de celui du 17 juillet 1526 qui le suivent, n'ayant pu arrêter le progrès de la réforme, l'empereur eut recours à des moyens plus sévères encore, et, par une ordonnance du 14 octobre 1529, remplaça les peines pécuniaires du décret de 1521 par la peine de mort.

Le nombre des sectateurs des idées nouvelles augmentait malgré les édits du prince et en raison peut-être des persé= cutions dont ils étaient l'objet. C'est une triste page de l'his= toire du pays que celle où se trouve inscrite la liste des lois inspirées par le fanatisme religieux du seizième siècle et sanctionnées par l'absolutisme, pour opprimer la liberté de penser et d'écrire.

Les édits se succédèrent avec une incroyable rapidité, et toujours avec plus d'intolérance et de nouvelles rigueurs, jusqu'au 29 avril 1550, date de la publication de cette ordon= nance célèbre qu'on peut appeler le code de la presse en Belgique, au seizième siècle, et qui est le résumé général de toutes les dispositions antérieures sur la matière.

Cet édit forme, avec le catalogue des livres réprouvés, rédigé par les docteurs en théologie de l'Université de Louvain, imprimé en cette ville en 1546, par Servais Sassenus, et réim= primé par le même typographe en 1550, les deux monuments les plus curieux du despotisme ombrageux et inquisitorial de cette déplorable époque. Ce catalogue est le second *Index librorum prohibitorum* publié en Belgique; le premier, inséré dans l'édit de Charles-Quint du 22 septembre 1540, fut imprimé la même année, à Bruxelles, in-4.°·

---

[1] Le prieur des écoliers de Mons fut choisi par Clément VII, en 1527, pour exercer l'office d'inquisiteur dans le Hainaut et les provinces voisines.

Voici le préambule de l'édit de 1550.

« Combien que nous ayons tousiours sur toutes choses tenu soingneux et continuel regard, de maintenir et faire observer, la vraye et ancienne foy, et religion catholique, en et par tous noz royaumes, pays, terres et seigneuries : et recherché tous remèdes, et moyens possibles, pour extirper plusieurs sectes, erreurs, et hérésies, de longtemps semées, et pululées en la chrestienneté contre notre dite foy, et les doctrines, et ordonnances de nostre mère la saincte Église, ayant à ceste fin décerné et faict publier en noz pays d'embaz plusieurs placartz, statutz, et éditz avec apposition de très griefves paines contre les transgresseurs d'iceux ; toutes fois entendons à nostre très-grand desplaisir, que plusieurs tant noz subjets, qu'autres estrangers, hantans, et conversans en iceux pays d'embaz, infectez desdites sectes, erreurs, et hérésies, et seminateurs d'icelles, s'efforcent de iour en iour, de secrètement divertir, séduire, et attirer à leurs damnables opinions, fausses et erronées doctrines, le simple peuple, tellement que trouvons estre requis et très-nécessaire, que diligente inquisition se face contre tels séducteurs, leur complices, fauteurs et adhé= rens, et que nos dits placcartz, statuts et édictz soyent renou= vellez, et de rechef publiez en et par tous nos dits pays d'embas, et les exécutions d'iceux poursuyvies, et rigoreu= sement continuées, pour exterminer le fond, et racine de ceste peste, et ayant à l'assemblée génerale des Estatz d'iceux nosdits pays dernièrement tenüe en nostre ville de Bruxelles, les admonesté et leur recommandé, que chacun respective= ment en son endroit eust à faire loyal debvoir, de soy main= tenir, et ceux qui sont soubz eux, en nostre dite vraye et ancienne foy catholique, avec le soing requis pour le repul= sement de toutes lesdites hérésies et erronées opinions. Puisque l'exemple de noz voisins monstre assez les sédictions du peuple et perturbation de l'Estat et repos publique, et autres inconvé= nients que de ce sourdent et succèdent, outre la perdition des âmes. *Pour ce est-il*, que nous, désirans de tout nostre cueur et povoir, y pourvoir et remédier, avons à grande et meure délibération de conseil, par l'advis de nostre très-chière et très-amée seure la royne douaigière de Hongrie, de Bohême, etc., pour nous régente et gouvernante en noz pays de par-deça, des chevaliers de nostre ordre et des chiefz présidens et gens de noz consaulx d'Estat et privé, de notre propre mouvement et certaine science, pour édict et loy perpétuelle de rechief interdit et deffendu, ordonné et statué: interdisons et deffendons, ordonnons et statuons respectivement ce que s'ensuyt. »

Viennent ensuite les dispositions de cet édit draconien, dont voici l'analyse succinte:

« L'achat, la vente, la distribution, la simple détention même des livres de Luther, d'Œcolampade, de Zwingle, de Bucher, de Calvin et autres hérésiarques sont interdits; nul ne peut publier ou posséder des caricatures tournant en ridicule les objets du culte catholique ou de l'ordre ecclésiastique, ni assister à des assemblées secrètes où l'on propage des erreurs contre l'église et le trône, et où l'on a coutume de rebaptiser les néophytes; ni discuter ou raisonner, soit en public soit en particulier, sur le sens et l'interprétation des écritures, ni enseigner les matières religieuses, à moins d'être théologiens ou canonistes reçus par une université reconnue.

« Quiconque était convaincu d'avoir enfreint ces prescriptions était déclaré perturbateur du repos public, ennemi de la religion et du trône, incapable de tester et d'aliéner, et condamné à la confiscation de ses biens et à la peine de mort. — Les hommes étaient décapités, les femmes enterrées vives, les relaps impitoyablement livrés aux flammes. Aucune rétractation ne pouvait les sauver; l'abjuration ne faisait qu'apporter un faible adoucissement à leur supplice.

« Nul ne pouvait donner asile aux sectaires, leur procurer

des vêtements ou des aliments, sans s'exposer à encourir les mêmes peines que les coupables, s'il ne les dénonçait pas.

« Pour obtenir l'autorisation de résider dans le pays, chacun devait produire un certificat de moralité délivré par le curé de son dernier domicile.

« Il était enjoint de prêter aide et assistance aux inquisiteurs pour la poursuite des hérétiques; la dénonciation, imposée comme un devoir, était récompensée par la dévolution de la moitié des biens du condamné, si leur valeur n'excédait pas cent livres de groz, et d'un dixième en plus, en cas d'excédant. Le silence, au contraire, considéré comme un acte de complicité, était puni des mêmes peines que le fait d'hérésie.

« Des tribunaux d'exception connaissaient des délits. Il était défendu aux juges d'adoucir la rigueur des lois, sous peine d'un châtiment sévère. Les magistrats chargés des poursuites étaient, en cas de négligence, frappés de destitution de leurs charges, et déchus du droit d'exercer à l'avenir des fonctions publiques.

« Nul ne pouvait ouvrir une école sans la permission du magistrat, du curé de l'église paroissiale du lieu où il voulait s'établir, ou de l'écolâtre; les maîtres ne pouvaient mettre sous les yeux de leurs élèves que les livres approuvés par les théologiens de l'Université de Louvain dans le catalogue de 1546, sous peine d'amende et de bannissement. »

Telles étaient, au triple point de vue de la liberté des cultes, de la presse et de l'enseignement, les dispositions de cette ordonnance terrible contre les adeptes de la nouvelle croyance religieuse.

Passons maintenant aux points qui se rattachent plus directement à la question bibliographique, et disons quelles étaient les conditions vexatoires imposées à l'exercice de la profession d'imprimeur et de libraire.

« Pour être imprimeur, il fallait obtenir des lettres-patentes du souverain ; on ne pouvait, sous peine de bannissement et d'amende, livrer aucun ouvrage à l'impression, sans qu'il n'eût été préalablement examiné par l'autorité religieuse et sans qu'une permission et un privilége de l'empereur n'eussent été accordés. La publication d'un livre défendu, sans l'accomplissement de ces formalités, était punie de la peine de mort et de la confiscation, et la publication d'un livre même orthodoxe et permis, du bannissement et de l'amende. Les maîtres étaient responsables du fait de leurs ouvriers, à qui défense était faite d'imprimer hors des ateliers.

« Les lettres-patentes d'imprimeur ne s'accordaient qu'à des personnes de la religion catholique, munies d'un certificat d'aptitude et de bonne conduite, et qui avaient prêté serment de n'imprimer aucun ouvrage qu'après l'avoir soumis à la censure.

« Un imprimeur n'avait le droit d'exercer son état que dans le lieu désigné pour sa résidence; il ne pouvait faire sortir de ses presses que des livres portant en tête un extrait du privilége et de l'approbation, et les mettre en vente qu'après en avoir fait collationner un exemplaire par le préposé du gouvernement, sur la minute approuvée antérieurement, laquelle restait en mains de ce dernier.

« Les libraires devaient, avant d'être admis à l'exercice de leur commerce, justifier aussi de leur foi religieuse, d'une bonne réputation, et prêter serment d'observer les réglements sur la matière; il leur était défendu d'étaler ou de vendre des livres autres que ceux imprimés dans le pays et revêtus d'une approbation de la censure et d'un privilége, sous peine de mort pour la vente des livres contraires à la religion, et d'amende, pour les livres même orthodoxes. — Il leur était enjoint, sous les mêmes peines, de ne déballer les livres venant de l'étranger qu'en présence d'un agent spécial de l'autorité publique, et de ne les exposer en vente qu'après visite et autorisation.

« Les libraires ne pouvaient avoir des magasins que dans les villes désignées pour leur résidence. Ils étaient tenus d'exposer dans leurs établissements, avec le catalogue des ouvrages qui s'y trouvaient, celui des livres censurés par l'Université de Louvain. Deux fois par an, et même plus souvent s'ils le trouvaient bon, les magistrats municipaux, accompagnés de gens lettrés, visitaient les magasins des libraires à qui seuls il était permis de faire le commerce de livres. Dans la crainte que l'une ou l'autre de ces dispositions réglémentaires ne tombassent en désuétude, l'ordonnance enjoignait aux magistrats d'en renouveler la publication tous les six mois. »

Philippe II, dont la politique, sans en avoir la grandeur, fut plus ombrageuse encore que celle de son père, se garda bien de laisser émousser l'arme terrible que cet édit mettait aux mains de l'inquisition. Par un décret daté de Gand, le 20 août 1556, il confirme les dispositions de l'ordonnance de 1550 et en recommande la ponctuelle et sévère exécution.[1]

Il est juste de dire cependant que l'initiative de ces lois rigoureuses qui ont rendu odieux le pouvoir espagnol en Belgique, dans le seizième siècle, n'a pas été prise par Philippe II, mais par Charles-Quint, et que, si la mémoire du père n'est pas flétrie dans l'histoire comme celle du fils, c'est que la gloire fait quelquefois oublier le despotisme.

Sous le règne de ce prince on voit surgir une foule de dispositions spéciales concernant la police des livres.

Ce serait mettre la patience et la bienveillance de nos lecteurs à une trop rude épreuve que d'en faire passer sous ses yeux la longue énumération ; il trouvera toutefois, à la fin de ce chapitre, le recueil analytique et par ordre chronologique des édits, règlements et arrêtés qui ont régi la matière en Belgique jusqu'à nos jours.

---

[1] Archives communales de Mons, registre aux placards, de 1545 à 1655, page 312 verso. — Placards de Brabant, 1.re partie, page 45.

Qu'il nous suffise de rappeler que l'édit des archiducs Albert et Isabelle, du 11 mars 1616, et les dispositions réglémentaires qui l'ont suivi jusqu'au 22 novembre 1784, tout en adoucissant la rigoureuse législation de Charles-Quint et de Philippe II sur la presse, ne firent pas cependant cesser complètement le système d'oppression organisé contre la liberté de l'écrivain, de l'imprimeur et du libraire, qui subirent encore les exigences tracassières d'une censure intolérante.

A partir de l'édit de 1616, si la peine de mort disparaît du code de la presse, le bannissement et les grosses amendes n'en subsistent pas moins ; l'exercice de la profession d'imprimeur et de libraire reste, comme par le passé, un privilége exclusif pour ceux qui appartiennent à la religion catholique et continue d'être assujetti à la formalité de l'octroi des lettres patentes du souverain, qui ne s'accordaient jamais que sur un certificat du curé et sur le vu d'un diplôme de capacité délivré par deux examinateurs nommés, l'un par l'évêque diocésain, l'autre par le magistrat de la localité. Tout ouvrage n'en doit pas moins être soumis, avant l'impression, à la censure de l'autorité ecclésiastique et à l'obtention d'un privilége royal ; le domicile n'est pas plus respecté qu'auparavant, et la demeure des imprimeurs, des libraires et même de leurs commis est toujours exposée aux visites incessantes des agents préposés à la surveillance des livres.

Les ouvrages réprouvés ou mis à l'index qu'on saisissait étaient brûlés publiquement par la main du bourreau. Usage ridicule et barbare, renouvelé de la coutume de quelques empereurs romains, et qui s'est maintenu jusqu'à la révolution française, surtout pendant la Terreur.

C'est en vertu de cette législation que furent prononcées ces nombreuses condamnations qui révoltent notre raison et dont le souvenir reste comme une flétrissure dans les annales judiciaires de ces jours néfastes.

On a peine à comprendre, dans notre époque de tolérance,

qu'il fût un temps où la liberté des croyances religieuses n'existant pas, l'acquisition, la simple détention des livres les plus inoffensifs, d'une bible même, était interdite sous les peines les plus sévères. Cependant rien n'est plus vrai. Peut-être un jour livrerons-nous à la publicité la longue et effrayante liste des condamnations prononcées à Mons du chef d'hérésie, sous l'empire de cette législation oppressive. Cette ville compte, depuis Jean De Cartigny jusqu'à Guy De Brès, plus d'une victime des persécutions religieuses du seizième siècle; ses archives judiciaires, que nous avons compulsées, en conservent le triste souvenir. Ne voulant pas étendre outre mesure le cadre que nous nous sommes tracé, nous nous bornerons à rappeler ici les condamnations qui ont exclusivement trait à la police des livres.

Nous avons eu sous les yeux une analyse des décisions et des jugements portés sur cette matière, par le magistrat de Mons, depuis 1596 jusqu'en 1768; nous y avons trouvé quelques particularités intéressantes pour l'histoire bibliographique de cette ville, et nous croyons dès lors qu'il n'est pas hors de propos d'en donner une indication sommaire suivant l'ordre chronologique.[1]

---

[1] Recueil des dossiers concernant la police des livres, des libelles diffamatoires, etc., exercée par le magistrat. (Archives communales de Mons.)
Il existait à l'hôtel-de-ville de Mons une chambre appelée l'*Enfer*, où se trouvaient déposés les ouvrages à l'index, saisis par la police. En 1821 ou en 1822 les livres provenant de ce dépôt ont été réunis à ceux de la bibliothèque publique, où malheureusement on les a confondus, au lieu d'en faire une catégorie spéciale, ce qui eût permis d'en reconnaître l'origine. Cette dénomination provient sans doute de ce que, dans les bibliothèques de moines et surtout des Jésuites, il y avait un endroit appelé l'*Enfer*, où l'on enfermait les ouvrages suspects. Ces sortes de livres étaient signalés ordinairement sur le dos de la reliure; les pages en étaient raturées et souvent les titres enlevés. A la bibliothèque royale de Paris il y avait aussi autrefois un local nommé l'*Enfer*, où l'on reléguait les ouvrages saisis par la police comme portant atteinte aux mœurs.

En 1596. — Une instruction a lieu contre Alexandre Bosquet, accusé d'avoir en sa possession des livres contraires à la religion catholique. — On ne trouve pas de traces du jugement rendu.

19 juillet 1604. — La femme de François Darras et sa fille Marie sont accusées d'hérésie et poursuivies du chef de détention de livres défendus, trouvés chez elles par le magistrat lors d'une visite domiciliaire. C'étaient la traduction en vers français par Marot et De Bèze, des *Psaumes de David*, mis en musique, édition de Genève, et deux catéchismes imprimés en Hollande.[1] Nous ignorons quel fut le résultat de cette poursuite.

20 juin 1605. — François Darras est décrété de prise de corps, et condamné au bannissement pour le même fait de détention de livres entachés d'hérésie.

28 juillet 1635. — Nicolas Claye est banni de la ville, et les livres à l'index trouvés chez lui sont brûlés publiquement, par la main du bourreau, sur un échafaud dressé en face de l'hôtel-de-ville.

Avril 1690. — Un livre ayant pour titre : *Remontrance justificative des pères de l'Oratoire de Mons*, et dont Quesnel passe pour être l'auteur, fut condamné comme injurieux envers le magistrat de cette ville et brûlé en place publique.[2]

---

[1] Ces livres avaient été mis à l'index par un édit de Philippe II, du 15 février 1569.

[2] DE BOUSSU. Notes inédites sur l'histoire de Mons, à la date de 1690. — On sait que les pères de l'Oratoire de Mons furent longtemps en butte aux attaques des jésuites de cette ville, qui les accusaient de jansénisme et cherchaient, par tous moyens, à les empêcher d'ouvrir un collége rival du leur. Le magistrat de Mons, ayant prêté l'oreille aux accusations dirigées contre les pères de l'Oratoire, avait donné à celui de Liége des renseignements défavorables au sujet de l'établissement d'instruction que ceux-ci voulaient établir en cette dernière ville. C'est à cette occasion que parut la *Remontrance justificative des pères de l'Oratoire*, qui fut considérée comme un pamphlet injurieux contre l'autorité publique.

22 mai 1699. Poursuites contre plusieurs individus accusés d'être les auteurs de couplets injurieux contre une jeune personne de cette ville.

27 juin 1716. Le magistrat interdit la vente d'un opuscule intitulé: *Le Jubilé centenaire du glorieux Saint Macaire, célébré à Mons le 26 avril 1716*, et enjoint à ceux qui possèdent des exemplaires de ce libelle, condamné comme diffamatoire, de les remettre au greffe de la police pour qu'ils y soient supprimés.

10 novembre 1727. — Instruction à charge de Jean Desterbecq, de Pâturages, détenu à la conciergerie de la ville de Mons sous la prévention *d'avoir voulu acheter* des livres défendus. On ne voit pas quelle peine fut prononcée contre ce délit de nouvelle espèce.

20 août 1729. — Sur la dénonciation du sergent Damoisy, les livres défendus, introduits en ville par un libraire colporteur du nom de Nicolas Ledru, sont confisqués et le délinquant est condamné aux frais de la procédure.

15 octobre 1729. — Nouvelle poursuite à la charge du même libraire et confiscation de ses livres à l'index.

8 novembre 1732. — Arthur Dufour, marchand-libraire établi à la foire de Mons, est poursuivi pour avoir exposé en vente une *Prière adressée à Dieu par l'intercession du bienheureux diacre Pâris*. Les exemplaires saisis de cette prière furent brûlés en place publique, en vertu d'une sentence du magistrat de Mons prononcée le 12 du même mois. [1]

---

[1] On sait que les Jansénistes tentèrent la fortune des miracles dans l'intérêt de leur cause et encouragèrent les folies des *Convulsionnaires* du cimetière de Saint-Médard. Les pères de l'Oratoire de Mons, dont les relations intimes avec Port-Royal sont connues, ne manquèrent pas d'exalter le bienheureux diacre Pâris. L'influence des Jésuites, alors toute puissante en cette ville, ne fut sans doute pas étrangère à la condamnation qui frappa le libraire Dufour.

25 septembre 1733. — Jugement qui déclare téméraire, scandaleux, séditieux, attentatoire et injurieux à l'autorité épiscopale, à celle du Saint-Siége, et condamne au bûcher un libelle imprimé portant pour titre : *Déclaration et protestation de M. Nicolas Malliart, prêtre, bâchelier formé en théologie et chanoine de la collégiale de Sainte-Waudru, à Mons, au sujet d'une sentence d'excommunication portée contre lui par M. l'official de Cambray.*

20 janvier 1734. — Saisie et confiscation d'une brochure du médecin Dubrœcquet, imprimée chez Mathieu Wilmet, sans permission du magistrat.

8 février 1734. — Sentence qui ordonne la suppression de cette brochure et condamne solidairement aux dépens l'auteur et l'imprimeur.

20 février 1736. — Sentence du magistrat défendant la vente des *Lettres Persannes*, et ordonnant que les exemplaires saisis soient brûlés sur l'échafaud.[1]

2 août 1738. — Poursuites contre Charles Robert prévenu d'être l'auteur d'un libelle diffamatoire contre le curé Dumont et le greffier fiscal Pepin.

---

[1] Voici la sentence rendue par le magistrat de Mons. Nous la transcrivons ici comme une nouvelle preuve de l'intolérance de l'époque :

« Vu par Messieurs les Magistrats de la ville de Mons les informations tenues d'office au sujet de l'introduction et distribution d'un ouvrage en deux tomes in-octavo reliés en un volume portant pour titre : *Lettres Persannes*, prétenduement imprimé à Cologne chez Pierre Marteau, 1730, sans approbation et sans nom d'auteur, et dans lequel l'éditeur, avouant qu'il doit ses soins à une profession qu'il caractérise par les quatre dernières lignes de la deuxième page du premier tome, la dégrade par la traduction de laquelle il ne se reconnaît pas seulement l'auteur, mais encore en ce qu'il avoue qu'il a mis cet ouvrage aux mœurs des Français; quoique ce ne soit qu'une compilation de ce que les hérétiques les plus outrés, les déistes les plus grossiers, et les libertins les plus effrontés ont osé avancer, non seulement contre les puissances que

24 septembre 1739. — Poursuites à la charge de François Brabant, détenu à la prison de la prévôté de Mons et accusé de s'être présenté chez Joseph Delloy pour y acheter un livre intitulé : *Les Secrets du petit Albert*.[1]

29 janvier 1745. — Interrogatoire de Jean-Baptiste Varret, au sujet d'une demande qu'il avait adressée au magistrat de Mons pour obtenir la permission d'imprimer une brochure ayant pour titre : *Histoire et lamentations de Prusias*.

15 juillet 1746. — Réprimande faite par le magistrat à Jean-Baptiste Varret, au sujet de l'impression et de la distribution sans permission, du traité de capitulation pour la reddition de la ville de Mons à la France, par les troupes autrichiennes.

11 février 1747. — Poursuites contre les auteurs et les distributeurs de chansons injurieuses pour les Français qu'on répandait dans la ville.

1.er août 1749. — Sentence du magistrat ordonnant la suppression, par la main du bourreau, d'un libelle envoyé de

Dieu a établies pour gouverner la terre et son Église, contre les vérités évangéliques, contre la religion et ce qu'elle a de plus auguste dans ses mystères, mais encore contre les attributs essentiels de la divinité. Le tout considéré, Mesdits sieurs ont déclaré et déclarent ledit livre impie, blasphématoire, injurieux à Dieu, à la religion, à ce qu'elle a de plus sacré et de plus auguste dans ses mystères, à ses ministres, aux puissances séculières, et avançant des maximes propres à exciter à la rebellion, et comme tel, ordonnent qu'il soit supprimé et brulé par le boureau sur un échafaud qui sera pour ce dressé dans la place publique. Ordonnent à tous ceux qui en ont des exemplaires de les remettre au gref en déans le terme et sous les peines portées par les ordonnances. Au surplus qu'il sera procédé à l'appréhension de tous imprimeurs, libraires, colporteurs et autres qui en introduiraient ou en débiteraient en cette ville, pour de suite leur instruire la procédure à l'extraordinaire. Ainsi prononcé le 20 de février 1756. »

[1] C'est un abrégé des *Secrets du grand Albert*, ouvrage absurde qui traite de la magie.

Bruxelles à différentes personnes de Mons, le 19 juillet, intitulé : *Mémoire ou abrégé de la vie du sieur.....* et promettant une récompense de vingt-cinq écus à celui qui en dénoncerait l'auteur ou les complices.

21 février 1751. — Le libraire Bottin est réprimandé pour avoir acheté des livres aux étudiants de cette ville, sans la participation de leurs parents.

11 août 1751. — Il est interdit à l'imprimeur Mathieu Wilmet de vendre une brochure sans approbation ni permission et sans nom d'imprimeur, qui avait pour titre : *La Défense des saignées dans les maladies, par M.***

2 janvier 1755. — Sentence du magistrat déclarant diffamatoire la *Lettre d'un Chinois à un Gaulois*. Ce libelle fut brûlé par le bourreau.

21 juillet 1755. — Henri Bottin est réprimandé et condamné aux frais judiciaires pour avoir imprimé, sans permission du magistrat, le catalogue des livres de M.ʳ De Masnuy.

15 décembre 1755. — Le magistrat ordonne la suppression d'un livre intitulé : *Mémoire du comte de Rantzow*. La sentence porte que ce livre, dans lequel la religion catholique est tournée en ridicule, sera brûlé au greffe de la police par un aide du bourreau. — Le libraire Henri Bottin, qui l'avait exposé en vente, sans qu'il fût compris dans la liste des livres de son magasin soumise à l'inspection de la police, fut admonété et condamné aux frais de la procédure.

9 décembre 1757. — Réprimande infligée à Pierre Plon pour avoir imprimé sans permission une chanson sur la victoire remportée près de Breslau, le 22 novembre précédent, par les Autrichiens contre l'armée prussienne, et condamnation du sieur Louis Philippart pour l'avoir distribuée.

15 mai 1759. — Le libraire Desfossez est réprimandé et condamné à une amende de dix livres et aux frais de la poursuite judiciaire, comme coupable d'avoir exposé en vente des

ouvrages contraires aux bonnes mœurs et qui ne figuraient pas dans le catalogue des livres de son magasin. Les exemplaires saisis ont été brûlés.

13 juin 1762. — Le magistrat ordonne au messager de Mons à Paris, nommé Dussart, de déposer au greffe de la police les exemplaires d'une brochure dont la distribution est interdite, et publiée sous ce titre : *Constitution de N. S. P. Clément, pape, XIII.ᵉ du nom.* C'était, on le sait, une bulle dirigée contre les spéculations mercantiles de l'ordre des Jésuites. Il faut que cette corporation célèbre était bien influente alors dans notre ville pour que la magistrature municipale la protégeât même contre la puissance de Rome.

9 novembre 1763. — Pierre Finel, libraire, établi à la foire de Mons, est condamné à la réprimande, aux frais de la poursuite et à la confiscation de *l'Abrégé de l'histoire ecclésiastique par Formey*, ouvrage déclaré contraire aux dogmes de l'église et dont il avait exposé des exemplaires en vente, bien qu'il ne figurât pas dans le catalogue de ses livres remis à la police.

14 janvier 1765. — L'imprimeur Mathieu Wilmet est réprimandé pour avoir fait sortir de ses presses une chanson composée contre un avocat de la Cour souveraine.

23 novembre 1768. — Le bourreau brûle sur la place publique, en vertu d'une sentence du magistrat, une brochure intitulée : *Le Dîner du comte de Boulainvilliers.* Le libraire Pierre Finel, qui l'avait exposée en vente à la foire de Mons, a été incarcéré pour ce délit à la conciergerie de la ville.[1]

7 décembre 1772. — Instruction judiciaire à la charge de l'imprimeur Plon, par le conseiller avocat fiscal Fontaine, pour avoir publié, sans permission de l'autorité, un simple factum de droit sous le titre de *Mémoire justificatif du chevalier Desmarcq.* Sur

---

[1] Cet ouvrage, qui parut en 1767 sous le pseudonyme de Saint-Hyacinthe, est de Voltaire.

la requête en grâce adressée par l'auteur lui-même, les pour=
suites furent arrêtées, à la condition que l'imprimeur paièrait
les frais.

27 juin 1787. — Arrêt de la Cour souveraine du Hainaut qui
défend l'introduction, l'impression, la vente et même la
simple communication des n.ᵒˢ 310 et 312, en date du 2 et du
7 juin de cette année, du *Journal général de l'Europe*, contenant des allégations et des réflexions injurieuses et fausses, de
nature à exciter l'esprit de parti et à semer la division et le
trouble parmi les citoyens.

29 janvier 1790. — Arrêt de la même Cour interdisant la
vente et la distribution d'un ouvrage périodique intitulé :
Nouvelle correspondance littéraire et politique.

20 avril 1790. — Arrêt de la même Cour défendant défini=
tivement la vente et la distribution du *Journal général de
l'Europe*.

Telle fut jusqu'alors la situation des choses en Belgique ;
et si, pendant la période qui s'est écoulée jusqu'à la réunion de
ce pays à la France, les lois anciennes qui gênaient la libre
manifestation de la pensée ne furent pas expressément abro=
gées, l'application en fut toutefois suspendue, et il exista une
liberté de fait dont nous trouvons la preuve dans les innom=
brables pamphlets qui furent publiés à cette époque et dont la
plupart ne donnèrent lieu à aucune poursuite.

L'éveil civilisateur donné à la France et au monde par la
glorieuse, par l'immortelle assemblée constituante de 1789,
trouva un écho sympathique dans le cœur des Belges. Par elle,
les grands principes de la raison et de la liberté civile, poli=
tique et religieuse viennent d'être proclamés; mais ce n'est
pas assez d'une déclaration de principes, il faut du temps et de
rudes épreuves avant qu'un peuple en recueille les fruits.

Durant l'incorporation de la Belgique à la France, la liberté de la presse devra subir encore bien des vicissitudes. Sous le règne de la convention, soumise à une inquisition plus odieuse, plus sanguinaire encore que celle du seizième siècle, elle recule devant la terreur; l'échafaud se dresse partout et reste en permanence, attendant les victimes qu'on immole à ce nouveau Molock qu'on appelle alors le salut public. La ville de Mons a conservé le souvenir de cette époque néfaste; elle a vu fusiller sur la place publique un vieillard de quatre-vingt-quatre ans, le dominicain Charles-Louis Richard, condamné à mort le 28 thermidor an II (15 août 1794) par le tribunal criminel du département de Jemmapes, *jugeant révolutionnairement*, pour avoir fait imprimer une brochure ayant pour titre : *Parallèle des Juifs qui ont crucifié J.-C., leur messie, et des Français qui ont guillotiné Louis XVI, leur roi, et de plusieurs autres de cette espèce.*

Mais jetons un voile sur ces sanglantes saturnales du fanatisme révolutionnaire, en des temps tristement célèbres.

La constitution de l'an III, publiée en Belgique le 14 vendémiaire an IV (6 octobre 1795), consacre enfin sans restriction la liberté de la presse. Bientôt les professions d'imprimeurs et de libraires, soumises depuis des siècles à un régime oppressif, sont émancipées et affranchies de toute entrave, par la promulgation dans ce pays, le 19 brumaire an IV (10 novembre 1795), du décret du 17 mars 1791, qui rend libre l'exercice de toutes les industries.

Mais il reste encore à traverser plus d'un mauvais jour : La loi du 28 germinal an IV (17 avril 1795) vient porter une nouvelle atteinte à la libre manifestation de la pensée, et le directoire, ce pouvoir faible, ne tente un coup de force le 18 fructidor an V (4 septembre 1795) que pour étouffer dans les déserts de Sinnamary l'opposition courageuse des citoyens qui osaient déplorer la malheureuse impulsion donnée à la France à cette époque.

La Presse retrouve un peu de liberté sous le Consulat; mais lorsqu'arrive à l'empire cet homme prodigieux dont le despotisme égala la gloire et le génie, elle retombe sous le joug d'un pouvoir ombrageux et tyrannique. On institua une direction générale de l'imprimerie et de la librairie; les libraires, les imprimeurs durent être brevetés et assermentés. Pour obtenir des brevets, il fallait un certificat de moralité et d'attachement au souverain. Le nombre des imprimeurs fut limité par un décret impérial du 5 février 1810; mais, sur le rapport du directeur général le baron de Pommereul, le ministre de l'intérieur ayant reconnu l'impossibilité d'indemniser les imprimeurs dont les établissements devaient être supprimés, décida de les diviser en deux classes, l'une des imprimeurs à conserver, l'autre de ceux qui ne devaient pas avoir de successeurs.[1]

Une déclaration préalable à l'impression de tout ouvrage devait être faite à l'autorité publique, pour que celle-ci fût à même d'en interdire la publication, s'il y avait lieu; le nom de l'auteur ou de l'imprimeur était exigé, ainsi que le dépôt de cinq exemplaires. Les infractions à ces dispositions étaient punies par la confiscation de l'ouvrage.

A la chute de Napoléon, la Belgique réunie à la Hollande jouit d'une législation sur la presse, plus douce et plus libérale sans doute que celle de l'empire, mais exposant trop souvent encore les citoyens à des poursuites tracassières.

[1] A Mons, où le nombre légal des établissements typographiques fut réduit à trois, un arrêté du ministre de l'intérieur, du 9 juillet 1811, maintint, avec un caractère de permanence, les ateliers de M.rs Jevenois, Antoine; Monjot, Antoine, et Hoyois, Henri; et, jusqu'à la mort de leurs propriétaires seulement, ceux de M.rs Lelong jeune, Jacques-Joseph; Capront, Nicolas-Joseph, et Tahon, Philippe-Joseph.

Nous touchons au moment d'une ère nouvelle : nous sommes en 1830, et le congrès national, cette fidèle et glorieuse représentation de la Belgique, inscrit dans l'acte constitutionnel du pays l'une des plus nobles et des plus complètes formules de toutes les libertés.

Ainsi, malgré les obstacles, le temps et la raison amènent nécessairement le triomphe des vérités sociales; le despotisme a beau river des chaînes pour arrêter l'essor du progrès et de la pensée humaine, ces chaînes doivent tomber un jour, et la Belgique, c'est notre foi et notre espérance, a vu tomber les siennes pour jamais! Marie-Joseph Chenier l'a dit, il y a longtemps, dans un magnifique langage :

> Le pouvoir absolu s'efforcerait en vain
> D'anéantir l'écrit né d'un souffle divin :
> Du front de Jupiter c'est Minerve élancée.
> Survivant au pouvoir l'immortelle pensée,
> Reine de tous les lieux et de tous les instants,
> Traverse l'avenir sur les ailes du Temps.

En exposant la marche lente mais assurée de la liberté de la presse, cette grande puissance civilisatrice qu'il faut se garder de confondre avec cet esprit des ténèbres et du mal qui cherche à s'abriter sous son manteau et qu'on nomme la *licence*, nous avons dit au prix de quels efforts et de combien de luttes elle avait incessamment marché en Belgique vers le but qu'elle a atteint aujourd'hui. Ce coup-d'œil rétrospectif doit faire naître un noble et juste sentiment d'orgueil au cœur de tout vrai Belge qui peut s'avouer, à juste titre, que si son pays est libre, il est digne de la liberté; car si l'on connaît ici tous les droits du citoyen, on en pratique aussi tous les devoirs. Oui, il peut être fier, ce peuple, des institutions libérales et progressives qu'il s'est données. Il peut être fier surtout de ce bon sens national qui lui permet de ne pas confondre l'erreur avec la vérité, le perfectionnement possible des institutions sociales avec les utopies irréalisables; et ce sera un éternel honneur pour lui d'avoir su, dans ces derniers temps, marcher avec sagesse et fermeté dans la voie du progrès et de la véritable civilisation, sans se laisser détourner de sa route pour suivre ce chemin des abîmes où conduisent, comme un phare trompeur, les doctrines de ces novateurs rétrogrades qui, loin d'apporter une pierre pour couronner, s'il est possible, notre antique édifice social, œuvre du temps et de la raison humaine, semblent vouloir en saper les fondements et ont rêvé de bâtir je ne sais quelle nouvelle tour de Babel.

La société, et c'est un des bienfaits de la Providence, a été créée perfectible ; mais ses bases sont immuables et éternelles, car elles sont l'œuvre de Dieu.

§ IV.

Sommaire chronologique des édits et réglements concernant la police des livres en Belgique et notamment à Mons, depuis le règne de Charles-Quint jusqu'à nos jours.

~~~~~~~~

Nous l'avons déjà dit, notre pays était soumis, longtemps avant la découverte de l'imprimerie, à des lois répressives de la liberté d'écrire. Le pouvoir civil et l'autorité religieuse exerçaient une surveillance active sur les œuvres de l'esprit et sur le commerce alors peu étendu de la librairie. Nous pourrions citer, depuis et même avant les capitulaires de Charlemagne, des actes du souverain et des conciles concernant la police des livres; mais il nous a semblé qu'il suffisait de rappeler qu'au moyen âge, dans toutes nos provinces, cette police, confiée au clergé sous le rapport religieux, entrait, au point de vue politique, dans les attributions des magistrats chargés du maintien de l'ordre public, et qu'en 1428 les échevins de Mons obtinrent cette dernière juridiction dans le ressort de leur chef-lieu.

A cet état de choses que la bienveillance des magistrats rendait supportable, succéda, à partir du signal donné par la bulle que Léon X fulmina contre Luther le 15 juin 1520, la plus odieuse des législations qui eût jamais asservi la presse.

Pour compléter et terminer notre Introduction nous avons cru pouvoir nous borner à prendre, comme point de départ, cette époque célèbre dans l'histoire de l'imprimerie en Belgique.

Nous n'avons pas reculé devant l'aride et pénible labeur de rassembler et d'analyser, en suivant l'ordre chronologique, les documents épars de la législation qui, depuis lors jusqu'à nos jours, a réglé chez nous les droits et les devoirs des écrivains, des imprimeurs et des libraires. Ce travail, que nous avons resserré dans le cadre le plus étroit possible, nous le mettons sous les yeux de nos lecteurs. Formé plus spécialement au point de vue de notre bibliographie montoise, il offre toutefois cela de remarquable que, par la conformité des règlements qui ont régi nos anciennes provinces, son importance s'agrandit, qu'il prend un caractère d'intérêt général et devient, pour ainsi dire, un résumé de l'histoire de la liberté d'écrire en Belgique. Sous ce rapport surtout, s'il peut être de quelque utilité, nous ne regretterons pas de l'avoir entrepris.

Règne de Charles-Quint.

8 MAI 1521. — Édit de Charles-Quint, daté de Worms, contre les doctrines de Luther et de sa secte, ordonnant de brûler les livres de cet hérésiarque et défendant l'impression d'aucun ouvrage en matière de religion sans la permission de l'évêque diocésain, et en toute matière sans l'autorisation du souverain.

Placards de Flandre, tome 1.er, page 88.

17 JUILLET 1526. — Édit de Charles-Quint, daté de Malines, portant défense de parler, conférer et disputer sur les saintes écritures avec les disciples de Luther et autres sectaires séparés de la communion catholique, sous peine de bannissement et de confiscation des biens; — interdisant en outre l'achat ou la vente dans les Pays-Bas de tout livre étranger, et prescrivant qu'aucun ouvrage ne pourra être imprimé, sans la permission des écolâtres, sous peine de confiscation du tiers des biens du délinquant, et de bannissement perpétuel, en cas de récidive.

Placards de Flandre, tome 1.er, page 103.

14 OCTOBRE 1529. — Édit de Charles-Quint, donné à Bruxelles, défendant l'impression, la vente, l'achat, la distribution, la lecture, la simple possession même des livres de Martin Luther et d'autres auteurs accusés d'hérésie, ainsi que des nouveaux testaments imprimés par Adrien de Berghes, Christophe De Remonda et Jean Zel, livres condamnés et réprouvés par la faculté de théologie de l'Université de Louvain, et de tous autres ouvrages publiés depuis dix ans, sans noms d'auteur et d'imprimeur; enfin de tous écrits de controverse religieuse imprimés en français, en thiois ou en toute autre langue qu'en latin, et de toutes images offensant Dieu, la Vierge et les Saints; — interdisant aux personnes laïques toute discussion sur le sens de l'écriture sainte; — ordonnant à tous ceux qui possèderaient des livres défendus de les remettre, dans les 25 jours, pour être brûlés, au premier magistrat de la plus prochaine bonne ville de leur résidence; — sous peine de mort, en cas de contravention, savoir : les hommes par l'épée, les femmes par la fosse, les relaps par le feu; la tête des décapités devant, pour l'exemple, rester exposée sur un échafaud aux yeux du public; — accordant à tous ceux qui auraient embrassé les doctrines de Luther et des autres hérésiarques, un délai jusqu'au 25 novembre 1529, pour aller avouer leurs erreurs au principal officier de la ville la plus voisine de leur demeure, et se confesser ensuite à leur curé; — prescrivant que nul ne pourra imprimer aucun nouveau livre, en matière religieuse, qui n'ait été visité et approuvé par l'ordinaire, et, en quelque matière que ce soit, sans la permission du souverain; — décrétant que personne ne pourra donner sciemment asile aux hérétiques, avec injonction à ceux qui l'auraient fait involontairement de les dénoncer dans les 15 jours, sous peine de mort et de confiscation des biens; — excluant de l'exercice de tout état et de toute fonction publique non seulement les

citoyens convaincus d'hérésie, mais même ceux qui, par une information judiciaire antérieure, auraient été *véhémentement suspects* d'erreur religieuse; — accordant au dénonciateur la moitié des biens des condamnés s'ils n'excèdent pas 100 livres de gros, et, au cas contraire, y ajoutant le dixième de l'excédant, défalcation faite des frais de justice; — punissant, pour cause de négligence, de la déchéance de leur office et de l'interdiction du droit d'exercer aucune charge publique à l'avenir, les officiers chargés des poursuites; — instituant enfin un tribunal extraordinaire pour la répression des délits.

Placards de Flandre, tome 1.er, page 107.

7 OCTOBRE 1531. — Édit de Charles-Quint rappelant les prescriptions des ordonnances antérieures, notamment de celle du 14 octobre 1529, dont il n'est pour ainsi dire que la reproduction, sauf que la peine qu'il commine contre les imprimeurs qui publieraient un livre entaché d'hérésie, sans l'approbation de l'ordinaire et sans lettres patentes d'octroi du souverain, est, pour nous servir du langage cruellement énergique de l'édit, « *d'estre eschauffauldez et oultre ce, ou* « *d'estre flestriz d'ung fer chauld en forme de croix sy vivement* « *que l'on ne le pourra effacer, ou d'avoir ung œyl cresvé, ou* « *ung poing coppé, à la discrétion du juge.* »

Placards de Flandre, tome 1.er, page 113.

22 SEPTEMBRE 1540. — Édit de Charles-Quint portant défense d'imprimer des livres traitant de matières religieuses avant qu'ils n'aient été visités, approuvés et revêtus d'un permis d'impression; — enjoignant à tout imprimeur de mettre en tête de chaque ouvrage le nom du visiteur qui l'aura examiné et signé, ainsi que le privilège accordé; — interdisant expressément d'imprimer aucun livre sans mentionner le lieu d'impression et le nom de l'auteur et de l'imprimeur, comme aussi d'insérer de faux noms ou de fausses indications; —

prescrivant de délivrer à l'officier chargé de visiter, deux fois l'an, les magasins des imprimeurs et des libraires, un catalogue ou inventaire des ouvrages destinés à la vente; prohibant enfin l'impression des livres spécialement mentionnés dans les édits, et des œuvres de Luther, de Jean Wiclef, de Jean Huss et d'autres sectaires; — sous peine de mort et de confiscation.

>   Bibliothèque royale de Bruxelles, fonds Van Hultem, n.° 24473.
>   — Bibliothèque publique de Mons, collection de placards, 2.me portefeuille in-4.°, années 1540—1544, n.° 20.

4 OCTOBRE 1540. — Édit de Charles-Quint, daté de Bruxelles, sur la police générale dans les Pays-Bas, recommandant par l'article premier la stricte exécution des ordonnances pour l'extirpation de l'hérésie.

>   Bibliothèque publique de Mons, collection de placards, 2.me portefeuille in-4.°, années 1540—1541, n.° 21. — Recueil de placards, décrets, édits, ordonnances, imprimé à Mons en 1787, chez Wilmet, in-12, page 177.

18 DÉCEMBRE 1544. — Édit de Charles-Quint, daté de Gand, rappelant les défenses de l'ordonnance du 22 septembre 1540, et interdisant d'imprimer, même en latin, en anglais et en espagnol, tout livre et écrit quelconque sans approbation et permission.

>   Bibliothèque royale de Bruxelles, fonds Van Hultem, n.° 24473. — Placards de Brabant, tome 1.er, page 465.

9 MAI 1546. — Édit de Charles-Quint donnant la nomenclature des livres défendus par l'empereur lui-même, et ordonnant la publication du catalogue de ceux qui ont été réprouvés par l'Université de Louvain.

>   Placards de Flandre, tome 1.er, page 145.

30 JUIN 1546. — Édit de Charles-Quint déterminant les conditions d'admission à l'exercice de la profession d'imprimeur

et de libraire ; — imposant à ces industriels l'obligation d'exposer publiquement, dans leurs magasins, un inventaire de tous leurs livres ; les ouvrages relatifs à l'instruction de la jeunesse devant être approuvés par l'Université de Lou=vain et ceux qu'elle a réprouvés ne pouvant être imprimés, vendus, lus ou gardés.

>Bibliothèque royale de Bruxelles, fonds Van Hultem, n.° 22779.

29 AVRIL 1550. — Édit de Charles-Quint, daté de Bruxelles, *pour maintenir et faire observer la vraie et ancienne foi et la religion catholique.*

Cette ordonnance, dont les dispositions se trouvent déjà analysées dans notre esquisse historique sur la liberté d'écrire en Belgique, peut être considérée comme le code de la presse à cette époque ; elle est le résumé de toutes les pres=criptions antérieures sur les devoirs et les obligations des écrivains, des imprimeurs et des libraires.

>Bibliothèque publique de Mons, collection de placards, 3.me portefeuille in-4.°, années 1545—1552, n.° 37.

25 SEPTEMBRE 1550. — Édit de Charles-Quint, daté d'Inspruck, reproduisant presque littéralement l'édit publié à Bruxelles le 29 avril précédent.

>Archives communales de Mons, registre des placards de 1545 à 1564, folio 315 recto. — Bibliothèque publique de Mons, collection de placards, 3.me portefeuille in-4.°, années 1545 — 1552, n.° 40.

6 OCTOBRE 1550. — Décret du synode diocésain de Cambrai contenant, entre autres, certaines prescriptions relatives à la police religieuse des livres.

>*Decreta synodi diocesanæ cameracensis. Montibus, typis viduæ De La Roche.* 1686, in-8.°, *passim.*

26 MARS 1551 (1550 vieux style). — L'Université de Louvain ordonne la réimpression des catalogues des livres réprouvés

par elle et dont la première édition avait paru en cette ville en 1546.

Archives communales de Mons, registre des placards de 1545 — 1564, folio 550 recto à 551.

Domination espagnole.

20 AOUT 1556. — Édit de Philippe II, daté de Gand, confirmant l'ordonnance de Charles-Quint du 25 septembre 1550 et en recommandant l'exécution ponctuelle et rigoureuse.

Archives communales de Mons, même registre, folio 312 verso à 329.—Placards de Brabant, tome 1.er, pages 45 à 55.

26 JANVIER 1560 (1559 vieux style). — Édit de Philippe II, daté de Bruxelles et adressé au conseil souverain de Hainaut, défendant de chanter ou jouer publiquement et même en secret aucunes ballades, chansons, refrains, farces, comédies, traitant de sujets religieux ou faisant allusion aux personnages ecclésiastiques; — interdisant toute représentation de moralité ou de mystère composé en l'honneur de Dieu et des saints, dans l'intérêt des plaisirs honnêtes du peuple, à moins que ces pièces n'aient été préalablement visitées par le curé principal et le premier magistrat de la localité où les représentations doivent avoir lieu; — sous peine d'un châtiment exemplaire à fixer arbitrairement, selon l'exigence des cas.

Archives communales de Mons, même registre, folio 152 verso à 154 verso.

19 MAI 1562. — Édit de Philippe II, daté de Bruxelles, réglementant les professions d'imprimeurs, de libraires et de maîtres d'écoles, et ordonnant que les dispositions du concile de Trente sur la matière soient observées et exécutées aux Pays-Bas, sans préjudice aux droits de la puissance civile.

Placards de Brabant, tome 1.er, pages 467 à 475.

10 novembre 1564. — Lettre de Marguerite de Parme, régente et gouvernante des Pays-Bas, adressée de Bruxelles au grand bailli du Hainaut, défendant de mettre en vente ou de chanter, soit en public, soit en particulier, les *Psaumes de David*, en vers français et mis en musique; — ordonnant de brûler les exemplaires de cet ouvrage trouvés chez les libraires, dont les magasins seront visités à cette fin; — sous les peines prévues par les édits existants contre les distributeurs de livres défendus.

> Archives communales de Mons, registre des placards de 1545 — 1564, folio 144.

28 mai 1565. — Lettre de Marguerite de Parme, datée de Bruxelles, chargeant le magistrat de Mons et les principaux officiers ayant juridiction dans le Hainaut de faire rechercher, saisir et confisquer les exemplaires d'un livre imprimé en France, intitulé: *Commentaires au fait de la religion*, et dont les auteurs s'efforcent de répandre des exemplaires dans le pays.

> Archives communales de Mons, même registre, folio 199 recto.

25 juillet 1565. — Décret du synode provincial de Cambrai défendant expressément la vente et la lecture des livres suspectés d'hérésie et mis à l'*index*.

> *Canones et decreta sacri concilii provincialis cameracencis. Montibus, typis viduæ De La Roche.* 1686, in-8.°, pag. 12 et seq.

18 décembre 1565. — Lettre de Marguerite de Parme, datée de Bruxelles et adressée au grand bailli du Hainaut, recommandant l'exécution ponctuelle des édits de Charles-Quint et de Philippe II publiés antérieurement pour le maintien de la religion catholique et des dispositions du concile de

Trente et des synodes provinciaux; sans préjudice aux droits de la puissance civile.

Archives communales de Mons, registre des placards de 1545 — 1564, folio 215 verso à 218 recto.

1.er AVRIL 1566 (1565 vieux style). — Lettre de Marguerite de Parme, adressée de Bruxelles au magistrat de la ville de Mons, pour l'engager à découvrir les auteurs et les distributeurs de billets séditieux, dont on porte le nombre à 5,000 et répandus dans le pays dans le but d'exciter le peuple à la révolte contre le gouvernement établi, qu'on accuse d'intentions vexatoires et oppressives contre les habitants des Pays-Bas; — invitant le magistrat à dissuader les citoyens, à donner une prime aux dénonciateurs pour découvrir les fauteurs de troubles et à en faire bonne et exemplaire justice.

Archives communales de Mons, même registre, folio 203 verso.

1.er MAI 1566. — Édit de Philippe II, daté de Bruxelles, contre les auteurs, imprimeurs et distributeurs de libelles, pasquilles et écrits injurieux qui attaquent la religion catholique, la chose publique et les droits du souverain; — prononçant la peine de mort par la hart et la confiscation des biens contre les délinquants, et une peine arbitraire contre ceux qui, n'étant ni les auteurs, ni les imprimeurs, ni les distributeurs de ces pamphlets, seraient toutefois convaincus de les avoir divulgués et propagés; — ordonnant que, dans tous les cas, les exemplaires saisis soient brûlés ou remis en mains de l'autorité publique, et encourageant la dénonciation par la promesse d'une récompense de 600 florins et par la remise de toute peine au coupable qui ferait connaître ses complices.

Archives communales de Mons, même registre, folio 220 verso à 222 recto.

OCTOBRE 1567. — Décret du synode diocésain de Cambrai contenant, entre autres, certaines dispositions concernant la police religieuse des livres.

Synodus diocesana cameracensis. Montibus, typis viduæ De La Roche. 1686, in-8.° *passim.*

27 AVRIL 1568. — Dépêche du duc d'Albe, datée de Bruxelles et adressée au grand bailli du Hainaut, lui ordonnant d'enjoindre aux mayeur et échevins de la ville de Mons et aux autres autorités de la province, d'arrêter l'émission et la circulation de certains écrits qu'on répand avec la signature du prince d'Orange et du comte de Hoogstraeten, pour exciter les soldats à la révolte contre le gouvernement du roi; — recommandant de désabuser ceux que l'on veut induire en erreur par des bruits et des écrits mensongers, et de faire saisir, arrêter et punir exemplairement les imprimeurs et les distributeurs de ces écrits ainsi que ceux qui, possédant des exemplaires, ne les remettraient pas à l'autorité publique.

Archives communales de Mons, registre des placards de 1545 — 1564, folio 306 verso à 307 recto.

11 NOVEMBRE 1568. — Édit de Philippe II, daté du camp de Binche, adressé au grand bailli du Hainaut et au conseil souverain à Mons, ordonnant de sévir, d'après toute la rigueur des lois, contre les auteurs, imprimeurs et distributeurs de libelles et les propagateurs de bruits mensongers et séditieux ayant pour but d'égarer le peuple et de calomnier les intentions *paternelles* du souverain.

Archives communales de Mons, même registre, folio 411 verso à 415 verso.

9 MARS 1569 (1568 vieux style). — Dépêche du duc d'Albe, adressée de Bruxelles au grand bailli du Hainaut, lui enjoi=

gnant de faire anéantir dans cette province tous les livres défendus et mis à l'*index* qui ont été introduits en grand nombre dans le pays, pendant les troubles; — le chargeant à cet effet d'ordonner aux magistrats et aux officiers des villes et communes du comté d'opérer inopinément, le 26 de ce mois, une visite générale chez tous les imprimeurs et les libraires, et d'apposer le scellé sur les appartements et les magasins de ceux-ci, afin que personne ne puisse avoir accès aux livres, à l'exception des visiteurs qui seront commis par l'inquisiteur de Mons, à qui une communication spéciale sera faite à cette fin par le duc d'Albe lui-même; — recommandant de tenir cette dépêche secrète à raison de son importance.

  Archives communales de Mons, même registre, folio 409 recto à 410 recto.

15 FÉVRIER 1570 (1569 vieux style). — Édit de Philippe II, daté de Bruxelles, publié le 13 mars 1569 à la brétèque de la maison de paix, à Mons, et ordonnant de faire brûler, dans les trois mois à partir de la publication, tous les livres défendus repris dans le catalogue arrêté par le concile de Trente et ceux en langue française qui sont mentionnés dans un appendice à cette ordonnance, et parmi lesquels figurent notamment les œuvres de Marot, Rabelais, Étienne Dolet, Sleidan; — défendant de les réimprimer, de les lire et d'en posséder des exemplaires à l'avenir; — décrétant en outre que tous les détenteurs de livres non encore corrigés et expurgés à cette date seront tenus de les exhiber, de les remettre et de les apporter, dans le même délai de trois mois, au magistrat de leur domicile.

  Archives communales de Mons; dossier sur la police des livres.

19 MAI 1570. — Édit de Philippe II, daté de Bruxelles, concernant l'exercice des professions d'imprimeurs, de libraires et

de maîtres d'écoles; — instituant un prototypographe, ou premier typographe, chargé d'examiner et de recevoir les maîtres et ouvriers imprimeurs, de leur délivrer des certificats de capacité, sous la confirmation du roi ou de son lieutenant, et de leur faire prêter le serment requis; — exigeant de ceux qui seraient reçus maîtres et chefs d'imprimerie un certificat de religion délivré par l'évêque diocésain et une déclaration de moralité signée par le magistrat du lieu de leur résidence; — défendant à tout imprimeur d'employer aucun ouvrier ou apprenti sans faire une déclaration préalable au prototypographe, qui inscrira, sans frais, les noms de cet ouvrier, ceux de ses parents et le lieu de sa naissance, sur un registre spécial où seront également consignés les noms de tous les ouvriers examinés et reçus comme imprimeurs; — ne permettant aux ouvriers imprimeurs de travailler et de recevoir un salaire qu'après avoir obtenu l'autorisation du maître chez qui ils ont fait leur apprentissage, ou, en cas de refus de ce dernier, celle du prototypographe, sous peine d'une amende à fixer arbitrairement en cas de contravention; — chargeant des commissaires d'examiner et d'admettre les correcteurs ou protes; d'inscrire leurs noms et ceux de leurs parents, le lieu de leur naissance et celui où ils ont étudié; de s'informer de leur opinion religieuse et politique et de les examiner pour s'assurer de leur aptitude; — enjoignant au prototypographe de tenir note sur son registre des livres à imprimer et de constater la date du commencement et de l'achèvement de l'impression, en se faisant remettre par l'imprimeur le premier et le dernier feuillet du livre; — exigeant, avant l'impression de tout ouvrage, un privilége, une approbation et la communication du manuscrit original au prototypographe, qui y apposera sa signature pour contrôle; — prescrivant que chaque établissement typographique portera le nom d'un seul imprimeur responsable de toutes les contraventions, à moins qu'il n'y ait plusieurs associés ; — recommandant aux examinateurs de donner au prototypographe la liste de tous les livres venant, soit de l'étranger, soit du pays, qu'ils auront approuvés ou censurés, après examen, afin de pouvoir transcrire sur son registre les noms des auteurs et la décision des examinateurs ; — défendant de réimprimer tout livre pour lequel un privilége aura été accordé, si non après un délai de trois mois, à partir de l'expiration du terme de ce privilége et moyennant une approbation du prototypographe, sous peine de confiscation de l'édition réimprimée ; — ne permettant aux ouvriers imprimeurs de s'absenter de la ville où ils travaillent qu'après avoir prévenu le prototypographe, et à la condition de justifier, à leur retour, de l'emploi de leur temps avant de reprendre leurs travaux ; — voulant que toutes ces prescriptions et défenses soient observées, sous les peines comminées par cet édit et que le produit des amendes et des confiscations soit distribué par tiers au roi, au dénonciateur et à l'officier chargé de l'exécution ; — attribuant à l'évêque et à l'inquisiteur l'examen et l'approbation des manuscrits à imprimer ; — ordonnant aux imprimeurs, avant d'exposer en vente un livre nouvellement imprimé, de le mettre sous les yeux des commissaires avec la minute originale pour en faire la collation, et, après l'avoir signé et reconnu conforme, de le transmettre au roi ou à son lieutenant pour que les présidents et gens du conseil privé en fixent, sur l'avis du prototypographe, le prix sur le premier et le dernier feuillet ; — chargeant le prototypographe, après l'accomplissement de toutes ces formalités, de déposer cet exemplaire dans un lieu public pour servir de point de vérification au besoin ; — accordant aux commissaires et même au prototypographe la faculté de visiter les imprimeries, fréquemment, sans avis préalable et à leur volonté, pour s'assurer que les ordonnances et les placards sur la matière reçoivent leur exécution ; confiant aux officiers du lieu le soin de faire également de pareilles visites chaque fois qu'ils le trouveront convenable et au moins deux fois par année ; — prescrivant aux imprimeurs de prêter le serment exigé par les dispositions de l'ordonnance sur le fait de la religion, devant l'évêque et l'officier ou autre fonctionnaire désigné dans les lettres d'octroi, et en outre le serment de se conformer aux ordonnances et placards faits et à faire, tant au sujet de la religion que de l'imprimerie, ainsi qu'aux dispositions du concile de Trente et de la présente ordonnance; en outre de bien et fidèlement exercer leur profession ; — statuant que, dans les vingt jours, à partir de la publication de cette ordonnance, chaque imprimeur produira au gouverneur général ou à ses délégués ses lettres patentes antérieurement délivrées pour l'exercice de sa profession, pour qu'après un nouvel examen, un nouveau diplôme soit accordé, conformément aux présentes prescriptions, à ceux qui seront autorisés à continuer leur état ; — soumettant aux mêmes règles les graveurs ou tailleurs d'images sur cuivre ou sur bois ; — ordonnant que les libraires et marchands de livres admis comme tels par les conseils du pays prêteront serment entre les mains de ceux-ci, de ne tirer de l'étranger et de ne vendre ou acheter aucun livre qui ne réunisse les conditions légales, et ne permettant de vendre des bibles en langues vulgaires et des livres de controverse religieuse qu'aux personnes munies d'une licence écrite, délivrée d'après les règles du concile de Trente, dont les dispositions devront être observées comme celles de toutes les lois sur la matière ; — défendant d'ouvrir les paquets ou ballots de livres venant de l'étranger si ce n'est en présence des commissaires ou visiteurs nommés par l'évêque ou par l'inquisiteur, assistés d'un imprimeur ou d'un libraire, et, à défaut de ceux-ci, d'autres personnes connaissant les livres ; — chargeant le visiteur et son adjoint de vérifier et signer l'inventaire de ces livres, de saisir les livres défendus et de déposer en lieu sûr les ouvrages suspects ou inconnus pour n'en autoriser la vente qu'après qu'ils auront été examinés ; — défendant d'introduire dans le pays aucun livre imprimé à l'étranger, sans le faire visiter par le commissaire de la ville où siége un de ces fonctionnaires, et, avant cette vérification opérée au plus tard dans les quinze jours, de le communiquer, le prêter ou le vendre, à peine de correction arbitraire et de confiscation de l'ouvrage s'il est orthodoxe, sinon, sous les peines contenues en l'ordonnance sur la religion ; — enjoignant aux libraires ou marchands étrangers achetant des livres aux libraires ou marchands d'Anvers pour les transporter à Louvain ou dans d'autres villes du pays, de tenir un rôle ou inventaire des ouvrages achetés à Anvers, sur lequel devra se trouver la signature du vendeur, et une attestation de sa part que ces livres ont été visités en cette ville, ce qui dispensera de les soumettre à une nouvelle visite dans les lieux où on les exposera en vente ; — ordonnant aux commissaires, visiteurs, imprimeurs, correcteurs, ouvriers d'imprimerie, libraires, marchands ou relieurs de livres, d'avoir chez eux une copie en langues thioise et française de cette ordonnance, afin que personne n'en puisse prétendre cause d'ignorance ; — statuant, en ce qui concerne les maîtres et maîtresses d'écoles, que les officiers préposés à leur admission devront exiger d'eux un serment solennel, dont il sera tenu acte sur un registre spécial, de ne se servir d'aucun livre réprouvé, suspect ou scandaleux ; — menaçant d'une correction arbitraire, selon l'exigence du cas, les pères, mères, tuteurs, curateurs qui enverront les enfants commis à leur garde aux écoles des maîtres ou maîtresses non approuvés ; — enfin décrétant que les maisons dans lesquelles on aura prêché ou enseigné de fausses doctrines, rebaptisé ou fait quelque exercice de sectes hérétiques, et celles où l'on aura imprimé des livres contraires à la religion, seront abattues et rasées si elles appartiennent aux délinquants ou si les délits y ont été commis au vu et au su du propriétaire ou avec son aveu, et qu'elles ne pourront être réédifiées sans la permission du souverain.[1]

<blockquote>Placards de Brabant, tome IV, pages 43 à 48.</blockquote>

31 JUILLET 1571. — Édit de Philippe II, daté de Bruxelles, concernant la censure des livres; — prescrivant qu'ils seront visités et expurgés par des examinateurs spéciaux, d'après l'*indice expurgatoire* formé par les soins d'un collége de censeurs établi par le roi en la ville d'Anvers, et dont les exemplaires imprimés aux frais du gouvernement ne peuvent être remis qu'aux visiteurs choisis par les évêques.

<blockquote>Archives communales de Mons, dossier sur la police des livres.</blockquote>

23 OCTOBRE 1586. — Publication dans l'église de Sainte-Waudru, à Mons, des décrets du synode provincial de Cambrai, dont les chapitres 3 et 4 du titre I.er traitent des devoirs et des obligations des imprimeurs et des libraires, et le chapitre 1.er du titre XXI défend de se servir, dans les écoles et les séminaires, d'ouvrages contenus dans le catalogue des livres réprouvés par l'Université de Louvain.

<blockquote>*Concilium provinciale cameracense. Montibus, typis viduæ De La Roche.* 1686, in-8.º, page 1.</blockquote>

1.er JUIN 1587. — Édit de Philippe II, daté de Bruxelles, ordonnant que les décrets du synode provincial tenu en la ville de Mons, au mois d'octobre 1586, seront obligatoires et recevront exécution dans le diocèse de Cambrai; — prescrivant

---

[1] Il nous a paru utile de donner une analyse développée de cet édit parce qu'il était en vigueur en 1580, lors de l'introduction de l'imprimerie à Mons, et qu'il donne une idée exacte du régime auquel la presse était soumise sous la domination de Philippe II.

que les libraires et les imprimeurs feront profession de foi catholique, conformément à la formule inscrite dans l'article 2 de cet édit, en mains de l'écolâtre là où il en existe, sinon en mains des archiprêtres ou doyens de chrétienté.

> DE BOUSSU, *Histoire de Mons*, page 219. — Bibliothèque publique de Mons, collection de placards, 15.ᵐᵉ portefeuille in-4.°, années 1587—1592, n.° 227.

4 JANVIER 1588. — Ordonnance de Philippe II, datée de Bruxelles et adressée au grand bailli du Hainaut, enjoignant de faire rechercher les livres hérétiques qu'on répand dans le pays et principalement les bibles qu'on imprime à Hambourg, en toute espèce de langues, d'en empêcher la vente et de faire poursuivre et condamner, selon les peines de droit, ceux qui les introduiront, les distribueront ou les vendront dans le pays.

> Archives communales de Mons, registre des placards de 1584 — 1594, folio 70 recto.

19 FÉVRIER 1593. — Édit de Philippe II, daté de Bruxelles, adressé au conseil de Hainaut, défendant de composer, écrire, imprimer, distribuer ou divulguer des pasquilles, libelles fameux et écrits injurieux, en quelque langue qu'ils soient, contre la religion catholique, le bien public, les droits du souverain, les corps constitués et les particuliers, sous peine de la hart et de la confiscation des biens.

> Archives communales de Mons, même registre, folio 70 recto.

29 AVRIL 1594. — Ordonnance de l'archiduc Ernest d'Autriche, gouverneur des Pays-Bas, datée de Bruxelles, prescrivant le dépôt à la bibliothèque royale de cette ville, d'un exemplaire *bien relié en cuir*, de tout livre nouveau auquel un privilége d'impression sera accordé dans le pays.

> Archives du royaume à Bruxelles, conseil privé, carton n.° 1572.

29 mai 1595. — Ordonnance de Philippe II, datée de Bruxelles, décrétant qu'à dater du 1.er juin aucun octroi d'imprimer des livres en ce pays ne sera concédé qu'à la charge d'en déposer deux exemplaires *bien reliés en cuir noir, rouge ou jaune, avec les armes du roi*, entre les mains du garde-joyaux de la couronne, l'un destiné pour la bibliothèque royale de Bruxelles et l'autre pour celle que le roi formait en Espagne, à Saint-Laurent-le-Royal.

>Archives du royaume à Bruxelles, conseil privé, carton n.° 1572.

6 octobre 1604. — Décret du synode provincial de Cambrai, contenant, entre autres prescriptions, certaines dispositions sur la police religieuse des livres dans ce diocèse.

>*Decreta synodi diocesanæ cameracensis. Montibus, typis viduæ De La Roche.* 1686, in-8.°, *passim.*

31 aout 1608. — Édit pour l'observation de certains points et articles arrêtés dans le synode de Malines, touchant la juridiction ecclésiastique sur les imprimeurs, libraires, comédiens, chanteurs, etc.

>Placards de Flandre, tome II, page 125.

18 mai 1610. — Décret des archiducs Albert et Isabelle, défendant d'imprimer des livres composés par les pères de la Société de Jésus, sans l'autorisation préalable et par écrit du père provincial de l'ordre, sous peine de la confiscation des exemplaires et d'une amende à fixer arbitrairement.

>Annuaire de la Bibliothèque royale de Bruxelles, année 1840, page 118.

4 mars 1614. — Ordonnance des archiducs Albert et Isabelle, datée de Bruxelles, adressée au comte de Buquoy, grand bailli du Hainaut et publiée à Mons le 14 mars 1614, pres=

crivant d'obéir aux commandements de l'église catholique, apostolique et romaine et de ne tenir aucun livre défendu.

Archives communales de Mons, registre des placards de 1604 — 1614, n.° 30.

11 MARS 1616. — Ordonnance des archiducs Albert et Isabelle, datée de Bruxelles, concernant l'imprimerie et la librairie dans le pays; — indiquant les conditions d'admission aux professions d'imprimeurs et de libraires, et n'admettant à leur exercice que les candidats munis de lettres patentes du gouvernement, lesquelles ne s'accordaient qu'aux personnes justifiant non seulement de capacité dans un examen passé devant deux commissaires nommés, l'un par l'évêque, l'autre par le magistrat du domicile, mais encore de moralité et d'attachement à la religion catholique; — exigeant formellement l'avis de l'évêque diocésain; — obligeant tout imprimeur et tout libraire, avant d'entrer en exercice de son état, d'exhiber ses lettres patentes à l'évêque de son diocèse et de faire, en ses mains, profession de foi et de religion catholique, formalité dont l'accomplissement sera constaté par un acte auquel restera annexée une copie de ces lettres; — interdisant l'impression de tous livres, ballades, chansonnettes, rythmes, almanachs et autres écrits quels qu'ils soient, à moins qu'ils n'aient été préalablement examinés par les visiteurs commis par l'autorité publique et par l'évêque diocésain; — dispensant toutefois de cette formalité les lettres d'ordonnances, les contrats de louage, les baux à ferme et autres; — défendant la publication des livres traitant de matières importantes, alors même qu'ils auraient été visités et examinés, sans le consentement et l'octroi du souverain ou de ses conseils; — empêchant la réimpression de tout ouvrage si ce n'est après examen et octroi nouveaux lorsque des changements ont été apportés à la première édition; — défendant de confier l'impression des livres à des

presses étrangères sans offrir la préférence aux imprimeurs d'Anvers, de Louvain et de Douai, le prix fût-il même de beaucoup supérieur; — ordonnant que le premier et le dernier feuillet de chaque ouvrage contiendra l'acte d'approbation et le privilége, la date et le lieu de l'impression, ainsi que les noms des imprimeurs, et le prix fixé par l'agent préposé par le magistrat; — recommandant aux visiteurs de tenir un registre des livres qu'ils examineront et de conserver un exemplaire de chacun pour être placé dans un dépôt public désigné par l'évêque; les manuscrits visités et paraphés par eux devant être remis aux imprimeurs après avoir été collationnés avec l'ouvrage imprimé; — recommandant aux visiteurs de ne rien admettre de scandaleux ou de contraire à l'état ecclésiastique et séculier; les autorisant à cette fin de visiter, chaque fois qu'ils le trouveront convenable, les magasins et même toute l'habitation des imprimeurs, des libraires et de leurs agents; — voulant que tous les livres imprimés venant de l'étranger soient présentés à la censure, et qu'à l'arrivée d'un ballot de livres, le censeur soit requis de présider à l'ouverture de ce ballot; — exemptant les livres dûment approuvés de toute visite ultérieure; — défendant à tout mercier, porte-paniers et autres de vendre ou d'exposer en vente aux portes des églises, carrefours des villes ou autres endroits, aucun imprimé de quelque nature qu'il soit; ce privilége n'appartenant qu'aux imprimeurs et aux libraires jurés et assermentés; — interdisant de vendre les livres imprimés ci-devant dans les provinces-unies avec une fausse indication des noms des typographes de ce pays; — obligeant les imprimeurs à exposer devant leurs maisons, aux yeux du public, une marque ou enseigne telle qu'une presse ou autre signe d'imprimerie; — décrétant que le salaire des visiteurs sera fixé de commun accord et payé par les imprimeurs et les libraires; — punissant les contrevenants, de confis=

cation, d'amende et d'une peine arbitraire à fixer par le juge.

> Recueil de plusieurs placards fort utiles au pays de Hainaut. Mons, Siméon De La Roche. 1664, in-4.°, pages 165 à 168.

2 OCTOBRE 1617. — Règle tracée par l'archevêque de Cambrai, François Van der Burch, concernant la police des livres, au point de vue religieux, dans le synode tenu dans ce diocèse.

> *Concilium provinciale cameracense. Montibus, typis viduæ De La Roche.* 1664, in-8.°, *in fine*.

28 FÉVRIER 1651. — Édit de Philippe IV, daté de Bruxelles, rappelant les défenses et les prohibitions des bulles émanées de Rome contre les doctrines de certains théologiens, et notamment contre celles du livre de Corneille Jansénius, intitulé : *Augustinus*, et dans d'autres ouvrages imprimés à l'occasion de celui-ci et mentionnés dans le catalogue annexé à la bulle d'Urbain VIII; — sous peine de bannissement et d'amende.

> Placards de Flandre, tome III, page 72. — Placards de Brabant, tome III, page 25.

15 JUILLET 1662. — Édit de Philippe IV, daté de Bruxelles, faisant défense d'imprimer, vendre, distribuer ou introduire dans les Pays-Bas aucune carte armoriale, sans permission préalable du Roi ou de son lieutenant-général, afin d'éviter les abus résultant de publications antérieures dans lesquelles on a *meslangé les familles roturières avec les nobles et pour conserver à la vraye et ancienne noblesse les droits et lustres qui lui appartiennent;* — sous peine de la confiscation des exemplaires, d'une amende du quadruple de leur valeur et d'autre châtiment arbitraire, selon la gravité du fait.

> Placards de Brabant, tome III, page 493.

30 AVRIL 1667. — Ordonnance de Charles II, datée de Bruxelles, déclarant que les dispositions prises à l'égard de la visite et de la censure des livres seront également applicables à toutes autres pièces imprimées.

> Placards de Flandre, tome III, page 81.

20 AVRIL 1669. — Ordonnance de Charles II, datée de Bruxelles, défendant de composer, d'introduire, d'imprimer ou de faire imprimer dans les Pays-Bas certains livres pernicieux.

> Placards de Flandre, tome III, page 79.

15 JANVIER 1675. — Ordonnance de Charles II, datée de Bruxelles, enjoignant aux principaux officiers du pays, notamment au grand bailli du Hainaut, de tenir la main à la stricte et sévère exécution des placards existants sur l'imprimerie et la librairie, afin de réprimer les abus qui se commettent journellement.

> Recueil de plusieurs placards fort utiles au pays de Hainaut. Mons, Ernest De La Roche. 1701, in-4.°, page 204.

7 NOVEMBRE 1695. — Décret de Maximilien-Emmanuel, permettant aux conseillers fiscaux de connaitre de tous livres traitant de quelques nouvelles sciences.

> Placards de Flandre, tome V, page 55.

Domination autrichienne.

21 OCTOBRE 1725. — Décret du marquis de Prié, adressé aux conseils de justice, leur ordonnant de faire défense aux libraires, aux imprimeurs et à tous autres de recevoir, vendre ou distribuer le livre intitulé le *Mercure historique et politique*, imprimé à La Haye, et les écrits contre la religion catholique et le Saint-Siége, sous peine de 300 florins d'amende.

> Placards de Flandre, tome V, page 59.

15 NOVEMBRE 1725. — Ordonnance du conseil de Hainaut, défen=
dant, en exécution du décret du marquis de Prié du 21
octobre précédent, la vente du *Mercure historique et politique*
et de tous autres livres contraires à la religion.

Bibliothèque publique de Mons, collection de placards, 41.me portefeuille in-folio, années 1725—1731, n.° 1085.

12 SEPTEMBRE 1725. — Ordonnance de Charles VI, statuant que la
réponse épistolaire imprimée sous le nom de Z.-B. Van Espen,
concernant la prétendue élection de Corneille Steenhoven à
l'archevêché d'Utrecht, sera lacérée publiquement comme
étant injurieuse au bref du pape, qui casse cette élection, et
enjoignant à quiconque en possède des exemplaires de les
remettre en mains des conseillers fiscaux.

Bibliothèque publique de Mons, collection de placards, même portefeuille, n.° 1125. — Placards de Brabant, tome v, page 511.

22 FÉVRIER 1727. — Ordonnance de Charles VI, datée de Bruxelles,
signalant les abus qui se commettent par la publication de
thèses, dialogues, testaments, manifestes, lettres missives
et autres écrits de cette nature qui s'impriment sans appro=
bation ni privilége, et dans lesquels on rencontre souvent des
principes pernicieux; — recommandant au magistrat chargé
de la police des livres la ponctuelle exécution des règlements
sur la matière et y ajoutant de nouvelles prescriptions.

Collection imprimée des Archives du royaume, in-folio, tome IX. — Placards de Brabant, tome v, page 512.

22 FÉVRIER 1727. — Ordonnance de Charles VI, datée de
Bruxelles, défendant, sous peine d'emprisonnement et de
confiscation des biens, de composer, d'imprimer, de débiter
ou d'introduire dans le pays des écrits scandaleux, impies
ou impudiques, contraires à la religion et au bien de l'État.

Placards de Brabant, tome v, page 516.

27 novembre 1728. — Ordonnance de Charles vi, défendant l'introduction dans le pays, la vente et la lecture d'une brochure intitulée: *Quintessence des nouvelles historiques, politiques, critiques et galantes*, ainsi que de tous autres mauvais ouvrages.

> Bibliothèque publique de Mons, collection de placards, 41.ᵐᵉ portefeuille in-folio, années 1723—1731, n.° 1183. — Placards de Brabant, tome v, page 518.

25 juin 1729. — Ordonnance de Charles vi sur l'impression et la vente des livres.

> Bibliothèque publique de Mons, collection de placards, même portefeuille, n.° 1191. — Placards de Brabant, tome v, page 521.

6 mars 1730. — Décret de l'archiduchesse Marie-Élisabeth, adressé au conseil de Brabant, touchant l'ordonnance du 25 juin 1729 sur l'impression des livres, ordonnance que ce conseil différait de publier; — portant que l'intention de son altesse sérénissime n'a jamais été de défendre indistinctement tous les livres censurés par la seule autorité des ecclésiastiques.

> Placards de Brabant, tome v, page 529.

9 juillet 1731. — Ordonnance de l'archiduchesse Marie-Élisabeth, datée de Bruxelles, portant interprétation de l'édit du 25 juin 1729, en ce qui concerne la censure et l'impression des thèses, des livres de prières, des directoires pour les heures ecclésiastiques et des factum et mémoires de procédure.

> Placards de Brabant, tome v, page 529.

16 juin 1732. — Ordonnance de l'archiduchesse Marie-Élisabeth, datée de Bruxelles, enjoignant aux conseillers avocats-fiscaux et aux autres officiers principaux de veiller à l'exécution du

placard du 25 juin 1729, en ce qui concerne l'importation et la vente des livres défendus, et de faire saisir et supprimer les exemplaires d'un ouvrage récemment introduit dans le pays, ayant pour titre : *Cérémonies et coutumes de tous les peuples du monde.*

Placards de Brabant, tome v, page 553.

7 JUIN 1734. — Édit de Charles vi, ordonnant, conformément à celui du 25 juin 1729, d'interdire l'entrée des Pays-Bas à la *Gazette d'Utrecht*, et d'en faire rechercher et supprimer les exemplaires.

Placards de Brabant, tome v, page 554.

18 OCTOBRE 1734. — Ordonnance de l'archiduchesse Marie-Élisabeth, prescrivant d'observer l'article 4 de l'édit du 9 juillet 1731, en évitant toute satire ou plaisanterie offensante dans les thèses imprimées pour les disputes publiques qui ont lieu, soit dans les couvents ou maisons religieuses, soit dans les colléges particuliers.

Placards de Brabant, tome v, page 557.

20 AOUT 1735. — Édit de Charles vi, révoquant la défense portée contre la *Gazette d'Utrecht* et permettant la distribution et la lecture de ce journal.

Placards de Brabant, tome v, page 559.

19 AOUT 1737. — Ordonnance de l'archiduchesse Marie-Élisabeth, statuant que l'ouvrage intitulé: *Bericht van de Snoode onderneming en Wrouve-roof*, etc., qui se vend dans le duché de Gueldre, sera lacéré et brûlé à Ruremonde, en place publique, par l'exécuteur des hautes-œuvres, et défendant à tous les libraires des Pays-Bas de le mettre en vente.

Placards de Brabant, tome v, page 541.

26 JANVIER 1739. — Ordonnance de l'archiduchesse Marie=
Thérèse, statuant que les deux libelles ayant pour titre, l'un:
Cas de conscience, et l'autre : *Avis au public,* seront brûlés
par le maître des hautes-œuvres à Bruxelles et à Namur ; —
punissant d'une amende de 300 florins la possession de
chaque exemplaire.
   Collection imprimée des Archives du royaume, in-folio, tome x.

12 FÉVRIER 1739 — Édit de Charles vi, daté de Bruxelles, défen=
dant de composer, d'imprimer, de vendre et de répandre
dans le public des libelles ou écrits diffamatoires, sous les
peines suivantes, savoir : 1.° de mort et de confiscation des
biens contre ceux qui attaquent les dogmes de la religion, la
tranquillité publique, la personne royale ou son gouverne=
ment ; 2.° de peine corporelle arbitraire et de confiscation
de la moitié des biens, contre ceux qui portent atteinte
à l'honneur et à la réputation des personnes constituées
en dignités ecclésiastiques ou employées au service du roi;
3.° enfin, de bannissement perpétuel et de confiscation de
la moitié des biens contre ceux qui attaquent l'honneur des
particuliers ; — laissant, dans tous les cas, la faculté au juge
d'aggraver ces dernières peines, et même de prononcer celle
du dernier supplice, selon l'occurrence et la gravité du fait
incriminé.
   Recueil de placards. Mons, Wilmet. 1787, in-12.°, page 547.
   — Placards de Brabant, tome x, page 177.

12 AVRIL 1740. — Ordonnance de Charles vi, défendant l'in=
troduction, la vente et la lecture, aux Pays-Bas, de la
Gazette de Harlem.
   Placards de Brabant, tome x, page 183.

9 JUILLET 1750. — Décret du marquis de Botta-Adorno, ministre
plénipotentiaire de S. M. l'Impératrice-Reine, adressé aux
évêques et portant défense de réciter l'office de Grégoire vii.
   Placards de Brabant, tome viii, page 2.

9 JUILLET 1759. — Dépêche du marquis de Botta-Adorno, adressée aux conseils de justice avec la copie du décret du même jour, qui défend de réimprimer dans le royaume et de réciter l'office du pape Grégoire VII; — ordonnant de veiller à l'exécution de cette défense et de faire rechercher les exemplaires de cet office chez les imprimeurs ou ailleurs, afin de les supprimer.

   Placards de Brabant, tome VIII, page 1.

6 SEPTEMBRE 1752. — Décret du prince Charles de Lorraine, daté de Bruxelles, portant défense à tous imprimeurs et libraires, d'imprimer et d'exposer en vente, sans l'approbation de l'ordinaire et de l'autorité publique, des livres, lettres, mémoires et écrits quelconques, tendant à renouveler les disputes de religion.

   Placards de Brabant, tome VIII, page 3. — Placards de Flandre, tome VIII, page 3.

8 FÉVRIER 1755. — Ordonnance de l'impératrice Marie-Thérèse, datée de Bruxelles, déclarant que les œuvres du docteur Van Espen ne doivent pas être comprises parmi les livres défendus.

   Placards de Flandre, tome VIII, page 87.

30 AOUT 1755. — Décret défendant l'impression et la vente de certains livres, et notamment de celui portant pour titre : *Entretiens d'Anselme et d'Isidore.*

   Placards de Flandre, tome VIII, page 90.

11 OCTOBRE 1756. — Ordonnance du prince Charles de Lorraine, datée de Bruxelles, prescrivant aux imprimeurs de déposer à la bibliothèque de cette ville deux exemplaires de tous les ouvrages qu'ils impriment.

   Archives du royaume, registre des décrets envoyés au conseil souverain de Hainaut, du 2 décembre 1752 au 6 novembre 1766, folio 159.

7 MAI 1757. — Décret de l'impératrice Marie-Thérèse, proscrivant la *Gazette de Harlem*.

Placards de Brabant, tome x, page 188.

2 MAI 1759. — Décret du prince Charles de Lorraine, adressé aux conseillers fiscaux du pays, pour faire saisir l'ouvrage latin du chanoine Dens, imprimé à Malines en deux volumes in-4.°, et la réponse apologétique de l'opinion du P. Tomson, récollet, sur le fait des billets de confession ; — ordonnant en outre de faire enlever les exemplaires d'un *index* des livres défendus par le pape Grégoire xiv, qui se vend dans le pays, sans être muni d'aucune permission, et dans lequel se trouvent proscrits les ouvrages du docteur Van Espen.

Placards de Brabant, tome x, page 176.

5 NOVEMBRE 1761. — Direction pour les Conseils concernant la censure des livres mis en vente, avec recommandation aux conseillers fiscaux de ne pas approuver les catalogues, en s'en tenant à la simple approbation du censeur ecclésiastique.

Placards de Brabant, tome x, page 196.

4 AOUT 1764. — Décret de l'impératrice Marie-Thérèse, ordonnant que les catalogues des livres que l'on expose en vente devront être examinés et approuvés par le conseiller-avocat de Sa Majesté ou par son substitut, après qu'ils l'auront été par le censeur ecclésiastique.

Placards de Brabant, tome x, page 195. — Recueil de placards. Mons, Wilmet. 1787, in-12.°, page 448.

29 OCTOBRE 1767. — Ordonnance du prince Charles de Lorraine, défendant l'usage des livres de liturgie imprimés à l'étranger postérieurement à la présente ordonnance.

Placards de Brabant, tome x, page 191.

30 JUILLET 1768. — Décret de l'impératrice Marie-Thérèse, condamnant et proscrivant l'ouvrage imprimé à Liége sous le nom de Jacques Clémens, intitulé : *Traité du pouvoir irréfragable et inébranlable de l'église sur le mariage des catho= liques*, contre le livre qui a pour titre : *Examen de deux questions importantes sur le mariage*.

> Bibliothèque publique de Mons, collection de placards, 48.me portefeuille in-folio, années 1766—1771, n.º 2015. — Voir le même décret, mais avec la date du 4 août 1768, dans les Placards de Brabant, tome x, page 192.

19 DÉCEMBRE 1768. — Décret de Marie-Thérèse, daté de Bruxelles et adressé au magistrat de Mons, lui interdisant de s'occuper à l'avenir de la censure et de la police des livres, cet objet rentrant, aux termes des édits, dans les attributions des conseillers fiscaux et de leurs substituts.

> Archives du royaume, registre des décrets envoyés au conseil souverain de Hainaut, du 7 novembre 1766 au 20 novembre 1775, folio 26.

23 DÉCEMBRE 1768. — Ordonnance du conseil souverain de Hai= naut portée en exécution du décret impérial du 19 du même mois, enjoignant aux imprimeurs, aux libraires, aux mar= chands et aux colporteurs de livres, ainsi qu'à tous héritiers et administrateurs de maisons mortuaires, de s'adresser à l'avenir au conseiller-avocat de Sa Majesté ou à son substitut, à l'effet d'obtenir les permissions d'imprimer et de vendre des livres ; — sous peine d'une amende à fixer par la cour selon l'exigence du cas.

> Bibliothèque publique de Mons, collection de placards, 48.me portefeuille in-folio, années 1766—1771, n.º 2020.

6 NOVEMBRE 1775. — Décret de l'impératrice Marie-Thérèse, daté de Bruxelles, défendant de faire imprimer aucune requête, aucun factum, mémoire, ou écrit de plaidoierie, sans la permission préalable des juges saisis de la cause et chargés

de déterminer le nombre des exemplaires à imprimer, sous peine de 1000 florins d'amende à payer par les délinquants.

<blockquote>Bibliothèque publique de Mons, collection de placards, 50.me portefeuille in-folio, années 1775—1781, n.° 2182. — Recueil de placards. Mons, Wilmet. 1787, in-12.°, page 505.</blockquote>

29 AOUT 1778. — Édit de l'impératrice Marie-Thérèse, daté de Bruxelles, portant défense de recevoir aux Pays-Bas, d'y vendre ou lire aucun exemplaire des gazettes ou feuilles périodiques suivantes: le *Courrier du Bas-Rhin*, le *Courrier politique et littéraire* ou *Courrier de l'Europe*, sous peine d'une amende de 300 florins pour la première infraction à cette défense, de 600 florins pour la deuxième, et de bannissement perpétuel pour la troisième.

<blockquote>Bibliothèque publique de Mons, même portefeuille in-folio, années 1775—1781, n.° 2237.</blockquote>

15 MARS 1781. — Ordonnance de l'empereur-Joseph II, datée de Bruxelles, portant suppression d'une brochure ayant pour titre: *Essai historique sur l'origine des dîmes, pour parvenir à l'examen de la question, si les décimateurs ont leur intention fondée en droit pour exiger la dîme des fruits nouveaux.*

<blockquote>Ma collection de placards, in-folio.</blockquote>

18 AOUT 1784. — Édit de Joseph II, daté de Bruxelles, concernant les libelles et les écrits satiriques, diffamatoires et séditieux, renfermant des dispositions additionnelles à celui du 12 février 1739, dont il ordonne une nouvelle publication, avec recommandation d'exécuter les anciennes et les nouvelles prescriptions.

<blockquote>Bibliothèque publique de Mons, collection de placards, 51.me portefeuille in-folio, années 1781—1785, n.° 2346. — Recueil de placards. Mons, Wilmet. 1787, in-12.°, page 545.</blockquote>

28 SEPTEMBRE 1784. — Dépêche des archiducs Marie et Albert, datée de Bruxelles et adressée aux évêques du pays, annonçant que, d'après les intentions de l'empereur, il leur est interdit de faire imprimer et publier des mandements ou lettres pastorales dans leur diocèse, sur quelque sujet que ce puisse être, sans que le projet en ait été soumis préalablement à l'approbation du gouvernement.

  Archives du royaume, à Bruxelles, conseil privé, carton n.° 1574.

24 MARS 1785. — Édit de Joseph II, daté de Bruxelles, défendant l'entrée et la circulation dans les Pays-Bas, de la feuille périodique intitulée: *Courrier politique et littéraire* ou *Courrier de l'Europe*; — renouvelant ainsi la défense portée contre ce journal par l'ordonnance de Marie-Thérèse du 29 août 1778.

  Bibliothèque publique de Mons, collection de placards, 51.me portefeuille in-folio, années 1781—1785, n.° 2368.

25 JUILLET 1787. — Édit de Joseph II, daté de Bruxelles, interdisant l'impression et la distribution de tous libelles, écrits diffamatoires et autres qui tendent à empêcher le retour du calme et de la tranquillité publique, sous peine de 500 florins d'amende contre les auteurs, les imprimeurs et les distributeurs.

  Bibliothèque publique de Mons, collection de placards, 53.me portefeuille in-folio, années 1787—1790, n.° 2469.

22 NOVEMBRE 1787. — Édit de Joseph II, daté de Bruxelles, défendant de composer, imprimer, distribuer des libelles ou écrits satiriques, diffamatoires, scandaleux ou séditieux, sous peine de fustigation, de bannissement perpétuel avec confiscation des biens des coupables, d'emprisonnement et d'amende, selon l'occurrence et la gravité du délit.

  Bibliothèque publique de Mons, même portefeuille, n.° 2478. — Recueil de placards. Mons, Wilmet. 1787, in-12.°, page 582.

5 DÉCEMBRE 1787. — Édit de Joseph II, daté de Bruxelles, portant défense d'insulter les personnes constituées en dignités.

> Bibliothèque publique de Mons, collection de placards, même portefeuille, n.° 2479.

26 JANVIER 1788. — Édit de Joseph II, daté de Bruxelles, proscrivant le *Journal historique et littéraire* et l'*Esprit des Gazettes*.

> Bibliothèque publique de Mons, même portefeuille, n.° 2487.

8 DÉCEMBRE 1789. — Ordonnance de police défendant la vente de tout imprimé sans la permission du magistrat.

> Bibliothèque publique de Mons, même portefeuille, n.° 2538.

16 NOVEMBRE 1790. — Arrêt de la cour souveraine de Hainaut, proscrivant l'imprimé intitulé *Peuple du Hainaut*, et défendant l'introduction et la distribution de toutes brochures et feuilles dont l'impression n'a pas été légalement autorisée.

> Bibliothèque publique de Mons, même portefeuille, n.° 2554.

8 OCTOBRE 1792. — Édit de François II, daté de Bruxelles, interdisant l'introduction et la distribution des *feuilles périodiques de France* et d'autres ouvrages tendant à propager les principes de la révolution française.

> Bibliothèque publique de Mons, collection de placards 54.me portefeuille in-folio, années 1791—1793, n.° 2612.

4 AVRIL 1794. — Recommandation de la cour souveraine de Hainaut, aux autorités constituées, de veiller à la stricte exécution des lois et des ordonnances concernant les écrits satiriques, séditieux ou diffamatoires, conformément aux intentions exprimées par l'Empereur et Roi dans sa lettre datée de Vienne le 28 février de cette année.

> Bibliothèque publique de Mons, collection de placards, 55.me portefeuille in-folio, années 1793—1794, n.° 2788.

4 AVRIL 1794. — Édit de François II, daté de Bruxelles, contre ceux qui, par des écrits ou des actes criminels, cherchent à propager dans les provinces belgiques les principes du système révolutionnaire français.

Ma collection de placards, in-folio.

Réunion de la Belgique à la France.

Gouvernement français.

6 OCTOBRE 1795 (14 vendémiaire an IV). — Publication en Belgique, par arrêté des représentants du peuple, de la constitution de la république française du 5 fructidor an III (2 août 1795), portant les dispositions suivantes concernant la liberté de la presse, du commerce et de l'exercice de toutes les professions :

« Art. 353. Nul ne peut être empêché de dire, écrire, imprimer et publier sa pensée. — Les écrits ne peuvent être soumis à aucune censure avant leur publication. Nul ne peut être responsable de ce qu'il a écrit ou publié que dans les cas prévus par la loi. »

« Art. 355. Il n'y a ni privilége, ni maîtrise, ni jurande, ni limitation à la liberté de la presse, du commerce et à l'exercice de l'industrie et des arts de toute espèce. Toute loi prohibitive en ce genre, quand les circonstances la rendent nécessaire, est essentiellement provisoire et n'a d'effet que pendant un an au plus, à moins qu'elle ne soit formellement renouvelée. »

« Art. 357. La loi doit pourvoir à la récompense des inventeurs ou au maintien de la propriété exclusive de leurs découvertes ou de leurs productions. »

Collection de Huyghe, tome v, page 63. — Pasinomie, première série, tome VII, page 25.

10 NOVEMBRE 1795 (19 brumaire an IV). — Publication en Belgique, par arrêté des représentants du peuple, des articles 2, 5, 6 et 7 du décret du 2—17 mars 1791; de l'article 7 du décret du 28 du même mois; du décret du 14 juin et de celui du 17 septembre 1791, relatifs à la suppression des maîtrises et des jurandes, et au libre exercice de toutes professions, de tous négoces, arts, métiers, sauf l'obligation de payer patente et de se conformer aux lois et aux réglements de police.

Collection de Huyghe, tome v, page 271. — Pasinomie, première série, tome vii, page 39.

8 DÉCEMBRE 1795 (17 frimaire an IV). — Publication en Belgique, par arrêté des représentants du peuple, du décret de la convention nationale du 19 juillet 1793, relatif au droit de propriété des auteurs d'écrits en tous genres, des compositeurs de musique, des peintres, des dessinateurs et aux contrefaçons; — assurant aux auteurs le droit de vendre et de céder leurs ouvrages, de faire confisquer à leur profit les exemplaires contrefaits, et condamner : 1.° les contrefacteurs à une somme équivalant au prix de trois mille exemplaires de l'édition originale, et 2.° les vendeurs d'éditions contrefaites, s'ils ne sont pas reconnus contrefacteurs, à une somme égale au prix de cinq cents exemplaires; — prescrivant aux auteurs, pour jouir de ce droit, de déposer deux exemplaires de leurs ouvrages à la bibliothèque nationale; — déclarant enfin que les héritiers d'un auteur conserveront la propriété exclusive de ses œuvres pendant dix ans après sa mort.

Collection de Huyghe, tome vi, page 69. — Pasinomie, première série, tome v, page 301, et tome vii, page 50.

11 MAI 1796 (22 floréal an IV). — Publication en Belgique, par arrêté du directoire exécutif, 1.° de la loi du 27 germinal an IV (16 avril 1796), prononçant des peines sévères

contre tous ceux qui, par leurs discours, leurs écrits imprimés, distribués ou affichés, provoqueraient au renversement du gouvernement républicain, porteraient atteinte à la sûreté publique et individuelle, exciteraient à l'invasion des propriétés publiques ou au partage des propriétés particulières, sous le nom de *loi agraire;* 2.° de la loi du 28 germinal an IV (17 avril 1796), contenant des mesures répressives des délits qui peuvent être commis par la voie de la presse.

> Bulletin des lois, II, bull. 40, n.° 525. — Pasinomie, première série, tome VII, pages LXIX et 303.

9 SEPTEMBRE 1796 (23 fructidor an IV). — Publication en Belgique de la loi du 10 fructidor an IV (27 août 1796), concernant l'impression des ouvrages adoptés comme livres élémentaires.

> Collection de Huyghe, tome IX, page 259 et 273. — Bulletin des lois, II, bull. 72, n.° 660; — Pasinomie, première série, tome VII, pages XCIII et 384.

1.ᵉʳ NOVEMBRE 1796 (11 brumaire an V). — Arrêté du directoire exécutif, ordonnant la publication des lois du 6 messidor an IV (24 juin 1796) et du 4 thermidor an IV (22 juillet 1796), concernant le tarif des postes et réglant le prix du port des ouvrages périodiques et des livres brochés.

> Bulletin des lois, II, bull. 55, n.° 487, bull. 60, n.° 554, et bull. 87, n.° 835. — Pasinomie, première série, tome VII, pages 337, 348 et 438.

25 DÉCEMBRE 1796 (5 nivôse an V). — Loi portant défense d'annoncer publiquement les journaux et les actes des autorités constituées autrement que par leur titre.

> Bulletin des lois, II, bull. 98, n.° 928. — Pasinomie, première série, tome VII, page 476.

26 JANVIER 1797 (7 pluviôse an V). — Publication en Belgique de l'arrêté du directoire exécutif du 25 pluviôse an IV

(14 février 1796), concernant la police des spectacles ; — ordonnant aux administrations municipales d'interdire les représentations de tous ouvrages qui pourraient troubler l'ordre public, de faire arrêter et poursuivre les directeurs et fermer les théâtres sur lesquels on représenterait des pièces tendant à dépraver l'esprit public et à *réveiller la hon= teuse superstition de la royauté.*

<blockquote>Bulletin des lois, II, bull. 27, n.° 178. — Pasinomie, pre= mière série, tome VII, pages LXI et 268.</blockquote>

5 SEPTEMBRE 1797 (19 fructidor an V). — Loi contenant des mesures de salut public ; — restreignant, pendant un an, l'exercice de la liberté de la presse et l'assujétissant à la surveillance arbitraire de la police.

<blockquote>Bulletin des lois, II, bull. 142, n.° 1400. — Pasinomie, pre= mière série, tome VIII, page 34.</blockquote>

30 SEPTEMBRE 1797 (9 vendémiaire an VI). — Loi relative aux fonds nécessaires pour les dépenses de la république ; — soumettant à un droit de timbre, art. 56—61, les journaux et les feuilles périodiques.

<blockquote>Bulletin des lois, II, bull. 148, n.° 1447. — Pasinomie, pre= mière série, tome VIII, page 54.</blockquote>

4 OCTOBRE 1797 (13 vendémiaire an VI). — Loi relative au droit de timbre fixe ou de dimension pour les journaux et les affiches.

<blockquote>Bulletin des lois, II, bull. 150, n.° 1472. — Pasinomie, pre= mière série, tome VIII, page 66.</blockquote>

24 OCTOBRE 1797 (3 brumaire an VI). — Arrêté du directoire exécutif, concernant la perception du droit de timbre sur le papier-musique, les journaux et les affiches.

<blockquote>Bulletin des lois, II, bull. 154, n.° 1513. — Pasinomie, pre= mière série, tome VIII, page 80.</blockquote>

13 NOVEMBRE 1797 (23 brumaire an VI). — Arrêté du directoire, contenant des mesures pour l'exécution de l'article 35 de la loi du 19 fructidor an v (5 septembre 1797), qui met les journaux sous l'inspection de la police.

> Bulletin des lois, II, bull. 157, n.° 1549. — Pasinomie, première série, tome VIII, page 112.

5 DÉCEMBRE 1797 (15 frimaire an VI). — Arrêté du directoire exécutif contre les colporteurs et crieurs de la feuille périodique intitulée : *Le Portefeuille, journal du soir* ; — ordonnant de republier et de faire exécuter la loi du 5 nivôse an v (25 décembre 1796), qui défend d'annoncer publiquement les journaux et les actes des autorités constituées autrement que par leur titre.

> Bulletin des lois, II, bull. 162, n.° 1582. — Pasinomie, première série, tome VIII, page 127.

26 AOUT 1798 (9 fructidor an VI). — Loi prorogeant les dispositions de l'article 35 de la loi du 19 fructidor an v (5 septembre 1797), sur la police des journaux.

> Bulletin des lois, II, bull. 220, n.° 1976. — Pasinomie, première série, tome VIII, page 554.

25 MAI 1799 (6 prairial an VII). — Loi frappant d'un droit de timbre les avis imprimés et les feuilles de supplément jointes aux journaux et papiers-nouvelles.

> Bulletin des lois, II, bull. 282, n.° 2060. — Pasinomie, première série, tome IX, page 230.

1.ᵉʳ AOUT 1799 (14 thermidor an VII). — Loi rétablissant la liberté de la presse par l'abrogation du décret du 9 fructidor an VI (26 août 1798), qui prorogeait l'article 35 de la loi du 19 fructidor an v (5 septembre 1797), relatif à la police des journaux.

> Bulletin des lois, II, bull. 298, n.° 3173. — Pasinomie, première série, tome IX, page 289.

17 JANVIER 1800 (27 nivôse an VIII). — Arrêté des consuls indi=
quant les journaux dont la publication sera seule permise
pendant toute la durée de la guerre et réglant les mesures
de police à prendre à leur égard.

<blockquote>Bulletin des lois, II, bull. 345, n.° 3535. — Pasinomie, pre=
mière série, tome X, page 61.</blockquote>

17 JUILLET 1801 (28 messidor an IX). — Avis du conseil d'État
déclarant, contrairement à la proposition faite par le mi=
nistre des finances; que les catalogues de livres, pros=
pectus d'ouvrages, etc., sont compris dans les dispositions
des lois du 9 vendémiaire an VI et du 6 prairial an VII, et dès
lors soumis au droit de timbre.

<blockquote>Moniteur du 3 thermidor an IX. — Pasinomie, première série,
tome X, page 452.</blockquote>

27 SEPTEMBRE 1803 (4 vendémiaire an XII). — Arrêté des consuls
portant que les libraires ne pourront exposer en vente aucun
ouvrage, avant de l'avoir présenté à une commission de
révision, laquelle n'en autorisera le débit que s'il n'y a pas
lieu à censure.

<blockquote>Peignot, Essai sur la liberté de la presse, page 157.</blockquote>

18 MAI 1804 (28 floréal an XII). — Sénatus-consulte organique
de la constitution impériale portant, article 64, qu'une com=
mission spéciale nommée par le sénat, choisie dans son sein
et dont les attributions sont fixées par les articles 65, 66, 67
et 68 de ce sénatus-consulte, est instituée pour veiller à la
liberté de la presse et qu'elle prendra le titre de *Commission
sénatoriale de la liberté de la presse*.

<blockquote>Bulletin des lois, IV, bull. 1, n.° 1. — Pasinomie, première
série, tome XIII, page 1.</blockquote>

22 MARS 1805 (1.er germinal an XIII).—Décret impérial concernant
les droits des propriétaires d'œuvres posthumes, lesquelles

doivent être publiées séparément des ouvrages du même auteur, déjà imprimés et entrés dans le domaine public.

    Bulletin des lois, vi, bull. 38, n.° 647. — Pasinomie, première série, tome xiii, page 161.

28 MARS 1805 (7 germinal an xiii). — Décret impérial concernant les livres d'église, d'heures et de prières, qui ne pourront être imprimés ou réimprimés qu'après une permission donnée par les évêques diocésains.

    Bulletin des lois, iv, bull. 40, n.° 658. — Pasinomie, première série, tome xiii, page 165.

15 NOVEMBRE 1803 (22 brumaire an xii). — Décret impérial ordonnant la confection de nouveaux timbres pour les journaux, affiches et papiers publics.

    Bulletin des lois, iv, bull. 64, n.° 1137. — Pasinomie, première série, tome xiii, page 280.

5 FÉVRIER 1810. — Décret impérial contenant réglement sur l'imprimerie et la librairie, et traitant : 1.° de la direction de l'imprimerie et de la librairie ; 2.° de la profession d'imprimeur ; 3.° de la police de l'imprimerie ; 4.° des libraires ; 5.° des livres imprimés à l'étranger ; 6.° de la propriété et de sa garantie ; 7.° des délits en matière de librairie, du mode de les constater et de les punir ; 8.° de dispositions diverses.

    Bulletin des lois, iv, bull. 264, n.° 5155. — Pasinomie, première série, tome xv, page 19.

26 SEPTEMBRE 1810. — Promulgation du chapitre iii, titre 1.er, livre iii du code pénal, contenant les dispositions relatives aux critiques, censures ou provocations dirigées contre l'autorité publique dans un discours pastoral prononcé publiquement, et aux délits commis par la voie d'écrits, d'images ou de gravures distribués sans noms d'auteurs, d'imprimeurs ou de graveurs.

    Code pénal, art. 201—208 et 283—290.

27 FÉVRIER 1810. — Promulgation du décret du 17 du même mois contenant le titre II du code pénal, concernant les crimes et délits contre les particuliers, les calomnies et injures par paroles et écrits.

    Code pénal, art. 367 — 378.

3 MAI 1810. — Décret impérial concernant les fonds destinés à faire face aux dépenses de la censure.

    Bulletin des lois, IV, bull. 286, n.° 5403. — Pasinomie, première série, tome XV, page 98.

6 JUILLET 1810. — Décret impérial portant défense à toute personne d'imprimer et de débiter les sénatus-consultes, codes, lois et réglements d'administration publique avant leur publication par la voie du Bulletin des lois ; — prononçant la confiscation des éditions faites en contravention à ce décret.

    Bulletin des lois, IV, bull. 301, n.° 5727. — Pasinomie, première série, tome XV, page 125.

5 AOUT 1810. — Décret impérial relatif aux journaux des départements ; — déclarant qu'il ne pourra exister qu'un seul journal par département, excepté dans celui de la Seine, et que ce journal, soumis à l'autorité du préfet, ne pourra paraître qu'avec l'approbation de ce magistrat.

    Bulletin des lois, IV, bull. 333, n.° 6240. — Pasinomie, première série, tome XV, page 134.

18 NOVEMBRE 1810. — Décret impérial concernant les presses, fontes, caractères et autres ustensiles d'imprimerie qui, à dater du 1.er janvier 1811, se trouveront en la possession d'individus non brévetés ; — obligeant les propriétaires à en faire la déclaration aux préfets dans le délai d'un mois.

    Bulletin des lois, IV, bull. 527, n.° 6112. — Pasinomie, première série, tome XV, page 218.

14 décembre 1810. — Décret impérial fixant les droits à percevoir sur les livres imprimés à l'étranger ou revenant de l'étranger.

> Bulletin des lois, IV, bull. 335, n.° 6206. — Pasinomie, première série, tome XV, page 240.

14 décembre 1810. — Décret impérial conférant aux censeurs de l'imprimerie le titre de censeurs impériaux et leur accordant avec un traitement fixe de 1200 francs une rétribution proportionnelle.

> Bulletin des lois, IV, bull. 333, n.° 6207. — Pasinomie, première série, tome XV, page 241.

14 décembre 1810. — Décret impérial autorisant la publication de feuilles d'annonces et de journaux de littérature, sciences et arts, dans diverses villes de l'empire.

> Bulletin des lois, IV, bull. 335, n.° 6242. — Pasinomie, première série, tome XV, page 243.

2 février 1811. — Décret impérial fixant l'indemnité accordée aux imprimeurs supprimés à Paris; — obligeant les soixante imprimeurs conservés dans cette ville d'acheter les presses de ceux qui sont forcés de cesser leur état, et de payer en outre une somme de 4,000 francs destinée à former un fonds spécial de 240,000 francs à répartir entre ces derniers, proportionnellement à l'importance et à l'activité de leur établissement.

> Bulletin des lois, IV, bull. 350, n.° 6510. — Pasinomie, première série, tome XV, page 286.

2 février 1811. — Décret impérial fixant à 50 francs pour Paris et à 25 francs pour les autres villes de l'empire les frais des brevets à délivrer aux imprimeurs.

> Bulletin des lois, IV, bull. 350, n.° 6511. — Pasinomie, première série, tome XV, page 286.

11 FÉVRIER 1811. — Décret impérial portant à quatre-vingts le nombre des imprimeurs de Paris fixé à soixante par le décret du 5 février 1810.

> Journal de la librairie, n.º 11. — Pasinomie, première série, tome xv, page 292.

11 MARS 1811. — Arrêté du préfet supprimant, à partir du premier juillet 1811, le journal intitulé : *Feuille du départe= ment de Jemmapes*, sans indiquer les motifs de la suppression de cette publication politique fort inoffensive.

> Mémorial du département de Jemmapes, 1811, n.º 405.

29 AVRIL 1811. — Décret impérial établissant un droit d'un centime par feuille d'impression sur tous les ouvrages connus en imprimerie sous le nom de *labeurs*, quel que soit le format du volume, si ces publications n'appartiennent à aucun auteur vivant ou à ses héritiers ; — affranchissant de cette taxe les ouvrages connus sous le nom d'*ouvrages de ville* ou *bilboquets*.

> Bulletin des lois, iv, bull. 366, n.º 6716. — Pasinomie, première série, tome xv, page 358.

5 JUIN 1811. — Décret impérial réglant le mode d'exécution du décret précédent ; — ordonnant que chaque imprimeur, en effectuant le dépôt de cinq exemplaires prescrit par l'ar: ticle 48 du règlement du 5 février 1810, y joigne l'engage= ment personnel de payer dans les trois mois le droit d'un centime par feuille.

> Bulletin des lois, iv, bull. 374, n.º 6894. — Pasinomie, première série, tome xv, page 375.

19 JUIN 1811. — Décret impérial accordant réciproquement, aux auteurs français et italiens, dans l'étendue de l'empire et

du royaume d'Italie, le droit d'auteur assuré par l'article 39 du décret du 5 février 1810.

<blockquote>Bulletin des lois, IV, bull. 382, n.° 7126. — Pasinomie, première série, tome XV, page 396.</blockquote>

12 SEPTEMBRE 1811. — Décret impérial relatif aux droits d'entrée à percevoir sur les ouvrages en langue française ou autres langues vivantes imprimés à l'étranger.

<blockquote>Bulletin des lois, IV, bull. 389, n.° 7200. — Pasinomie, première série, tome XVI, page 3.</blockquote>

26 SEPTEMBRE 1811. — Décret impérial permettant la publication d'une feuille périodique d'affiches, d'annonces et d'avis divers dans différentes villes de l'empire, notamment à Mons.

<blockquote>Bulletin des lois, IV, bull. 395, n.° 7308. — Pasinomie, première série, tome XVI, page 16.</blockquote>

14 OCTOBRE 1811. — Décret impérial autorisant la direction de l'imprimerie et de la librairie à publier un journal dans lequel seront annoncées toutes les éditions d'ouvrages imprimés ou gravés qui paraîtront à dater du 1.er novembre 1811, avec indication du nom des éditeurs et des auteurs, si ces derniers sont connus, du nombre d'exemplaires de chaque édition et du prix de l'ouvrage; — portant défense à tous auteurs, éditeurs, journalistes, etc., d'annoncer aucune publication avant qu'elle n'ait été mentionnée dans le journal de la librairie.

<blockquote>Bulletin des lois, IV, bull. 404, n.° 7459. — Pasinomie, première série, tome XVI, page 28.</blockquote>

11 JUILLET 1812. — Décret impérial déclarant communes et applicables aux libraires les dispositions de celui du 2 février 1811, relatives aux brevets des imprimeurs.

<blockquote>Bulletin des lois, IV, bull. 442, n.° 8148. — Pasinomie, première série, tome XVI, page 163.</blockquote>

Gouvernement provisoire des Provinces Belgiques.

22 AVRIL 1814. — Circulaire de l'intendance portant que le nouveau *Journal de la province de Hainaut* contiendra, comme l'ancien *Journal du département de Jemmapes*, les arrêtés, décisions et actes administratifs susceptibles de publicité, et que cette feuille sera officielle pour les maires des communes comme pour les autres fonctionnaires du département, ainsi que l'était l'autre journal.

Mémorial du département de Jemmapes, 1814, n.° 1, page 1.

23 SEPTEMBRE 1814. — Arrêté-loi du prince souverain (Guillaume d'Orange-Nassau), portant abrogation des lois et réglements émanés du gouvernement français sur la liberté de la presse, de l'imprimerie et de la librairie, et établissant une législation nouvelle sur la matière.

Journal officiel, tome III, n.° XCII, page 155. — Pasinomie, deuxième série, tome I, page 275.

27 OCTOBRE 1814. — Arrêté du prince souverain permettant de publier divers journaux dans les provinces, autorisant notamment le sieur Henri Lebrun à continuer la publication du *Journal du Département de Jemmapes*, et la veuve A.-J. Lelong de la *Feuille d'Annonces de la ville de Mons*.

Journal officiel, tome III, n.° CIII, page 463. — Pasinomie, deuxième série, tome I, page 356.

7 JANVIER 1815. — Arrêté du prince souverain portant autorisation de publier à Anvers le journal *Den Merkuur van Antwerpen*.

Journal officiel, tome IV, n.° CXIII, page 11. — Pasinomie, deuxième série, tome I, page 402.

7 JANVIER 1815. — Arrêté du prince souverain autorisant la publication des journaux: *L'Oracle*, le *Journal de la Belgique* et la *Feuille d'annonces et avis divers de Bruxelles*.

Journal officiel, tome IV, n.° CXIII, page 15. — Pasinomie, deuxième série, tome I, page 402.

16 JANVIER 1815. — Arrêté du prince souverain permettant la publication du *Journal politique et d'annonces de Louvain*.

Journal officiel, tome IV, n.° CXVI, page 55. — Pasinomie, deuxième série, tome I, page 452.

24 JANVIER 1815. — Arrêté du prince souverain autorisant la publication du journal *L'Observateur politique, administratif, historique et littéraire de la Belgique*.

Journal officiel, tome IV, n.° CXVIII, page 77. — Pasinomie, deuxième série, tome I, page 456.

Réunion de la Belgique à la Hollande.

Gouvernement des Pays-Bas.

17 AVRIL 1815. — Arrêté royal autorisant la publication du journal *De Nederlandsche-post*.

Journal officiel, 1815, tome V, n.° X, page 145. — Pasinomie, deuxième série, tome II, page 47.

20 AVRIL 1815. — Arrêté royal contenant des mesures de répression contre les alarmistes et les distributeurs de bruits et de nouvelles tendant à troubler la tranquillité publique; — instituant une cour spéciale extraordinaire chargée de la connaissance et du jugement des crimes et délits spécifiés dans cet arrêté.

Journal officiel, 1815, tome V, n.° X, page 147. — Pasinomie, deuxième série, tome II, page 172.

2 JUIN 1815. — Arrêté royal portant création d'une *Gazette générale des Pays-Bas*.

  (Non inséré au journal officiel.) — Pasinomie, deuxième série, tome II, page 205.

11 JUIN 1815. — Avis concernant la création de la *Gazette des Pays-Bas*.

  Journal officiel, 1815, tome v, n.° XVI, page 211.—Pasinomie, deuxième série, tome II, page 242.

5 AOUT 1815. — Arrêté royal ordonnant la publication, dans les provinces méridionales du royaume des Pays-Bas situées sur la rive droite de la Meuse, de l'arrêté-loi du 23 septembre 1814, concernant la liberté de la presse, de l'imprimerie et de la librairie.

  Journal officiel, 1815, tome v, n.° XXIV, page 339. — Pasinomie, deuxième série, tome II, page 283.

24 AOUT 1815. — Proclamation de la loi fondamentale du royaume des Pays-Bas, portant, article 227 : « La presse « étant le moyen le plus propre à répandre les lumières, « chacun peut s'en servir pour communiquer ses pensées « sans avoir besoin d'une permission préalable. Néanmoins, « tout auteur, imprimeur, éditeur ou distributeur est « responsable des écrits qui blesseraient les droits, soit de « la société, soit d'un individu. »

  Journal officiel, 1815, tome v, supplément au n.° XXIX. — Pasinomie, deuxième série, tome II, pages 319 et suivantes.

25 SEPTEMBRE 1815. — Arrêté royal autorisant l'imprimeur Walhen à publier un journal intitulé : *Le Surveillant*.

  Journal officiel, 1815, tome VI, n.° XXXII. — Pasinomie, deuxième série, tome II, page 365.

29 JUILLET 1816. — Circulaire du ministre de l'intérieur rappelant aux imprimeurs et aux graveurs la disposition de

l'article 4 de la loi du 23 septembre 1814, qui prescrit le dépôt de trois exemplaires de tout ouvrage imprimé.

(Non inséré au journal officiel.) — Pasinomie, deuxième série, tome III, page 157.

28 SEPTEMBRE 1816. — Loi réglant les peines à encourir par ceux qui publient par la voie de la presse des injures contre les puissances étrangères.

Journal officiel, 1816, tome IX, n.° XLVII. — Pasinomie, deuxième série, tome III, page 426.

25 JANVIER 1817. — Loi réglant les droits qui peuvent être exercés dans le royaume des Pays-Bas relativement à l'impression et à la publication d'ouvrages littéraires et aux productions artistiques.

Journal officiel, 1817, tome X, n.° V. — Pasinomie, deuxième série, tome IV, page 81.

2 JUILLET 1822. — Arrêté royal concernant l'impression et l'édition de pièces officielles par des particuliers; — laissant à chacun la faculté de les imprimer et de les publier, à moins que le privilége n'en ait été réservé au profit de l'imprimerie de l'État, ou accordé spécialement.

Journal officiel, 1822, tome XVII, n.° XVI. — Pasinomie, deuxième série, tome VI, page 270.

30 JUILLET 1822. — Arrêté royal réservant à l'imprimerie de l'État le droit exclusif d'imprimer et de publier le *Staatsblad* et le *Journal officiel*.

Journal officiel, 1822, tome XVII, n.° XXII. — Pasinomie, deuxième série, tome VI, page 307.

30 JUILLET 1822. — Arrêté royal réservant à l'imprimerie de l'État le droit exclusif d'imprimer et de publier la *Pharmacopée belgique*.

Journal officiel, 1822, tome XVII, n.° XXIII. — Pasinomie, deuxième série, tome VI, page 307.

20 mai 1823. — Arrêté royal réservant à l'imprimerie de l'État le droit exclusif d'imprimer et de publier la carte choro=topographique des provinces septentrionales du royaume.

Journal officiel, 1823, tome XVIII, n.° XIX. — Pasinomie, deuxième série, tome VII, page 312.

20 juin 1823. — Arrêté royal réservant à l'imprimerie de l'État le droit exclusif d'imprimer et de publier l'almanach ayant pour titre : *Almanach à l'usage des marins.*

Journal officiel, 1823, tome XVIII, n.° XXII. — Pasinomie, deuxième série, tome VII, page 325.

31 mai 1824. — Loi portant quelques dispositions nouvelles concernant la perception des droits de timbre et d'enregis=trement; — fixant le prix du timbre des journaux et des ouvrages périodiques venant de l'étranger, au double de celui auquel sont soumis, d'après les lois existantes, les publications de même nature qui ont lieu dans le royaume; — exemptant du droit les prospectus et les catalogues de livres.

Journal officiel, 1824, tome XIX, n.° XXXVI. — Pasinomie, deuxième série, tome VII, page 313.

26 février 1825. — Arrêté royal réglant l'exécution de l'ar=ticle 2 de la loi du 31 mai 1824, à l'égard du timbre extra=ordinaire pour les journaux, papiers-nouvelles, etc.

Journal officiel, 1825, tome XX, n.° X. — Pasinomie, deuxième série, tome VIII, page 224.

25 janvier 1826. — Arrêté royal portant défense de contrefaire les œuvres de Gœthe dans le grand duché de Luxembourg.

Journal officiel, 1826, tome XXI, n.° III. — Pasinomie, deuxième série, tome VIII, page 392.

9 janvier 1827. — Arrêté royal accordant, pour autant que de besoin, au sieur W.-Y. Van Hemelsveld, l'autorisation de

publier, de la manière indiquée dans sa requête, un ouvrage ayant pour titre : *Nederlandsche pandecten of verzameling van Wetten in het koninkryk der Nederlanden, bestaande*, etc., et d'y insérer les lois et ordonnances du gouvernement qui ont rapport aux matières à traiter.

  Journal officiel, 1827, tome XXII, n.º II. — Pasinomie, deuxième série, tome VIII, page 498.

24 NOVEMBRE 1827. — Arrêté royal réservant à l'imprimerie de l'État le droit exclusif d'imprimer et de publier certains ouvrages.

  Journal officiel, 1827, tome XXII, n.º LIII. — Pasinomie, deuxième série, tome IX, page 106.

15 DÉCEMBRE 1827. — Circulaire, datée de La Haye, interprétative de l'article 58 de la loi du 9 vendémiaire an VI, sur le timbre des journaux et des affiches.

  (Non insérée au Journal officiel, mais citée dans l'arrêté du gouvernement provisoire du 14 octobre 1830.) — Pasinomie, troisième série, tome I, page 28.

20 FÉVRIER 1828. — Arrêté royal réservant à l'imprimerie de l'État le droit exclusif d'imprimer et de publier les listes de tirage des loteries royales des Pays-Bas.

  Journal officiel, 1828, tome XXIII, n.º II. — Pasinomie, deuxième série, tome IX, page 136.

29 MARS 1828. — Arrêté royal réservant à l'imprimerie de l'État le droit exclusif d'imprimer et de publier les plans et conditions des loteries royales des Pays-Bas.

  Journal officiel, 1828, tome XXIII, n.º IX. — Pasinomie, deuxième série, tome IX, page 152.

26 AOUT 1828. — Arrêté royal autorisant l'établissement de l'imprimerie normale.

  (Non inséré au Journal officiel.) — Pasinomie, deuxième série, tome IX, page 208.

16 MAI 1829. — Loi portant des modifications et des additions au code pénal relativement aux délits de presse et à la complicité en cette matière.

  Journal officiel, 1829, tome XXIV, n.° XXXIV. — Pasinomie, deuxième série, tome IX, page 282.

18 JUIN 1829. — Arrêté royal réservant à l'imprimerie de l'État le droit exclusif d'imprimer et de publier les nouveaux codes pendant les six mois qui suivront le jour de leur mise en vigueur.

  Journal officiel, 1829, tome XXIV, n.° XLVIII. — Pasinomie, deuxième série, tome IX, page 301.

1.er JUIN 1830. — Loi pour la répression des délits d'injures et de calomnies contre les pouvoirs constitués et les fonctionnaires de l'État.

  Journal officiel, 1830, tome XXV, n.° XV. — Pasinomie, deuxième série, tome IX, page 449.

Gouvernement belge.

1.er OCTOBRE 1830. — Arrêté du gouvernement provisoire déclarant propriété de l'État, sauf les droits des tiers, l'établissement typographique existant à Bruxelles sous la raison : *Fonderie et Imprimerie normales.*

  Bulletin des arrêtés et actes du gouvernement provisoire, 1830, tome I, n.° II. — Pasinomie, troisième série, tome I, page 8.

14 OCTOBRE 1830. — Arrêté du gouvernement provisoire rapportant la décision du 15 décembre 1827, circulaire n.° 365, et réglant le mode de perception des droits de timbre des papiers destinés aux journaux et aux affiches.

  Bulletin des arrêtés et actes du gouvernement provisoire, 1830, tome I, n.° X. — Pasinomie, troisième série, tome I, page 28.

16 OCTOBRE 1830. — Arrêté du gouvernement provisoire proclamant la liberté de la presse, de la parole et de l'enseignement.

> Bulletin des arrêtés et actes du gouvernement provisoire, 1830, tome I, n.° XII. — Pasinomie, troisième série, tome I, page 36.

21 OCTOBRE 1830. — Arrêté du gouvernement provisoire accordant à tous les citoyens le droit d'élever des théâtres et d'y faire représenter des pièces, moyennant une simple déclaration préalable à faire à l'administration municipale ; — garantissant les droits des auteurs dramatiques et ceux de leurs héritiers en ligne directe, ou de l'épouse survivante à défaut de ceux-ci.

> Bulletin des arrêtés et actes du gouvernement provisoire, 1830, tome I, n.° XVI. — Pasinomie, troisième série, tome I, page 43.

7 FÉVRIER 1831. — Promulgation de la constitution belge proclamant la liberté des croyances religieuses et de la presse par les articles suivants :

« Article 14. La liberté des cultes, celle de leur exercice public, ainsi que la liberté de manifester ses opinions en toute matière sont garanties, sauf la répression des délits commis à l'occasion de l'usage de ces libertés. »

« Article 18. La presse est libre ; la censure ne pourra jamais être établie ; il ne peut être exigé de cautionnement des écrivains, éditeurs ou imprimeurs. Lorsque l'auteur est connu et domicilié en Belgique, l'éditeur, l'imprimeur ou le distributeur ne peut être poursuivi. »

« Article 98. Le jury est établi en toutes matières criminelles et pour délits politiques et de la presse. »

« Article 139. Le congrès national déclare qu'il est nécessaire de pourvoir, par des lois séparées, et dans le plus court délai possible, aux objets suivants : 1.° la presse ; 2.° l'organisation du jury ; 3.° etc. »

Bulletin officiel, 1831, tome III, n.° XIV. — Pasinomie, troisième série, tome I, pages 182 et suivantes.

20 JUILLET 1831. — **Décret du congrès national sur la presse**, portant qu'indépendamment des dispositions de l'article 60 du code pénal, seront réputés complices de tous crimes ou délits commis, ceux qui, soit par des discours prononcés dans un lieu public devant une réunion d'individus, soit par des placards affichés, soit par des écrits imprimés, ou non, vendus ou distribués, auront provoqué directement à les commettre ; — punissant d'un emprisonnement de 6 mois à 3 ans quiconque aura méchamment et publiquement attaqué la force obligatoire des lois ou provoqué directement à y désobéir, sans préjudice à la liberté de la demande ou de la défense devant les tribunaux ou toutes autres autorités constituées ; — frappant de la même peine quiconque aura méchamment et publiquement attaqué soit l'autorité constitutionnelle du Roi, soit l'inviolabilité de sa personne, soit les droits constitutionnels de sa dynastie, soit les droits ou l'autorité des chambres, ou bien aura de la même manière injurié ou calomnié la personne du Roi ; — statuant que la calomnie ou l'injure envers des fonctionnaires publics, envers des corps dépositaires ou agents de l'autorité publique, ou envers tout autre corps constitué, sera poursuivie et punie de la même manière que la calomnie ou l'injure contre les particuliers, sauf que le prévenu d'un délit de calomnie contre les dépositaires ou agents de l'autorité, à raison de faits relatifs à leurs fonctions, ou contre toute personne ayant agi dans un caractère public, sera admis à faire la preuve de son imputation, et

échappera à toute condamnation, cette preuve étant faite; — ordonnant que le prévenu d'un délit de presse n'entraînant que la peine de l'emprisonnement, ne pourra, s'il est domicilié en Belgique, être emprisonné avant sa condamnation contradictoire ou par contumace; — n'autorisant de poursuivre d'office que les délits d'injure ou de calomnie envers le Roi et les membres de sa famille, les corps ou individus dépositaires ou agents de l'autorité publique, en leurs qualités ou à raison de leurs fonctions; — appelant le jury à ne s'occuper de la criminalité du fait, qu'après avoir décidé si le prévenu est l'auteur de l'écrit incriminé et à maintenir l'imprimeur en cause jusqu'à ce que l'auteur ait été judiciairement reconnu; — fixant à 3 mois ou à une année, selon la nature du délit, le délai pour la prescription des poursuites; — accordant à toute personne citée dans un journal, soit nominativement, soit indirectement, le droit d'y faire insérer une réponse, pourvu qu'elle n'excède pas mille lettres d'écriture ou le double de l'espace occupé par l'article qui l'a provoquée; — punissant l'éditeur qui n'aura pas inséré cette réponse, au plus tard le surlendemain du jour de son dépôt au bureau du journal, d'une amende de 20 florins par chaque jour de retard; — ordonnant que chaque exemplaire d'un journal portera, outre le nom de l'imprimeur, l'indication de son domicile en Belgique, sous peine de 100 florins d'amende par numéro; — autorisant le juge à appliquer aux délits de presse les dispositions de l'article 463 du code pénal, et à ne prononcer que facultativement l'interdiction des droits civiques dont parle l'art. 374 du même code; — abrogeant les lois du 16 mai 1829 et du 1.er juin 1830 sur la matière; — soumettant enfin ce décret à la révision de la législature avant la fin de la session suivante.

Bulletin officiel, 1831, tome III, n.° LXXV. — Pasinomie, troisième série, tome I, page 399.

19 JUILLET 1852. — Loi prorogeant jusqu'au 1.er mai 1833 la force obligatoire du décret du 20 juillet 1831.

> Bulletin officiel, 1852, tome VI, n.° LIII. — Pasinomie, troisième série, tome II, page 403.

6 JUILLET 1833. — Loi remettant en vigueur, sans en limiter la durée, le décret du 20 juillet 1831 sur la presse.

> Bulletin officiel, 1833, tome VIII, n.° XLIX. — Pasinomie, troisième série, tome III, page 174.

29 DÉCEMBRE 1835. — Loi relative à la taxe des lettres et au port des journaux, ouvrages périodiques, livres, papiers de musique, prospectus, annonces et avis imprimés.

> Bulletin officiel, 1835, tome XII, n.° LXIX. — Pasinomie, troisième série, tome V, page 554.

30 MARS 1836. — Promulgation de la loi communale attribuant, par son article 97, la police des spectacles au collége des bourgmestre et échevins.

> Bulletin officiel, 1836, tome XIII, n.° I. — Pasinomie, troisième série, tome VI, page 46.

21 MARS 1839. — Loi sur le timbre déterminant, entre autres dispositions, les peines contre les imprimeurs, afficheurs et distributeurs de journaux et d'écrits périodiques, en cas de contravention aux articles 2 et 6 de cette loi.

> Bulletin officiel, 1839, tome XIX, n.° XIV. — Pasinomie, troisième série, tome IX, page 27.

22 MARS 1839. — Arrêté royal réglant les mesures d'exécution de la loi du 21 mars sur le timbre.

> Bulletin officiel, 1839, tome XIX, n.° XIV. — Pasinomie, troisième série, tome IX, page 37.

31 MAI 1839. — Loi dérogeant à l'article 10 de la loi du 29 décembre 1835, et fixant une taxe uniforme de deux cen=

times pour le port des journaux, quelle que soit la dimension de la feuille.

>Bulletin officiel, 1859, tome XIX, n.º XXIV. — Pasinomie, troisième série, tome IX, page 70.

6 AVRIL 1847. — Loi modificative du décret du 20 juillet 1831 sur la presse, notamment en ce qui concerne le délit d'offense envers le Roi et les membres de sa famille.

>Moniteur du 8 avril 1847. — Pasinomie, troisième série, tome XVII, page 177.

24 DÉCEMBRE 1847. — Loi modifiant celle du 29 décembre 1835 sur le régime des postes et portant, entre autres dispositions, qu'à dater du 1.er janvier 1848 le port des journaux, ouvrages périodiques, livres, papiers de musique, prospectus, annonces et avis imprimés de toute nature, affranchis dans l'intérieur du royaume, sera fixé à un centime par feuille, quelle qu'en soit la dimension, sans avoir égard à la distance parcourue, et que les journaux et imprimés, venant non affranchis de l'étranger, ne seront plus soumis qu'à une taxe uniforme de cinq centimes par feuille.

>Moniteur du 30 décembre 1847. — Pasinomie, troisième série, tome XVII, page 493.

25 MAI 1848. — Loi supprimant l'impôt du timbre sur les journaux et écrits périodiques imprimés en Belgique; — n'accordant l'exemption de cet impôt à ceux venant des pays étrangers qu'autant que les journaux et écrits périodiques belges jouissent du même avantage dans ces pays.

>Moniteur du 6 mai 1848. — Pasinomie, troisième série, tome XVIII, page 221.

Ici s'arrête la série des dispositions législatives qui ont régi anciennement ou qui régissent aujourd'hui en Belgique la condition des écrivains, des imprimeurs et des libraires. Nous venons d'assister à l'émouvant spectacle des vicissitudes qu'a traversées la Presse avant d'atteindre au degré de développement et de liberté sage dont elle jouit maintenant. Quelles destinées lui réserve l'avenir, ce domaine de l'inconnu qui échappe à la pénétration humaine et n'appartient qu'à Dieu? Nul ne le sait sans doute. Mais qu'il nous soit permis, en terminant, d'exprimer la patriotique espérance que le peuple belge, qui se montre digne de la liberté par cet admirable bon sens qu'un grand écrivain a nommé le *génie des nations*, continuera à développer, à l'abri des orages politiques, les grands principes d'ordre et de progrès si profondément entrés dans ses mœurs, si glorieusement inscrits au livre de ses institutions constitutionnelles.

ANNALES DE L'IMPRIMERIE A MONS.

RUTGER VELPIUS.

1580-1585.

Malgré toutes nos recherches, nous n'avons pu nous procurer aucun renseignement officiel sur la date et le lieu de la naissance de cet imprimeur qui introduisit l'art typographique à Mons, en 1580.

Nous pensons que son véritable nom n'était pas VELPIUS mais VELPEN et qu'il était de la famille, problablement le frère de Renier Velpen, originaire de la ville de Diest, qui s'était établi à Louvain et y imprimait déjà, en 1545, avec Jacques Bathen, son associé. Renier fut le premier des Velpen qui remplaça par une désinence latine la terminaison flamande de son nom patronymique; nous voyons en effet, par les titres de plusieurs opuscules imprimés par lui à Louvain, qu'il prenait parfois le nom de Velpius, parfois celui de Velpen de Diest, selon qu'il publiait des ouvrages latins ou flamands. (¹)

Avant de venir se fixer à Mons, Rutger Velpius ou Velpen exerçait la profession de libraire à Louvain où il avait édité un grand nombre de livres sortis, les uns des presses de son parent Renier Velpen, les autres de celles de Jean Maës avec lequel il avait formé, en 1579, une association qui prit fin à son départ pour Mons en 1580.

Velpius établit en premier lieu son imprimerie dans la maison que le magistrat avait fait approprier à son usage et qui était située sur le Nouveau Marché de cette ville; (²) delà, il transféra ses ateliers, en 1584, dans une maison sise rue Neuve et il y demeura jusqu'au commencement de l'année 1585, époque où il alla se

---

(1) Voici les titres de trois de ces opuscules :

Articulen onsen oprechten christene geloove ende ghemeyne Christelyc leeven aengaende van de Doctoren der heyleghêr Godheyt in de Universiteyt van Loven, wtghegeven ende van die ghesacreerde Keyserlycke Maiesteyt met recht geconfurmeert; gheprint tot Loven, by Reynier Velpen, *van Diest, ende Jacob Bathen. Anno* 1545, *in-4.º, 16 pp.*

Elegiarvm de rebvs gestis archidvcvm avstriæ. Libr. duo. Ioanne Ramo goesano autore. — De rebvs Tvrcicis, libri tres, soluta oratione, partim à secundino vetustissimo autore, partim à Ioanne Ramo descripti. — Elegiæ aliquot et epigrammata eiusdem Rami. Lovanii apud Martinum Rotarium bibliopolam Iv. anno 1553 *cum privilegio. in-8.º de* 155 *pp. chiffrées au recto seulement de 1 à 87. A la fin du volume on lit : Lovanii Typis Regneri Velpii Diestensis. Typo. Iurat. anno* 1553.

Articvli orthodoxam religionem sanctamqve fidem nostram respicientes a sacræ theologiæ professoribus Lovaniensis universitatis editi, per sacratissimam cæsaream Maiestatem merito confirmati: qui ab omnibus recte et religiose vivere cupientibus, et syncere de eadem orthodoxa fide sentientibus, servandi, et firmiter credendi veniunt. Après le même titre en flamand on lit : — *cum gratia et privilegio. — Gheprint tot Loven Reynier Velpen, van Diest, en de Jacob Bathen. Anno MCCCCLIV, in-4.º,* 31 *pp. non chiffrées.*

(2) Le Nouveau Marché occupait autrefois l'espace compris entre les rues d'Havré, de la Coupe, de la Chaussée et des Clercs; il a été réuni à la Grand'Place actuelle lors de la démolition de la rangée de maisons qui l'en séparait.

fixer à Bruxelles en qualité d'imprimeur de la cour, à l'enseigne de l'Aigle d'Or, près du palais.

Il changea alors la vignette de ses livres et adopta, en en doublant la dimension, celle dont se servait Michel de Hamont auquel il succéda. Elle représente, dans un cartouche surmonté et supporté par des anges, le Christ en croix sur un double aigle avec cette legende : *svb vmbra alarvm tvarvm protege nos*. Velpius qui avait pris pour associé à Bruxelles, Hubert Anthoine (Huybrecht Anthoôn), à qui il donna en mariage sa fille Catherine, continua d'imprimer en société avec son gendre et sous la raison Rutger Velpius et Hubert Anthoine, jusqu'en 1615, époque probable de sa mort ou tout au moins de l'abandon de ses affaires à son associé qui, à partir de cette date, n'imprime plus que sous son nom de Hubert Anthoine auquel il ajoute toutefois celui de sa femme, plus connu que le sien dans l'art typographique.

Rutger Velpius fut un imprimeur habile; nous pourrions donner une longue liste d'œuvres, recommandables sous le rapport typographique, sorties de ses presses à Louvain et à Bruxelles; mais ce serait dépasser les limites que nous nous sommes tracées et augmenter les difficultés de la tâche déjà fort lourde que nous avons entreprise de donner le catalogue le plus complet possible des ouvrages qu'il a imprimés à Mons.

Les premières impressions d'une ville étant d'ordinaire d'une grande rareté, les omissions sont inévitables dans un travail bibliographique qui doit en donner la nomenclature. Tous nos soins, toutes nos recherches ont eu pour but de laisser le moins de lacunes possible.

Velpius conserva pour marque à Mons la vignette qu'il avait précédemment employée à Louvain et qui rappelait l'enseigne : *au Château Angélique* (Engelborch), que portait dans cette dernière ville son établissement typographique.

Cette marque que nous reproduisons en la faisant suivre d'un fac-simile de la signature de Velpius, peut être ainsi décrite : dans un cartouche accosté de deux guerriers portant à la main une palme d'olivier, un château fort au sommet duquel l'ange exterminateur remet l'épée dans le fourreau. Au seuil de la porte, la Justice et la Paix s'embrassent; cette action s'explique par une banderole avec cette légende : *Jvstitia et Pax oscvlate* (osculatæ) *svnt. Psal. 84.* — Au bas, les armes de la ville de Louvain.

Voici maintenant la transcription fidèle et par ordre chronologique des titres des productions typographiques de Velpius, à

Mons. Elles sont toutes d'une extrême rareté, et même dans la bibliothèque publique de cette ville, où l'on devrait s'attendre à les voir rassemblées en collection, on n'en trouve qu'un très-petit nombre.

Nous avons eu soin de mentionner les bibliothèques qui, à notre connaissance, possèdent des exemplaires des premières impressions montoises.

1. Le Renart decovvert. A Mons en Hainault, chez Rutger Velpius Imprimeur Iuré. 1580. Sur le Noueau Marché. In-8.º, 4 cahiers s. pagination; sign. A-D; 18 ff.

Bibl. roy. de Brux.; fonds V. H. n.º 26,599. — Bibl. de Douai. — Bibl. de M. R. Chalon.

Il est à remarquer que dans les brochures de Rutger Velpius de cette époque, les cahiers in-8.º ne sont ordinairement que de 4 feuillets, ce qui dénote que le père de la typographie montoise n'imprimait ces opuscules que par demi-feuilles.

Celui-ci est un pamphlet contre le prince d'Orange, Guillaume le Taciturne; on l'a attribué à François Richardot, évêque d'Arras; mais c'est une erreur, ce prélat étant mort en 1574. L'auteur en est peut-être Jean Richardot, seigneur de Barli, président du conseil provincial d'Artois et conseiller au conseil privé, qui fut aussi membre de la chambre des récompenses depuis le 20 janvier 1582 jusqu'au 51 décembre 1585. Jean Richardot composa plusieurs écrits de polémique religieuse, et il reçut, en 1582, une gratification de 3,000 livres pour les bons et agréables services rendus par lui pendant les troubles du XVI.º siècle. (¹)

La composition du Renart découvert fut peut-être un des titres de l'auteur à cette récompense pécuniaire. Quoi qu'il en soit ce pamphlet doit prendre place dans la liste de ces nombreuses

---

(1) Compte de la recette générale des confiscations pour cause des troubles, conservé aux archives de Lille. (Bulletin de la Commission royale d'histoire de Belgique, tome I.er, 2.e série pp. 142 à 144).

diatribes inspirées par le gouvernement espagnol et qui armèrent le bras de ces fanatiques qui entreprirent d'assassiner le prince d'Orange, depuis Jauréguy jusqu'à Bàlthazar Gérard qui le tua d'un coup de pistolet. Cette brochure fut précédée de l'ordonnance qu'Alexandre Farnèse data de Mons, le 15 juin 1580, pour la publication de ce ban ou édit célèbre de proscription, qui fut imprimé la même année, à Douai, chez Jean Bogart et par lequel Philippe II met Guillaume de Nassau hors la loi et promet des récompenses à celui qui parviendra à débarrasser le monde de *ceste peste publique*. On sait que le roi d'Espagne ne se montra que trop fidèle à sa parole, en accordant des lettres de noblesse à la famille de l'assassin.

2. Le retovr de la concorde avx Pays Bas, par le retour de Madame. A Mons en Hainault, chez Rutger Velpius Imprimeur Iuré 1580. In-8.º, 5 cahiers s. pagination ; sign. A-E ; 20 ff.

Bibl. de Douai. — Bibl. de M. R. Chalon.

Cet opuscule qu'on attribue aussi à Richardot est ordinairement relié avec le précédent. Marguerite de Parme, fille de Charles-Quint et mère d'Alexandre Farnèse, avait su se concilier l'affection des Belges pendant son gouvernement; elle fut renvoyée aux Pays-Bas par Philippe II, qui espérait que sa présence apaiserait les troubles et rétablirait la paix. Elle arriva d'Italie à Namur au mois d'août 1580.

3. Copie de certaine lettre close escripte par son Ex.^{ce} (*le prince de Parme Alexandre Farnèse*) Aux Préuost, Doyen, Chapistre, Prelatz & autres Ecclesiasticques : Preuost, Iurez, Escheuins, Borgeöis, Corpz & Communauté de la Cité de Cambray. Les exhortant de se recöcilier et remettre soubz la protection de sa Ma.^{te} suiuant les sermens qu'ilz ont à icelle. A Mons en Haynault, Chez Rutgher Velpius, Imprimeur

Iuré. D.M.LXXX (sic) Sur le Nouueau Marché. In-8.°, 2 cahiers s. pagination; sign. A-B; 8 ff.

Bibl. roy. de Brux.; fonds V. H. n.° 26,596. — Bibl. de Douai. — Bibl. de M. R. Chalon.

Cette pièce porte la date du 25 août 1580.

4. Advertissement de la Victoire Obtenue par l'armée de sa Maieste A la conduicte de Messire George de Lalaing, Conte de Renneburch, Baron de Ville &c. Gouuerneur & Cap.ne general des Pays de Frise, Ouerissel, Gruninghen & Lingen, Contre les ennemis de Dieu, & de sa dicte Ma.te au mois de Septembre 1580. A Mons en Hainault. Chez Rutgher Velpius, Imprimeur Iuré. (1580). In-8.°, 2 cahiers s. pagination; sign. A-B; 8 ff.

Bibl. roy. de Brux.; fonds V. H. n.° 26,604. — Bibl. de M. Arthur Dinaux.

C'est le bulletin de la campagne que George de Lalaing, commandant de l'armée espagnole, soutint en Hollande contre les troupes du prince d'Orange. Il annonça sa victoire au prince de Parme, par lettre du 15 septembre 1580, datée de Cowarden, et que le prince communiqua le 28 du même mois au comte de Lalaing, grand bailli du Hainaut, en lui recommandant de donner à cette importante nouvelle la plus grande publicité; c'est ce qui provoqua l'impression faite par Velpius.

5. Lettres de Monseigneur le prince de parme, plaisance, etc, Lieutenāt, Gouuerneur, & Cap.ne general pour le Roy, en ses pays d'embas, Addressantes Aux Bourguemaistres, Escheuins, Conseil, Ghuldes, & Bourgeois manans & habitans de la Ville de Bruxelles: Par lesquelles son Ex.ce leur presente la grace de sa Ma.te moyennant leur reconciliation. A Mons en Haynault, chez Rutgher Velpius, Imprimeur

Iuré. 1580. In-8.º, 2 cahiers s. pagination; sign. A-B. 8 ff., le dernier en blanc.

Bibl. roy. de Brux.; fonds V. H. n.º 26,596. — Bibl. de M. R. Chalon.

Ces lettres datées de Soignies, le 6 octobre 1580, sont signées : *Alexandre* et plus bas : *Levasseur*.

6. ΚΑΚΟΓΕΙΤΝΙΑ, sev mala vicinia, libellvs, vicinos malos velut catalogo recensens, quidq'; ab ipsis vel commodi vel incommodi expectare liceat, obiter demonstrans. Per D. Libertvm Hovthem Leodivm, poëtam lavreatvm. Montibus Hannoniæ, apud Rutgerum Velpium, Typog. Iurat M.D.LXXX. Cum Gratia & Priuilegio Reg. Maiest. In-8.º, 4 cahiers s. pagination; sign. A-D. 16 ff.

Bibl. de M. R. Chalon.

L'auteur de cette facétie, Libert Houthem et non Hauthem comme l'écrivent Valère André et Foppens, naquit à Tongres près de Liége dans la première moitié du XVI.ᵉ siècle ; il quitta cette dernière ville où il faisait partie de la congrégation des hiéronymites, dite des frères de la pénitence, pour venir enseigner les humanités au collége de Houdain à Mons. En 1581, il exerçait en outre, dans cette localité, les fonctions de censeur royal des livres. Ayant entrepris le voyage de Rome dans un âge avancé, il mourut en revenant dans sa patrie de la capitale du monde chrétien. Foppens ne donne qu'une liste très-incomplète des œuvres de ce littérateur, que ses contemporains avaient décoré du titre de poëte-lauréat et que Jean Bosquet père, auteur montois, cédant à un sentiment d'enthousiasme par trop exagéré, ne craint pas de comparer à Virgile. On trouve une partie de ses poésies dans la collection de Gruterus : *Deliciæ poetarum Belgicorum*, 2ª. pars, pp. 1145 et sqq.

7. Demonstration, par laqvelle clairement s'apperçoit qv'on ne se doit nvllement transporter à la novelle pretendue

religion, & les allichemens desqueles vsent ce iourd'huy les hereticqves, à l'endroit des simples, pour les seduir et peruertir. Le tout traité par forme d'epistre contenant la confutation de plusieurs poincts des heresies modernes. Par M. Libert Hovthem. 2 *corinth* 6. *Nolite iugum ducere cum infidelibus*. A Mons en Hainault, chez Rutger Velpius Imprimeur Iuré. 1580. Avecque grace et Priuiliege de sa Ma.^{te} Royale, Subsigné. Grimaldi. In-8.°, 4 cahiers s. pagination; sign. A.-D. 16 ff.

Bibl. de l'Université de Louvain. — Bibl. de M. R. Chalon.

8. Diverses lettres, tant dv dvc d'aniov, qve d'avltres trouuées sur le Sieur d'Auuain, au jour de sa prinse, faicte au commencement du mois d'Octobre, 1580. Par les Gens du Roy nostre Sire, Campez-lez-Cambray. A Mons, en Hainault, chez Rutgher Velpius, Imprimeur Iuré. Cum Grat. & Priuil. Signé : Le Vasseur (1580). In-8.°, 7 cahiers; sign. A-G. 27 ff.

Bibl. roy. de Brux.; fonds V. H. n.° 26,596. — Bibl. de Douai.

Ces lettres sont datées de Plessis-lez-Tours, où l'on sait que les états-généraux, voulant secouer le joug de la domination espagnole, avaient envoyé, au mois d'août 1580, des députés au duc d'Alençon et d'Anjou, pour lui offrir la souveraineté des Pays-Bas, qu'il accepta le 19 septembre suivant.

9. Pointz et articles des charges proposées contre Guillaume de Hornes, Seigneur De Heze. Avecqve La sentence Criminelle, & Capitale Sur icelles rendue. A Mons en Haynault, Chez Rutgher Velpius, Imprimeur Iuré. An 1580. In-8.°, 4 cahiers s. pagination; sign. A-D. 16 ff.

Bibl. de Douai. — Bibl. de M. Arthur Dinaux.

Il existe une contrefaçon de cet opuscule, sortie au siècle dernier des presses de l'imprimeur Ermens de Bruxelles. Elle se reconnait facilement aux différences qui existent dans le papier et dans les lettres ornées, à l'absence des deux fleurons qui se trouvent dans l'édition originale, l'un au titre et l'autre à la suite des 29 points et articles; enfin les deux impressions diffèrent encore par la combinaison des caractères, la disposition des lignes et l'orthographe du titre.

L'instruction du procès du comte de Hornes commença, au mois de juillet 1580, dans la ville de Mons où le duc de Parme, gouverneur général des Pays-Bas, avait établi le siège du gouvernement pendant les troubles. On conserve à Mons, dans le dépôt des archives judiciaires, un dossier contenant diverses pièces de cette procédure. On y voit que Guillaume de Hornes, seigneur de Hèze, de complicité avec Jacques de Meulenare, Robert de Mérode, le Seigneur de Waroux et de Tyant, Céricourt, L'Espine et François de Bourcq, capitaine d'une compagnie d'infanterie du régiment de Montigny, avait tenté de surprendre la ville de Mons au moyen de soldats apostés à l'intérieur et à l'extérieur, avec ordre de s'emparer d'une porte, d'égorger les bourgeois de garde, d'arrêter le prince de Parme avec les principaux seigneurs de sa suite, et d'ouvrir ainsi la place et l'entrée du pays au duc d'Alençon et au prince d'Orange. Le comte de Hornes y est en outre accusé d'avoir, avec ses complices, tramé de surprendre de la même manière les villes de Condé, St-Ghislain, Aire, Arras, Béthune, Armentières, etc., et enfin d'avoir tenté de faire mutiner l'infanterie wallonne en propageant de faux bruits. La sentence intervenue porte : « Veües les infor-
» mations préparatoires, interrogatoires, confessions, et déné-
» gations dudict de Hèze, le recollement d'aucuns tesmoings
» contre luy produicts, et confrontations d'iceulx, les moyens
» par luy alleguez par-devant les Commissaires de diverses
» Provinces à ce députez, qu'il a employé pour ses excuses, jus-
» tifications et défenses, la conclusion de l'advocat fiscal du Pays
» et conté de Haynau, contre lui prinse, et celle en droict, et tout

» considéré, le Roy, eu sur ce l'advis tant des Président, et gens
» de son grand conseil, que de ses consaulx de Flandres, Artoys,
» Haynau, et des officiers et gens de Iustice en sa gouvernance
» de Lille, qui tous ont eu communication dudit procès. Le tout
» reveu en son conseil privé avec lesdicts commissaires, et rap-
» port en faict bien particulièrement au Conseil d'Estat, en pré-
» sence dudict Sir Prince, a dict et déclaré ledit de Hèze par ses
» méchans et detestables crimes, et mesuz susdicts, avoir com-
» mis, et perpétré Crime de leze Majesté et pour ces causes l'a
» condempné et condempne au dernier supplice par l'espée. Dé-
» clarant tous ses biens confisquez au proffit de sa Majesté.
» Faict à Mons le xxi d'octobre 1580. »

Cette sentence lue au Quesnoy au comte de Horne, seigneur de Heze, le 7 novembre 1580, fut exécutée publiquement le lendemain.

10. Ode in gvilielmvm a Nassav regis catholici in Inferiori Germania Vasallum, Perduellem. Et Ecclesiæ Christi hostem grauissimum. Autore J. Clario. Montibvs Apud Rutgerum Velpium, Typ. Iu. An. M.D.LXXXI. In-8.°, 4 cahiers s. pagination; sign. A-D. 16 ff.

Bibl. roy. de Brux.; fonds V. H. n.° 26,607.

Cette pièce en vers iambiques dimètres est encore une satire contre le prince d'Orange. Jean de Clare ou Claeren, qui en est l'auteur, naquit à Tongres dans la Province de Liége, en 1547, et mourut, le 22 août 1611, à Louvain où il était président du séminaire liégeois.

11. De christiani principis officio, et quæ secundum conscientiam ex Sacris Literis ei debetur obedientia. Ad Reuerendiss. & Illustriss. Præsules, ac Sacri Imperii Principes, Cæsareæ Maiestatis Commissarios, in conficiundæ pacis nego-

tio nunc Coloniæ praesentes. Tractatus huic tempori accommodus, perutilis, ac necessarius. Authore Cunero Episcopo Leouardiensi. Montibvs, Apud Rutgerum Velpium Typog. Iurat. MDLXXXI. Cum Consensu Regio. In-8.º, 135 pp.

Bibl. de M. R. Chalon.

La première édition de ce livre dirigé contre les doctrines de la réforme religieuse du XVI.e siècle, a paru à Cologne chez Materne-Cholin, en 1579, in-8.º; celle de Velpius n'est donc qu'une réimpression.

Pierre Cunerus, né à Brouwershaven, en Zélande, fit ses études à l'université de Louvain et obtint le titre de docteur et de professeur à l'abbaye de Parc, près de cette ville; il mourut à Cologne, le 15 février 1580.

12. Extract de devx lettres depvis nagverres escriptes à son Excel.ce (*le prince de Parme Alexandre Farnèse*) par Messire George de Lalaing, Conte de Renneberg, Baron de Vile, Gouuerneur et Capitaine general des Pais de Frise, Ouerysel, Groeninghe et Linghen; Datées la premiere du 26 de May, & la deuxiesme du 8 de juing, 1581. Contenantes sommierement les victoires que Dieu at octroyé à l'Armée de Sa Ma.te estant es dicts Païs contre les Rebelles d'icelle. A Mons, chez Rutger Velpius Imprimeur Iuré (1581). In-8.º, 1 cahier s. pagination; sign. A. 4 ff.

Bibl. de M. R. Chalon.

13. Lettres patentes dv roy nostre sire, Par lesquelles l'Auctorité, que vsurpent presentement les quatre membres de Flandres, est abolie, & declairé nul ce qu'ilz ont faict, & feront durant ceste leur rebellion (*les deux ll retournés*). A Mons en Haynault, chez Rutger Velpius, Imprimeur Iuré.

M.D.LXXXI. In-8.º, 1 cahier s. pagination; sign. A. 4 ff.
Bibl. roy. de Brux.; fonds V. H. n.º 26,610.

14. Placcart du Roy nostre Sire, Contenant deffense de eschiller, exposer, presenter, ou recepuoir les pieces d'or, & d'argent, ayans eu cours es pays de pardeça, à plushault pris, qu'il n'est contenu en jceluy. A Mons en Haynault Chez Rutgher Velpius Imprimeur Iure. Auecq Priuilege. 1581. In-4.º, 2 cahiers s. pagination; sign. A-B. 8 ff.
Bibl. de Mons; recueil de placards, 34.ᵉ portefeuille in-4.º, 1578-1582, n.º 195.
Ce placard est daté du Camp-lez-Valenciennes le xx.ᵉ jour de septembre 1581.

15. Placcart et ordonnance dv Roy de France, Par ou est defendu, de ne leuer aulcuns Gens de guerre, sans commission expresse de sa Ma.ᵗᵉ avecq Copie des Lettres du Roy Trèschrestien au Conte de Charny, Commis au Gouuernemēt du Duché de Bourgoigne: et au Ducq de Guise. A Mons, chez Rutger Velpius, Imprimeur Iuré. An. M.D.LXXXI. In-8.º, 3 cahiers s. pagination; sign. A-C. 12 ff.
Bibl. de M. R. Chalon.

16. Briefve relation de l'arrivee de sa Maieste A Almada, pres de la ville de Lisbona: Et de son entrée depuis en la dicte Ville, & Cité. A Mons en Haynav Chez Rutgher Velpius, Imprimeur Iuré. Demeurant en la Neufue Rue. L'an M.D.LXXXI. In-8.º, 2 cahiers s. pagination; sign. A-B. 8 ff.
Bibl. de M. R. Chalon.

17. An apologie and trve declaration of the institution

and endeuours of the tvvo English Colleges, the one in Rome, the other novv resident in Rhemes : against certaine sinister informations giuen vp against the same. — 1. Pet. 3. Sanctifie our Lord Christ in your hartes, ready alwaies to satisfie euery one that as keth you an accoumpt of that hope wich is in you but with modestie and feare, hauing a good conscience, that in that which they speake it of you, they may be confounded which calumniate your Good conuersation in Christ. For it is better to suffer as doing wel (if the wil of God will haue it so) then doing il. — Printed at Mounts in Henault. (Rutger Velpius) 1584. In-8.°, 125 ff. chiffrés de 1 à 122 et un feuillet s. pagination ayant un fleuron au recto et un errata au verso.

Ma bibl.

Guillaume Allen ou Alan, théologien anglais, est l'auteur de ce livre et d'un grand nombre d'ouvrages de polémique religieuse. Il naquit en 1532, à Rossal, dans le comté de Lancastre. Allen prit une part active à la lutte que le schisme de Henri VIII avait soulevée entre les catholiques d'Angleterre et les partisans de la nouvelle église anglicane. C'est lui qui composa, ou tout au moins c'est sous son nom que parut, ce livre fameux inspiré par le fanatisme et dont la première édition fut publiée à Lyon, en 1558, sous ce titre : *Traité politique traduit nouvellement en français, où il est prouvé par l'exemple de Moyse, et par d'autres, tirés hors de l'escriture, que tuer un tyran (titulo vel exercitio), n'est pas un meurtre.* Forcé par la rigueur des édits d'Elisabeth de quitter sa patrie, il se refugia, d'abord à Louvain, puis à Malines où il professa la théologie. Plus tard, en 1568, il fonda à Douai un séminaire pour l'éducation de la jeunesse anglaise, établissement dont il dut transférer le siège à Reims, dix ans après, à cause des troubles du pays, qui en avaient amené la fermeture momentanée. L'année suivante, c'est-à-dire en 1579, une semblable institution s'ouvrait à Rome, sous le patronage du pape Grégoire XIII. C'est de ces deux établissements, alors vivement attaqués par le gouvernement anglais, que l'auteur prend la défense dans l'ouvrage sorti des presses de Velpius, à Mons, et dont nous ne connaissons que notre exemplaire. De tous les bibliographes Paquot est le seul qui en parle et en donne le titre, dans ses *Mémoires pour servir à l'Histoire littéraire des Pays-Bas*, tome 18, page 15.

Cédant à la ferveur de son zèle, Allen continua à écrire un grand nombre d'ouvrages en faveur de la communion romaine et contre l'église anglicane. Ses écrits qui se répandaient en Angleterre y échauffaient les esprits, au point que la reine Élisabeth porta une ordonnance pour défendre non-seulement de les vendre mais même de les lire. Allen fut traité en ennemi de son pays; toute correspondance avec lui fut considérée comme un crime de haute trahison et même un jésuite, nommé Thomas Alfield, fut jugé et condamné pour avoir introduit en Angleterre quelques écrits de cet ardent défenseur de la cause du papisme.

En 1589, Allen fut élevé à la dignité de cardinal et il obtint ensuite l'archevêché de Malines dont il ne vint cependant pas occuper le siège. Il mourut à Rome le 16 octobre 1594.

18. Le ravage et delvge des chevavx de lovage. Contenant la fin & consummation de leur miserable vie. Auecq le Retour de Guillot le Porcher, sur les miseres & calamitez de ce Regne present. P. M. Artus Desiré. A Mons Chez Rutger Velpius Imprimeur Iuré, M.D.LXXXI. In-8.°, 48 ff. chiffrés au recto.

Bibl. de Tournai, n.° 1002 du catalogue.

C'est une réimpression du livre cité par Brunet, (¹) et dont la première édition parut à Paris, en 1578, chez Guillaume Jullien; in-8.°, 55 ff. chiffrés.

Artus Désiré, naquit en Normandie vers 1510 et mourut en

---

(1) Manuel du libraire et de l'amateur de livres, Paris, 1842, in-8.°, tome 2, p. 60.

1579. Nicéron (**1**) donne une liste fort étendue et pourtant incomplète encore des ouvrages de cet écrivain fanatique du XVI.ᵉ siècle. L'opuscule dont nous venons de transcrire le titre est écrit en prose et dirigé contre les calvinistes. L'auteur explique ce qu'il entend par *chevaux de louage*, ce sont : *ces malheureux et misérables diables, deschaynez reistres, et souldarts du pays de France, quy pour le jourd'huy, précèdent toutes nations en malice et cruauté, et quy ne peuvent être mieux comparez qu'à des bestes bruttes puisqu'ils sont sans loy, sans foy, sans cognoissance de Dieu.* Cette pièce qui se termine par une imprécation en vers contre ceux qu'il désigne de cette façon, donne une idée du talent de ce littérateur en délire et de l'intolérance de son époque.

Le retour de Guillot le Porcher, est un dialogue en vers entre Guillot et une jeune bergère. Artus Désiré, sous le nom de Guillot, déplore les malheurs de son temps. Après ce dialogue vient une pièce de vers contre les blasphémateurs. A la lecture de l'œuvre de ce maniaque, on ne sait ce qu'il faut le plus admirer ou la niaise absurdité de la forme ou la stupide méchanceté du fond.

Cela n'a pas empêché les ouvrages d'Artus Désiré d'avoir une certaine vogue au XVI.ᵉ siècle. Celui dont nous nous occupons obtint même les honneurs d'une réimpression à Mons et d'une approbation dont voici les termes : « *Hic liber pius est, et utilis,* » *et hoc tempore quidem lectu dignissimus. Joannes Bonhomme,* » *canonicus Montensis, Hæreticæ pravitatis per Hannoniam* » *inquisitor subdelegatus, ac librorum censor regius.* »

19. Flevrs morales et sentences preceptives. Seruantes de rencontres à tous propos. Auec autres Poëmes graues, & fructueux : Pris des plus Excellens Autheurs Grecs & Latins. Et reduis en Ryme Françoise, pour l'vtilité de la Ieunesse. Par Iean Bosqvet Montois. Ensemble, Vn Discours de son inuention en forme d'Ode, non moins consolatif, que sentencieux :

(1) Mémoires pour servir à l'histoire des hommes illustres dans la république des lettres, tome 35, p. 284.

à l'honneur de Pauureté honneste & louable. Propre aux affligez de ce temps. A Mons en Haynavt Chez Rutgher Velpius, Imprimeur Iuré Auecq Priuilege de sa Maiesté. Subsig. Grimaldi. (La date M.D.LXXXI imprimée à la fin du volume). In-8.°, 152 ff. chiff. au recto, les deux derniers s. pagination.

Bibl. de Mons, n.° 4895 du catal. — Bibl. de M. R. Chalon.

Philippe Brasseur cite une édition de ce livre publiée à Bruxelles, in-12, sans indication d'année, mais sans doute en 1576, date de l'approbation donnée en cette ville par le censeur ecclésiastique. ([1]) Il en existe encore une autre imprimée à Mons chez Charles Michel en 1587; elle n'est pas moins recherchée que celle de Velpius.

Cet ouvrage qui est le coup d'essai poétique de l'auteur, comme Jean Bosquet nous l'apprend lui-même dans son épître au lecteur, fut écrit en 1572; il comprend une traduction en vers français de sentences et de préceptes tirés d'Isocrate, de trois cents maximes choisies dans les œuvres d'écrivains grecs et latins et enfin quelques sonnets, acrostiches, épigrammes, etc., placés, selon l'usage du temps, au commencement et à la fin du livre, et dus à l'auteur et à plusieurs de ses amis, parmi lesquels on remarque non-seulement Libert Houtem qui compare notre poëte à Ronsard, mais encore les Montois Pierre de Boussu et H. Mathieu, autrement dit *de Monte*, dont les noms ne se trouvent cités dans aucun ouvrage sur l'histoire littéraire de Mons. Jean Bosquet a le mérite d'avoir le premier dans sa ville natale, secouant le joug d'une vieille routine, essayé d'écrire en français à une époque où la langue latine était seule en honneur parmi les hommes de lettres. Un sous-prieur de l'abbaye de Maroilles, Hombert Bruslart, rendant hommage à cette initiative, le proclame *chef de la muse*

([1]) Sydera illustrium Hannoniæ scriptorum. Montibus, 1637, in-8.° p. 37.

françoise, son premier prestre en la terre Belgeoise; puis il ajoute :

> Et mon Bosquet, premier en ces pays,
> De quoy beaucoup s'en trouvent esbahis,
> At amené du grand Jupin la race :
> Pour y chanter d'une françoise grace :
> Nul tant hardy estoit en ce Haynaut,
> Quy entreprendre osast œuvre sy haut,
> Mais toy, premier, picqué d'un grand courage,
> As entrepris un sy hautain ouvrage. (1)

Jean Bosquet, né à Mons dans la première moitié du XVI.e siècle, enseignait le français dans l'école des garçons pauvres de cette ville ; il avait composé à leur usage, vers 1566, un traité contenant les éléments de cette langue dont une édition parut plus tard chez Charles Michel en 1587 ; il doit être mort avant l'an 1600. Il signait ordinairement ses productions littéraires de l'anagramme de son nom : *Bonté acquise*, qu'il avait adoptée comme devise. Il fut l'ami et le condisciple de Philippe Bosquier, autre auteur montois, à qui il dédia un sonnet inséré dans l'ouvrage de ce dernier, imprimé à Mons, chez Charles Michel, en 1596, sous le titre : *L'académie des Pécheurs*. Il ne faut pas le confondre avec un autre Jean Bosquet, son fils, comme lui natif de Mons et poëte. L'existence de ce dernier qui fut père de deux autres auteurs montois, Alexandre et Frédéric Bosquet nés dans la seconde moitié du XVI.e siècle, parait avoir été ignorée par M. Mathieu, auteur de la biographie montoise ; elle nous est révélée non-seulement par ce qu'en dit Philippe Brasseur, (2) mais encore par plusieurs pièces que Jean Bosquet fils composa à la louange des œuvres paternelles et parmi lesquelles nous avons remarqué un sonnet assez original sous le rapport de la pensée. On nous permettra de le donner ici comme un échantillon du savoir faire de ce poëte pour qui nous réclamons une place dans la liste des auteurs montois ; le voici :

(1) Fleurs morales et sentences preceptives. Mons, 1581, in-8.o, p. 146.
(2) Sydera illustrium Hannoniæ scriptorum. Loc. cit.

Jean Bosquet filz, aux œuvres de son Pere.

Livres, que dé-pieça mon cher Pere a produit,
Du second amary de sa docte cervelle;
Livres, mes freres donc, que la main paternelle
D'un assidu labeûr, a gentiment instruit.

Bien que soyez puis-nez, ja le los vous poursuit;
Et mon nom languissant, traine en terre son âile;
Et de moy, sinon l'ame, à l'essence immortelle,
Sans parsus m'estre acquis, quelque honorable bruit.

Sy sommes nous, pourtant, Freres de Pere mesme:
De son corps, j'ay le corps; viguèur, ou forte, ou bléme;
Et vous, de son cervèau, tirez extraction.

Mais l'esprit sur le corps, a grande preference;
Et faudra, si je veux, bâtir quelque excellence,
Que je fonde sur vous, toute erudition. (1)

Ce Jean Bosquet est aussi auteur d'un poëme épique sur l'expédition de Bone par le duc Charles de Croy. Voici le titre exact de cette production : *Réduction de la ville de Bone, par messire Charles, duc de Croy et d'Arschot, prince de Chimay, etc., en l'an* 1588, *et autres siens faits mémorables, descrits par Jean Bosquet, Montois. A Anvers, de l'imprimerie de Martin Nutius, aux deux Cigoignes. MDXCIX. Avec privilege. In-*4.º. Ce magnifique volume de la plus grande rareté, vendu fort cher à la vente Leclercqz à Mons et acheté par la maison de Croy, est orné du portrait de l'auteur et de nombreuses gravures parmi lesquelles il s'en trouve une représentant une vue de cette ville.

On a encore de Jean Bosquet fils une relation de l'entrée des archiducs Albert et Isabelle, à Mons, le 25 février 1600. Cette pièce publiée, d'après le manuscrit autographe de l'auteur, par Mme Clément-Hémery, a pour titre : *Description particulière de*

---

(1) Elements ou Institutions de la langue françoise. Mons, Ch. Michel, 1587, in-8.º, p. 171.

l'entrée de leurs Altesses à Mons, par Jean Bosquet Montois, prévost des maréchaux. La bibliothèque de Cambrai en possède une copie, n.º 2695 des manuscrits. (¹)

20. * Erotemata Rhetorices. Montibus (Rutger Velpius), 1581. In-8.º

Nous ne donnons ce titre que d'après la mention contenue dans le catalogue des bibliothèques du collége et du séminaire des Jésuites de Mons, p. 175, *Littérature*, n.º 577.

21. * Theatrvm Hvmanæ vitæ authore Houthem. Montibus. Rutger Velpius, 1581. In-8.º

La première édition de cette comédie composée à l'usage des colléges, parut à Liége, en 1574, sous ce titre : *Theatrvm Humanæ vitæ, comoedia nova, quæ proposita nostrarvm actionvm hypotyposi : totvm homines vivis depingit coloribvs. Authore F. Liberto Houthem Leodio, Hieronymianæ, apud suos professionis. Leodii, ex typographia G. Morberii Typ. Jurati, 1574. Notu ac concensu Rev. Principis Leod. Episc.*, etc., in-4.º de 56 feuillets non chiffrés.

22. * Salomonis Regis de duabus meretriculis judicium, κωμικῶς versu iambico tractatum. Authore D. Liberto Houthem, poeta Laureato. Montibus, ex offic. Rutgeri Velpii, 1581. Pet. in-8.º, 28 ff. s. pagination.

Ouvrage cité dans le catalogue de la bibliothèque dramatique de M. de Soleinne, tome 1.ᵉʳ, p. 66, n.º 415.

C'est une comédie en cinq actes.

23. Vraye relation de ce qve Monseignevr le Prince de Parme & de Playsance. &ᶜ. Lieutenant Gouuerneur & Capitaine General pour le Roy nostre Sire ès Pays de pardeçà, a fait

---

(1) Histoire des fêtes civiles et religieuses de la Belgique méridionale. Avesnes, 1846, in-8.º, pp. 300-327.

proposer aux Estatz des Prouinces reconciliées, Touchant le retour des forces estrangieres. Et l'accord desditez Estatz, respectivemēt ensuiuy. A Mons en Haynault chez Rutgher Velpius, Imprimeur Iuré. L'an M.D.LXXXII. Par Ordonnance de Son Alteze. In-8°, 5 cahiers s. pagination; sign. A-E. 20 ff.

Bibl. de M. Arthur Dinaux.

24. Advertissement chrestien, contenant vne declaration sommiere de l'effect d'aulcunes causes, sur lesquelles lon a jetté tart l'œuil suffissantes à retarder le progres du Repos general de ces deplorables Pays bas. A Mons en Hainault, Chez Rutgher Velpius, Imprimeur Iuré, L'an M.D.LXXXII. Auec Pruil. De Son Alteze, Pour six ans. Signé Garnier. Pet. in-4.° oblong, 48 feuillets encadrés, avec sign. » - Mij.

Bibl. roy. de Brux., n.° 2777-3268 du catal. des accroissements, 3.° part., p. 14.

L'auteur de cette pièce écrite en vers français est resté inconnu. Une mention qui se trouve dans le privilége nous apprend seulement qu'il était gentilhomme et la dédicace adressée par lui au duc de Parme est signée des initiales A. D., peut-être celles d'Antoine Denis Durbus, le même qui a dédié à Jean Bosquet des vers insérés dans *les Fleurs morales et sentences preceptives*, édition de Velpius, p. 12. Le poëte exhorte le prince à faire cesser les maux du pays, à mettre le Hainaut sur le même pied que le Brabant et la Flandre où les champs étaient cultivés et l'ordre maintenu; il insiste aussi sur la nécessité de ne confier les emplois qu'à des mains dignes et expérimentées.

Au bas de cette pièce est le millésime 1582 et cette devise : *Fin ny remède*, qui est sans doute celle de l'auteur. L'approbation est signée : I. Bonhomme, I. de Froidmond, I. de Glarges.

25. * Psalterivm Davidicvm, interprete Hannardo Gamerio. Montibus apud Rutgerum Velpium. Typ. Iurat. M.D.LXXXII. In-8.º

Hannard Van Gameren, poëte et médecin, enseigna la langue grecque à l'Université d'Ingolstad et fut ensuite recteur du collége de Tongres, province de Liége. Il naquit dans la première moitié du XVI.ᵉ siècle, à Hermeton-sur-Meuse; ayant pris le parti de don Juan d'Autriche, en faveur de qui il écrivit plusieurs apologies, il mourut pendant les guerres civiles, dans les rangs de l'armée espagnole. On ignore la date et le lieu de sa mort. Swerte, Valère André et Foppens donnent une liste assez étendue des ouvrages de cet auteur, ayant trait presque tous à la polémique religieuse ou politique, mais ils omettent de citer le *Psalterium Davidicum* dont nous avons lu le titre dans un catalogue de livres.

26. Cato christianvs, sive paraenesis ad pietatem, tetrachis (sic) tanqvam aphorismis digesta. Per Antonium Meierum, Didascalum Atrebatensem. Lectori Salutem.

  Et Medicina suos Aphorismos repperit olim,
  Et Methodum Iuris grex studiosus habet.
  Sunt artes aliæ sua per compēdia ductæ :
  Hæc breuitas, vitæ seruiet officiis.

Montibvs Apud Rutgerum Velpium, Typog. Iurat, M.D.LXXXIII. Pet. in-8.º, 96 pp.

Bibl. de Douai. — Bibl. de M. R. Chalon.

Cet ouvrage de morale religieuse composé à l'usage de la jeunesse, dans le genre des distiques de Caton, mais en tétrastiques, est divisé en quatre livres. Il en existe une édition imprimée à Arras chez Guillaume De La Rivière, en 1598, in-8.º

Antoine De Meyer naquit à Vletteren, près de Bailleul, en Flandre, vers 1529; il fut successivement professeur à Louvain, à Tirlemont, à Cambrai, puis à Arras, et mourut de la peste en cette dernière ville, le 27 octobre 1597. Il a laissé un assez grand nombre d'ouvrages dont on trouve la liste dans Paquot. (1)

27. Didactici generis oratio, Prolectamenta designās, quibus Hæretici suam causam promouent, simulque rationes aperiēs, cur illis prorsus nihil tribuendum sit. Authore D. Liberto Houthem Poëta Laureato. Montibvs, Excudebat Rutgerus Velpius. Typ. Iura, 1583. Cum Priuil. Signat. Grimaldi. Pet. in-8.°, 32 ff. s. pagination.

Bibl. de M. R. Chalon.

Cet ouvrage dirigé contre la réforme religieuse du XVI.e siècle, est resté inconnu à nos bibliographes belges.

28. Ficvlneorvm avriaci principis avxiliorum, quibus hereticæ factionis Vrbes temere nituntur, Demonstratio. Concinnata per D. Libertum Houthem, Poëtam Laureatum. Montibvs Excudebat Rutgerus Velpius Typog. Iurat. Cū Priuil Signat. 1583. Grimaldi. In-8.°, 36 ff. s. pagination.

Bibl. roy. de Brux., fonds V. H., n.° 23,477. — Bibl. de M. R. Chalon.

Satire violente ou plutôt invective en vers contre le prince d'Orange et les protestants français sur l'appui desquels comptaient les villes ennemies de la domination espagnole.

Cette pièce réactionnaire commence par une dédicace au prince de Parme et se termine par une ode, qui est le morceau capital du recueil, sur la prise de Tournai, *Urbs Nerviorum*.

29. Liste et declaration des imposts au paiis de Haynavlt, povr ung an, Commenchant au XV.e de Feburier,

---

(1) Mémoires pour servir à l'histoire littéraire des Pays-Bas, in-8.°, tome VII, p. 145.

1584. A Mons, Chez Rutgher Velpius, Imprimeur Iuré. (1584). In-4.º, 4 ff. s. pagination.

Bibl. de Mons; recueil des placards, 35.ᵉ portefeuille in-4.º, 1583-1586, n.º 205.

Les états du Hainaut, s'étant réunis le 26 janvier 1584 et voulant couvrir l'aide de 110,000 florins destiné à payer le logement des gens de guerre dans la province, avaient résolu d'établir des impôts extraordinaires dont le placard imprimé chez Velpius donne l'énumération assez curieuse.

30. Hevres de Nostre Dame selon l'usaige de l'Eglise de Madame Saincte Waldru de Mons. A Mons chez Rutger Velpius, imprim. Iuré. An. 1584. In-12, 199 ff. chiffrés au recto et un feuillet blanc avec la vignette de l'imprimeur au verso.

Bibl. de M. R. Chalon.

Ce livre est imprimé en lettres rouges et noires; il est d'une excessive rareté; pourquoi? cela est difficile à dire, car par sa nature il devait être d'un usage très répandu. L'approbation est ainsi conçue : Hic libellus nihil continet quod orthodoxæ fidei adversetur. Mōtibus Hannoniæ An. 1584. 30 Augusti. Petrus De Behault, S. Theol. Licentiatus, necnō collegiatæ Ecclesiæ S. Germani Montensis Canonicus.

31. Les articles dv traicte des Ville de Bruges, & Païs du Francq, conclu & arresté en la ville de Tournay, le Iour de la Penthecouste, 20. de May, 1584. A Mons, En Haynau, Chez Rutgher Velpius, Impr. Iu. Par Consent de la Court. Pet. in-8.º, 3 cahiers s. pagination; sign. A.-C. 12 ff.

Bibl. de M. R. Chalon. — Ma bibl.

Profitant du découragement que la soumission des provinces wallonnes et la discorde des partis avaient jeté dans l'esprit des soutiens de la cause nationale, Alexandre Farnèse, négociateur aussi habile que général expérimenté, entreprit de rétablir la domination espagnole dans toutes les provinces insurgées, au moyen de concessions successives adroitement et partiellement consenties. Maître de Tournai où, en quittant Mons en 1582, il avait fixé le siége du gouvernement, il y avait ouvert une sorte de congrès dans lequel se débattaient, avec les députés des villes rebelles, les conditions de capitulation et de réconciliation. C'est dans ce congrès que fut conclu et signé le traité de soumission de Bruges et du pays du Francq.

32. Copie dv traicte de Denremonde. A Mons, Chez Rutgher Velpius, Imprim. Iuré. 1584. Pet. in-8.°, 1 cahier s. pagination; sign. A. 4 ff.

Bibl. de M. R. Chalon. — Ma bibl.

C'est l'acte de soumission au gouvernement espagnol du magistrat et des bourgeois de la ville de Denremonde à qui le prince impose comme condition l'obligation de payer, dans le terme de trois mois, une somme de 60,000 florins, dont il se réserve de faire un usage discrétionnaire. Ce traité a été signé en la ville de Denremonde, le 17 août 1584.

33. Poinctz et articles sovbz lesqvelz Les Magistratz, Consaulx & Doyens de la Ville de Gand, se sont reconciliez à Sa Ma[te]. A Mons, Chez Rutgher Velpius, Imprimeur Iuré. 1584 Par consentement de Son Alteze. Pet. in-8.°, 3 cahiers, sign. » - C. titre 1 f. non chiff., texte 17 pp. la dernière chiffrée X erronément, et un feuillet blanc avec un fleuron au verso.

Bibl. de M. R. Chalon. — Ma bibl.

Ce traité par lequel la soumission de la ville de Gand au gouvernement espagnol est acceptée, moyennant une contribution extraordinaire de 200,000 écus d'or, a été signé à Bevere le 17 septembre 1584, au nom du roi d'Espagne, par le prince Alexandre Farnèse et pour la ville de Gand, par ses délégués : de Baents, Tayart, de Vos, Heyluick, Stuperaert et Courteville.

34. Articles et Conditions dv traicté arresté et cōclu, entre Monseigneur le Prince de Parma, Plaisance, &c., Lieutenant, Gouuerneur et Capitaine General, de sa Majesté, es pays de pardeça, au nom d'Icelle, comme Duc de Brabant, d'vne part, Et la Ville de Bruxelles d'aultre, le x.e de Mars. 1585. A Mons. Chez Rutgher Velpius, Imprimeur iuré. l'An 1585. Pet. in-8.º, 2 cahiers s. pagination ; sign. » - B. 8 ff.

Bibl. de M. Arthur Dinaux.

Ce traité en XVIII articles a été fait à Bevere et il est signé : Alexandre.

Cette impression est, du moins à notre connaissance, le dernier produit des presses de Velpius à Mons. Le prince de Parme ayant reporté le siége du gouvernement à Bruxelles, après la soumission de cette ville, Velpius l'y suivit en qualité d'imprimeur de la cour.

CHARLES MICHEL.

1586-1627.

Après le départ de Velpius, Mons resta pendant quelques mois sans imprimeur. Charles Michel, libraire en cette ville, voulant y fonder à son tour un établissement typographique, s'adressa à l'administration municipale dès les premiers jours de l'année 1586, pour obtenir une avance qui lui permît de faire l'acquisition d'un matériel d'imprimerie. Sa demande fut favorablement accueillie, et, par résolution en date du 19 juin de cette année, il obtint à titre de prêt une somme de 500 livres tournois remboursable par tiers et en trois ans, à la condition que les *massarts ne poiront la lui furnir que lorsque ledict Charles Michiel aura mis la dicte imprimerie en praticque et que l'on aura veu de ses œuvres ou escantillons.* (1)

L'établissement de Michel, qui était situé en la rue des Clercs, portait pour enseigne : *Au nom de Jésus.*

Imprimeur du gouvernement et du magistrat, Michel imprima aussi les actes de l'autorité épiscopale de Cambrai. On sait que l'archevêque, Louis de Berlaymont, après que cette ville métropolitaine fut arrachée par les Français à la domination espagnole, vint en 1580 résider à Mons où, du consentement du pape Grégoire XIII, il transféra le siège du diocèse qui y resta établi jusqu'en 1595.

(1) Archives communales de Mons; registre aux procès-verbaux du conseil de ville, f.° 250 v.° à 252 r.°, à la date du 19 juin 1586.

D'après la législation existante, les imprimeurs étaient tenus d'avoir une marque ; celle que Michel adopta, sans doute par allusion à son nom, représente dans un cartouche orné de fleurs et de fruits, Saint Michel terrassant le démon. Voici la reproduction de cette marque ; nous la faisons suivre, pour continuer le catalogue chronologique des impressions montoises, de la liste des ouvrages sortis des presses de ce typographe.

35. Elemens, ov institvtions de la langve francoise propres povr façonner la Ieunesse, à parfaictement & nayuement entendre, parler, & escrire icelle langue. Ensemble, vn Traicté de l'office, des Poincts & Accens. Plus vne table des termes, esquelz l'S s'exprime. Le tout reueu, corrigé, augmenté, & mis en meilleur ordre qu'auparauant, par son Autheur premier Iean Bosquet. Au senat montois. A Mons, chez Charles Michel, Imprimeur iuré en la ruë des Clercs. M. D. LXXXVI. Pet. in-8.º, titre et préliminaires 8 ff. non chiff., texte 172 pp., table et approbation 3 pp. non chiff.

Bibl. de Mons, n.º 4,368 du catal.

Le titre même de ce livre annonce l'existence d'une édition antérieure à celle de Michel; nous n'avons pu nous la procurer, mais il est certain qu'elle n'a pas été imprimée à Mons, car l'auteur, dans la dédicace adressée le 16 septembre 1586 aux Magistrats de cette ville, nous apprend que *passé vingt ans il fit mettre en lumière quelques petites institutions françoises, pour aider à la Jeunesse;* or, en 1566, l'imprimerie n'était pas encore établie dans la capitale du Hainaut.

Les approbations ecclésiastiques sont signées l'une, par *François Buisseret*, docteur en droit, archidiacre du Cambresis, chanoine et official de ce diocèse, et la seconde, par *Pierre De Behault*, licencié en théologie, chanoine de l'église collégiale de Saint-Germain à Mons. Le privilége du Roi, daté de Bruxelles, est du 25 février 1586.

Parmi les pièces de vers imprimées au commencement et à la fin de ce livre, on remarque le sonnet dont nous avons déjà parlé, que Jean Bosquet adressa à son père, et des vers d'André Yeuwain, autre auteur montois.

36. Ordonnance, et placart dv roy nostre Sire, svr le faict de l'entrecours, & Marchandise des Grains. A Mons, De l'Imprimerie Charles Michel, Imprimeur Iuré, en la ruë des Clercs. M. D. LXXXVI. In-4.º, 2 cahiers s. pagination; sign. A-B. 8 ff.

Bibl. de Mons; recueil des placards, 35.ᵉ portefeuille in-4.º, 1583-1586, n.º 219.

Cette ordonnance, datée du camp-lez-Berk le 22 avril 1586, a été publiée à Mons le 28 du même mois.

37.* Sophronismus, auctore Laurentio Campestre. Montibvs. (C. Michel) 1586. In-4.º

Nous ne transcrivons ce titre abrégé que d'après la mention contenue dans le catalogue des livres des bibliothèques du collége et du séminaire des ci-devant Jésuites de Mons, *Littérature*, p. 168, n.º 157.

Paquot cite une première et même une seconde édition de ce livre, imprimées à Louvain par Rutger Velpius, en 1555 et en 1577, in-12, avec ce titre : *Sophronismus, quo seductus ab errore revocatur, et vita temperantioris dantur monita.*

Laurent Vandevelde ou Campester, auteur de cet ouvrage et de plusieurs autres cités par Swerte, Valère André, Foppens et Paquot, naquit à Diest au commencement du XVI.e siècle. Après la mort de sa femme il chercha des consolations à sa douleur dans l'enseignement de la jeunesse, auquel il se voua. Il dirigea les classes inférieures dans l'abbaye de Sainte-Gertrude à Louvain où il mourut à la fin du XVI.e siècle.

38. Canones, et decreta sacri concilii provincialis cameracensis. Præsidente R. P. Dn. Maximiliano A Bergis, Archiepiscopo, & Duce Cameracensi, sacri Imperij Principe, Comite Cameracesij, &c. Montibvs Hannoniæ, Ex officina Caroli Michaëlis, typographi Iurati. M. D. LXXXVII. In-4.°, titre et préliminaires 4 ff. non chiff., texte 68 pp. et 1 f. n. chiff., Index decretorum 1 p. non chiff.

Bibl. de M. R. Chalon. — Ma bibl.

C'est un abrégé de la relation complète du concile provincial tenu à Cambrai, sous la présidence de l'archevêque Maximilien de Berghe, en 1565, qui fut imprimée pour la première fois sous ce titre : *Canones, et decreta sacri concilii provincialis cameracensis, Præsidente R. P. Dn. Maximiliano A Bergis, Archiepiscopo, & Duce cameracensi, sacri Imperij Principe, Comite Cameracesij &c. His adiecimus acta, seu ordinem rei gestæ ac cæremonias, & orationes, quæ in illo habitæ fuerunt. Antverpiæ,* 1566. *Ex officina G. Silvii;* 2 tomes en 1 vol. in-4.°.

L'édition de Mons est remarquable sous le rapport de l'impression. Cet ouvrage fut réimprimé à Douai, par Josse Laurent, en 1615, in-8.° et à Mons, par la veuve Siméon De Laroche, en 1686, in-8.°.

39. Concilivm provinciale cameracense in oppido Montis Hannoniæ habitvm anno Domini M. D. LXXXVI. Præsidentibus Ill.^mis & R.^mis in Christo Patribus & Dominis Io. Francisco Bonhomio Episcopo & Comite Vercellensi nuncióque apostolico cum potestate Legati de latere, ac Lvdovico de Berlaymont Archiepiscopo et Duce Cameracensi. Sacri Rom. Imp. Principe, &c. Adiunctæ sunt aliquot constitutiones Pontificiæ, & edictum Regium de huius concilij decretis obseruandis. Additum est etiam Concilium prouinciale primum Cameracense, quòd in hoc illius frequens fiat mentio. Montibvs Hannoniæ, Excudebat Carolus Michael Typographus Iuratus. M. D. LXXXVII. Cvm privilegio regiæ Ma.^tis. In-4.º, titre aux armes de l'archevêque de Cambrai et préliminaires 6 ff. non chiff., texte 114 pp., Constitutiones, svmmorvm pontificvm 52 pp.

Bibl. de Mons, n.º 506 du catal. — Bibl. de M. R. Chalon. — Ma bibl.

Les décisions de ce concile provincial, publiées dans l'église de Sainte-Waudru à Mons, le 23 octobre 1586, furent signées sur le maître-autel par Jean-François Bonhomme, évêque de Verceil, nonce apostolique et légat de Sixte V, et par Louis de Berlaymont, archevêque de Cambrai, qui présidaient conjointement le concile; puis par les évêques d'Arras, de Namur, les représentants des évêques de Tournai et de Saint-Omer, et les abbés, les doyens ruraux et les députés des différents chapitres du diocèse.

Louis de Berlaymont, né en 1542, mourut à Mons le 15 février 1596; il fut inhumé en l'église du couvent des Sœurs-Noires de cette ville, dans la chapelle de Sainte-Marie-Madeleine qu'il avait fait construire.

François Buisseret de Mons, archidiacre et depuis archevêque de Cambrai, eut une grande part à la rédaction desactes de ce concile. L'édition donnée par Charles Michel se recommande par la correction, par la netteté et la beauté des caractères. Une réimpression en a été faite à Douai par Josse Laurent, en 1615, in-8.°, et une autre à Mons, chez la veuve Siméon De Laroche en 1686.

40. Placcart de sa maieste svr l'execvtion des decretz de la synode prouinciale de Cambray, tenue en la Ville de Mons, au mois d'Octobre. 1586. A Mons, chez Charles Michel, Imprimeur Iuré. En la ruë des Clercs 1587. Avec privilège du roy. In-4.°, 3 cahiers s. pagination; sign. A-C. 9 ff.

Archives communales de Mons; recueil des placards, 1584-1594.

Cet édit, daté de Bruxelles le premier juin 1587, a été publié à Mons le 28 août suivant.

41. Flevrs morales et Sentences preceptives. Seruantes de rencontre à tous propos. Avec autres Poëmes graues, & fructueux : Pris des plus Excellens Autheurs Grecs & Latins. Et reduis en Ryme Françoise, pour l'vtilité de la Ieunesse. Reueües, corrigées, & augmentées par l'Autheur, Iean Bosqvet Montois. Ensemble, un discours de son inuention, en forme d'Ode, non moins consolatif que sententieux : à l'honneur de Pauureté honneste, & loüable. Propre aux affligez de ce temps. A Mons, chez Charles Michel en la ruë des Clercs. M. D. LXXXVII. Pet. in-8.°, 168 ff. chiffrés d'un seul côté.

Bibl. de M. R. Chalon.

La première édition de ce livre a été imprimée à Mons, chez Rutger Velpius, en 1581.

42.* Déclaration de la doctrine chrétienne. A Mons, Chez Charles Michel, Imprimeur Iuré, en la ruë des Clercs. 1587. Pet. in-8.º

C'est la première édition du catéchisme composé par François Buisseret, en exécution des décrets du synode provincial de Cambrai, pour l'enseignement de la doctrine chrétienne. Elle fut imprimée à la demande et aux frais des magistrats de Mons, pour l'usage des enfants de l'école dominicale, fondée en cette ville et ouverte le 6 mai 1585, dans les bâtiments de l'ancienne halle aux draps. Ce catéchisme connu sous le titre de *Catéchisme du diocèse de Cambrai*, a été adopté par plusieurs diocèses notamment par ceux de Namur et de Paris; il a été souvent réimprimé, et il eut à Mons, où il est encore enseigné aujourd'hui mais avec quelques changements, un grand nombre d'éditions.

François Buisseret fut successivement professeur de philosophie à Louvain et de droit canonique à l'université de Paris; doyen et chanoine de la métropole de Cambrai, puis vicaire-général du diocèse; évêque de Namur et enfin archevêque de Cambrai. Né à Mons au mois de septembre 1549, il mourut à Valenciennes le 2 mai 1615.

43. Placcart et ordonnance dv roy nostre sire, svr la generalite des mestiers, Mainœuures, Artifices, Salaires & Labeurs, &c. A Mons Chez Charles Michel, Imprimeur juré. M.D. LXXXVIII. In-8.º, 1 cahier s. pagination; sign. A. 4 ff.

Bibl. de Mons; recueil des placards, 36.ᵉ portefeuille in-4.º, 1587-1592, n.º 235 — Bibl. de M. R. Chalon.

Cette ordonnance, datée de Bruges le 21 avril 1588, a été publiée à Mons le 6 mai suivant.

44. Ordonnances faictes par monseignevr le marqvis de Renty, govvernevr capitaine general & grand Bailly de

Haynnau, & les gèns du conseil du Roy à Mons, pour l'execution du Placcart de sa Majesté du xxviij.ᵉ d'apuril dernier, sur le taux & reiglement mentionné audict Placcart, publié le xij.ᵉ d'Aoust 1588. A Mons, De l'Imprimerie de Charles Michel. cIɔ. Iɔ. LXXXVIII. In-8.º, 2 cahiers s. pagination; sign. A-B. 8 ff.

Bibl. de Mons; recueil des placards, 36.ᵉ portefeuille in-4.º, 1587-1592, n.º 237.

Cette ordonnance fixe le prix de la journée des maîtres et ouvriers de tous les corps de métiers; elle fixe aussi le prix de diverses denrées et marchandises. Entre autres particularités assez curieuses on remarque que, pour la façon d'un manteau de 4 aunes de drap fourré de baye et bordé d'un passement, les cousturiers (moins bien traités que les tailleurs de nos jours) ne pouvaient exiger plus de xv patars; les souliers et les bottes, qui se vendaient alors au poids, ne coûtaient que xiv patars la livre; les gages des domestiques pour les maisons bourgeoises étaient fixés à xii florins par an; la livre de viande de 1.ʳᵉ qualité se vendait : le mouton ii patars, le bœuf iii sous six deniers, le porc ii patars; le prix d'une couple de poulets était de vii patars; une livre de beurre frais coûtait iii patars, un quarteron d'œufs v patars et ainsi du reste. Faut-il regretter ce bon vieux temps? Les femmes de ménage disent oui, mais les économistes ne sont pas de cet avis.

45. Tragoedie novvelle dicte le petit razoir des ornemens mondains : En laquelle toutes les miseres de nostre temps sont attribuées tant aux Heresies, qu'aux Ornemens superflus du corps. Composée par F. Philippes Bosquier Montois, Religieux en l'ordre de S.-François en la Prouince de Flandre. Dediee A son Alteze Mon-Sereniss^{mo}. S^r. Alexandre Fernese (sic), Duc de Parme &ᶜ. Soph. I. Visitabo super omnes,

qui induti sunt veste peregrinâ. A Mons, Imprimée par Charles Michel. l'An 1589 In-8.°, 58 ff. non chiff.

Bibl. de Mons, n.° 5141 du cat. — Bibl. de M. R. Chalon.

Cette pièce d'une grande rareté fut le début poétique de l'auteur; il nous l'apprend lui-même dans une épître au prince de Parme, Alexandre Farnèse, à qui il dédie son livre; son but est de combattre ce qu'il appelle les misères de son temps et les ennemis de la domination espagnole aux Pays-Bas. Les personnages ou *entreparleurs* de cette œuvre bizarre sont, nous citons textuellement : « Dieu le père, Dieu le fils, Dieu le Saint-Esprit, la bénite mère et vierge Marie, l'ange ambassadeur de Dieu, Sainte Élisabeth, fille du roi de Hongrie, Alexandre, duc de Parme, etc., tous bons vassaulx du bon roi des Espaignes, un parlant pour tous. Le camp de Monseigneur, le duc de Parme, sans parolle. Le preud'homme, sa femme, le grand commandeur des hérétiques, le premier et second colonel des hérétiques, un capitaine des hérétiques, quelques soldats des hérétiques, le bragard pompeux, la dame pompeuse, le frère mineur prédicateur. »

Cette tragédie singulière, dans laquelle on remarque de curieux détails sur les modes du temps, a été écrite pour soulever les haines et les vengeances populaires contre les huguenots que l'auteur appelle le plus souvent Huguenois.

Philippe Bosquier, religieux franciscain, fils de Nicolas, né à Mons, le 26 octobre 1562, mourut le 25 mars 1636, à Avesnes, où il fut enterré dans l'église des Récollets. Il est auteur de plusieurs ouvrages imprimés d'abord séparément à Mons et à Douai, puis réunis pour la plupart en 5 vol. in-f.°, imprimés à Cologne chez Jean Crithius, en 1620, 1621 et 1628. La nomenclature complète s'en trouve dans la Biographie montoise de M. Mathieu, qui nous révèle cette particularité bibliographique : trois ans avant sa mort, Bosquier ayant offert de céder sa bibliothèque au collége de Houdain, à Mons, où il avait fait ses humanités, à la condition qu'un emplacement convenable lui fût réservé, le conseil de ville, sur le rapport de l'échevin Maldonade, accepta cette offre dans la séance du 3 juillet 1633, et vota des remercîments au donateur. Philippe Bosquier appartenait à une famille honorable de Mons; il nous apprend, dans l'épître au lecteur qu'il a mise en tête de la tragédie dont nous venons de donner le titre et dans son ouvrage intitulé : *Orbis terror*, qu'il eût un frère musicien attaché à la chapelle royale de Philippe II, et un autre conseiller ou échevin à Mons, qui fut tué dans une expédition militaire en Artois, à la tête d'une cohorte de milice bourgeoise dont il était le commandant.

46* Les regrets et lamentations faictes par Madame de Gvyse, sur le trespas de feu Monsieur de Gvyse son espoux. M.D.LXXXIX. S. n. (Mons, chez Charles Michel) In-12, 8 ff. non chiff.

Bibl. de M. H. Delmotte.

47* Advis de cevlx qvi ont esté à Bloys au tëps du massacre aduenu es personnes des defunctz les Seigneurs le Duc de Guyse et le Cardinal son Frere, le Vendredy auant veille de Noel, 1588. M.D.LXXXIX. S. n. (Mons, chez Charles Michel) In-12, 12 ff. non chiff.

Bibl. de M. H. Delmotte.

48. Admirable et prodigievse mort de Henry de Valois. A domino factum est ISTVD, et est mirabile in oculis nostris. Psal. 117. Virum (enim) iniustum mala capient in interitu. Psal. 139. A Mons, chez Charles Michel, selon la Copie Imprimée à Paris, par Pierre Deshayes, demeurant en la ruë du Bon-puits, pres la porte Sainct-Victor. M.D.LXXXIX. Pet. in-8.º, 4 ff. non chiff.

Bibl. de M. R. Chalon. — Bibl. de M. Arthur Dinaux.

Cette pièce singulière renferme une apologie de l'assassinat appuyée sur les plus incroyables paradoxes.

49. Placcart de sa maieste svr la moderation, et tauxations des Gaiges, Sallaires & Iournees des Seruiteurs, & Manouuriers, aussi du pris des Viures, denrees & semblables choses. A Mons Chez Charles Michel, En la ruë des Clercs. 1589. Pet. in-4.º, 4 ff. non chiff.

Archives communales de Mons; recueil des placards, 1584-1594.

Cette ordonnance, datée de Binche le 5 décembre 1589, a été publiée à Mons le 5 janvier suivant.

50º Pointz et articles advisez, par les eschevins de la ville de Mons, en conformité des Chartres eschevinales, et placcartz de Sa Maj.^{te} pour estre praticquetz par forme de prouision, par les gens de loy subalternes ressortissans à eulx comme à leur souuerain chieflieu, pour l'aduanchement et abreuiation de la justice. A Mons, de l'imprimerie de Charles Michel, en la ruë des Clercs. L'an 1589. In-4.º, 6 ff. non chiff.

51. Edict, et placcart de sa maieste sur le faict des hommicides. A Mons, De l'Imprimerie Charles Michel. 1590. Pet. in-8.º, 4 cahiers s. pagination; sign. »-D. 14 ff.

Archives communales de Mons; recueil des placards, 1584-1594. — Bibl. de M. R. Chalon.

Cet édit, daté de Spa le 22 juin 1589, a été publié à Mons le 4 avril 1590.

52. Edict et placcart du roy nostre sire, sur le faict des monnoyes d'or & d'argent, publié le xxiii.º de Iuing, 1590. A Mons, De l'Imprimerie Charles Michel. 1590. Pet. in-4.º, 2 cahiers s. pagination; sign. A-B. 8 ff.

Archives communales de Mons; recueil des placards, 1584-1594.

Cet édit est daté de Bruxelles le dernier jour d'avril 1590.

53* Oraison fvnèbre sur le trespas et inhvmation de très illvstre & excellent seignevr Messire Emanvel de Lalaing, Marquis de Renty, Baron de Montigny.... Chevalier de l'Ordre dv Toison d'Or, Admiral & Capitaine general de la Mer, gouvernevr, capitaine général, & grand-bailly de Haynault.... prononcée en l'église collégiale de N. D. de Condet le XXIX.ᵉ jour de décembre M.D.LXXXX, par Maistre François Buisseret, Doyen & Chanoine de l'Eglise Métropolitaine, Vicaire général de Monseigneur le R.ᵐᵒ & Illustrissime Archevesque & Duc de Cambray. Mons, Charles Michel, 1591. In-8.º, 67 pp.

Paquot. Mémoires pour servir à l'histoire littéraire des Pays-Bas. In-8.º, tome 6, p. 280.

L'amiral de Lalaing est décédé à Mons, le 27 décembre 1590.

54. Liste et déclaration des impots av pays de Haynavlt povr vng an, commenchant avx villes le premier de jving et avx villaiges le xv.ᵉ ensuyuant XV.ᵉ nonante-vng. A Mons, Chez Charles Michel, demeurant en la ruë des Clercs. L'an 1591. In-4.º, 4 ff. non chiff.

Bibl. de M. R. Chalon.

55. Pierre Ernest, comte de Mansfelt, chevalier de Lordre, Lieutenant, Gouuerneur & Capitaine general en absence de son Alteze. Tres chiers et bien amez. Comme le Roy nostre Sire a esté requis par aucuns Estatz des Pays de pardeça de vouloir donner quelque bon reiglemēt pour

la conduicte, & discipline militaire, &ᵃ. S. n. et s. d. (Mons Charles Michel, 1592) In-4.º, 1 cahier s. pagination; sign. B. 2 ff.

Archives communales de Mons; recueil des placards, 1584-1594.

C'est un mandement du comte de Mansfelt, daté de Bruxelles le 7 janvier 1592, ordonnant, sur les plaintes des États du Hainaut contre les vexations des gens de guerre, une nouvelle publication des placards du 25 mars 1581 et du 22 février 1582, concernant la discipline militaire.

56. Par le roy, A noz amez et feavlx les grand Bailly de Haynnau, & Gens de nostre Conseil à Mons, salut et dilection. Comme il soit que plusieurs gens de guerre estans à nostre soulde & seruice, Nonobstant toutes noz ordonnãces precedentes, commandemens par nous faictz & plusieurs fois publiez, & reiterez, s'avancẽt iournellemẽt, contre tout ordre, reigle, & discipline militaire, de courre le plat Pays, &ᵃ. A Mons, De l'Imprimerie de Charles Michel. S. d. (1592). In-4.º, 1 cahier s. pagination; sign. A. 3 ff.

Bibl. de Mons; recueil des placards, 34.ᵉ portefeuille in-4.º, 1578-1582, n.º 193.

C'est l'ordonnance datée de Mons le 25 mars 1581, qui a été réimprimée et republiée par ordre du comte de Mansfelt.

57. Par le roy, A nos amez et feavlx les grand Bailly de Haynnau, & Gens de nostre Conseil à Mons salut & dilection. Comme nous soions duëmẽt informez que plusieurs gens de guerre, tant de cheual, que de pied estans en nostre seruice et soldee, delcissent, quictent, & abandonnent leurs

enseignes, &ª. A Mons, De l'Imprimerie de Charles Michel. S. d. (1592). In-4.º, 1 cahier s. pagination; sign. A. 4 ff.

Bibl. de Mons, même portefeuille, n.º 196.

C'est la réimpression de l'édit daté de Tournai le 22 février 1582, concernant la désertion des gens de guerre.

58. Histoire memorable et digne de foy, dv sainct Sang de miracle, aduenue au Bois Seigneur Isaac diocese de Cambray, lez Niuelles, An de grace mil quatre cent & cincq le cincquieme iour de Iuin, qui estoit lors le Vendredi deuant la Pentecouste. Autheurs aucuns Religieux du mesme lieu. A Mons. de l'Imprimerie de Charles Michel. 1593. Avec privilege dv roy. Pet. in-8.º, titre et préliminaires 14 ff. non chiff., texte livre 1.ᵉʳ (avec une préface des autheurs) 64 pp. chiff. au recto, livre 2.ᵈ 41 pp. chiff. de même au recto, appendice et approbation 7 pp. non chiff. avec 2 figs. sur bois, représentant le Christ et les armoiries de l'abbé d'Anchin, Warnier de Davre, à qui le livre est dédié.

Bibl. de Mons, n.º 6,285 du catal.

La dédicace, datée de l'abbaye d'Alne le premier octobre 1581, est signée par Frère Jean d'Arthois, prieur du Bois-Seigneur-Isaac.

François Buisseret fit imprimer ce livre pour les jeunes enfants, comme il le dit dans une lettre placée en tête de l'ouvrage et adressée par lui à MM. du conseil privé de Sa Majesté; elle porte la date de Mons du dernier d'août 1592. Le privilége du Roi accordé à l'imprimeur est du 12 septembre suivant.

Il est à regretter que Buisseret ait trouvé bon de ne laisser imprimer que les deux premiers livres donnant l'histoire miraculeuse du prieuré du Bois-Seigneur-Issac et d'écarter la partie réellement historique qui devait être traitée dans le troisième.

59. La vie de saincte Colete, vierge de tres digne memoire, et reformatrice de l'Ordre de Sainct François, & de Saincte Clare, Tirée et traduicte nouuellement de Laurent Surius par D. Michel Notel. Religieus de Femy. Sap. 4. O que la chaste generation est belle & glorieuse, Car la memoire d'icelle est immortelle. A Mons. De l'Imprimerie de Charles Michel. 1593. Pet. in-8.º, titre et préliminaires 12 ff. non chiff., texte 99 ff. chiff. au recto, Annotations et approbation 9 pp. non chiff., figs. sur bois.

Bibl. de M. R. Chalon. — Ma bibl.

Le livre est dédié par le traducteur à sa sœur Jacqueline Notel, religieuse et mère vicaire au couvent de Sainte Clare (sic) à Cambrai. L'épître dédicatoire contient un hommage à la piété des Montois, et aux services rendus par eux à la cause catholique pendant les troubles religieux. « car je peus dire et asseurer, » dit l'auteur, « sans craincte de rougir devant les hommes ; ny » d'encourir non seulement le vice, ains ny mesme la seule (sic) » et simple soupeçon (sic) d'une orde flatterie, (aulmoins envers » ceux, qui la cognoissent bien et en veult juger et parler sans » aulcune passion) que ceste ville de Mons, est l'une des plus » catholicques et devotes villes, que j'ay rencontre, ny aus Itales, » ny aus Allemagnes, ny en France, ny en tous ces Pays-Bas, etc. »

L'approbation, signée par Jean de Froidmont, est datée de Soignies le 18 avril 1594.

60. Les vies plvs signalees et notables des Saincts Peres Hermites : escriptes en latin par D. Laurent Surius ; & nouuellement traduictes en franchois par R. P. F. Iacques Bourgeois, Prouinceal de la tres-saincte Trinité, Auecq les vies Admirables des Saincts Peres instituteurs de l'ordre de la Tres-saincte Trinité & redemption des captifs. A Arras, Chez Gilles Bauduin marchant libraire au Missel d'or. 1594.

Mais on lit à la dernière page : A Mons, De l'imprimerie de Charles Michel, 1594. Pet. in-8.º, 52 ff. non chiff.

Ma bibl.

Jacques Bourgeois, né à Arras, mort à Douai au mois d'août 1600. On a de lui plusieurs ouvrages ascétiques, imprimés à Arras, à Douai et à Mons.

61. Chartres, et covstvmes locales de la ville de Binch, tirees de l'ancienne loy, et vsance d'icelle, ratifiées & auctorisées par sa Majesté. Auec la reformation de plusieurs articles, tant ançiens que nouueaux desdits chartres y couchez, le tout par decret de sa ditte Majesté. A Mons. De l'Imprimerie de Charles Michel demeurant en la ruë des Clercs. 1594. In-4.º, 26 ff. non chiff.

Ma bibl.

62.* La Fontaine de componction par Jacques Bourgeois. Mons, chez Charles Michel, 1595. In-8.º.

Cette édition est citée par Foppens dans sa Bibliothèque Belgique, 1.re partie, p. 504.

63. L'academie des pechevrs, Bastie sur la parabole du Prodigue Euangelic. Par F. Philippes Bosquier Montois, de l'ordre de S. François en la Prouince de Flandre. Eccli. 39. Occulta prouerbiorum exquiret Sapiens, & in absconditis parabolarum conuersabitur. A Mons. De l'Imprimerie de Charles Michel, Imprimeur Iuré, 1596. Avec privilege dv roy. In-8.º, titre et préliminaires 26 ff. non chiff., texte 402 ff. chiff. au recto, table 6 ff. non chiff.

Bibl. royale de Brux., fonds V. H., n.º 1,732. — Bibl. de M. R. Chalon. — Ma bibl.

Cet ouvrage devait avoir plus d'un volume, mais celui-ci seul a paru; on lit dans l'approbation : Hunc Academiæ peccatorum

Tomum primum legi : quem propter eximiam eruditionum ex plurimis scriptoribus maximo cum labore digestam, ac pietatem coniunctam, ad vtilitatem legentium, vtiliter imprimi debere censeo. Ioannes Bouchy S. Th. Licentiatus.

L'épître dédicatoire, datée par l'auteur *de sa chère ville de Mons, en la maison maternelle*, le 7 décembre 1595, est adressée à Charles-Philippe de Rodohan, licencié en droit, prévôt des églises de cette ville, etc. Dans l'avis au lecteur, Bosquier explique en ces termes fort peu flatteurs pour ceux, qui à cette époque ne connaissaient pas le latin, les motifs qui l'ont déterminé à écrire son livre en français : « Bien que ce me fust tout un de luy donner le visaige Latin ou le François, et peust être mieux à ma main de luy donner le Latin, je luy donne la guise Françoise, premièrement pour ce qu'ainsi mon livre polra estre plus manuel, plus entre les mains *du populaire idiot* de ma Patrie, (ausquels je désire principalement profiter) que s'il portoit l'auguste accoustrement du Latin incogneu à la pluspart. Je veux laisser comme Jésus-Christ les petits venir à moy. » Voilà pourquoi Bosquier n'écrivit pas son livre en latin.

64. Discovrs véritable des choses advenves av Siège de Calais. Mise en l'obeissance de sa M. Catholiqve par son Alteze Serenissime. (l'archiduc Albert). le 17 d'Auril 1596. Auec le recit du voyage des nostres vers la Fere. Le tout tiré des lettres enuoyees tant de la Court que du Camp. A Mons, de l'Imprimerie de Charles Michel. 1596. In-8.º, titre 1 f. non chiff., texte 15 pp. la dernière non chiff.

Bibl. de M. Arthur Dinaux.

La mention suivante : *Vidit F. Maugré* tient lieu d'approbation. A la dernière page se trouve une pièce de seize vers qui sont d'une facture singulière et dans lesquels l'auteur se donne le plaisir de jouer sur les mots à la manière de Molinet. Cette pièce est signée des initiales F. C.

65. Placcart dv roy nostre sire svr le faict de la marchandise de tovtes sortes de grains. A Mons, De l'Imprimerie de Charles Michel. 1597. In-4.º, 2 cahiers s. pagination; sign. » - B. 6 ff.

Bibl. de Mons; recueil des placards, 37.ᵉ portefeuille in-4.º, 1593-1599, n.º 277.

Ce placard, daté du camp de Cercamp, est du 10 septembre 1597.

66. Loix, chartes et covstvmes dv pays et conte de Haynavlt, qvi se doiuent obseruer & garder en la Souueraine Court à Mons, & iurisdictions dudict Pays resortissantes à la dicte Court. A Mons, De l'Imprimerie de Charles Michel, Imprimeur Iuré. 1598. In-8.º, titre et préliminaires 6 ff. non chiff., texte 154 pp. et un feuillet blanc avec une vignette.

Bibl. de Mons, n.º 2,356 du catal. — Bibl. de M. R. Chalon. — Ma bibl.

Ce sont les chartes signées par Charles-Quint à Bruxelles, le 15 mars 1533 et publiées à Mons, le 24 juin suivant, jour de la Saint-Jean-Baptiste, année 1534. On sait que dans le diocèse de Cambrai l'année commençait alors à Pâques.

67. Decretz de la sovveraine covrt a Mons, servantz a l'interpretation de la charte et covstvme dv pays de Haynavlt, ovltre cevlx comprins en la premiere Impression d'icelle Charte. A Mons, De l'Imprimerie de Charles Michel, Imprimeur Iuré. 1598. In-8.º, 15 ff. non chiff.

Bibl. de Mons, n.º 2,356 du catal. — Bibl. de M. R. Chalon. — Ma bibl.

68. Ordonnances et provisions decretees par le sovverain chefliev dudit Mons, a l'esclarcissement d'aucuns articles

& pointz dependans desdites chartes Escheuinales. A Mons. De l'Imprimerie de Charles Michel, Imprimeur Iuré. 1598. In-8.º, 12 ff. non chiff.

Bibl. de Mons, n.º 2,356 du catal. — Bibl. de M. R. Chalon. — Ma bibl.

69. Loix, chartes et covstvmes dv chef-liev de la ville de Mons, et des villes resortissantes avdict chef-liev. A Mons, De l'Imprimerie de Charles Michel, Imprimeur Iuré. 1598. In-8.º, 77 pp., table 3 pp. non chiff.

Bibl. de Mons, n.º 2,356 du catal. — Bibl. de M. R. Chalon. — Ma bibl.

Ces chartes données à Bruxelles par Charles-Quint, le 15 mars 1533, ont été publiées à Mons le 26 juin suivant, année 1534.

70.* Predication traictante des scandales qui arrivent ès cheuttes des personnes d'honneur et de reputation, plus de la fréquente communion des personnes de dévotion et des préparations qui y sont requises. Composée par le reverend P. F. Louis de Grenade de l'ordre de S. Dominique. mise en françois par N. Colin chanoyne et trésorier de l'église de Reims. A Mons, de l'Imprimerie de Charles Michel, Imprimeur Iuré. 1599. Petit in-8.º, 174 pp.

Cet ouvrage est cité dans la continuation du catalogue des livres anciens et modernes du libraire Castiau à Lille, mars 1842, p. 576, n.º 5,088.

Louis de Grenade, né en Espagne, à Grenade, en 1505, mourut à Lisbonne en 1588. Les ouvrages assez volumineux de cet écrivain ascétique, ont été traduits plusieurs fois en français et fréquemment réimprimés.

71. Edict et placcart par les archiducqz, svr le faitct des monnoyes d'or & d'argent, publié le xxii.e de Nouembre 1599. A Mons, De l'Imprimerie de Charles Michel, Imprimeur Iuré. 1599. Pet. in-4.º, 3 cahiers s. pagination; sign. » - C. 10 ff.

Bibl. de Mons; recueil des placards, 37.e portefeuille in-4.º, 1593-1599, n.º 290.

Cet édit, daté de Bruxelles le 16 novembre 1599, a été publié à Mons le 22 du même mois.

72. Règles de la congrégation de la Sainte Vierge érigée par autorité du S.t-Siège dans les maisons de la Compagnie de Jesvs. A Mons chez Charles Michel. 1600. In-8.º

Cette édition est mentionnée dans la réimpression faite par Michel Varret en 1757; nous n'avons pu jusqu'à présent nous en procurer un exemplaire.

73. Pointz et articles concevz, tant par renforchement de la Court a Mons, que par les trois Membres des Estatz de ce Pays de Haynnau au Mois de Mars 1601, agreez & confirmez par les Archiducqz noz Souuerains Seigneurs & Princes. A Mons. De l'imprimerie de Charles Michel, Imprimeur juré 1601. In-8.º, 11 ff. non chiff.

Bibl. de Mons, n.º 2,356 du catal. — Bibl. de M. R. Chalon. — Ma bibl.

Il existe une seconde édition imprimée la même année chez Charles Michel, in-8.º, mais avec cette différence que le titre en caractères plus petits, est aux armes d'Espagne et que le nombre de pages est de 23. La bibliothèque publique de Mons en possède un exemplaire, n.º 2,358 du catalogue.

74. Placcart des archidvcqz noz Souuerains Seigneurs & Princes, sur toutes pieces d'or & d'argent, forgées en Hollande, Zelande, & aultres pays rebelles, leurs adherens. A Mons. De l'Imprimerie de Charles Michel, Imprimeur juré 1601. In-8.º, 4 ff. non chiff.

Bibl. de Mons; recueil des placards, 1.er portefeuille in-4.º, 1600-1604, n.º 296.

Ce placard, daté de Bruges le 18 juillet 1601, a été publié à Mons le 30 du même mois.

75. Psalterivm B. Mariæ virginis, a sancto Bonaventvra editum : cum aliquot alijs precationibus ex operibus. S. Bernardi depromptis. Montibvs Ex Officina Caroli Michaëlis. Anno 1602. In-16, titre 1 f. non chiff., texte 107 ff. chiff. au recto.

Bibl. de M. Emm. Hoyois.

76.* Les principaulx miracles advenves par l'intercession de la très glorieuse mère de Dieu es chapelles de Tongres, Cambron et Chierves par R. de Hauport. Mons, Charles Michel, 1602. Pet. in-8.º

Cet ouvrage est cité dans la bibliothèque Belgique de Foppens, 2.e partie, p. 1076 et dans le catalogue de la vente des livres de Rymenans, n.º 4,842.

C'est la première édition de l'histoire de Notre Dame de Tongres par Robert de Hauport, écuyer, seigneur de Grand Sars, etc., qui la publia avec celles de Notre Dame de Chièvres et de Cambron, en 1602, d'après les documents recueillis par lui dans les anciens registres de ces confréries. L'approbation a été donnée par Dom Jean Farinart, docteur en théologie, religieux, prieur et depuis abbé de Cambron. L'ouvrage est dédié à Madame Antoinette de Maulde, abbesse du monastère de Marquette près de Lille.

De Hauport était né à Mons dans le XVI.e siècle.

77. Edict et placcart par les archidvcqz, svr le faict des monnoyes d'or et d'argent, pvblié en la ville de Mons le xvii.e de Ivillet, 1602. A Mons. De l'Imprimerie de Charles Michel, Imprimeur juré 1602. In-4.º, 1 cahier s. pagination; sign. A. 4 ff.

Bibl. de Mons; recueil de placards, 1.er portefeuille in-4.º, 1600-1604, n.º 299. — Bibl. de M. R. Chalon.

Cet édit, daté de Gand le 23 juin 1602, a été publié à Mons le 17 juillet suivant.

78. Concilivm provinciale cameracense in oppido Montis Hannoniæ habitvm anno domini M.D.LXXXVI. Præsidentibus Illustrissimis & Reuerendissimis in Christo Patribus & Dominis Io. Francisco Bonhomio Episcopo &. Comite Vercellensi Nuncióque Apostolico cum potestate Legati de latere, ac Lvdovico de Berlaymont Archiepiscopo & Duce Cameracensi, Sacri Rom. Imp. Principe &.c Adiunctæ sunt aliquot constitutiones Pontificiæ, & edictum Regium de huius concilij decretis obseruandis. Additum est etiam Concilium Prouinciale primum Cameracense, quòd in hoc illius frequens fiat mentio. Montibvs Hannoniæ. Excudebat Carolus Michael Typographus Iuratus. 1602. In-8.º, titre et préliminaires 8 ff. non chiff., texte 176 pp., Index titvlorvm 3 pp. non chiff. Les armes de l'Archevêque de Cambrai Louis de Berlaymont gravées sur le titre.

Bibl. de Mons, n.º 507 du catal.

C'est une réimpression de ce livre dont la première édition est sortie des presses de Michel en 1587.

79. Canones, et decreta sacri concilii provincialis Cameracensis. Præsidente R. P. Dn. Maximiliano A Bergis, Archiepiscopo, & Duce Cameracensi, sacri Imperij Principe, Comite Cameracesij, &.c Montibvs Hannoniæ. Ex officina Caroli Michaëlis, Typographi Iurati. M.DC II. In-8.º, titre et préliminaires 11 pp. non chiff., texte 59 pp., index decretorvm 1 p. non chiff.

Bibl. de Mons, n.º 507 du catal.

C'est aussi une réimpression de la première édition qui a paru à Mons en 1587.

80. Les vies et faits remarqvables de plvsievrs Saints et vertueux Moines, Moniales, & Freres Conuers du sacré Ordre de Cysteau propres pour embrazer les coeurs refroidis de tous bons catholiques distinguez en trois liures. Par F. Ian d'Assignies, Religieux de Cambron. A Mons Chez Charles Michel, M.D.CIII. In-8.º, titre gravé et préliminaires 9 ff. non chiff., texte 549 ff. chiff. au recto, errata et sommaires des chapitres 7 ff. non chiff.

Bibl. de Tournai, n.º 332. — Bibl. de M. R. Chalon.

L'ouvrage est dédié à Robert, abbé de Cambron. Après l'épître dédicatoire, on lit une pièce de vers adressée à Jean d'Assignies et une ode de Robert de Hauport.

Le livre premier traite de la vie et des actions de plusieurs moines de l'ordre de Cîteaux; le deuxième contient la vie et les actions héroïques de plusieurs saintes et vertueuses moniales du même ordre; le troisième celles de plusieurs frères convers.

Foppens cite dans sa bibliothèque Belgique une édition de cet ouvrage comme imprimée chez Charles Michel en 1606; il s'est trompé, c'est en 1605 qu'il devait dire. La première édition a paru à Douai en 1598 chez Balthazar Bellère, sous ce titre : *De viris Virginibus que ordinis Cisterciensis sanctitate illustribus.*

Jean d'Assignies, d'une famille noble du Hainaut, moine et sous-prieur de l'abbaye de Cambron, fut élevé en 1618, à la dignité d'abbé de Nizel. Il est auteur de plusieurs ouvrages dont Foppens donne la liste. Né dans la seconde moitié du XVI.e siècle, il mourut presque octogénaire le 22 mai 1642.

81. La Gvide des prelats et personnes qvi ont charge d'ames sous le tiltre des six Aisles du Seraphin, composé par S. Bonauenture Docteur Seraphique. Auec vn traité de la proprieté Monastique par M. Thierry de Munster aussi Docteur en Theologie. Le tout mis en langue vulgaire par F. Ian d'Assignies Religieux de Cambron. A Mons. Chez Charles Michel, M.DC.IIII. Pet. in-12, titre et préliminaires 7 ff. non chiff., texte 117 ff. chiff. au recto.

Bibl. de M. R. Chalon.

L'approbation est signée par Jean de Froidmont.

La dédicace à Madame Gabriele d'Esne, abbesse du couvent de Notre-Dame-lez-Flines, est datée de Cambron le 27 septembre 1604.

82. Decreta synodi dioecesanæ Cameracensis. Per illvstrissimvm et reverendissimum Dominum D. Gvilielmvm de Berges Dei & Apostolicæ sedis gratia Archiepiscopum & Ducem Cameracensem Sacri Imperij Principem, Comitem Cameracesij &°. celebratæ Anno Domini. 1604. Mense Octobri. Montibvs. Ex Officina Caroli Michaëlis, Typographi Iurati. M.DC.IIII. In-8.º, titre et préliminaires 12 ff. non chiff., texte 43 pp., un fleuron au verso du dernier feuillet.

Bibl. de Mons, n.º 508 du catal.

83. Synodvs dioecesana Cameracensis, celebrata anno domini millesimo Quingentesimo Sexagesimo septimo, Mense Octobri. Præsidente R. P. Dn. Maximiliano à Bergis, Archiepiscopo ac Duce Cameracensi, Sacrij Imperij Principe, Comite Cameracesij. Accessit quoque Titulorum & capitum index vt Lectoris commodo omni ex parte foret consultum. Mandatum lucerna est, & lex lux. Prouer. 6. Montibvs. Ex officina Caroli Michaelis, Typographi Iurati. M.DC.IIII. In-8.°, titre 1 f. non chiff., texte 38 pp., index titulorum 2 ff. non chiff.

Bibl. de Mons, n.° 508 du catal.

84. Decreta synodi dioecesanae Cameracensis, præsidente reverendissimo in Christo patre, ac Illustrissimo Principe Domino, D. Roberto de Croy, Episcopo & Duce Cameracensi, Sacri Imperij principe, Comite Cameracesij, &.° celebratæ anno Redemptoris nostri Iesu Christi, M.D.L. mense Octobri. Item, Antiqua statuta synodalia Cameracensis diœcesis ab eadem synodo recognita, adiectisque moderationibus, correctionibus, & additionibus reformata. Montibus. Ex officina Caroli Michaëlis, Typographi Iurati M.DC.IIII. In-8.°, titre et préliminaires 6 ff. non chiff., texte 199 pp.

Bibl. de Mons, n.° 508 du catal.

85. Ordonnances des archidvcqz noz sovverains seignevrs et princes svr le reiglement et ordre a tenir par les Procureurs generaulx & Fiscaulx aussi par les Consaulx & Iustices ordinaires & subalternes, és matieres Fiscales & concernantz les parties casueles de leur domaine. A Mons. De l'Imprimerie de Charles Michel. M.V.C.IIII. In-4.°, 1 cahier s. pagination ; sign. A. 4 ff.

Arch. communales de Mons; recueil des placards, 1604-1614.

Ces ordonnances, datées de Bruxelles le 19 juillet 1603, ont été publiées à Mons le 28 janvier 1604.

86. Instrvction servante a la levee des impositions mises svs par les estatz dv pays de Haynnau, tant sur le Fer, Houblon, que Bestiaux, tant a la consūption, que sortie du Pays, en l'assemblée des Estatz tenus au commencement du Mois de Decembre xvj.ᶜ & trois, pour le terme d'vng an, afin de satisfaire à l'ayde de vingt cincq mil florins par Moys, accordée à leurs Altezes pour semblable terme. A Mons. De l'Imprimerie de Charles Michel. M.V.C.IIII. In-4.°, 1 cahier s. pagination; sign. A. 4 ff.

Bibl. de Mons; recueil des placards, 1.ᵉʳ portefeuille in-4.°, 1600-1604, n.° 304.

87. Miroir de discipline ensemble les vingt pas des bons religieux, & vingt-cinq memoriaux de Sainct Bonauenture Cardinal, Euesque d'Albe Docteur Seraphique de l'Eglise, traduits de latin en langue vulgaire par F. Ian d'Assignies Religieux de Cambron. A Mons. De l'Imprimerie de Charles Michel, M.DC.V. In-12, titre et préliminaires 21 pp. non chiff., texte 385 pp. chiff. de 1 à 193, approbation et faultes à corriger 1 f. non chiff., les armes de l'abbaye de Cambron, gravées sur le titre.

Bibl. de Mons, n.° 1,403 du catal.

C'est la première partie de cet ouvrage dont la seconde n'a paru qu'en 1607; elle est dédiée à Révérend Père en Dieu Jean Descamps, abbé de Saint-Denis en Brocqueroye. L'épitre dédicatoire est datée de l'abbaye de Cambron, le 19 septembre 1605.

L'approbation, signée par F. Iean Farinart, docteur en théologie, prieur de ce monastère, avait été donnée le 23 août précédent.

88. Placcart par les archidvcqz, svr le faict des monnoyes d'or & d'argent, pvblié en la ville de Mons, le xxvij.ᵉ de Ianvier 1606. A Mons. De l'Imprimerie de Charles Michel, Imprimeur juré 1606. In-4.º, 1 cahier s. pagination; sign. A. 3 ff.

Arch. communales de Mons; recueil des placards, 1604-1614. — Bibl. de M. R. Chalon.

Ce placard est daté de Bruxelles le 30 décembre 1605.

89. Description de l'assiette, maison et marqvisat d'Havré, Redigée en vers francoys. A Mons De l'Imprimerie de Charles Michel. M.DC.VI. In-12, 31 ff. non chiff., caractères italiques; le titre est orné des armes gravées du marquisat d'Havré avec la devise : *Je sovtiendray Croy, et, j'ayme qvi m'ayme.*

Bibl. roy. de Bruxelles, fonds V. H., n.º 15,929. — Ma bibl.

Nous ne connaissons que ces deux exemplaires de cette plaquette rarissime. Le nôtre provient de la bibliothèque de feu Henri Delmotte et se trouve inscrit, sous le n.º 1,881, dans le catalogue de la vente des livres de ce bibliophile distingué.

La dédicace adressée au prince Charles-Alexandre de Croy, celui-là même qui commandait les bandes d'ordonnances à la bataille de Fontenoi, est signée des initiales A. A. D. Nous ignorons le nom de l'auteur, mais nous savons qu'il était Français; il nous l'apprend lui-même dans les vers suivants :

« France païs, où j'ay pris ma naissance,
» France païs, dans lequel j'ay apris
» Si peu qu'on voit parestre en mes escritz. »

L'auteur célèbre, dans ce petit poëme en vers alexandrins, l'illustration de la maison de Croy et décrit, avec une minutieuse exactitude, non-seulement l'ancien château d'Havré et ses dépendances mais encore toutes les propriétés de cette maison, situées dans la province de Hainaut et notamment à Mons et ses environs.

C'est un opuscule fort curieux. L'approbation a été donnée à Mons, le 15 novembre 1606, par Philippe Hannotin, bachelier en théologie, curé de Saint-Nicolas et doyen de chrétienté préposé à la visite des livres.

90. Decretz des archidvcz povr le sovverain chef-liev de Mons dv xx.ᵉ de Mars. 1606. A Mons. De l'Imprimerie Charles Michel, Imprimeur Iuré. 1606. In-8.º, 8 ff. non chiff.

Bibl. de Mons, n.º 2,358 du catal.

Ce décret accorde la faculté de disposer des mains fermes par procureur, dans le ressort de la juridiction du chef-lieu de Mons; il détermine les conditions de la prescription et en fixe le terme à six ans entre personnes présentes et à dix ans contre les absents. Il a été publié à Mons le 2 juin 1606.

91. Copie. A mon covsin le dvc d'Arschot, prince de Chimay, chevalier de l'ordre, &ᶜ. grand bailly de Haynnav, & noz Chers & Feaulx les gens de nostre Conseil a Mons. Les archidvcqz. Mon Covsin, Chers et féavx, Comme a nostre grand regret sommes aduertiz que le detestable crime de Sorcelerie, Magie, & semblables inuentions diaboliques s'en va accroissant entre noz vassaulx & subietz, &ᵃ. S. n. et s. d. (Mons, Charles Michel, 1606.) In-4.º, 1 cahier s. pagination; sign. A. 4 ff.

Arch. communales de Mons; recueil des placards, 1604-1614.

C'est une ordonnance datée de Bruxelles le 10 avril 1606, qui remet en vigueur les prescriptions de la missive du 20 juillet 1592.

92. Copie. A Mon Cousin le Duc d'Arschot, Prince de Chimay, Cheualier de l'Ordre, &c. Grand Bailly de Haynnau, & noz Chers & Feaulx les gens de nostre Conseil a Mons. Les Archidvcqz. Mon Covsin, Chers & Feavlx, Nous entendons a nostre tres-grand regret que nonobstant toutes prohibitions, noz pays se remplissent de toutes especes d'or & d'argent forgées és lieux occupez de noz ennemys & rebelles. S. n. et s. d. (Mons, Charles Michel, 1606.) In-4.º, 2 ff. s. pagination.

Arch. communales de Mons; recueil des placards, 1604-1614.

Cette ordonnance, datée de Bruxelles le 12 avril 1606, a été publiée à Mons le 24 du même mois.

93. Les Archidvcqz. Mon Covsin, Chers et Feavlx, Nous entendons que depuis ces Pasques dernieres, & la calamité generalle aduenue a cause de la tempeste & vehemence du vent, les charpentiers, maçons, couureurs d'ardoise & de thuilles, & aultres de mestiers semblables, leurs seruiteurs & manouuriers en dependans, font refus de se mettre en œuure a la reparation des ruines ne soit que auec grande augmentation de sallaire, &ª. S. n. et s. d. (Mons, Charles Michel, 1606.) In-4.º, 1 f. s. pagination.

Arch. communales de Mons; recueil des placards, 1604-1614.

Cette ordonnance, datée de Bruxelles le 19 avril 1606, a été publiée à Mons le 24 du même mois.

94. Edict et placcart par les archidvcqz svr le faict des monnoies d'or et d'argent, Publié a Mons, le dixneufiesme iour d'Octobre. 1606. A Mons De l'Imprimerie de Charles Michel. M.DC.VI. In-4.°, 4 ff. non chiff.

Arch. communales de Mons; recueil des placards, 1604-1614.

Cet édit est daté de Bruxelles le 19 septembre 1606.

95. Edict et placcart par les archidvcqz svr le faict de la tainctvre de tovtes sortes de soyes crves et avltres &c. A Mons De l'Imprimerie de Charles Michel. M.DC.VI. In-4.°, 4 ff. non chiff.

Arch. communales de Mons; recueil des placards, 1604-1614.

Cet édit, daté de Bruxelles le 27 septembre 1606, a été publié à Mons le 25 octobre suivant.

96. Placart des archidvcqz, povr obvier avx fravldes qvi se commettent av droict de levrs altezes svr les allvns, entrans en levrs pays de pardeça. A Mons. Chez Charles Michel. M. DC. VII. In-4.°, 1 cahier s. pagination; sign. A. 4 ff.

Bibl. de Mons; recueil des placards, 2.e portefeuille in-4.°, 1604-1610, n.° 313.

Ce placard, daté de Bruxelles le 3 novembre 1606, a été publié à Mons le 20 mars 1607.

97. Ordonnance par les archidvcqz, afin de par les maistres des monnoyes, orfevres et changevrs observer les edictz et Placcars sur le faict des monnoyes d'Or et d'Ar-

gent. A Mons. Chez Charles Michel. M. DC. VII. In-4.º, 2 ff. non chiff.

Bibl. de Mons; recueil des placards, 2.ᵉ portefeuille in-4.º, 1604-1610, n.º 316.

Cette ordonnance, datée de Bruxelles le 19 février 1607, a été publiée à Mons le 10 mars suivant.

98. Placart des archidvcqz, deffendant a tovs de tirer et emporter or, et argent, hors des pays de leur obeyssance. A Mons. Chez Charles Michel. M. DC. VII. In-4.º, 1 cahier s. pagination; sign. A. 3 ff.

Bibl. de Mons; recueil des placards, 2.ᵉ portefeuille in-4.º, 1604-1610, n.º 317.

Ce placard, daté de Bruxelles le 19 février 1607, a été publié à Mons le 10 mars suivant.

99. Les archiducqz. Albert et Isabel Clara Evgenia Infante d'Espagne par la grace de Dieu &.ª. A Mons, De l'Imprimerie Charles Michel. S. d. (1607.) In-4.º, 2 ff. non chiff.

Bibl. de Mons; recueil des placards, 2.ᵉ portefeuille in-4.º, 1604-1610, n.º 318.

C'est le privilège, daté de Bruxelles le 16 mars 1607, accordant à Thomas Gramay, échevin *du pays du Franc*, l'autorisation de cultiver *quatre cent mille plançons de meuriers blancs*, afin de faciliter l'élève des vers à soie dans les Pays-Bas.

100. Edict et placcart par les archidvcz, svr le faict des monnoyes d'or et d'argent, pvblié en la ville de Mons, le xxiij.º de Ivlet, 1607. A Mons. De l'Imprimerie de Charles Michel. S. d. (1607.) In-4.º, 4 ff. non chiff.

Arch. communales de Mons; recueil des placards, 1604-1614.

Cet édit est daté de Bruxelles le 30 juin 1607.

101. Edict et placcart par les archidvcz, contre les volevrs, brigands, vribvtres, larrons, assasinevrs, et avtres mavvais garnemens, pvblié en la ville de Mons, le xxvj.ᵉ d'octobre, 1607. A Mons, De l'Imprimerie Charles Michel. 1607. In-4.º, 1 cahier s. pagination ; sign. A. 4 ff.

Bibl. de Mons ; recueil des placards, 2.ᵉ portefeuille in-4.º, 1604-1610, n.º 323.

Cet édit est daté de Binche le 1.ᵉʳ octobre 1607.

102. II. Partie dv miroir de discipline de saint Bonaventvre Cardinal, Evesque d'Albe, Docteur Seraphique de l'Eglise : Traduit de Latin en langue vulgaire par F. Iean d'Assignies Religieux de Cambron : En laquele est contenu le Progrés des Religieux, ou bien la reformation de l'homme interieur. A Mons, De l'Imprimerie de Charles Michel, M. DC. VII. Pet. in-12, titre et préliminaires 9 ff. non chiff., avec un fleuron au verso du dernier, texte 690 pp., la dernière chiffrée abusivement 689, à cause d'une erreur de pagination à partir du n.º 600, table des chapitres 3 ff. non chiff.

Ma bibl.

Cet ouvrage, dédié à Révérend Père en Dieu Robert, abbé de Cambron, est la seconde partie du livre qui a paru, en 1605, chez le même imprimeur.

L'approbation ecclésiastique, donnée à Cambron le 19 septembre 1606, est signée par F. Jean Farinart, docteur en théologie et prieur de ce monastère.

103. Placcart par les archidvcqz, svr le fait des monnoyes d'argent, et cvyvre. A Mons. De l'Imprimerie Charles Michel, M. DC. VIII. In-4.º, 1 cahier, s. pagination ; sign. A. 2 ff.

Arch. communales de Mons ; recueil des placards, 1604-1614.

Ce placard, daté de Bruxelles le 3 septembre 1608, a été publié à Mons le 15 du même mois.

104. Loix, chartes et covstvmes dv pays et Comté de Haynnav, qvi se doivent observer & garder en la Souueraine Court à Mons, & jurisdictions dudict Pays ressortissantes à ladicte Court. A Mons. De l'Imprimerie Charles Michel, Imprimeur Iuré. An 1608. In-8.º, titre et préliminaires 7 ff. non chiff. et 1 f. blanc, texte 152 pp.

Bibl. de Mons, n.º 2,358 du catal.—Bibl. de M. R. Chalon.

105. Decretz de la sovveraine covrt a Mons, servantz a l'interpretation de la charte et Coustume du Pays de Haynnau, oultre ceulx comprins en la premiere Impression d'icelle Charte. A Mons. De l'Imprimerie Charles Michel. Imprimeur Iuré. 1698. (sic, mais 1608.) In-8.º, 15 ff. non chiff.

Bibl. de Mons, n.º 2,358 du catal.—Bibl. de M. R. Chalon.

106. Ordonnances et provisions decretees par le sovverain chefliev dvdit Mons, a l'esclarcissement d'aucuns articles & pointz dependans desdites Chartes Escheuinalles. A Mons. De l'Imprimerie Charles Michel, Imprimeur Iuré. 1608. In-8.º, 12 ff. non chiff.

Bibl. de Mons, n.º 2,358 du catal.—Bibl. de M. R. Chalon.

107. Loix, chartes et covstvmes dv chef-liev de la ville de Mons, et des villes resortissantes avdict Chef-liev. A Mons. De l'Imprimerie Charles Michel, Imprimeur Iuré.

An 1608. In-8.º, titre et préliminaires 5 pp. non chiff., texte 72 pp., table 3 pp. non chiff.

Bibl. de Mons, n.º 2,358 du catal. — Bibl. de M. R. Chalon.

108. Psalterivm beatœ Mariœ virginis, A. S. Bonaventvra editum. Editio tertia, cui accessêre orationes ad Virginem Deiparam post vnamquamcunq' horam. Montibvs. Ex officina Caroli Michaëlis. Anno. 1609. In-16, 143 ff. non chiff., (caractères rouges et noirs) avec une vignette au titre, gravée sur acier, représentant Notre Dame de Cambron et figs. sur bois imprimées dans le texte.

Bibl. de Mons, n.º 1,342 du catal.

La première édition de ce livre a été imprimée à Mons chez Michel, en 1602; s'il en existe réellement une seconde, ce qu'on peut induire du titre qui précède, il est à croire qu'elle est sortie des presses du même imprimeur, mais il nous a été impossible jusqu'ici d'en rencontrer un exemplaire.

109. Directoire ov instrvction regvliere povr devotement, reuerenment & attentiuement s'acquitter de l'office diuin, tant de nuict que de iour. Auec vn traité des exercices spirituels, & plusieurs deuotes meditations propres aux personnes vouées à Dieu, le tout recueilly de diuers autheurs: Par F. Iean d'Assignies Religieux de Cambron. A Mons. De l'Imprimerie Charles Michel. 1609. In-12, titre et préliminaires 11 ff. non chiff. et 1 f. blanc, texte 288 pp.

Ma bibl.

L'ouvrage est dédié à Madame Gabriele d'Esne, abbesse du couvent de Notre-Dame-lez-Flines.

110. Ordonnance par les archidvcz, svr le faict des monnoyes d'or, pvblié en la ville de Mons le penultiesme

de May 1609. A Mons. De l'imprimerie Charles Michel. 1609. In-4.º, 1 cahier s. pagination; sign. A. 4 ff.

Arch. communales de Mons; recueil des placards, 1604-1614.

Cette ordonnance est datée de Bruxelles le 13 mai 1609.

111.* Recueil des indulgences, privileges et statuts de la confrerie de Nostre-Dame du Sainct-Rosaire, par Jean De la Mote. Mons, Charles Michel, 1609. In-16.

Cette édition est citée par Paquot dans ses Mémoires pour servir à l'histoire littéraire des Pays-Bas, tome XII, p. 197.

Jean De la Mote, né à Valenciennes dans la seconde moitié du XVI.e siècle, était religieux au couvent des Dominicains de cette ville.

112. Reiglement svr le payement des arierages des rentes svr l'impost de Flandres. A Mons. De l'Imprimerie Charles Michel. 1609. In-4.º, 1 cahier s. pagination; sign. A. 4 ff.

Bibl. de Mons; recueil des placards, 2.e portefeuille in-4.º, 1604-1610, n.º 324.

Ce réglement est daté de Bruxelles le 24 avril 1608.

113. Les archidveqz. D'Aultant que des Alterations (sic) et Mutineries qu'il y a eu en ces Pays-Bas, causées par l'insolence et desbauche des gens de Guerre, &.ª A Mons. De l'Imprimerie Charles Michel. S. d. (1609.) In-fol., placard.

Bibl. de Mons; recueil des placards, 2.e portefeuille in-4.º, 1604-1610, n.º 331.

Cette ordonnance, datée de Bruxelles le 12 décembre 1609, a été publiée à Mons le 23 du même mois; elle enjoint aux militaires congédiés du service, qui prendraient part à des troubles ou mutineries, de quitter le pays.

114. Les archidvcqz. A noz amez et feavlx les grand bailly de Haynnav et gens de nostre Conseil à Mons salut & dilectiō. Comme s'est remarqué que noz Pays & Villes se remplissent de Liartz & aultre Monnoye de Cuyure, &ᵃ. S. n. et s. d. (Mons, Charles Michel, 1609.) In-f.º, placard.

Arch. communales de Mons; recueil des placards, 1604-1614.

Ce placard, daté de Mariemont le 29 octobre 1609, a été publié à Mons le 26 novembre suivant.

115. Placcart par les archidvcqz, deffendant les scandales et exercices qve avlcvns, tant levrs svbiectz que aultres font & commettent contre et vilipendence de nostre Saincte Foy Catholicque Apostolicque Romaine. A Mons. De l'Imprimerie Charles Michel. 1610. In-4.º, 4 ff. non chiff.

Bibl. de Mons; recueil des placards, 2.º portefeuille in-4.º, 1604-1610, n.º 332. — Bibl. de M. R. Chalon.

Ce placard, daté de Bruxelles le 31 décembre 1609, a été publié à Mons le 18 janvier 1610.

116. Svr la remonstrance faicte aux Archiducz noz Souverains Princes & Seigneurs, de la part du S.ʳ Duc d'Arschot, &ᵃ. S. n. et s. d. (Mons, Charles Michel, 1610.) Pet. in-8.º, 5 ff. non chiff.

Bibl. de Mons, n.º 2,358 du catal.

C'est une ordonnance, datée de Bruxelles le 20 février 1610, prescrivant des mesures pour accélérer l'administration de la justice en la haute cour, à Mons; elle a été publiée en cette ville le 26 du même mois.

117. Edict perpetvel par les archidvcqz deffendant à tovs levrs svbiectz, vassaulx, et habitans en levrs pays tovt devl et Defiz au combat &c. Publié à Mons le seiziesme d'Apuril 1610. A Mons. De l'Imprimerie Charles Michel. 1610. In-4.º, 1 cahier s. pagination ; sign. A. 4 ff.

Arch. communales de Mons; recueil des placards, 1604-1614.

Cet édit est daté de Bruxelles le 27 février 1610.

118. Ordonnance par les archidvcqz svr le faict des privileges des bendes d'ordonnances, d'hommes d'armes et archers, &c. A Mons. De l'Imprimerie Charles Michel, 1610. In-4.º, 4 ff. non chiff.

Arch. communales de Mons ; recueil des placards, 1604-1614. — Bibl. de M. R. Chalon.

Cette ordonnance, datée de Bruxelles le 1.er avril 1610, a été publiée à Mons le 9 juillet suivant.

119. Placcart des archidvcqz deffendant a tovs marchans, factevrs ov agens &c. d'aller acheter avcvns vins en France. A Mons. De l'Imprimerie Charles Michel, 1610. In-4.º, 4 ff. non chiff.

Bibl. de Mons; recueil des placards, 37.e portefeuille in-4.º, 1593-1599, n.º 286. — Bibl. de M. R. Chalon.

Ce decret, daté de Bois-le-Duc le 24 juillet 1599, a été republié à Mons le 14 août 1610.

120. Ordonnance des archidvcqz a tovs officiers, svr le faict des vagabonds et gens de gverre &c. A Mons. De l'Imprimerie Charles Michel, à l'Enseigne du nom de Iesvs. 1611. In-4.º, 1 cahier s. pagination ; sign. A. 4 ff.

Bibl. de Mons; recueil des placards, 3.º portefeuille in-4.º, 1610-1612, n.º 343.

Cette ordonnance, datée de Mariemont le 3 juillet 1611, a été publiée à Mons le 8 août suivant.

121. Esclarcissement de levrs altezes serenissimes, svr avlcvns poinctz compris en levr edict perpetvel dv xij. de Iullet 1611, pour le maintenement des auctoritez de leur Gand (sic) Bailly de Haynnau. A Mons. De l'Imprimerie Charles Michel Au nom de Iesvs. 1611. In-4.º, 2 ff. non chiff.

Arch. communales de Mons; recueil des placards, 1604-1614.

Cette ordonnance, datée de Bruxelles le 10 septembre 1611, a été publiée à Mons, le 16 du même mois.

122. Placcart des archidvcqz tovchant les monnoyes d'or et d'argent. &c. pvblié a Mons en Haynnau le xxvnj.ᵉ de Nouembre 1611. A Mons. De l'Imprimerie Charles Michel, Au Nom de Iesvs. 1611. In-4.º, 2 ff. non chiff.

Bibl. de Mons; recueil des placards, 3.º portefeuille in-4.º, 1610-1612, n.º 348.

Ce placard est daté de Mariemont le 17 novembre 1611.

123. Placcart des archidvcqz svr le faict de la chasse &c. A Mons. De l'Imprimerie Charles Michel, Au nom de Iesvs. S. d. (1612.) In-4.º, 2 ff. non chiff.

Bibl. de Mons; recueil des placards, 3.º portefeuille in-4.º, 1610-1612, n.º 350.

Ce placard, daté de Mariemont le 29 novembre 1611, a été publié à Mons le 24 septembre 1612.

124. Miracles advenvs à l'abbaye de Cambron, de l'ordre de Cisteav par les merites & inuocation de la glorieuse Vierge Marie. Seconde edition augmentée. A Mons de l'Imprimerie Charles Michel. Au nom de Iesvs. 1613. In-12, 53 ff. non chiff.

Bibl. de M. R. Chalon.

La première édition imprimée par Michel a paru, en 1602, mais avec un titre différent que nous avons reproduit plus haut, sous le n.º 76.

Cet ouvrage contient la mention suivante : « Ces Miracles sont fidelement extraits du viel registre de la Chapelle nostre Dame de nostre Abbaye de Cambron, iusques à l'An Mil cinq Cent quarante six et les suyvants vérifiez par tableaux et attestations de personnes dignes de foy. Faict à Cambron le xii iour d'Aoust 1604. *Signé* : Frère Jean Farinart, Prieur de Cambron, Docteur en S. The. »

125. Lettres des archidvcqz affin de faire repvblier le Placcart du xxiiij.º de Ianuier 1605. Par lequel est deffendu à tous, tant leurs subiectz que autres d'enuoyer ou faire mener hors leurs Pays de pardeça aucune matiere de Metal, Bronze, Cuyure, Metal, & Potis &c. A Mons. De l'Imprimerie Charles Michel. 1613. In-4.º, 2 ff. non chiff.

Bibl. de Mons ; recueil des placards, 4.º portefeuille in-4.º, 1612-1617, n.º 357.

Ces lettres sont datées de Mariemont le 31 octobre 1612.

126. Placart des archidvcqz svr le faict des filatiers, marchans de Laines et Pignevrs de Saiette &c. A Mons,

De l'Imprimerie Charles Michel. Au nom de Iesvs. 1613. In-4.º, 4 ff. non chiff.

Arch. communales de Mons ; recueil des placards, 1604-1614. — Bibl. de M. R. Chalon.

Ce placard, daté de Bruxelles le 5 août 1613, a été publié à Mons le 30 du même mois.

127. Placart des archidvcqz decreté svr l'interdiction et deffence dv port des petites Pistoles, dictes bidetz ov mvchoirs, &c. A Mons. De l'Imprimerie Charles Michel, Au nom de Iesvs. 1614. In-4.º, 4 ff. non chiff.

Arch. communales de Mons ; recueil des placards, 1604-1614. — Bibl. de M. R. Chalon.

Cette ordonnance, datée de Bruxelles le 31 janvier 1614, a été publiée à Mons le 17 février suivant; la défense qu'elle contient s'applique aux pistolets qui, ayant moins de 52 pouces de longueur, le bois compris, sont considérés comme armes cachées.

Les pistolets, d'après l'opinion la plus accréditée, ont pris leur nom de la ville de Pistoie, en Toscane, où ils ont été inventés en 1545.

128. Ordonnance des archidvcqz povr faire observer le dernier placart tovchant les especes des monnoyes D'or et D'argent. &c. A Mons. De l'Imprimerie Charles Michel, Au nom de Iesvs. 1614. In-4.º, 2 ff. non chiff.

Arch. communales de Mons ; recueil des placards, 1604-1614. — Bibl. de M. R. Chalon.

Cette ordonnance, datée de Bruxelles le 31 janvier 1614, a été publiée à Mons le 5 mars suivant.

129. Ordonnance des archidvcqz a ses subiectz, d'obeir

avx commandemens de nostre saincte eglise catholicqve, Apostolicque Romaine, & deffence de ne tenir aucuns liures deffenduz. &c. A Mons. De l'Imprimerie Charles Michel, Au nom de Iesvs. 1614. In-4.º, 2 ff. non chiff.

Arch. communales de Mons; recueil des placards, 1604-1614.

Cette ordonnance, datée de Bruxelles le 4 mars 1614, a été publiée à Mons le 14 du même mois.

130. Ordonnance des archidvcqz A tous Capitaines, Officiers, & Soldats; & comme ilz se doiuent maintenir sur peine de la harte, &c. A Mons. De l'Imprimerie Charles Michel 1617. In-4.º, 2 ff. non chiff.

Ma bibl.

Cette ordonnance, datée de Mariemont le 3 juillet 1611, est relative à la discipline militaire.

131. Ordonnance et Placart des archidvcqz deffendant a tovs ses svbiectz de n'aller servir en Armes es Pays estrangiers svr paine de la hart. A Mons. De l'Imprimerie Charles Michel, Au nom de Iesvs. S. d. (1617.) In-4.º, 2 ff. non chiff.

Bibl. de Mons; recueil des placards, 4.º portefeuille in-4.º, 1612-1617, n.º 372.

Cette ordonnance, datée de Bruxelles le 22 février 1617, a été publiée à Mons le 25 du même mois.

132. Esclarcissement dv Placcart des archidvcqz svr le faict d'avcvnes pieces d'or et d'argent covrsables. A Mons. De l'Imprimerie Charles Michel, Au nom de Iesvs. 1617. In-4.º, 2 ff. non chiff.

Bibl. de Mons; recueil des placards, 5.º portefeuille in-4.º, 1617-1622, n.º 374.

Cette déclaration des archiducs, datée de Diest le 6 mai 1617, a été publiée à Mons le 26 du même mois.

133. Ordonnance des archidvcqz Sur le faict des Voleurs, Brigans, Vributers, Assasineurs, Meurtriers, Larrons, & autres semblables mauuais garnemens, sur peine d'estre executez par le feu, &c. A Mons. De l'Imprimerie Charles Michel 1617. In-4.º, 4 ff. non chiff.

Bibl. de Mons; recueil des placards, 5.º portefeuille in-4.º, 1617-1622, n.º 375. — Ma bibl.

Cette ordonnance, datée de Tervueren le 28 septembre 1617, a été publiée à Mons le 20 octobre suivant.

134. Ordonnance des archidvcqz Deffendant a tous Belistres, Brimbeux, & Brimberesses, & aultres Faizneans, & Vagabons sains et vallides de membres, d'aller mendier, &c. A Mons. De l'Imprimerie Charles Michel 1617. In-4.º, 4 ff. non chiff.

Bibl. de Mons; recueil des placards, 5.º portefeuille in-4.º, 1617-1622, n.º 376. — Ma bibl.

Cette ordonnance, datée de Tervueren le 28 septembre 1617, a été publiée à Mons le 20 octobre suivant.

135. Placcart des archidvcqz Deffēdant d'amener aucunes Soyes cruës ouurees ou teintes, soit en bales, en groz, ou pour vendre en menu, &c. A Mons, De l'Imprimerie Charles Michel : Au Nom de Iesvs. 1618. In-4.º, 2 ff. non chiff.

Bibl. de Mons; recueil des placards, 5.ᵉ portefeuille in-4.º, 1617-1622, n.º 378.

Ce placard, daté de Bruxelles le 3 mars 1618, a été publié à Mons le 9 du même mois.

136. Ordonnance des archidvcqz contre le trafficq dv sel de brovage, &ᶜ. A Mons, De l'Imprimerie Charles Michel: Au Nom de Iesvs. 1618. In-4.º, 2 ff. non chiff.

Bibl. de Mons; recueil des placards, 5.ᵉ portefeuille in-4.º, 1617-1622, n.º 379. — Bibl. de M. R. Chalon.

Cette ordonnance, datée de Bruxelles le 28 mars 1618, a été publiée à Mons le 4 mai suivant.

137. Regvla sanctissimi patris Benedicti annotationibvs illvstrata. Montibvs, ex officina Caroli Michaelis, M.D.CXX. In-16, 288 pp. chiffrées seulement jusqu'à la page 208 où finit la *Regula*; vient ensuite, d'un caractère plus grand, *Exercitivm spiritvale patrvm ordinis Divi Benedicti*, comprenant 40 ff. non chiff.

Bibl. de M. R. Chalon.

La dédicace est signée F. H. D. B.

138. Declaration dv roy nostre sire et la serenissime infante Isabel, Clara, Evgenia, Sur la continuation prouisionnelle de tous Officiers & Ministres Royaux de ce Pays & Comté de Haynau en leurs Estats & Offices &ᶜ. A Mons, De l'Imprimerie Charles Michel, au Nom de Iesvs. 1621. In-4.º, 4 ff. non chiff.

Bibl. de Mons; recueil des placards, 5.ᵉ portefeuille in-4.º, 1617-1622, n.º 390.

Ce placard, daté de Bruxelles le 14 juillet 1621, a été publié à Mons le 2 août suivant.

139. Comme ainsi soit que pour la petite importance des loix edictees par la Charte de l'an trente-quatre, (1534) pour le regard des bestes cheualines ou à cornes, qui ont droit de pasturer trouuees és tailles endessoubs de sept ans, plusieurs ne se soucians desdites loix permettoient ausdits bestiaux, non seulement accés esdites tailles, voire quelques fois par malice les y fouroient. Messieurs Escheuins de la ville de Mons, chefs des loix subalternes resortissates au chef lieu d'icelle ville, voulans remedier à tels abus & excez, & soy conformer à la volonté de sa Majesté, auoient, & ont statué & decreté. &.ᵃ S. n. et s. d. (Mons, Charles Michel, 1622.) Pet. in-8.°, 3 pp.

Bibl. de Mons; recueil des placards, 5.ᵉ portefeuille in-4.°, 1617-1622, n.° 394.

Cette ordonnance, relative au droit de pacage et qui a été publiée à Mons, à la Bretecque de la Maison de paix, le 26 juillet 1622, contient les dispositions suivantes: « Que bestes cheualines, ou à cornes qui ont droit de paistre, estant trouuées és tailles endessoubs sept ans, chacune d'icelles sera à l'amende de dix pattars.

« Et au regard des blanches bestes trouuees esdits bois, de quel aage qu'ils soient, escherront en sept sols six deniers d'amende, & les boucqs & cheures confisquez, encore qu'elles n'eussent à rien touché, auec le dommage rendre, & aura le Maistre son retour sur le Berger. »

140.* Tableau des vertus et miracles du B. Ambroise de Sienne et du B. Jacques (Salomoni) vénitien de l'ordre des

FF. Prescheurs, traduit de l'italien. Mons, Charles Michel, 1623. In-12.

Cet ouvrage est cité par Paquot, dans ses Mémoires pour servir à l'histoire littéraire des Pays-Bas, tome VIII, p. 569.

Louis Marissal, traducteur de ce livre, religieux dominicain au couvent de St.-Omer, était né en cette ville dans la seconde moitié du XVI.ᵉ siècle. Il mourut le 12 novembre 1637.

141. Instrvction povr le fermier dv droict sur les houblons, sortās par terre de Brabant et Namur, vers Liège, Couloigne, Allemaigne, Juilliers, Cleues & autres places Neutrales, ensemble par les pays d'Artois et Haynnau, vers le Royaume de France, selon laquelle vous et voz Commis aurez à vous reigler au faict, & conduicte d'icelle ferme comme s'ensuit. A Mons, De l'Imprimerie Charles Michel, Imprimeur juré, 1625. In-4.º, 4 ff. non chiff.

Bibl. de M. R. Chalon.

142. Ordonnance selon laqvelle se debvront reigler tovs maronniers, chartons et levrs factevrs, voulans hors ces Pays de l'obeyssance de leurs Altezes, emmener quelques houblons, soit par eaue ou par terre, vers les Prouinces d'Hollande, Zelande, & leurs associez, ou places neutrales. A Mons, Chez Charles Michel, Imprimeur juré. 1625. In-f.º, placard.

Bibl. de Mons; recueil des placards, 2.º portefeuille in-4.º, 1604-1610, n.º 320.

Cette ordonnance est datée de Bruxelles le 30 août 1607.

143. Placcart dv roy, svr le faict de la chasse. A Mons,

De l'imprimerie Charles Michel, Imprimeur juré, Au Nom de Iesvs. 1626. In-4.º, 6 ff. non chiff.

Bibl. de Mons; recueil des placards, 8.º portefeuille in-4.º, 1626-1627, n.º 447. — Bibl. de M. R. Chalon.

Ce placard, daté de Bruxelles le 51 juillet 1560, a été republié à Mons, le 17 juillet 1626.

144. Ordonnance et Placcart des archidvcqz deffendant a tovs ses subiectz de n'aller servir en Armes es Pays estrangiers svr peine de la hart. Republié de la part de Monseigneur le Prince d'Espinoy, Lieutenant Gouuerneur, Capitaine general & grand Bailly du pays & Comté de Hainnau, & de Messieurs du Conseil ordinaire du Roy a Mons, le 9.º d'Apuril 1627. A Mons, De l'Imprimerie Charles Michel, Imprimeur iuré. Au Nom de Iesvs. 1627. In-4.º, 2 ff. non chiff.

Bibl. de Mons; recueil des placards, 9.º portefeuille in-4.º, 1627-1629, n.º 461. — Bibl. de M. R. Chalon.

Cette ordonnance est datée de Bruxelles le 22 février 1617.

LUCAS RIVIUS.

1605-1618.

Nous ignorons si ce typographe est né à Mons, mais nous avons trouvé, dans un registre des décès de la paroisse de S.ᵗ-Germain, qui repose aux archives communales, qu'il est mort en cette ville le 9 mai 1618. Il était de la famille, le frère peut-être, de Gérard Rivius — Van Rivieren ou De la Rivière — qui imprimait à Louvain dès la fin du XVI.ᵉ siècle, et qui eut, de son mariage avec Jeanne Bogaerts, un fils, Jean Rivius, cité par Paquot comme un des savants écrivains de l'ordre de Saint-Augustin. Les imprimeurs du nom de De la Rivière, qui pratiquèrent leur art avec distinction à Arras et à Cambrai, vers la fin du XVI.ᵉ siècle et au commencement du XVII.ᵉ, étaient probablement de la même famille.

Si l'on en juge par les préfaces, d'une excellente latinité, qu'il composa pour la plupart de ses éditions, et par les vers que lui adressa Julien Waudré, dont il imprima les premières productions poétiques, Lucas Rivius devait être un homme instruit et lettré.

Les ouvrages sortis de ses presses ne se recommandent pas

moins par l'exécution typographique que par la correction du texte.

Ce typographe plaçait, en tête de ses éditions, parfois le monogramme de la compagnie de Jésus et parfois une vignette dont voici la reproduction :

145. Sermons svr les qvatre fins dernieres de l'homme. Par dom Gabriel Inchino, Chanoine regulier de S.-Iean de Latran. Fort nécessaires à tous Prédicateurs, pour les admirables et doctes concepts de l'Escriture Saincte, dont ils sont remplis : Et très-vtiles à toutes personnes desireuses de leur salut, pour leurs belles et seures adresses à la vie spirituelle. Traduits d'Italien, reueus, corrigez & augmentez, en plusieurs endroits en ceste derniere edition. En laquelle sont notez en marge les lieux tant des Autheurs Gentils, que de l'Escriture saincte. A Mons, chez Lvcas Rivivs. M. D. C. V. In-8.º, titre et préliminaires 8 ff. non chiff., texte 597 pp., table 9 ff. non chiff. Le fleuron du titre, gravé sur cuivre, représente, en quatre tableaux, la Mort, le Jugement dernier, le Paradis et l'Enfer.

Bibl. de M. R. Chalon.

La première édition de cette traduction a été imprimée à Douai chez Jean Bogard, en 1590; Guillaume De la Rivière en a donné une à Arras, en 1601, dont l'épître dédicatoire à Philippe de Caverel, abbé de Saint-Vast, et l'approbation signée par François de la Dienne, prêtre, censeur des livres, sont reproduites dans l'impression montoise.

Le traducteur de ce livre est Jean de Carthegny, né à Valenciennes, dans la première moitié du XVI.e siècle, et non pas à Mons, comme l'ont dit par erreur Valère André et les biographes qui l'ont copié. Il fut prieur des Carmes de Bruxelles et docteur en théologie. Ayant embrassé les idées de réforme de son époque, il fut condamné par ses supérieurs ecclésiastiques à abjurer publiquement les hérésies qu'il avait professées à l'université de Louvain, et à subir une détention perpétuelle dans une prison de Cambrai. L'abjuration eut lieu, en 1559, dans l'église de S.t-Germain à Mons, en présence du clergé et du peuple assemblés.

M. Arthur Dinaux a publié, dans la première série de ses *Archives du Nord de la France et du Midi de la Belgique*, une intéressante notice sur cet auteur valenciennois.

146.* Scholia in D. Erasmi Roterodami libellvm de civilitate morvm. Avctore Gvilielmo Hachvsano Daventriense. Montibvs, ex officina Lucæ Rivii. M.DC.VII. In-8.º

Nous donnons ce titre d'après Swerts, *Athenæ Belgicæ*, p. 309. Valère André et Foppens font aussi mention de ce livre.

147. La rescovsse dv temps prisonnier, Où se declare combien il est precieux, et comme il se doit racheter. Composee par Reuerendissime Pere Frere André de Soto, Frere mineur Recollect de la prouince Saincte de la Conception; Dediee à la Serenissime Infante. Traduitte d'Espagnol en François par Gilles de Germes, Escuier Lieutenant-Gouuerneur des Villes et Chastellenie d'Ath. — Redimentes tempus quoniam dies mali sunt. Eph. 5. — A Mons

chez Lvcas Rivivs l'an 1610. Pet. in-12, 109 pp., et 3 ff. non chiff.

Bibl. de Louvain.

L'approbation, où l'on déclare ce petit volume *utilem, pium, doctum, disertum et prœlo dignum*, n'a pas de date; elle a été donnée à Ath *Apud minores* par *F. Petrus Carpin sacræ theologiæ lectore*.

Le livre est dédié à l'Infante d'Espagne Isabella, Clara, Eugenia, et le traducteur, qui parlait un français assez vulgaire, s'est borné à traduire l'épître dédicatoire d'André Soto.

Nicolas Antonio, dans la *Bibliotheca nova scriptorum hispaniæ*, t. I, p. 88, cite l'ouvrage espagnol : *Redencion del tempio cautivo*, comme ayant été édité à Anvers, en 1606, in-8.º; mais il paraît avoir ignoré l'existence de la traduction française de Gilles de Germes, qu'il ne mentionne pas. Une traduction latine du même ouvrage a été publiée à Cologne, en 1611, sous ce titre : *Captivi temporis redemptio libellvs ordinvm omnivm hominibvs vtilissimvs : in quo temporis pretium, vtque vinculis oripiendum sit, declaratur: per Reverendis. P. F. Andrœam Soto ordinis S. Francisci Reformatorum provinciæ conceptionis. — Ephes. V. Redimentes tempus quoniam Dies mali sunt. — Coloniæ, apud Ioannem Crithium. Anno M. D. CXI. In-32 de 137 pp.*

Gilles de Germes était originaire de la ville d'Ath.

148. Conciones triginta de Ivdæ proditoris apostasia, sive triplici eivs defectv a fide, gratia, et apostolatv, per quem omnes reprobi figurantur, authore F. Nicolao Orano ordinis S. Francisci regularis obseruantiæ, Provinciæ Flandriæ theologo Predicatore, nec non conuentus Couuiniensis humili gardiano. — Ioannis 17. Pater quos dedisti mihi custodivi, et nemo ex ijs perijt, nisi filius perditionis. — Montibvs Apvd Lvcam Rivivm. Anno 1611. In-8.º, titre et préliminaires 16 ff. non chiff., texte 367 pp.

Bibl. de Louvain. — Bibl. de Douai.

Nicolas Oran, né à Liége, religieux de l'ordre des frères mineurs de St-François, est auteur de plusieurs autres ouvrages, la plupart imprimés à Mons et cités par Foppens dans sa *Bibliotheca belgica*. Il fut successivement professeur à Liége, à Namur et recteur du couvent des récollets d'Avesnes.

149. Dictionarivm poeticvm, et epitheta vetervm Poetarvm. Accurata item historiarum ac fabularum Poëticarum, ex optimis vtrivsque linguæ auctoribus, enarratio. Avctore Basilio Zancho Bergomate. Opus pereruditum, historiarum ac poëseos studiosorum bono, nunc secundò trans Alpes editum. Montibvs, Ex Officina Lvcæ Rivii. M.DC.XII. Petit in-8.º, titre et préliminaires 2 ff. non chiff., texte 347 pp., index 49 pp. non chiff.

Bibl. de Mons, n.º 4661 du catal. — Bibl. de M. R. Chalon. — Ma bibl.

Lucas Rivius a placé en tête de ce livre une dédicace écrite en latin, et adressée aux élèves de poésie et de rhétorique.

150. Institvtion et establissement de la covr reformee dv pays et comté de Haynaut. Auec le styl & maniere de proceder en icelle. A Mons, Chez Lvcas Rivivs, l'an 1612. Avec privilege. In-8.º, 276 pp.

Bibl. de Mons, n.º 2409 du catal. — Bibl. de M. R. Chalon. — Ma bibl.

Les lettres patentes de la réforme judiciaire de la cour souveraine du Hainaut ont été données à Bruxelles par les archiducs Albert et Isabelle, le 17 décembre 1611, et publiées à Mons, en la chambre du secret ou du conseil, au vieux château, le 21 et le 22 mai 1612, en présence de Guillaume de Steenhuys, conseiller, maître des requêtes au conseil privé, et des conseillers, des avocats et des praticiens de la cour.

Antérieurement à cette réforme, la justice était rendue par une cour, où siégeaient de droit les pairs, les prélats, les nobles et autres féodaux spécialement convoqués par le souverain ou par son grand bailli; mais l'inexpérience de ces juges non gradués en droit donnait lieu à de nombreuses erreurs judiciaires. Pour faire cesser les abus de cette vicieuse organisation, il fut reconnu nécessaire de réduire le nombre des conseillers et d'exiger d'eux des conditions d'aptitude dont manquaient la plupart des anciens. La cour souveraine du Hainaut fut dès lors composée, sous la présidence du grand bailli, comme chef et semonceur, de quatorze conseillers, dont deux ecclésiastiques, deux nobles ou chevaliers et dix laïcs appelés de robe longue, tous gradués en droit, à l'exception des deux conseillers nobles, qui devaient cependant avoir les qualités requises pour entrer aux Etats et être féodaux de la cour.

151. Pvb. Ovidii Nasonis Metamorphoseon. Libri XV. Ab omni obscœnitate repurgati. Montibvs, Apud Lvcam Rivivm. M.DC.XIII. In-12, 488 pp., index 8 ff. non chiff.
Ma Bibl.

152. Prosodia Henrici Smetii medicinæ d. promtissima, quæ syllabarvm positione & Diphthongis carentium qvantitates Sola veterum Poëtarum auctoritate, adductis exemplis demonstrat. Montibvs, Apud Lucam Riuium, 1614. In-8.º, 378 pp. Sans approbation ni privilége.
Bibl. de M. R. Chalon.

Henri Smet, qui composa plusieurs ouvrages de poésies latines et de médecine, dont Valère André, Swerts et Foppens ont donné la liste, était né à Alost le 29 juin 1557. Il mourut à Heidelberg le 15 mars 1614.

153. Exilivm generis hvmani fœlicissimvm, concionibvs adventvalibvs explicatvm, qvibvs trivmphvs misericordiæ et

veritatis dei circa primos parentes et eorvm posteros illustratur. A. F. N. Orano Franciscano obseru. Montibvs, Apud Lvcam Rivivm. Anno 1615. — Vniuersæ viæ Domini Misericordia & Veritas requirentibus testamentum eius & testimonia eius. Ps. 24. — Permissu Superiorum. In-8.°, titre et préliminaires, 23 ff. non chiff., texte 515 pp. et 5 ff. non chiff.

Bibl. de Mons, n.° 1135 du catal.

L'ouvrage est dédié à Guillaume d'Omalius, chanoine de Liége et archidiacre de Hainaut, dont les armoiries se trouvent au verso du titre. La dédicace est datée du couvent des franciscains déchaussés de Liége, la veille de Pâques 1615.

154. Epigrammatvm libri tres, a Ivliano Wavdræo Montensi eivsdem Oppidi ivventvti Hovdanæ inscripti. Montibvs, Per Lvcam Rivivm. Anno 1618. Pet. in-12, 134 pp., et 5 ff. non chiff.

Bibl. de Bruxelles, fonds V. H., n.° 24,311.

Ce recueil de poésies latines, composé pour la jeunesse du collége de Houdain, est dédié par l'auteur au Magistrat de Mons et aux autres protecteurs (*Mœcenatibus*) de cet établissement d'instruction publique. Le privilége accordé à l'imprimeur est daté de Bruxelles, le 7 décembre 1617; l'approbation donnée à Anvers, le 14 novembre précédent, est signée par Laurent Beyerlinck, censeur des livres qui, dans son enthousiasme par trop exalté pour notre poëte montois, n'hésite pas à lui accorder la facilité d'Ovide pour l'élégie, et la grâce de Martial pour l'épigramme.

Julien Waudré naquit, à Mons, vers la fin du XVI.ᵉ siècle; il y est mort le 9 novembre 1649. Après avoir fait ses humanités en cette ville, il étudia la philosophie à l'université de Douai et, en 1625, il fut nommé principal du collége de Houdain, puis chanoine de S.ᵗ-Germain, à Mons. Il reçut du Magistrat une coupe d'argent en récompense de ses travaux littéraires.

ADAMUS GALLUS.
1609-1610.

Nous manquons de renseignements biographiques sur cet imprimeur dont le nom, traduit en français, doit être Adam Lecoq. Il appartenait, peut-être, à la famille des typographes du même nom, qui occupent une place honorable dans les annales de l'imprimerie des villes de Paris et de Troyes, pendant le XVI.ᵉ siècle. Peut-être même était-il un des descendants du célèbre *Uldaricus Gallus*, *Ulric Hahn*, cet Allemand qui introduisit l'art typographique à Rome, en 1467.

Nous ne connaissons d'autres produits de ses presses que l'ouvrage suivant qui a eu deux éditions :

155. ΕΞΕΤΑΣΙΣ Epistolæ, nomine regis magnæ Britanniæ, ad omnes Christianos Monarchas, Principes, & Ordines, Scriptæ, quæ, Præfationis monitoriæ loco, ipsius Apologiæ pro iuraméto fidelitatis, præfixa est. Eisdem Monarchis, Principibus, & Ordinibus dedicata à Bartholo Pacenio I. C. — Clavdivs, De Inst. prin. Qui terret plus ille timet, Sors illa tyranno conuenit. — Montibvs, Impressore Adamo Gallo. Anno 1609. In-4.°, 21 ff. non chiff., signatures Aij — Eiiij.

Bibl. de Bruxelles, catalogue des accroissements, II.ᵉ partie, n.° 17732-18420.

Il existe une édition in-8.° de cet opuscule dont M.ʳ Chalon possède un exemplaire. Elle a paru en 1610 chez le même imprimeur avec ces différences que le nombre de feuillets est de 40, que la faute typographique, qui se remarque dans le titre précédent, a disparu par la correction du mot *Clavdivs* en *Clavdianvs*, et que le mot *iuraméto* est écrit *iuramento*.

LUCAS RIVIUS (la Veuve).
1620.

Cette veuve, qui était l'épouse de secondes nôces de Lucas Rivius, continua l'exploitation de l'imprimerie de son mari; mais, selon toute apparence, elle ne lui survécut pas longtemps. Le seul livre publié par elle, à notre connaissance, porte la date de 1620. C'est évidemment par erreur que Foppens et Paquot font mention d'un ouvrage de Julien Waudré, qui serait sorti des presses d'un Rivius, à Mons, en 1626.

156. Les chartes nouvelles dv pays et comté de Haynnav. A Mons chez la vefve Lvcas Rivivs. 1620. In-4.º, frontispice gravé servant de titre et préliminaires 2 ff. non chiff., texte 438 pp., et 15 ff. non chiff.

Bibl. de Mons, n.º 2364 du catal. — Bibl. de M. R. Chalon. — Ma bibl.

C'est la première édition des chartes nouvelles du Hainaut données à Bruxelles par les archiducs Albert et Isabelle, le 5 mars 1619, et publiées à Mons, à la maison de la Toison d'or, sur le Marché, le 25 août de la même année. Le privilége d'impression accordé à la veuve de Lucas Rivius est du 5 mars 1619.

Le frontispice, gravé avec beaucoup de soin, manque de signature; il représente la Justice foulant aux pieds l'Injustice et soutenant un écusson où se trouvent renfermés le titre de l'ouvrage et les armes du Hainaut, le tout dans un portique à jour laissant voir, dans le lointain, le noble jardin de cette province, et, dans le ciel, Dieu le père et le Soleil, avec la devise du comté : *De Dieu et dv Soleil*. A droite et à gauche de ce portique Albert et Isabelle appuyant la main sur l'écusson central.

CHARLES BLAISE.

1622.

Nous n'avons rencontré jusqu'à présent qu'une seule impression dont la souscription porte le nom de Charles Blaise, et nous n'oserions affirmer que ce libraire fût en même temps un imprimeur montois, qui aurait repris l'atelier de la veuve Rivius. Il est cependant permis de le supposer, car la pièce dont nous donnons ci-après le titre a été évidemment imprimée à Mons avec des caractères de cet atelier.

157. Placart dv roy nostre sire svr le faict de la marchandise de hovblon. A Mons, Chez Charles Blaise Libraire En la Ruë des Clercqs. 1622. In-4.º, 4 ff. non chiff.

Bibl. de Mons; recueil des placards, 5.º portefeuille in-4.º, 1617-1622, n.º 391.

Ce placard est daté de Bruxelles le 30 août 1621.

FRANÇOIS WAUDRÉ ou DE WAUDRÉ.
1623-1641.

Cet imprimeur est né à Mons, où il fonda, en 1623, un établissement typographique dont il dirigea l'exploitation jusqu'à la fin de l'année 1641, époque probable de sa mort.

Des productions nombreuses et importantes sont sorties des presses de cet éditeur actif et instruit, qui occupe, avec sa veuve et ses héritiers, une place honorable dans les annales de l'imprimerie montoise. Il demeurait sur le Marché, la Grand'Place actuelle, à l'enseigne de la Bible.

Il avait adopté quatre marques typographiques de grandeur différente. Voici les deux dont il se servit le plus souvent :

La troisième marque, choisie par François Waudré, représente, de même que les deux précédentes, un livre ouvert, la Bible; ce qui semble être une allusion à l'enseigne que portait son établissement. Voici cette marque :

La quatrième est une vignette allégorique, dont nous croyons devoir mettre aussi le dessin sous les yeux de nos lecteurs.

Les héritiers de cet imprimeur, ont fait usage de ces différentes marques.

158. Les chartes novvelles dv pays et comté de Haynnav. Seconde Edition. A Mons, De l'Imprimerie François Waudré, à la Bible. 1623. Par Grace, & Priuilege. Pet. in-8.°, titre et préliminaires 4 ff. non chiff., texte 554 pp., mandement des archiducs, privilége, table, ordonnance et règlement pour le conseil ordinaire du Hainaut, procès-verbal de publication et lettre des archiducs, 18 ff. non chiff.

Bibl. de Mons, n.° 2364 du catal. — Bibl. de M. R. Chalon.

On rencontre des exemplaires de cette seconde édition, et j'en possède un, dont le titre porte la date de 1624; mais, sauf cette variante, c'est bien le même ouvrage. La première édition a paru chez la veuve Lucas Rivius, en 1620.

159. Points et articles concevs tant par renforcement de la Cour à Mons, que par les trois membres des Estats de ce Pays de Haynnau au mois de Mars 1601. Aggreez & confirmez par les Archiducqs nos Souuerains Seigneurs & Princes. A Mons, De l'Imprimerie François Wavdré, à la Bible. 1624. Pet. in-8.°, 15 pp. non chiff.

Ma bibl.

160. Practiqve de la perfection et des vertvs chrestiennes et religievses. Composee en Espagnol par le R. P. Alphonse Rodrigvez, de la Compagnie de Iesvs. Traduit en François par le R. P. Pavl Dvez, de la mesme Compagnie. Premiere partie. Des diuers moyens pour acquerir la Vertu & Perfection. Edition derniere reueue & plus correcte que les precedentes par vn Pere de la mesme Compagnie. A Mons De l'Imprimerie François Wavdré, à la Bible. 1624. Avec

Priuilege. Pet. in-8.º, titre et préliminaires 20 ff. non chiff., texte 1076 pp., table 10 ff. non chiff.

Bibl. de Mons, n.º 1335 du catal. — Bibl. de M. R. Chalon.

Paul Duez, de l'ordre des Jésuites, est un auteur belge. Né à Liége, vers 1585, il mourut à Metz, le 14 avril 1644. Sa traduction de l'ouvrage du père Rodriguez a été plusieurs fois réimprimée. Publiée d'abord à Paris, en 1621, puis à Mons, elle a été complètement effacée par celle que l'abbé Regnier de Marais en a donnée depuis. Paquot, dans ses mémoires sur l'histoire littéraire des Pays-Bas, cite les autres écrits sortis de la plume de Paul Duez.

161. Practiqve de la perfection et des vertvs chrestiennes et religievses. Composee en Espagnol par le R. P. Alphonse Rodrigvez de la Compagnie de Iesvs. Traduicte en François par le R. P. Pavl Dvez, de la mesme Compagnie. Seconde partie. De la practique de quelques vertus, qui appartiennent à tous ceux, qui font profession de seruir à Dieu. Edition quatriesme reueue & plus correcte que les precedentes par vn Pere de la mesme Comp. A Mons, De l'Imprimerie François Wavdré, à la Bible. 1624. Avec priuilege. Pet. in-8.º, titre et préliminaires 11 ff. non chiff., texte 1111 pp., table 13 pp. non chiff.

Bibl. de Mons, n.º 1335 du catal. — Bibl. de M. R. Chalon.

162. Practiqve de la perfection et des vertvs chrestiennes et religievses. Composee en espagnol par le R. P. Alphonse Rodrigvez de la Compagnie de Iesvs. Traduicte en François par le R. P. Pavl Dvez de la mesme Comp. Troisiesme partie. De la practique des vertus, qui appartiennent à l'Estat Religieux, & d'autres choses, qui seruent à

la Perfection. Edition derniere, reueuë & plus correcte que les precedentes par vn Pere de la mesme Comp. A Mons, Chez François Wavdré, à la Bible. M.DC.XXV. Avec privilege. Pet. in-8.°, titre et préliminaires. 8 ff. non chiff., texte 906 pp., table 11 ff. non chiff.

Bibl. de Mons, n.° 1335 du catal. — Bibl. de M. R. Chalon. — Ma bibl.

Le privilége de réimprimer l'ouvrage de Rodriguez, accordé par Jean Herren, provincial de la compagnie de Jésus aux Pays-Bas, est daté de Mons le 18 mars 1624. L'approbation signée par Jean Sébastien, jésuite, professeur de théologie morale à Mons, censeur des livres de la compagnie de Jésus, est datée de cette ville, le 26 du même mois de mars.

La dédicace de l'imprimeur à Edmond Jouvent, abbé d'Aulne, est datée de Mons, le 24 décembre 1624.

163. Beati Iacobi de Marchia, ordinis fratrvm minorvm Lavs postvma. Montibvs Hannoniæ, Ex Officina Wavdræana. M.DC.XXV. Pet. in-8.°, 16 pp.

Bibl. de M. R. Chalon.

Cet opuscule est de *Jean d'Espiennes*, auteur montois, prévôt de la cathédrale de Namur, qui a signé de ses initiales I. D.

164. Le Pedagogue chrestien, deuxiesme edition reueüe, corrigee et augmentee par le R. P. D'Ovltreman de la comp. de Iesus. A Mons de l'Imprimerie de François Wavdré 1625. Pet. in-12, titre et préliminaires 13 ff. non chiff., texte 675 pp. et la table.

Bibl. de Louvain.

Le frontispice gravé, qui sert de titre, est bien exécuté; il ne porte pas de signature. L'auteur en donne l'explication symbolique au 5.e feuillet. Sa dédicace à l'abbesse de Maubeuge est datée de cette ville.

Le privilége donné à l'imprimeur par Jean Hennius, provincial de la compagnie de Jesus, est daté de Mons le 29 avril 1625. Cette date et la circonstance que la réimpression du même ouvrage, en 1628, par François Waudré, est aussi indiquée comme une *deuxième édition*, nous font supposer que celle-ci pourrait bien être la première, malgré la mention de son titre.

165. Les sievrs eschevins de ceste ville de Mons vovlans en acqvit de levr Deuoir empescher les fraudes, & fonrcelemens, qui se commettent au prejudice du droit de la maltote du vin, Ont statué, & ordonné, statuent, & ordonnent par forme de police, & meilleure direction, les points, & articles suyuans qui se deucront inuiolablement obseruer dez cejourd'huy. xxiij. octobre. 1625. A Mons, Chez François Wavdré Imprimeur Iuré. In-f.º placard.

Bibl. de Mons; recueil des placards, 7.º portefeuille in-4.º, 1623-1626, n.º 432.

166. Consolation des ames desolees, et qvi sont dans les ariditez & abandonnemens. Avec vn miroir des ineffables abandonnemens de Iesus-Christ, poinct le plus important de la vie spirituelle. Par le R. Pere Estienne Binet de la Compagnie de Iesvs. A Mons, De l'Imprimerie François Waudré. M.DC.XXVI. Avec Priuilege. Pet. in-12, titre et préliminaires 12 ff. non chiff., texte 518 pp , table, approbation et privilége 4 ff. non chiff.

Ma bibl.

On remarque au commencement de l'ouvrage une épître dédicatoire de François Waudré à Pierre Lejeune, abbé de Hautmont.

Étienne Binet, né à Dijon en 1569, mourut le 4 juillet 1639, à Paris, où il fut recteur des Jésuites. Il a publié un grand nombre d'ouvrages religieux.

167. Exercices spiritvels, ov methodiqve explication de la Vocation Religieuse, & des moyens necessaires pour l'obtenir. Extraicts de la Regle du glorieux Patriarche S. Benoist, en faueur de toutes personnes desireuses de la Perfection. Par le R. P. D. Philippe Francois Relig. & Abbé de S. Agry de Verdun, de la Congreg. de S. Vanne & S. Hydulphe en Lorraine, dudit Ordre. A Mons, chez Francois Wavdré. M.DC.XXVI. Très pet. in-12, titre et préliminaires 18 ff. non chiff., texte 188 pp., table et approbation 2 ff. non chiff. *A la fin du volume* : Brefve methode et advis pour bien mediter, 52 pp. et 4 ff. non chiff. — Regles des freres Laycs ov commis et des Oblats des Monasteres reformez de S. Hvbert en Ardenne et de S. Denys-lez-Mons en Haynnau, de l'ordre de S. Benoist. 24-46 pp.

Ma bibl.

On voit dans l'épître dédicatoire adressée par François Waudré à Nicolas De Fanson, abbé de S.ᵗ-Hubert en Ardennes, à Gaspard Vinck, abbé de S.ᵗ-Denis en Brocqueroy et aux religieux de ces monastères, que ce livre a été imprimé par ordonnance et aux frais de ces deux communautés. L'approbation donnée à S.ᵗ-Denis-lez-Mons, en Hainaut, le 21 mars 1626, est signée par F. Hubert Mynsbrugghe, religieux bénédictin.

168. Placcart svr le reglement tovchant les belitres, faineants, & brimbeurs, estrangers, & aultres, repvblié le 23. d'octobre 1626, a l'ordonnance de Monseignevr le prince d'Espinoy, chevalier de l'ordre de la toison d'Or, Lievtenant Govvernevr Capitaine General, Grand Bailly & souuerain Officier du pays & Comté de Haynnau. A Mons De l'Imprimerie François Wavdre. M.DC.XXVI. In-4.º, 10 pp.

Bibl. de Mons; recueil des placards, 8.ᵉ portefeuille in-4.º,

1626-1627, n.º 451. — Bibl. de M. R. Chalon. — Ma bibl.

La date de ce placard est du 15 juillet 1599. Il a été imprimé d'abord chez Charles Michel.

169. Placcart dv roy svr le transport des grains vente et achapts d'iceux de l'an 1589. Republié, à Mons le vendredy 18. de septembre 1626. par lettres & ordonnance de son Alteze Serenissime du 12. du mesme mois. A Mons, De l'imprimerie François Wavdré Imprimeur Iuré. M.DC.XXVI. In-4.º, 7 pp.

Bibl. de Mons; recueil des placards, 8.º portefeuille in-4.º 1626-1627, n.º 452. — Bibl. de M. R. Chalon.

Ce placard est daté de Binch, le xvij.e jour de décembre XV^c iiij^{xx} IX.

170. Hortus Pastorvm sacræ doctrinæ floribvs polymitvs exemplis selectis adornatvs, in lectionvm areolas partitvs. Authore R. D. Jacobo Marchant, oppidi Couvinensis pastore. In celebri cænobio cum Floreffiensi, tum Lobbiensi quondam S. Theologiæ professore. Opus hoc copiose tractat, quæ strictim attigit Catechismus Pii V ad parochos et editum est in gratiam concionatorum et pastorum, ut illis serviat ad conciones, catechismos, confessiones, meditationes et quas libet fonctiones pastorales. Montibvs, ex officina Francisci Wavdré, typographi Ivrati, sub. Biblio. 1626-1627, 3 vol. in-4.º

1.er vol. (1626), titre et préliminaires 26 ff. non chiff., texte 764 pp., index et errata 4 ff. non chiff.

2.e vol. (1626), titre et préliminaires 14 ff. non chiff.,

texte 462 pp., approbatio etc. 1 f. non chiff. Titre : « Trac-
» tatus de Jubilæo et indulgentiis auctore R. D. Jacobo
» Marchant oppidi couvinensis pastore. Montibvs, typis Fran-
» cisci Waudré, 1626. » 1 f. non chiff., texte 65 pp. nu-
mérotées de 3 à 67, approbatio 1 p., indices 5 ff. non chiff.

3.e vol. (1627), titre et préliminaires 12 ff. non chiff.,
texte 508 pp , privilegium, indices, approbatio 9 ff. non
chiff.

Bibl. de Tournai, n.° 466 du catal. — Bibl. de Louvain. — Bibl. de M. R. Chalon.

Le privilége daté de Bruxelles, le dernier d'août 1629, est pour
un terme de six ans; il est donné à François Waudré *luy seul*.

Jacques Marchant, poëte et littérateur, né à Couvin vers 1587,
fut doyen et curé de cette commune, où il mourut en 1648; il composa plusieurs traités de théologie ascétique dont Foppens donne
la liste dans sa bibliothèque Belgique, et dont nous verrons successivement les titres, ces traités ayant été pour la plupart imprimés à Mons. Une seconde édition du même ouvrage, in-f.°,
est sortie des presses du même imprimeur, en 1632.

171. Diverses conclvsions en la practiqve de ivrisprv-
dence Par Pierre Cospeav. A Mons, De l'Imprimerie François Wavdré. M.DC.XXVI. Auec approbation. Pet. in-8.°,
206 pp., approbation 1 f. non chiff.

Bibl. de Mons, n.° 2321 du catal. — Ma bibl.

Le livre est dédié au prince d'Epinoy, gouverneur et grand
bailly du Hainaut. L'approbation a été donnée à Chièvres, le
16 juin 1626, par Jean de le Motte, licencié en théologie, curé au
dit lieu.

Pierre Cospeau, né à Mons, vers 1550, exerça avec distinction
la profession d'avocat près du conseil souverain du Hainaut. Il

était de la même famille que Philippe Cospeau, orateur chrétien, qui fut évêque d'Aire, de Nantes et de Lisieux.

172. Compendivm sev breviarivm absolvtissimvm omnivm meditationvm de præcipvis fidei nostræ mysteriis, vitæ ac passionis D. N. Iesv Christi; et B. V. Mariæ, &c. Ex maiori opere meditationvm R. P. Lvd. De Ponte Hispani Soc. Iesv theologi; Collectum per quendam eiusdem Societatis Sacerdotem in Austriaca Prouincia, seruato ordine ac numero Meditationum, quæ in VI. ciusdem R. P. partibus continentur. Addito indice triplici. 1. Meditationum cuiusque partis. 2. Euangeliorum Dominicalium, tam secundum ordinem Romanæ, quàm Gallicanæ Ecclesiæ. 3. Euangeliorum pro præcipuis quibusque festis diebus, & per Quadrages. Montibvs, Typis Francisci De Wavdré, sub Biblio. M.DC.XXVIII. Cum gratia & priuilegio. Pet. in-8.°, titre et préliminaires 8 ff. non chiff., texte 753 pp., index meditationum, approbatio et privilegium 14 pp. non chiff.

Bibl. de Mons, n.° 1378 du catal. — Ma bibl.

Le privilége est daté de Cambrai, le 24 avril 1627, et l'approbation du 5 août 1622. Une dédicace de l'imprimeur est adressée à Gaspard Wincq, abbé de S.ᵗ-Denys en Brocqueroy.

Ludovicus De Ponte (Louis Du Pont), né le 11 novembre 1554, à Valladolid, où il mourut le 16 février 1624, est auteur d'un grand nombre d'ouvrages ascétiques qui ont été traduits en français par le père Jésuite Jean Brignon.

173. Les appanages d'vn cavalier chrestien, ie vevx dire, qvalitez ov vertvs qve Dieu reqviert et demande parmy les grands, et en tous les nobles : ov est naifvement representé l'heureux Estat et la fortune triomphante d'un homme de

bien, et par occasion et a diverses reprises L'on y despeint les mœurs corrompus (sic) de ce siecle, les noires malices des Politiques qui abusent de l'authorité et Bonté des Roys et Princes, leur ambition et effrenée conuoitise. Et du plvs intime de ces desastres l'on entend la voix sourde, languissante et lamentable du peuple desolez. Le tout descrit en faueur du feu marquis de Treslon et de tous les bons caualiers par le P. Matthiev Martin Religievx minime. A Mons, de l'Imprimerie François de Waudré à la Bible. 1628. In-4.°, titre et préliminaires 14 ff. non chiff., texte 445 pp., table et approbation.

Un frontispice de bonne exécution, sans signature de graveur, représente le marquis et la marquise de Trélon.

Bibl. de Louvain. — Bibl. de Tournai.

La dédicace adressée à très-haute, très-illustre et très-vertueuse princesse Madame Alberte d'Arembergh, marquise de Trélon, est datée du couvent des Pères minimes de Mons, le 2 février 1628, et signée F. Matthieu Martin.

M. le comte Félix de Mérode, l'un des descendants du marquis de Trélon, a fait réimprimer, en 1845, chez les frères Dumortier à Bruxelles, cet ouvrage devenu très-rare.

174.* Latinæ lingvæ rvdimenta, declinationes nominvm, pronominvm, et verborvm, præsertim regvlarivm, figvris exprimentia. Item octo partes orationis, inserta nonnunquam Gallica interpretatione. Petri Procuratoris opera. Montibvs, Typis Francisci Waudré. Anno M.DC.XXVIII. Cum gratia & priuilegio superiorum. In-8°.

175.* Brevis epitome totivs grammaticæ latinæ, ex variorvm Grammaticorum & probatorum scriptorum libris, Petri

Procvratoris studio collecta, interpretationusq; vnde sensus à pueris facilè elici possit, illustrata. Grammaticæ latinæ Liber Primvs. In quo Etymologiæ vel potius analogiæ proponuntur regulæ, hoc est generum, declinationum, comparationum, præteritorum & supinorum. Montibvs, Typis Francisci Waudré. Anno M.DC.XXVIII. In-8°.

176. Grammaticæ latinæ, liber secvndvs. In quo Syntaxis seu apta vocum consecutio traditur, Petri Procvratoris studio collecta. Montibvs, Typis Francisci Waudré. Anno M.DC.XXVIII. Cum gratia & priuilegio Superiorum. In-8.", 140 pp., index et privilegio 7 ff. non chiff.

Bibl. de Mons, relié avec le n.° 4299 du catal.

177. Grammaticæ latinæ liber tertivs. In quo de Prosodia & arte Metrica agitur Petro Procvratore Collectore. Editio postrema, cui summa Auctoris manus addita. Montibvs, Typis Francisci De Wavdré, sub Biblijs. Anno M.DC.XXVIII. Cum gratia & priuilegio. In-8.°, 64 pp.

Bibl. de Mons, relié avec le n.° 4299 du catal.

Les quatre ouvrages de Pierre Procureur, dont les titres précédent, ont paru pour la première fois à Anvers, chez Arnold Coninx; ils ont été réimprimés, à Mons, par François Waudré, avec l'autorisation des surintendants du collége de Houdain, à qui les archiducs avaient accordé, par des lettres-patentes du 5 février 1620, le privilége de faire imprimer, par un imprimeur de leur choix, la grammaire latine de Pierre Procureur et tous autres livres utiles à l'instruction de la jeunesse.

178. Le Pedagogve Chrestien tiré de la S. Escritvre et des Saincts peres, confirmé et esclercy Par raisons, similitudes & histoires. Par le R. P. Philippe D'Ovltreman Va-

lencenois, de la Compag. de Iesvs. Devsiesme edition Reueüe, corrigée et augmentée par l'Autheur. A Mons De l'Imprimerie François De Wavdré. M.DC.XXVIII, avec privilège. In-12, titre et préliminaires 16 ff. non chiff., texte 675 pp., table 18 ff. non chiff.

Bibl. de M. R. Chalon.

L'édition antérieure a été imprimée en 1625 par François Waudré. Il existe des éditions postérieures de 1642, 1646 et 1650. En tête de ce volume se trouve : « une épistre dédicatoire adressée par l'imprimeur à Gilles de Brabant, prestre protonotaire du siège apostolique, bachelier en théologie, licentié ès loix et advocat de la cour à Mons, gouverneur d'Ambroise de Melvm, fils aisné du prince d'Espinoy. »

179. Herodes ov l'ambition trop insolente punie en la persone d'Herodes, Roy des Iuifs. Representée par les Estudiants de la compagnie de Iesus, le 13 septembre 1629. A 2 heures apres Midy. Dedię à Messeigneurs mess.rs dv magistrat de Mons. A Mons de l'imprimerie François De Waudré, à la Bible. 1629. In-4.º, 8 pp.

Bibl. de Louvain.

Le style de ce libretto est d'une bonhomie réjouissante. Au premier acte un *chœur musical* célèbre l'apparition de l'étoile des mages et la naissance de l'Enfant Jésus. « Le soleil, la lune, avec les astres, à l'exemple des Roys, invitent par leur chant toutes créatures à recognoitre le vray Dieu frechement nai. Les quatre parties du monde excitées par ceste melodie, ensēble avec les astres benissent la naissance de ce petit-grand Roy, destestans Herodes au possible. Herodes deçu par les Mages porte sentence de mort contre tous les petits poupons de la Judée, que ses soldats, après avoir invoqué leur déesse Bellone, passent par le fil de l'epée. Un grand père pleure sur le *cadauer* de son petit-fils.

Antipater fils d'Herode conspire contre lui, il est trahi par son Laquay, mais comme il ignore cette trahison il se rend en poste à Jérusalem ou il est mis par son père en bas de fosse. Herode tombe malade et l'un des conjurés exhorte la jeune noblesse d'abattre, contre toutes loix, l'aigle impérial du frontispice du temple. Enfin Herodes vomit son âme malheureuse. »

180. Lignvm vitæ pvlchrvm visv, et ad vescendum suaue, afferens Fructus duodecim, per menses singulos reddens Fructum suum. Qvi svnt dvodecim praxes omnibvs maxime vero Sacerdotibus, & Pastoribus Animarum ad officium dignè exercendum, ad piè viuendum, & sanctè moriendum perutiles, per Considerationes & Affectus distinctæ. Plantatum in medio Paradisi, qui est Familia Iesv Christi Domini nostri conuersantis in terris, & ad illius honorem & imitationem, congregatio pastorvm, svb patrocinio S. Caroli institvta. IHS. MA. Montibvs, Typis Francisci Wavdræi, sub Biblijs. 1629. Pet. in-8.º, titre et préliminaires 13 ff. non chiff., texte 216 pp., summa fructuum 6 ff. non chiff.

Bibl. de Mons. — Bibl. de M. R. Chalon. — Ma bibl.

Cette production ascétique est de François Bourgoine, oratorien ; la dédicace adressée à l'Archevêque de Cambrai, François Vanderburch, a été écrite en la maison de l'oratoire de Maubeuge.

Il existe des exemplaires de cette édition avec un carton contenant cette adjonction au titre : *Auctore R. P. Francisco Bovrgoineo Congreg. Oratorii Iesv christi D. N. Presbytero.*

181. Les Vrays entretiens spiritvels dv bien-hevrevx Francois de Sales, evesqve et prince de Geneve, Institvtevr et fondatevr de l'ordre des Religieuses de la Visitation Saincte Marie. A Mons, De l'Imprimerie François de Waudré, à la Bible. M.DC.XXX. Pet. in-8.º, titre et préliminaires 3 ff.

non chiff., texte 590 pp., table et approbation 3 ff. non chiff.

Bibl. de Mons, n.º 1319 du catal. — Bibl. de M. R. Chalon.

Le livre est dédié par l'imprimeur à Madame Louise Taye de Ghoike, abbesse du monastère de Ghislenghien, de l'ordre de S.ᵗ-Benoit, dont les armoiries servent de fleuron au titre avec cette légende : *Crvce Dvce.*

182. Virga Aaronis florens, hoc est, directio vitæ sacerdotalis. ex S. S. patrvm, Præsertim. S. Caroli Borromæi Documentis. Omnibvs sacerdotibvs, tam in sæculo quàm in Religione agentibus, perfectionis stimulus. Auctore Iacobo Marchantio, Theologo & Pastore Congreg. S. Caroli Presbytero. Montibvs, Typis Francisci Waudræi sub Biblijs. M.DC.XXX. Cum Gratia & Priuilegio. Pet. in-8.º, titre et préliminaires 7 ff. non chiff., texte 661 pp., index 11 pp. non chiff.

Bibl. de Mons, n.º 1597 du catal. — Ma bibl.

183. Candelabrvm mysticvm septem lvcernis adornatvm, sacramentorvm ecclesiæ doctrinam pastoribvs, concionatoribvs, sacerdotibvs pernecessariam illvstrans avctore R. D. Iacobo Marchantio Pastore Covvinensi, In celebri Cœnobio cùm Floreffiensi tùm Lobiensi quondam S. Theol. Professore. Reperiit post singvlos tractatvs Resolutiones casuum Pastoralivm sacramentorum administrationum concerventium. — Nox præcessit, dies autem appropinquauit R : 13. — Montibvs, Typis Francisci Wavdræi, sub Biblijs 1630. Cum Gratia & Priuilegio. In-4.º, titre et préliminaires 12 ff. non chiff., texte 1141 pp., index 7 pp. non chiff.

Bibl. de Tournai. — Bibl. de M. R. Chalon.

184. Philippes par la grace de Diev roy de Castille, etc. A Mons, De l'Imprimerie François de Waudré, à l'enseigne de la Bible. 1630. In-f.°, placard.

Bibl. de Mons ; recueil des placards, 9.ᵉ portefeuille in-4.°, 1627-1629, n.° 477.

Ce placard, daté de Bruxelles le 4 décembre 1629, contient des lettres d'octroi au Sieur Jean Baptiste Van Lemens, pour fabriquer des voires de cristal et cristalins, pendant un terme de 15 ans, et il interdit l'importation des mêmes marchandises dans le pays.

185. Isabel Clara Evgenia par la grace de Dieu Infante d'Espaigne, etc. A Mons, De l'Imprimerie François de Waudré, à l'enseigne de la Bible. In-f.°, placard.

Bibl. de Mons ; recueil des placards, 10.ᵉ portefeuille in-4.°, 1630-1641, n.° 482. — Ma bibl.

Cette ordonnance, datée de Bruxelles le 15 novembre 1630, prescrit de republier les placards prohibitifs de la sortie des grains.

186. Maximes spiritvelles et maniere tres-deuote pour assister au S. Sacrifice de la Messe dv Bien Hevrevx François de Sales Euesque de Geneue, & Fondateur des deuotes Religieuses de la Visitation de S. Marie. A Mons, De l'Imprimerie François de Waudré, à la Bible. M.DC.XXXI. Pet. in-16, titre et préliminaires 8 ff. non chiff., texte 487 pp., approbation 1 p. non chiff.

Ma bibl.

L'épître dédicatoire est adressée par François de Waudré à la princesse Adrienne De Lannoy, abbesse de Nivelles.

187. Magni principis monvmentvm, principibvs et magnatibvs specvlvm, mobilis et occidvæ gloriæ faciem exhibens. Animi nobilis et æternæ mentis aciem ex acvens, vt despiciat hæc cadvca et svspiciat æterna. — Iob 50. Visitans speciem tuam non peccabis. — Montibvs, Typis Francisci Waudræi, sub Biblijs. 1631. In-4.º, 47 pp., approbatio 1 p. non chiff.

Bibl. de Mons, n.º 4,601 du catal.

C'est l'éloge funèbre d'Alexandre d'Arenberg, prince de Chimai, comte de Beaumont etc., chevalier de la toison d'or, décédé le 16 août 1629. L'auteur, Jacques Marchant, doyen de Chimai, a dédié son œuvre aux deux fils du défunt, les princes Albert et Philippe d'Arenberg.

188. Hortvs pastorvm et concionatorvm, sacræ doctrinæ floribvs polymitvs, in lectionvm areolas partitvs. Auctore R. D. Iacobo Marchantio, Oppidi Couuinensis pastore et decano. In celeberrimis cœnobiis, cvm Floreffiensi, tvm Lavbiensi, qvondam S. Theologiæ professore. Opvs ab avctore recognitvm et avctvm In gratiam Pastorum, Concionatorum, Catechistarum, Confessariorum. Accessit huic secundæ editioni Tractatus septuplex de septem vitiis Capitalibus, & Virtutibus oppositis, Pastoralis huius Operis Complementum. Accessit & Summarium Resolutionum Pastoralium in decem Præcepta. Denique accessit Praxis Catechistica totius Operis per Interrogationes & Responsiones digesta; simulque Index pro Dominicis & Festis ad Conciones formandas. — eXVrgat, et DIssIpentVr InIMIcI IesVs. Psal. 67. — Liber Primvs. Montibvs, Typis Francisci Waudræi Typographi Iurati, sub Biblijs. 1632. Cum Gratia & Priuilegio. In-f.º, titre et préliminaires 12 ff. non chiff., texte 966 pp. chiffrées 952 par suite d'une omission de pagination de 6 ff. après la page 587.

Ma bibl.

L'approbation est ainsi conçue : « Hortus pastorum cum Tuba Sacerdotali siue Tractatu de septem vitiis capitalibus, & virtutibus oppositis, Authore R. D. Jacobo Marchantio, oppidi Couuiniensis Pastore & Decano, dignus est qui à Pastoribus et omnibus pietatis ac virtutis studiosis frequenter perlustretur, vt ex eo flores suaue olentes, ac fructus honoris et honestatis decerpant, per quos ipsi Christi bonus odor fiant Deo, & alijs odor vitæ in vitam æternam. Datum Montibus Hannoniæ 26 Julii 1632. Gregorius Vander Gheest, S. T. L. Ecclesiæ collegiatæ S. Germani Canonicus, Archiepiscopalis librorum Censor.

L'ouvrage est dédié par François de Waudré à Pierre Picquery, curé d'Ollignies. Il est divisé en quatre parties, dont deux : le *Liber secvndvs et Tvba sacerdotalis*, commençant aux pages 295 et 691, sont distinguées par des titres particuliers au millésime de 1631, tandis que le titre principal, mis en tête du *Livre premier* et celui du *Svmmarivm Resolutionvm* portent la date de 1632. Cette variante provient de ce que l'impression de l'ouvrage commencée en 1631 n'a été terminée que l'année suivante, ce qu'atteste la mention qui se trouve à la dernière page du volume : « Peractum Montibvs, vltima Iulii 1632. Sumptibus franscisci « Wavdræi Typographi Iurati. »

La 1.re édition de cet ouvrage a été publiée par le même imprimeur, en 1626-1627, 3 vol. in-4.º

189. Sentence rendve par le roi en son conseil privé svr le procez en matiere de Iurisdiction, D'entre les gens du Conseil de sa Majesté en sa Cour à Mons demandeurs d'vne part, & les gens de son Conseil ordinaire en Haynnau deffendeurs d'autre. A Mons, De l'Imprimerie François de Waudré Imprimeur Iuré. M.DC.XXXII. Pet. in-8.º, 40 pp.

Bibl. de Mons, n.º 8381 du catal.

190. Edict et reglement povr la chasse Fait au mois d'Aoust, 1632, à l'ordonnance de monseignevr le comte de Bvqvoy et de Gratzn, baron de Vavx et de Rosemberghe, Gentilhomme de la Chambre de levrs maiestez imperialle et catholicqve lievtenant govvernevr, capitaine general, Grand Bailly, & Souuerain Officier du Pays & Comté de Haynnau, &c. A Mons, De l'Imprimerie François de Waudré Imprimeur de son Excellence, à l'enseigne de la Bible. 1632. In-4.º, 12 pp.

Bibl. de Mons; recueil des placards, 10.º portefeuille in-4.º, 1630-1641, n.º 492.

191. Placcart contre les monopoles qui se commettent és contractz des Vins de France. Repvblié le premier de Septembre, 1632. En suitte des lettres & ordonnance de Son Alteze Serenissime du 22. d'Aoust auparauant. A Mons, De l'Imprimerie François de Wavdré, à la Bible. M.DC.XXXII. In-4.º, 8 pp.

Bibl. de Mons; recueil des placards, 10.º portefeuille in-4.º, 1630-1641, n.º 493.

Ce placard est daté de Bois-le-Duc, le 24 juillet 1599.

192. Conversio Cornelij Centvrionis Cœsarei facta per D. Petrum Apostolum & triginta concionib' explicata A. V. P. F. Nicolao Orano Ord. Minorū S. R. Obseruant. Prouinciæ Flandriæ Definitore & Predicatore. Montibvs Hannoniæ. Ex officina Francisci Waudré. 1632. Pet. in-8.º, titre et préliminaires 41 ff. non chiff., texte 709 pp., index 19 pp. non chiff. Le frontispice servant de titre est gravé par F. Æ. Trazenies.

Ma bibl.

193. La practiqve solide dv S.^{ct} amovr de Diev. Par le

R. P. Estienne Binet de la Compagnie de Iesvs. A Mons, De l'Imprimerie François de Waudré, sur le Marché, à l'enseigne de la Bible. Auec priuilege & approbation. *A la fin*: Acheué d'imprimer à Mons, chez François de Waudré, le 27. Ianvier, 1632. In-8.º, titre et préliminaires 6 ff. non chiff., texte 936 pp., sommaire des chapitres etc. 7 pp. non chiff.

Bibl. de Mons, n.º 1358 du catal.

Le livre est dédié par l'imprimeur à Raphaël Baccart, abbé de Lobbe; l'approbation est datée de Paris, le 1.ᵉʳ décembre 1651, et le privilége, donné à l'imprimeur pour un terme de six ans, porte la date, à Lille, du 21 octobre précédent.

194. Thresor spiritvel contenant les excellences dv Christianisme, & les adresses pour arriuer à la Perfection Chrestienne par les Voyes de la grace, & d'vn entier abandonnement à la conduitte de Iesvs-Christ. Dedié à la Serenissime Infante. Par le R. Pere I. H. Quarré, Prestre de l'Oratoire de Iesvs-Christ, N. S. Docteur en Theologie. Bourguignon. Reueu, corrigé, & augmenté par l'Autheur. A Mons, De l'Imprimerie François De Waudré, à la Bible. M.DC.XXXIII. Pet. in-8.º, titre et préliminaires 20 pp., texte 87 pp. pour la première partie, et 390 pp. pour la suite de l'ouvrage, y compris un nouveau titre portant les mots: *Seconde édition* et la réimpression des pièces préliminaires de la 1.ʳᵉ partie, avec de légères modifications, table 5 ff. non chiff.

Ma bibl.

195. Declinationes nominvm, pronominvm, et verborvm, præsertim regvlarivm, in figvras redactæ Studio & opera P. Procvratoris. Octo Partes Orationis, inserta nonnunquam gallica interpretatione. Editio vltima, cui extrema Auctoris

manus addita est, tyrunculorum vsui maximè accommodata. Montibvs, Typis Francisci Waudræi, sub Biblijs. 1633. Cum gratia & priuilegio Regio. Pet. in-8.º, 52 pp.

Bibl. de Mons, n.º 4299 du catal.

196. Les chartes novvelles dv pays et comté de Haynav. Seconde edition. Augmentees par M. Fortius IC. Aduocat en la noble & souueraine Cour à Mons, de la Table des Chapitres selon l'Alphabet. Aussi d'vn Sommaire ou Repertoire general de toutes les matieres contenuës en icelles. Ensemble la Disposition desdites Chartes nouuelles rapportée à l'ordre du Droict escrit, auec vn parallele ou renuoy general des Tiltres & Chapitres aux Rubriques du Droict Ciuil & Canonique. A Mons, De l'Imprimerie François de Waudré, à la Bible. M.DC.XXXIII. Auec grace & priuilege du Roy. Pet. in-8.º, titre 1 f. non chiff., texte 554 pp., mandement des archiducs, privilége, table des chapitres, règlement du conseil ordinaire, table des titres etc., sommaire général des matières 234 pp. non chiff.

Bibl. de Mons, n.º 2366 du catal. — Ma bibl.

Cette édition est la même que celle de 1623-1624 imprimée par Waudré; on n'a fait qu'ajouter à celle-ci des tables de matière redigées par l'avocat Fortius et y mettre un nouveau titre au millésime de 1633.

197. Histoire des choses plvs memorables, advenves depvis l'an onze cens XXX. Ivsqves a nostre siecle. Digerees selon le temps & ordre qu'ont dominé les Seigneurs d'Enghien, terminez és familes de Luxembourg & de Bourbon. La page suiuante déclarera plus amplement le contenu de cette histoire. Par Pierre Colins Cheualier & Seigneur

d'Heetfelde. A Mons, De l'Imprimerie François de Waudré, à la Bible. M.DC.XXXIV. In-4.º, titre et préliminaires 8 ff. non chiff., texte 560 pp. chiffrées 660 par l'effet d'une faute de pagination, commençant à la page 100 qui est numérotée 200 par erreur.

Bibl. de Mons, n.º 6902 du catal. — Bibl. de M. R. Chalon. — Ma bibl.

Cet ouvrage est assez estimé à cause des généalogies qu'il renferme et des renseignements historiques qu'il donne sur les faits qui se sont passés du temps de l'auteur. Une seconde édition a été imprimée à Tournai, en 1645, chez Adrien Quinqué; elle contient quelques additions et reproduit le portrait, gravé par C. Gaille, de Pierre Colins à l'âge de 80 ans. Cet auteur né à Enghien (Hainaut), en 1554 ou 1555, y mourut le 3 décembre 1645.

198. R. P. D. Antonini Diana panormitani clerici regvlaris, et sancti officii regni Siciliæ consvltoris, resolvtionvm moralivm Pars Prima. In qva selectiores casvs conscientiæ breuiter, dilucidè, & vt plurimùm benignè sub his Tractatibus explicantur. Montibvs, Typis Francisci Waudræi, sub Biblijs. M.DC.XXXIV. In-f.º, titre et préliminaires 20 ff. non chiff., texte 520 pp.

Ma bibl.

Cet ouvrage a paru pour la première fois à Palerme, en 1632.

L'édition de Mons est dédiée par François de Waudré à Pierre Trigault, abbé de S.ᵗ-Ghislain. L'approbation du censeur ecclésiastique, Grégoire Vandergheest, chanoine de S.ᵗ-Germain à Mons, est du 24 mars 1634. Le privilége de l'imprimeur, donné à Bruxelles le 7 décembre de la même année est signé de Robiano.

François Waudré a publié, en 1635, une seconde édition de ce livre augmenté de parties détachées; nous en donnons le titre ci-après.

Une suite à cet important ouvrage a été imprimée par le même typographe en 1639.

Antonin Diana, casuiste célèbre, clerc régulier de l'ordre des Théatins, né à Palerme en 1595, mourut à Rome, le 22 juillet 1663. Il a écrit plusieurs ouvrages qui ont eu un grand nombre d'éditions et qui ont été réimprimés à Anvers, en 1667, en 9 vol. in-f.º.

199. R. P. D. Antonini Diana panormitani clerici regvlaris, et sancti officii regni Siciliæ consvltoris, Resolvtiones Morales in tres partes distribvtæ, in qvibvs selectiores casvs conscientiæ breviter, dilucidè, & ut plurimùm benignè sub varijs Tractatibvs explicantur. Editio secvnda novis resolvtionibvs et indicibvs locvpletata, ab infinitis mendis, quibus prior Editio scatebat, repurgata, aucta etiam catalogo opervm et nominvm avthorvm recentiorvm, quæ in hoc volumine citantur, ad construendam optimam Casuum Conscientię Bibliothecam. Montibvs, Typis Francisci Wavdræi Typographi jurati, sub Biblijs. M.DC.XXXV. Cum Gratia & priuilegio Regio. In-f.º, titre, faux-titre et préliminaires 42 ff. non chiff., texte 582 pp.

Bibl. de M. R. Chalon.

La bibliothèque de Mons possède deux exemplaires du même ouvrage, mais avec la date de 1636 et les mots *Editio tertia*. A cette variante près, cette troisième édition est la même que celle de 1635 en téte de laquelle l'imprimeur n'a fait que mettre un nouveau titre.

200. Le directevr pacifiqve des consciences. Livre non moins vtile avx confesseurs & Directeurs, que necessaire à toute personne qui desire acquerir vne paix interieure. Par le Pere Iean François de Reims Capucin Predicateur. A

Mons, De l'Imprimerie François de Wavdré 1635. Auec grace & priuilege du Roy. Pet. in-8.º, 2 t.

Ma bibl.

L'ouvrage est dédié par François de Waudré à Matthias Bar, abbé de Vicoigne. L'approbation est datée de Mons, le 14 novembre 1634, et le privilége de Bruxelles, le 20 du même mois.

201. Officia propria sanctorvm ex speciali sanctiss. domini nostri pii papæ V. concessione a canonicis regvlaribvs lateranensibvs recitanda. Nunc denuo ad Regulas Breuiarii Romani ejusdem Pii V. Clementis VIII. & Vrbani VIII. Auctoritate recogniti, reformata. Additis in fine Notationibus in singulas Historias singulorum Sanctorum. Montibvs, Typis Francisci Waudræi, Typ. Jur. M.DC.XXXV. In-8.º, titre et préliminaires 10 ff. non chiff., texte 166-69 pp.

Bibl. de M. R. Chalon.

202. L'escole de la vierge Marie en laqvelle elle enseigne l'art de l'aymer, servir, et imiter ses vertvs. Dressée par vn Pere de l'Ordre des Freres Mineurs Recollects de la Prouince de Flandre. F. M. L. A Mons, De l'Imprimerie François de Wavdré, à l'Enseigne de la Bible, 1636. Avec Privilege. Pet. in-8.º, titre et préliminaire 4 ff. non chiff., texte 370 pp., table, approbation et extrait du privilége 11 ff. non chiff.

Bibl. de M. R. Chalon.

Les initiales F. M. L. sont celles de Frère Maximilien Lenglez, récollet, né à Nivelles.

203. La vie dv tres-celebre confessevr S. Gvislain, fondatevr et premier Abbé de la Celle des Apostres S. Pierre, et S. Pavl, ditte maintenant l'Abbaye de S. Gvislain en Hainau. A Mons, De l'Imprimerie François de Waudré à la

Bible. M.DC.XXXVI. Pet. in-8.º, titre et préliminaires 4 ff. non chiff., texte 116 pp., privilége et approbation du 4 octobre 1656 1 f. non chiff.

Bibl. de M. Descamps, vicaire-général à Tournai.

Jacques Simon, jésuite, en est l'auteur.

Après avoir été supérieur du noviciat d'Armentières et du séminaire de Mons, il mourut à Tournai en 1649. On trouve la liste de ses ouvrages dans la bibliothèque des écrivains de la compagnie de Jésus par Augustin et Alois de Backer.

204. Debitæ pietatis extrema officia a convictoribus Seminarii Divæ Virginis Montibus exhibita erga generosvm ac illvstrem adolescentem Dominum D. Baronem Philippvm de Landas contubernalem svvm. Prid. Non. Decemb. M.DC.XXXVI. A Mons, de l'Imprimerie François de Waudret, à la Bible. 1637. In-4.º, 11 ff.

Bibl. de Douai.

205. Rationale evangelizantivm, sive doctrina et veritas evangelica, a sacerdotibvs, pastoribvs, concionatoribvs, pectori appendenda, plebiqve per anni circvlvm e cathedris proponenda, exponenda. Tomvs primvs. Continet hic Tomvs voces Ecclesiæ in aduentu suspirantis. Item Euangelia quæ per aduentum Domini in Dominicis leguntur. Insuper festa infantiæ Saluatoris. Denique Dominacalia Euangelia ab Epiphania vsque ad Dominicam Pasche. Omnia per Lectiones digesta sunt in gratiam Præconum Verbi Diuini. Auctore R. D. Iacobo Marchantio Pastore & Decano Couuiniensi, in celebri Cænobio, cùm Floreffiensi, tùm Lobbiensi, quondam S. Theol. professore. — Pones in Rationali Doctrinam & Veritatem, quæ erunt in pectore Aaron, quando ingredietur coram Domino. Exod. 28. — Montibvs, Typis, Francisci Wav-

dræi, sub Biblijs. M.DC.XXXVII. Cum gratia & Priuilegio Regio. In-4.º, titre rouge et noir et préliminaires 4 ff. non chiff., texte 1090 pp., index, approbatio et privilége 5 ff. non chiff.

Ma bibl.

206. Loix, chartes, et covstvmes dv chefliev de la ville de Mons, et des villes resortissantes avdict Chefliev. Augmentées d'aucuns Decrets de l'Empereur Charles Quint, & autres de Feu son Alteze Serenissime: Item de l'Edict perpetuel des Archiducs, & du Decret de l'an 1601. A Mons, De l'Imprimerie François de Waudret à la Bible. M.DC.XXXVII. Auec Priuilege. In-8.º, titre et préliminaires 4 ff. non chiff., texte 82 pp., table 3 pp. non chiff. *A la suite*: Ordonnances et provisions decretees par le sovverain chefliev dvdit Mons etc. 11 ff. non chiff.; decretz des archidvcs povr le sovverain chefliev de Mons, dv XX. mars. 1606 5 ff. non chiff.; ordonnance et edict perpetvel des archidvcz, etc. 15 ff. non chiff.; interpretation et esclaircissement de certaines dovbtes, et Difficvltez, etc. 3 ff. non chiff.; points et articles etc. 11 ff. non chiff.

Bibl. de Mons, n.º 2376 du catal.

207. Diverses sortes de traicts de plvme et d'Escritvre des Inuentions de Maximilien De La Haize, Escriuain & Maistre de la Plume d'Or A Mons en Haynavt. (1638). In-4.º oblong, 29 ff. non chiff.

Bibl. de Mons, n.º 4058 du catal. — Bibl. de M. R. Chalon.

Cet ouvrage est entièrement gravé, sauf trois pages préliminaires imprimées, comprenant une dédicace aux échevins de la ville de Mons signée par Maximilian (sic) De La Haize et deux pièces de vers adressées à l'auteur, l'une en français par M. I. Fayneav, chanoine de S.ᵗ-Germain de Mons, et l'autre en latin par I. P. Hæsivs, De La Haize, le fils, élève du collége de Houdain.

De La Haize était maître d'écriture à ce collége et il est juste de dire que les exemples de calligraphie, qu'il a composés pour ses élèves, sont des plus remarquables pour l'époque. Nous ignorons le nom de l'artiste qui a gravé les 27 planches de ce livre, mais le tirage doit en avoir eu lieu à Mons, en même tems que celui de la partie imprimée qui est sortie des presses de François Waudré. Quoique le nom de cet imprimeur ne soit pas cité dans le titre, il est facile de reconnaitre que les lettres ornées et les caractères sont ceux de son établissement. Ils sont exactement les mêmes que ceux qu'il a employés, en 1638, dans l'épître de l'histoire des seigneurs d'Enghien par Colins. Une légende, inscrite sur un beau portrait de l'auteur servant de frontispice, nous apprend que notre calligraphe était âgé de 46 ans, en 1658, date de la publication de son œuvre.

208. Vitis florigera de Palmitibvs electis odorem spirans svavitatis : ac cœli vinvm svis propinans cvltoribvs. Hoc est, dissertatio et doctrina moralis de festis, vita, gestis sanctorvm qvi in ecclesia colvntvr annva solennitate : et instar palmitvm vitis, vitæ rorem profervnt et odorem. In gratiam pastorvm, et verbi divini præconvm, in lectionvm areolas divisa. Auctore R. D. Iacobo Marchantio, Oppidi couuiniensis Pastore & Decano. In Cœnobijs celeberrimis, cùm Floreffiensi, tùm Laubiensi, quondam Sacræ Theologiæ Professore. Tomvs primvs. — Vineæ florentes dederunt odorem suum. Cant. 2. — Montibvs, Typis Francisci Wavdræi Typographi jurati, sub Biblijs, 1639. Cum gratia & Priuilegio Regio. In-4.º, 2 t. : 1.ᵉʳ t. titre, épître dédicatoire, approbation et privilége 4 ff. non chiff., texte 628 pp.; 2.ᵐᵉ t. pagi-

nation continuée de 629 à 1034, avec un titre à la date de M.DC.XXXVIII.

Bibl. de M. R. Chalon. — Ma bibl.

209. Histoire de l'origine, progres et miracles de N. Dame de Bon Vovloir, Av Dvché de Havré, Auec diuerses Prieres a La Vierge, Par vn Pere de La Compagnie de Jesvs. A Mons, Chez François Wavdret, A la Bible. M.DC.XXXIX. Auec grace & priuilege. Pet. in-12., titre et préliminaires 9 ff. non chiff., texte 139 pp., table, approbation et privilége 5 pp. non chiff.

Bibl. de M. Charlé de Tyberchamps. — Bibl. de la cure d'Havré.

210. Sentence rendve par le roy en son conseil privé, le 20. de Mars, 1638. svr l'interinement & execution de la premiere sentence cy apres reprinse, touchant la jurisdiction des deux Conseils de Haynau. A Mons, De l'Imprimerie François de Waudrét, à la Bible, 1639. In-8.º, 45 pp.

Bibl. de Mons, n.º 8381 du catal., 1.er vol.

211. Venerabilis Petri Cantoris ecclesiæ B. Mariæ parisiensis, ac S. theologiæ doctoris et professoris, verbvm abbreviatvm. Opvs morale ab annis ferè qvingentis conscriptvm, omnibvs Theologis, Pastoribvs, Confessariis, Concionatoribus, Iuris-consultis, & cuiuscumque conditionis hominibus vtilissimum : E tenebris nunc primùm erutum, & notis illustratum studio & operâ. R.di P. D. Georgii Galopini Monasterij S. Gisleni Ordinis S. Benedicti Prouinciæ Hannoniæ Religiosi, & Bibliothecarij. Cum Indice duplici : in fronte Capitum, in calce Rerum, & sententiarum. Montibvs, Ex Typographia Francisci Wavdræi sub Biblijs.

M.DC.XXXIX. Svperiorvm permissv. In-4.°, titre et préliminaires 10 ff. non chiff., texte 560 pp., cum exemplar marchianense ferè continuâ varietate lectionis, ab aliis duobus recederet, scilicet à cap. 66 vsque ad cap. 80. illud verbotenus, vt loquuntur, descripsimus, & descriptum hic consultò reposuimus 33 pp., index etc. 35 pp. non chiff.

Bibl. de Mons non catalogué. — Bibl. de M. R. Chalon. — Ma bibl.

L'approbation, signée par Georges Colvenere, a été donnée à Douai, le 29 octobre 1636, et le privilége, à Bruxelles, le 12 janvier 1638.

Georges Galopin, qui a édité et enrichi de notes l'œuvre de Pierre Cantor, naquit à Mons, vers l'an 1600, et mourut à Douai, le 21 mars 1657. Moine bénédictin de l'abbaye de S.t-Ghislain, il fut un des opposants à la réforme de S. Vanne, que l'abbé Augustin Crulay resolut d'introduire dans ce monastère. A la suite de la bulle du pape Urbain VIII, qui donna raison aux partisans de cette réforme, Galopin se retira à Douai, où il obtint une chaire de philosophie au collége du roi. Ce savant théologien a publié un grand nombre d'ouvrages, dont la liste se trouve dans la Biographie Montoise de M.r Mathieu, dans la Bibliothèque Belgique de Foppens et dans les Mémoires littéraires de Paquot. Ils ont été imprimés en partie à Mons et en partie à Douai; quelques-uns sont insérés dans les *Acta sanctorum* des Bollandistes. (30 mars).

212. Le narré des vertvs de Ferdinand II. Empererv des Romains, faict en latin, par le R. P. Gvillavme Germee De Lamormaini Ardennois du duché de Luxembourg, Prestre de la Compagnie de Iesus, Et traduit en François par Pere Iean Le Vrechon de la mesme Compagnie. à Mons, de l'Imprimerie François De Wavdret, à la Bible.

M.DC.XXXIX. In-12.º, titre et préliminaires 6 ff. non chiff., texte 262 pp., table 1 f. non chiff.

Bibl. de Tournai.

Guillaume Germo De Lamormaini, né dans le duché de Luxembourg, vers 1570, entra dans la compagnie de Jésus, en 1590. Il professa la philosophie à l'Université de Gratz, et fut ensuite recteur du collége de cette ville, puis enfin de celui de Vienne, en Autriche, où, après avoir dirigé la maison professe, il mourut le 22 février 1648. Paquot donne la liste des ouvrages de cet écrivain.

L'éloge de Ferdinand II fut composé en latin et parut d'abord à Vienne, chez Grégoire Gelbhaar, en 1638, et la traduction française, dont nous venons de donner le titre, est l'œuvre de Jean Levrechon, né à Bar-le-Duc et mort à Pont-à-Mousson, en 1670.

213. Brevis elvcidatio totivs missæ, interrogationibvs et responsionibvs distincta, ab Illustrissimo & Reuerendissimo Domino. D. Francisco Van der Bvrch Archiepiscopo & Duce Cameracensi, &c. ex plurimis Missę Expositoribus alijsque probatis authoribus collecta. Montibvs, Ex Typographiâ Francisci Wavdræi sub Biblijs. M.DC.XXXIX. In-8.º, 295 pp.

Ma bibl.

C'est la première édition de ce livre qui a paru à Mons du vivant de l'auteur. Il existe des exemplaires du même ouvrage, portant aussi la date de 1639, mais qui diffèrent du nôtre par le titre et le nombre de pages. M. R. Chalon en possède un dont voici la description :

*Brevis elvcidatio totivs Missæ interrogationibvs et responsionibvs distincta, Iussu Illust.*mi *& Reuerendissimi Domini D. Francisci Van der Bvrch Archiepiscopi Cameracensis, &*c. *publicata. Montibvs, Ex Typographia Francisci Waudræi sub Biblijs M.DC.XXXIX. In-8.º, titre et préliminaires 2 ff. non chiff., texte 255 pp.*

François Van der Burch, qui fut successivement doyen de Malines, évêque de Gand et archevêque de Cambrai, naquit à Gand, le 26 juillet 1567. Décédé à Mons, le 25 mai 1644, il fut inhumé dans l'église des jésuites, où on lui éleva un superbe mausolée dans la chapelle de S.t-Ignace.

214. R. P. D. Antonini Diana panormitani clerici regvlaris, et sancti officii regni Siciliæ consvltoris, resolvtionvm moralivm pars qvarta. In qua selectiores casus conscientiæ breuiter, dilucidè, & vtplurimùm benignè sub varijs Tractatibus explicantur. Et præsertim materiæ ad tribvnal S. Inquisitionis spectantes. Prodit nunc primùm cum Indicibus necessarijs. Montibvs, Ex Typographia Francisci Wavdræi, sub Biblijs. M.DC.XXXIX. Cum gratia & Priuilegio Regio. In-f.°, titre et préliminaires 4 ff. non chiff., texte 288 pp., index tractatvvm et index rervm 25 ff. non chiff.

Bibl. de Mons, n.° 1023 du catal.

C'est une suite de l'ouvrage dont les trois premières parties sont sorties des presses de François Waudré, en 1654-1655. L'épître dédicatoire à Sulpice de Blois, abbé de S.t-Ghislain, est de François Waudré. Le privilége, signé de Robiano, est du 7 décembre 1654.

215. Prieres tres-devotes et entretiens interievrs, Povr allvmer facilement en nos cœurs le feu de l'amour de Diev: Tirez des œuures du V. P. Loys de Blois Abbé de Liessies. A Mons, De l'Imprimerie François de Wavdret à la Bible. M.DC.XL. In-8.°, titre et préliminaires 9 ff. non chiff., texte 547 pp., table des chapitres 11 pp. non chiff.

Ma bibl.

L'épître dédicatoire est adressée par François de Waudré aux religieux de l'abbaye de Liessies.

216. Discovrs tovchant les dispositions testamentaires & donations à cause de mort, rapporté aux Chartes generalles de la Prouince de Haynau, & coustumes des Villes circonuoisines, conformement à aucuns arrests, tant du Grand Conseil de Malines, que de la Noble & Souueraine Cour à Mons : Ensemble, Diuerses Conclusions de Practique communement receuë dans le Pays-bas. Par Pierre Cospeav Aduocat en la dite Cour. A Mons, De l'Imprimerie François de Waudret, à la Bible. M.DC.XL. Pet. in-8.º, titre et préliminaires 3 ff. non chiff., texte 178 pp.

Bibl. de Mons, n.º 2575 du catal. — Ma bibl.

Pierre Cospeau a dédié son livre à Monsieur Signy, seigneur de Sarteau, premier avocat de la cour souveraine à Mons.

217. De la belle Mort et la Vie de S. Barbe. Par Estienne Binet, de la Compagnie de Jésus. A Mons, De l'Imprimerie de François de Waudret. 1640. In-12.º

Cette édition est citée dans un ouvrage de bibliographie, devenu fort rare, intitulé : *Bibliographus Belgicus*, par Claude Doresmieux, et qui donne un catalogue des livres imprimés dans les provinces Belgiques, pendant les années 1640, 1644 et 1645. La bibliothèque de Louvain possède un exemplaire de ce livre curieux.

218. La brebis innocente et la brebis esgarée soubs les noms et prototipes des Sainctes, Saincte Maxelende Vierge et Martyre, et Saincte Theodore Alexandrine penitente. Tragi-Comédie. Par M. Erasme Chokier, Prestre Couuinois. A Mons, chez François Waudret, 1640. In-8.º, 76 ff.

Cette pièce en vers français se trouve mentionnée dans le catalogue de Doresmieux, pour 1640.

219. Poemata D.^{ni} Andreæ Yevvani. (Montibvs, Typis Francisci Wavdræi. 1640). Pet. in-8.º, 48 pp.

Ma bibl.

C'est le premier livre des poésies de cet auteur montois, et c'est le seul qui ait été imprimé. Voici dans quelle circonstance : exécuteur du testament d'André Yeuvain, qui avait légué une somme de mille livres pour servir à la correction et à la publication de ses œuvres ainsi que de celles de son frère Jean, l'avocat Pierre Cospeau en avait confié l'impression à François Waudré; mais les héritiers s'étant opposés à l'exécution de la volonté du testateur, dont les vers, selon eux, laissaient trop à désirer pour être livrés à la publicité, la cour souveraine du Hainaut saisie de l'affaire ordonna, avant de faire droit, que le manuscrit serait soumis à l'appréciation d'un censeur des livres. Le jugement de l'expert ne fut sans doute pas favorable puisque l'impression ne fut pas continuée.

M. Adolphe Mathieu, à qui nous devons la révélation de cette particularité, a donné, dans sa notice biographique sur les deux frères Yeuvain, la liste de leurs ouvrages restés inédits.

André Yeuvain, prêtre, né à Mons vers 1556, est décédé en cette ville, le 30 mai 1659. Il fut inhumé dans l'église de S.te-Waudru, et l'on remarque encore aujourd'hui une pierre tombale avec son épitaphe, dans la grande nef de cette église, entre le troisième et le quatrième pilier.

220.* Le Pedagogne chrestien, ou la maniere de vivre chrestiennement, Tiré de la S. Escriture, des Saincts Peres, Confirmé par Raisons et illustré de similitudes et histoires, Tomes 1 et 2, douzième édition, augmentée et enrichie du tiers par l'Autheur Philippe d'Outreman de la Compagnie de Jesus. A Mons, de l'Imprimerie de François Waudret, 1641. In-8.º, 720 pp. 2 parties.

Edition citée dans le catalogue de Claude Doresmieux.

221. Opvscvla pastoralia de diversis, sive commixtvm migma, Quod in Area ventilatum est, vt Agni Christiani pascantur spatiosè & copiosè. In gratiam pastorvm et concionatorum hæc prodeunt, vt tempore Quadragesimæ, vel Aduentus Domini, ac in Funeribus, exequijsque Defunctorum eis non desit quod Fideli plebi piè proponant, & vt diuersis cibis oportuno tempore eam pascant. — Panis frugum terræ erit vberrimus & pinguis; pascetur in possessione tua Agnus spatiosè Commistum Migma comedent, sicut in area ventilatum est. Isa. 30. — Avctore R. D. Iacobo Marchantio Oppidi Couuiniensis Pastore & Decano, In cœnobiis celeberrimis, Cùm Floreffiensi, tùm Laubiensi, quõdam Sacrę Theologiœ professore. Montibvs, Typis Francisci Wavdræi, sub Biblijs. M.DC.XLI. Cum gratia & Priuilegio Regio. In-4.º, titre et préliminaires 4 ff. non chiff., texte 1007 pp., index, approbatio et privilége 8 pp. non chiff.

Bibl. de Mons, n.º 1142 du catal. — Bibl. de M. R. Chalon. — Ma bibl.

222. Tabvla votiva xeniis symbolicis adornata, ex sacris litteris et sanctis patribvs delineata, pro felici inavgvratione reverendi admodvm, patris ac domini, D. Caroli De Severi ad præsvlatvm illvstris cœnobii Floreffiensis electi et confirmati. Delineabat Iacobvs Marchantivs, in Floreffiensi præfato cœnobio pridem professor theologvs. Montibvs, Typis Francisci Wavdræi, sub Biblijs, Anno 1641. In-4.º, 32 pp.

Bibl. de Mons, n.º 1142 du catal., relié avec l'ouvrage précédent. — Bibl. de M. R. Chalon. — Ma bibl.

223. La Ivdit de ce tems representee en la personne de tres-havte et tres-vertvevse princesse, madame Lovise de Lorraine, princesse de Ligne, d'Amblize, Et dv S. Empire, &c. relligievse professe av convent Des Penitentes Capvcines a Dovay, sovs le nom de S.ʳ Claire Françoise de Nancy, Par

le S.ʳ Gardé Prestre, — Si quis vult post me venire, abneget semetipsum, & tollat crucem suam, & sequatur me. Matth. 16. —**A Mons, De l'Imprimerie François de Wavdret. 1644. In-4.º**, titre et préliminaires 5 ff. non chiff., texte 237 pp., approbation 1 p. non chiff.

Bibl. de Mons, n.º 5004 du catal.

L'approbation de ce livre singulier a été donnée à Mons par Jean Dutrieu, le 19 novembre 1640. L'ouvrage est dédié au prince Albert Henri de Ligne, qui paraît avoir engagé l'auteur à le composer en l'honneur de sa mère. C'est un poëme qui n'a pas moins de 4178 vers exclusivement consacrés à narrer les circonstances qui ont déterminé et accompagné la prise de voile, au couvent des capucines de Douai, de la veuve du prince Florent de Ligne, Louise de Lorraine. Notre poète montois, (car n'oublions pas de le dire, François Gardé est né à Mons au commencement du 17.ᵉ siècle), a soin d'annoncer qu'il en est à son début littéraire, et il prie le lecteur, *s'il treuve son style un peu rude et grossier de se donner la peine d'attendre qu'il ait encore été mis une fois sus la presse et peut être qu'il en reviendra plus doux.* Pour donner une idée du mérite de l'écrivain, citons quelques vers.

Nous sommes à Antoing, au moment des adieux de la princesse de Ligne à sa famille; l'auteur, chapelain du château, est présent; il va nous apprendre comment les choses se sont passées, et pourquoi il a donné à son héroïne le surnom de Judith:

> Laissons là les rochers, et voyons ce que dit
> Celle qu'on peut nommer la seconde Judit,
> Veu qu'elle foule au pied ses ennemis internes
> Plus fors et plus puissants que le Duc Holofernes
> Ayant pour assistance une Abra qui la suit,
> Qui au même combat a le courage induit.

Ceux que le poète désigne par les ennemis internes de la princesse Louise de Lorraine, ce sont les deux princes qui s'efforcent de détourner leur mère de sa résolution et les parents et les serviteurs qui se joignent à eux, tels que :

> Sa Demoiselle aussi et ses femmes de chambre
> Pleurent comme un pressoir sus la fin de Septembre :
> Enfin toute sa suite et le peuple du lieu
> Lui fait tonner en l'Air un pitoyable Adieu.

Au milieu de cette désolation générale, le chantre de la nouvelle Judith nous montre son héroïne impassible et inébranlable comme l'homme fort d'Horace, et termine par ce dernier trait l'attendrissant tableau de famille qu'il a voulu mettre sous les yeux de ses lecteurs :

> Il n'y a que les yeux de nôtre Seraphique,
> Qui semblent plus taris que le foy' d'un Hétique.

Puis, dans son enthousiasme, il ajoute :

> Je ne peu qu'admirer sa sainte cruauté ;
> Sainte, puis qu'un grand Saint la nomme pieté.

Les 4178 vers dont la pièce se compose sont presque tous dans le même genre.

La princesse Louise de Lorraine n'inspira pas seulement la verve de notre poète montois ; c'est encore en son honneur qu'un père capucin, Jean l'Evangéliste d'Arras, composa et fit imprimer à Tournai, chez Adrien Quinqué, en 1632, *La Philomèle séraphique*, livre de poésies religieuses mises en musique, dont une seconde édition parut chez le même imprimeur, en 1640, et qui, avec *Les Rossignols spirituels* et *La Pieuse alouette* du montois de la Cauchie, a sa place marquée dans la bibliothèque de tout bibliophile.

224. La vierge triomphante, divisé en trois parties : la premiere Fait voir tous les prodiges qui ont été faits tant au Ciel qu'en la Terre, depuis la creation du Monde, pour faire triompher la Vierge par tout l'Vniuers. La seconde Declare ses perfections les plus sublimes, & les plus éclatantes. La

troisième Nous découure l'eminence de la grace & les faueurs que nous auons par son moien. Le tout établi par la S. Ecriture, confirmé par les passages des SS. Peres, & des plus grands Docteurs de l'Eglise, enrichi des pensees de la S. Theologie, & embelli de plusieurs Histoires. Par monsievr Pottier prestre. A Mons, De l'Imprimerie François de Wavdret. M DC.XLI. In-4.°, titre, faux titre gravé et préliminaires 7 ff. non chiff., texte 291 pp., table 5 pp. non chiff.

Bibl. de Mons, n.° 189 du catal. — Bibl. de M. R. Chalon.

Dans l'épitre dédicatoire adressée aux dames chanoinesses de Ste-Waudru, l'auteur parle du dévouement que ses parents ont constamment montré à cet illustre chapitre, depuis *plus de deux cents ans* qu'ils sont en la ville de Mons.

Nicolas Pottier est né en cette ville, à la fin du 16.e siècle; il a encore écrit une vie de St Walbert et de Ste Bertille, qui a été imprimée chez François de Waudré fils, en 1644.

CLAUDE HENON.

1623-1629.

L'existence de cet imprimeur, ou plutôt de ce libraire, ne nous est révélée que par deux impressions qui ont été publiées sous son nom, mais qui semblent avoir été exécutées dans les ateliers de François Waudré. Ce qui nous porte à le penser, c'est que les vignettes et les caractères sont les mêmes que ceux dont ce dernier typographe a souvent fait usage. Quoiqu'il en soit, voici les titres de ces deux produits des presses montoises :

225. Indvlgences concedees Par nostre S. P. le Pape Gregoire XV. Aux Couronnes, Rosaires, Images, Croix & Medailles, en la Feste de la Canonization des cincq SS. Isidore, Ignace, Xavier, la mere Therese, & Philippe de Neri, l'An 1622. A Mons, Chez Claude Henon, a S. Ignace. (1623). Très petit format, 8 ff. non chiff.

Ma bibl.

226. Occvpatio qvotidiana adolescentis stvdiosi, sev praxes et rationes variis cum pietatis, tùm studiorum exercitiis eius animum excolendi, ex probatis Auctoribus collectæ et concinnatæ per quemdam Soc. Iesv Sacerdotem. Montibvs, apud Clavdivm Henon. Cum Gratiâ et priuilegio. 1629. In-8.°, titre et préliminaires 6 ff. non chiff., texte 565 pp., table et errata 11 pp. non chiff.

Bibl. de M. R. Chalon.

Othon Ladesou, l'auteur de ce livre, naquit à Lille en 1587. Entré dans l'ordre des jésuites en 1610, il fut professeur d'humanités, puis recteur du collége de Hesdin en Artois, où il mourut le 7 mai 1630.

JEAN HAVART.
1628-1652.

Au mois de janvier 1628, Jean Havart, l'un des descendants peut-être du typographe du même nom qui imprimait à Lyon en 1507, sollicita et obtint des lettres patentes d'imprimeur et de libraire. Il commença, la même année, à imprimer à Mons, et il établit ses presses, d'abord à la rue d'Havré, *à l'enseigne de l'Aulne d'or*, puis à la rue de la Chaussée, *à l'Escu de France*, et enfin à la rue de Nimy, *au Mont Parnasse*.

Il avait adopté pour marque typographique une vignette représentant une tête de face accostée de deux cornes d'abondance; au-dessous les initiales I. H. En voici le dessin :

227. La vie et miracles de S.ᵗ Vrsmer, et de sept autres

S. S. auec la chronique de Lobbes, recueillie par M. Gilles Wavlde, natif de Bauay, Lic. en Theol. Pasteur, Chan. et Doyen de Chrestienneté de Binch. A Mons de l'imprimerie Iean Hauart rue de Haure à l'aulne d'or. M.DC.XXVIII. In-4.º, frontispices gravés par Cor. Galle et préliminaires 10 ff. non chiff., texte 536 pp., oraisons aux saints patrons de Binch etc. 6 ff. non chiff.

Bibl. de Mons, n.º 6243 du catal. — Bibl. de M. R. Chalon. — Ma bibl.

L'ouvrage est dédié à l'infante Isabelle Claire Eugénie; l'approbation donnée par Georges Colvenere à Douai est du 15 mars 1628, et le privilége du 6 avril suivant.

Gilles Waulde naquit à Bavay vers 1596; il a rédigé son histoire sur des mémoires manuscrits que les abbés de Lobbes, d'Alne, de Grammont et de Bonne-Espérance avaient mis à sa disposition. Il fut puissamment aidé par Everard d'Auvaingne, de Dinant, bibliothécaire de l'abbaye de Lobbes. Sa chronique est intéressante au point de vue de l'histoire du pays, à cause surtout des diplômes curieux qu'elle contient. M. Arthur Dinaux a consacré à Gilles Waulde une excellente notice biographique dans les archives du nord de la France et du midi de la Belgique.

228. M. T. Ciceronis cvm notis freigii orationes tres, secvndvm tria cavsarvm genera demonstrativvm, deliberativvm, et ivdiciale. In gratiam ivventvtis collegii montensis Hovdani. Montibvs. Typis Ioannis Havart, expensis Francisci de Vervel. M.DC.XXX. Pet. in-12., titre et préliminaires 4 ff. non chiff., texte 220 pp. *A la fin* : Montibvs Hannoniæ, Typis Ioannis Havart, viâ Havreâ, sub signo vlnæ auræ. M.DC.XXX.

Bibl. de Mons, n.º 4388 du catal.

Julien Waudré, recteur du collége de Houdain à Mons, donna des soins à cette édition; il a placé en tête de l'ouvrage une préface écrite en latin.

229. Le clair miroir de la noblesse et vertv des dames : En la vie de la B. Ieanne de Valois, Fille, Sœur et Femme des Roys de France, Fondatrice des Annonciades. Avec leurs Regles. Composé par le V. P. F. Samuel Buirette Prédicateur et Gardien Des FF. MM. Recollect de Hesdin. A Mons de l'Imprimerie de Iean Havart. M.DC.XXXII. Pet. in-12, titre gravé et préliminaires 7 ff. non chiff., texte 438 pp., approbation 2 ff. non chiff.

Bibl. de M. R. Chalon.

230. Advis tovchant la cense de Ghay, redvit en VIII. qvestions. A Mons, De l'Imprimerie de Iean Havart, ruë de la Chaussée, à l'Escu De France. M.DC.XXXII. In-4.°, 59 pp.

Ma bibl.

C'est un factum de procédure signé par I. de la Houssierc, avocat à la cour souveraine de Hainaut.

231. Le droict chemin dv desert. Diuisé en deux parties. L'vne condvit a la Solitvde exterievre, l'autre à l'interieure. Dressé par F. Hvbert Iaspart, Prestre, Hermite lez Maubeuge. A Mons, Chez Iean Havart, ruë de la Chaussée, à l'Escu de France. M.DC.XXXII. In-12, titre et préliminaires 15 ff. non chiff., texte 461 pp.

Ma bibl.

Le livre est dédié à Mademoiselle Anne de Hennin Liétard, chanoinesse de S.te Aldegonde à Maubeuge.

Hubert Jaspar, prêtre-ermite de S.t-Barthélémy, est né à Mons à la fin du 16.e siècle. On a encore de lui trois ouvrages imprimés en cette ville chez Waudré fils en 1643, et chez François Stiévenart en 1655.

232. Instrvction povr le fermier dv droict svr les hovblons et ses commis, comment & en quelle maniere il s'auront *(sic)* à regler, de prendre & leuer les vingt pattars sur chascun cent liures des Houblons, sortans par terre hors les Prouinces de l'obeissance de sa Maiesté, vers France, Liege, Coulogne, Alemagne, Iulliers, Cleues, & autres places neutrales, comme aussi vers Hollande & leurs associez, exceptés les Houblons que sortiront par S. Omer, & Grauelingues, vers Calais, qui seront collectes comme les Houblons sortans par eau, selon laquelle Instruction chascun s'aura à regler comme s'ensuit. A Mons, De l'Imprimerie de Iean Havart, ruë de Nimy, proche des Peres Minimes, 1633. In-F.º placard.

Bibl. de Mons; recueil des placards, 10.º portefeuille, in-4.º, 1630-1641, n.º 481.

233. Advertissement povr Philippes Helduyer S. de Brefort, opposant en la Cour à Mons. Contre Messire Philippes de Thiennes S. de Warelle, demandeur en retrait lignager. (A Mons, de l'Imprimerie de Iean Havart 1633). In-4.º 48 pp.
Ma bibl.

234. Advertissement Iean de Hovyne, complaignant povr faire declarer son emprisonnement tortionnaire. Contre les vefve et fils la Chapelle. (A Mons, de l'Imprimerie de Iean Havart, 1633). In-4.º, 10 pp.
Ma bibl.
Ce factum de procédure est signé par N. Barbenson.

235. Factvm, dv procez, d'entre Iean de Hovyne, procv-

revr general du Roy, en sa ville & Preuosté le Comte à Vallenciennes, & Depositaire du Baillage de Tournay & Tournesis, Complaignant pour faire declarer l'arrest de sa personne tortionnaire, & les vefue & fils Toussainct la Chapelle, Deffendeurs. *Au dernier feuillet*: A Mons, De l'Imprimerie de Iean Havart, ruë de Nimy, 1634. In-4.º, 16 pp.

Ma bibl.

Ce mémoire est aussi de l'avocat Barbenson.

236. Bref esclarcissement qve fait servir la dame Dvbiez av procez ov elle est complaignante au Principal, & Intimee en Reuision. Contre la damoiselle d'Orchinvalle, opposante au Principal, & Requerante en icelle Reuision. (A Mons, de l'Imprimerie de Iean Havart, 1634.) In-4.º 12 pp.

Ma bibl.

Ce factum de procédure est signé par I. de la Houssiere.

237. Harangve fvnèbre avx obsèqves de Madame Isabelle Claire, Evgénie, infante d'Espagne, etc, celebrez, à Binch, le 9 de l'an 1634, par M. Gilles Waulde. A Mons, de l'Imprimerie Iean Havart. (1634). In-12, 47 pp.

Bibl. roy. de Brux., n.º 1716 du catal. des accroissements, 1.ʳᵉ part., p. 117.

238. Motif de droict povr le S. de Cavverbovrg, &c. reqverant en Revision. Contre le S. comte de Fvrstenberg, intimé. *Au dernier feuillet*: A Mons, De l'Imprimerie de Iean Havart, ruë de Nimy. (1634). In-4.º, préliminaires 3 pp., texte 55 pp.

Ma bibl.

Ce mémoire de l'avocat Barbenson a été produit dans un procès au sujet de la propriété de la terre de Gommegnies.

239. Declaration de la Terre et Baronnie de Gommegnies auec les Villages en dependans, que l'on expose en vente, soit en masse, soit en partie pour la commodité des marchans acheteurs. *Au dernier feuillet* : A Mons, de l'Imprimerie de Iean Havart proche des Peres Minimes, le 14 de Nouembre 1634. In-4.º, 23 pp.

Bibl. de M. Houzeau de le Haye.

240. Cryee dv vendage de la terre de Gommegnies. (A Mons, de l'Imprimerie de Iean Havart. 1635.) In-4.º, 30 pp.

Ma bibl.

241. Vallis-Mariana alias scholaris sive historia ecclesiæ abbatialis B. Mariæ Montibus Hannoniæ, sub Regula S. Augustini Can. Reg. versu Phaleucio Laconicè descripta. Item Sylva-Isaacana. Sev historia miracvli Sacri-Sangvinis, & Monasterij Busci D. Isaac eiusdem Ordinis, sed Congregationis Windesemensis, eodem versu, &c. Auctore Ven. P. Mavritio Bovrgeois, ibidem Can. Reg. Montibvs, Typis Ioannis Havart, in plateâ Nimianâ, propè Minimos. 1636. Pet. in-12, titre et préliminaires 8 ff. non chiff., texte 1 à 136 — 127 à 254 pp., approbatio 1 p. non chiff.

Bibl. de Mons, n.º 6083 du catal. — Bibl. de M. R. Chalon. — Ma bibl.

Poëmes en vers latins de Maurice Bourgeois, auteur montois, religieux du monastère de Bois-Seigneur-Isaac et en dernier lieu de l'abbaye du Val des Ecoliers à Mons.

242. Miracvla sancti Veroni confessoris, lembecanorvm patroni, cuius sacræ Reliquiæ, partim Lembecæ, partim Montibvs Hannoniæ in Nobili Ecclesiâ S. Waldetrvdis honorificè adseruantur, Ab annis sexcentis & ampliùs à Vene-

rabili Olberto Gemblacensi Abbate conscripta, nunc primùm in lucem edita, & scholijs illustrata, studio & operâ R. P. D. Georgii Galopini Monasterij Sancti Gisleni in Cellâ Religiosi. Montibvs Hannoniæ, Typis Ioannis Havart, in plateâ Nimianâ, prope Minimos. 1636. Svperiorvm permissv. Pet. in-8.°, titre et préliminaires 6 ff. non chiff., texte 60 pp.

Bibl. roy. de Brux.; fonds V. H., n.° 16,181. — Bibl. de M. R. Chalon. — Ma bibl.

Livre fort rare. Il est dédié à Guillaume de Richardot, comte de Gamerache, seigneur de Lembeck, Barly, etc. et commissaire du roi en Flandre.

243*. Catalogvs metricvs episcoporvm & archiepiscoporvm Cameracensivm. Auctore Brasseur. Montibvs Hannoniæ, Typis Ioannis Havart, 1636. In-8.°

Ouvrage rarissime, inconnu à tous les biographes, et dont un exemplaire doit se trouver à la bibliothèque publique de Mons, bien qu'il ne figure pas au catalogue imprimé. C'est le début littéraire de l'auteur.

Philippe Brasseur, né à Mons en 1597, y décéda le 24 octobre 1659. Après avoir fait ses humanités au collége des jésuites en cette ville, il alla étudier la philosophie à Louvain et embrassa l'état ecclésiastique. De retour dans sa ville natale il y exerça les fonctions de confesseur et de prédicateur.

« Brasseur, dit Henri Delmotte dans la notice qu'il a consacrée à cet écrivain montois, a mérité une grande part de reconnaissance du monde littéraire. Ses travaux nombreux sont presque les seuls que nous ayons sur l'histoire ecclésiastique de la province de Hainaut, et s'il avait pu les terminer, comme il le désirait, peut-être n'aurions-nous plus rien à désirer sur ce point intéressant de notre histoire générale. Aussi doit-on prendre le plus vif intérêt à ce que les manuscrits de notre compatriote se retrouvent, s'ils existent, et échappent à la destruction. Comme la mère de Brasseur était fille de Philippe Le Duc qui fut longtemps receveur de l'abbaye du Val des

Écoliers à Mons, il ne serait pas impossible que les manuscrits de cet auteur, qui devaient être nombreux et volumineux, eussent été transportés dans ce monastère, ou bien encore eussent été réunis aux papiers d'affaires ou de famille des descendants de ce Philippe Le Duc qui a fait de fort belles fondations à Mons. Quant à moi toutes mes recherches pour les découvrir ont été inutiles jusqu'à présent, et j'invoque ici toute la sollicitude des amis de l'histoire du pays, afin de multiplier les perquisitions propres à remettre au jour ces précieux ouvrages ensevelis peut-être sous la poussière, dans quelque recoin obscur des bureaux d'un homme d'affaires qui en méconnaît le prix et l'intérêt. »

On lira avec plaisir les intéressantes notices sur cet écrivain montois, que feu Henri Delmotte a insérées dans la première série des Archives littéraires du nord de la France et du midi de la Belgique, et M. Ad. Mathieu dans sa Biographie montoise.

244. Pratvm Marianvm intra Montes Hannoniæ eivsdemqve prati Vinea triginta pampinis interstincta. — Neque qui plantat, est aliquid, neque qui rigat, sed qui incrementum dat Deus. 1. ad Corinth. 3. — Montibvs, Typis Ioannis Havart, in plateâ Nimianâ propè Minimos. 1636, Pet. in-8.°, 37 pp., approbatio 1 p. non chiff.

Ma bibl.

Cet ouvrage de Philippe Brasseur est dédié à Martin Colin, abbé du Val des écoliers. L'épître dédicatoire est datée de Mons, avril 1636, et l'approbation signée par Jean Du Trieu est du 2 mai 1636. Ce sont des vers à la mémoire des abbés du Val des écoliers à Mons, depuis la fondation de ce monastère en 1251, jusqu'à Martin Colin qui portait la crosse abbatiale en 1636. On trouve dans cette première édition, à la page 15, un huitain *De regulâ S. Augustini*, et à la page 37, un dizain, qui ne sont pas dans la seconde édition de 1637.

245. Iconismvs S. Landelini abbatis, eivsdemq; in cœnobio crispiniensi Svccessores Monosticis distincti, & Epitaphijs suis illustrati, subiunctâ eius loci per Geusios vastatione. Ad Rev.^{dvm} in Christo Patrem Dominvm D. Iacobvm Ghelnevr eivsdem loci Prælatvm XL. — Memoria iusti cum Laudibus. Prouerb. 10. — Montibvs, Typis Ioannis Havart, in plateâ Nimianâ propè Minimos. 1636. Pet. in-8.º, 53 pp. dont les 5 dernières chiffrées par erreur de 47 à 51, approbatio 1 p. non chiff.

Bibl. de Mons, n.º 5995 du catal.

La dédicace adressée à Jacques Ghelneur, abbé de Crépin, est datée de ce monastère le 15 juin 1636. L'approbation donnée à Mons par Jean Du Trieu est du 10 juin de la même année.

Brasseur s'aida, dit Paquot, pour la composition de cet opuscule, d'un manuscrit de Pierre Coret, intitulé : *Iconomachia Crispiniensis, versu descripta*, où ce dernier décrivait le pillage de l'abbaye de Crespin par les Calvinistes le 6 août 1566.

246. S. Vincentivs fvndator et I. abbas altimontensis, exindeqve sonegiensis ecclesiæ conditor, Abbas, & Patronus. Svbiecto S. Marcelli papæ martyrio, necnon Altimontij per Hungaros destructione, eivsdemqve sancti post illam inventione, itineratione, & nuperâ translatione. Additvr in fine arbor sanctorvm cœnobii altimontensis, svbivncta eiusdem Abbatum serie. — Venite ascendamus ad montem domini, & docebit nos vias suas, & ambulabimus in semitis eius. Isayæ 2. — Montibvs, Typis Ioannis Havart, in plateâ Nimianâ propè Minimos. M.DC.XXXVI. Pet. in-8.º, 112 pp.

Bibl. de Mons, n.º 5995 du catal. — Ma bibl.

Cet opuscule en vers de Philippe Brasseur est dédié à Pierre Lejeune, abbé de Haumont, et aux religieux de ce monastère d'où l'épitre dédicatoire est datée le 17 août 1636. L'approbation de Jean Du Trieu est du 1.er du même mois.

247. Vrsa S. Gisleni archiepiscopi atheniensis, et exinde

Abbatis in Cellâ Apostolorum. Seu eiusdem vita cvm miracvlis, svbiecta corporis eivs nouissimâ translatione. Accessit panegyricvs omnivm eivsdem ecclesiæ sanctorvm, subiuncto Catalogo Abbatum cum suis Symbolis, & Epitaphiis. Additvr in fine eivsdem cœnobii per Gevsios invasio secvta statim liberatione. — Quasi sol refulgens, sic ille effulsit in templo Dei. Eccli. 50. — Montibvs, Typis Ioannis Havart, in plateâ Nimianâ (1636). Pet. in-8.º, 96 pp.

Ma bibl.

La dédicace à Pierre Trigault, abbé de S.t-Ghislain, est datée de cette ville le 9 octobre 1656, et signée par l'auteur Philippe Brasseur. Elle est suivie d'une pièce en vers latins adressée à celui-ci par Michel Cannelle, prêtre et bachelier en théologie, son concitoyen et son ami. La censure ecclésiastique, datée de Mons le 1.er octobre 1656, est signée par Jean Du Trieu. Paquot confond ce livre avec l'*Aqvila* et le donne comme une première édition de ce dernier; mais c'est une erreur, car excepté le récit des ravages des gueux qui est le même, et sauf quelques vers semblables que l'on y rencontre, ces deux ouvrages, identiques quant au fond du sujet, sont essentiellement différents sous le rapport de la forme.

248. Sydera illvstrivm Hannoniæ scriptorvm per modvm præludij emissa, ordine Statuum inter eos seruato. Sev eorvm elogia, et scripta decasticis, et octosticis, ac minori plerumque numero distincta. Hannonici prodromi Tertia Pars, et vltima. Authore Phil. Brassevr, Presb. Hannomont. — Qui docti fuerint, fulgebunt quasi splendor firmamenti, & qui ad justitiam erudiunt multos, erunt quasi stellæ in perpetuas æternitates. Danielis 12. — Montibvs Hannoniæ. Ex Officina Ioannis Havart, in plateâ Nimianâ, propè Minimos. 1637. Pet. in-8.º, titre et préliminaires 6 ff. non chiff., texte 164 pp., index topographicus 4 ff. non chiff.

Bibl. de Mons, n.º 7978 du catal.

La dédicace à Jean Bernard, chanoine de S.ᵗ Augustin et prieur du monastère de Bois-Seigneur-Isaac près de Nivelles, est datée de Mons le 5 des calendes de novembre 1637. L'approbation signée par Jean Dutrieu, censeur des livres à Mons, est du 21 octobre de la même année.

Ouvrage très-rare écrit en vers latins et fort intéressant pour l'histoire littéraire de la ville de Mons et de l'ancien Hainaut.

249. Pratvm Marianvm intra Montes Hannoniæ editio secvnda. Additvr per modvm corollarii Bvsco - Isacence miracvlvm circa venerabilem Eucharistiam, monosticis distinctum; Interiecta eivsdem loci origine, et svbiecta priorvm serie. — Mirabilia opera altissimi solius, & gloriosa, & absconsa, & inuisa opera illius, Ecclesiastici II. — Montibvs, Typis Ioannis Havart, in plateâ Nimiana propè Minimos. M.DC.XXXVII. Pet. in-8.º, 56 pp.

Bibl. de Mons, n.º 5995 du catal.

La première édition de cet opuscule de Philippe Brasseur a paru en 1636. Elle était, comme celle-ci, dédiée à Martin Colin abbé du Val des Ecoliers, à Mons. L'épître dédicatoire de cette seconde édition est datée de Mons du jour de S.ᵗᵉ-Elisabeth (19 novembre) 1637. La nouvelle approbation de Jean Du Trieu est du 15 du même mois.

250. Lavdatio S. Avgvstini hipponensis episcopi, eiusque doctrinæ ac Regulæ, dicta Montibvs Hannoniæ in abbatiali ecclesiâ Vallis Scholarium quinto calendas Septembris anno 1637. — Quasi sol refulgens, sic ille effulsit in templo Dei, Ecclesiastici 50. — Montibvs, Typis Ioannis Havart, in plateâ Nimianâ, propè Minimos, 1637. Pet. in-8.º, 32 pp.

Bibl. de Mons. n.º 1141 du catal.

Cette brochure de Philippe Brasseur, écrite en prose, est de la plus grande rareté; elle est restée inconnue même à Paquot. Nous n'avons jamais rencontré d'autre exemplaire que celui de la bibliothèque de Mons. La dédicace à Martin Colin, abbé du Val des Ecoliers, signée par l'auteur, est datée de Mons, *è museo meo*, le 29 août 1637. Sans privilége ni approbation.

251. Sancta Lætiensis ecclesiæ tetrarchia, sive qvatvor eivsdem patroni, svbiecto incomparabili Reliquiarum thesauro. Accessit per modvm avctarii Catalogus Abbatum eiusdem loci. Ad Reuerendum admodum in Christo Patrem, ac Dominum D. Thomam Lvytens XXXVIII. Præsulem, Montibus recens inauguratum. — Exultabūt sancti in gloria, lætabūtur in cubilibus suis ps. 145. —Montibvs, Typis Ioannis Havart, in plateâ Nimianâ propè Minimos. 1638. Pet. in-8.º, 103 pp., approbatio 1 p. non chiff.

Bibl. de Mons, n.º 5995 du catal.

C'est encore un opuscule en vers de Brasseur; il est dédié à Thomas Luytens, abbé de S.ᵗ-Lambert de Liessies et aux religieux de ce couvent. L'épître dédicatoire est datée de Mons des calendes de mai 1638. L'approbation signée par Jean Du Trieu est du 25 avril 1638.

252. Cervvs S. Hvmberti episcopi, et I. abbatis maricolensis, XX. elegiis adornatvs, sev eivsdem vita, subiectis sacri corporis eius eleuatione, itineratione, nuperaque translatione. Additvr per modvm avctarii panegyris aliqvot SS. martyrvm Romanorvm, videlicet Marij, Marthæ, Audifax, & Abacuc, Sanctorum item Felicis, & Adaucti; ac postremò S. Quiniberti Confessoris, Maricolæ quiescentium. Svbditvr Maricolensis ecclesiæ reliquiarvm Indiculus, simulque Abbatum à S. Humberto series cum aliquot vltimorum symbolis. — Nephtali ceruus emissus, & dans eloquia pulchritudinis. Gen. 49. — Montibvs, Typis Ioannis Havart, in plateâ Nimianâ. 1638. Pet. in-8.º, 72 pp.

Bibl. de Mons, n.º 5995 du catal.

Cet opuscule en vers de Brasseur est dédié à Philippe de le Samme, abbé de Maroilles. L'épître dédicatoire est datée de Cambrai le jour de S.ᵗ Sabas (5 décembre) 1638, et l'approbation a été donnée à Mons par Jean Du Trieu le 21 juillet de la même année.

Il existe une autre vie de S.ᵗ-Humbert, composée par Simon Bosquier et imprimée à Mons en 1638. Philippe Brasseur en parle dans ses *Sydera illustrium Hannoniæ scriptorum*, p. 387 et M. Arthur Dinaux dans ses *Archives du Nord de la France et du midi de la Belgique*, 13.ᵉ série, t. 4, pp. 219 et 220. Voici le titre de cet opuscule dont nous n'avons jusqu'ici rencontré aucun exemplaire :

Virgilius Christianus, seu Vita S. Humberti fundatoris celeberrimi monasterii Maricolensis in Hannoniâ Montibus, Typis Ioannis Havart. 1658. In-4.º, 40 pp.

M.ʳ Mathieu a omis de parler dans sa Biographie montoise de ce Simon Bosquier qui fut abbé de Maroilles, et qui, né à Mons, est décédé en cette ville le 19 août 1655.

253. Ivliani Wavdræi elegiarvm ad Philomvsvm. Libri tres. Montibvs Hannoniæ, Ex Officina Ioannis Havart, in plateâ Nimianâ, propè Minimos. M.DC.XXXVIII. In-8.º 509 pp.

Bibl. de Mons, n.º 4835 du catal. — Bibl. de M. R. Chalon. — Ma bibl.

254. Ivliani Wavdræi Lœmotheatrvm, et epigrammatvm Libri tres. Montibvs Hannoniæ, Apud Ioannem Havart, 1638. In-8.º, 142 pp.

Bibl. de Mons, n.º 4855 du catal. — Bibl. de M. R. Chalon. — Ma bibl.

Lucas Rivius a imprimé en 1618 la première édition de ce recueil de poésies.

255. Diva virgo camberonensis, eivsdemqve cœnobij

sancti qvidam, Reliqviæ plvrimæ, Abbates omnes, varijque Magnates in eo sepulti. Additvr in fine eivsdem Diuæ triumphus contra hostes anno 1581. —Fecit mihi magna, qui potens est. Luc I. — Montibvs, Typis Ioannis Havart, in plateâ Nimianâ, propè Minimos. 1639. Cvm approbatione. Pet. in-8.°, 88 pp.

Bibl. de Mons, n.ᵒˢ 5995 et 6049 du catal.

La dédicace de ce petit poëme de Philippe Brasseur, adressée à Jean Coene, abbé de Cambron, est datée de Mons le jour de S.ᵗ-Bernard (20 août) 1639, et l'approbation signée par Jean Du Trieu est du 19 août de la même année.

256. Itinerarii per diversa Galliæ, ac Italiæ loca memores notæ : et rervm romanarvm cvriosi ac religiosi indagatoris dies decem. Montibvs, Ex Officinâ Ioannis Havart, in plateâ Nimianâ, propè Minimos, 1639. Cum Approbatione. Pet. in-8.°, titre et préliminaires 3 ff. non chiff., texte 340 pp, index regionum et index romanarum rerum 6 ff. non chiff.

Bibl. de Mons, n.° 4823 du catal. — Bibl. de M. R. Chalon. — Ma bibl.

Ouvrage peu commun d'Antoine de Rombise, né à Mons vers l'an 1600. Il était professeur et principal au collége de Rœulx. C'est une relation en vers latins du voyage que l'auteur fit en France et en Italie en 1654, avec Philippe Du Mont, seigneur de Fantegnies, Duez, échevin de Mons, et Thierry Du Mont, seigneur de Fontenoi; le style est aisé et la narration agréable et intéressante. De Rombise fut de retour dans sa patrie en 1655. Son livre est dédié à ses trois compagnons de voyage. L'approbation donnée à Mons par Jean Du Trieu est du 21 juin 1659.

257. Methode de confession. Contenant la maniere de connoitre le nombre & espece des pechés, & sçauoir quels sont mortels, quels veniels, pour s'en deuëment acuser &

confesser. Divisee en cinq traités. Composee par le Sieur de Morchipont, Prêtre. — Receués le S. Esprit, ceux auquels vous remetrés les pechés, ils leur seront remis; & ceux desquels vous les retiendrés, ils seront retenus. Ioan. 20. — A Mons, De l'Imprimerie de Iean Havart, ruë de Nimy, proche des Peres Minimes. M.DC.XXXX. In-8.º, titre et préliminaires 12 ff. non chiff., texte 725 pp., table des matières 19 ff. non chiff.

Bibl. de Mons, n.º 1030 du catal. qui donne erronément à cette impression la date de 1630.

L'approbation signée par Philippe Legrand, licencié en théologie et censeur des livres, est datée d'Ath le 12 mai 1639. Le nom de famille de cet auteur né à Mons qui prenait le titre de Morchipont était de Glarges. Son livre contient des dissertations que les casuites les plus naïfs et le R. P. Sanchez lui-même n'auraient pas désavouées.

258. Tableav racovrcy des vertvs heroiqves de la tres-noble et tres-illvstre dame saincte Aye, ov Agie, dvchesse de Lorraine, Comtesse de Haynaut, &c. Et du depuis Chanoinesse & Abbesse de l'Eglise de saincte Waudru à Mons. Tiré de diuers Autheurs, & anciens manuscrits des archiues de ladite Eglise. Par vn R. P. Recollet de la Prouince S. André. A Mons, De l'Imprimerie de Iean Havart, ruë de Nimy, proche des Peres Minimes. M.DC.XXXX. Avec approbation. Pet. in-8.º, 186 pp., antiphona, permission et approbation 5 pp. non chiff., avec deux planches gravées.

Bibl. de M. R. Chalon. — Ma bibl.

L'auteur de ce livre est Romain Chocquet, vicaire, prédicateur et confesseur du couvent d'Arras.

259. Theatrvm avlicvm, qvatvor libris comprehensvm, in qvo plvres tragædi qvam comædi, probant sorte sva veris-

simvm illvd divini tiresiæ, inter privatos latitans longe optima vita. Authore Petro Colins, Equite, Hetveldæ Toparcha. Montibvs, Typis Ioannis Havart, in plateâ Nimianâ, propè Minimos. 1640. In-4.º, titre et préliminaires 4 ff. non chiff., texte 245 pp.

Bibl. de Mons, n.º 4803 du catal. — Bibl. de M. R. Chalon. — Ma bibl.

Ce poëme, resté inconnu à Paquot, est de la plus grande rareté; il a été supprimé par ordre de la Cour à cause des critiques que l'auteur se permettait contre certains personnages. Colins était octogénaire lorsqu'il le composa; il l'a dédié à Philippe-Emmanuel de Croy, comte de Solre, baron de Condé et de Beaufort.

260. Ecclesiæ Bonæ-Spei lvminaria dvo, qvorvm vnvm svper candelabrum positum, alterum verò vsq; nunc latens. Hoc est divvs Fredericvs Abbas honorifice nvper huc à Frisiâ translatus, et beata Oda eivsdem cœnobii filia, cuius corpus vbi sit, incognitum. Additvr catalogvs reliqviarvm eiusdem Ecclesiæ, series Abbatum cum aliqvot epitaphijs, dictique loci concrematio & reparatio. — Fecisti filios tuos bonæ-spei. Sap. 12. — Montibvs Hannoniæ, Typis Ioannis Havart, in plateâ Nimianâ, propè Minimos. 1640. Pet. in-8.º, 80 pp.

Bibl. de Mons, n.º 5995 du catal.

La dédicace de cet opuscule en vers de Philippe Brasseur est adressée à Nicolas Chamart, abbé de Bonne Espérance, et datée de Mons le 25 octobre 1639. L'approbation signée par Jean Du Trieu est datée du 15 du même mois.

261*. Sainct Jean Chrysostome, chef d'œuvre de la bouche d'or et eloquence incomparable par où il est monstré evidemment que personne n'est intéressé sinon de soy mesme. Mis en François par un Pere de la Compagnie de Iesvs, et présenté aux affligez de toute condition et maniere pour estreines l'an 1641. A Mons, De l'Imprimerie de Iean Havart, proche des minimes. 1641. In-8.º, 197 pp.

Nous avons trouvé la mention de cet ouvrage dans le *Bibliographus Belgicus* de Claude Doresmieux qui donne un catalogue des livres imprimés dans les provinces Belgiques pendant l'année 1641.

262*. Oraison de Nostre Dame du Très-Sacré Rosaire Perpetuelle en ces Provinces pour apaiser l'ire de Dieu et obtenir la paix. A Mons, chez Iean Havart. 1641. In-12., 60 pp. figs. sur bois.

Ce livre est cité dans le même ouvrage.

263. Par sanctorvm, præsvlvm, id est S. Foillanvs Episcopvs et Martyr, item S. Siardvs abbas, præmissa origine Monasterij eiusdem S. Foillani apud Rhodium. Svbiicitvr appendix de SS. Secundâ & Paubriraliâ ex societate 11000. Virginum, cum aliquot alijs incerti nominis Sociabus ibidem quiescentibus. Accedvnt coronidis loco Dicti Monasterij veteres, & nouæ Reliquiæ; Item Abbates omnes cum aliquot vltimorum symbolis & Epitaphijs. — Hi sunt duæ oliuæ, & duo candelabra in conspectu Domini. Apocal. II. — Montibvs Hannoniæ, Typis Ioannis Havart, in plateâ Nimianâ, propè Minimos. 1641. In-8.º, 103 pp.

Bibl. de Mons, n.º 5995 du catal.

Opuscule en vers de Philippe Brasseur, dédié à Philippe Malapert, abbé de S.t feuillan, près de Rœulx; l'épître dédicatoire est datée de Mons des calendes de janvier 1641. L'approbation de Jean du Trieu est datée de la même ville le 1.er octobre 1639.

264. Dionysiani monasterii sacrarivm, seu eivsdem sacræ antiqvitates versibvs illvstratæ. Vbi eivsdem origo, incrementvm, sitvs, et descriptio, subiecta vita S. Macarij Pa-

triarchæ, cuius corpus Gandauo Montes allatum fuit anno 1615. Per Henricvm Franciscvm de Bvzegnies dicti monasterii Abbatem XLII. Additvr in fine catalogvs eivsdem loci reliquiarum, subiuncto Abbatum indiculo. — Terrena non metuit, sed ad cœlestia regna gloriosus migrauit. — Montibvs, Typis Ioannis Havart, in plateâ Nimianâ. 1644. Pet. in-8.º, 72 pp.

Bibl. de Mons, n.ᵒˢ 4798 et 5995 du catal. — Bibl. de M. R. Chalon. — Ma bibl.

Philippe Brasseur a dédié cet opuscule en vers à Gaspard Vincq, abbé de S.ᵗ Denis en Brocqueroy; son épître dédicatoire est datée de ce monastère des calendes de septembre 1640. L'approbation a été donnée à Mons par Jean du Trieu le 2 août 1640.

265. Le martyrologe romain, mis en lvmiere par le commandement dv pape gregoire XIII, et reformé par l'avthorité d'Vrbain VIII : Traduict du Latin en François par le R. P. Bavdvin Willot, Binchois, de la Comp. de Iesus. Item le martyrologe belgiqve, Recueilli par le mesme Pere. — Laudate dominum in Sanctis eius. Psalm. 150. — A Mons, Chez Iean Havart, ruë de Nimy. 1641. Auec Approbation, & Priuilege. Pet. in-8.º, titre et préliminaires 8 ff. non chiff., texte 474 pp., table des noms des saints 71 ff. non chiff., fautes à corriger 1 p. non chiff. *A la suite :* Le martyrologe belgeois : C'est à dire le recveil des saints dv Pays-Bas. Par le R. P. Bavdvin Willot, Binchois, de la Compagnie de Iesvs. — Laudemus Viros gloriosos, & Parentes nostros in generatione sua. Eccli. 44. — A Mons, De l'Imprimerie de Iean Havart, 1644. Avec Permission, & Priuilege. Pet. in-8.º, texte 102 pp., table, etc., 4 ff. non chiff.

Bibl. de Mons, n.º 6172 du catal. — Bibl. de M. R. Chalon.

Le livre est dédié à madame Dorothée de Croy, duchesse douairière de Croy et d'Arschot. Le privilége d'imprimer accordé par le provincial de la compagnie de Jésus aux Pays-Bas, est daté de Mons le 5 avril 1641, et signé Florent de Montmorency. L'approbation donnée en cette ville par Jean Sebastien, censeur ecclésiastique, est du 1.er août de la même année.

Bauduin Willot, jésuite, né à Binche vers 1585, mort à Lille le 17 mars 1665, a composé plusieurs ouvrages dont Paquot a donné la liste.

Il existe des exemplaires de la même édition avec de légères variantes dans le titre.

266. Ivliani Wavdræi liber monosticorvm. Montibvs, Typis Iohannis Havart, in plateâ Nimianâ. 1641. In-8.º, 215 pp.

Bibl. de M. R. Chalon.

267. Les chartes novvelles dv Pays et Comté de Haynnau, A Mons, De l'Imprimerie de Iean Havart, ruë de Nimy, au Mont de Parnasse. M.DC.XXXXII. Pet. in-12, titre et préliminaires 4 ff. non chiff., texte 542 pp., table des chapitres et reglement du conseil ordinaire de Haynnau 14 ff. non chiff.

Ma bibl.

268. Devotes pensées svr la naissance dv petit-grand Iesvs et svr son très-adorable nom. presentées povr Estrene aux Ames pieuses. Par vn Père de la Compagnie de Iesvs. A Mons, chez Iean Havart, ruë de Nimy, 1642. Très pet. in-12.º, 45 pp.

Bibl. de M. R. Chalon.

269. Historiale specvlvm ecclesiæ, et monasterii S. Ioannis Valencenensis nova, et vetera ob oculos exhibens, videlicet eivsdem loci originem et progressvm; magnificentiam, digni-

tatem, & priuilegia; Item B. Gilberti abbatis constantiam; nec non SS. Petri & Iuliani MM. Romanorum exceptionem; ac postremò Reliquias omnes. Additvr in fine chronologia abbatvm cvm aliqvòt symbolis et epitaphiis, subiecto incendio, quod admirabili prodigio illustratum fuit. — Horum intuentes exitum, imitamini fidem, ad Hæb. 13. — Montibvs, Typis Ioannis Havart, in plateâ Nimianâ, sub signo Montis Parnassi. 1642. Pet. in-8.°, 72 pp.

Bibl. de Mons, n.° 5995 du catal.

Cet opuscule en vers de Brasseur est dédié à Louis Mercer, abbé de St Jean, près de Valenciennes ; l'épître dédicatoire est datée du 15 décembre 1642. L'approbation signée par Jean du Trieu est datée de Mons le 3 novembre précédent.

D'après ce que dit Brasseur dans la dédicace et le censeur des livres dans son approbation, il existerait une édition antérieure à celle-ci moins complète et moins châtiée. Nous avons fait de vaines recherches pour la trouver.

270°. Exercices de Dévotion pour chacun jour de la sepmaine, contenans diverses Litanies et Prieres pour invocquer Dieu et les Saincts et necessités de l'Eglise (sic). Par M. Guillaume Gazet, chanoine d'Aire et Pasteur de S. Marie Magdelaine à Arras. A Mons, Chez François Verveil rue de la Chaussée, de l'Imprimerie de Iean Havart, rue de Nimy près des Minimes, 1642. In-24., 300 pp.

Cité dans le catalogue de Claude Doresmieux, pour l'année 1642.

271. Par sanctorvm martyrvm, hoc est SS. Marcellinvs et Petrvs hasnoniensis ecclesiæ patroni, præmissa breviter eius descriptione, fundatione, & reparatione. Dictorvm martyrvm gestis subtexitur origo cultus B. Mariæ Foyensis,

Reliquiarum Catalogus, Abbatum series, & Scriptorum indiculus. Additvr pertinentiæ gratia, descriptio, fvndatio, donatio, dedicatio, sanctitas, et magnificentia eminentissimæ Basilicæ S. Mariæ-Maioris Valencenensis Hasnonio subiectæ, subiunctâ dicti oppidi anniuersariâ Processione — Sapientiam ipsorum narrent populi, & laudem eorum nuntiet Ecclesia. Eccli. 44. — Montibvs, Typis Ioannis Havart, in plateâ Nimianâ, sub signo Montis Parnassi. 1643. Pet. in-8.°, 104 pp.

Bibl. de Mons, n.° 5995 du catal.

Cet opuscule de Brasseur, écrit en vers, est dédié à Archange Michel, abbé de Hasnon. L'approbation signée par Jean du Trieu est datée de Mons le 6 juin 1643. L'auteur, dans son épître dédicatoire datée de Valenciennes le 6 des ides de septembre 1643, parle d'une édition antérieure de cet ouvrage ; nous ne l'avons pas rencontrée jusqu'ici, mais son existence nous est attestée par le censeur des livres qui dit dans son approbation : *à multis desiderari, ut primâ iam editione deficiente, iterùm in lucem prodeat emendatius et auctius.*

272. Sacra Viconia sev historica relatio de eivsdem reliqviis, qvæ antiqvitvs in svblimi mvrorvm Chori parte intra paruulos fornices collocatæ iacuerant, Anno 1631. transmotis, & singulari triumpho Valencenas triennio post illatis. Præmittitur eiusdem loci origo & fundatio. Seqvvntvr pia, et hierostica carmina de aliquot eiusdem Cœnobij viris tam sanctitate, quàm doctrinâ claris. Additur per modum corollarij Iconismus Abbatum cum aliquot vltimorum Symbolis. — Qui de illis nati sunt, reliquerunt nomen narrandi laudes eorum; & sunt, quorum non est memoria. Eccli. 44. — Montibvs Hannoniæ, Ex Typographiâ Ioannis Havart, in plateâ Nimianâ, sub signo Montis Parnassi. 1643, Pet. in-8.°, 72 pp.

Bibl. de Mons, n.° 5995 du catal.

L'ouvrage est dédié à Christophe Labe, abbé de Vicoigne, et l'épître dédicatoire est datée de Mons le 6.ᵐᵉ jour de l'épiphanie (12 janvier) 1643. L'approbation du censeur des livres Jean du Trieu, datée de Mons des calendes d'octobre 1642, nous apprend que c'est une traduction en vers latins d'un ouvrage français. En effet l'ouvrage est tiré du *Thrésor sacré de plusieurs belles et precieuses reliques conservées et honorées en l'abbaye de Vicoigne, de l'ordre de Presmontré: avec une chronique abregée de la fondation de la mesme maison. Recueillee par F. Adrien David licentié en la sainte théologie et religieux de la dite abbaye de Vicoigne. A Valentienne Ian Vervliet*, 1624. Pet. in-8.º, 188 pp.—2.ᵉ édition, pet. in-8.º, 166 pp. suivie du *Triomphe et entrée des sacrées reliques de l'abbaye de Vicoigne, de l'ordre de Prémonstré, faite en la ville de Valentienne, Ian Vervliet*, 1636. Pet. in-8.º, 78 pp., adressé comme l'ouvrage précédent, à Matthias Bar, prélat de Vicoigne.

273. La Volvpté combatve par M.ʳ N. Pottier prêtre. A Mons de l'imprimerie de Iean Havart, ruë de Nimy, au Mont de Parnasse. M.DC.XXXXIII: Pet. in-12, titre et préliminaires 4 ff. non chiff., texte 206 pp.

Bibl. de M. R. Chalon.

L'ouvrage est dédié à Maximilien baron De Mérode.

274. Les frvicts dignes de penitence faicts par S. Marie Magdelaine. Extraits de l'Euangile, & des escrits Latins que l'Eglise à d'antiquité en Prouence, avec son sepulchre: approuuez par les notations au Martyrologe Rom. du Cardinal Baronius, & par plusieurs autres Docteurs. A Mons, De l'Imprimerie de Iean Havart, ruë de Nimy, au Mont de Parnasse. M.DC.XXXXIII. In-12., 89 pp., banquet des pénitens 7 pp. non chiff.

Bibl. de M. R. Chalon.

Dédicace à noble Dame Anne de Tournai, Dame d'Ecaussinnes, S.te Aldegonde, etc. L'approbation signée par Jean Du Trieu, bachelier en théologie, pasteur du Béguinage et censeur de livres, est datée de Mons le 11 juillet 1643.

L'auteur de ce livre est Vincent Willart, né à Arras. Ce religieux de l'ordre de Saint Dominique, ayant vu détruire son couvent lorsque Louis XIII s'empara d'Arras en 1640, quitta sa ville natale et se réfugia à Mons, puis à Bruxelles, où il mourut le 15 juillet 1656. On a de lui plusieurs ouvrages dont Paquot donne la liste.

275. Introdvction a l'Amovr de Dieu. Diuisé en trois Parties. Par le R. P. Pierre Pennequin, de la Compagnie de Iesvs. A Mons en Haynav, De l'Imprimerie de Iean Havart, ruë de Nimy, au Mont de Parnasse. M.DC.XLIIII. Auec Priuilege du Roy, & Approbation. In-8º. Première partie : titre et préliminaires 8 ff. non chiff., texte 272 pp. Seconde partie : 283 pp. Troisième partie : titre et préliminaires 6 ff. non chiff., texte 853 pp. la dernière portant abusivement le chiffre 835, approbation 1 p. non chiff.

Bibl. de M. R. Chalon. — Ma bibl.

Le privilége du roi est daté de Bruxelles le 8 juin 1643, celui de Jean Le Plessier, provincial de la compagnie de Jésus, de Mons le 2 septembre suivant, et l'approbation du censeur des livres Jean Sébastien, du 7 décembre de la même année.

Cet ouvrage a eu plusieurs éditions. Il a été réimprimé à Mons en 1645, et publié en latin à Anvers en 1661, in-4º.

Pierre Pennequin, de l'ordre des jésuites, né à Lille, fut professeur à Douai, puis recteur des colléges de Mons et d'Arras; il mourut dans cette dernière ville le 17 mars 1665.

276. Traité des trois retraites interievres : Contenant septante-deux Meditations, & plusieurs maximes & veritez.

Très-profitable pour èueiller l'esprit, & profiter & s'auancer au chemin de la vertu. Tiré de l'Introdvction à l'Amour de Dieu, composé par le R. P. Pierre Penneqvin de la Compagnie de Iesvs. A Mons, de l'Imprimerie de Iean Havart, ruë de Nimy, au Mont de Parnasse. 1644. Pet. in-8.°, texte 314 pp., table, approbation et privilége 9 pp. non chiff.

Bibl. de M. R. Chalon.

277. Aqvila S. Gvisleno ad vrsidvngvm prævia, sev eivsdem vita, miracvla, et magnalia, svbiecta aliquòt eius Ecclesiæ SS. Panegyri. Congrventiæ titvlo svbtexitvr dictæ eivsdem Ecclesiæ & Monasterij antiquitatum Syntagma per aliquot sectiones digestum. Corollarii loco svbditvr eivsdem oppidi, ac Cœnobij occupatio per Gheusios anno 1581. 8. Septembris, & ab iis liberatio quintâ post die. — Quasi Aquila super domum Domini, Oseæ 1. — Montibvs, Typis Ioannis Havart, in plateâ Nimianâ, sub signo Montis Parnassi. 1644. Pet. in-8.°, 127 pp.

Bibl. de Mons, n.° 5995 du catal.

L'ouvrage est dédié à Augustin Crulay, abbé de St.-Ghislain, et l'épître dédicatoire est datée de la métropole du Hainaut, le jour de la St.-Augustin (28 août) 1644. L'approbation donnée à Mons par Jean Du Trieu est du 1.er juillet 1644.

278. Panegyricvs sanctorvm Hannoniæ, tam vetervm, qvam recentiorvm, secvndvm loca, in qvibvs qviescvnt, Heroico versu deductus. Pertinenter annectitvr dictæ provinciæ kalendarivm monosticis distinctum. Coronidis loco svbnectitvr belgica D. Norberti progenies. Auth. Phil. Brassevr Presb. Hannoniæ prodromi pars 1. Montibvs, Typis Ioannis Havart, in plateâ Nimianâ. (1644). Pet. in-8.°,

150 pp., belgica S. Norberti progenies 27 pp. chiff. de 152 à 177, index sanctorvm 7 pp. non chiff.

Bibl. roy. de Brux.; fonds V. H., n.º 25,389. — Ma bibl.

La dédicace adressée à Augustin de Felleries, abbé de Bonne-Espérance, est datée de Mons 1644; l'approbation de Jean Du Trieu, censeur des livres, est du 30 janvier 1644.

279. Theatrvm abbatiarvm Hannoniæ, sev earvm sacræ antiqvitates versibvs illvstratæ, ac tredecim classibus distincte iuxta ordinem, quem singuli eiusdem Prouinciæ Abbates in Statibus tenent. Pvblici ivris ergo emittebat, & ad perfectioris historiæ subsidium prœmittebat. Philippvs Brassevr Presbyter. Hannoniæ prodromi II. pars. Montibvs, Typis Ioannis Havart, in plateâ Nimianâ, sub signo Montis Parnassi. 1645. Pet. in-8.º, titre et préliminaires 32 pp. et 15 opuscules avec paginations séparées et dates d'impression différentes, savoir :

1. Aqvila S. Gvisleno ad vrsidvngvm prævia, etc. Montibvs, I. Havart, 1644. 127 pp.

2. Par sanctorvm martyrvm, hoc est SS. Marcellinvs et Petrvs hasnoniensis ecclesiæ patroni, etc. Montibvs, I. Havart, 1643. 79 pp. — Secvnda pars. Appendix Mariana, etc. 24 pp. chiff. de 81 à 104.

3. S. Vincentivs etc. Montibvs, I. Havart, 1636. 112 pp.

4. Sancta Lætiensis ecclesiæ tetrarchia. Montibvs, I. Havart. 1638. 103 pp., approbatio 1 p. non chiff.

5. Cervvs S. Hvmberti etc. Montibvs, I. Havart, 1638. 72 pp.

6. Iconismvs S. Landelini etc. Montibvs, I. Havart, 1636. 53 pp., approbatio 1 p. non chiff.

7. Dionysiani monasterii sacrarivm, etc. Montibvs, I. Havart, 1641. 72 pp.

8. Diva virgo Camberonensis, etc. Montibvs, I. Havart, 1639. 88 pp.

9. Ecclesiæ Bonæ-spei lvminaria dvo, etc. Montibvs Hannoniæ, I. Havart, 1640. 80 pp.

10. Sacra Viconia etc. Montibvs Hannoniæ, I. Havart, 1643. 72 pp.

11. Par sanctorvm, præsvlvm, id est S. Foillanvs etc. Montibvs Hannoniæ, I. Havart, 1641. 103 pp.

12. Historiale specvlvm ecclesiæ, et monasterii S. Ioannis Valencenensis etc. Montibvs, I. Havart, 1642. 72 pp.

13. Pratvm Marianvm etc. Montibvs, I. Havart, 1637. 56 pp.

Bibl. de Mons, n.° 5995 du catal. — Bibl. roy. de Brux.; fonds V. H., n.° 25166 - 25167.

Ces treize opuscules dont les titres se trouvent littéralement rapportés ci-dessus, à leurs dates respectives, ont été réunis, en 1645, en un seul corps d'ouvrage, selon l'ordre de prééminence des abbayes du Hainaut, sous le titre de *Theatrum abbatiarum Hannoniæ*.

Philippe Brasseur avait entrepris d'écrire une histoire complète des illustrations religieuses du Hainaut, en *sainteté*, *dignité* et *sciences*, comme il nous l'apprend lui-même dans sa dédicace de l'*Ursa S.ti Ghisleni*. C'est pour réaliser ce plan qu'il publia son *Prodromus Hannoniæ*. Les trois ouvrages qui le composent sont écrits en vers. Celui dont nous venons de donner le titre forme la deuxième partie du *Prodromus*, la première ayant paru en 1644, sous le titre de : *Panegyricus sanctorum Hannoniæ*, et la troisième en 1657, sous celui de : *Sydera illustrium Hannoniæ scriptorum*. Cette deuxième partie est dédiée aux abbés des treize abbayes du Hainaut, et l'épître dédicatoire est datée de Mons des calendes de mai 1645. Cette division du *Prodomus* en trois parties a induit beaucoup de personnes en erreur, ainsi que Delmotte l'a fait remarquer; elles ont pensé que le *Theatrum*, le *Panegyricus* et le *Sydera* avaient chacun trois parties et que conséquemment elles ne possédaient ces ouvrages qu'incomplets; aussi, disait-on que les œuvres complètes de Brasseur étaient introuvables : c'était une exagération; mais il est vrai de dire que le *Theatrum*, tel qu'il est ici décrit, est d'une grande rareté, et l'on conçoit qu'il n'a pu en exister un nombre considérable d'exemplaires, puisque ceux-ci ne se composent que du restant de l'édition de chacun des opuscules qui s'étaient vendus séparément, à mesure qu'ils avaient été imprimés. Lorsqu'ils eurent tous paru, l'auteur rassembla ces restes d'éditions, dut même faire une seconde du *Pratum Marianum* qui était épuisé, et ajouta à ce recueil le titre de *Theatrum abbatiarum Hannoniæ*, avec une dédicace aux abbés des treize abbayes et diverses pièces comprenant ensemble 15 feuillets préliminaires.

L'exemplaire que nous avons eu sous les yeux est le même que consulta Delmotte pour composer sa notice biographique sur Brasseur; c'est celui de la bibliothèque publique de Mons, qui a appartenu à Augustin Crulay, abbé de St Ghislain, à qui l'auteur en avait sans doute fait don.

280. Lætiensis ecclesiæ Cimeliarchivm incomparabili sanctissimarvm reliqviarvm salvatoris, Deiparæ, ac plurimorum Sanctorum thesauro ditissimum, ac toto Belgio celeberrimum; additis titvlis, inscriptionibvs, et diplomatibvs, ex Archiuis eiusdem Ecclesiæ desumptis. Qvæ omnia discvssionibvs, quæstiunculis, & notis illustrauit in bonum publicum Philippvs Brassevr Montensis Sacerdos, & exhibet vt prototypon aliorum similis argumenti tractatuum. Montibvs, Typis Ioannis Havart, in plateâ Nimianâ, sub signo Montis Par-

nassi. M.DC.XLV. Pet. in-8.º, 171 pp., index 5 pp. non chiff.
Bibl. de Mons, n.º 6288 du catal. — Ma bibl.

La dédicace à Gaspard Rogier, abbé de S.t Lambert à Liessies, est datée de ce monastère, du jour de l'exaltation de la S.te Croix (14 septembre) 1645. L'approbation par Jean du Trieu a été donnée à Mons le 1.er juillet 1645. Ce livre inconnu à Paquot est écrit en prose; c'est le commencement de la réalisation du projet conçu par l'auteur de publier un ouvrage complet et volumineux, indépendamment de son *Sancta sanctorum*, sur les reliques que possédait le Hainaut dans ses églises et ses maisons religieuses. Il aurait suivi le même mode pour cette nouvelle entreprise que celui qu'il avait adopté pour la publication du *Theatrum*, mais il n'a malheureusement édité que cette première partie.

281. Qvestion de droict scavoir : si en Haynav celvy qvi a obtenu Lettres de naturalité du Roy, doit estre reputé naturel du Pays ou point. A Mons, De l'Imprimerie de Jean Havart, ruë de Nimy, au Mont de Parnasse. 1645. In-4.º, titre et préliminaires 2 ff. non chiff., texte 15 pp.

Bibl. de Mons, n.º 2372 du catal.

L'épître dédicatoire datée de Mons le 12 avril 1645 et adressée au comte De Buquoy, souverain officier et gouverneur du Hainaut, est signée : *Cleriadus Alix*. C'est le nom de l'auteur de cet opuscule qui décide affirmativement la question, controversée alors, de savoir si les étrangers naturalisés par le souverain pouvaient être admis à l'exercice de la magistrature judiciaire dans le comté de Hainaut, malgré l'article 7 des chartes générales qui porte : « *que les conseillers de robe longue devront estre naturels du* » *Pays ou y ayant eu leur domicile dix ans auparavant.* »

282. Introdvction a l'amovr de Dieu. Divisee en trois parties. Par le R. P. Pierre Penneqvin, de la Compagnie de Iesvs. Seconde edition : Reveuë, corrigée, & augmentée par l'Autheur. A Mons en Haynnav, De l'Imprimerie de Iean

Havart, ruë de Nimy, au Mont de Parnasse. M.DC.XXXXV. Auec priuilege, & Approbation. In-4.º, titre et préliminaires 8 ff. non chiff., texte 981 pp., table 26 pp. non chiff., avec une planche, gravée sur cuivre, représentant les armoiries d'Augustin de Felleries, abbé de Bonne-Espérance, à qui le livre est dédié.

Bibl. de Mons, n.º 1337 du catal. — Ma bibl.

283. Reglement svivant leqvel les officiers et gens de gverre, tant de Cauallerie, que d'Infanterie, qui sont presentement logez sur le plat Pays, ou és Villes, à la charge dudit plat Pays, se deuront regler sans pouuoir pretendre aucune chose, que ce qui est contenu audit Reglement, sous quel pretexte que ce soit. A Mons, De l'Imprimerie de Iean Havart, ruë de Nimy, au Mont de Parnasse. 1646. In-4.º, 7 pp. non chiff.

Bibl. de Mons; recueil des placards, 12.ᵉ portefeuille in-4.º, 1644 - 1647, n.º 561.

284. Paraphrasis psalmorvm davidis elegiaca Per Ivlianvm Wavdrævm iuxta Editionem vulgatam. Montibvs, Typis Ioannis Havart, in pleateâ Nimianâ, sub signo Montis Parnassi 1648. Pet. in-16, titre et préliminaires 2 ff. non chiff., texte 209 pp., chronicum compositionis et index 7 pp. non chiff.

Bibl. de Mons, n.º 4837 du catal. — Bibl. de M. R. Chalon. — Ma bibl.

On remarque parmi les pièces préliminaires des vers à la louange de Waudré composés par Paul Boucher, auteur montois dont aucune biographie ne fait mention. L'approbation signée par Jean Dutrieu est datée de Mons le 19 août 1648; l'épître dédicatoire est adressée à l'archiduc d'Autriche Léopold Guillaume. Paquot parle d'une édition de ces poésies sacrées imprimée à Mons en 1638, mais il se trompe évidemment, car celle de 1648 est la première, ainsi que le prouvent l'approbation et le chronogramme insérés à la fin de l'ouvrage.

285. Annales de la province et comté d'Haynav. Ov l'on voit la svite des comtes depvis levr commencement. Les antiqvitez de la religion, et de l'estat depvis l'entrée de Iules Cesar dans le Pays. Ensemble les evesques de Cambray, qvi y ont commandé. Les fondations pievses des eglises et monasteres et les descentes de la noblesse. Recueillies par feu François Vinchant, Prestre. Augmentées & acheuees. Par le R. P. Antoine Rvteav, de l'Ordre des PP. Minimes. A Mons en Haynav, De l'Imprimerie de Iean Havart, ruë de Nimy, au Mont de Parnasse, M.DC.XLVIII. Auec Priuilege, & Approbation. In-f.º, frontispice gravé par Jean de Labarre, titre et préliminaires 7 ff. non chiff., texte 418 pp., table 7 ff. non chiff.

Bibl. de Mons, n.º 7234 du catal. — Bibl. de M. R. Chalon. — Ma bibl.

François Vinchant, né à Mons vers 1580, mourut de la peste en la même ville le 20 août 1635. Le manuscrit autographe de ses annales repose à la bibliothèque publique de Mons et la société des Bibliophiles Belges en a donné une édition complète. C'est un service rendu à l'histoire du pays, car il faut bien le dire, quoique le père Ruteau se vante d'avoir augmenté et achevé l'œuvre de Vinchant, il n'a fait réellement que l'écourter, la mutiler même au point de la rendre méconnaissable.

Antoine Ruteau, frère mineur de l'ordre de S.t-François, naquit à Mons dans le 16.me siècle et mourut au couvent d'Anderlecht, le 9 juillet 1657, au moment où il mettait la dernière main à l'ouvrage dont le tome premier parut chez la veuve Jean Havart en 1655, in-f.°, sous ce titre : *Commentariorum ac disputationum in priorem partem. D. Thomæ. Tomus I. De Deo.* On a encore de lui plusieurs autres ouvrages dont la liste se trouve dans la Biographie Montoise de M. Mathieu.

286. Advis redvit en VII. points principavx, svr le procez intenté a la covr Archiepiscopale de Cambray, Par messire Philippes baron de Licqves, demandevr par claing d'apprehension, pour les Fiefs de Creue-cœur, Arleux, Rumillies, & S. Soupplet, aussi la Chastellenie de Cambray. Contre messire Philippes d'Annevx, baron dvdit Creue-cœur, &c. Gouuerneur d'Auesnes, &c. Deffendeur audit Procez. A Mons, De l'Imprimerie de Iean Havart, ruë de Nimy. (1649). In-4.°, titre et préliminaires 2 ff. non chiff. texte 173 pp.

Bibl. de M. R. Chalon. — Ma bibl.

Ce mémoire est de Jean de la Houssière, avocat à la cour souveraine du Hainaut.

287. Serenissimo principi archidvci avstriæ, genere, pietate, armis avgvstissimo belgarvm gvbernatori strenvissimo Leopoldo avstriaco. Montibvs Hannoniæ, Typis Joannis Havart, in plateâ Nimianâ, sub signo Montis Parnassi. 1649. In-4.°, 24 pp., et une gravure représentant le comté de Haynaut sous la protection de Dieu et du Soleil Autrichien. *Sub nutu Dei et Solis Austriaci.*

Bibl. de M. R. Chalon. — Ma bibl.

C'est un recueil de chronogrammes et d'anagrammes composés à l'occasion de l'arrivée à Bruxelles, en 1647, de l'archiduc Léopold d'Autriche, comme gouverneur général des Pays-Bas.

L'auteur de cet ouvrage, Patrice Gallemart, fut le quatrième abbé du Val des Ecoliers à Mons; il mourut en 1655.

288. Iesvs-Chr. crvcifié. Ov traicté de la Croix perpetvelle de Iesvs Christ dés le premier instant de sa Conception, iusques au dernier de sa vie. Composé en Latin par le R P. F. Thomas Leonardi, de l'Ordre des FF. Prescheurs, Docteur en la Sacrée Theologie, & traduit par N. A Mons, Chez Iean Havart, 1649. In-18, 180 pp. les trois dernières non chiff.

Ma bibl.

289. Panegyris posthvma Reverendi admodum Domini D. Avgvstini Crvlay, celeberrimi S. Ghisleni præsvlis, piæ memoriæ Dicta, & Dicata à V. P. F. Philippo de Mory, FF. Min. Recollectorum Montensium Guardiano anno 1649. Montibvs, Typis Ioannis Havart, in plateâ Nimianâ, sub signo Montis Parnassi. (1649). Pet. in-8.º, 37 pp., approbationes 3 pp. non chiff.

Bibl. de Mons, relié avec le n.º 6929 du catal.

290. Reglement et pied des rations Qui se donneront aux Officiers, & soldats des Regiments, tant de Cauallerie que d'Infanterie, estās au seruice de sa Majesté, soyent ils logez en villes, ou sur le plat Pays. Iouxte la Copie imprimée à Bruxelles. A Mons, De l'Imprimerie de Iean Havart, ruë de Nimy, au Mont de Parnasse. 1649. In-4.º, 7 pp.

Bibl. de Mons; recueil des placards, 13.º portefeuille in-4.º, 1647-1655, n.º 584.

291. Messievrs eschevins de la ville de Mons, povr remedier aux desordres & abus qui se commettent en la Halle au bled d'icelle Ville, causans la rehausse des grains, ont ordonné & ordonnent par forme de police & prouision, les

poincts suiuans. A Mons, Chez l'Imprimeur Havart. 1650. In-f.º placard.

Archives communales de Mons; recueil des placards, 1622-1699, n.º 3.

292. Les trois amovrs et sacrés refvges dv venerable pere Thomas Sanchez de la Compagnie de Iesvs. Avec la pratiqve pour y recourir asseurément en toutes necessitez tant publiques, que priuées. Par le P. Gilbert Prevot de la méme Compagnie. A Mons, De l'Imprimerie de Iean Havart, au Mont de Parnasse 1652 In-18., titre et préliminaires 10 ff. non chiff. et un titre gravé, portant la date de 1653, texte 141 pp., privilége et approbation 1 f. non chiff.

Bibl. de M. R. Chalon.

293. Placcart par les archidvcqs, svr le fait de la marchandise des Filets de sayette et de lin. Publié le 15. de Iuin 1600. A Mons, De l'Imprimerie de Iean Havart, Imprimeur juré, ruë de Nimy (sans date). In-4.º 12 pp.

Bibl. de Mons; recueil des placards, 2.º portefeuille in-4.º, 1604-1610, n.º 334.

JEAN LEBRUN
1636.

Tout ce que nous savons concernant ce typographe, sans doute originaire de Mons, c'est qu'il s'adressa au roi, au mois de mars 1635, pour obtenir l'autorisation d'exercer l'état d'imprimeur et de libraire en cette ville. Sa pétition fut envoyée à l'avis du Magistrat, avec recommandation d'examiner si le nombre des imprimeurs n'était pas déjà suffisant. L'instruction ouverte sur cette demande fut favorable au pétitionnaire que nous voyons, en 1636, établi à Mons, *à l'enseigne du Lion d'Or;* en effet il obtenait, à la date du 27 novembre de cette année, le privilége d'imprimer un ouvrage d'Antoine Ruteau, le seul produit de ses presses que nous ayons rencontré et dont voici le titre :

294. De participationibvs sev litteris fraternitatis, qvibvs amici et benefactores a prælatis religionvm admittvntvr ad commvnionem bonorvm opervm ordinvm. Avctore V. P. F. Antonio Rvteo Hanno-Montensi, Ordinis Minimorum S. Francisci de Paula. Montibvs, Typis Ioannis le Brvn, sub signo Leonis aurei, Anno 1637. Cvm gratia et privilegio. Pet.

in-8.º, titre et préliminaires 10 ff. non chiff., texte 190 pp., index rerum, etc. 7 ff. non chiff.

Bibl. de M. R. Chalon. — Ma bibl.

Le privilége royal est ainsi conçu : « Philippus IV. Dei gratiâ
» Hispaniarum Rex Catholicus, potentissimus Belgarum Princeps,
» diplomate suo tribuit facultatem Ioanni Le Brvn Typographo
» Montibus, Typis mandandi Librum, cui titulus est *De Partici-*
» *pationibus, seu Communione bonorum operum Religionum,*
» compositum à R. P. F. *ANTONIO RUTEO* Ordinis Minimo-
» rum, vt latiùs patet in litteris datis Bruxellæ, 27. Nouemb.
» 1636.

» Signat.

» De Robiano. »

François WAUDRET ou DE WAUDRET.
1641-1648.

Fils du premier imprimeur montois de ce nom, dont nous avons parlé plus haut, il continua l'exploitation de l'important établissement typographique fondé en 1623 par son père, qui signait François *Waudré* et qui changea, en 1637, l'orthographe de son nom patronymique pour l'écrire comme ont continué à le faire ses successeurs.

295. Dialogve familier entre Parthenophile, c'est-à dire, Amatrice de la Virginité, et Philarete, c'est à dire, Amateur de la Vertu : Où s'agit de quelques principaux Biens de l'Estat de Celibat, & est respondu aux Objections, que plusieurs iettent contre iceluy. Par vn Pere de la Compagnie de Iesvs. A Mons, De l'Imprimerie François De Wavdret, Fils. M.DC.XLI. Pet. in-12, titre et préliminaires 12 pp. non chiff., texte 420 pp.

Ma bibl.

Ouvrage mystique plein d'excentricités.

296. Tabvla votiva xeniis symbolicis adornata, ex sacris litteris, et sanctis patribvs delineata, pro felici inavgvratione reverendi admodvm patris ac domini, D. Bartholomei de Bossvto ad præsvlatvm illvstris cœnobii Lavbiensis electi et confirmati, delineabat Iacobvs Marchantivs in præfato Lavbiensi cœnobio priddem professor theologvs. Montibvs, Typis Francisci Wavdræi sub Biblijs. 1642. Cum gratia & Priuilegio Regio. In-4.°, 28 pp.

Bibl. de Mons, n.° 1142 du catal. — Ma bibl.

297.* Pensées et pratiques de piété pour honorer les mystères de Iesus-Christ Nostre Seigneur et de sa très-Saincte Mere avec les anges et aucuns SS. a quoi est adjousté le testament de S. Ioseph A Mons, De l'Imprimerie François de Waudret Fils, à la Bible, 1642. Pet. in-8.° 264 pp.

Cette édition est mentionnée dans le *Bibliographus Belgicus* de Claude Doresmieux, pour l'année 1642.

298.* Sacré bovquet de la Vierge Marie ov Recveil des Prieres et acjurations. Le tovt en faveur des affectionnez a la Vierge Debonnnaire A Mons, De l'Imprimerie de François de Waudret fils. 1642. In-12, 84 pp.

Edition citée dans le méme ouvrage.

299. Le tovrnesol, ov la conformité de la volonté de l'homme avec celle de Dieu. Composee par le R. P. Hieremie Drexele de la Compagnie de Iesvs, & traduite du Latin en François par vn Religieux de la méme Compagnie. A Mons, De l'Imprimerie François de Wavdret Fils, à la Bible. M.DC.XLII. Auec Grace & Priuilege. Pet. in-8.°, titre et préliminaires 8 ff. non chiff., texte 574 pp.

Bibl. de M. R. Chalon. — Ma bibl.

Cette traduction est attribuée au père jésuite Antoine Girard.

Jérémie Drexele, jésuite, né à Augsbourg en 1581, est mort à Munich le 19 avril 1638. Il a publié un grand nombre de livres mystiques qui se font particulièrement remarquer par l'originalité des titres qu'il leur a donnés.

300.* Le secret d'une bonne Mort, Déduit par Corneille Perdu. A Mons, de l'Imprimerie de François de Waudret fils, à la Bible d'or. 1642. In-8.º 488 pp.

Edition citée dans l'ouvrage de Claude Doresmieux.

Corneille Perdu, né à Bergues-Saint-Winoc en 1594, mourut à Valenciennes le premier décembre 1671. A l'âge de dix-huit ans il entra dans la compagnie de Jésus et prononça ses premiers vœux en 1614. Il enseigna les humanités et la philosophie à Douai. Il a composé plusieurs ouvrages dont Paquot donne la liste.

301. Flandria generosa, sev compendiosa series genealogiæ comitvm flandriæ, cvm eorvmdem gestis heroicis Ab anno Domini 792. vsque ad 1212. E manu scriptis Monasterij S. Gisleni collecta, studio D. G. G. eiusdem Monast. Religiosi. Index Capitum in fronte, in calce Elenchus illustrium Aulicorum, ac Feudalium virorum Balduini Imperatoris Constantinopolitani, Flandriæ & Hannoniæ Comitis. Ad Illustrissimum Ducem Hauræum, Croyum, &c. Montibvs, Ex Typographia Wavdræi Filij, 1643. Superiorum permissu. In-4.º, titre et préliminaires 4 ff. non chiff., texte 55 pp., elenchus et approbationes 4 pp. non chiff.

Bibl. roy. de Brux.; fonds V. H., n.º 27,507. — Ma bibl.

La dédicace adressée à Philippe-François de Croy, duc d'Havré et de Croy, est signée par l'auteur George Galopin. Cette édition originale est très rare; elle a été réimprimée à Bruxelles en 1781, in-4.º, avec un supplément par Paquot.

302. R. D. Iacobi Marchantii oppidi covviniensis pastoris et decani, S. theol. profes. resolvtiones pastorales, de præceptis, vitiis Capitalibvs, sacramentis, Ab Auctore recenter reuisæ, recognitæ, adauctæ, in gratiam Pastorum, confessariorum, Sacerdotum, nec-non Pœnitentium. — Iob 26. Educatur manu obstetricante Coluber tortuosus. — Montibvs, Typis Wavdræi Filij, sub Biblijs. 1643. Cum gratia & Priuilegio Regio. Pet. in-8.º, titre et préliminaires 4 ff. non chiff., texte 589 pp., index et approbatio 6 pp. non chiff.

Bibl. de Mons, n.º 1047 du catal. — Ma bibl.

303. Opvscvla pastoralia de diversis, sive commixtvm migma, Quod in Area ventilatum est, vt Agni Christiani pascantvr copiosè & spatiosè, in gratiam pastorvm et concionatorum hæc prodeunt, vt in Solemnitatibus vel Sodalitijs Beatissimæ Virginis; item in Primitijs Sacerdotum, & electione Prælatorum, ac in Synodo Pastorum, necnon in Aduentu Domini, non desit quod proponant : & vt diuersis cibis oportuno tempore gregem pascant. — Panis Frugum terræ erit vberrimus. Pascetur in possessione sua Agenus spatiosè Commixtum Migma comedent, sicut in Area ventilatum est. Isa, 30 — Tomvs secvndvs. Avctore P. D. Iacobo Marchantio Oppidi Couuiniensis Pastore & Decano, in cœnobiis celeberrimis cùm Floreffiensi, tùm Laubiensi, quondam S. Theologiæ Professore. Montibus, Typis Franscisci Waudræi, sub Biblijs, M.DC.XLIII. Cùm Gratia & Priuilegio. In-4.º, titre et préliminaires 6 ff. non chiff., texte 665 pp., index 2 ff. non chiff.

Bibl. de M. R. Chalon.

C'est le tome second de l'ouvrage imprimé par François Waudret père en 1644, et mentionné ci-dessus N.º 224.

304. Iesvs Maria. La vie et le royavme de Iesvs dans les

ames chrestiennes, Contenant plusieurs Exercices de Piété, pour viure & mourir Chrestiennement & sainctement, & pour former, sanctifier, faire viure & regner Iesvs dans nos Ames. Diuisé en sept Parties. Par le P. Iean Evdes Prestre de l'Oratoire de Iesvs. — Volumus, Domine Iesu, te regnare super nos. — Cinquiéme Edition reueuë & augmentée de nouueau par l'Autheur. — Iesvs Maria. — A Mons, De l'Imprimerie de Wavdret Fils, à la Bible. M.DC.XLIII. Pet. in-8.°, titre et préliminaires 15 ff. non chiff., Première, deuxième et troisième parties 352 pp. Quatrième et cinquième parties 96 pp. Sixième partie 74 pp. Septième partie 100 pp., table 6 ff. non chiff.

Bibl. de Mons, n.° 1341 du catal.

La première édition de ce livre parut à Caen en 1637 ; les trois suivantes ont été imprimées à Rouen et à Paris, mais elles sont moins complètes que celle de Mons qui est la cinquième ; aussi l'auteur, dans un avis au lecteur, recommande-t-il celle-ci comme plus correcte. Une sixième édition est sortie des presses de Philippe de Waudret en 1647.

Jean Eudes, frère aîné de l'historien Mezeray, né à Ryc, dans le diocèse de Seez, le 24 novembre 1601, mourut à Caen en 1680. Après avoir pendant 18 ans suivi la règle des Oratoriens du cardinal de Berulle, il fonda en 1643 la congrégation des Eudistes.

305. Solitvde interievre, Dans laquelle le fidele Solitaire, par l'vsage d'vn Regard continuel, dans la seule volonté Diuine, trouuera le moyen d'estre, viure, operer & mourir en Dieu. Bastie par Frere Hvbert Iaspart, Prestre Hermite lez Maubeuge. A Mons, De l'Imprimerie De Wavdret Fils, à la Bible. 1643. In-12, titre et préliminaires 16 ff. non chiff., texte 234 pp., table et approbation 4 pp. non chiff.

Ma bibl.

306. Vita R. P. F. Ioannis Dvns Scoti ordinis minorvm doctoris svbtilis. Avthore R. P. F. Lucâ Wadingo Hiberno, Ordinis Minorum historiographo, Sacræ Theologiæ Professore gen. Inquisitionis Romanæ censore & collegij S. Isidori in vrbe Guardiano. Accessit Panegyricus æternæ memoriæ, & famæ Ioannis Duns Scoti Doctoris Subtilis dictus & dicatus ab ornatissimo viro ac Domino Vernulæo S. Th. L. & publico eloquentiæ Professore Louanij. Montibvs, Typis, F. Wavdræi Filij, sub Biblijs. 1644. Pet. in-8.º, titre et préliminaires 7 ff. non chiff., texte 146 pp., panegyricus etc. 56 pp., elenchus rerum et errata 7 pp. non chiff.

Ma bibl.

Vernuleus ou de Vernulz, né à Robertmont, province de Luxembourg, le 10 avril 1583, est mort à Louvain le 6 janvier 1649.

307. Historia et harmonia evangelica tabvlis, qvæstionibvs, et selectis sanctorvm patrvm sententiis explicata, stvdio et opera reverendi patris Ioannis Bovrghesii Malbodiensis, ex societate Iesv theologi. — Hæc est autem vita æterna vt cognoscant te solum Deum verum, & quem misisti Iesvm Christvm. Ioannis 17.3. — Montibvs, Ex Typographia Wavdræi, sub Biblijs, M.DC.XLIV. In-f.º, titre et préliminaires avec un frontispice gravé par Martin Bas de Douai 11 ff. non chiff., texte 1081 pp., index 14 pp. non chiff.

Bibl. de Mons, n.º 166 du catal.

Cet ouvrage, considérable sous le rapport de la composition typographique, est dédié à Thomas De Luytens, abbé de Liessies.

Jean Bourgeois, dont la famille était originaire de Valenciennes, naquit à Maubeuge vers l'an 1572; entré dans l'ordre des jésuites en 1591, il alla étudier à Rome et, de retour dans sa patrie, occupa pendant six ans une chaire de philosophie à Douai; puis il dirigea pendant un même nombre d'années les cours de morale et de théologie scholastique. En 1610 il fut nommé recteur du collége des jésuites de Valenciennes et, après avoir exercé cette charge pendant un terme de six ans, il alla organiser le collége de Maubeuge fondé par la générosité de sa mère; enfin il prit la direction de celui de St-Omer. Il mourut à Maubeuge le 29 mars 1655, âgé de plus de quatre-vingts ans. Il a beaucoup écrit et il a laissé des ouvrages ascétiques très volumineux dont Paquot donne une liste assez exacte. Mr Arthur Dinaux a consacré à Jean Bourgeois, dans les Archives littéraires du nord de la France et du midi de la Belgique, une consciencieuse et intéressante notice.

308. Trivmphvs S. Ioannis Baptistæ præcvrsoris et paranymphi Iesv Christi, In quo describuntur ipsius Miracula, Ortus, Infantia, Vita, Baptismus, Prædicatio, Carcer, Mors, Gloria, Reliquiæ, Patrocinia. RR. dominis cœnobiarchæ et cœnobitis S. Ioannis Baptistæ in Florinis, Dedicabat pro Epinicijs R. D. Iacobvs Marchantivs, Oppidi Couuiniensis decanvs. — Super ipsum autem efflorebit Sanctificatio mea. Psal. 131. — Montibvs, Typis F. Wavdræi Filij, sub Biblijs. 1644. In-8.°, titre et préliminaires 8 ff. non chiff., texte 436 pp., approbatio et index 7 pp. non chiff.

Bibl. de Mons, n.° 182 du catal. — Ma bibl.

309. Les frvicts de la parole de Dievfaicts par S. Vincent Ferrier de l'ordre des freres preschevrs. Extraicts, de S. Antonin Archeuesque de Florence, de Pierre de Rausane Euesque de Palerme, & d'autres Docteurs du susdit Ordre. A Mons, De l'Imprimerie F. de Wavdret Fils, à la Bible, 1644. In-12., titre et préliminaires 6 ff. non chiff., texte 83 pp. la dernière cotée par erreur 38, approbation 1 p.

Bibl. de M. R. Chalon.

310. La noblesse sainte et royale de S. Walbert et Ste Bertille, dvcs de Loraine et comtes de Haynnav, peres et

meres (sic) de S.te Wavdrv, et de S.te Aldegonde. Composé par M.r N. Pottier, Prestre. A Mons, De l'Imprimerie de Wavdret Fils. 1644. Pet. in-8.º, titre et préliminaires 8 ff. non chiff., texte 382 pp.

Bibl. de Mons, n.º 6246 du catal. — Ma bibl.

311.* Les frvits de l'Oraison faits par S. Thomas d'Acqvin. A Mons, de l'Imprimerie F. de Wavdret fils, à la Bible. 1645. In-12.

Cet ouvrage de Vincent Willart est cité par Foppens et Paquot, dans leurs notices sur cet auteur.

312.* Prœnuncii Antichristi, seu Hœretici illuminati confusi &c. ex B. F. Henrici Susonis, ac F. Ioannis Taureli operibus. Montibvs, Typis Francisci Wavdræi, sub Biblijs. 1645. In-12.

Ouvrage du même auteur, cité par les mêmes bibliographes.

313*. Sancti Euangelii pretiosa margarita, seu S. Thomæ Aquinatis sententia super Theologiam universam. Montibvs, Typis Francisci Wavdræi, sub Biblijs. 1645. In-4.º

Ce livre, qui est aussi de Vincent Willart, se trouve également cité par Foppens et Paquot.

314. B. M. Hvmberti qvinti magistri generalis ordinis FF. prædicatorvm expositio svper regvlam S. P. Avgvstini, recenter ex aliis scriptis eivsdem venerabilis viri, et ex veridica S. Thomæ Aqvinatis doctrina avcta. Opvs Cvnctis zelo S. religionis ferventibvs Pervtile, et maxime contra sæcvli neqvitiam necessarivm, Operâ & industriâ P. Fratris Vincentii Willart Attrebatensis, Præfati Ordinis Prædicator. — Renovabitvr vt aqvilæ ivventvs tva. Psal. 102. — Montibvs, Typis Wavdræi Filii, sub Biblijs. M.DC.XLV. Cum gratia & priuilegio. In-4.º, titre, faux titre et préliminaires 8 ff. non chiff.,

texte 571 pp., index et summa privilegii 9 pp. non chiff.
Bibl. de Mons, n.ᵒˢ 2666 et 2667 du catal.

La fin de cet ouvrage a paru chez le même imprimeur l'année suivante, en un volume in-4.ᵒ, 8 ff. préliminaires non chiff., texte 488 et 128 pp., index 12 ff. non chiff.

315. Le novveav pedagogve chrestien Tome I. Contenant en deux Parties les deux premiers poincts de la Perfection Chrestienne. S'abstenir dv Peché, et Faire le Bien : tiré de la S. escritvre, et des SS. Peres. confirmé par Raisons, embelly de Similitudes, & de quantité de belles Histoires, la pluspart de nostre temps. Reveu, augmenté, et illustré au double en toutes ses Parties. Par le R. P. Philippe d'Outreman Valentiennois de la Compagnie de Iesvs. A Mons. De l'Imprimerie de Wavdret Fils, à la Bible. M.DC.XLV. Auec Grace & Priuilege. In-4.ᵒ, titre, faux titre et préliminaires 10 ff. non chiff., texte 581 pp., table 32 pp. non chiff.
Bibl. de Tournai, n.ᵒ 625 du catal.

Le tome second qui termine cet ouvrage et dont nous possédons un exemplaire, a été publié l'année suivante par le même imprimeur, in-4.ᵒ, 10 ff. préliminaires non chiff., texte 698 pp., table, etc., 55 ff. non chiff. Il s'en trouve aussi un exemplaire à la bibliothèque de Mons.

Ce livre contient la relation de plusieurs faits miraculeux qui se seraient passés à Mons.

316. Traité des remedes des tentations, Composé en Latin par Denis le Chartrevx, traduit en François. — Eprouuez moy, Seigneur, & tentez moy. Psal 25. — A Mons, De l'Imprimerie de Wavdret Fils, M.DC.XLVI. In-8.ᵒ, titre et préliminaires 4 ff. non chiff., texte 264 pp., table 2 ff. non chiff.
Bibl. de Mons, n.ᵒ 1294 du catal. — Bibl. de M. R. Chalon. — Ma bibl.

Dédicace à la princesse Dorothée de Croy signée A. D. G. Ces initiales sont celles du traducteur A. De Glarges, prêtre montois, plus connu sous le nom de Morchipont.

Denys Le Wis célèbre sous les noms de Dionysius Ryckelius et de Denys le Chartreux, naquit à Ryckel près de Loos, au pays de Liége, en 1394. Il avait pris l'habit des moines de S.ᵗ-Bruno, et, après avoir passé 48 années de sa vie chez les Chartreux de Ruremonde, il mourut le 12 mars 1471. Cet écrivain a laissé un grand nombre d'ouvrages dont Aubert le Mire donne la liste dans sa *Bibliotheca cartusiana*. L'amour de l'auteur pour les idées contemplatives lui a fait donner le surnom de Docteur extatique.

317. Sommaire des graces, privileges et indvlgences de l'archiconfrerie dv tres-saint, tres-adorable sacrement de l'avtel. Erigee en l'eglise Collegialle de S. Germain en la Ville de Mons, l'an 1563. A Mons, De l'Imprimerie de Wavdret fils, M.DC XLVII. In-12, titre et préliminaires 4 ff. non chiff., texte 219 pp., approbation 1 p. non chiff.

Ma bibl.

L'auteur de ce livre est le prêtre De Glarges dit de Morchipont.

318. Iesvs Maria. La vie et le royavme de Iesvs dans les Ames Chrestiennes. Contenant plusieurs Exercices de Piété, pour viure et mourir Chrestiennement et sainctement, & pour former, sanctifier, faire viure et regner Iesvs dans nos Ames. Diuisé en sept Parties, Par le P. Iean Evdes, Prestre de l'Oratoire de Iesvs. Sixième édition reueüe et augmentée de nouueau par l'Autheur. A Mons, De l'Imprimerie de Wavdret Fils, à la Bible. M.DC.XLVII. Pet. in-8.º, titre et préliminaires 12 ff. non chiff., texte 619 pp., table 13 pp. non chiff.

Bibl. de M. R. Chalon.

319. Comedie devote svr la vie tres admirable de S. Vincent patron de Soignies, et de S.te Wavdrv sa femme patronne de Haynnav, Laquelle sera representée à Soignies, le 16. & 17. de Iullet 1647. par la Ieunesse. Et par icelle dediée à Messeigneurs les Venerables prevost, doyen et chanoines dv college de S. Vincent. A Mons, De l'Imprimerie de Waudrét Fils, à la Bible. 1647. In-4.º, 11 pp.

Ma bibl.

320. Qvadriga Mariæ avgvstæ qva in cœlvm evehitvr a filiis, Laudes ei sonoras & decoras decantantibus quatuor diuersis Temporibus : Sive Quatuor Antiphonarum & Canticorum quæ Ecclesia decursu Anni in gratiam Virginis recitat, & canit solemniter. Elvcidatio et amplificatio pia, Sacris Scripturis decora, Sanctorum dictis pellucidis adornata, Raris Historijs variegata. In gratiam omnium Virgini Deiparæ deuotorum & cultorum siue ad meditandum eius laudes priuatim in Oratorio, siue ad prædicandum eas publicè in Templo. — 1. Salve regina mater misericordiæ. 2. Alma redemptoris mater. 3. Ave regina cœlorvm. 4. Regina cœli lætare. — Auctore R. D. Iacobo Marchantio, Oppidi Couuinensis Pastore & Decano, in celeberrimis Cœnobijs cùm Floreffiensi, tùm Laubiensi, quondam Sacræ Theologiæ Professore. — Qui elucidant me, vitam æternam habebunt. Eccli. 24. — Montibvs, Typis Francisci Wavdræi Filij, sub Biblijs. M.DC.XLVIII. Pet. in-8.º, titre et préliminaires 7 ff. non chiff., texte 364 pp., index 2 ff. non chiff.

Bibl. de Mons, n.º 465 du catal.

Le catalogue mentionne sous le n.º 464 une édition du même ouvrage, prétendûment sortie des presses de François Waudré en 1618 ; c'est une erreur.

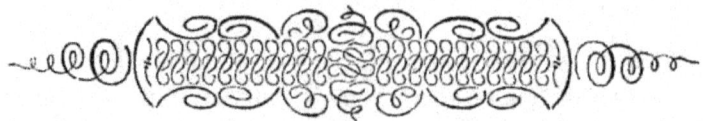

JEAN BELLÈRE.

1643.

Le nom de Jean Bellère se trouvant inscrit sur le titre d'un opuscule imprimé à Mons, nous le mentionnons ici, bien que nous pensions que ce produit des presses montoises doive être attribué à Jean Havart ou à François de Waudret fils. Bellère n'a, selon toute apparence, exercé en cette ville que la profession de libraire.

321. Vaticinia de Calamitatibvs novissimorvm horum temporum, mediaque amplectenda, seu gradus ad montem S. Religionis et salutis æternæ conscendendum. Per Venerabilem Patrem S. Theologiæ Doctorem clarissimum F. Ioannem Thavlervm perfectionis eminentissimæ Religiosum Ordinis sacri F.F. Prædicatorum. Montibvs, Apud Ioannem Bellervm, 1643. Superiorum permissu. In-12, 46 pp. et 1 f. non chiff.

Bibl. de M. R. Chalon.

FRANÇOIS STIÉVENART.

1644-1653.

Nous manquons de renseignements biographiques sur cet imprimeur qui établit ses ateliers, d'abord en la rue d'Havré, à l'enseigne de *A la clef d'or*, puis sur le grand marché, *Au nom de Jésus*, et enfin, en 1653, en la rue du Haut-Bois.

322.* Sentences spirituelles choisies des œuvres de la Seraphique mere Therese de Iesvs et du V. P. Iean de la Croix et distribuées pour chaque jour et festes de l'année, par le R. P. Ange de S. Ioseph, définiteur et maistre des novices des Carmes Deschaussez en Allemaigne. Traduictes du latin en françois par le R. P. Gaspar De La Mere de Dieu, religieux du mesme ordre. A Mons, De l'Imprimerie François Stiévenart, rue de havré, à la clef d'or. 1644. Avec privilége et approbation. Petit in-12, 426 pp.

Le père Gaspard de la mère de Dieu, traducteur de cet ouvrage imprimé pour la première fois à Munich, en 1642, naquit à Tournai. Religieux de l'ordre des Carmes déchaussés, il mourut à Mons, jeune encore, en 1647.

323. Les maximes pernicievses, qvi destrvisent la perfection et paix religievse. Composé par le R. P. Alphonse De Iesvs Maria General des Carmes Deschaussez. Et nouuelle-

ment traduit d'Espagnol en François par le R. P. Gaspar De La Mere de Dieu, Religieux du mesme Ordre. A Mons, De l'Imprimerie François Stiévenart, ruë de Havré proche le grand Marché, 1645. Auec permission des Supérieurs. In-4.º, titre et préliminaires 11 ff. non chiff., texte 539 pp., licence du provincial et approbation 1 p. non chiff.

Bibl. de M. R. Chalon.

C'est le premier tome de cet ouvrage; le second n'est sorti qu'en 1648 des presses de François Stiévenart, sous le titre : *Les remèdes des maximes pernicieuses*, etc.

324.* Memorial de l'excellence dv pseavtier de Iesvs & de Marie tres glorievse Vierge, dit Rosaire. A Mons, De l'Imprimerie François Stiévenart. 1646.

Ce Rosaire, composé par Vincent Willart, a été imprimé d'abord à Arras, en 1656, chez Gérard de Raisme, et plus tard à Bruxelles, en 1658, chez Godefroid Schoevarts.

325. Le Dovlovrevx Iesvs, dans ses sacrez pas, et dans les Saintes Stations de ses dernières Souffrances. Par le R. P. Antoine des Lions, de la Compagnie de Iesvs. A Mons, chez Ernest De la Brvyère, ruë des Clercs, à l'Image de S. François Xauier. 1647. Auec priuilege et approbation. *A la fin du volume*: A Mons, De l'Imprimerie de François Stiévenart, Imprimeur juré, ruë de Havrez prés le Marché, M.DC.XLVI. Pet. in-8.º, titre et préliminaires 16 ff. non chiff., texte 359 pp., table 9 pp. non chiff.

Bibl. de M. R. Chalon.

Antoine Des Lions, né à Béthune, en Artois, s'affilia à la Compagnie de Jésus en 1608. Après avoir enseigné les humanités dans divers colléges de son ordre, il se livra à la prédication et mourut à Mons le 11 juillet 1643. Paquot, qui omet de citer l'ouvrage dont nous transcrivons le titre, donne une liste des autres productions littéraires de cet écrivain.

326. Colloqve spiritvel d'vn ecclesiastiqve et d'vn berger Où sont découverts les admirables secrets de la Sapience Diuine, & la Science Mystique que Dieu reuele aux ames pures et simples. — Cum simplicibus sermocinatio eius. Prouerb. 3. — Quatriesme Edition. A Mons, chez Ernest de la Brvyere, ruë des Clercs, 1648. *A la fin du volume :* Imprimé à Mons, chez F. Stiévenart, 1648. Pet. in-12, titre et préliminaires 3 ff. non chiff., texte 138 pp., la dernière portant erronément le chiffre 238.

Bibl. de M. le comte de Nédonchel à Tournai.

327. Les remedes des maximes pernicievses, qui Destrvisent La Perfection Et Paix Religievse. Composé par le R. P. Alphonse De Iesvs Maria, General des Carmes Deschaussez. Et nouuellement traduit d'Espagnol en François par le R. P. Gaspar De La Mere De Diev, Religieux du mesme Ordre. Tome II. A Mons, De l'Imprimerie François Stiévenart, ruë d'Haurez, près le Marché. 1648. Auec Approbation, & Licence des Supérieurs. In-4.º, titre et préliminaires 10 ff. non chiff., texte 766 pp., table 13 pp. non chiff.

Bibl. de M. R. Chalon.

Le père Gaspard de la mère de Dieu étant mort avant l'impression de ce second tome de l'ouvrage cité plus haut n.º 323, le père Marcel de S.ᵗ-André, prieur des Carmes déchaussés de Mons, se chargea de l'éditer, ainsi qu'il nous l'apprend dans son épître dédicatoire adressée au prieur et aux religieux de l'abbaye de S.ᵗ-Ghislain. La charge d'abbé de ce monastère était alors vacante par le décès d'Augustin Crulay.

328. Reglement povr les mevsniers de la ville de Mons. A Mons, Chez François Stiévenart, au Nom de Iesvs, 1651. In-f.° placard.

Archives communales de Mons; recueil des placards, 1622-1699, n.° 4.

329. Ordonnances de messievrs eschevins de la ville de Mons, svr le faict des vins. A Mons, De l'Imprimerie François Stievenart, sur le Marché, au Nom de Iesvs, 1652. In-f.° placard.

Archives communales de Mons; recueil des placards, 1622-1629, n.° 8.

330.* Bannissement spiritvel des Heretiqves ennemis ivrez de l'Eglise catholiqve, apostoliqve et Romaine. Tres vtile pour confirmer les vrays Chrestiens, enseigner les simples et douteux, ramener les errans au chemin de la vérité. Recueilly par Pere Hvbert Iaspart Prestre Hermite à S. Barthelemy lez Mons en Haynau. A Mons, De l'Imprimerie François Stievenart ruë du Haut-Bois dessoubs la Halle. 1653. In-8.°, titre et préliminaires 8 ff. non chiff., texte, etc. 200 pp.

Ouvrage cité par M.ʳ Ad. Mathieu dans la Biographie montoise.

ERNESTE DE LA BRUYÈRE.

1647-1658.

De la Bruyère était, pensons-nous, libraire et non imprimeur; il eut recours aux presses de François Stiévenart et de Philippe De Waudret pour imprimer les divers ouvrages dont nous donnons les titres. Il avait été bibliothécaire de l'abbaye d'Alne. Sa librairie était établie en la rue des clercs, à l'enseigne de *Saint-François-Xavier*.

331.* Considérations dévotes sur la grace de la vocation à l'Estat Religieux et au Célibat par Corneille Perdu. A Mons, chez Erneste de la Bruyère, ruë des Clercqz, à l'image de S. François-Xavier. 1647. Pet. in-8.º.

Ouvrage cité par Paquot.

332. Maximes saintes et chrestiennes tirées dv premier volvme des lettres M.re Iean dv Verger de Havranne abbé de Saint Cyran. A Mons, Chez Ernest de la Brvyer, ruë des Clerqz à l'Image de S. François Xauier, 1650. Pet. in-12, titre et préliminaires 6 ff. non chiff., texte 220 pp.

Ma bibl.

333. Sentences spiritvelles, Choisies des œuures de la Seraphique Mere Terese de Iesus, & du V. P. Iean de la Croix, distribuées pour châque iour et festes de l'année.

Par le R. P. Ange de S. Ioseph, Definiteur & Maistre des Nouices des Carmes Deschaussez en Allemaigne. Traduictes du Latin en François, Par le R. P. Gaspar de la Mere de Diev, Religieux du mesme Ordre. A Mons, On les vend, chez Erneste de la Brvyere, ruë des Clercs, 1651. Pet. in-12, titre 1 f. non chiff., texte 350 pp., approbation 1 f. non chiff.

Ma bibl.

C'est la seconde édition de l'ouvrage mentionné sous le n.° 322.

334. Bvlle ov constitvtion de nostre S. pere le pape Innocent X. Par laquelle sont déclarée et definies Cinq Propositions en matiere de Foy. Auec le Bref de sa Sainteté aux Archeuesq. & Euesques de ce Royaume. Et le Mandement de Monseig. l'Arch. de Paris, pour la publication & obseruance de la dite Constitution dans la France. Iouxte la Copie Imprimée, a Paris. A Mons, On les vend chez Erneste de la Brvyere, ruë des Clercs à l'enseigne de S. François Xauier 1653. Pet in-4.°, 8 pp.

Bibl. de Mons; fugitives, 11.ᵉ portefeuille, n.° 272.

335.* Facetiæ poeticæ sive sales epigrammatici sale conditi. Montibvs apud Ernestum de la Bruyère. Anno 1658. In-12, titre 1 f. non chiff., texte 104 pp.

Ouvrage cité dans le catalogue des livres de la bibliothèque de M. H. Delmotte, n.° 1,020.

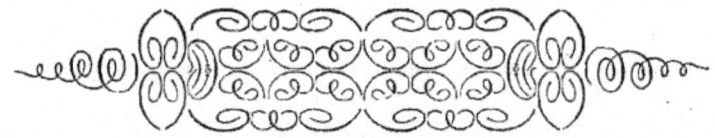

PHILIPPE DE WAUDRET.

1648-1659.

Philippe de Waudret est le troisième de sa famille, qui exerça l'art typographique à Mons; il succéda à son frère François, qui lui-même avait repris, en 1641, l'exploitation de l'établissement paternel fondé en 1625.

336. Loix, chartes et covstvmes dv chef-liev de la ville de Mons, et des villes resortissantes avdit chef-liev. Augmentées d'aucuns Decrets de l'Empereur Charles Quint, & autres de Feu son Alteze Serenissime. Item de l'Edict perpetuel des Archiducs, & du Decret de l'an 1601. & plusieures Coustumes locales de la Prouince de Haynnau. A Mons, De l'Imprimerie Ph. de Waudrét fils, à la Bible. M.DC.XLVIII. Auec Priuilege. Pet. in-8.º, comprenant deux séries de pagination : 1.º titre et préliminaires 8 ff. non chiff., texte des chartes du chef-lieu 82 pp., table 2 ff. non chiff. ; 2.º ordonnances et provisions decretees par le Sovverain chef liev dv dit Mons, Decretz des Archidvcs, Covstvmes locales de Binch, Nivelle, Landrechies, Lessines, Chimay et Valenciennes, 357 pp. et 3 pp. non chiff.

Ma bibl.

Dans une épître dédicatoire adressée aux échevins de Mons, Philippe de Waudret nous apprend que ce recueil de chartes et de coutumes locales du Hainaut est la première production sortie de ses presses. Bien que ce volume contienne plusieurs pièces dont les titres particuliers portent le millésime de 1646 et de 1647, il n'a été réellement édité qu'en 1648.

337. Recveille de plvsievrs placarts Qui sont fort vtiles au Pays de Haynnau, dont les Chartes dudit Pays renuoient à plusieurs desdits Placarts, Auec le Decret de l'An 1611. & l'Edit perpetuel. Le tout faict pour l'vtilité des Practiciens. A Mons, De l'Imprimerie Ph. de Waudrét fils, à la Bible. M.DC.XLVIII. Pet. in-8.º, titre 1 f., texte 244 pp., table 2 ff. non chiff.; Ordonnance et Edict perpetvel 8 ff. non chiff. y compris un titre séparé au millésime de 1646.

Ma bibl.

338. Le pedagogve chrestien tome I. Contenant en deux Parties, les deux premiers poincts de la Perfection Chrestienne, s'abstenir dv peché, et faire le bien : tirez de la S. ecritvre, et des SS. peres, confirmez par raisons, embellis de Similitudes, & de quantité de belles Histoires, la plus part de nôtre temps. Par le R. P. Philippes d'Ovtreman Valentiennois, de la Compagnie de Iesvs. Edition novvelle, Reueuë, corrigée, & augmentée par l'Auteur. A Mons. De l'Imprimerie De Wavdret Fils, à la Bible. M.DC.L. Auec Grace & Priuilege. In-4.º, titre, faux-titres et préliminaires 9 ff. non chiff., texte 618 pp., abrégé, tables et index 35 ff. non chiff.

Ma bibl.

339. Le pedagogve chrestien tome II. Enseignant en deux Parties, le troisiéme poinct de la Perfection Chrestienne,

sovffrir les mavx avec patience, ov les remedes a tovs mavx. Tiré de la S. ecritvre, et des SS. peres, confirmé par raisons, embelly de Similitudes, & de quantité de belles Histoires, la plus part de nôtre temps. Auec vne Table à la fin pour les Predicatevrs. Par le R. P. Philippes d'Ovtreman Valentiennois, de la Compagnie de Iesvs. Novvelle edition. A Mons, De l'Imprimerie De Wavdret Fils, à la Bible. M.DC.L. Auec Grace & Priuilege. In-4.º, titre, faux-titres et préliminaires 10 ff. non chiff., texte 698 pp., tables et index 29 ff. non chiff.

Ma bibl.

340. Origines omnivm Hannoniæ cœnobiorvm octo libris breviter digestæ. Pertinenter svbnectitvr avctarium De Collegiatis eiusdem Prouinciæ Ecclesijs. Maioris operis primitias edebat avthor. — Super hoc filijs vestris narrate, & filij vestri filijs suis, & filij eorum generationi alteri. Ioëlis 3. — Montibvs, Typis Ph. Wavdræi, sub Biblijs 1650. Pet. in-8.º, titre et préliminaires 8 ff. non chiff., texte 481 pp., index 15 pp. non chiff.

Bibl. de Mons, n.º 5,996 du catal. — Bibl. roy. de Brux.; fonds V. H., n.º 25,168. — Ma bibl.

La dédicace à Jacques Sejournet, abbé de Cambron, est datée de 1650; l'approbation donnée à Mons, par Jean Du Trieu, censeur des livres, est du six des Ides de janvier de la même année. Philippe Brasseur, dont toutes les productions antérieures sont en vers, écrivit en prose cette histoire abrégée des couvents du Hainaut; c'est, il nous l'apprend lui-même dans l'épître dédicatoire, un extrait d'un ouvrage plus considérable sur le même sujet, qu'il est forcé de laisser dans ses cartons à cause de la mort de Jean Coëne, abbé de Cambron, et des agitations politiques du moment. Tout incomplet qu'il soit, cet essai contient des renseinements utiles au point de vue des institutions religieuses de cette province, mais il n'en faut pas moins regretter que l'œuvre plus étendue de Brasseur n'ait pas vu le jour et que le manuscrit en soit peut-être perdu pour jamais.

341. Le Capvcin escossois. Histoire merveillevse & tres-veritable, arriuée de nostre temps. Traduitte du Manuscript Italien de Monseigneur Iean Baptiste Rinvccini, Archeuesque, & Prince de Ferme. Par le R. P. François Barravt, Procureur general des Peres de la Doctrine Chrestienne, residant à Rome. A Mons, de l'Imprimerie Philippes de Wavdret fils, à la Bible. M.DC.LII. In-12, titre et préliminaires 7 ff. non chiff., texte 214 pp.

Bibl. de M. R. Chalon.

342.* Thesavrvs doctrinæ christianæ, sive catechismvs catholicorvm, in gratiam Pastorum & quorvmcvmqve cvram & institvtionem animarvm habentivm, Operâ Nic. Tvrlot, Bellomontani, S. T. L. Antehac studiosè collectus, & sexto in lucem editus : Nvnc avtem primvm ex Gallico idiomate in Latinum per eumdem conversus, multis que locis avctus & locvpletatvs. Montibvs, Typis Ph. Waudræi, sub Biblijs. 1653. In-4.º, 752 pp.

Nicolas Turlot, né à Beaumont, province de Hainaut, vers la fin du 16e siècle, embrassa l'état ecclésiastique, et obtint le grade de licencié en théologie. Successivement chanoine de la cathédrale de Namur, archiprêtre, archidiacre, puis prévôt de la même église, il fut fait vicaire-général de l'évêque Engelbert Des-Bois, en 1639, et assista, le 7 juin de cette année, au synode diocésain présidé par ce prélat. Il mourut le 17 janvier 1651.

343. Histoire de S. Vincent, comte de Haynnav, patron de Soignies, Auec les Miracles anciens & nouueaux, & aucunes graces particulieres impetrées par ses merites &

intercession. Vray et fidele miroir de la noblesse, premiere edition. Par M. Le Fort dict Fortivs Licentié és Droicts, & Chanoine dudict Soignies. A Mons, De l'Imprimerie Ph. de Waudrét fils, à la Bible, M.DC.LIV. Pet. in-8.°, titre et préliminaires 4 ff. non chiff., texte 362 pp., table, approbation, etc. 13 pp. non chiff.

Bibl. de Mons, n.° 6,245 du catal. — Bibl. roy. de Brux.; fonds V. II., n.° 30,670. — Ma bibl.

Dédicace aux prévots, doyen et chanoines de l'église collégiale de St-Vincent à Soignies. Approbation du censeur des livres Théodore Plicette, pasteur de S^t.-Nicolas, datée de Mons, le 6 décembre 1655.

Michel Le Fort ou Fortius naquit à Soignies, au commencement du 17.e siècle. Chanoine du chapitre de cette ville, il y mourut dans les premiers jours de novembre 1663. Il ne faut pas le confondre, comme a fait Foppens, avec Martin Le Fort ou Fortius, son parent, qui donna, en 1663, une édition des chartes nouvelles du pays et comté de Hainaut, imprimée chez la veuve Siméon De La Roche.

344. Reglement ordonné par messievrs eschevins de la Ville de Mons sur le fait de la Garde. De l'Imprimerie Ph. de Wavdret, fils, 1658. In-f.° placard.

Archives communales de Mons; recueil des placards, 1622-1699, n.° 13.

345. Sancta sanctorvm Hannoniæ, sev sanctarvm eivsdem provinciæ reliqviarvm thesavrvs, prœmisso vniversalis ecclesiæ consensv de reliqviis et veneratione sanctorvm de sæcvlo in sæcvla dedvcto Authore & collectore D. Philippo Brassevr Malbodij ad sanctam Aldegundem Canonico. — Custodit Dominus omnia ossa eorum, vnum ex his non conteretur, Psalmo 33

— Montibvs, Typis. Ph. Wavdræi, Filij, sub Biblijs, M.DC.LVIII. Pet. in-8.º, titre et préliminaires 16 ff. non chiff., texte 320 pp., index etc. 8 ff. non chiff.

Bibl. de Mons, n.º 6,287 du catal. — Bibl. roy. de Brux.; fonds V. H., n.º 25,391.

L'approbation signée par Théodore Plicette, censeur des livres, a été donnée à Mons, pendant l'octave de la Toussaint de 1658; la dédicace à Augustin De Felleries, abbé de Bonne Espérance, est datée du 18 juillet de la même année.

Ce livre est de la plus grande rareté. Il termine la liste des ouvrages de Brasseur qui ont été imprimés; il donne une nomenclature détaillée et curieuse de toutes les reliques conservées, du temps de l'auteur, dans les établissements religieux du Hainaut.

Nous avons donné successivement, et dans l'ordre chronologique de leur publication, les titres de tous les ouvrages imprimés de cet auteur montois; on n'y trouvera pas le livre intitulé *Bibliotheca Hannoniæ* que Valère André lui attribue, et qui, selon lui, aurait été publié à Mons, en 1639, in-4.º. Ce livre n'existe pas, et nous pensons, comme Delmotte, que l'erreur de ce bibliographe, répétée par Foppens, provient de ce qu'il l'aura confondu avec le *Sydera illustrium Hannoniæ Scriptorum* dont le titre lui aura été mal indiqué.

346. Reglement dv roy a la svpplication des sievrs eschevins de la ville de Mons, povr empescher les fravdes qvi se commettoient iovrnellement av sujet de la Mallote de Vin, & faciliter la Collecte d'icelle, Edicté en la forme suivante: A Mons, De l'Imprimerie Ph. de Wavdret, Fils, en la ruē des Clercqs, 1659. In-f.º placard.

Archives communales de Mons; recueil des placards, 1622-1699, n.º 14. — Bibl. de Mons; recueil des placards, 14.º portefeuille in-4.º, 1655-1662, n.º 618.

JEAN HAVART (la Veuve).

1652 - 1658.

Après le décès de Jean Havart, en 1652, Catherine Descamps, sa veuve, continua l'exploitation de l'établissement industriel créé par son mari, en 1628; elle a édité les ouvrages suivants :

347. Flevrettes de pieté povr consoler les malades et affligez. Aussi afin de les exciter à fuir le mal & suiure le bien sous les faueurs du petit Iesus, de la Vierge Marie, du bon Ange Gardien & des plus signalees Saintes du Paradis. A Mons, De l'Imprimerie de la Vefue Jean Havart, ruë de Nimy. 1652. Pet. in-12, 196 pp., table et approbation 23 pp. non chiff.

Bibl. de M. R. Chalon.

L'approbation donnée à Mons, le 22 septembre 1652, est signée par Théodore Plicette; elle est ainsi conçue : « Ces fleurettes » tirees du vergier de l'agneau ensuiui des saintes Vierges, sont » Catholiques et pieuses d'une naifue beauté et soëf odeur pour » recreer les espris, signamment affligés. »

C'est un recueil de vers adressés à Jesus, à la Vierge Marie, à Sainte Anne, à Sainte-Waudru, etc., etc.

348. Commentariorvm et dispvtationvm in primam partem D. Thomœ, tomvs primvs. De Deo vno. In qvibvs imprimis inqviritvr et discvtitvr doctrina et mens primarii ecclesiæ

doctoris D. Augustini. Authore R. P. F. Antonio Rvteo, Ordinis Minimorum S. Theologiæ Lectore, ac Povinciæ Gallobelgicæ Definitore. Montibvs Hannoniæ, Ex officinâ Viduæ Ioannis Havart, in plateâ Nimianâ, sub signo Montis Parnassi, M.DC.LIII. Cum Gratia & Priuilegio. In-f.°, titre et préliminaires 8 ff. non chiff., texte 314 pp., index 10 ff. non chiff., extrait du privilége du roi 1 p.

Bibl. roy. de Brux.; fonds de la ville, n.° 2,359.

349. Dialogve de la fermeté, constance et reconfort es adversitez. Tiré en partie d'avcvns graves avthevrs latins. A Mons, De l'Imprimerie de la Vefue Iean Havart, ruë de Nimy, au Mont de Parnasse. 1654. Pet. in-8.°, 63 pp.

Bibl. de M. le baron Alfred de Hérissem.

Cet opuscule imprimé en caractères italiques est de Bauduin le Roy, licencié en droit, avocat, puis greffier féodal à la cour souveraine de Hainaut. Il est dédié à Charles Albert De Longueval, comte de Bucquoy, grand bailli du Hainaut. C'est un dialogue, en vers alexandrins, entre deux personnages : Damon et Philon. Le premier a résolu de s'expatrier pour se soustraire aux calamités qui accablent son pays natal, la guerre, la peste, les impôts et autres fléaux ; le second cherche à le détourner de ce projet, lui conseillant *de prendre la Constance pour asyle de sa seureté, de s'arrester vertueux au lieu où Dieu a placé ses possessions, toute résidence devant être indifférente à l'homme de Bien.*

C'est là tout le sujet de ce petit ouvrage d'une excessive rareté, et qui peut-être n'a jamais été mis dans le commerce. Nous n'en connaissons qu'un exemplaire, qui semble avoir appartenu à l'auteur et que possède aujourd'hui M. le baron Alfred de Hérissem, l'un des descendants, par sa mère, de Bauduin le Roy, né à Ath le 16 septembre 1612 et décédé à Mons le 20 mai 1672. Cet exemplaire provient de la bibliothèque de feu M. Charles Terrasse, vendue par l'administration des hospices de Mons, à qui cet homme bienfaisant a légué sa fortune pour créer un asile destiné aux pauvres aveugles de cette ville; il avait été acheté à la vente des livres de M.r le comte du Val, ancien maire de Mons, qui avait épousé une dame de Wolff, veuve de M.r Antoine-Ferdinand-Siméon le Roy, arrière-petit-fils du poëte.

350. Reglement ordonné par messievrs eschevins de la Ville de Mons sur le fait de la Garde. De l'Imprimerie de la Veuue Iean Havart, 1655. In-f.º placard.

Archives communales de Mons; recueil des placards, 1522-1699, n.º 11.

351. Declaration de la doctrine chrestienne, faite a l'instance des Surintendants en l'Escole Dominicale de la ville de Mons en Haynau, pour l'instruction de la Ieunesse. A Mons, De l'Imprimerie de la Vefue Iean Havart au Mont de Parnasse. 1665. Pet. in-8.º, 79 pp. et une gravure sur bois au verso de la dernière, représentant S.te-Elisabeth, reine de Portugal, canonisée le 25 mai 1625.

Ma bibl.

352. Iovrnal des choses plvs memorables arrivees dvrant le siege de Valentiennes secovrve par son alteze royale; Le seiziesme de Iullet, 1656. Avec la liste de tovs les principaux Prisonniers. A Mons, de l'Imprimerie de la Vefue Iean Havart. 1656. In-4.º, 9 pp.

Bibl. de M. Houzeau de le Haie.

353. Entretiens spiritvels. Par le R. Pere Pierre Pennecqvin De la Compagnie de Iesvs. A Mons, De l'Imprimerie de la Vefue I. Havart, ruë de Nimy, au Mont de Parnasse, M.DC.LVI. Auec Grace, & Priuilege. Pet. in-8.º, 197 pp. chiffrées par erreur 177, approbation et extrait du privilége 2 pp. non chiff.

Ma bibl.

354.* De febre maligna, sive de febre horvm temporvm dialogvs. Studio expertissimi D^{ni} Adriani Cospeav, medicinæ Licentiati & in civitate Montense pensionarii. Montibvs, ex typographia Viduæ Ioannis Havart, sub signo Montis Parnassi, 1658. Pet. in-12, 56 pp.

Ouvrage cité par M. Ad. Mathieu, dans la Biographie montoise.

Adrien Cospeau naquit à Mons, le 4 octobre 1618. Il était fils de Pierre Cospeau, avocat à la Cour Souveraine de Hainaut, né en cette ville en 1592, et qui est l'auteur des deux ouvrages intitulés : *Diverses Conclusions en la practique de Jurisprudence* et *Discours touchant les dispositions testamentaires et donations à cause de mort*, imprimés à Mons chez François De Waudret, en 1626 et en 1640. Il était le cousin issu de germain du célèbre Philippe Cospeau, évêque d'Aire, de Nantes et de Lisieux.

MATHIEU LONGONE.

1660.

Nous ne connaissons qu'une seule production typographique qui fasse mention du nom de cet imprimeur. Est-il apocryphe? Nous l'ignorons; mais nous devons cependant faire remarquer qu'il existe encore en Belgique des familles du même nom.

355. Exorcismvs primvs contra dæmonem mendacii, Qui intrauit in cuiusdam Apologistæ rapsodiam, quam ineptè consarcinauit in gratiam duarum prætensarum Energumenarum. Modvs et genivs apologistæ in argumentando patebit in Epistola ad Lectorem. Avthore Lamberto Dicæo, Medico-Theologo. In Gratiam Studiosorum Veritatis. Montibvs, Typis Mathæi Longone, Anno 1660. Svperiorvm permissv. In-4.º, 32 pp.

Bibl. de M. R. Chalon.

Cette brochure est une réponse mordante à l'ouvrage de l'exorciste Nicolas Deborre curé de Notre-Dame des lumières en Glain, faubourg de Liége. Cet ouvrage a pour titre : *Apologia pro Exorcistis, Energumenis, Maleficiatis & ab incubis Dæmonibus molestatis*, &c. *Lovanii* 1660, *in-4.º*

Nous n'avons pu découvrir jusqu'ici l'auteur, peut-être montois, qui s'est caché sous le pseudonyme de *Lambertus Dicæus*.

GILLES URSMER HAVART.

1660 - 1690.

356.* Transports de joie au svjet dv retovr dv corps sacré de sainte Aldegonde en sa chere ville de Mavbevge. A Mons, De l'Imprimerie de Gilles Havart, Imprimeur Iuré, proche du Grand Marché, à l'enseigne du Paradis. 1660. In-4.º

Les reliques de sainte Aldegonde avaient été transportées à Mons, à cause des guerres incessantes entre la France et l'Espagne; mais la paix étant faite entre ces deux puissances, les chanoinesses de Maubeuge reclamèrent la chásse renfermant ces reliques. La pièce de vers, dont nous donnons le titre, a été composée à l'occasion de la translation de ces reliques, qui eut lieu le 25 avril 1660. M.ʳ Estienne de Maubeuge a donné les détails de cette cérémonie religieuse, dans les *Archives historiques et littéraires du Nord de la France et du Midi de la Belgique*, nouvelle série, tome IV, pp. 293-305.

357. Placcart dv roy, Sur le fait de la Chasse. Republié par ordre de Son Excellence le Comte de Buquoy, Grand-Bailly, & Souuerain Officier du Pays & Comté de Haynau, &c. A Mons, De l'Imprimerie de Gille Havart, Imprimeur

Iuré, proche du grand Marché, à l'enseigne du Paradis. 1661. In-4.°, 5 ff. non chiff.

Bibl. de M. R. Chalon. — Ma bibl.

358. Par le roy. (*Mise en vente de parties du domaine de Mons.*) A Mons, chez Gilles Havart. Imprimeur Iuré, au Paradis, 1665. In-folio placard.

Bibl. de M. Houzeau de le Haie.

359. Declaration et ordonnance selon laqvelle vn chacvn avra a se regler punctuellement, tant pour la conduite reciproque des Marchandises, Manufactures, & Denrées sortans des Prouinces de l'obeyssance de sa Majesté, vers le Royaume de France, & Villes occupées par ses armes, que de celles venans desdits Royaume, & Villes. Iouxte la Copie Imprimée à Bruxelles, chez Hubert Anthoine Velpius, Imprimeur de Sa Majesté. A Mons, De l'Imprimerie de Gilles Hauart, à l'enseigne du Paradis 1668. In-f.°. 5 pp. non chiff.

Bibl. de Mons; recueil des placards, 15.° portefeuille in-4.°, 1663-1669, n.° 641.

360. Titi Livii et M. T. Ciceronis orationes selectiores et elegantiores Ex tribus Causarum Generibus, Deliberatiuo Demonstratiuo & Iudiciali. His accessit. Messalæ Corvini, oratoris disertissimi ad Octauianum August. de Progenie sua libellus seu de historia Troiana ad Romanam aditus. Item sexti Rvffi viri consvlaris ad Valentinianum Augustum de historia Romana Libellus. Montibvs, Ex officianâ Ægidii Vrsmari Havart, sub signo Paradisi, 1671. Pet. in-8.°, 75, 48 et 162 pp.

Bibl. de Mons, non catalogué.

361. Discovrs fvnebre svr les Nobles et vertueuses qualitez de fev Messire Charles Le Danois Viscomte hereditaire et grand Marechal des Pays et Comté de Haynav Baron de Cernay et de Nouion, Seigneur de Begny, Sery, Prouisy, Beaufort. Houden, Robersart, de la grande forest de Raismes, Cour de Jausse, &c. Prononcé à ses Funérailles le 30 octobre 1670 en l'Eglise des RR. PP. Carmes de Valenciennes. Par vn pere dv même ordre. A Mons, De l'Imprimerie de Gilles V, Havart, Imprimeur juré, à l'enseigne du Paradis. 1671. In-4.°, 45 pp.

Bibl. de Gand.

362. Sentences et decrets rendvs par le roy en son conseil privé Sur les differens de Iurisdiction entre les deux Conseils de Haynau. A Mons, De l'Imprimerie de Gilles Vrsmer Havart, Imprimeur juré, à l'enseigne du Paradis, 1672. In-4.°, 37 pp.

Bibl. de Mons, n.° 8,381 du catal., 1.er vol. — Ma bibl.

363. De par le roy le dvc d'Arenberg, d'Arscot, de Croy, &c. chevalier de l'ordre de la toison d'or, Lieutenant, Gouuerneur, Capitaine General, Grand-Bailly, & Officier Souuerain du Pays & Comté de Haynau, &c. (*Ordonnance portant confiscation des biens appartenant aux sujets du roi de France*). A Mons, De l'Imprimerie de Gilles Vrsmer Havart, à l'enseigne du Paradis, 1673. In-f.° placard.

Bibl. de Mons; recueil des placards, 17.° portefeuille in-4.°, 1672-1679, n.° 678.

364. Edict perpetvel dv roy nostre sire tovchant les biens, droits, ou deniers cy-deuant sequestrez, namptis, depositez, ou demeurez és mains de ses Officiers; si comme

Preuosts, Baillys, Ammans, Mayeurs, Depositaires, Greffiers, Secretaires, Huissiers, ou autres sequestres en ses pays de pardeçà. Iouxte la Copie Imprimée à Bruxelles. A Mons, De l'Imprimerie de Gilles Vrsmer Havart, Imprimeur iuré, à l'enseigne du Paradis, 1674. In-4.°, 14 pp.

Ma bibl.

365. Le fidele chrestien ou doctrine celeste et Morale, asseurée des authoritez de la S. Escriture et des SS. Peres: Enrichie de belles histoires et similitudes. Divisee en trois traitez. OEuvre tres utile aux pasteurs, prédicateurs, catechistes, et à un chacun amateur de son salut. Par Engelbert DvMarez, Binchois licentié en la S. Theologie, pasteur de Velaines. — Prœterita, presentia, futura malla pellite. — A Mons, De l'Imprimerie de Gilles Vrsmer Havart, imprimeur Iuré, au Paradis, 1674. In-4.°, 20 ff. non chiff. et 814 pp.

Bibl. de l'Université de Louvain.

366. Don Carlos de Gvrrea, Arragon & Borja, ducq de Villahermosa, &c. Lieutenant Gouuerneur, & Capitaine general des Pays-bas & de Bourgogne, &c. (*Acte de protection et de sauvegarde pour l'ordre de Malte donné à Bruxelles le 19 Mars* 1675). A Mons, De l'Imprimerie de Gilles Vrsmer Hauart, au Paradis, 1775. In-f.° placard.

Archives de l'État à Mons. Commanderie magistrale du Piéton, priviléges, n.° 115.

367. Traité de la paix entre les covronnes d'Espagne et de France, conclu & signé à Nimegue, le 17. Sept. 1678. A Mons, Chez Gilles Vrsmer Havart, au Paradis. 1678. In-4.°, titre 1 f., texte 16 pp.

Bibl. de Mons; *Fugitives*, 14.° portefeuille, n.° 311.

368. Placcart dv roy; svr le faict de la chasse. A Mons, De l'Imprimerie de Gille Havart, Imprimeur juré, au Paradis, 1679. In-4.º, 5 ff. non chiff.

Ma bibl.

369. L'obstination punie par la miserable cheute de Saprice dans l'Idolatrie et l'Infidélité. Tragédie dediée à Monsieur M.ʳ Leon de Roqva, Baron de . . . . . general de Bataille des Armées de sa Majesté, Colonel d'un Régiment d'Infanterie allemande, Gouverneur et Chatelain des Ville et Chatelenie d'Ath, etc. Représentée par la Ieunesse du College de la dite ville d'Ath, le 29 d'Aout 1679. Sur les deux heures apres midy. A Mons, Chez G. V. Havart, Imprimeur Iuré, Au Paradis, 1679. In-4.º, 8 pp.

Bibl. de l'Université de Louvain.

370. Wolphan Guillaume de Bournonville Vicomte de Barlin Grand-Bailly, par jnterim, & Officier Souuerain du Pays & Comté de Haynau : (*Réglement pour la collecte de l'impôt sur la bière en cette province.*) A Mons, Chez Gilles Vrsmer Havart, Imprimeur Iuré au Paradis, 1681. In-f.º placard.

Ma bibl.

371. Otton Henry, marqvis Dal Caretto, Savona et Grana, comte de Milezimo, Chevalier de l'Ordre de la Toison d'or, Lieutenant Gouuerneur & Capitaine General des Pays-bas, &c. (*Ordonnance sur la marche des troupes dans le pays.*) A Mons, Chez Gilles Vrsmer Havart, Imprimeur juré, au Paradis, 1682. In-folio placard.

Ma bibl.

372. Qverela medica, sev planctvs medicinæ modernæ statvs. Avthore Ioanne O Dvvyer Casseliensi, Medicinæ Licentiato ; vrbisque Montensis Medico Pensionario. Montibvs. Ex Officinâ Ægidii V. Havart, sub signo Paradisi, 1686. Pet. in-8.°, titre et préliminaires 38 pp. non chiff., texte 512 pp., errata 2 pp.

Bibl. de Mons, n.° 3,337 du catal. — Ma bibl.

Jean Odwyer naquit à Cassel, ville d'Irlande, au Comté de Tippérary. Il étudia la médecine à l'Université de Louvain et vint s'établir à Mons. Son savoir l'ayant fait distinguer par le prince de Rache, il fut employé comme médecin dans les armées du roi d'Espagne, et, après avoir quitté le service militaire, il obtint la place de médecin pensionnaire dans sa ville adoptive.

Son ouvrage est dirigé contre les abus et les dangers de l'exercice illégal de l'art de guérir.

373. L'amovr et fidélité coniugal d'Ausberta envers son cher marit Bertvphvs prince alleman. Tragi-comedie dediée a monsievr Martin Steyeert Docteur et professeur Royal en Théologie, Président du college de Bay en l'Vniversité de Louvain. Representée par la Ieunesse du College de la Ville d'Ath le 23 d'Aoust 1688, à deux heures après midy. A Mons, Chez Gilles Vrsmer Havart, Imprimeur, au Paradis. 1688. In-4.°, 8 pp.

Bibl. de l'Université de Louvain.

374. Le roy. Chers et feaux. (*Edit fixant le taux auquel les monnaies étrangères auront cours forcé dans le pays, à cause des circonstances de la guerre.*) A Mons, Chez Gilles Vrsmer Havart, Imprimeur Iuré, à l'enseigne du Paradis, 1690. In-folio, placard.

Ma bibl.

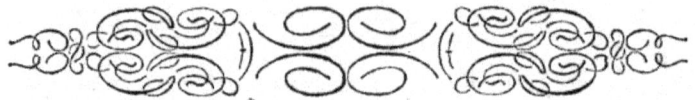

JEAN HAVART (les Héritiers).

1661 - 1664.

375. Les plaintes amovrevses de Iesvs et Marie en la croix : ov sermons svr les sept paroles de nostre savvevr; Composés & Preschés par le reverend pere F. Avgvstin de Felleries, abbé de Bonne-Esperance de l'Ordre de Premonstré. A Mons, De l'Imprimerie des Heritiers de Iean Havart, ruë de Nimy, au Mont de Parnasse, 1661. In-4.º, titre et préliminaires 11 ff. non chiff., texte 501 pp., errata 1 p. non chiff.

Bibl. de Mons, n.º 1,159 du catal.

Parmi les pièces préliminaires, on remarque des vers français de Procope du Mont de Holdre et des vers latins de J. Havart, bachelier en théologie, curé de Haulchin, adressés à Augustin de Felleries.

De Felleries, né à Mons au commencement du 17.ᵉ siècle mourut à l'abbaye de Bonne-Espérance, le 31 mars 1671. Il a écrit des sermons sur l'Ave Maria, imprimés à Bruxelles chez Martin De Bossuyt, en 1655, in-8.º

376.* Entretiens spiritvels des vrays amans de Jesus et de Marie pendant les vingt-quatre heures du jour & de la nuict. Par le R. Prelat de Bonne-Esperance F. Avgvstin de

Felleries. Seconde edition. Augmentée de l'usage des Prieres Jaculatoires. A Mons, De l'Imprimerie des Heritiers de Iean Havart, ruë de Nimy, au Mont de Parnasse, 1662. Pet. in-12., titre et préliminaires 6 ff. non chiff., texte 143 pp.

Ouvrage cité par M.r Ad. Mathieu dans la Biographie Montoise.

377. Divrnale beatæ pietatis. Continens 33. Decades in memoriam & honorem 33. annorum Vitæ D. nostri Jesv Christi & alia Opuscula pia de D. Jesv. Auctum Tractatu rithmico de SS. Trinitate & alijs pijs Opusculis. Item 7. Coronas singulas 12. Decadum, quibus singulis septimanæ diebus Deipara potest coli, & quasi coronari diuersâ coronâ. Authore R. P. F. N. Hamilton, Monasterij Floreffiensis Sacerdote, & Magistro Herlemontano. Secunda editio correctior. Montibvs, Ex officinâ Hæredum Ioannis Havart, in plateâ Nimianâ ad Insigne Montis Parnassi, 1664. Pet. in-12, titre et préliminaires 2 ff. non chiff., texte 559 pp. et 9 pp. non chiff.

Bibl. de Mons, n.º 463 du catal. — Bibl. de M. R. Chalon.

SIMÉON DE LA ROCHE.
1661-1665.

Cet imprimeur, natif de Mons, avait épousé Germaine de Waudret, fille du premier des typographes de ce nom qui imprimèrent en cette ville. Ses ateliers se trouvaient établis à la rue des Clercs.

378. Messievrs eschevins de la ville de Mons, povr remedier avx desordres et abvs qvi se commettent iovrnellement aux Marchez de Compennages, deuant la fontaine & par les ruës, causans la rehauche de toute sorte de denrées, ont ordonné & ordonnent par forme de police & prouisions, les poincts suiuans : A Mons, De l'Imprimerie de la Roche, 1661. In-f.º placard.

Archives communales de Mons ; recueil des placards, 1622-1699, n.º 15.

379. La mort de la religion pretendve reformée, Pensante attaquer la triomphante Eglise Catholique, Apostolique & Romaine. Composée par le R. P. Antoine Clivier, cy-deuant Prouincial de l'Ordre des Minimes en la Prouince de Champagne, Predicateur, Notaire public, Tabellion, &

iuge ordinaire Apostolique par toutes les parties du monde, Predicateur aussi de sa Majesté tres-Chrestienne pour les Controuerses. Dediée a havlt, pvissant, et tres-illvstre Prince de Ligne, &c. A Mons, De l'Imprimerie de la Roche, 1661. In-8.°, titre et préliminaires 9 ff. non chiff., texte 316 pp., table 7 pp. non chiff.

Bibl. de Mons, n.° 1,470 du catal. — Bibl. de M. R Chalon. — Ma bibl.

380. Le prince de Paix ou l'enfant Iesvs. — Parvulus natus est nobis, &c. Et vocabitur princeps pacis. Isa. cap. 9. — Par le père Flœur, Prestre de l'Oratoire, docteur en Théologie. — Cet ouvrage contient 1. Des discours sur l'obligation que nous avons d'honorer ce Prince. 2. Des sujets d'Oraison sur les grandeurs. 3. Des prières pour nous disposer à faire par luy nostre Paix avec Dieu. Nouvelle Edition. A Mons de l'Imprimerie de la Roche, 1662. In-12, titre et préliminaires 30 ff. non chiff., texte 372 pp.

Bibl. de M. Arthur Dinaux.

L'imprimeur de la Roche a donné cette édition nouvelle d'après celle qui avait paru en France après la publication générale de la paix, qui, selon quelques personnes pieuses, fut l'effet des prières adressées à cette fin à l'*Enfant Jésus:* De là le titre de *Prince de la Paix* donné au livre.

381. Reglement de la halle av bled edicte par messievrs dv magistrat de la ville de Mons. A Mons, De l'Imprimerie de la Roche, 1662. In-f.° placard.

Archives communales de Mons; recueil des placards, 1622-1699, n.° 16.

382. Loix chartes et covstvmes dv chef-liev de la ville

de Mons et des villes, et villages y resortissans, Auec plusieurs Decrets en dependans, aussi diuerses autres Chartes & Coustumes : Si-comme des Villes de Binch, Niuelles, Landrechies, Lessines, Chimay, Valenchiennes, Cambray, Doüay, Tournay, la Bassée, du Comté de Namur, & du Pays de Liege. A Mons, De l'Imprimerie de Simeon de la Roche. M.DC.LXIII. In-4.°, titre et préliminaires 8 ff. non chiff., texte 51 pp., table 3 pp. non chiff., Ordonnance et provisions etc. 486 pp., table générale 1 f. non chiff.

Bibl. de Mons, n.° 2377 du catal. — Ma bibl.

383. Recveil de plvsievrs placcarts fort vtiles av pays de Haynnav, dont les chartes dvdit pays renvoient a qvantité d'icevx. Auec le Decret de l'An 1601. l'Edit Perpetuel, le Reglement de la nauigation, mesures des heritages du susdit Pays & d'autres circonuoisins, aussi la largeur des chemins & voyes d'iceluy. Le tout fait pour l'vtilité des Practiciens. A Mons, De l'Imprimerie de Simeon de la Roche, ruë des Clercqs. M DC.LXIV. In-4.°, titre et préliminaires 2 ff. non chiff., texte 246 pp., table 6 ff. non chiff.

Bibl. de Mons. n.° 2331 du catal. — Ma bibl.

384. Practica tractatvvm aliqvot mathematicorvm epitome. Authore R. P. Ioanne d'Arras, Societatis Iesv. Montibvs-Hannoniæ, Typis Simeonis de la Roche, M. DC. LXIV. Pet. in-8.°, titre, faux-titre et préliminaires 5 ff. non chiff., texte 184 pp., et 13 planches, dont une double, gravées sur cuivre.

Bibl. de Mons, n.° 3,736 du catal. — Ma bibl.

Jean d'Arras, jésuite, né en 1608 aux environs de Cambrai, enseigna la philosophie à Douai et la théologie à Saint-Omer ; il mourut à Mons, en 1666.

385. La sainteté triomphante de S. Gertrvde premiere abbesse dv noble et venerable Chapitre de Nivelle, mise en lvmière Povr l'année milliesme de son entrée dans le Ciel. Par un Chanoine du méme Chapitre. Premiere partie. A Mons, De l'Imprimerie de Simeon de la Roche, en la ruë de Clercqs, 1664. In-12, titre et préliminaires 16 ff. non chiff., texte 132 pp.

Bibl. de M. R. Chalon.

Malgré le titre (première partie) l'ouvrage paraît être complet. Il se termine à la mort de la sainte et finit par le mot sacramentel *fin*.

386. Prieres tres-devotes et entretiens intérievrs povr allvmer facilement en nos cœurs le feu de l'amour de Diev. Tirez des œuvres du V. P. Lovis De Blois, abbé de Liessies. A Mons, De l'Imprimerie de Simeon de la Roche, ruë des Clercqs, 1665. In-12, 462 pp., table et approbation 6 pp. non. chiff.

Bibl. de Tournai.

387. Messievrs eschevins de cette ville de Mons, desirans remedier avx desordres qvi se commettent iovrnellement avx marchez, halles au bled, au Rivage de la dite Ville, par les Mesureurs, & Porteurs au sacqs : Ont ordonné pour la Police d'icelle les Poincts cy-apres. De l'Imprimerie de Simeon de la Roche, 1665. In-f.º placard.

Bibl. de Mons ; recueil des placards, 15.º portefeuille in-4.º, 1663-1669, n.º 635.

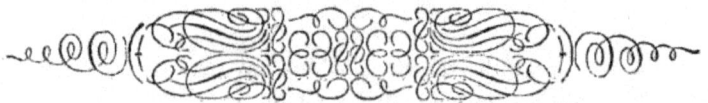

GASPARD MIGEOT.

1664-1703.

Ce typographe, né à Mons le 20 avril 1630, mourut en cette ville le 22 avril 1703. Il était fils de Grégoire Migeot et de Françoise Devergnies. Il fut inhumé dans l'église de Sainte-Waudru, où l'on voyait encore, il y a quelques années, une pierre tombale à sa mémoire.

Après avoir appris son art à Paris, chez Charles Savreux, Migeot revint dans sa ville natale et obtint du roi, le 7 décembre 1663, des lettres patentes d'imprimeur et de libraire. Il établit ses ateliers, d'abord dans une maison de la rue de la Chaussée, à l'enseigne des trois Vertus, puis à la rue des Clercs.

Ce qui a contribué surtout à rendre célèbre le nom de cet imprimeur, c'est la publication du Nouveau Testament dit de Mons et dont la première édition, œuvre typographique très remarquable, porte la date de 1667.

On a cherché, mais sans raisons plausibles, à enlever à Migeot l'honneur d'avoir imprimé ce livre; on l'a attribué à divers imprimeurs, aux Elezevier et principalement à Savreux, de Paris. Il existe sans doute une grande ressemblance entre les caractères dont le typographe parisien a fait usage et ceux dont l'imprimeur montois s'est servi pour ses éditions du Nouveau Testament; mais qu'y a-t-il d'étonnant que celui-ci, qui avait fait son apprentissage chez Savreux, ait eu des fontes et des fleurons semblables à ceux de son patron?

Le premier qui a prétendu que la traduction du Nouveau Testament n'était pas sortie des presses montoises, c'est le père Annat, jésuite, qui a été jusqu'à écrire qu'il n'existait à Mons d'autre imprimeur que Waudret, en 1667, et que Migeot n'avait pas d'atelier typographique ; mais quelle confiance peut mériter une semblable allégation, alors que nous savons, au contraire, que Waudret n'imprimait plus à cette époque, qu'il y avait d'autres imprimeurs à Mons, et que Migeot, autorisé, depuis le mois de décembre 1665 par des lettres patentes du souverain, à exercer son industrie, avait encore obtenu, par un édit royal du 24 juillet 1666, le privilége exclusif d'imprimer *le Nouveau Testament traduit du latin en français par un docteur de Sorbonne?*

M. Renier Chalon a commencé, dans ses intéressantes recherches sur les éditions du Nouveau Testament de Mons, (1) à plaider la cause de Migeot ; aujourd'hui il ne nous paraît plus douteux que c'est à Mons, et dans les ateliers de Migeot, qu'a été imprimé le Nouveau Testament. Pour corroborer cette opinion, nous avons eu la bonne fortune de rencontrer sur la garde d'un de nos exemplaires de cet ouvrage, une note manuscrite, digne de confiance, qui nous apprend cette circonstance ignorée jusqu'aujourd'hui, que la préface, mise en tête de l'édition de Mons, a été composée par le père Quesnel pendant un séjour qu'il fit au couvent des Oratoriens de cette ville, pour soigner l'impression de l'œuvre janséniste de Port-Royal.

Est-ce à dire maintenant que nous prétendions que les éditions du Nouveau Testament qui portent le nom de Gaspard Migeot soient toutes sorties des presses de cet imprimeur? Nullement; nous sommes même persuadé qu'il y a eu des contrefaçons publiées en pays étranger et surtout en France, où la traduction de Port-Royal était condamnée par les autorités religieuses et par le pouvoir civil ; mais un fait nous paraît hors de doute, c'est que les premières éditions de ce livre célèbre ont été imprimées à Mons et par Gaspard Migeot.

(1) Bruxelles, chez A. Van Dale, 1844. In-8.°

Voici la liste des ouvrages imprimés qui portent le nom de ce typographe montois :

388. Dieu seul, ou l'association pour l'interest de dieu seul. Par Henry Marie Boudon, Docteur en Theologie, grand Archidiacre de l'Eglise d'Evreux. A Mons, Chez Gaspard Migeot, aux trois Vertus. 1664. Avec Approbation. Pet. in-12, titre et préliminaires 12 ff. non chiff., texte 215 pp., table et approbation 4 pp. non chiff.

Bibl. de Mons, n.º 1,339 du catal.

389. Les constitutions du monastere de port royal du S. sacrement. A Mons, Chez Gaspard Migeot, en la ruë de la Chaussée, à l'enseigne des trois Vertus. M. DC. LXV. Avec privilege & approbation. Pet. in-12, titre et préliminaires 9 ff. non chiff., texte 528 pp., fautes à corriger 1 f. non chiff.

Bibl. de Mons, n.º 2,658 du catal. — Bibl. de M. R. Chalon. — Ma bibl.

On a souvent prétendu que ce livre n'était pas sorti des presses de Migeot, mais de l'atelier des Elzevier, parce qu'il est très bien imprimé et qu'il porte au titre la sphère elzevirienne. Ce n'est encore là qu'une allégation vague, aussi dénuée de preuves que le doute émis sur le lieu d'impression du Nouveau Testament de Mons, et qui ne peut être raisonnablement soutenue, alors qu'on voit que les approbations ecclésiastiques ont été données à Louvain par le docteur Pontanus, à Mons par Zacharie Maës, censeur des livres, et que le privilége royal pour l'impression a été expressément et exclusivement accordé à Gaspard Migeot.

Il existe des exemplaires de cette édition qui, ne contenant pas l'approbation signée à Mons par Zacharie Maës, n'ont que 8 feuillets préliminaires au lieu de 9. L'exemplaire que possède la bibliothèque publique de cette ville ne présente pas cette lacune.

390. Le nouveau testament De Nostre Seigneur Jesus Christ, Traduit en François Selon l'edition Vulgate, avec les différences du Grec. A Mons, Chez Gaspard Migeot, en la ruë de la Chaussée, à l'enseigne des Trois Vertus. M. DC. LXVII. Avec Privilege et Approbation. Pet. in-8.º, 2 vol. I. titre et préliminaires 22 ff. non chiff., texte 538 pp.; II. contenant les épitres de S.ᵗ Paul, etc., 462 pp., table et fautes à corriger 15 pp. non chiff.

Bibl. de Mons, n.º 143 du catal. — Bibl. de M. R. Chalon.

C'est la première édition de la traduction française du Nouveau Testament, par MM. de Port-Royal. Cette traduction, qui est restée célèbre sous le nom de *Nouveau Testament de Mons*, est, dit le père Colonia, de M. De Sacy et de M. Le Maistre, son frère; elle a été retouchée par MM. Arnauld et Nicole. Quant à la préface qui se trouve en tête de cette édition, elle a été composée, nous l'avons déjà dit, par le Père Quesnel.

Il n'entre pas dans le cadre de notre travail de rappeler tous les détails de l'ardente polémique religieuse que souleva la publication du livre de MM. de Port-Royal. Si Migeot obtint par une permission de Gaspard Nemius, archevêque de Cambrai, le 12 octobre 1665, et par un privilége royal, signé à Bruxelles, le 24 juillet 1666, l'autorisation d'imprimer dans notre pays la nouvelle version du Nouveau Testament; si cette traduction reçut les approbations des autorités ecclésiastiques, savoir : du docteur Pontanus, de Louvain, le 14 juin 1666, et de l'évêque de Namur, l'avant-veille des calendes d'octobre de la même année, l'œuvre de Port-Royal n'en fut pas moins poursuivie avec acharnement à l'étranger, et frappée d'anathème. Elle fut, dit Gabriel Peignot,[1] condamnée par le pape Clément IX, le 20 avril 1668,

---

[1] Dictionnaire critique, littéraire et bibliographique des principaux livres condamnés au feu, supprimés ou censurés, t. 2, p. 5.

comme traduction téméraire, pernicieuse, différente de la Vulgate, et contenant des choses propres à scandaliser les simples. Innocent XI l'a proscrite par décret du 19 septembre 1677 ; Clément XI en parle dans la constitution *Unigenitus.* L'archevêque de Rheims l'a condamnée par mandement du 18 novembre 1667 ; l'archevêque de Paris, par ordonnances du 18 novembre 1667 et du 20 avril 1668 ; l'évêque d'Evreux par mandement du 27 novembre 1667 ; celui d'Amiens, par mandement du 20 octobre 1673 ; enfin celui de Toulon, par mandement du 19 février 1678, condamnant cette traduction *comme téméraire, dangereuse, différente de la Vulgate dont elle s'éloigne pour suivre la version des hérétiques et les dépravations de la Bible de Genève, et qui insinue les erreurs des propositions condamnées dans Jansénius.* L'arrêt du conseil d'état de France, du 22 novembre 1667, foudroyant cet ouvrage, dit positivement que les auteurs sont des gens notoirement désobéissant à l'église. *Il défend à tous libraires et imprimeurs de vendre ou débiter la dite version, sous peine de punition, ordonne à toutes personnes qui en auront des exemplaires, de les porter incessamment au greffe pour y être supprimés, à peine de 1,500 livres d'amende.*

La raison de tant d'anathèmes lancés contre cette traduction est, dit-on, l'altération de la version latine qui est la seule authentique dans l'église ; de sorte qu'on prétend que cette traduction française a beaucoup de conformité avec la bible de Genève. Il faut avouer que sans les querelles du jansénisme à cette époque, on n'aurait pas poursuivi cet ouvrage avec autant d'acharnement. Mais comme cela arrive toujours, la persécution augmenta la vogue du livre ; aussi nous voyons qu'il eut de nombreuses éditions.

Voici, depuis 1667 jusqu'en 1705 [1], les titres des éditions

---

[1] Il existe des éditions postérieures à 1703, qui portent encore le nom de cet imprimeur ; mais comme Migeot père était mort à cette époque, nous en donnerons les titres dans la liste des livres imprimés par sa veuve ou par son fils.

portant le nom de Migeot, que nous avons eues sous les yeux, et dont la plupart ont été transcrits déjà dans l'intéressante notice de M. Renier Chalon :

Le Nouveau Testament de Nostre Seigneur Jesus-Christ, Traduit en François Selon l'edition Vulgate, avec les differences du Grec. Seconde Edition. A Mons, Chez Gaspard Migeot, a l'enseigne des trois Vertus. M. DC. LXVII. Avec Privilege & approbation. In-12 à deux colonnes, titre et préliminaires 10 ff. non chiff., texte 412 pp.

Bibl. de Mons, n.° 144 du catal. — Bibl. de M. R. Chalon. — Ma bibl.

Le Nouveau Testament etc. A Mons, Chez Gaspard Migeot, etc. M. DC. LXVII. In-8.°, titre et préliminaires 14 ff. non chiff., texte 598 pp., table 5 ff. non chiff.

Ma bibl.

Le titre de cette édition est évidemment supposé et l'ouvrage doit être sorti des presses de Antoine Jullieron. C'est du moins l'induction qu'on peut tirer de la permission d'imprimer accordée par le roi à ce typographe, le 10 juin 1667, et qui se trouve parmi les pièces préliminaires de ce livre.

Le Nouveau Testament etc. Troisième édition. A Mons, Chez Gaspard Migeot, etc. M. DC. LXVII. In-12, 2 vol. I. titre et préliminaires 20 ff. non chiff., texte 528 pp.; II. 5 ff. non chiff., texte 443 pp., table 22 pp. non chiff. avec la gravure de Van Schuppen, 1666.

Bibl. de M. R. Chalon.

Le Nouveau Testament etc. Quatrième edition revuë & corrigée. A Mons, chez Gaspard Migeot, etc. M. DC. LXVIII. In-12, 2 vol. I. XXVIII - 536 pp. et 4 ff. non chiff.; II. Les épîtres, etc. A Mons, etc. M. DC. LXVII, IV - 285 pp. et 9 pp. non chiff.

Bibl. de M. R. Chalon. — Ma bibl.

Le Nouveau Testament etc. Cinquième edition revuë & corrigée. A Mons, Chez Gaspard Migeot, etc. M. DC. LXVIII. In-16 imprimé par demi-feuilles, 2 vol. I. XXXII - 582 pp. et 14 ff. non chiff.; II. 515 pp., table 15 pp. non chiff., notes sur le nouveau testament 41 pp. non chiff.

Bibl. de M. R. Chalon.

Le Nouveau Testament etc. Sixième édition revue et corrigée. A Mons, chez Gaspard Migeot, etc. 1668. In-4.º, 2 vol. I. titre et préliminaires 22 ff. non chiff., texte 505 pp.; II. 2 ff. non chiff., texte 408 pp., table 5 ff. non chiff.

Bibl. de M. R. Chalon.

Il existe deux éditions in-4.º, sous la date de 1668, imprimées ligne pour ligne. La première a un errata, dont les fautes ont été corrigées dans la seconde.

Le Nouveau Testament etc. Nouvelle édition revuë & corrigée. A Mons, chez Gaspard Migeot, etc. M. DC. LXXII. In-12, 2 vol. I. 364 pp., table 4 ff. non chiff.; II. 280 pp. et 4 ff. non chiff.

Bibl. de M. R. Chalon.

Le Nouveau Testament de Nostre Seigneur Jesus-Christ, traduit en français avec le grec et le latin de la vulgate, ajoutez (sic) à côté, nouvelle édition. A Mons, Chez Gaspard Migeot, etc. M. DC. LXXIII. In-8.º, 2 vol. I. titre et préliminaires 12 ff. non chiff., texte 525 pp., table 5 ff. non chiff.; II. titre et préliminaires 2 ff. non chiff., texte 400 pp., table 5 ff. non chiff.

Bibl. de Douai. — Bibl. de M. R. Chalon.

Le Nouveau Testament de Nostre Seigneur Jesus-Christ, traduit en Français selon l'édition Vulgate, avec les différences du Grec, nouvelle édition revue et exactement corrigée. A Mons, Chez Gaspard Migeot, etc. M. DC. LXXVII. In-12, 2 vol. I. 364 pp. et 4 ff. non chiff.; II. 280 pp. et 4 ff. non chiff.

Bibl. de M. R. Chalon.

Le Nouveau Testament etc. Septième édition revue et corrigée de nouveau. A Mons, Chez Gaspard Migeot, etc. M. DC. LXXVII. In-4.º, 2 vol. I. titre et préliminaires 20 ff. non chiff., texte 505 pp.; II. titre et préliminaires 2 ff. non chiff., texte 408 pp., table 5 ff. non chiff.

Bibl. de M. R. Chalon.

Le Nouveau Testament etc. Vingt-cinquième édition revue et corrigée de nouveau. A Mons, Chez Gaspard Migeot, etc. M. DC. LXXXIV. In-12, 2 vol. I. titre et préliminaires 18 ff. non chiff., texte 604 pp.; II. 806 pp., table et errata 6 ff. non chiff.

Bibl. de M. R. Chalon.

Le Nouveau Testament etc. Nouvelle édition revue et exactement corrigée. A Mons, Chez Gaspard Migeot, etc. M. DC. LXXXVIII. In-12, 2 vol. I. 364 pp., table 4 ff. non chiff.; II. 280 pp., table 4 ff. non chiff.

Bibl. de Mons, n.º 146 du catal. — Bibl. de M. R. Chalon.

Le Nouveau Testament etc. A Mons, Chez Gaspard Migeot, etc. M. DC. XC. Avec privilege & approbation. In-8.º, 2 vol.

Bibl. de M. Houzeau de le Haie.

Le Nouveau Testament etc. Nouvelle édition revue et exactement corrigée, avec des figures en taille douce excellemment gravées. A Mons, Chez Gaspard Migeot, etc. M. DC XCVII. In-12, 2 vol. I. 412 pp., table 4 ff. non chiff.; II. 292 pp., table 4 ff. non chiff.

Bibl. de M. R. Chalon.

Il existe des éditions sans date; voici les titres de celles qui ont passé sous nos yeux :

Le Nouveau Testament de nostre seigneur Jesus Christ, traduit en Français selon l'édition Vulgate, avec les différences du Grec. Nouvelle édition. A Mons, Chez Gaspard Migeot, etc. In-8.º, 2 vol. I. titre et préliminaires 22 ff. non chiff., texte 558 pp.; II. 462 pp., table 6 ff. non chiff.

Bibl. de M. R. Chalon.

Le Nouveau Testament etc. Nouvelle édition. A Mons, Chez Gaspard Migeot, etc. Pet. in-12, 2 vol. I. XXVIII - 580 pp., notes 11 ff. non chiff.; II. 512 pp., table 25 ff. non chiff.

Bibl. de M. R. Chalon.

391. Histoire et concorde des qvatre évangélistes, contenant selon l'ordre des temps la Vie & les instructions de N. S. Iesvs-Christ. A Mons, Chez Gaspard Migeot, en la ruë de la Chaussée, aux trois Vertus. 1670. Avec Privilége, & Approbation. In-12, titre et préliminaires 6 ff. non chiff., texte 411 pp.

Bibl. de M. R. Chalon.

Cet ouvrage est d'Antoine Arnauld.

392. Nouveau traité de la civilité qui se pratique en France, Et ailleurs, parmy les Honnestes Gens. Jouxte la Copie imprimée à Paris. A Mons, Chez Gaspard Migeot, Marchand libraire, aux trois Vertus. M. DC. LXXI. Pet. in-12, titre, faux-titre et préliminaires 4 ff. non chiff., texte 166 pp., table 2 ff. non chiff.

Bibl. de M. R. Chalon.

393. La fidele penitente representée en la vie de la vertvevse sœvr Claire Françoise d'Anvers penitente capvcine. Par le P. Mansüet dv Nevf-Chasteav, Predicateur Capucin. A Mons, Chez Gaspard Migeot, vis-à-vis la Croix de la ruë de Clercs. M. DC. LXXIII. Auec Approbations. In-4.º, titre et préliminaires 19 ff. non chiff., texte 249 pp., table 2 pp. non chiff.

Bibl. de Mons, n.º 1,326 du catal. — Bibl. de M. R. Chalon. — Ma bibl.

394.* Nouveaux Contes de M. de la Fontaine. Mons, chez Gaspard Migeot, 1674. Pet. in-8.º, 168 pp.

Catalogue de la bibliothèque de Walckenaer, n.º 1,357.

On lit dans ce catalogue la note suivante :

« L'impression de la suite des Contes de la Fontaine étant interdite, ce volume parut furtivement. Le nom de G. Migeot (et non Migeon, comme le porte abusivement la note) cache sans doute le nom d'un imprimeur de province, de Rouen, peut-être. C'est contre ce recueil que fut rendue la sentence du lieutenant de police la Reynie, en avril 1675. »

Encore une fois nous demanderons pourquoi ce livre aurait été imprimé à Rouen, plutôt qu'à Mons? Sur quoi repose cette supposition? sur l'allégation que Migeot n'imprimait pas; mais nous avons déjà démontré le contraire, et les titres que nous donnons de plusieurs ouvrages inoffensifs, qu'on n'avait aucun motif de faire paraître sous un nom supposé, et qui sont évidemment sortis de ses presses, sont encore là pour le prouver.

395.* Nouveaux contes de M. de la Fontaine. Mons, G. Migeot, 1675. In-12, titre 1 f., texte 163 pp.

Catalogue de la bibliothèque de Walckenaer, n.º 1,359.

C'est une réimpression de l'édition précédente.

396. Essay d'une parfaite grammaire de la langue françoise : Où le Lecteur trouvera en bel ordre, tout ce qui est de plus necessaire, de plus curieux, & de plus elegant, en la Pureté, en l'Ortographe, & en la Prononciation de cette Langue. Par le R. P. Laur. Chiflet, de la Compagnie de Jesus. Cinquiéme & derniere Edition. A Mons, Chez Gaspard Migeot, ruë des Clercs, vis à vis la Croix. M. DC. LXXV. Avec Privilege du Roy. In-12, titre et préliminaires 4 ff. non chiff., texte 290 pp., extrait du privilége 1 p. non chiff.

Bibl. de Mons, n.º 4,374 du catal.

397. Abregé de S. Jean Chrysostome, sur le nouveau testament. Première partie. A Mons, Chez Gaspard Migeot, à l'Enseigne des trois Vertus. M. DC. LXXVI. Avec Approbation & Privilege. In-8.º, titre et préliminaires 4 ff. non chiff., texte 546 pp.

Bibl. de M. R. Chalon.

Nous n'avons pas rencontré la seconde partie contenant les épitres et l'apocalypse.

398. Traité de la pratique des billets entre les negocians. Par . . . . Docteur en Theologie. Seconde Edition revûë & augmentée. A Mons, Chez Gaspard Migeot à l'En-

seigne des trois Vertus 1684. Avec Approbation. Pet. in-12, titre et préliminaires 4 ff. non chiff., texte 345 pp.

Bibl. de M. R. Chalon. — Ma bibl.

Cet ouvrage est de Le Correur.

399. Le catechisme du concile de Trente, latin-françois. Tome premier Contenant le Symbole des Apôtres et les Sacremens. A Mons, Chez Gaspard Migeot, en la ruë de la Chaussée, à l'enseigne des trois vertus. M. DC. LXXXV. Avec Approbation et Permission. In-12, 667 pp. Le tome second porte : à Lyon et à Paris, chez André Pralard, ruë Saint-Jacques à l'occasion. M. DC. XCVIII.

Bibl. de M. R. Chalon.

La traduction de cet ouvrage est l'œuvre de l'abbé Chanut.

Il existe une édition de ce livre, nous en possédons un exemplaire, qui a été publiée en 1694, sans nom de lieu et d'imprimeur, 2 volumes in-12, et dont le titre ne contient que cette mention : *Sur l'imprimé à Mons, chez Gaspard Migeot, en la ruë de la Chaussée, à l'Énseigne des trois Vertus.*

Nous croyons que c'est une édition de Paris.

400. Introduction à l'Arithmétique par Jacques Lepoivre. A Mons, Chez Gaspard Migeot. 1687.

Nous ne citons ce livre que d'après la mention qu'en fait De Boussu dans son histoire de Mons, p. 434.

Nous pensons toutefois que l'historien montois n'a pas donné le titre exact de l'ouvrage de Lepoivre, qui pourrait bien être l'*Instruction nouvelle pour enseigner aux enfants à connoître le chiffre et à sommer avec les gets*, petit traité de numération qui a été plusieurs fois réimprimé à Mons, et dont le titre est transcrit plus loin sous le n.° 406.

Jacques Lepoivre, né à Mons au 17.° siècle, est encore auteur de l'ouvrage intitulé : *Traité des sections du Cône*, dédié à S. A.

le duc de Bavière, publié d'abord à Paris, puis à Mons, chez la veuve de Gaspard Migeot, en 1708, et réimprimé en 1855, chez Masquillier et Lamir, par les soins de M. Camille Wins.

401. Le pedagogue chretien ou la maniere de vivre chretiennement. Tiré de la Sainte ecriture et des Saints pères, confirmée et éclaircie par Raisons, similitudes et histoires. Par le R. P. Philippes d'Oultreman de la Compagnie de Jesus. A Mons, chez Gaspard Migeot ruë des Clercs, vis-à-vis la croix. 1696. Avec approbation des docteurs. In-12, titre et préliminaires 12 ff. non chiff., texte 631 pp., table 29 pp. non chiff.

Ma bibl.

402. Recueil historique Des Bulles & Constitutions, Brefs, Decrets & autres Actes, Concernansles Erreurs de ces deux derniers Siecles tant dans les matieres de la Foy que dans celles des mœurs, Depuis le Saint Concile de Trente, jusqu'à nôtre temps. A Mons, Chez Gaspard Migeot. MD. CXCVII. In-8.°, titre et préliminaires 6 ff. non chiff., texte 438 pp., errata 1 f. non chiff.

Bibl. de Mons, n.° 858 du catal. — Bibl. de M. R. Chalon.

On a prétendu que cette édition était de Rouen et non de Mons. Nous croyons que c'est à tort et qu'elle est réellement sortie des presses de Gaspard Migeot.

Une autre édition, indiquée comme la cinquième, a paru à Mons, en 1710.

Cet ouvrage composé par le R. P. Le Tellier, jésuite, a été supprimé en France par ordre du ministère public.

403. La sainte bible, contenant l'ancien et le nouveau testament, tradvite en françois sur la vulgate. Par Monsieur Le Maistre de Saci, divisée en huit tomes. A Mons, Chez Gaspard Migeot, M. DCCIII. Avec Approbation & Privilege

du Roy. In-12, 8 vol. I. qui comprend les cinq livres de Moyse, titre, faux-titre gravé et préliminaires 8 ff. non chiff., texte 521 pp.; II. qui comprend Josué, les Juges, Ruth, les quatre livres des Rois, 467 pp.; III. qui comprend les 2 livres des Paralipomenes, les 2 livres d'Esdras, Tobie, Judith, Esther, Job, 413 pp.; IV. qui comprend les Pseaumes de David, les Proverbes de Salomon, l'Ecclesiaste, le Cantique des Cantiques, la Sagesse, l'Ecclesiastique, 491 pp.; V. qui comprend Isaïe, Jérémie, Baruch, Ezechiel, 490 pp.; VI. qui comprend Daniel, Osée, Joel, Amos, Abdias, Jonas, Michée, Nahum, Habacuc, Sophonie, Aggée, Zacharie, Malachie, Machabées I & II, 424 pp.; VII. qui comprend le Nouveau Testament ; VIII. qui comprend les Epitres et Evangiles.

Ma bibl.

404. Exposition de la foi catholique touchant la grace et la prédestination. Avec un Recueil des passages les plus précis & les plus forts de l'Ecriture Sainte, sur lesquels est fondée cette Doctrine. A Mons, Chez Gaspard Migeot, Marchand Libraire, aux trois Vertus. In-8.º, titre et préliminaires 20 ff. non chiff., texte 276 et 46 pp.

Bibl. de M. R. Chalon.

Ce livre, qui a fait presque autant de bruit que le Nouveau Testament de Mons, est cité dans la *Bibliothèque Janséniste* comme étant l'œuvre de M. de Barcos, neveu de l'abbé de Saint-Cyran. C'est une sorte d'extrait des Réflexions morales du P. Quesnel. Il a été condamné, le 20 août 1696, par un mandement de l'évêque de Châlons, M. le cardinal de Noailles, comme défendant la doctrine des cinq propositions de Jansénius.

405. L'histoire de l'ancien Tobie, et de son fils le jeune Tobie, Pleine des beaux enseignemens : contenant comme

un Pere doit instruire son Fils, & comme un Enfant craignant Dieu sera obeïssant à son Pere. Item l'Histoire de la grande hardiesse de la noble vefve Judith. Et ce qu'il advint de l'honneste Dame Susanne, avec la sentence du Jouvenceau et Prophete Daniel. Ensemble l'Histoire de la belle Royne Esther. A Mons, Chez Gaspard Migeot, Libraire juré, vis a vis la Croix de la rue des Clercs. In-4.°, 48 pp. en caractères de civilité, figs. sur bois.

Ma bibl.

406. Instruction nouvelle pour enseigner aux enfans à connoistre le Chiffre & à sommer avec les Gets. Dernière Edition. A Mons: Chez Gaspard Migeot, ruë des Clercs, vis-à-vis la Croix, In-12, 30 pp.

Bibl. de M. R. Chalon.

Ce petit traité de numération a été réimprimé plusieurs fois à Mons.

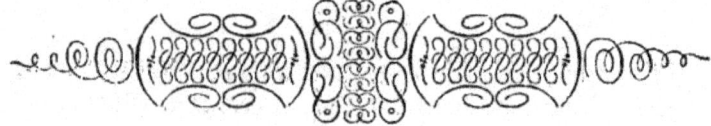

SIMÉON DE LA ROCHE (la Veuve).
1666-1686.

Germaine De Waudret, veuve de Siméon De La Roche, continua avec succès l'exploitation de l'atelier de son mari. Elle s'est servie de la marque typographique qu'avait adoptée son père François De Waudret et les autres imprimeurs de ce nom.

407. Les chartes novvelles dv pays et comté de Haynnav. Augmentées par M. Fortivs Ic. Aduocat en la Noble & Soueraine Covr à Mons, de la Table des Chapitres selon l'Alphabet, aussi d'vn Sommaire ou Repertoire general de toutes les matieres contenuës en icelles. Ensemble de la Disposition desdites Chartes nouuelles rapportée à l'ordre du Droict escrit, auec vne parallele ou renuoy general des Tiltres & Chapitres aux Rubriques du Droict Ciuil & Canonique. Ayans estés adjoustez à cette Nouuelle Edition les Concordats entre les deux Iurisdictions Spirituelle & Temporelle mentionnez esdites Chartes. A Mons, De l'Imprimerie de la Vefue Simeon de la Roche, ruë des Clercqs. 1666. In-4.º titre et préliminaires 5 ff. non chiff., texte 397 pp. et 139 pp. non chiff.

Bibl. de Mons, n.º 2,367 du catal. — Bibl. de M. R. Chalon. — Ma bibl.

408. Conqvéte dv ciel par la pratiqve de XXV. leçons, qve nostre grand maitre Iesvs fait en son école evcharistiqve, ov de la grace a ses disciples devotement simples. — Cum simplicibus sermocinatio eius. Prou. 3. 32. — Avec vn salutaire Traité de la Confession Sacramentele, & Remedes aux scrupules; & à la fin vne Table de matiere pour des Exhortations ou Meditations és Dimanches, Festes principales de l'année, & autres divers sujets. Par F. Gilles Zuallart, F. Mineur Recollet de la Prouince de Flandre. A Mons, De l'Imprimerie de la Vefve Simeon de la Roche, en la ruë des Clercs. M. DC. LXVII. In-4.º, titre et préliminaires 6 ff. non chiff., texte 1,005 pp., tables 17 pp. non chiff.

Bibl. de Mons, n.º 1,328 du catal.

409. Les regles de la vie spiritvelle dv venerable Louys de Bloys Abbé de Liessies. Traduction nouvelle. A Mons, De l'Imprimerie de la Vefue Simeon de la Roche, ruë de Clercqs. 1670. In-12, titre et préliminaires 9 ff. non chiff., texte 246 pp.

Ma bibl.

L'épitre dédicatoire adressée à François Lelouchier, abbé de Liessies, est signée par Ernest de la Roche.

410. La vie de la tres-illustre vierge S. Rolende royale de naissance. Et celebre en miracles, Tirée d'un vieux Manuscript Latin, & de Iean Molanvs Docteur en Theologie. Traduite la premiere fois par Maître Crepin Paradis, Curé de Gerpinne, & depuis mise en meilleur ordre, & en termes plus intellegibles, par un Religieux Benedictin du Monastere de S. Denys. A Mons, De l'Imprimerie de la Veuve Simeon de la Roche, en la ruë des Clercs. M. DC. LXX. Avec

Approbation. Pet. in-8.º titre et préliminaires 4 ff. non chiff., texte 53 pp.

Bibl. de Mons, non catalogué.

La dédicace à Madame Marie Madeleine de Hamal, abbesse de la Thure, est signée par Aubert Ghiselin, religieux de Saint-Denys.

411. Miroir de discipline aux novices Par le Docteur Seraphique S. Bonaventvre de l'ordre de S. Francois Cardinal & Evéque d'Albe. Dans lequel non seulement les Novices, en faveurs desquels il a été principalement dressé, ou les personnes Religieuses, mais aussi chacun selon sa qualité pourra voir des instructions & des Regles pour bien conduire ses actions interieures & exterieures. Traduit nouvellement en François l'an 1670. Par un Peré Recolet de la Province de Flandre. A Mons, De l'Imprimerie de la Vefue Simeon de la Roche, en la ruë des Clercqs, 1670. Pet. in-8.º, titre et préliminaires 8 ff. non chiff., texte 233 pp. et 5 pp. non chiff.

Bibl. de M. R. Chalon. — Ma bibl.

Jean Damascene Denisart, gardien du couvent des frères mineurs Recollets de Barbançon, est le traducteur de cet ouvrage.

412. Pvb. Terentii flores, sev modi latine loqvendi, et sententiæ, E sex Terentij Comœdijs Selecti. Item M. Tvllii Ciceronis ad familiares epistolæ faciliores et elegantiores In gratiam & vsum Adolescentum Liberalium Artium Candidatorum. Montibvs, Typis Viduæ Simeonis de la Roche, 1671. In-12, titre et préliminaires 11 ff. non chiff., texte 216 pp. *A la suite*: M. Tvllii Ciceronis epistolarvm familiarivm delectus. 94 pp.

Ma bibl.

413. L'histoire admirable de nostre dame de Tongre. Avec ses principavx miracles. Par M. George Hvart, Bachelier en Theologie, iadis Doyen de l'Eglise Collegiale de Nostre Dame, d'Anthoing. Pasteur dudit Tongre. A Mons, De l'Imprimerie de la Veuve Simeon de la Roche, ruë des Clercqs, 1671. Pet. in-8.º, titre et préliminaires 8 ff. non chiff., texte 100 pp., table et approbations 2 ff. non chiff.

Ma bibl.

414. Dialogi e selectis avctoribus excerpti cum variis loqvendi formulis. In usum studiosæ Iuventutis. Montibus, Ex Typographiâ Viduæ Simeonis de la Roche, M.D.C. LXXII. Pet. in-8.º, 152 pp.

Ma bibl.

415. Confrerie povr obtenir vne sainte mort sovs la protection de Sainte Vrsvle. Erigée à Mons, chez les Religieuses Vrsulines, le 23 d'Octobre 1672. A Mons, De l'Imprimerie de la Veuve Simeon de la Roche, 1672. Très pet. in-8.º, 30 pp. et 1 f. non chiff.

Bibl. de M. R. Chalon. — Ma bibl.

416. Nemesis Carolina sive imp. cæs. Caroli V. PP. Avgvsti, et sacri rom. imp. ordinvm leges capitales. A. Georgio Remo Avgvstano Paraphrasi expositæ & scholiis illustratæ. Montibvs Hannoniæ. Typis Viduæ Simeonis de la Roche. Anno M. DC. LXXIII. Pet. in-8.º, titre et préliminaires 4 ff. non chiff., texte 199 pp., index 9 pp. non chiff.

Bibl. de Mons, n.º 2,455 du catal. — Bibl. de M. R. Chalon. — Ma bibl.

417. La sainte vnion de qvatre differents etats de celibat, de mariage, de vevvage et de religion representee dans la

sainte princesse Catherine de Svede Par le R. P. Iacqves Coret, de la Compagnie de Iesvs. A Mons, De l'Imprimerie de la Veuve Simeon de la Roche, en la ruë des Clercqs. M.DC.LXXIII. In-4.º, figs., titre, faux-titre et préliminaires 13 ff. non chiff., texte 259 pp., table et approbation 6 pp. non chiff.

Bibl. de Mons, n.º 6,215 du catal. — Bibl. de M. R. Chalon. — Ma bibl.

418. Ceremonies povr les vestvres, et povr les professions des religievses de sainte Vrsvle. A Mons, De l'Imprimerie de la Veuve, Simeon de la Roche, 1673. In-8.º, 74 pp., approbation 1 f. non chiff. et 8 pp.

Bibl. de M. R. Chalon. — Ma bibl.

419. Le triomphe des vertvs evangeliqves representé dans les actions heroiqves de S. Aye comtesse de Haynav, dvchesse de Loraine, Et seconde Abbesse de l'illustre Chapitre des Demoiselles Chanoinesses de Sainte Waudru à Mons. Par le R. P. Iacqves Coret de la Compagnie de Iesvs. A Mons, De l'Imprimerie de la Veuve Simeon de la Roche, en la ruë des Clercqs. M.DC.LXXIV. In-4.º, titre, gravure et préliminaires 5 ff. non chiff., texte 310 pp., privilege et approbation 1 f. non chiff.

Bibl. de Mons, n.º 6,212 du catal. — Bibl. de M. R. Chalon. — Ma bibl.

420. Methode facile pour apprendre l'oraison mentale Et à s'entretenir en la presence de Dieu auec aspirations et affections amoureuses accompagnee de meditations diverses Sur la vie de N. Seigneur Jesus Christ et autres matieres tres-utiles, Et d'un traité de la confession et comvnion auec Vne

exercice pour se disposer à bien mourir. Sixieme edition Reueuë & augmentée Par Fr. Daniel d'Anuers Predicateur Capucin. A Mons, de linprimerie de la uefe Simeon delaroche. 1674. In-8.º, titre gravé et préliminaires 3 ff. non chiff., texte 715 pp., table 9 pp. non chiff.

Ma bibl.

421. Les chartes novvelles dv pays et comté de Haynav. A Mons, De l'Imprimerie de la Veuve Simeon de la Roche, en la ruë des Clercqs. M. DC. LXXIV. Pet. in-8.º, titre et préliminaires 4 ff. non chiff. texte 452 pp. et 14 ff. non chiff.

Ma bibl.

422. Orationes sacræ svper aliquot præcipuis anni solemnitatibvs habitæ ad reverendos ac religiosos dominos DD. canonicos regvl. avgvstinianos abbatiæ S. Auberti Cameraci. Per V. P. F. Simonem Mars, Conventus FF. Minorum Recollectorum ejusdem Civitatis Guardianum. Montibus, Typis Viduæ Simeonis de la Roche. M. DC. LXXIV. Pet. in-8.º, titre et préliminaires avec une gravure 5 ff. non chiff., texte 88 pp.

Bibl. de Mons, n.º 1,148 du catal.

Siméon Mars, prédicateur émérite, provincial des recollets de la province de Saint André, naquit à Mons, dans la seconde moitié du 17.e siècle. On a de lui plusieurs ouvrages cités par M. Ad. Mathieu dans la Biographie Montoise.

423. Declaration de la doctrine chretienne. Faite à l'instance des Sur-Intendants de l'Escole Dominicale en la ville de Mons en Haynau, pour l'Instruction de la Jeunesse. A Mons, De l'Imprimerie de la veuve Siméon de la Roche, en la ruë des Clercs. 1675. Pet. in-8.º, 80 pp.

Bibl. de M. R. Chalon.

424. Emmanuelis Alvari E societate Jesu Prosodia sive institutionum linguæ latinæ liber quartus. Montibus, typis Viduæ Simeonis de la Roche. 1675. Cvm gratia et privilegio. In-16, 140 pp. et 1 f. non chiff.

Bibl. de M. Ad. Mathieu.

Le privilége daté de Bruxelles du 9 juillet 1674, accorde à la veuve de Siméon de la Roche la faculté d'imprimer les livres à l'usage de la jeunesse studieuse de la Société de Jésus.

425. Instrvction novvelle. Pour enseigner aux enfans à connoistre le Chiffre, et à sommer avec les Gets. A Mons, De l'Imprimerie de la Veuve Simeon de la Roche, en la ruë des Clercs, 1678. Pet. in-8.º imprimé par demi-feuilles, 30 pp. et 1 p. non chiff. pour l'errata.

Bibl. de M. R. Chalon.

426. L'histoire admirable de nostre dame de Tongre. Auec ses principavx miracles. Par M. George Hvart, Bachelier en Theologie, jadis Doyen de l'Eglise Collegiale de Nostre Dame, d'Anthoing. Pasteur dudit Tongre. A Mons, De l'Imprimerie de la Veuve Simeon de la Roche, ruë des Clercqs, 1681. Pet. in-8.º, titre et préliminaires 8 ff. non chiff, texte 98 pp. et 1 f. non chiff.

Bibl. de Mons, n.º 6,276 du catal.

C'est une réimpression de l'édition de 1674.

427. L'enormité dv peché mortel; tirée de mot-à-mot de l'Italien d'vn devot religievx. A Mons, de l'Imprimerie de la Veuve Siméon de la Roche, en la ruë des Clercqs. M. D. C. LXXXI. Pet. in-8.º, 48 pp.

Bibl. de M. Arthur Dinaux.

428. Theologia sanctorvm qvam præside R. P. F. Henrico a Sancto Ignatio Ordinis Fratrum B. V. Mariæ de Monte Carmelo S. T. Professore. Defendet in Carmelo Montensi die 13. Octobris 1682. Ad medium 9. Matutinæ. F. Avertanvs a sancto Antonio. eiusdem Ordinis. Montibvs, Typis Viduæ Simeonis de la Roche. 1682. In-4.° 24 pp.

Ma bibl.

429. Sommaire de la doctrine Chrestienne. A Mons, de l'Imprimerie de le Vefve Simeon de La Roche, en la rue des Clercqs. M. DC. LXXXXII (lisez 1682). In-12, 16 pp.

Ma bibl.

430. Regles de la confrerie N. dame de Tongre, Canoniquement erigée dans l'Eglise Collegiale du Noble & Illustre Chapitre de S. Waudru à Mons. Auec un abregé des privileges et indulgences accordees par le sovverain pontif Innocent XI. Et par Monseigneur l'Illustrissime & Reverendissime Archévéque, & Duc de Cambray. A Mons, De l'Imprimerie de la Vefue Simeon de la Roche. 1683. Pet. in-12, 23 pp., approbation 1 p. non chiff.

Bibl. de Mons, n° 2,677 du catal.

431. Les Tableavx parlans de la Vie morale et mondaine, ov la Vertu instruict les cœurs à fuïr le Vice, Par le Sieur de la Vertv, opérateur de Son Altesse Royale Madame la Duchesse de Savoye. A Mons, de l'Imprimerie de la Veuve Simeon de la Roche, M. DC. LXXXIII. In-4.°, fig., 34 pp. plus un titre gravé et 16 planches de Sébastien Leclerc, une planche représentant les armoiries de l'abbaye de Saint-Denis-en-Brocqueroy, non gravée par Leclerc. *A la suite :*

Les Tableavx parlants de la Passion de Iesvs-Christ, où, Suivant le sentiment du Sr. de la Vertu, le Pécheur s'unit à son Sauveur. — Si quis vult post me venire, abnegat semet-ipsum, & tollat crucem suam, & sequatur me. Mat. c. 15. — A Mons, De l'Imprimerie de la veuve Siméon de la Roche. 1683. In-4.º, 24 pp. chiffrées de 35 à 56, plus un titre gravé et 9 planches par S. Leclerc.

Bibl. de M. R. Chalon.

Cet ouvrage, dit M. Chalon, dans une lettre insérée dans le bulletin du bibliophile de Techener, 2.ᵉ série, p. 565, est de Du Tertre, et est dédié par lui à M. de S. Ghislain, abbé de Saint-Denis. L'approbation est donnée par Z. Maës, doyen de Mons, censeur des livres, et datée du 5 avril 1683. Les planches ne sont pas imprimées derrière le texte. Il est facile de se convaincre, en voyant les titres gravés, que les deux derniers chiffres 85, à l'indication de l'année, ont été remis après coup, lorsqu'on eut gratté ceux qui s'y trouvaient. Il paraît que la première date était 1655, époque où Sébastien Leclerc demeurait encore à Metz. Comment se fait-il que la veuve de Siméon de la Roche ait imprimé à Mons, en 1685, un livre contenant des planches gravées en 1655, à Metz en Lorraine, par Sébastien Leclerc ? On ne peut expliquer cela qu'en supposant que l'imprimeur, ou ce Du Tertre lui-même aurait acheté, soit les cuivres, soit un nombre d'exemplaires de ces gravures, et aurait fait graver les deux derniers chiffres, afin que le public ne s'aperçût point qu'on lui donnait de vieilles planches avec un texte récent. Du Tertre aurait alors torturé son esprit pour ajuster ses vers et sa prose aux figures.

432. Reglement dv papier scelé. A Mons, De l'Imprimerie de la Vefue Simeon de la Roche, en la ruë des Clercqs près de la Croix. M. DC. LXXXIV. In-4.º, 4 ff. non chiff.

Bibl. de Mons; recueil des placards, 17.ᵉ portefeuille in-4.º, 1672-1679, n.º 695.

433. La juste defence de la portion Canoniqve et de la necessité de son augmentation. ou la voix du salaire pastorale Oüie à Lille, à Paris, & à Tournay. A Lille, Convainquante les Objections et Obstination des Grands Decimateurs. A Paris, Respondante à leur Factum couloré, dressé principalement contre les Pasteurs du Diocese de Cambray. A Tovrnay, Demandante une taxe provisionelle à Messieurs du Parlement, à qui la cause fut renvoyée par Sa Majesté. Par Monsieur Pescher, Doyen de Maubeuge, Pasteur de Solre Deputé des Pasteurs resortissans du Parlement de Tournay. Se vend à Mons, Chez la Vefue Simeon de la Roche, en la ruë des Clercs, 1685. In-4.°, 61 pp., 3 pp. non chiff. et 48 pp.

Ma bibl.

Une seconde édition de cet ouvrage a paru en 1689, chez Ernest de la Roche; on rencontre des exemplaires dont le titre porte la date de 1690.

434. Concilium provinciale cameracense in oppido Montis Hannoniæ habitvm anno D. MD. LXXXVI. Præsidentibus Illustrissimis & Reverendissimis in Christo Patribus & Dominis Jo. Francisco Bonhomio Episcopo & Comite Vercellensi Nuncioq Apostolico cum potestate Legati de latere, ac Lvdovico de Berlaymont Archiepiscopo & Duce Cameracensi, Sacri Rom. Imp. Principe, &c. Adjunctæ sunt aliquot constitutiones Pontificiæ, & edictum Regiū de hujus concilii decretis observandis. Additum est etiam Concilium Provinciale primum Cameracense quòd in hoc illius frequens fiat mentio. Montibus, Typis Vidue Simeonis de la Roche, 1686. Pet. in-8.°, titre et préliminaires 8 ff. non chiff. texte 178 pp., index 2 ff. non chiff.

435. Acta concilii provincialis cameracensis Præsidente R. P. Domino, Maximiliano A Bergis, Archiepiscopo, & Duce Cameracensi, Sacri Imperii Principe, Comite Cameracesii, &c. Cum cæremoniis, & orationibus, quæ in illo habitæ fuerunt. Editio nova de jussu & mandato Illustr. ac Reverendissimi Domini D. Jacobi Theodori de Bryas, Archiepiscopi Ducis Cameracensis, Sacri Imperii Principis, Comitis Cameracesii &c. Montibus, Typis Viduæ Simeonis de la Roche, 1686. Pet. in-8.°, 166 pp.

436. Canones, et decreta sacri concilii provincialis cameracensis Præsidente R. P. Domino, Maximiliano A Bergis, Archiepiscopo, & Duce Cameracensi, Sacri Imperii Principe, Comite Cameracesii, &c. Editio nova de jussu & mandato Illustr. ac Reverendissimi Domini D. Jacobi Theodori de Bryas, Archiepiscopi Ducis Cameracensis, Sacri Imperii Principis, Comitis Cameracesii, &c. Montibus, Typis Viduæ Simeonis de la Roche, 1686. Pet. in-8.°, 71 pp.

437. Decreta synodi diœcesanæ cameracensis. Per Illustrissimum & Reverendissimum Dominum D. Guilielmum de Berges, Dei & Apostolicæ sedis gratia Archiepiscopum & Ducem Cameracensem Sacri Imperii Principem, Comitem Cameracesii, &c. celebratæ Anno Domini 1604. Mense Octobri. Editio nova de jussu & mandato Illustr ac Reverendissimi Domini D. Jacobi Theodori de Bryas, Archiepiscopi Ducis Cameracensis, Sacri Imperii Principis, Comitis Cameracesii, &c. Montibus, Typis Viduæ Simeonis de la Roche. 1686. Pet. in-8.°, titre et préliminaires 12 ff. non chiff., texte 40 pp.

438. Synodvs diœcesana cameracensis, celebrata Anno Domini Millesimo Quingentesimo Sexagesima septimo, Mense

Octobri. Præsidente R. P. Dn. Maximiliano A Bergis, Archiepiscopo ac Duce Cameracensi, Sacrii Imperii Principe, Comite Cameracesii. Accessit quoque Titulorum & capitum index ut Lectoris comodo omni ex parte foret consultû. — Mandatum lucerna est, & lex lux. Prover. 6. — Editio nova de jussu & mandato Illustr. ac Reverendissimi, Domini D. Jacobi Theodori de Bryas, Archiepiscopi Ducis Cameracensis, Sacri Imperii Principis, Comitis Cameracesij, &c. Montibus, Typis Viduæ Simeonis de la Roche, 1686. Pet. in-8.º, 51 pp., index 5 pp. non chiff.

439. Decreta synodi diœcesanæ cameracensis, præsidente Reverendissimo in Chirsto patre, ac Illustr. Principi Domino, D. Roberto de Croy, Episcopo & Duce Cameracensi, Sacri Imperii Principe, Comite Cameracesii, &c. celebratæ anno Redēptoris, &c. M. D. L. mense Octob. Item, Antiqua statuta Synodalia Cameracensis diœcesis ab eadem synodo recognita, adjectis q̄ moderationibus, correctionibus, & additionibus reformata. Editio nova de jussu & mandato Illustr. ac Reverendissimi Domini Jacobi Theodori de Bryas, Archiepiscopi Ducis Cameracensis, Sacri Imperii Principis, Comitis Cameracesii, &c. anno 1686. Montibus, Typis Viduæ Simeonis de la Roche, 1686. Pet. in-8.º, titre et préliminaires 8 ff. non chiff., texte 199 pp. *A la suite* : Ordinata in synodo 32 pp., catalogus librorum reprobatorum 31 pp.

Bibl. de Mons, n.ᵒˢ 502 et 504 du catal. — Bibl. de M. R. Chalon. — Ma bibl.

Des éditions antérieures de ces publications, réunies d'ordinaire en un seul volume, concernant le concile provincial et le synode diocésain de Cambrai, sont sorties en 1587, 1602 et 1604 des presses de Charles Michel.

DE WAUDRET (la veuve).

1667.

440. La morale des jesuites, extraite fidelement de levrs livres imprimez avec la permission et l'approbation des svperievrs de levr compagnie. Par un docteur de Sorbonne. — Le progrés que feront ces Hommes aura ses bornes; car leur folie sera connüe de tout le monde. 2. Epist. de S. Paul à Thimothée Chap 3. v. 9. — A Mons, Chez la Vefve Waudret, à la Bible d'Or. M. DC. LXVII. In-4.º, titre et préliminaires 20 ff. non chiff., texte 755 pp., fautes à corriger 1 p. non chiff.

Bibl. de Mons, n.º 6,111 du catal. — Bibl de M. R. Chalon. — Ma bibl.

Cet ouvrage contre les doctrines des jésuites est attribué à Nicolas Perrault, mort jeune, en 1661, et qui avait été exclu de la Sorbonne avec Arnault. On pense généralement que la préface a été écrite par Alexandre Varret, religieux oratorien, né à Mons. D'après les termes de l'arrêt du parlement qui condamne ce livre, *prétenduement imprimé à Mons*, à être brûlé en place de grève, le 15 mai 1670, on pourrait croire que cette belle production typographique ne serait pas sortie des presses de la veuve de Waudret; mais ce serait là une erreur : il n'y a que les éditions postérieures à celles de 1667, c'est-à-dire les éditions de 1669, 1702 et 1739, en 3 vol. in-12, qui n'ont pas été publiées à Mons, ce qu'indique d'ailleurs la mention que porte leur titre : *Suivant la copie imprimée à Mons chez la Veuve Waudret, à la Bible d'Or.*

HUGUES BILANGES.

1670.

Nous ne connaissons qu'un seul ouvrage qui donne le nom de cet imprimeur ou de ce libraire montois; il a pour titre :

441. L'histoire romaine de Salvste. De la coniuration de Catilina, et de la gverre de ivgurta. De la traduction de M.ᵉ Odet Philippe, sieur Desmares, Conseiller du Roy au siège de Falaise. A Mons, Chez Hvgves Bilanges. M.DC. LXX. In-12, titre et préliminaires 17 ff. non chiff., texte 360 pp.

Bibl. de M. R. Chalon.

PAUL DE LA FLÈCHE.

1673.

Est-ce le nom d'un imprimeur ou d'un libraire de Mons? Nous l'ignorons; nous croyons cependant devoir transcrire le titre d'un livre qui porte son nom, mais dont plusieurs bibliographes attribuent l'impression à Blaeu d'Amsterdam.

442. Cinq dialogves Faits à l'imitation des Anciens. Par Oratius Tubero. I. De la Philosophie Sceptique. II. Le Banquet Sceptique. III. De la Vie privée. IV. Des rares et éminentes qualités des Asnes de ce temps. V. De la diversité des religions. A Mons. Chez Paul de la Fleche. M. DC. LXXIII. Pet. in-12, titre et préliminaires 10 ff. non chiff., texte 406 pp.

Bibl. de M. R. Chalon. — Ma bibl.

L'édition originale de ces dialogues a été imprimée à Francfort chez Sarius, en 1606, in-4.º

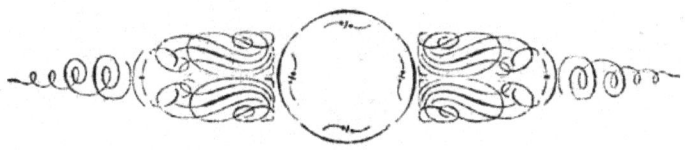

LENOIR.

1674.

Le nom de cet imprimeur ou de ce libraire, sans doute montois, et peut-être le parent de Marguerite Lenoir, épouse de Gaspard Migeot, ne nous est révélé que par la mention que nous en trouvons dans le catalogue d'une bibliothèque particulière, qui donne le titre de l'ouvrage suivant :

443.* L'evesque de Cour opposé à l'evesque apostolique, premier entretien sur l'ordonnance de M. l'evêque d'Amiens, contre la traduction du Nouveau Testament en français. Mons, Lenoir. 1674. In-f.°

ERNEST DE LA ROCHE.

1686-1703.

Cet imprimeur succéda à l'établissement de la veuve Siméon de la Roche, sa mère.

444. Edict perpetvel dv roy nostre sire tovchant les biens, droits, ou deniers cy-devant sequestrez, namptis, depositez, ou demeurez és mains de ses Officiers, si-comme, Prevosts, Baillys, Ammans, Mayeurs, Depositaires, Greffiers, Secretaires, Huissiers, ou autres sequestres en ses Pays de pardeça. Iouxte la Copie Imprimée à Bruxelles. A Mons, De l'Imprimerie d'Erneste de la Roche, en la ruë des Clercqs. 1686. In-4.º, 4 ff. non chiff.

Ma bibl.

445. Elegantiarum Aldi Manutii flores, novum in ordinem ac formam, novo plane idiomate gallico accuratiore, atque ad latinum accommodatiore, collecti. In gratiam Studiosæ Iuvenitutis, Collegiorum imprimis Societatis Iesu. Editio nova. Montibus, Ex officina Ernesti de la Roche, viâ

Clericorum. M. DC. LXXXVIII. In-12, 476 pp., table 14 ff. non chiff.

Ma bibl.

446. La ivste defence de la portion canonique ov la voix dv salaire pastoral Par Monsieur Pescher Montois Doyen de Maubeuge, Pasteur de Solre, Deputé des Pasteurs soub le Parlement de Tournay. A Mons, Chez Erneste de la Roche, en la ruë des Clercs. M. DC. LXXXIX. Avec permission. Pet. in-8.°, 716 pp. et 7 ff. non chiff.

Bibl. de Mons, n.° 2,596 du catal. — Bibl. de M. R. Chalon.

Il existe des exemplaires de cette édition avec un titre refait à la date de 1690; nous en possédons un dans notre bibliothèque.

447. Capitvlation accordée par sa maiesté tres-chrétienne, Aux Estats, Conseils, Magistrat, & Commynautez de la ville de Mons, & Province de Haynaut. A Mons, De l'Imprimerie d'Erneste de la Roche, 1691. In-4.°, 16 pp.

Ma bibl.

L'original de ce document revêtu de la signature autographe de Louis XIV, le 8 avril 1691, jour de la prise de Mons par l'armée française, repose aux archives communales de cette ville.

Gilles Ursmer Havart a aussi publié deux éditions in-4.° de ce document historique. Les capitulations des villes de Lille et de Tournai en 1667, se trouvent annexées à l'une de ces éditions.

448. Traité des mouvemens simpatiqves. Avec Une explication de ceux qui arrivent dans le Vertige, l'Epilepsie, l'affection Hypocondriaque, & la Passion Hysterique. Par M. Brisseav Docteur en Medecine de l'Vniversité de Mont-

pellier, & Medecin des Hôpitaux du Roy à Mons. A Mons, De l'Imprimerie d'Erneste de la Roche, 1692. Avec Permission. In-12., titre et préliminaires 3 ff. non chiff., texte 149 pp., table 5 pp. non chiff.

Ma bibl.

Brisseau, Pierre, né à Paris, servait comme médecin militaire dans les armées de Louis XIV. Il fut attaché en cette qualité à l'hôpital royal de Mons.

449. Loix chartes et coustumes du chef-lieu de la ville de Mons. Et des Villes et Villages y resortissans, avec plusieurs Decrets en dépendans, & Mesures des Terres & Bois d'aucunes Villes. A Mons De l'Imprimerie d'Erneste de la Roche, en la ruë Clercqs, M. DC. LXXXXV. Pet. in-8.º, 116 pp. *A la suite :* Ordonnances et provisions decretées par le souverain cheflieu du dit Mons. A l'éclaicissement d'aucuns Articles & Poincts dépendans des dites Chartes Eschevinales, 52 pp.

Bibl. de Mons, n.º 2,378 du catal. — Ma bibl.

450. Histoire de nostre dame de Hale, par Juste-Lise, (sic) Historiographe des Serenissimes Archiducs Albert & Isabelle Claire Eugene, infante d'Espagne. Traduite du latin & augmentée de plusieurs merveilles, venuës en lumiere depuis la mort de l'Autheur. A Mons, Chez Erneste de la Roche, Imprimeur et Marchand Libraire en la ruë des Clercqs. M. DC. XCVII. In-18, titre et préliminaires 4 ff. non chiff., texte 137 pp., table et approbation 3 ff. non chiff.

Ma bibl.

451. Particulæ gallico-latinæ ad vsvm faciliorem accom-

mocatæ (sic) editio nova. Montibus, Typis Ernesti de la Roche, M. DC. XCVII. Pet. in-12, 96 pp.

Ma bibl.

452. Instruction nouvelle pour enseigner aux Enfants à connoître le chiffre Et à sommer avec les gets. Reveu, & Corrigé les fautes survenuës dans les precedentés Impressions. A Mons Chez Erneste de la Roche, Imprimeur & Marchand Libraire en la Ruë des Clercqs, M. DC. XCVII. Pet. in-8.º par demi-feuilles, 32 pp.

Ma bibl.

453. Journée chrétienne contenant La maniere de la passer Saintement avec le psautier de la vierge Marie, Composé par S. Bonaventure, le manuel de devotion A S. Antoine de Padouë, la pratique de la Confession & Communion; la devotion au Sacré Cœur de Jesus & plusieures autres Prieres, Offices, Litanies, & Exercices de Picté. A Mons, De l'Imprimerie d'Erneste de la Roche, en la ruë des Clercqs. 1698. Avec approbation. In-12, titre et préliminaires 6 ff. non chiff., texte 396 pp. et 4 gravures sur cuivre par Harrewyn.

Bibl. de Mons, n.º 1,368 du catal. — Ma bibl.

454. Loix chartes et coutumes du chef-lieu de la ville de Mons, et des villes, et villages y resortissans, Avec plusieurs Decrets en dépendans, aussi diverses autres Chartes & Coûtumes : Si-comme des Villes de Binch, Nivelles, Landrechies, Lessines, Chimay, Valenciennes, Cambray, Doüay, Tournay, la Bassée, du Comté de Namur, & du Pays de Liege. Reveuë & corrigée. A Mons, De l'Imprimerie d'Erneste de la Roche, en la ruë des Clercqs, vis-à-

vis de la Croix. M. D. C. C. In-4.º, titre et préliminaires 6 ff. non chiff., texte 548 pp., tables 1 f. non chiff.

Ma bibl.

455. Les chartes nouvelles du pays et comté de Haynau. A Mons, De l'Imprimerie d'Erneste de la Roche, en la ruë des Clercqs. M. D. CC. Pet. in-8.º, titre et préliminaires 4 ff. non chiff., texte 472 pp., table 4 ff. non chiff.

Ma bibl.

456. Histoire admirable de notre Dame de Tongre avec ses principaux miracles. Revuë, corrigée, et mise en meilleur stile par le soin de Messieurs le Curé, Administrateurs & Confrères de l'Eglise dudit Tongre. A Mons, De l'Imprimerie d'Erneste de la Roche, en la ruë des Clercqs vis-à-vis la Croix. 1700. Pet. in-8.º, titre et préliminaires 13 ff. non chiff., texte 155 pp. et 2 pp. non chiff.

Bibl. de M. Arthur Dinaux.

Edition plus complète que celle de 1721 imprimée chez Nicolas Varret.

457. Abregé de l'histoire de la miraculeuse image de N. dame de Tongre. A Mons, De l'Imprimerie d'Erneste de la Roche, en la ruë des Clercqs vis-à-vis de la Croix. 1701. Pet. in-12, 47 pp.

Bibl. de Mons, n.º 6,277 du catal. — Ma bibl.

458. Declaration de la doctrine chrestienne. Fait à l'instance des sur-intendants de l'escole dominicale en la ville de Mons en haynau, pour l'instruction de la jeunesse. A Mons, De l'Imprimerie d'Erneste de la Roche, en la ruë des Clercqs. 1701. In-12, 80 pp.

Ma bibl.

459. Recueil de plusieurs placarts fort utiles au pays de Haynau, et qui condvisent a l'eclaircissement de plusieurs Chartes dudit Païs. Avec le Decret de l'An 1601. l'Edit Perpetuel, le Reglement de la Navigation, les Mesures des heritages du susdit Païs & d'autres circonvoisins, aussi la largeur des chemins & voïes du même Païs. Reglement de l'office de la Depositairerie, &c. Le tout fait pour l'utilité des Praticiens. A Mons, De l'Imprimerie d'Erneste de la Roche, en la ruë des Clercqs. M. D. C. CI. In-4.°, titre avec les armes du comté de Hainaut gravées au verso et dédicace aux députés des états 2 ff. non chiff., texte 272 pp., table 2 ff. non chiff.

Bibl. de Mons, n.° 2,352 du catal. — Ma bibl.

460. Reglement accordé par sa majesté pour la ville de Mons, Le 20 de Jûllet 1703. A Mons, De l'Imprimerie d'Erneste de la Roche, en la ruë des Clercqs. 1703. In-4.°, 15 pp.

Archives communales de Mons; registre aux ordonnances de la ville de 1700 à 1749, n.° 7. — Ma bibl.

Ce règlement octroie à la ville de Mons le droit d'établir de nouveaux impôts, pour faire face aux charges qui l'accablaient alors et que l'occupation française de 1691 à 1697 n'avait pas peu contribué à aggraver. La dette communale s'élevait annuellement, à cette époque, à 214,585 livres, monnaie de Hainaut, sans compter les frais d'administration fixés à 80,000 livres. Le revenu n'était que de 209,791 livres.

GILLE ALBERT HAVART.
1692-1724.

Ce typographe, qui avait le double titre d'imprimeur du Roi et des États du Hainaut, n'a édité qu'un très petit nombre de livres. Il s'est principalement occupé de l'impression, ordinairement en forme de placards, des édits du Souverain, et des actes des autorités judiciaire et administrative de la ville de Mons [1].

Il exploita l'établissement que lui avait laissé son père, Gilles Ursmer Havart, à l'enseigne du Paradis, presqu'en face de l'église de S.te-Elisabeth, rue de Nimy.

Il s'est servi, comme marque typographique, d'un chiffre formé des lettres initiales de son nom.

[1] Comme il serait trop long de citer tous les actes de cette nature qui sont sortis des presses montoises, et dont la plupart ont été, d'ailleurs, réimprimés dans des recueils spéciaux publiés à Mons, nous ne transcrirons plus à l'avenir, que les titres de ceux qui, par l'intérêt qu'ils offrent, pourraient engager le lecteur à les consulter.

461. Charles par la grace de Dieu, etc. (*Décret du 20 novembre 1692, interdisant la distillation dans le pays des eaux-de-vie, dites brandevins de grains, fruits et légumes.* A Mons, De l'Imprimerie de Gilles Albert Havart, Imprimeur du Roi, ruë de Nimy, à l'Enseigne du Paradis. (1692.) In-f.º, placard.

Bibl de Mons; recueil des placards, 19.ᵉ portefeuille in-4.º, 1682-1692, n.º 750.

462. Reglemens des etats du Haynaut, pour la levee des droits dans l'estendue de la province. A Mons, De l'Imprimerie de Gille Havart, à l'Enseigne du Paradis. 1694. In-4.º, 34 pp.

Collection de placards du ministère de la justice.

463. Declaration du roy pour l'establissement de la capitation generale. *Au bas du dernier feuillet :* Suivant la Copie Imprimée à Paris, a Mons, Chez Gilles Havart, Imprimeur ordinaire du Roy. (1695.) In-f.º, 3 ff. non chiff.

Archives communales de Mons; recueil des placards, 1655-1748, n.º 86.

Cet édit est daté de Versailles, le 18 janvier 1695.

464. Traité et ratification de la paix, Conclu le 20. Septembre de l'année 1697. au Château de Ryswick, dans la Province de Hollande, entre le Serenissime & Tres-Puissant Prince Guillaume III. Roi de la Grande Bretagne, d'une, & le Serenissime & tres-Puissant Prince Louis XIV. Roi de France et de Navarre, d'autre part. *Au bas de la 4.ᵉ page :* A Mons, Chez Gilles Havart Imprimeur du Roi, ruë de Nimy à l'Enseigne du Paradis 1697. *A la suite :* Traité de commerce, navigation et marine, Fait, conclu, arrêté à Ryswick en

Hollande le 20. Septembre 1697. entre les Ambassadeurs & Plenipotentiaires de Sa Majesté Tres-Chrétienne, d'une; & les Ambassadeurs & Plenipotentiaires des Seigneurs Etats Generaux des Provinces Vnies du Païs-bas de l'autre part. *Au bas du dernier feuillet :* A Mons, Chez Gilles Havart, Imprimeur du Roy, ruë de Nimy, à l'Enseigne du Paradis 1697. In-f°, 10 pp. et 1 f. non chiff.

Bibl. de Mons, n.º 6,881 du catal., 17.ᵉ portefeuille n.º 357.

465. Eloges de saint Joseph, deduits en cinq pieces, consacrées aux cinq personnes de la s.ᵗᵉ famille. Par le P. Philippe Parmentier Recollet. A Mons, De l'Imprimerie de Gilles A. Havart, Imprimeur du Roi, rue de Nimy, à l'Enseigne du Paradis 1698. In-8.º, 8 pp., 1 f. non chiff. et 171 pp.

Bibl. de Mons, n.º 181 du catal.

Philippe Parmentier, prédicateur et confesseur de l'ordre des frères mineurs récollets de la province de S.ᵗ-André, est aussi l'auteur de l'ouvrage cité plus bas N.º 494.

466. Ordonnance du roy, Philippe quatriéme, pour le redressement d'aucuns abus glissez au fait de la justice et police du pays et comté de Haynaut. A Mons, De l'Imprimerie Gilles Albert Havart Imprimeur du Roy, ruë de Nimy, à l'Enseigne du Paradis, 1699. In-4.º, 13 pp. et 1 f. non chiff.

Ma bibl.

C'est une nouvelle publication de l'ordonnance du 31 janvier 1624.

467. Charles par la Grace de Dieu, etc. (*Ordonnance du 22 juin 1695 règlant la police des funérailles et le port des*

habits de deuil.) A Mons, Chez Gilles Havart, Imprimeur du Roy, 1699. In-f.º placard.

Ma bibl.

Ordonnance très curieuse.

468. Decrets de la cour aux plains plaids, tenus le premier jour du mois de Juin 1699. La Cour s'appercevant que plusieurs abus se sont glissez tant au fait des Procedures & Poursuites, que dans la Gestion & conduite des sergeans, pour y remedier a été ordonné ce que s'ensuit. A Mons, De l'Imprimerie Gilles Albert Havart Imprimeur du Roy, ruë de Nimy, à l'Enseigne du Paradis. (1699) In-4.º, 8 pp. non chiff.

Bibl. de Mons; recueil des placards, 21.ᵉ portefeuille in-4.º, 1696-1699, n.º 811.

469. Traité fait a Lille. Du 3 Decembre 1699. En execution de celuy de Ryswick. Suivant la Copie Imprimée a Lille, Chez Ignace Fievet & Lievin Danel, Imprimeurs du Roy, à la Bible Royal. Et A Mons chez A. Havart l'Imprimeur du Roy. (1700). In-4.º 12 pp.

Ma bibl.

470. Reglement pour l'office de la depositairie generale de la province de Haynau. A Mons, Chez G. Albert Havart, Imprimeur du Roi & des Estats du Pays d'Haynaut, 1700. In-f.º, placard.

Bibl. de Mons; recueil des placards, 38.ᵉ portefeuille in-f.º, 1700-1703, n.º 825.

471. A monsieur le comte du Rœux, chevalier de l'ordre de la toison d'or, etc. (*Décret réglant divers points de conflits de juridiction.*) *Au bas de la dernière page* : A Mons, Chez

Gilles Albert Havart, Imprimeur du Roi, & des Estats du Pais de Hainau, à l'Enseigne du Paradis prés de sainte Elisabeth 1702. In-4.º, 18 pp., les 3 dernières non chiff.

Bibl. de Mons; recueil des placards, 38.ᵉ portefeuille in-f.º, 1700-1703, n.º 851.

472. Placarts pour la conservation de divers droits (*impôts*) des estats du pais et comté de Hainau. A Mons, Chez Gilles Albert Havart, Imprimeur du Roi & des Estats du Pais & Comté de Hainau, à l'Enseigne du Paradis, près sainte Elisabeth. (1703). Grand in-4.º, 52 pp.

Bibl. de Mons; recueil des placards, 38.ᵉ portefeuille in-f.º, 1700-1703, n.º 859.

473. Philippe par la grace de Dieu, etc. (*Ordonnance du 24 mai 1704 sur le cours des monnaies*). A Mons, chez Gilles Albert Havart Imprimeur du Roy, & des Estats du Païs de Hainau, à l'enseigne du Paradis. In-f.º, placard.

Bibl. de Mons; recueil des placards, 38.ᵉ portefeuille in-f.º, 1700-1703, n.º 573.

474. Par le roy. (*Décret du 27 mai 1704, au sujet du renouvellement des fiefs.*) A Mons chez Gilles Albert Havart Imprimeur du Roy & des Estats à l'Enseigne du Paradis prés Ste. Elisabeth. (1704). In-f.º placard.

Archives communales de Mons; recueil des placards, 1655-1748, n.º 100.

475. Reglement provisionnel pour la chaussée du Hainaut de Mons à Bruxelles. A Mons, Chez Gilles Albert Havart Imprimeur du Roy & des Estats du Pais d'Hainau, près St. Elisabeth, à l'enseigne du Paradis. (1705.) In-f.º placard.

Ma bibl.

476. Le roy en son conseil. (*Ordonnance du 2 janvier 1705, taxant les honoraires des notaires.*) A Mons, Chez Gilles Albert Havart Imprimeur du Roy et des Estats du Pays prés sainte Elisabeth à l'Enseigne du Paradis. (1705.) In-f.º, placard.

Archives communales de Mons; recueil des placards, 1655-1748, n.º 101.

477. Le roy en son conseil. (*Ordonnance du 8 février 1706, fixant des règles pour la location des maisons à Mons.*) A Mons, Chez Gilles Albert Havart, Imprimeur du Roy & des Estats près de Sainte Elisabeth. 1708. In-f.º placard.

Ma bibl.

478. Le roy en son conseil. (*Ordonnance du 15 décembre 1707, réglant le mode de vérification et d'entérinement des lettres-patentes de noblesse.*) A Mons, Chez Gilles Albert Havart, Imprimeur du Roy & des Estats, au Paradis prés de sainte Elisabeth. 1708. In-f.º, placard.

Archives communales de Mons; recueil des placards, 1655-1748, n.º 105.

479. Articles de capitulation proposés par les Estats du pays et comté de Hainau, & par les Magistrats de la ville de Mons. A Mons, Chez Gilles Albert Havart, Imprimeur du Roy et des Estats, près Ste. Elisabeth. (1710). In-4.º, 12 pp.

Bibl. de M. R. Chalon.

480. Reglement du conseil souverain du roi en Hainau du 16 de May 1711. A Mons, Chez Gilles Albert Havart, Imprimeur du Roy & des Estats du Païs de Hainau, prés sainte Elisabeth. (1711). In-12, 10 pp.

Bibl. de M. R. Chalon. — Ma bibl.

481. Hedwige, reine de Pologne tragedie dediée a son altesse monseigneur le duc d'Aremberg. A Mons, Chez Gilles Albert Havart Imprimeur du Roi & des Etats de Hainaut 1713. In-8.º, 86 pp. et une figure gravée par Harrewyn.

Bibl. de Mons, n.º 5,165 du catal. — Bibl. de M. R. Chalon. — Ma bibl.

Tragédie en 5 actes et en vers, par Gilles De Boussu.

482. Theologia universa passibus S. scripturæ SS. patrum, conciliorum firmata, et juxta inconcussa Joannis Duns Scoti, Doctoris subtilis Dogmata explicata, quam Deo Duce, deiparâ Auspice, & Præside P. Jacobo Josepho Muissart in Conventu FF. Min. Recoll. montensium Sacræ Theologiæ Lectore defendet. F. Angelus Laurent Sacerdos Die 21. Augusti 1713. horâ nonâ matut : & tertiâ pomerid: Montibus, Apud Ægidium Albertum Havart Regis & Comitatus Hannoniæ Typographum, 1713. In-4.º, titre et dédicace 2 ff. non chiff., texte 8 pp.

Ma bibl.

483. Leopold Philippe Charles Joseph duc d'Arenberg, etc. (*Ordonnance du 17 juin 1716, défendant les réunions de personnes des deux sexes dans les cabarets, les danses après le soleil couché, et entre les mêmes personnes les assemblées qu'on appelle communément* SCRIENNE, *qui se font le soir pendant l'hiver.*) A Mons, Chez Gilles Albert Havart, Imprimeur du Roi & des Estats de Hainau. (1716.)

Ma bibl.

484. Præparatio et gratiarum actio missæ sacrificii piis affectibus et anagrammaticis Versionibus, potius mente meditanda quam ore proferenda, atque devotis S. Scripture

locis, necnon Sanctorum Patrum sententiis interdum insertis Locupletata. Studio ac labore Præsbiteri Religiosi Ordinis FF. Min. strictioris observantiæ recoll. sancti francisci Provinciæ S. Andreæ Alumni. Montibus, Apud Ægidium Albertum Havart, Regium & Statutuum Hannonie Typographum, sub Signo Paradisi. In-12, 94 pp.

Bibl. de M. R. Chalon.

485. Chartes, loix et coutumes du pays et comté de Haynaut de l'an 1410. *Au bas de la dernière page*: A Mons, Chez Gilles Albert Havart, Imprimeur de Sa Majesté Imperiale & Catholique & des Estats de Hainaut, prés Ste Elisabeth 1721. In-4.º, 20 pp.

Bibl. de Mons, n.º 8381 du catal., 1.ᵉʳ vol.

486. De par l'empereur et roy etc. (*Décret du 24 septembre 1723, rendant au conseil souverain de Hainaut le ressort et la juridiction qu'il avait avant l'occupation française, sur les parties de la châtelenie d'Ath cédées au Tournaisis par les traités de Ryswick et de Lille.*) A Mons, Chez Gilles Albert Havart Imprimeur de Sa Majesté Imperiale & Catholique, & des Estats de Hainaut prés Ste. Elisabeth, 1723. In-f.º, placard.

Ma bibl.

487. Leopold Philippe Charles Joseph duc d'Arenberg, etc. (*Ordonnance du grand bailli du Hainaut, en date du 15 novembre 1723, interdisant la vente et la publication du livre intitulé: Mercure historique et politique, qui s'imprimait à la Haye.*) A Mons, Chez Gilles Albert Havart Imprimeur de Sa Majesté Imperiale & des Etats du Hainaut prés Ste. Elisabeth, 1723. In-f.º placard.

Ma bibl.

JACQUES GRÉGOIRE.

1693-1699.

Ce typographe prenait le titre d'imprimeur et de libraire du chapitre royal de S.te-Waudru. Il établit ses ateliers, d'abord, en la rue Samson, près de l'église de Saint-Germain, puis en la rue de la Chaussée.

Il avait adopté, comme marque typographique, ce chiffre formé des lettres initiales de son nom :

488. Loix chartes et coustumes du chef-lieu de la ville de Mons, Et des Villes & Villages y resortissans, avec plu-

sieurs Decrets en depandans. A Mons, De l'Imprimerie de J. Gregoire Ruë Samson proche Saint Germain, M. D. C. XCIII. Petit in-12, 96 pp., table 5 pp. non chiff. *A la suite*: Ordonnances et provisions decretées par le souverain chef-lieu dudit Mons, 48 pp.

Ma bibl.

Il existe des exemplaires de cette édition avec un titre fautif portant la date de 1603.

489. Manuel de devotion a S. Antoine de Padoue Avec une devote Pratique de la Confession & Communion, & le Petit Office du Seraphique Pere Saint François composé par Saint Bonaventure. Nouvelle Edition reveüe & augmentée. A Mons. De l'Imprimerie de Jacques Gregoire, Ruë Sanson proche S. Germain. M. D. C. XCIII. Pet. in-8.°, titre et préliminaires 2 ff. non chiff., texte 199 pp., table 1 f. non chiff.

Ma bibl.

490. Venerabilis Ludovici Blosii dacryanus, abbatis Lœtiensis Ordinis Sancti Benedicti, in Hannoniâ. Sive speculum monachorum. Montibus, Typis, Jacobi Gregoire. 1694. In-12 sur demi-feuilles, 139 pp.

Bibl. de Mons, n.° 1,406 du catal. — Bibl. de M. R. Chalon. — Ma bibl.

De Blois était de l'illustre maison de Blois et de Chatillon. Il naquit en 1506 au château de Donstienne près de Beaumont et se fit bénédictin à l'abbaye de Liessies, en Hainaut. Il mourut le 7 janvier 1566 ; il avait refusé la dignité d'archevêque de Cambrai. Le plus célèbre de ses ouvrages est le *Speculum monachorum* qu'il avait intitulé *Dacryanus*, mot grec qui signifie pleureur. Le jésuite de la Nauze en donna une traduction sous le titre de *Directeur des âmes religieuses.* Aubert Le Mire pense que c'est à tort qu'on attribue ce livre à Louis De Blois, mais Foppens le comprend dans la liste qu'il donne des œuvres de cet écrivain ascétique, dont Jacques Troyus a donné une édition complète imprimée à Louvain en 1568, in-f.º, et réimprimée depuis, à Cologne, à Paris et à Anvers.

491. Ven. pat. D. Ludovici Blosii Lœtiensis abbatis preculæ ad modum piæ. Quibus anima fidelis in vitæ sanctitate & Dei amore plurimùm crescere confirmarique poterit. Montibus, Typis, Jacobi Gregoire. 1694. In-16 par demi-feuilles, 215 pp., index 1 p. non chiff.

Bibl. de M. R. Chalon. — Ma bibl.

492. Consolation des affligez, des imparfaits et des pusillanimes. Extraite des œuvres du Venerable Lovis de Blois, Abbé de Liessies. Par le P. Antoine Girard, de la Compagnie de Jesus. Derniere Edition reveuë & corrigée. A Mons, Chez Jacques Gregoire, Imprimeur & Libraire du Chapitre Royal de Ste. Waudrud. M. DC. LXXXXIV. In-16 par demi-feuilles, titre et préliminaires 12 ff. non chiff., texte 308 pp. et 2 ff. non chiff.

Ma bibl.

493. Abregé de la vie de S. Ghislain Dressé en faveur des Pelerins. Par Dom Jerôme Marlier, Abbé du Monastere du même Saint. Troisième Edition. A Mons, De l'Imprimerie de Jacques Gregoire. 1695. Pet. in-8.º, titre et préliminaires 3 ff. non chiff., texte 56 pp., approbation 1 p. non chiff.

Bibl. de M. R. Chalon. — Ma bibl

494. Diademe brillant de l'immaculée des reines, ou

couronne des douze estoiles, Qui sont douze Penegyriques dediez a l'innocence originelle de la tres-pure Mere de Dieu. Par le Pere Philippe Parmentier Recollet. — In capite ejus corona stellarum duodecim. Apoc. c. 12. — A Mons chez Jacques Gregoire Imprimeur & Libraire du Chapitre Royal de sainte Waudru Ruë de la chaussée. Se trouvent chez Herven, Ruë des Hauts-bois 1695. In-8.º, titre et préliminaires 6 ff. non chiff., texte 433 pp.

Ma bibl.

495. Abregé de l'histoire admirable de nostre dame de Lorette. Donné au Public en faveur de son illustre Confrérie. Canoniquement érigée dans l'Eglise des Chanoines Reguliers de Nostre-Dame du Val, à Mons. A Mons, Chez Jacques Gregoire, Imprimeur & Marchand Libraire, à la Chaussée. M. DC. XCVI. Pet. in-12, titre et préliminaires 6 ff. non chiff., texte 208 pp., table 2 ff. non chiff. *A la suite*: Sommaire des indulgences 2 ff. non chiff., pratique des cinq pseaumes Sur le tres-doux Nom de Maria 22 pp., guide des chemins pour aller de Mons à Lorette et à Rome 4 ff. non chiff.

Ma bibl.

C'est une traduction abrégée de l'histoire de Notre-Dame de Lorette écrite par Turselinus.

La confrérie de Notre-Dame de Lorette a été érigée à Mons, en la chapelle de l'abbaye du Val des Ecoliers, le 27 avril 1612.

496. Parvus catechismus catholicorum Gallico Latinus. Montibus, Typis Jacobi Gregorii, Typographi. M. DC. XCVII. Pet. in-18, 84 pp.

Ma bibl.

497. Traité de paix Entres les Couronnes de France et d'Espagne Concluë & signée dans le Château de Ryswick le 20. Septembre 1697. A Mons, Chez Jacques Gregoire, Imprimeur & Marchand Libraire, ruë de la chaussée. M. DC. XCVII. In-4.°, 16 pp.

Bibl. de M. R. Chalon. — Ma bibl.

On sait que par ce traité intervenu entre la France et l'Espagne, Louis XIV, entr'autres restitutions, a rendu à Charles II la ville de Mons, la forteresse de Charleroi, la ville d'Ath et les autres places du Hainaut dont il s'était emparé par la conquête, n'exceptant que les parties de cette province qui lui avaient été cédées par les traités antérieurs ainsi que le Tournaisis et ses enclaves.

Au nombre des plénipotentiaires qui ont signé la paix de Ryswick et le traité de Lille qui en fut la conséquence, figurait Louis-Alexandre Scockart, comte de Tirimont, ambassadeur du roi d'Espagne. Cet homme d'état distingué était né à Mons le 29 août 1633; il est mort à Bruxelles le 8 mai 1708. Ses restes reposent dans cette dernière ville, en l'église de Sainte-Gudule, où un magnifique mausolée a été élevé à sa mémoire.

498. Arcs de Triomphe dressez à l'entrée de son Altesse Electorale de Bavière par ordre de Messieurs les Magistrats de la Ville de Mons le 8 d'Avril 1698. A Mons, Chez Jacques Gregoire, Imprimeur & Marchand libraire, rue de la Chaussée. In-4.° 12 pp.

Bibl. de M. R. Chalon.

499. Question d'importance si les danses sont defenduës aux chretiens? Decidée par les sentences de la Ste Ecriture, des Sacrez Conciles, des S.S. Peres, & d'autres personnes de remarque & d'authorité. Divisée en huit articles. Suivant la copie de Liege & se vend A Mons, Chez

Jacques Gregoire, Imprimeur & Marchand Libraire ruë de la Chaussée. Pet. in-8.°, titre et préliminaires 2 ff. non chiff., texte 92 pp., table, &c. 1 f. non chiff.

Bibl. roy. de Brux.; fonds V. H., n.° 1,373. — Bibl. de M. R. Chalon.

500. De par le roy. (*Décret du 26 août 1687 portant des dispositions en faveur des bateliers de Mons naviguant sur la rivière de Haine.*) A Mons, Chez Jacques Gregoire, Imprimeur & Marchand Libraire ruë de la Chaussée 1699. In-f.° placard.

Bibl. de Mons; recueil des placards, 19.ᵉ portefeuille in-4.°, 1682-1692, n.° 739.

LAURENT PREUD'HOMME.

1697-1714.

Cet imprimeur avait son établissement, rue de la Clef. Voici la marque typographique dont il a fait usage :

501. Tractatus de sacramento pœnitentiæ ad mentem Joannis Duns Scoti doctoris subtilis. Omnibus tum Confes-

sariis, tum Pœnitentibus perutilis. In duas partes divisus. Auctore F. Fulgentio Notau Ordinis FF. Minorum Recollect. Provinciæ S. Andreæ, S. Theol. Lectore Jubilato. Pars I. De Pœnitentia Virtute, Sacramento, Contritione, & Confessione. Montibus, Ex Typographia Laurentii Preud'homme, in plateâ Clavis. 1697. In-8.°, 2 vol. Pars I. titre et préliminaires 10 ff. non chiff., texte 338 pp., index 7 ff. non chiff.; Pars II. De Satisfactione, Ministro, Casuum reservatione, Regularium potestate, & Sigillo. titre et préliminaires 4 ff. non chiff., texte 444 pp., index 12 ff. non chiff.

Bibl. de Mons, n.° 908 du catal. — Bibl. de M. R. Chalon. — Ma bibl.

Fulgence Notau, de l'ordre des récollets, naquit à Mons, dans le 17.e siècle.

502. Justification de l'oratoire de Braine-le-Comte pour servir de Réponse au motif de droit et aux autres Pièces, que le R. Pere Renom a données au Public, contre le R. Pere Grawez, Prevost de l'Oratoire de Braine-le-Comte légitimement élû, et canoniquement confirmé par Monseigneur l'Illustrissime et Reverendissime Archevêque Duc de Cambrai, pour y administrer la Cure. A Mons, Chez Laurent Preud'homme, ruë de la Clef, 1698. Avec approbation. In-8.°, titre et approbation 1 f. non chiff., texte 78 pp. A la suite: Cas proposé à Messieurs les Docteurs des trois célébres Universitez de Paris, de Louvain et de Douai. Pour l'oratoire de Braine-le-Comte Contre le R. P. Renom 29 pp.

Bibl. de M. Arthur Dinaux.

L'ouvrage fut d'abord imprimé sans approbation, mais après

avoir obtenu celle des docteurs de Louvain, on ajouta les mots : *avec approbation*, au bas du titre, et au verso du même titre, l'approbation elle-même datée du 2 août 1698.

On a collé, au bas de la dernière page de l'exemplaire de M. Dinaux, une *addition* imprimée, renfermant la *Sentence portée à Gand, le 8 d'octobre 1698, contre le P. Renom*.

503. — Spiritu ambulate. Ad Galat. 6. — La véritable spiritualité du Christianisme, ou la haute science des saints enseignée par Jésus-Christ. Enrichie d'un devot exercice divisé en cent méditations affectives et succinctes sur la passion du sauveur ; et d'un petit office à l'honneur de la sagesse éternelle incarnée. — Dedit illis scientiam sanctorum. Sap. 10. — Recueilli par un pere Recollé de la Province de S. André. A Mons, De l'Imprimerie de Laurent Preud'homme, ruë de la Clef, 1698. In-8.°, titre et préliminaires 15 ff. non chiff., texte 493.

Bibl. de M. Arthur Dinaux.

Cet ouvrage dédié à Dom Pierre Cartineau, abbé de S.t-Pierre d'Hautmont, est du P. Barnabé Saladin, récollet de la province de S.t-André, de Lille, et confesseur des dames Urbanistes de Valenciennes. Le *Petit Office journalier*, qui termine ce volume, renferme des hymnes et pseaumes en vers qui ne donnent pas une haute idée du talent poétique du père Saladin.

504.* Serenissimo principi Maximiliano Emmanueli, utriusque Bavariæ, nec non Palatinatûs superioris Duci, Comiti Palatino Rheni, S. Imperii Romani Dapifero Electori, Landt-gravio Liechtemburgensi, supremo Belgii gubernatori, etc. Montes Hannoniæ Metropolim invisenti, Ode. Inducitur ipsa Metropolis suam Duci libertatem acceptam referens. *A la fin* : Collegium Montense societatis Jesu.

Montibus, Typis Laurentii Preud'homme 1698. In-8.º, 8 pp.

Ouvrage cité par Paquot.

505. Opusculum de amore sufficiente ad pœnitentiæ sacramentum, De modo absolvendi aut ligandi peccatores consuetudinarios & recidivos, nec-non de complice, in quo demonstratur modernam & communen praxim esse ad mentem SS. Patrum. Authore R. P. Joachimo a Jesu Maria, Carmelitarum discal. S. Theologiæ Lectore, et Conventus Montensis Priore. Montibus, Ex Typographiâ Laurentii Preud'homme. 1699. Superiorum permissu. Pet. in-8.º, titre et préliminaires 2 ff. non chiff., texte 90 pp., approbationes et errata 1 f. non chiff.

Bibl. de Mons, n.º 907 du catal.

506. Pastorale dediée à Mademoiselle Marie Florence de Zomberg, Superieure de la Congrégation de nostre Dame à Mons, au jour de son jubilé de cinquante ans passez au service de Dieu en cette Congrégation. Le 25. Septembre 1701. A Mons, De l'Imprimerie de Laurent Preud'homme, rue de la Clef. 1701. In-4.º, 4 ff. non chiff.

Bibl. de M. Henri Delmotte.

507. La vie pure et sainte par un père de la compagnie de Jesus. Tome I. La vie pure. A Mons, chez Laurent Preud'homme, rue de la Clef. 1702. Avec permission des supérieurs. In-18. Tome II. La vie sainte, titre et préliminaires 2 ff. non chiff., texte 254 pp., table 3 ff. non chiff.

Bibl. de M. Henri Delmotte.

508. Officia propria peculiarium sanctorvm Nobilis Ecclesiæ Collegiatæ S. Waldetrudis oppidi Montensis ad normam breviarii romani conformata, Additis antiquis Litaniis ejus-

dem Ecclesiæ. Montibus, Ex Typographiâ Laurentii Preud'homme, in plateâ Clavis. 1702. In-8.º, titre et préliminaires 4 ff. non chiff., texte 198 pp.

Bibl. de M. R. Chalon. — Ma bibl.

509. Les devoirs, privileges et indvlgences des confreres du Saint Scapulaire de nostre-dame dv Mont-Carmel. *Au bas de la dernière page:* A Mons, De l'Imprimerie de Laurent Preud'homme, ruë de la Clef. 1703. In-12, 4 pp.

Ma bibl.

Cet opuscule contient l'annotation suivante qui est assez curieuse : « Notez qu'il est très-utile d'enregistrer en cette confrérie
» les petits enfans, quoy qu'ils n'ayent l'usage de raison, d'autant
» qu'ils sont sous la protection de la vierge, et ce saint habit
» guérit quelquefois les maladies, épouvante et chasse les diables,
» et sert de remede contre les malefices et sorcelleries. »

510. Statera justa in cujus geminâ lance &c., per Fr. Natalem a S. Philippo carmelitam Belgam. Montibus Hannoniæ excudebat Laurentius Preud'homme apud quem prostant. M. DCCIII. In-12, 452 pp.

Bibl. de M. Henri Delmotte.

511. Office de la tres-glorieuse vierge Marie, suivant la Reformation du S. Concile de Trente, & du Pape Urbain VIII. Disposé à l'usage des Religieuses Vrsulines. A Mons, De l'Imprimerie de Laurent Preud'homme, ruë de la Clef. 1704. In-16, titre et préliminaires 12 ff. non chiff., texte 523 pp.

Ma bibl.

512. Abregé de l'histoire et des miracles de nôtre-dame du pilier de Sarragosse, Tiré de l'Espagnol. Dedi

a messieurs les magistrats De la Ville de Mons. A Mons, De l'Imprimerie de Laurent Preud'homme, ruë de la Clef. 1706. In-8.º, titre et préliminaires 8 ff. non chiff., texte 376 pp., les 3 dernières non chiff.

Ma bibl.

C'est un abrégé fait par un officier de la garnison de Mons, et extrait d'un ouvrage publié en espagnol par D. Joseph Félix de Amada, chanoine de la métropole de Saragosse, intendant de la chapelle de *Nuistra Senora del Pilar*.

513. Le roy en son conseil. (*Ordonnance du 2 octobre 1708, enjoignant de rebâtir en pierres et briques, dans Mons, toutes les maisons de bois, et prescrivant d'autres mesures de police pour l'embellissement de la ville.*) A Mons, De l'Imprimerie de Laurent Preud'homme, Imprimeur de Messieurs les Magistrats, ruë de la Clef. 1708. In-f.º placard.

Archives communales de Mons; recueil des placards, 1655-1748, n.º 108.

514. Abrégé de l'histoire et des miracles de notre Dame du Pilier recueilli par les soins de Mr Charles Herme, curé de la paroisse de S. Jacques à Nivelles. A Mons, Laurent Preud'homme. 1710. In-12, 175 pp.

Bibl. de M. R. Chalon.

Cet abrégé est lui-même un abrégé de l'ouvrage cité plus haut, n.º 512.

515. Cicercule vierge et martyr. Tragedie Dediée à la trés-Noble Demoiselle, Mademoiselle Anne Marie Vander-Burch, Dame de Vellereilles, & Superieure de la Congregation de Nôtre-Dame. Representée par les Demoiselles Pensionnaires, le 1. de Septembre 1711. Se vend à Mons,

Chez Laurent Preud'homme, ruë de la Clef. 1711. Pet. in-8.°, 55 pp.

Ma bibl.

L'exemplaire de notre bibliothèque a un second titre avec cette variante : *Dediée à Mademoiselle Marie Anne Vanderburch, &c. Superieure des Demoiselles de la Congregation des Filles de Nôtre Dame. Representée par les Demoiselles Pensionnaires, le 31 d'août 1711. A Mons, etc.*

M. Arthur Dinaux, qui s'est occupé de cet ouvrage dans les *Archives du Nord de la France et du Midi de la Belgique*, nouvelle série, t. v, p. 220, en a attribué la paternité à Gilles De Boussu. Nous croyons que c'est une erreur et que cette pièce est l'œuvre d'un père jésuite du séminaire de Mons.

« J'ai cru, dit l'auteur dans un avant propos, ne pouvoir pré-
» senter rien de plus convenable à Mademoiselle Vander-Burch,
» nièce de l'archevêque de ce nom, et de la fondatrice des Filles
» de Notre-Dame, que le martyre de la protectrice de la sainte
» maison qu'elle gouverna avec tant de sagesse, de vertu et de
» prudence. La chute que cette Demoiselle fit l'hiver dernier et
» le jubilé qu'elle vient de faire ont fourni le sujet de trois petites
» (sic) actes d'opéra, où Mademoiselle la supérieure paraîtra
» sous le nom de Climène. M. Sauton, organiste du chapitre
» royal de S.te-Waudru les a mis en musique. Si mes vers ne
» paraissent point assez châtiés, j'espère qu'en faveur de mes
» autres occupations, on voudra bien me le pardonner. »

516. Tractatus de conscientia Per R. D. Augustinum Poüillon, Religiosum Monasterii Altimontensis, Ordinis S. Benedicti. Montibus Ex Typographià Laurentii Preud'homme. in plateâ Clavis. M. D. CCXI. In-8.°, titre et préliminaires 4 ff. non chiff., texte 360 pp., index et errata 15 pp. non chiff.

Bibl. de Mons, n.° 976 du catal.

517. Panegyris sanctorum. In singulos anni dies distri-

buta. Morali è sanctis Patribus deprompto conclusa. Authore Cornelio Pottier Hanno-Montano Sacerdote. Montibus, Ex Typographiâ Laurentii Preud'homme, Senatûs Typographi. 1713. In-8.°, titre et préliminaires 15 ff. non chiff., texte 439 pp., errata, index 10 pp. non chiff., faux-titre pour la seconde partie et approbation 1 ff. non chiff.

Bibl. de Mons, n.° 4,822 du catal. — Ma bibl.

Au verso du titre sont imprimées sur bois les armes de Mons, avec cette légende : *Custos vigilantia forti. Arx montana stetit vigili seruata senatu. Perstat et usque fide justitiaque Viget.* Ces armoiries ont ensuite été gravées sur cuivre et elles ont été collées dans tous les exemplaires sur la vignette imprimée.

Corneille Pottier naquit à Mons dans la seconde moitié du 17.e siècle.

518. Les disgraces des maris, ou le tracas du menage comedie. Dediée à la Jeunesse du College de Houdain. Erigé dans la Ville de Mons. A Mons, De l'Imprimerie de Laurent Preud'homme, Imprimeur de Messieurs les Magistrats. 1714. In-12, titre et préliminaires 3 ff. non chiff., texte 44 pp.

Bibl. de Mons, n.° 5,166 du catal. — Ma bibl.

Cette facétie en 5 actes et en vers, par Gilles de Boussu, a eu les honneurs d'une seconde édition imprimée, en 1720, par Jean Nicolas Varret.

519. Reglement pour la fondation de la dame veuve du sieur conseiller de la Houssiere. A Mons, De l'Imprimerie de Laurent Preud'Homme, Imprimeur de Messieurs les Magistrats. 1714. In-f.°, placard.

Bibl. de M. Léopold Devillers.

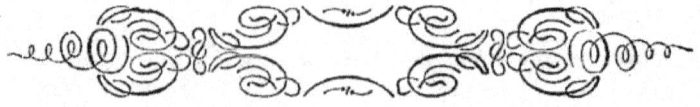

PIERRE LAGRANGE.
1701.

Nous ne connaissons que l'ouvrage suivant imprimé par Pierre Lagrange :

520. Reflexions sur les mouvemens de l'Empereur au sujet de la succession d'un prince de France à la monarchie d'Espagne. Avec vne démonstration de la nullité de ses prétentions sur les Espagnes, Milan & Païs-Bas. A Mons, Chez Pierre Lagrange, imprimeur & marchand libraire, 1701. In-4.º, 36 pp.

Bibl. de M. Arthur Dinaux.

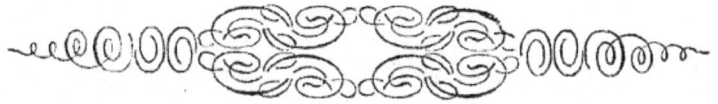

GASPARD MIGEOT (la Veuve).
1704-1710.

Marguerite Lenoir, veuve de Gaspard Migeot, a continué les affaires industrielles de son mari jusqu'au 1.er janvier 1710, époque où elle les céda à son fils. Elle est morte à Mons, le 24 mars 1717.

521. Le Nouveau Testament de Nostre Seigneur Jesus-Christ Traduit en Francois, selon l'édition Vulgate. Nouvelle édition, revuë et exactement corrigée. A Mons, chez Gaspard Migeot, à l'enseigne des trois Vertus. M. DCC. IV. Avec Privilége et Approbation. In-12. 2 vol. I. XXXIV-417 pp.; II. 370 pp.
Bibl. de M. R. Chalon.

Gaspard Migeot étant mort en 1703, l'impression de ce livre ne peut être attribuée qu'à sa veuve, à moins que cette édition ne soit une des contrefaçons publiées à l'étranger sous le nom de cet imprimeur montois, et dont nous avons parlé plus haut.

522. Traité des sections du cone considerées dans le solide avec des démonstrations simples & nouvelles, plus

simples & plus generales que celles de l'edition de Paris. Par Monsieur Le Poivre, Contrôleur des Ouvrages de la ville de Mons. A Mons, Chez la Veuve Gaspard Migeot, Ruë des Clercs vis-à-vis la Croix. M. D. CC. VIII. Pet. in-8.° par demi feuille 56 pp. avec une planche gravée par P. Bureau, graveur à Mons.

Bibl. de Mons, non catalogué.

Dans sa dédicace à S. A. Electorale de Bavière, l'auteur qui ne comptait certes pas la modestie au nombre de ses vertus s'exprime ainsi : « Monseigneur, l'ouvrage, que j'ai l'honneur de vous offrir pour étrenne, est un présent de bon augure : ce sont des speculations heureuses, des raisonnements invincibles sur des choses, s'il m'est permis de parler ainsi, illustres dans leur origine & dans leur usage : des lignes continuellement produites de cent mille manières par les raions du Soleil, des lignes qui servent merveilleusement dans tous les Arts qui ont du rapport avec la lumière, des lignes enfin que nous voions emploiées dans ces somptueux édifices si dignes de la pieté & de la majesté des grands Princes, les Temples et les Palais. Cet ouvrage encore imparfait étoit tombé par malheur en de mauvaises mains, qui le donnerent au public mutilé et tout défiguré, ce qui ne l'a pas empêché de passer pour *le meilleur Livre nouveau que nous aions eû dans ce genre depuis long-temps*. Que sera-ce donc, Monseigneur, quand il paroîtra entier, avec toutes ses graces, avec le glorieux nom de V. A. Electorale ? Ce discours ne semblera vain qu'à ceux qui ne sçavent pas que les Geometres, à qui il n'est point ordinaire de se tromper, peuvent parler plus hardiment que le reste des hommes. J'ose même espérer, que ce sera pour la postérité un monument éternel de l'honneur que reçoit cette ville par le sejour que vous y faites & du profond respect avec lequel je suis, etc. »

523. Le martire de sainte Reine tragedie. Par Mr. de B***. A Mons, Chez la Veuve de Gaspar Migot, (sic) ruë de

Cleros (sic) vis-à-vis la Croix. M. D. CC. IX. In-8.º, 48 pp., et une gravure par Harrewyn.

Ma bibl.

Cette tragédie en 3 actes et en vers est le début assez médiocre de Gilles de Boussu dans la carrière littéraire.

Le bibliophile Jacob cite, dans le catalogue de la bibliothèque dramatique de M. Solcinne, t. II, p. 62, n.º 1,636, une édition de cette tragédie qui serait sortie, la même année, des presses de Josse de Gerick, à Bruxelles.

Gilles de Boussu, né à Mons le 13 octobre 1681, est mort dans la même ville le 9 juin 1755. Indépendamment de quelques opuscules en prose et en vers, il a écrit, c'est là son principal mérite, l'histoire des villes de Mons, d'Ath et de S.ᵗ-Ghislain. Les manuscrits autographes de tous ses ouvrages sont aujourd'hui en la possession de M. Houzeau de le Haie, l'un de ses arrière-neveux.

524. **Etrenne de l'année MDCCX** présentée aux jeunes Messieurs les Congreganistes de la Vierge mere de Dieu sous le titre de sa Visitation au collège de la compagnie de Jesus à Mons. Se vend chez la Veuve Gaspard Migeot. (1709). In-12, 6 ff. non chiff.

Bibl. de M. Henri Delmotte.

525. **Brevis epitome totius grammaticæ latinæ**, ex variorum grammaticorum, & probatorum scriptorum libris, Petri Procuratoris studio collecta, interpretationibusque, unde sensus à pueris facilè elici possit, illustrata. Grammaticæ latinæ liber primus In quo Etimologiæ vel potius analogiæ proponuntur regulæ hoc est generum, declinationum, comparationum, præteritorum & supinorum. In usum Studiosæ Juventutis Collegij Houdani Montensis. Aucta & correctâ hac ultima Editionæ. Montibus, Apud Viduam Gasparis Migeot. In-8.º, 110 pp.

Bibl. de Mons, n.º 4,302 du catal. — Ma bibl.

526. Grammaticæ latinæ liber, secvndvs, In quo Syntaxis, seu apta vocum consecutio traditur, Petri Procuratoris studio collecta. Montibus, Apud Viduam Gasparis Migeot. Pet. in-8.º, 148 pp., index 11 pp. non chiff.

Bibl. de Mons, n.º 4,300 du catalogue. — Ma bibl.

527. Grammaticæ latinæ, liber tertivs. In quo de Prosodia & Arte Metrica agitur, Petro Procuratore Collectore. Editio Postrema, cui summa Auctoris manus addita. Montibus, Typis Viduæ Gasparis Migeot. Pet. in-8.º, 77 pp., de carminis genere 2 ff. non chiff.

Bibl. de Mons, n.º 4,301 du catal. — Bibl. de M. R. Chalon. — Ma bibl.

528. Instruction nouvelle, Pour enseigner aux Enfans à connoistre le Chiffre, & à sommer avec les Gets. Derniere Edition. A Mons, Chez la Veuve de Gaspar Migeot, ruë des Clercs, vis-à-vis la Croix. In-8.º par demi feuilles, titre 1 f., texte 30 pp.

Ma bibl.

529. Heures de N. Dame à l'usage de Rome sans renvoi. Avec les offices de S.te Croix, du St Esprit, les sept Pseaumes, l'office des morts, les quinze effusions et autres prieres. A Mons, chez la veuve Gaspard Migeot, ruë des Clercq vis-à-vis la croix. In-12.

GASPARD MIGEOT (le Fils).
1710-1745.

Cet imprimeur naquit à Mons le 7 novembre 1682 et mourut dans la même ville le 9 avril 1757. Il était fils de Gaspard Migeot et de Marguerite Lenoir. En 1747 il céda à Henri Bottin son établissement typographique.

530.* Recueil historique des Bulles et Constitutions, Brefs, Décrets et autres Actes concernant les Erreurs de ces deux derniers siecles, tant dans les matieres de la foi, que dans celles des mœurs, depuis le Saint Concile de Trente jusqu'à notre temps. 5.e édition. A Mons, chez Gaspard Migeot, 1710. In-8°.

Ouvrage cité dans la Bibliothèque des écrivains de la Compagnie de Jésus, par Debacker, 2.e série, p. 629. C'est une réimpression du recueil imprimé chez Gaspard Migeot, en 1699.

531. Le nouveau testament de nostre seigneur Jesus-Christ, Traduit en Francois, selon l'Edition Vulgate, avec les différences du Grec. Nouvelle édition, revuë et exactement corrigée. A Mons, chez Gaspard Migeot, à l'enseigne

des trois Vertus. MDCCX. Avec Privilége et Approbation. In-8.º, 2 vol. I. 378 pp., table 9 pp. non chiff.; II. 300 pp., table 8 pp. non chiff.

Bibl. de M. R. Chalon.

532. La Sainte Bible contenant l'ancien et le nouveau testament, traduite en françois sur la Vulgate par M.r Le Maistre de Saci. Tome premier. A Mons, Chez Gaspard Migeot, à l'enseigne des trois Vertus, M. DCC. XIII. In-4.º, titre et préliminaires 6 ff. non chiff., texte 810 pp.; II. pagination continuée de 811 à 1504 pp.

Bibl. de M. R. Chalon.

533. Institut des hermites du diocese de Cambray, associez en congregation, Soûs l'Invocation de S. Jean-Baptiste, & de S. Antoine premiers Peres & parfaits modéles des Solitaires. Imprimé par Ordre de monseigneur l'archevesque duc de Cambray. A Mons, Chez Gaspar Migeot 1714. Pet. in-12, 200 pp., table 2 ff. non chiff.

Bibl. roy. de Brux.; fonds V. H., n.º 15,931. — Ma bibl.

534.* Sylvanire, ou les Amans réunis, pastorale héroïque, ornée de ballets, en trois actes, mise au théatre et représentée pour la première fois par une société d'amis à Valenciennes, le 16 janvier 1717. Composée par le S.r Macort, et mise en musique par le S.r Ponchelez, et les ballets par les soins du S.r P. Hoven. Mons, Chez Gaspard Migeot, Imprimer (sic) (1717). Pet. in-8.º, 3 ff. non chiff., et 58 pp.

Ouvrage cité par G.-A.-J. Hécart, dans ses recherches sur le théâtre de Valenciennes.

Il paraît que l'auteur éprouva quelqu'opposition à Valenciennes pour l'impression de son ouvrage, ce qui l'engagea à recourir aux presses de Migeot, qui se prêta à faire ce qu'on ne pouvait exécuter facilement en France.

535. Loix, chartes, et coustumes du chef-lieu de la ville de Mons, et des villes et villages y resortisans, Avec plusieurs Decrets en dependans. A Mons, Chez Gaspard Migeot, Marchand Libraire Ruë des Clercqs, M. DCC. XX. Pet. in-8.°, 90 pp., table 3 ff. non chiff. *A la suite:* Ordonnances et provisions decrétées par le souverain chef-lieu dudit Mons. A l'éclaircissement d'aucuns Articles & Points dépendans desdites Chartes Eschevinales. 47 pp.; Déclaration de Mesures de Terres et Bois, 1 p. non chiff.

Ma bibl.

Il existe des exemplaires de cette édition, nous en avons un dans notre bibliothèque, avec un titre refait à la date de 1740.

536. Fons eloquentiæ sive M. T. Ciceronis orationes XVIII selectissimæ Post Pauli Manutii, aliorumque Doctissimorum virorum correctiones, etiam cum probatissimis exemplaribus diligenter collatæ & Emendatæ. Analysi insuper rhetorica Et Scholiis Artificium indicantibus distinctæ & illustratæ una cum Lectionum varietate ad marginem apposita & locupletissimo Indice duplici ad calcem adjecto A. R. P. Martino Du Cygne Societatis Jesu. Opus uno volumine comprehensum. Montibus, Apud Gasparem Migeot. Anno M. DCC. XX. Cum Privilegio Sacræ Cæs. Majest. Pet. in-8.° titre et préliminaires 2 ff. non chiff., texte 478 pp., index primus et index secundus 13 ff. non chiff.

Ma bibl.

537. Catechisme ou sommaire de la doctrine chretienne, Divisé en trois Parties. I. partie Contenant les premiers fondemens de la Foi Chrétienne. II. Le devoir du bon Chrétien. III. L'explication plus ample des choses necessaires au Chrétien. Revû par l'ordre de Son Altesse Monseigneur l'Archevêque Duc de Cambray. A Mons, Chez G. Migeot, Imprimeur. M.DCCXXVI. Avec permission. Pet. in-8.°, 72 pp.

Bibl. de M. le chanoine Descamps, vicaire-général à Tournai.

Gaspard Migeot a réimprimé ce catéchisme, en 1729, en 1735, et il en a aussi publié des éditions sans date.

538. L'office de la tres-glorieuse vierge Marie, Pour les trois Temps de l'Année. Avec la Preparation à la Confession & à la sainte Communion. A Mons, Chez Gaspard Migeot Marchand Libraire Ruë des Clercqs. M.DCC.XXVI. Pet. in-12, 156 pp. *A la suite*: Adresse du cœur tres-devot a son dieu. 192 pp.

Ma bibl.

539. Essais de morale, ou lettres écrites par feu M. Nicole. Tome premier. A Mons, Chez Gaspard Migeot, ruë de la Chaussée, aux trois Vertus. M.DCC.XXVII. Avec approbation. Titre et préliminaires 7 ff. non chiff. texte 505 pp., table 18 pp. non chiff. Tome second: titre et préliminaires 4 ff. non chiff., texte 432 pp., table 11 pp. non chiff.

Bibl. de M. R. Chalon.

540.* Histoire de l'origine des pénitents et solitaires de Port-Royal des champs. A Mons, Chez Gaspard Migeot. 1733. Pet. in-8º.

541. Les chartes nouvelles du pays et comté de Hainau. Augmentées des Notes de M.ʳ Fortius J. C. Avocat en la Noble & Souveraine Cour à Mons, de la Table des Chapitres selon l'Alphabet, aussi d'un Sommaire ou Repertoire general de toutes les Matieres contenuës en icelles. Ensemble de la Disposition desdites Chartes Nouvelles rapportée à l'ordre du Droit escrit, avec un parallele ou renvoi general des Titres & Chapitres aux Rubriques du Droit Civil et Canonique. Nouvelle edition. A Mons, Chez Gaspard Migeot, Imprimeur & Libraire Ruë des Clerqs. 1735. In-4.º, titre, préliminaires et une gravure représentant les armes du Hainaut 6 ff. non chiff., texte 429 pp. et 151 pp. non chiff.

Bibl. de Mons, n.º 2,368 du catal. — Ma bibl.

Il existe des exemplaires, nous en possédons un, avec un titre refait à la date de 1756, et n'ayant, y compris la gravure, que 5 ff. préliminaires au lieu de 6; à cette différence près, c'est la même composition que celle de l'édition de 1735.

542. Relation du voyage mystérieux de l'isle de la Vertu à Oronte. Nouvelle Edition. A Mons, Chez Gaspard Migeot, à l'enseigne des Trois Vertus. M.DCC.XXXIX. Avec Approbation et Permission. In-12, titre et préliminaires 7 ff. non chiff., texte 114 pp.

Bibl. de M. Arthur Dinaux.

543. Loix, chartes, et coustumes du chef-lieu de la ville de Mons, et des villes et villages y resortissans Avec plusieurs Decrets en dependans. A Mons, Chez Gaspard

Migeot, Marchand Libraire Ruë des Clercqs. 1740. Avec Privilege de Sa Majesté Imp. & Cath. Pet in-8.°, 90 pp., table 3 ff. non chiff. *A la suite* : Ordonnances et provisions decretées, par le souverain chef-lieu dudit Mons, 47 pp.; & Déclaration des mesures de terres et bois de quelques villes du pays, et comté d'Haynaut. 1 p. non chiff.

Ma bibl.

544. Declaration de la doctrine chrestienne Faite a l'Instance des Sur-Intendants de l'Escole Dominicale en la ville de Mons en Haynau, pour l'Instruction de la Jeunesse. A Mons, Chez Gaspard Migeot, rue des Clercqs, 1745. Pet. in-8.°, 79 pp. et des abécédaires au verso de la dernière. *A la suite* : Instrvction povr dresser les Escoles Dominicales, par tout le Diocese de l'Archevéché de Cambray. 15 pp. et une gravure sur bois au verso de la dernière.

Ma bibl.

LAURENT PREUD'HOMME (la Veuve).
1715-1717.

Cette veuve continua l'exploitation de l'imprimerie de son mari, jusqu'en 1718, époque où elle s'associa avec son chef d'atelier Jean-Nicolas Varret.

545. Rosarivm carolistarum vvlgo les patenotres imperiales. Invictissimo, potentissimo, gloriosissimoque romanorum imperatori necnon hispaniarum regi carolo sexto austriaco semper augusto; dedicatvm et consecratvm. Montibus, ex typographiâ viduæ Laurentii Preud'Homme, senatûs Typographi, in plateâ clavis. 1715. In-f.°, 16 ff. non chiff.

Bibl. de M. R. Chalon.

Recueil de fades louanges chronogrammatiques adressées au roi Charles VI, père de Marie-Thérèse, par le F. *Antoine* Paternotte, athois et recollet du couvent de sa ville natale. L'œuvre est divisée, comme le chapelet dit Rosaire, en 15 dizains (le 15.ᵉ manque à l'exemplaire de M. Chalon). En tête de chaque dizain se trouve une gravure sur cuivre assez mal exécutée. Voici pour échantillon le 15.ᵉ dizain. La gravure représente sept évêques et un abbé venant saluer Charles VI sur son trône.

Chacun a son chronogramme :

aVe Dant oMnes epIsCopI atqUe præLatI beLgII.
aVe Dat tIbI præLatUs MeChLInIensIs.
aVe Dat sIMILIter CaroLo antUerpIensIs.
aVe ab ILLUstrIssIMo epIsCopo ganDensI.
aVe Cæsar a reVerenDIssIMo anTisTiTe tornaCensI.
aVe CaroLe De præsVLe naMUrano.
aVe CaroLe a præLato rUreMUnDano.
aVe tanDeM CeCInIt tIbI brUgensIs.
aVe De oMnIbUs CanonICIs et presbIterIs.
aVe etIam De CUratIs et benefICIatIs.

546. Description du jubilé centenaire de la sodalité de la tres-sainte vierge Marie Mere de Dieu, erigée sous le titre de la visitation Chez les RR. Peres de la Compagnie de Jesus à Mons, dediée a messieurs les sodalistes. A Mons, De l'Imprimerie de la Veuve de Laurent Preud'homme, Imprimeur de Messieurs les nobles Magistrats. 1716. Pet. in 8.°, 24 pp.

Ma bibl.

547. Oraison funebre des officiers et des soldats catholiques Morts pendant la derniere Campagne av service de nostre saint pere le pape, de sa majesté imperiale et Royale, de la serenissime republique de Venise, et des autres princes chrétiens contre les tvrcs; Prononcée à Mons dans l'Eglise Collegiale & Paroissiale de Saint Germain, le 22. de l'an 1717. Par le P. C. Mahy, de la Compagnie de Jesus. A Mons, De l'Imprimerie de la Veuve de Laurent Preud'homme, Imprimeur de Messieurs les Magistrats, ruë de la Clef. 1717. In-4.°, 25 pp.

Bibl. de M. R. Chalon. — Ma bibl.

JACQUES HAVART.

1717-1718.

La famille Havart a donné plusieurs imprimeurs à la ville de Mons. Jacques Havart est le dernier de cette famille qui y ait exercé l'art typographique; il tenait son établissement rue de Nimy, près du couvent des Minimes, à l'enseigne de *Saint Augustin.*

548. Relation exacte de la grande victoire Remportée par l'Armée de Sa Majesté Imperiale & Catholique, commandée par son Altesse Serenissime le Prince Eugene de Savoie, sur les Turcs prés de Belgrade le 16 Aoust 1717. *Au bas de la dernière page*: A Mons chez Jacques Havart Imprimeur & Libraire du Chapitre Royal de sainte Waudru à S.t Augustin. (1717). In-4.º, 12 pp. et 1 f.

Bibl. de M. Houzeau de le Haye.

549. Tréve de vint quatre ans entré sa majesté imperiale et catholique, et la porte ottomane Contenant XX. Articles en voici le precis traduit de la Copie de l'Original Latin. A Mons Chez Jacques Havart, Imprimeur du Cha-

pitre Royal de sainte Waudru proche les R. P. Minimes. In-4.º, 2 ff. non chiff.

Bibl. de Mons, n.º 1,575 du catalogue, pièce 8.

Ce traité, signé le 21 juillet 1718, est connu dans l'histoire diplomatique sous le nom de *Paix de Passarowitz*.

550. Declaration de la doctrine chretienne. Fait à l'instance des sur Intendants de l'Ecôle Dominicale en la ville de Mons en Haynaut, pour l'instruction de la Jeunesse. A Mons Chez Jacques Havart Imprimeur & Libraire du Chapitre Royal sainte Waudru, à S. Augustin prés les P. Minimes. Pet. in-8.º, 80 pp.

Bibl. de M. le chanoine Descamps, vicaire-général, à Tournai.

551. A son excellence monseigneur le marquis de Prié, chevalier de l'ordre de l'Annonciade Conseiller d'état de sa Majesté Imperial et Catholique, et son Ministre plenipotentier aux Pays-Bas. (*Mémoire concernant l'hôpital royal de Mons.*) *Au bas de la dernière page* : A Mons. Chez Jacques Havart Imprimeur & Libraire prés des PP. Minimes à Saint-Augustin. Pet in-4.º, 19 pp.

Archives du royaume, Conseil privé, carton n.º 1,780.

JEAN-NICOLAS VARRET
et LAURENT PREUD'HOMME (la Veuve).
1718-1719.

552. Histoire generale du Hainau, comprenant les souverains depuis la conquête de Jules Cesar jusques aux Princes de l'Auguste Maison d'Autriche, les Evêques, tous les Saints de l'ancien diocese de Cambrai, & les choses les plus remarquables arrivées dans les Païs-Bas, en France & en Allemagne. Par le R. P. M. Delewarde, Prevôt de l'Oratoire du pays Wallon. A Mons chez la Veuve Preud'Homme & Jean Varret ruë de la Clef. M. DCC. XVIII. Avec Approbation & privilege du Roi. In-12. 6 vol. — I. titre et préliminaires 55 ff. non chiff., texte 593 pp., table 14 pp. non chiff., errata 2 pp. non chiff. — II. titre 1 f., texte 500 pp., table 15 pp. non chiff., errata 1 p. non chiff. — III. titre 1 f., texte 479 pp., table 28 pp. non chiff., errata 1 p. non chiff. — IV. M. DCC. XIX. titre 1 f., texte 468 pp. table 14 pp. non chiff., fautes à corriger 1 p. non chiff. — V. A Mons chez Jean-Nicolas Varret, imprimeur de Messieurs du Magistrat ruë de la Clef

M. DCC. XXII. titre et préliminaires 8 ff. non chiff., texte 478 pp. — VI. titre 1 f., texte, pagination continuée du cinquième volume de 479 à 720 pp., table 21 ff. non chiff.

Les quatre premiers volumes de cet ouvrage ont été imprimés durant l'association de la veuve Preud'homme et de Jean Nicolas Varret; les deux derniers l'ont été par celui-ci seul.

Michel Delewarde naquit à Mons le 21 juillet 1650; il est mort en cette ville le 18 novembre 1724, au couvent de l'oratoire auquel il avait légué ses livres et ses manuscrits, qui font aujourd'hui partie de la bibliothèque publique de sa ville natale.

553.* La confrérie de la très Sainte Trinité et redemption des Captifs. A Mons de l'Imprimerie de J.-N. Varret et la veuve Preud'Homme, rue de la Clef. 1718. In-16. Titre 1 f., texte 120 pp.

554. Le retour des plaisirs, opera, dedié a son Altesse monseigneur le duc d'Aremberg, au jour de son entrée solennelle en son gouvernement de Mons. — De La VICtoIre s'ensUIVent Les trIoMphes. — *Au bas de la dernière page* : A Mons. De l'Imprimerie de J. N. Varret & la Veuve Preud'homme, Imprimeur de Messieurs les Magistrats. 1719. Pet. in-8.°, 14 pp.

Bibl. de Mons, n.° 5,167 du catal. — Ma bibl.

Le poème de cet opera a été composé par Gilles de Boussu pour l'entrée solennelle à Mons de Léopold-Philippe-Charles-Joseph, duc D'Aremberg, comme grand bailli du Hainaut, le 11 avril 1719; la musique est de A. Vaillant, musicien de la chapelle échevinale de Valenciennes.

555. Daphnis pastorale, présentée à son Altesse Monseigneur Léopold Joseph par la grâce de Dieu duc D'Arem-

berg, prince du Saint-Empire, duc d'Arschot et de Croy, prince de Château-Porceau et de Rébeque, marquis de Mont-Carnet, comte de Lalaing et de Seneghem, seigneur de ville et dépendances d'Enghien, de Hal et de Braine-le-Comte, grand d'Espagne, chevalier de l'ordre de la Toison d'Or, conseiller d'Etat dans les Païs-Bas, Lieutenant général des armées de sa majesté impériale et catholique, gentilhomme de sa chambre, grand bailli de Hainaut, gouverneur de Mons; Par le collége de la Compagnie de Jesus en cette ville. A Mons, chez Jean Nicolas Varret et la veuve Preud'Homme, imprimeur de Messieurs les Magistrats, rue de la clef. 1719. In-4.°, 7 ff. non chiff.

Bibl. de M. Henri Delmotte.

556. Origine de l'eglise et du pelerinage de S.ᵗ-Antoine en Barbefosse et du nouvel établissement de la Confrérie de ce grand Saint, Canoniquement érigée le 27 Juin, qui est celui de sa Translation, en l'an 1719. A Mons, de l'Imprimerie de J. N. Varret & la Veuve Preud'homme. Pet. in-8.°, 19 pp.

Ma bibl.

557. L'utilité de la confrerie de saint Hiacinthe et de S.ᵗ Charles Borromée; erigée en la chapelle de S. Roch proche la Porte de Havré, Proposée aux Fidéles pour le soûlagement des Pestiferez. A Mons, De l'Imprimerie de J. N. Varret & la Veuve Preud'Homme. Avec Approbation. (1719). Pet. in-8.°, 34 pp., approbation 1 p. non chiff.

Bibl. de Mons, n.° 6881 du catal., 20.ᵉ porte feuille. — Ma bibl.

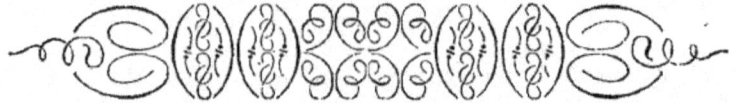

JEAN NICOLAS VARRET.

1720-1731.

L'association qui existait entre Jean-Nicolas Varret et la veuve Preud'homme étant venue à cesser par le décès de celle-ci, cet imprimeur continua en son nom personnel jusqu'en 1731, époque de sa mort, l'exploitation de l'établissement typographique fondé par Laurent Preud'homme, à la rue de la Clef.

558. Les disgraces des maris, ou le tracas du menage, comedie; Dediée à la Jeunesse du College de Houdain, Erigé dans la Ville de Mons. Deuxieme Edition. A Mons, De l'Imprimerie de Jean-Nicolas Varret, Imprimeur de Messieurs les Magistrats. 1720. Pet. in-8.°, titre et préliminaires 3 ff. non chiff., texte 43 pp.

Ma bibl.

La première édition est sortie des presses de Laurent Preud'homme, en 1714.

559. Histoire admirable de nôtre-dame de Tongre. Avec ses principaux miracles; mise de novveav en lvmiere par Messieurs les Curé & Administrateurs de son Eglise. A Mons, De l'Imprimerie de Jean-Nicolas Varret, Imprimeur de Messieurs les Magistrats, rüe de la Clef. M.D.C.C.XXI. Avec Approbation. Pet. in-8.°, titre et préliminaires 8 ff. non chiff., texte 148 pp., approbation 1 f. non chiff.

Bibl. de M. R. Chalon. — Ma bibl.

560. La vie du glorieux S.ᵗ Fiacre, confesseur, patron de Wisbecque. A Mons, De l'Imprimerie de Jean-Nicolas Varret, Imprimeur de Messieurs les Magistrats, ruë de la Clef. (1721). Pet. in-8.º, 20 pp.

Ma bibl.

561. Méthode facile pour apprendre l'oraison mentale, et à s'entretenir avec Dieu présent en tout, par des aspirations amoureuses, accompagnées de diverses méditations pour tous les jours de la semaine; et d'un traité de la confession et communion pour les ames dévotes. Par F. Daniel, d'Anvers, predicateur capucin. Neuvième edition. A Mons, chez Jean Nicolas Varret, Imprimeur de Messieurs les Magistrats, ruë de la Clef. 1722. Avec permission des supérieurs. In-8.º, titre et préliminaires 3 ff. non chiff., texte 543 pp., table &c. 13 pp. non chiff.

Bibl. de Tournai, n.º 1,831, du catal.

562. Pratique pieuse Pour assister devotement avec un flambeau, Quand on porte le tres-saint sacrement aux malades, en forme de viatique; présentée à messieurs les Confreres de l'Eglise Collegiale & Paroissiale de Saint-Germain à Mons. De l'Imprimerie de J. Nicolas Varret. 1722. Pet. in-16, 64 pp. et une gravure sur bois.

Bibl. de M. R. Chalon. — Ma bibl.

563. Abregé de l'histoire notre-dame du Mont-Serrat dediée à la Confrerie érigée canoniquement sous ce Titre en l'Eglise Paroissiale de S. Nicolas, à Mons, avec la Bulle des Indulgences accordées à ladite Confrerie, quelques Miracles & Prieres. A Mons, De l'Imprimerie de Jean-

Nicolas Varret, Imprimeur de Messieurs du Magistrat, ruë de la Clef. Avec Approbation (1723). Pet. in-8.º, 44 pp., approbation 1 p. non chiff.

Ma bibl.

L'approbation, signée par F. Albert Martin, est datée de Tournai le 16 de septembre 1723.

564. Theses theologicæ in decalogum, qvas præside P. F. Walberto à S.ᵗᵃ Aldegunde Ordinis Fratrum Beatæ Virginis Mariæ de Monte-Carmelo, Sacræ Theologiæ, Professore, Defendent P. Floritius à S. Francisco, P. Natalis à Nativitate, F. Joannes à S.ᵗᵃ Maria, F. Lambertus à S. Joanne, Ejusdem Ordinis Religiosi. In Carmelo nostro Montensi die... Aprilis, horâ 8ᵃ ante & 2ᵃ post. meridiem. (Montibus, typis Joannis-Nicolai Varret.) M.DCC.XXIII. In-4.º, 16 pp.

Bibl. de M. R. Chalon. — Bibl. de Mons.

565. Reflexions sur la guérison des fièvres intermitentes par le quinquina, Et autres Remedes qu'on appelle Specifiques ; Où l'on verra les circonstances auxquelles il est dangereux de s'en servir, & celles auxquelles elles sont utiles. Par Jean François Du Broeucquez licentié en médecine. A Mons de l'imprimerie de Jean Nicolas Varret, imprimeur, ruë de la Clef. 1725. Pet. in-8.º, 27 pp.

Bibl. de M. R. Chalon.

Du Brœucquez (Jean-François), né à Mons en 1690, est décédé en la même ville le 11 juillet 1749. Paquot et Eloy ont donné des notices assez complètes sur ce médecin renommé de son temps.

566. Histoire de la ville de Mons, ancienne et nou-

velle ; contenant tout ce qui s'est passé de plus curieux depuis son origine 650. jusqu'à present 1725. La chronologie des comtes de Hainau, la Liste des Grands-Baillis, des Conseillers, des Prevôts, des Magistrats ; avec un trèsgrand nombre de Décrets des Souverains, concernant les Privileges de cette Ville, les Attributs des Echevins, & quantité d'autres Pieces très-curieuses & utiles ; Une ample description de l'établissement des Sieges de Judicature, des Chapîtres, des Paroisses, des Couvents, des Corps-de-Stile, des Fondations & des principaux Edifices de cette Ville ; son ancien circuit, son agrandissement, ses Guerres, ses Sieges, ses Blocus, ses ruines, ses rétablissemens, ses incendies, ses tremblemens de terre, & autres évenemens surprenans. Par Gilles-Joseph de Boussu, Ecuyer, Licencié en Droit. A Mons, Chez Jean-Nicolas Varret, Imprimeur de Messeigneurs les Etats, & de Messieurs du Magistrat, ruë de la Clef. 1725. Avec Approbation & Permission. In-4.º, titre et préliminaires 16 ff. non chiff., texte 427 pages chiffrées de 9 à 435. table 35 pages non chiff., fautes principales à corriger 1 p. plus 3 planches gravées sur bois par Krafft, l'une représentant les armes de la ville de Mons et une vue de cette ville, l'autre une vue de Mons ancien en 650, dessinée par A. Wery et la troisième une vue de Mons en 1725.

Bibl. de Mons, n.º 7,255 du catal. — Bibl. de M. R. Chalon. — Ma bibl.

567. Theses theologicæ de actibus humanis, peccatis & Legibus, ad mentem doctoris angelici S. Thomæ aquinatis ; qvas præside F. Benedicto d'Estrée S. Theologiæ Lic. Ord.

FF. Prædicatorum, defendent : D. F. Gregorius Libote et D. F. Fredericus Sebille Can. Regulares Præmonstratenses. In Abbatiâ Bonæ-Spei. Die 2. Augusti 1725. horâ 9. ante & 2. post meridiem. Montibus, Ex Typographiâ Joannis-Nicolai Varret, Statuum & Senatûs Typographi, in plateâ Clavis. 1725. In-4.º, 18 pp.

Bibl. de Mons, non catalogué.

568. Histoire admirable de notre-Dame de Cambron. A Mons, Chez Jean Nicolas Varret, Imprimeur de Messeigneurs les États, & de Messieurs du Magistrat, ruë de la Clef. 1726. Avec Approbation. Pet. in-8.º, 102 pp. approbation 1 p. non chiff.

Bibl. de M. Henri Delmotte.

Nous avons dans notre bibliothèque un exemplaire de ce livre avec un titre refait à la date de 1727.

569. Requeste presentée a son altesse serenissime Marie-Elisabethe archiduchesse d'Austriche, Gouvernante des Pays-Bas, &c. par les pasteurs De la Province d'Haynau, Pour obtenir la Confirmation de leurs Privileges & Exemptions, Avec le Decret ensuivi, en datte du 8 Juin 1726. A Mons, Chez Jean-Nicolas Varret, Imprimeur de Sa Majesté Imperiale & catholique, de Messeigneurs les Etats, & de Messieurs du Magistrat, ruë de la Clef. (1726). In-4.º 14 pp.

Ma bibl.

570. Divers degrez de la perfection chretienne et religieuse, A l'usage des Ames desireuses de leur avancement spirituel. Par le P. Henry le Beghe, Recolet. A Mons, Chez I. N. Varret, Imprimeur de S. M. Imp. & C. de Messeigneurs

les Etats, & de Messieurs du Magistrat, ruë de la Clef. Avec Permission & Approbations. M. D. CC. XXVI. Pet. in-8.°, titre et préliminaires 6 ff. non chiff., texte 293 pp. chiff. de 9 à 301, table 3 pp non chiff.

Ma bibl.

571. Salomon pœnitens, sive Dissertatio de pœnitentiâ Salomonis Regis, descriptâ ex Sacrâ Scripturâ, ex Traditione, ex Sanctis Patribus atque Doctoribus tum Sacris, tum prophanis. Per Reverendum Patrem Ægidium Martin, Ecclesiæ B. Mariæ Bonæ-Spei Ordinis Præmonstratensis Canonicum regularem, Protonotarium Apostolicum ac Priorem-Curatum Ecclesiæ Parochialis Sancti Medardi in Anderluë. Montibus, Ex Typographiâ I. N. Varret, Senatus Typographi, in plateâ Clavis. 1727. Cum Approbationibus. Pet. in-8.°, titre et préliminaires 13 ff. non chiff., texte 154 pp. chiffrées de 5 à 158, index 1 f. non chiff.

Bibl. de M. R. Chalon. — Ma bibl.

572. Jubilé de l'année sainte, pour la ville et le diocèse de Cambray, accordé par nôtre saint père le pape Benoist XIII à Mons, chez Jean Nicolas Varret, imprimeur de S. M. I. & C. de Messeign. les Etats, et de Messieurs du Magistrat. (1727). In-12. 36 pp.

573. Regles de la confrerie N. D. de Tongre, Canoniquement érigée dans l'Eglise Collegiale du Noble & Illustre Chapitre de Ste. Waudru à Mons. Avec un abregé des privileges et indulgences accordées par le sovverain pontife Innocent XI. Et par Monseigneur l'Illustrissime & Reveren-

dissime Archevêque & Duc de Cambray. A Mons, De l'Imprimerie de Iean-Nicolas Varret, ruë d'Havré, 1729. Pet. in-12, 24 pp. Au verso du titre se trouve une vignette représentant la vierge tenant dans ses bras l'enfant Jésus.

Ma bibl.

574. Stile et maniere de proceder pardevant le conseil souverain De l'Empereur & Roy en Haynau. A Mons, Chez Jean-Nicolas Varret, Imprimeur de Sa Majesté Imp. & Cath. de Mess. les Etats, & de Messieurs du Magistrat, ruë d'Havré. 1730. Avec permission du Conseil Souverain de Haynau. Pet. in-8.º, 120 pp. les trois dernières non chiff.

Ma bibl.

575. Heures de la sodalité, Contenant tous les Exercices de Pieté qui se pratiquent dans les Congregations de la Sainte Vierge, canoniquement érigées dans les Colleges & Maisons de la Compagnie de Jesus; Avec des Instructions & des Prieres pour la Messe, la Confession, la Communion &c. Par un Pere de la même Compagnie. A Mons, Chez Iean-N. Varret, Imprimeur, ruë d'Havré. 1731. Avec Approbation. Pet. in-12, titre et préliminaires 2 ff. non chiff., texte 445 pp. approbation 1 p. non chiff.

Ma bibl.

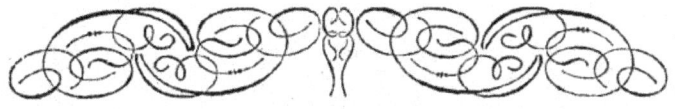

MATHIEU WILMET.

1730 - 1773.

Ce typographe exerçait antérieurement à 1730 le commerce de la librairie à Mons. Il obtint, le 5 juin de cette année, des lettres patentes d'imprimeur en cette ville.

Il a publié en placards un grand nombre de décrets et d'ordonnances du souverain.

La princesse Charlotte de Lorraine, pendant son séjour à Mons, avait nommé Mathieu Wilmet conservateur de sa bibliothèque.

Cet imprimeur avait pour marque typographique un monogramme formé des initiales de son nom et renfermé dans un cartouche.

576. Decrets de S. A. S. l'Archiduchesse gouvernante des Pays-Bas, tovchant la permission de travailler ès jours de dimanches & festes au diocèse de Cambrai. *Au bas de*

la dernière page : A Mons, Chez Mathieu Wilmet, Imprimeur du Roi, ruë de la Clef. Avec privilege du Roi. (1731.) In-4.º, 3 pp.

Ma bibl.

Ce décret est daté de Bruxelles le 4 août 1731.

577. Theses theologicæ de incarnationis mysterio Insertis pro re nata selectis Polemicæ, Historiæ, Criticæ ac Chronologiæ punctulis. Has ad mentem doctoris angelici Deo Duce, auspice deipara, Defendent carmelitæ excalceati, Collegii Montensis; Diebus 8 & 9 Maii; horâ 8 ante, & sequi-tertiâ post meridiem. Montibus, Typis Mathæi Wilmet, Typographi Regis, & Bibliopolæ in plateâ Clavis. MDCCXXXII. In-4.º, 16 pp.

Bibl de Mons, non catalogué.

578*. Etrennes nouvelles servant de Réponces à la Lettre que M.ʳ Narez docteur en médecine a publiée; pour renverser le livre intitulé : Preuves de la nécessité de regarder les urines. Dans lesquelles Réponces on montre que les arguments de la Lettre sont appliqués sans fondement, et on prouve davantage la nécessité de regarder les urines en général, et même celles, qu'on apporte aux médecins, pour la guérison des maladies, par J.-F. Dubrœucquez licent. en méd. A Mons, chez Mathieu Wilmet, imprimeur du Roy, et marchand libraire, ruë de la Clef. 1734. Avec approbation. In-12, 68 pp.

Cette brochure, que Wilmet avait publiée sans la permission du Magistrat, fut saisie et confisquée le 20 janvier 1734.

579. Extensio kalendarum nonarum et iduum secun-

dum usum romanum. A Mons, chez M. Wilmet Imprimeur, rûë de la Clef. (1637.) Pet. in-12, 12 ff. non chiff.

Ma bibl.

Nous ne connaissons pas de calendrier imprimé à Mons antérieurement à celui-ci ; mais à partir de 1637, il en fut publié un, chaque année, par Mathieu Wilmet.

Il serait, pour ainsi dire, impossible de former aujourd'hui une collection complète de ce petit calendrier.

580. Oraison funebre de tres-haut, tres-puissant, tres-excellent monarque Charles VI empereur des romains. Roi d'Espagne, de Hongrie & de Boheme. Archiduc d'Autriche, Duc de Bourgogne, de Lothier, de Brabant, de Limbourg, de Luxembourg, de Gueldres, &c. Marquis du St. Empire, &c. Comte de Habsbourg, de Flandres, &c. Palatin du Haynau & de Namur, Seigneur de la Marche, d'Esclavonie, du Port-Naon, de Biscaye, de Molines, de Salins, de Tripoli & de Malines, Dominateur en Asie & en Afrique, &c. Prononcée a Mons le 18 de Janvier 1741 dans l'Eglise Collegiale de Sainte Waudruë, par le R. P. Ant. De Villers de la Compagnie de Jesus. Predicateur stationnaire. A Mons, Chez M. Wilmet, Imprimeur Marchand Libraire, Ruë de la Clef. Avec Approbation. (1741.) In-4.º 18 pp.

Bibl. de M. R. Chalon.

581. Decret au sujet des terres de debat. A Mons, Chez Mathieu Wilmet, Imprimeur de sa Majesté, la Reine, de Hongrie & de Boheme. M.DCC.XLIII. In-f.º, placard.

Ma bibl.

582. Pratique du retrait et reprise selon l'esprit des loix, coûtumes et usages de la province et comté de Hai-

nau. Par le Sieur François Cogniaux, Licentié en Droit, Ancien Avocat de la Cour Souveraine, et Greffier des Enquestes au Grand Bailliage. Premiere edition. A Mons. Chez Mathieu Wilmet, Imprimeur de S. M. la Reine, de Hongrie & de Bohême. M. D.CC. XLIIII. Avec Approbation & Privilége. In-4.°, 294 pp., table 9 ff.

Bibl. de Mons, n.° 2,374 du catal. — Ma bibl.

583. Les Grand Bailly, président & Gens du Conseil souverain de sa Majesté en Hainaut. (*Réglement nouveau en date du 23 décembre 1745, relatif aux huissiers de la cour souveraine à Mons.*) *Au bas de la dernière page*: A Mons, Chez Mathieu Wilmet, Imprimeur de Sa Majesté la Reine d'Hongrie & de Bohême, & de Monseigneur l'Archevêque Duc de Cambray, Rue de la Clef, 1745. In-4.° 22 pp.

Ma bibl.

584. Capitulation Proposée par le commandant & garnison de St Ghilain, ce 25 juillet 1746. *Au bas de la dernière page*: A Mons, Chez Mathieu Wilmet, Imprimeur & Libraire, Par Permission de Monseigneur l'Intendant, ruë de la Clef. 1746. In-4.°, 4 pp.

Bibl. de M. R. Chalon.

585. Capitulation et conditions Pour les Troupes Aûtrichiennes de Garnison à Mons. *Au bas de la dernière page*: A Mons, Chez Mathieu Wilmet, Imprimeur & Marchand Libraire Ruë de la Clef. 1746. In-4.°, 3 ff. non chiff.

Bibl. de M. R. Chalon. — Ma bibl.

586. Declaration du Roi. Donnée à Fontainebleau le 2 novembre 1746. qui rend au Conseil Souverain de

Hainaut le ressort & la jurisdiction qu'il avoit sur la Ville & Châtellenie d'Ath. A Mons, chez Mathieu Wilmet, Imprimeur du Roi, & du Conseil Souverain de Hainaut. M. DCC. XLVI. In-f.º, placard.

Archives communales de Mons; recueil des placards, 1655-1748, n.º 128.

587. Calendrier du Hainaut pour l'an de grace M.D.CC.XLVII. Contenant un état de la province d'Hainaut etc. Avec Une liste des Avocats, Licentiez & Praticiens suivant l'Ordre de leur Promotion. Le Réglement nouveau des Départs & Arrivées des Postes à Mons. A Mons, Chez Mathieu Wilmet, Imprimeur du Roy, sur la Grand-Place. Avec permission. (1746.) In-12, 26 ff. non chiff.

Ma bibl.

C'est en 1747, nous le pensons du moins, que parut pour la première fois le *Calendrier du Hainaut*; il donne l'état de cette province depuis la prise de la ville de Mons par Louis XV, le 11 juillet 1746. Il en a été imprimé un, chaque année depuis 1747 jusqu'en 1775, par Mathieu Wilmet; et, à partir de cette date jusqu'en 1794, par sa fille Marie-Joseph. Excepté en 1795, où il s'est appelé *Almanach du Hainaut*, ce calendrier a conservé son titre primitif jusqu'en 1794.

La collection de ces annuaires, aujourd'hui fort rare, comprend 47 volumes de format uniforme. Elle se complète, jusqu'à nos jours, par l'*Almanach du département de Jemmapes*, imprimé par Monjot père, depuis l'an V (1796) jusqu'en l'an X de la république française (1805); par l'*Annuaire de ce département*, publié par le même imprimeur de l'an X à 1806; par l'*Almanach du département*, de 1806 à 1816, et, depuis cette dernière date jusqu'aujourd'hui, par l'*Almanach de la province de Hainaut*.

Nous sommes parvenu à réunir une collection complète de ces annuaires dont la publication, qui embrasse une période de 110 ans, n'a été interrompue que pendant les années 1812 et 1814, à cause sans doute des évènements politiques.

Ces annuaires offrent un grand intérêt au point de vue de l'histoire de Mons et du Hainaut; ils donnent, année par année, les noms de tous les fonctionnaires publics, des renseignements statistiques importants et des détails curieux sur la division territoriale de la province sous les différents gouvernements qui l'ont régie.

588. Evaluations des monnoies D'Or & d'Argent en Monnoie de Compte, tant en Argent de Change qu'en Argent Courant. Avec Des Tarifs de Reduction de l'un en l'autre Argent, des Livres de Gros en Livres Simples, & de l'Argent Blan à Tournois. Le tout exactement calculé suivant les derniers Placarts, & l'usage reçû à ce jour au Païs & Comté de Hainaut. A Mons, Chez Mathieu Wilmet, Imprimeur de Sa Majesté Imperiale & Catholique, Rue de la Clef 1746. Pet. in-12, sur demi-feuille, 24 ff. non chiff.

Ma bibl,

Réimprimé presque chaque année jusqu'en 1775 par Mathieu Wilmet, ce tarif servait ordinairement d'annexe au Calendrier du Hainaut.

589. Revu au conseil souverain de l'Imperatrice Reine en Hainau. (*Arrêt du conseil souverain du Hainaut, du 2 août 1749, ordonnant que les exemplaires du Mémoire ou Abregé du Sr. &c., seront brûlés sur la place de Mons.*) A Mons, Chez Mathieu Wilmet, Imprimeur de Sa Majesté Imperiale & Royale. 1749. In-f.º, placard.

Ma bibl.

590. Marie-Therese par la grace de Dieu, (*Ordonnance, sur les monnaies.*) *Au bas de la dernière page* : A Mons, Chez Mathieu Wilmet, Imprimeur de Sa Majesté Imperiale & Royale. 1749. In-f.º, 19 pp.

Ma bibl.

591. Simonis Verepæi rudimenta, sive latinæ grammaticæ. Liber primus. In usum studiosæ iuventutis. Editio nova et recognita. Montibus, apud M. Wilmet, Typographum, S. M. Imp. & Reg. in foro Magno. M.DCC.L. In-8.º, 207 pp.

Ma bibl.

592. Instruction pour le Jubilé de l'année sainte. A Mons, Chez Mathieu Wilmet, Imprimeur de Sa Majesté Impériale & Royale. Sur la Grand-Place. 1751. Avec privilege. Pet. in-8.º, 40 pp.

Bibl. de Mons, n.º 1084 du catalogue.

593. Catechisme ou sommaire de la doctrine chrétienne divisé en trois parties. I. Partie contenant les premiers fondemens de la Foi Chrétienne. II. Le devoir d'un bon Chrétien. III. L'explication plus ample des choses nécessaires au Chrétien. Révû par l'ordre de son Altesse Monseigneur l'Archevêque Duc de Cambrai. A Mons, Chez Mathieu Wilmet, Impri. de Sa Majesté Impe. & Roya. 1752. Pet. in-12, 102 pp., et 4 ff. non chiff.

Bibl. de Mons, n.º 1085 du catal.

594. Placcart concernant l'acquisition des Biens immeubles par les Gens de Main-morte. Du 15 Septembre 1753.

A Mons, Chez Mathieu Wilmet, Imprimeur de Sa Majesté Impériale & Roïale sur la Grand-Place. 1753. In-f.º, titre 1 f., texte 11 pp.

Ma bibl.

595. Decrets et ordonnances concernant les Gens de Main-Morte, l'Erection des Cures, & l'Etablissement des Vicaires. A Mons, Chez M. Wilmet, Imprimeur de S. M. I. & R. & de S. A. R. Madame la Princesse de Lorraine, sur la Grand-Place. (1754). In-f.º, titre 1 f. texte 5 pp.

Ma bibl.

596. Edit touchant les titres et Marques d'Honneur ou de Noblesse, Port d'Armes, Armoiries, & autres distinctions. Du 11. Décembre 1754. A Mons, Chez M. Wilmet, Imprimeur de S. M. I. & R. & de S. A. R. Madame la Princesse de Lorraine, sur la Grand-Place. (1754). In-f.º, 20 pp.

Ma bibl.

597. Abregé de la vie de la tres-illustre sainte Anne ayeule de Jesus-Christ Mere de la tres-Sainte Vierge Marie toujours Immaculée. Dedié a messieurs les magistrats de la ville de Mons. Le tout tiré des Auteurs qui ont écrit sur la Vie de cette grande Sainte. A Mons, Chez M. Wilmet, Imprimeur de Sa Majesté Imp. & Roï, sur la grand-Place. (1754). Pet. in-8.º, titre et préliminaires 5 ff. non chiff., texte 99 pp., approbation, permission et gravure 3 pp. non chiff.

Ma bibl.

598. Placard concernant la chasse, Du 7 Février 1755. A Mons, Chez M. Wilmet, Imprimeur de S. M. I. & R. &

de S. A. R. Madame la Princesse de Lorraine, sur la Grand-place. 1755. In-f.º, 34 pp.

Ma bibl.

599. Loix, chartres et coutumes du village de Wodecque; avec Le Réglement émané du Grand Conseil au sujet de la perception des Droits de Cour, dans les Procès ventilans devant les Offices de Flobecq, Lessines & Wodecque; & le Decret du 26 Mars 1743 concernant les Terres de débat. Premiere edition. A Mons, Chez Mathieu Wilmet, Imprimeur ordinaire de S. M. I. & R. & de S. A. R. Madame la Princesse de Lorraine, sur la grand'-Place. Avec permission. M. DCC. LVII, texte 122 pp., tables 13 pp. non chiff.

Bibl. de Mons, n.º 2,380 du catal. — Bibl. de M. R. Chalon. — Ma bibl.

600. Abregé des particules, contenant Ce qui est de plus difficile & de plus nécessaire pour composer correctement en latin. Edition nouvelle, revuë & corrigée des fautes qui s'étoient glissées dans les éditions précédentes. A Mons, Chez Mathieu Wilmet, Imprimeur ordinaire de S. M. I. & R. & de S. A. R. Madame la Princesse de Lorraine, sur la grand'Place. M. DCC. LVII. Pet. in-12, 194 pp.

Bibl. de M. R. Chalon. — Ma bibl.

601. Compliment De Congratulation que Dom Mangeart a eu l'honneur d'offrir à S. A. R. Madame à Mons le 4.º Décembre au sujet de la Victoire signalée remportée par son Auguste Frere sur le Prince de Bevern & les Prussiens le vingt-deux Novembre de la présente année. *Au bas*

de la dernière page : A Mons, Chez M. Wilmet, Imprimeur de S. M. I. & R. de S. A. R. Madame la Princesse de Lorraine, sur la grand'Place. (1757). In-4.º, 4 pp.

Ma bibl.

602. Ordonnance du 2. Décembre 1755. Qui fixe à soixantes Bonniers de terres labourables, & dix Bonniers de Prairies, Aulnois, & Jardinages, ce qu'un seul Fermier pouvoit défructuer. Et l'interprétation du 8. Mai 1758. Qui fixe chaque Bonnier à quatre cents verges de vingt pieds. A Mons, Chez M. Wilmet, Imprimeur de S. M. I. & R. & de S. A. R. Madame la Princesse de Lorraine, sur la grand'Place. 1758. In-f.º, 8 pp.

Ma bibl.

603. Josephi juvencii è societate jesu, candidatus rhetoricæ. Auctus & meliori ordine digestus. Montibus, Ex Typographiâ M. Wilmet, in Foro magno. M. DCC. LVIII. In-12, 266 pp., la dernière chiffrée 166 par erreur, index 9 pp. non chiff.

Bibl. de M. R. Chalon. — Ma bibl.

604. Directorium ad rite legendas horas canonicas, missasque celebrandas Ad normam Breviarii & Missalis Romanii pro anno domini M. D. CC. LIX. Ad usum Cleri Nobilis Ecclesiæ Collegiatæ Sanctæ Waldetrudis. *Color Parament. signatur in Margine hoc modo* : *Albus A. Rubeus R. Viridis V. Violaceus U. Niger N.* Montibus, Typis Matthæi Wilmet, Typographi Regii, suæ Celsit. Reg. & Nobil. Capit. S. Waldetr. Cum Gratiâ & Privilegio. (1758). In-8.º, 43 pp. non chiff.

Ma bibl.

Depuis l'année 1759 jusqu'en 1775, cette publication, plus connue sous le titre de Calendrier ou de Cartabelle ecclésiastique, fut imprimée, chaque année, par Mathieu Wilmet, et après celui-ci, par sa fille jusqu'en 1794.

L'impression de cet annuaire fut confiée, de 1795 à 1850, aux presses de Monjot père, et depuis, à celles de son fils qui continue de l'éditer aujourd'hui.

Les imprimeurs Bocquet et Jevenois ont aussi publié quelques-uns de ces annuaires.

605. Reglement donné a ceux de Soignies, le 23. Octobre 1690. Auquel les Maires & Echevins de toutes les Communautés du Païs de Hainaut doivent se conformer, autant que faire se peut, dans leurs Assiettes de Tailles. Avec Différens Décrets Ordonnances & Réglemens concernant lesdits Maires, Echevins & Communautés. Premiere edition. A Mons, chés Matthieu Wilmet, Imprimeur de Sa Majesté Impériale & Royale Apostolique, & de Son Altesse Royale Madame la Princesse de Lorraine, 1760. Avec permission. In-8.°, 87 pp. non chiff., table 3 pp. non chiff.

Bibl. de M. R. Chalon. — Ma bibl.

L'imprimeur Wilmet a fait un second tirage de cette édition qu'il a publiée la même année, avec les mots : *seconde édition*. Celle-ci renferme les mêmes matières et le même nombre de pages que la première, mais elle en diffère par l'orthographe du titre, les fleurons et la distribution des matières.

A mesure de la promulgation de nouveaux édits, on les imprimait pour les ajouter à cette édition dont la pagination continuée allait toujours en augmentant. C'est ainsi que le nombre de pages s'élève en 1766 à 172 et 5 ff. non chiff.; en 1778 à 562 et 4 ff. non chiff.; en 1785 à 574, et en 1787 à 604.

Cette dernière composition a servi à l'édition que Marie-Joseph Wilmet a publiée sous son nom, en 1787, avec le titre de *Recueil des Placards*.

606. Loix, chartes et coutumes du chef-lieu de la ville de Mons, et des villes et villages de son ressort, Avec les Décrets qui y sont Relatifs. Nouvelle edition Revûe & très-exactement corrigée à la lettre (d'après l'Original) d'une infinité de fautes qui se trouvoient dans les Editions précédentes. Et augmentée De plusieurs Décrets, Priviléges & Ordonnances; de même que d'une Premiere Edition très-Correcte de la moderation desdites Chartes, Vulgairement nommée charte préavisée. A Mons, Chés Matthieu Wilmet, Imprimeur ordinaire de S. M. I. & R. A. sur la grand'Place. 1761. Avec permission. Pet. in-8.°, titre 1 f., dédicace IV pp., texte 98 pp., table 5 pp. non chiff. *A la suite*: Ordonnances et provisions decretées par le souverain chef-lieu dudit Mons 108 pp.; modération des chartes, etc., 234 pp., table 3 ff. non chiff.

Bibl. de Mons, n.° 2379 du catal. — Bibl. de M. R. Chalon. — Ma bibl.

Ouvrage entrepris par ordre du Magistrat de Mons.

607. Decret par lequel il est statué que les catalogues des Livres que l'on expose en vente, devront être examinés & approuvés par le Conseiller Avocat de S. M. ou par son Substitut: après qu'ils l'auront été par le Censeur Ecclésiastique. Du 4 Août 1764. *Au bas de la dernière page*: A Mons, Chez Matthieu Wilmet, Imprimeur de S. M. I. & R. & de S. A. R. Madame la Princesse de Lorraine, sur la grand'-Place. 1764. In-f.°, 3 pp.

Ma bibl.

608. Instruction nouvelle, Pour enseigner aux Enfans à connoître le Chiffre, & à sommer avec les Gets. Nouvelle

Édition. A Mons, Chés Matthieu Wilmet, Imprimeur de S. M. I. & R. A. & de S. A. R. Madame la Princesse de Lorraine, sur la Grand'Place. M. DCCL. XV. In-8.º, titre 1 f., texte 30 pp.

Ma bibl.

609. L'Imperatrice Reine. (*Règlement pour l'embellissement de la ville de Mons.*) A Mons, Chez Matthieu Wilmet, Imprimeur de S. M. I. & R. A. Sur la Grand'-Place. 1765. — In-f.º, 4 pp.

Ma bibl.

610. Calendrier romain, pour la lecture des auteurs latins, Bulles, diplomes et autres actes. A Mons, Chez Matthieu Wilmet, Imprimeur de Sa Majesté, sur la Grand'-Place. M. DCC. LXVI. In-12, 5 ff. non chiff.

Bibl. de M. R. Chalon.

611. Marie-Therese par la grace de Dieu. (*Ordonnance concernant les Colléges et autres Ecoles destinées à l'enseignement public des Humanités*). *Au bas de la dernière page*: A Mons Chés M. Wilmet, Imprimeur de Sa Majesté l'Impératrice Douairiere & Reine Apostolique sur la grand'-Place. 1766. In-f.º, 6 pp.

Ma bibl.

612. Ordonnance concernant la Censure & Police des Livres. Du 23. Décembre 1768. A Mons, Chés M. Wilmet, Imprimeur de Sa Majesté l'Impératrice-Douairière & Reine Apostolique, sur la Grand'Place. 1768. In-f.º, 3 pp. non chiff.

Ma bibl.

613. Ordonnance de l'imperatrice reine Du 26 Août 1769. Sur l'exécution de la Convention des Limites concluë avec le Roi Très-Chrétien, le 16 Mai 1769. *Au bas de la dernière page* : A Mons, Chés M. Wilmet. Imprimeur de Sa Majesté l'Imperatrice-Douairiere et Reine Apostolique, sur la Grand'Place. 1769. in-f.º, 8 pp.

Bibl. de M. R. Chalon. — Ma bibl.

614. Style et manière de procéder pardevant le conseil souverain de Hainaut. Nouvelle Édition, revuë, corrigée & augmentée. Avec l'Ordonnance du 11 Octobre 1769, concernant les devoirs des Avocats, dans l'Instruction des Procédures. Et une Table Alphabétique de toutes les Poursuites, Formules & Matières. A Mons, Chés M. Wilmet, Imprimeur de S. M. I. R. A. sur la Grand'Place. Avec Permission. 1769. In-8.º, 186 — XXV pp.

Bibl. de M. R. Chalon. — Ma bibl.

615. Édit de l'impératrice-reine, Du 15 Mai 1771. Sur l'admission dans les Ordres Religieux. *Au bas de la dernière page* : A Mons, chés M. Wilmet, Imprimeur de Sa Majesté l'Imperatrice-Douairiere et Reine Apostolique, sur la Grand' Place. 1771. In-f.º, 8 pp.

Ma bibl.

616. Lettres patentes de l'Impératrice-Reine, datées de Bruxelles le 13 Septembre 1773 sur l'exécution de la Bulle du Pape Clément XIV, du 21 Juillet de la même année, portant extinction & suppression de l'Ordre des Jésuites. *Au bas de la dernière page* : A Mons, Chés M. Wilmet,

Imprimeur de sa majesté l'Imperatrice-Douairiere et Reine Apostolique, sur la grand'Place. 1773. In-f.°, 3 pp. non chiff.

Ma bibl.

617. Ordonnance ultérieure de l'imperatrice-douairiere et reine. Donnée à Bruxelles le 12 Octobre 1773. Concernant les Biens & effets des ci-devant Jésuites. *Au bas de la dernière page*: A Mons, Chés M. Wilmet, Imprim. de S. M. sur la grand' Place. (1773). In-f.°, 3 pp. non chiff.

Ma bibl.

618. Vers artificiels pour apprendre et retenir l'Histoire et la chronologie universelle avant et après Jesus-Christ, Et en particulier l'Histoire Sainte, l'Histoire Ecclésiastique &c. La Géographie Universelle, &c. Par le Pere Buffier, de la Compagnie de Jesus. Ouvrage très-utile à la jeunesse. A Mons, Chez Matthieu Wilmet, Imprimeur de Sa Majesté, sur la Grand'Place. Avec permission. In-12. 50 pp.

Bibl. de M. R. Chalon.

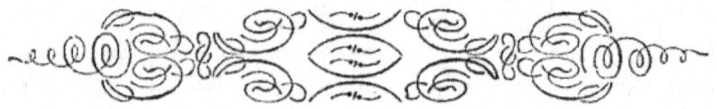

JEAN-NICOLAS VARRET (la Veuve).

1732-1733.

A la mort de Jean-Nicolas Varret, en 1731, sa veuve Victoire Wadin reprit, avec le concours de ses deux fils Jean-Baptiste et Michel, l'imprimerie de son mari. Elle mourut en 1753.

619. Theses theologicæ de virtvtibvs cardinalibvs, qvas sub auspiciis amplissimi domini D. Bartholomæi Louant celeberrimi monasterii, B. Mariæ De Alna Abbatis Emeritissimi, Præside F. P. Valentino à S.^{to} Remigio. Ord. FF. B^{mæ}. V. M. de Monte Carmelo, Sacræ Theologiæ Professore in laudato Monasterio. Defendent F. Alexander Leblanc, Carolo-Regius. F. Cælestinus Dulier, Castro-Merbius, Ejusdem Monasterii Religiosi Subdiaconi, etc. Montibus, Ex Typographiâ Vidnæ Varret, Statuum & Senatûs Typographi, in plateâ Havretanâ. 1752. In-4.°, 20 pp.

Bibl. de Mons, non catalogué.

JEAN-BAPTISTE ET MICHEL VARRET.

1733 - 1734.

Ces deux frères, fils de Jean-Nicolas Varret, obtinrent, le 4 juillet 1733, des lettres patentes d'imprimeur. A la mort de leur mère, ils exploitèrent en commun l'établissement délaissé par celle-ci, dans l'intérêt de leurs frères et sœurs en bas-âge.

620. Veu par messieurs les magistrats de la Ville de Mons, un Libelle imprimé portant pour titre Déclaration & Protestation de M. Nicolas Maillart, prêtre, &.ᵃ (*Au sujet d'une sentence d'excommunication portée contre lui par M. l'Official de Cambrai*). — A Moms (sic), de l'Imprimerie de Jean-Baptiste & Michel Varret, Imprimeurs de Messieurs du Magistrat, ruë d'Havré. 1733. In-f.º, placard.

Archives communales de Mons; recueil des ordonnances, 1700-1749, n.º 95.

621. Messieurs les Magistrats ordonnent à tous ceux qui ont eu des Fusils de la ville, pour monter la garde le 6 et le 7 de ce mois, *(juillet)*, de les rapporter &c. A Mons, De l'Imprimerie de Jean-Baptiste et Michel Varret, Imprimeurs de messieurs du Magistrat, rue d'Havré, 1734. In-f.º, placard.

Bibl. de M. R. Chalon.

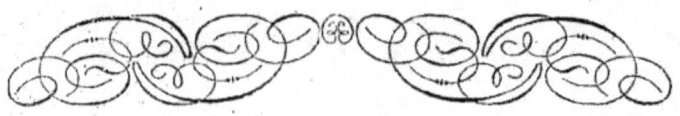

MICHEL VARRET.

1735-1743.

Cet imprimeur, fils de Jean-Nicolas Varret et de Victoire Wadin, cessa d'être l'associé de son frère Jean-Baptiste, en 1734, et continua l'exploitation de l'établissement paternel jusqu'en 1743, époque de sa mort.

622. Histoire admirable de notre-dame de Wasmes ecritte en faveur de la Confrerie érigée canoniquement sous ce titre en l'Eglise Paroissiale dudit Wasmes, avec la Bulle des Indulgences accordées à la ditte Confrerie & quelques Prieres trés-devotes. A Mons, De l'Imprimerie de Michel Varret, Imprimeur de Messeigneurs les Etats & de Messieurs du Magistrat, ruë d'Havré. Avec Approbation. (1735). Pet. in-8.°, titre et préliminaires 2 ff. non chiff., texte 50 pp., approbation 1 p. non chiff.

Ma bibl.

C'est la première édition de cet opuscule qui est dédié à dom Gislain L'Évesque, abbé de S.ᵗ-Ghislain, au nom des maîtres, mambourgs et confrères de la confrérie de Notre Dame de Wasmes.

Le manuscrit autographe signé par l'auteur, Gilles de Boussu, repose à la bibliothèque de Mons.

623. Oraison funebre de Monseigneur Le trés-haut, trés-puissant, trés-pieux Prince son Altesse Emmanvel de Nassau, Conseiller actuel des Etats de Sa Majesté Impériale & Catholique, Lieutenant général de ses armées, Capitaine des Gardes Nobles de Marie Elisabeth d'Autriche l'Auguste Gouvernante des Pays-Bas. Prononcé à Mons, le 3. de Décembre l'an 1735. dans l'Eglise des Messieurs les Confrères de la Miséricorde par le trés-Venerable Père Antoine de Charle-Roi Capucin, Predicateur Stationaire du Chapître Roïale des trés Illustres Dames Chanoinesses. A Mons, De l'Imprimerie de Michel Varret, Imprimeur de Messeigneurs les Etats & de Messieurs du Magistrat, Ruë d'Havré. (1735) In-4.°, 21 pp.

Bibl. de M. R. Chalon.

624. Sommaire Des Graces, Privileges & Indulgences de la confrerie du tres saint sacrement de l'autel, erigée en l'an mil cinq cens soixante-trois Dans l'Eglise Collegiale & Paroissiale de S. Germain; avec des Exercices journaliers pour mediter sur cet Adorable Mystere. A Mons, Chez Michel Varret, Imprimeur de Sa M. Imp. & Cath., de Mess, les Etats & de Mes. du Magistrat, ruë d'Havré. 1736. In-8.°, titre et préliminaires 4 ff. non chiff., texte 153 pp., approbation et table 3 pp. non chiff.

Bibl. de M. R. Chalon. — Ma bibl.

625. Histoire de la ville de S.ᵗ Ghislain contenant tout ce qui s'est passé de plus curieux depuis son origine. La liste des Abbés & leurs faits principaux, avec une ample description des Sieges, des Ruines, des Rétablissemens, des Fondations & autres Evenemens surprenans. Par le

Sieur G. J. De Boussu, Ecuyer. A Mons, Chez Michel Varret, Imprimeur de Sa Majesté, de M. les Etats & de M. les Magistrats, rue d'Havré. 1737. Avec Approbation. Pet. in-8.°, titre et préliminaires 7 ff. non chiff., texte 278 pp., table 31 pp. non chiff.

Bibl. de Mons, n.° 7,284 du catal. — Bibl. de M. R. Chalon. — Ma bibl..

626. Regles de la congrégation de la sainte vierge, erigée Par autorité du St. Siége dans les Maisons de la Compagnie de Jesus. Imprimées, A Mons, chez Charles Michel, 1600. A Lille, chez Ignace & Nicolas de Rache, 1656. A Paris, Chez Sebastien Mabre-Cramoisy. A Douay, Chez Tossanus. 1723. Reimprimées En faveur de Messieurs les Congréganistes. A Mons, Chez Michel Varret, Imprimeur du Roi, Ruë d'Havré. Avec Approbation. (1737). In-16, 77 pp., table 1 p. non chiff.

Bibl. de M. R. Chalon. — Ma bibl.

La *Bibliographie Douaisienne* par M. Duthillœul ne mentionne pas d'imprimeur du nom de Tossanus.

627. Regles de la confrerie de S. Jean decolé, ditte de la misericorde, Erigée en la Ville de Mons par autorité du Saint Siége Apostolique & de Monseigneur l'Archevêque Duc de Cambrai. Avec L'entrétien pour la sainte Messe, la Pratique pour la Confession, pour la Communion, les sept Pseaumes Pénitentiaux, & plusieurs autres Priéres très-dévotes. A Mons, Chez Michel Varret, Imprimeur du Roi. 1738. Avec approbation. In-12, titre et préliminaires 8 ff.

non chiff., texte 279 pp., approbation et table 5 pp. non chiff.

Bibl. de M. R Chalon. — Ma bibl.

628. Devoirs et exercices de pieté de la confrerie du saint nom de Jesus, Canoniquement érigée dans l'Eglise Collegiale & Paroissiale de S. Germain à Mons ; Avec les Indulgences accordées par Nôtre S. Pere le Pape Clement VIII. Et quelques Prieres & litanies du S. Nom de Jesus. A Mons, Chez Michel Varret, Imprimeur du Roi. 1738. Pet. in-12, 48 pp.

Ma bibl.

629. Theologia moralis seu resolutio casuum conscientiæ juxta inconcussa divi Thomæ Aquinatis quinti Ecclesiæ Doctoris Dogmata, & aliorum Patrum mentem ; viam sternens mediam inter rigidiores, laxioresque Casuistarum opiniones. Per P. F. Walbertum a Sancta Aldegunde, Ordinis Fratrum Beatæ Virginis Mariæ de Monte Carmelo V. Exprovincialem Wallo-Belgii & Sacræ Theologiæ Professorem emeritum. Opus in quatuor Tomos distributum, complectens ea, quæ animarum Directoribus scitu necessaria sunt ad excipiendas Fidelium Confessiones, dirigendasque per viam salutis conscientias. Montibus, Typis Michaelis Varret, Regis, Statuum & Senatûs Typ. in plateâ Havretanâ. 1738. Cvm gratia et privilegio. In-8.º. Tomus 1.us sectio prima. Titre et préliminaires 11 ff. non chiff., texte 352 pp. id. sectio altera 328 pp., index 5 pp. non chiff. Tomus 2.us sectio prima titre et préliminaires 5 ff. non chiff., texte 403 pp. id. sectio altera 440 pp., index 5 ff. non chiff. Tomus 3.us, 1739, 500 pp., index 6 pp. non

chiff. Tomus 4.ᵘˢ sectio prima titre 2 pp., texte 438 pp., approbationes et index 9 pp. non chiff. ; sectio 2ᵃ 387 pp , index 5 pp. non chiff. ; sectio tertia 339 pp., index 5 pp. non chiff.

Bibl. de Mons.

630. Ordonnance de monseigneur l'archeveque de Cambray. *(Pour empêcher les réunions nocturnes qui avaient lieu à Mons, sous prétexte de prier la S.ᵗᵉ-Vierge)*. A Mons, De l'Imprimerie de Michel Varret, Imprimeur de Sa Majesté Imperiale & Catholique , ruë d'Havré 1739. In f.º, placard.

Ma bibl.

631. Les loix chartes et Coutumes anciennes du souverain chef-lieu de la ville de Mons. Avec plusieurs Privileges, Décrêts, Réglemens & Ordonnances en dépendans. A Mons, De l'Imprimerie de Michel Varret, Imprimeur de Messieurs les Magistrats, ruë d'Havré. 1739. Avec permission. In-4.º, titre et préliminaires 3 ff. non chiff., texte 72 pp. *A la suite* : Ordonnances et provisions decretées par le souverain chef-lieu de la ville de Mons. Titre 1 f. texte 60 pp. chiff. de 1 à 60; A Monsieur le comte du Rœulx 10 pp. chiff. de 1 à 10 et 2 ff. non chiff.; Messieurs échevins de la ville de Mons, 12 pp. chiff. de 1 à 12, table 1 f. non chiff., ensemble 164 pp.

Bibl. de M .R. Chalon. — Ma bibl.

632. Factum ou memoire pour le seigneur prince de Ligne, du St. Empire & d'Amblize, Chevalier de l'Ordre de la Toison d'Or , &c., &c. &c. plaignant en Revision & proposition d'erreur du 20. Juin 1738. Pardevant le

Conseil Souverain de Hainaut. Contre. Le Curateur de Hollain dénommé par ledit Conseil ajourné. *Au bas de la dernière page* : A Mons, Chez Michel Varret, Imprimeur de Sa Majesté Imperiale & Catholique, ruë d'Havré. 1739. In-f.°, 60 pp. *A la suite* : Extrait dv cartvlaire des rentes de la terre de Baudour; 7 pp.; C'est li aprise faite (en juin 1335) de le prisie (expertise) de le terre de Baudour que Gérard de Jauche a vendu a Monseigneur le comte de Haynn. 9 pp.

Ma bibl.

Ce mémoire, contenant des renseignements intéressants sur la terre de Baudour, est signé par l'avocat Louchier.

633. Conditions sous lesquelles messieurs les deputés des etats du païs et comté de Hainau, Exposent la Ferme des Impôts & Moïens Courans de ladite Province, Pour un terme de trois Ans à commencer le 1. Juillet de la présente année 1741. & à finir le dernier Juin 1744. A Mons, Chez Michel Varret, Imprimeur de Messeigneurs les Etats. 1741. In-4.°, 24 pp.

Bibl. de M. R. Chalon. — Ma bibl.

634. Confrerie povr obtenir une heureuse mort sous la protection de Sainte Ursule, et de ses compagnes; Erigée à Mons, chez les Religieuses Vrsulines, le 23. d'Octobre 1672. Sixième edition. A Mons, Chez Michel Varret,, Imprimeur de Sa Majesté, ruë d'Havré, 1741. Très-pet. in-8.°, 44 pp.

Bibl. de M. R. Chalon.

635. A messeigneurs, messeigneurs les grand bailli, president et gens du conseil souverain de sa majesté en Hai-

naut. (*Arrêt du Conseil Souverain du Hainaut, ordonnant la suppression du recueil imprimé des Consultations de M.rs les Avocats du Parlement de Paris, au sujet de la procédure extraordinaire instruite à l'Officialité de Cambrai, contre le Sieur Bardon, Chanoine de Leuze, sur son refus de souscrire aux Bulles contre Baïus et Jansenius, et à la Bulle Unigenitus.*) A Mons, Chez Michel Varret, Imprimeur de Sa Majesté ruë d'Havré. 1741. In-f.°, placard.

Ma bibl.

636. La vie de s.t Julien l'hospitalier dit le pauvre. A Mons, Chez Michel Varret, Imprimeur, de Sa Majesté, de M. les Etats, & de M. les Magistrats, ruë d'Havré. (1742). Pet. in-8.°, 27 pp., approbation 1 p. non chiff.

Ma bibl.

Cet opuscule est de Gilles de Boussu.

637. Messieurs les magistrats se trouvans obligez pour le service de Sa Majesté en satisfaction des ordonnances qu'ils ont reçûs de faire suppléer par les Bourgeois & Habitans à fournir aux Postes etc. A Mons, Chez Michel Varret, Imprimeur de Messieurs les Magistrats, ruë de Havré. 1743. In-f.°, placard.

Archives communales de Mons; recueil des ordonnances 1700-1749, n.° 113.

JEAN-BAPTISTE-JOSEPH VARRET.
1739-1772.

Quelques années après la dissolution de l'association qu'il avait formée avec son frère Michel, Jean-Baptiste Varret fonda, en 1739, un établissement typographique qu'il exploita jusqu'en 1772. Il mourut à Mons le 6 septembre 1791.

638. Lettres theologiques et historiques, Où l'on rappelle tout ce qui s'est passé au sujet du Jansenisme depuis son origine jusqu'au temps présent. A Mons, Chez J. B. Varret, Imprimeur dans la. ruë de Nimy. Et se vend à Liege, Chez J. F. Bassompierre, Imprimeur & Libraire à la Ville de Hasselt en Neuvice. Avec Approbation. In-8.° (1739). En deux parties. 1.re partie, titre et approbation 2 ff. non chiff., texte 169 pp.; 2.e partie : *Suite des lettres théologiques et historiques*, texte 186 pp., table et errata 3 ff. non chiff.

Bibl. de M. R. Chalon. — Ma bibl.

639. La sainte famille, Erigée en l'Eglise Paroissiale de Sainte Elisabeth en la Chapelle de Ste. Anne à Mons, A Mons, Chez J. B. Varret, Imprimeur, à la Nouvelle Impri-

merie, Ruë de Nimy. (1740) Pet. in-12, 59 pp. et une gravure représentant la sainte famille.

Ma bibl.

640. La sainte face, confrérie Erigée en l'Eglise Collegiale de Saint Vincent, à Soignies. Premiére Edition. A Mons, Chez J. B. Varret l'Aîné, à la Nouvelle Imprimerie Rue des Clercs vis-à-vis la Grande Place. (1740.) Pet. in-12, 24 pp.

Bibl. de Mons, n.° 2680 du catal.

641. Memoire Pour dame Florence Theodore Delanghe, Veuve de Messire Maximilien Joseph Payen Comte de la Bucquiere &c; Tutrice de leurs enfants mineurs héritiers de leur Pere, etc. Defenderesse en instance de Requête civilé Contre les Etats Du Païs & Comté de Hainaut Opposans. *Au bas de la dernière page* : A Mons, Chez Jean-Baptiste Varret, Imprimeur & Libraire, à la Nouvelle Imprimerie, Rue des Clercs 1741. In-4.° 40 pp. Pièces justificatives 9 pp.

Ma bibl.

642. Mémoire secret pour le Sieur Philippe Dewintre Seigneur de Marpent, & consors, etc., Contre Lamoral, François Joseph De Lattre, Ecuyer, Seigneur du Bosqueau. *Au bas de la dernière page* : A Mons, Chez J.-B. Varret l'Aîné, A la Nouvelle Imprimerie, Rue des Clercs vis-à-vis la Grand'Place. 1743. In-f.°, 27 pp.

Ma bibl.

643. Instructions courtes et faciles par maniere De Demande et de Reponse pour Faire un juste discernement de

la véritable Réligion de la fausse, tirées de la Sainte Ecriture, des Conciles & des Peres des cinq prémiers siécles de l'Eglise. Par le P. F. Walbert de Sainte Aldegonde, de l'Ordre de Nôtre Dame du Mont-Carmel, V. Provincial de la Vicairie Walonne, & Professeur Emérité de la Sacrée Théologie. A Mons, Chez J. B. Varret l'Aîné A la Nouvelle Imprimerie. Ruë des Clercs vis-à-vis la Place. 1744. In-8.º, titre et préliminaires 7 ff. non chiff., texte 320 pp.

Bibl. de M. R. Chalon. — Ma bibl.

644. Antilogiæ sive contradictiones apparentes sacræ scripturæ a sanctis patribus et diversis interpretibus expositæ In breviorem & Faciliorem Methodum Collectæ. A. P. F. Arsenio a S. Roberto, Ordinis Fratrum B. M. Virginis de Monte Carmelo S. Theologiæ Professore Emerito. In Gratiam Juventutis Carmeleticæ. Opus aliundè cuilibet Sacerdoti Utilissimum. Montibus, Ex Typographiâ J. B. Varret, in plateâ Clericorum prope Forum. (1744.) Pet. In-8.º, titre et préliminaires 5 ff. non chiff., texte 308 pp.

Bibl. de Mons, n.º 207 du catal. — Ma bibl.

645. Regles de la confrerie de notre-dame de bon-secours Canoniquement Erigée en l'Eglise Paroissiale de Ste. Waudru ditte du Beguinage. Contenant Les Riches Priviléges & Indulgences accordées par le Souverain Pontife Innocent XI. Et par Monseigneur l'Illustrissime & Révérendissime Archevêque & Duc de Cambray. Avec une très belle & pieuse Exortation dédiée aux Confréres & Consœurs : puis les Litanies & Oraisons. A Mons, Chez J. B. J. Varret Imprimeur Juré, A La Nouvelle Imprimerie Rue des Clercs. 1745. Pet. In-8.º, 34 pp.

Ma bibl.

646. Capitulation et conditions Pour les Troupes Aûtrichiennes de Garnison à Mons. *Au bas de la dernière page*: A Mons, Chez J. B. Varret l'Aîné, à la Nouvelle Imprimerie, Rue des Clercs. (1746.) In-f.º, 3 pp, non chiff.

Bibl. de Mons; section des manuscrits, n.º 2040 de l'inventaire.

647. Histoire de l'institution de l'ecole dominicale Dans la Ville de Mons En l'An 1585. Dediée a messieurs M. les magistrats. A Mons, Chez J. B. Varret Imprimeur, A la Nouvelle Imprimerie, Rue d'Hâvré près la Grand'-Place. 1748. Pet. in-8.º, 53 pp., approbation et permission 2 pp, non chiff., et une gravure représentant les armes de la ville de Mons, par P. Bureau.

Bibl. de M. R. Chalon. — Ma bibl.

Cet opuscule est dédié aux magistrats de la ville de Mons par les intendants de l'Ecole Dominicale Caniot, De Hauchin, Larminal, et Merlin. Il a été composé par Gilles de Boussu à l'occasion du jubilé demi-séculaire de l'institution de l'École Dominicale, célébré à Mons en 1748.

648. Modus infirmis ministrandi sacramenta eucharistiæ et extremæ-unctionis In Diœcesi Cameracensi, Piis quibusdam Actibus adjunctis Ægroto ac præsertim Moribundo suggerendis. Montibus, Ex Typographia J. B. J. Varret, in Platea Havretana propè Forum. M. D. CC. XLVIII. Cum Approbatione & Permissione. Pet. in-8.º, 117 pp., index, etc. 2 pp. non chiff.

Ma bibl.

C'est la première édition d'un livre qui a été plusieurs fois réimprimé à Mons.

649. Abregé de la vie toute miraculeuse du glorieux saint Macaire patriarche d'Antioche. Par Mr. De Boussu. A Mons, Chez J. B. Varret, Imprimeur Juré, A la Nouvelle Imprimerie Rue d'Hâvré 1749. Avec Approbation. Pet. in-8.º 75 pp. y compris une gravure représentant S.ᵗ Macaire.

Bibl. de M. R. Chalon. — Ma bibl.

Les mots : *Par Mr. de Boussu,* ont été poussés à la main après l'impression.

650. Histoire de la ville d'Ath contenant Tout ce qui s'est passé de plus Curieux depuis son Origine 410. jusques 1749. La Chronologie de ses Seigneurs : la Liste des Gouverneurs, des Chatelains, des Bourguemaîtres & Echevins. L'Etablissement des Paroisses, des Convens, (sic) des Fondations, Chapelles, Maisons pieuses, & ses Principaux Edifices. Ses Agrandissemens, ses Guerres, ses Sieges, ses Ruines, ses Inondations, Embrasemens, Rétablissemens, & autres Evenemens. Par le Sr. Gilles-Joseph De Boussu Ecuyer. A Mons, Chez J. B. J. Varret, Imprimeur Juré & Patenté de Sa Majesté, A la Nouvelle Imprimerie, Ruë d'Hâvré Près la Grand'-Place. 1750. Avec Approbation & Permission de de S. M. In-8.º, titre et préliminaires 8 ff. non chiff., texte 443 pp., table 21 pp. non chiff., et un plan de la ville d'Ath.

Bibl.. de Mons, n.º 7,282 du catal. — Bibl. de M. R. Chalon. — Ma bibl.

651. Traité general des maladies des bêtes, Où l'on Montre l'Origine & la Cause de leurs Infirmités, & la maniere de les traiter avec aisance jusques à leur parfaite guérison. Ouvrage curieux & très-utile, divisé en sept Chapitres, tiré de plusieurs Auteurs celebres. A Mons, Chez

J. B. J. Varret l'Aîné, Imprimeur, A la Nouvelle Imprimerie à la Grand'-Ruë. 1753. Avéc Permission & Approbation. Pet. in-8.º, titre 1 f., texte 157 pp.

Bibl. de M. R. Chalon. — Ma bibl.

652. Sommaire de la doctrine chrétienne. A Mons, Chez J. B. Varret l'Aîné, Imprimeur A la Nouvelle Imprimerie. 1754. Avec Nouvelle Approbation & Permission. *A la suite* : Declaration de la doctrine chrétienne, Imprimée en premier lieu à Mons en Hainaut par Charles Michel, l'An 1587. A l'Instance de messieurs les magistrats, Sur-Intendans de l'Ecole Dominicale pour l'Instruction de la Jeunesse, ensuite des Décrets du Sinode de Cambray. Pet. in-8.º, 124 pp.; Breve quo S. D. N. Pius Papa V, &c 12 pp.; Règles de l'école dominicale 10 pp.; Approbation, permission et quatre vignettes représentant les armes de la ville de Mons, de l'archevéché de Cambrai, des papes Pie V et Grégoire VIII. 6 ff. non chiff.

Ma bibl.

Il existe une autre édition, sans date, que Varret a publiée dans le même format et avec le même nombre de pages.

653. Le trésor des sciences, ou la sage économie des gens prudens. Récuëilli avec soin & mis en ordre par J. B. J. Varret l'Aîné. Nouvelle Edition. Avec l'Auguste Permission De son Altesse Madame Royale. A Mons en Hainaut, Chez J. B. J. Varret l'Aîné, Imprimeur Juré & Patenté de Sa Majesté à l'Enseigne Saint George, & Nouvelle Imprimerie. Rue de la Clef. M.D. CC. LV. In-8.º 30 pp.

Bibl. de M. R. Chalon.

C'est le prospectus de l'ouvrage suivant :

654. Le trésor des sciences, ou la sage économie des gens prudens. Récuëilli avec soin & mis en ordre Par J. B. J. Varret, l'Ainé. Nouvelle Edition. Tome premier. Première Partie. A Mons, Chez J. B. J. Varret, Rue de la Clef, A la Nouvelle Imprimerie. M.D.CC.LVI. Avec l'Auguste Permission De Son Altesse Royale Madame. Pet. in-8.º, 4 tomes divisés en 2 parties chacun. Tome I.er, 1.re partie. 176 pp. 2.e partie. D.CC.LVII, titre 1 f., texte 176 pp. chiff. de 179 à 352. Tome II. 1.re partie. 80 pp. 2.de partie. titre 1 f., texte 78 pp. chiffrées de 83 à 160. Tome III, 1.re partie. 96 pp. 2.de partie. titre 1 f., texte 110 pp. chiff. de 99 à 208. Tome IV., 1.re partie. M.D.CC.LVIII. 80 pp. 2.de partie. titre 1 f., texte 78 pp. chiff. de 83 à 160.

Bibl. de M. R. Chalon. — Ma bibl.

655. Congrégation de l'un et l'autre sexe, sous le titre de l'agonie de Jesus mourant, et de sa sainte mere Souffrante au pied de la Croix de son fils, Erigée Canoniquement dans l'Eglise des PP. de la Compagnie de Jesus A Mons en Hainaut, Pour obtenir une sainte Mort : Avec Indulgence Pleniére le second Dimanche de chaque mois, applicable tant aux Morts qu'aux Vivans, accordée par N. S. P. Le Pape Clement IX. Approuvée par Monseigneur l'Illustrissime Archeveque Duc de Cambray, le 1. de Mars 1670. A Mons, chez J. B. Varret, Imprimeur Rue de la Clef. 1759. Pet. In-12, 48 pp., et une gravure.

Ma bibl.

656. Instruction familiere, ou On enseigne ce que l'on doit principalement faire & éviter pour vivre Chrétiennement,

et spécialement Les Moyens de bien faire la premiére Communion, & d'en conserver la Grace. A Mons, Chez J. B. J. Varret, Imprimeur Juré, à la Nouvelle Imprimerie, Rue de la Clef. 1759. Avec Approbations & Permission. Pet. in-12, titre et préliminaires 4 ff. non chiff., texte 309 pp., table 3 pp. non chiff.

Bibl. de Mons, n.º 1,086 du catal.

657. Histoire admirable de notre-dame de Cambron. Troisieme Edition. A Mons, chez J. B. J. Varret, Imprimeur, Rue de la Clef. 1760. Pet. in-8.º, titre et dédicace 6 pp., préface 2 ff. non chiff., texte 70 pp.

Bibl. de M. R. Chalon. — Ma bibl.

La première édition a été imprimée, en 1726, chez Jean-Nicolas Varret.

658. Instruction pour la premiere communion. A Mons, Chez J. B. J. Varret, Imprimeur, Rue de la Clef. M.D.CC.LXI. Avec Approbation. Pet. in-12, 122 pp.

Ma bibl.

659. Regles et indulgences de la confrairie de l'ange gardien, Erigée dans les Eglises des RR. PP. Minimes des Pays-Bas, Par notre Saint Pere le Pape Urbain VIII. dans sa Bulle du 29. de Mai 1636. avec les Litanies & autres Priéres. A Mons, Chez J. B. J. Varret, Imprimeur Juré, à la Nouvelle Imprimerie, Rue de la Clef. Avec Approbation. (1762.) In-12, 24 pp. et une gravure représentant l'ange gardien.

Bibl. de Mons, n.º 2,674 du catal. — Ma bibl.

L'approbation, donnée à Mons le 12 février 1762, est signée P. J. Dumont.

660. Petit formulaire de prieres, contenant Les Prieres du matin & du soir; des Exercices pour la sainte Messe, pour la Confession & la Communion ; des Prieres pour tous les jours de la semaine : des Entretiens avec le Très-Saint Sacrement ; l'Office de la Sainte Vierge ; les sept Pseaumes de la Pénitence; les Vêpres et Complies; &c. A Mons, Chez J. B. J. Varret, Imprimeur Juré, à la Nouvelle Imprimerie, Rue de la Clef, 1763. Avec Approbation & Permission. In-12, titre et préliminaires 8 ff. non chiff., texte 224 pp.

Bibl. de Mons, n.º 1,370 du catal.

Réimprimé, en 1766, par le même imprimeur.

661. Le chrétien persévérant dans la grace, Où est contenu succintement ce qu'on doit faire & éviter pour conserver la Grace : avec Des Prieres pour différentes sortes de besoins. A Mons, Chez J. B. J. Varret, Imprimeur Juré & patenté De S. M. R. I. A. à la Nouvelle Imprimerie, Ru de la Clef. 1763. Avec Approbation & permission. In-12 titre 1 f. texte 251 pp., table 5 pp. non chiff.

Bibl. de Mons, n.º 1,586 du catal.

662. Au trés-digne et trés-illustre prélat le trés-illustr prélat dom Amand de Cazier abbé de St. Ghislain; princ du St. empire romain et de Wiheries; Primat du Hainaut Comte de Basécles; Sgr. de la Ville de St. Ghislain, d'Hornu Wasmes, Dour, Blaugies, &c. &c. &c. Au Jour Solemne de Sa Bénédiction faite à Cambrai le 8. Mai 1763. A Mons Chez J. B. J. Varret l'Ainé, Imprimeur Juré, A la Nouvell Imprimerie Rue de la Clef. 1763. In-f.º, placard.

Ma bibl.

C'est une épitre en vers composée par M. Roland, curé d'Hornu, qui fut plus tard curé de Saint-Germain, à Mons.

663. Mémoire pour la Mère Supérieure et Religieuses du Couvent des Pauvres sœurs du Begghinage de la ville de Mons, Réquérantes du dix-huit de Mai dix-sept-cent-soixante-quatre, Contre Les Dames Chanoinesses de l'Illustre Chapitre de Sainte-Waudru intimées, etc. A Mons, Chez J. B. J. Varret Imprimeur Juré à la Nouvelle Imprimerie, ruë de la Clef. 1766. In-f.°, 33 pp.

Ma bibl.

664. Indulgence pleniere a perpétuité accordée par notre S. pere le pape Clement XIII. A la Confrérie Erigée en l'Eglise de Wisbecque, dans le Décanat d'Hal, Diocese de Cambray, avec un Autel Privilegié accordé à la même Confrérie. sous l'invocation de St Fiacre, confesseur, patron dudit lieu. Et le Recueil des Lettres Apostoliques concernant les Indulgences & Privileges annexés à la meme Confrerie; avec les Régles d'icelle, & une Liste des Indulgences. Le tout adressé aux confreres et consœurs. A Mons, Rue de la Clef, Chez J. B. J. Varret, Imprimeur. 1766. Avec Approbation. In-12, 23 pp.

Bibl. de Mons, n.° 2,675 du catal.

665. Du choix d'un état, et De la maniere de se bien comporter dans celui que l'on a choisi. Avec Des Prieres et des Exemples. A Mons, Chez J. B. Varret, Imprim. Juré & Pat. de S. M. Rue de la Clef. 1767. Avec Approbation & Permission. In-8.°, titre 1 f., texte 382 pp., table 1 f. non chiff.

Bibl. de Mons, non catalogué. — Ma bibl.

666. Avis aux personnes des différens ages. Ouvrage Divisé en Trois Parties. La Premiere, Pour les Jeunes Gens La Seconde, Pour l'Age Viril. La Troisieme, Pour les Personnes avancées en âge. Avec des Réflexions, des Prieres & des Exemples. A Mons, Rue de la Clef, Chez J. B. Varret, Imprimeur Juré & Patenté de Sa Maj. à la Nouvelle Imprimerie 1768. Avec Approbation & Permission. In-8.º, 464 pp., table 4 ff. non chiff.

Bibl. de Mons, n.º 1,394 du catal. — Ma bibl.

667. Histoire de la sainte face de notre seigneur Jesus-Christ. A Mons. Chez Jean-Baptiste Varret, Imprimeur, Rue de la Clef. Avec Approbation. (1768). In-12, 24 pp.
Ma bibl.

668. Regles et indulgences de l'archi-confrerie du tréssaint sacrement, érigée dans l'eglise paroissiale de saint Gery, a Boussu. A Mons, Chez J. B. Varret, Imprimeur, Rue de la Clef. 1769. Pet. in-8.º par demi feuilles, 32 pp. y compris une gravure.

Ma bibl.

669. Histoire de l'eglise miraculeuse, et de la S.te image de notre-dame d'Alsemberghe, avec l'Abregé de la Vie de Sainte Elisabeth, Ensemble La Description du Jubilé Centenaire de l'Erection de la Confrairie de N. D. d'Alsemberghe, dans l'Eglise Collégiale & Paroissiale de Ste. Waudru, à Mons en Hainaut. Dédiée à S. A. R. Madame. A Mons, Chez J. B. Varret, Imprimeur, Rue de la Clef. 1769. Avec Approbation & Permission. In-12, 48 pp. et une gravure servant de faux titre.

Bibl. de Mons. n.º 6,278 du catal. — Ma bibl.

Il existe une autre édition, portant la même date, dont le nombre de pages est de 56.

670. De la dévotion a la trés-sainte vierge. Ouvrage Qui contient en abrégé les Grandeurs de Marie, la façon dont elle doit être honorée, & des Prieres pour l'invoquer. A Mons, Rue de la Clef, Chez J. B. Varret. 1769. Avec Approb. & Perm. Pet. in-12, 197 pp.

Bibl. de M. le capitaine De Reume.

671. Airs chantés au concert Bourgeois à Mons le 17 de l'an 1770, jour que leurs Altesses royales l'honorèrent de leurs présences. A Mons, Rue de la Clef, Chez Jean-Baptiste Varret, imprimeur. M.DCC.LXX. In-4.°, 8 pp.

Bibl. de M. R. Chalon.

Paroles et musique de F. Mathurin.

672. Histoire admirable de notre-dame de Wasmes, Ecrite en faveur de la Confrairie Canoniquement érigée sous ce Titre, en l'Eglise Paroissiale de Wasmes, avec la Bulle des Indulgences accordées à la dite Confrairie. Nouvelle Edition. Augmentée d'un Abregé des grandeurs & Prérogatives de la Sainte Vierge, des Litanies, & des Prieres pour l'invoquer. Avec L'Exercice durant la Ste Messe, & la Bulle du Jubilé de 600 ans & plus de l'Erection de la dite Confrairie, accordée par N. S. Pere le Pape Clément XIV. Dédiée à Monsieur le Révérendissime Prélat de Saint-Ghislain. A Mons, Chez J. B. Varret, Imprimeur, Rue de la Clef. 1771. Avec Approbations. Pet. in-8° par demi feuilles, titre et gravure 2 ff. non chiff., texte 76 pp. La gravure, qui représente le combat de Gilles de Chin et du dragon, est signée : J. J. Dutillœul, graveur à Mons, 1771.

Ma bibl.

La première édition a paru chez Michel Varret, en 1735.

673. Concert dédié a leurs altesses royales par les abonnés du concert bourgeois A Mons, le 25. Mars 1772. jour qu'elles l'honorérent de leurs présences A Mons, Rue de la Clef, Chez Jean-Baptiste Varret, Imprimeur. M.DCC.LXXII. In-4.°, 7 pp.

Bibl. de Mons. — Bibl. de M. R. Chalon.
Les paroles et la musique sont de F. Mathurin.

674. Histoire de l'image miraculeuse de notre-dame de Messine. Avec l'Origine, les Regles et les Privileges de la Confrerie érigée en son honneur. Ensemble La Description du Troisieme Jubilé de 50. ans de l'Invocation de la Ste. Vierge, sous le titre de Notre-Dame De Messine, à Mons en Hainaut, qui se solemnisera pendant huit jours, à commencer le 9. Août de la présente année 1772. A Mons, Rue de la Clef, Chez J. B. Varret. Imprim. Avec Appprobations. (1772.) In-12, 58 pp. y compris un faux-titre au verso duquel se trouve une gravure représentant notre-dame de Messine.

Bibl. de M. R. Chalon. — Ma bibl.

675. Abregé historique de l'invocation de S.t Donat martyr, Patron contre le Tonnerre, la Foudre, la Tempête, la Grêle & les Orages. Dont les Reliques reposent dans l'Eglise du College de la Compagnie de Jesus à Mons en Hainaut. A Mons, Rue de la Clef, Chez J. B. J. Varret, Imprimeur. In-12, 22 pp., nota 1 p. non chiff. et une gravure représentant S.t Donat.

Bibl. de M. R. Chalon. — Ma bibl.

LÉOPOLD-JOSEPH VARRET.

1743-1785.

Ce typographe était fils de Jean-Nicolas Varret et de Victoire Wadin. Il naquit à Mons, le 16 avril 1726, et mourut, dans la même ville, le 18 mars 1785. Agé de dix-sept ans à peine, il obtint, le 4 avril 1743, une dispense d'âge pour exercer la profession d'imprimeur et continuer, ainsi que l'avait fait son frère Michel, dans l'intérêt de la famille, l'exploitation de l'établissement paternel.

Les presses de Léopold-Joseph Varret fonctionnèrent principalement pour l'impression des actes administratifs des Etats du Hainaut et du magistrat de la ville de Mons.

676. Son Excellence, Ayant eû raport des representations faites par les Conseils de Flandres & de Hainau, (*Homologation, en date du 26 mars 1743, de la convention arrêtée en la Ville de Bruxelles le 9. Novembre 1737, au sujet de la juridiction sur les terres dites de débat comprenant les communes de Flobecq, Ellezelle, Lessines, Wodecq, Bois de Lessines, Ogies et Papignies.) Au bas de la dernière page :* A Mons, De l'Imprimerie de Leopold Varret, Imprimeur de Messeigneurs les Etats & de Messieurs les Magistrats, Ruë d'Havré (1743). In-4.º, 6 pp.

Ma bibl.

677. Conditions du traité des contribvtions Fait à Lippelo le 26, d'Août 1745. entre Messire De Sechelle Conseiller d'Etat, Intendant de Justice, Police & Finances en Flandres, & des Armées du Roy d'une part, & Messieurs les Députés des Etats de Hainau de l'autre part. A Mons, Chez Leopold Varret, Imprimeur de Messeigneurs les Etats & de Mes. les Magistrats, Ruë d'Havré 1745. In-4.º, 9 pp.

Bibl. de Mons, n.º 6,881 du catal., 25.ᵉ portef. — Ma bibl.

678. Discours admirable et veritable des choses arrivées en la Ville de Mons en Hainau, à l'endroit d'une Religieuse possedée & depuis délivrée. Mis en Lumiere par ordre de Monseigneur l'Illustrissime & Réverendissime Archevêque de Cambray. — Dominus mortificat & vivificat, deducit ad inferos & reducit. I. Reg. Cap. 2. Mirabilis Deus in Sanctis suis. Psal. 67. — A Mons, Chez Leopold Varret, Imprimeur de Messeigneurs les Etats & de Messieurs les Magistrats, Ruë d'Havré. 1745. In-8.º, 135 pp. les deux dernières non chiff.

Bibl. de Mons, n.º 388 du catal. — Bibl. de M. R. Chalon. — Ma bibl.

Ce singulier opuscule, attribué à François Buisseret, contient la relation de faits surnaturels prétendûment arrivés, pendant les années 1584 et 1585, au couvent des Sœurs-Noires, à Mons. Il donne de curieux détails sur la possession et la délivrance d'une jeune religieuse, du nom de Jeanne Fery, qui fut exorcisée par l'archevêque de Cambrai, Louis de Berlaymont, avec le concours du prédicateur Mainsent, chanoine de Saint-Germain.

Ce livre, devenu rare aujourd'hui, fit beaucoup de bruit à la fin du 16.ᵉ siècle. Il parut pour la première fois chez Jean Bogart à Douai, en 1586, et des traductions, en langues flamande et allemande, en furent publiées à Louvain, en 1587, et à Munich, en 1589.

679. Messieurs du magistrat Voulant prévenir les abus qui se sont glissez dans l'exercice de la Pharmacie (*Ordonnance du 10 mars 1747, contenant une pharmacopée*). *Au bas de la dernière page* : Montibus, Ex Typographiâ Leopoldi Varret, Senatûs Typographi, in Plateâ Havretanâ. 1747. In-f.°, 30 pp.

Bibl. de M. R. Chalon.

680. A Tous ceux qui ces Présentes verront, ou oyront; Nous Echevins de la Ville de Mons (*Règlement pour la manufacture de laine de cette ville, du 26 novembre* 1749). *Au bas de la dernière page* : A Mons, Chez Leopold Varret, Imprimeur de Messieurs les Magistrats Ruë d'Havré 1749. In-4.°, 10 pp.

Ma bibl.

681. Nobilibus amplissimis ac consultissimis dominis D. urbis Montanæ magistratibus communi applausu recens electis. Montibus, apud Leopoldum Varret, Statuum & Senatûs Typographum, in Plateâ Havretanâ 1750. In-f.° placard.

Ma bibl.

Épître en vers par les élèves du collége de Houdain.

682. Apologie du thé, appuyée sur ses effets constants sur le Mechanisme du Corps Humain, & sur les plus Illustres Autheurs. A Mons, Chez Leopold Varret Imprimeur de Messeigneurs les Etats & de Messieurs les Magistrats, Ruë d'Havré 1751. In-8.°, 93 pp.

Bibl. de M. R. Chalon.

683. Supplément à l'apologie du thé, en réponse Aux Réflexions sur l'Apologie. A Mons, Chez Leopold Varret,

Imprimeur de Messeign. les Etats & de Messieurs les Magistrats. Ruë d'Havré. 1751. Pet. in-8.º, 96 pp.

Bibl. de M. R. Chalon.

684. A son altesse royale monseigneur Charles Alexandre duc de Lorraine et de Baar, &c. &c. &c. chevalier de l'ordre de la toison d'or, marechal des armées du St. Empire & de leurs Majestés Imperiales gouverneur et capitaine général des Pays-Bas &c. &c. &c. La premiere fois qu'il vient à Mons le 28 avril 1752. A Mons, Chez Leopold Varret, Imprimeur de Messeign. les Etats, & de de Messieurs les Magistrats, Ruë d'Havré. (1752) In-f.º placard.

Ma bibl.

Epître en vers par les élèves du collége de Houdain.

685. Decret De sa majesté pour les Mesureurs & Portefaix de la Ville de Mons. *Au bas de la dernière page*: A Mons, Chez Leopold Varret, Imprimeur de Messeigneurs les Etats, & de Messieurs les Magistrats, Ruë d'Havré. 1753. In-4.º, 16 pp.

Ma bibl.

686. Règlement pour la petite congrégation des maitresses de charité sous l'invocation de St. François de Sales, de la fondation de Maitre Jean François Baudescot prêtre, président du séminaire de Tournay à Douay; pour le diocèse de Cambray. Approuvé par son altesse Monseigneur l'archevêque du dit Cambray. A Mons, Chez Leopold Varret, imprimeur de Messeign. les Etats et de Mrs. les Magistrats, rue d'Havré, 1756. Avec permission. In-12, titre et prélimi-

naires 12 ff. non chiff., texte 33 pp., approbation et permission 2 pp. non chiff.

Ma bibl.

687. Messieurs les Magistrats (*Ordonnance du 29 novembre* 1756, *prescrivant aux juifs qui désirent résider à Mons, de payer annuellement trois cents florins au profit de l'Etat*). A Mons, De l'Imprimerie de Leopold Varret, Imprimeur de Messeigneurs les Etats & de Messieurs les Magistrats, Ruë d'Havré. (1756). In-f.° placard.

Bibl. de M. R. Chalon.

688. Ordonnance de sa majesté l'imperatrice reine Pour la Ville de Mons Du 18. Janvier 1757. A Mons, Chez Leopold Varret, Imprimeur de Messeigneurs les Etats, & de Messieurs les Magistrats, Ruë d'Havré 1758. In-4.°, titre 1 f., texte 24 pp.

Ma bibl.

689. Xerxés tragédie dediée a messieurs messieurs les magistrats de la ville de Mons, et représentée Par Les Ecoliers Du College De La Compagnie De Jesus A Mons, le 29. d'Août à une heure & demie aprés midi pour les Dames seulement : & le 30. pour les Messieurs à la même heure. Les Prix seront distribués par la Liberalité desdits Messieurs. A Mons, Chez Leopod Varret, Imprimeur de Messeigneurs les Etats, & de Messieurs les Magistrats, Ruë d'Havré 1758. In-4.°, 10 pp.

Ma bibl.

690. A tres-noble et tres-illustre seigneur, messire Jean Philippe René d'Yve, d'Ostiche, vicomte de Bavay, &c.

&c. &c. au sujet de l'arret rendu en sa faveur a la cour souveraine d'Hainau le 9. de mai 1760. dans sa cause de retrait de la terre de Bois de Lessinnés. A Mons, de l'Imprimerie de Leopold Varret, Imprimeur de Messeigneurs les Etats et de Messieurs les Magistrats. Ruë d'Havré 1760. In-f.°, placard.

Ma bibl.

691. Methode pour preparer convenablement les pilules de ciguë extraite de la traduction françoise des ouvrages de Monsieur Storck, Medecin de Leurs Majestés Imperiales, Imprimée à Paris en 1761 et 1762. A Mons, Chez Leopold Varret, Imprimeur de Messieurs les Magistrats, Ruë d'Havré 1762. In-4.°, 4 pp.

Ma bibl.

692. Histoire abregée de la bonne-maison des pauvres-orphelins, de Mons, Capitale du Païs & Comté de Hainau, présentée a messieurs les magistrats De cette Ville, Par Messieurs Froidmont, Prêtre, Crinon, Ecuier, & le Baron de Coullemont, Maîtres-&-intendans actuels de la-dite Maison. A l'Occasion de la Solemnité du second Jubilé de cent ans, depuis son Etablissement. — Orphano tu eris adjutor. C'est vous, qui êtes le Protecteur de l'Orphelin. Ps. 9. — A Mons, Chez Leopold Varret, Imprimeur de Messeign. les Etats, & de Messieurs les Magistrats, Rue d'Havré. (1763). In-4.°, 26 pp.

Ma bibl.

693. Reglement de l'imperatrice reine Pour la Ville de Mons. Du 18. Avril 1764. A Mons, Chez Leopold Varret, Imprimeur de Messeigneurs les Etats, & de Messieurs

les Magistrats, Ruë d'Havré 1764. In-4.°, 128 pp. et un tableau.

Bibl. de Mons, n.° 2,336 du catal. — Ma bibl.

694. Reglement pour le franc poids de la ville de Mons. Du 17. Decembre 1764. A Mons, Chez Leopold Varret, Imprimeur de Messeigneurs les Etats, & de Messieurs les Magistrats, Ruë d'Havré. (1764). In-4.°, 6 pp.

Ma bibl.

695. Reglement pour la police des édifices a front de rue Dans la Ville de Mons, Capitale du Païs & Comté d'Hainau. Du 17. Juin 1765. A Mons, de l'Imprimerie de Leopold Varret, Imprimeur de Messeign. les Etats, & de Messieurs les Magistrats, Ruë d'Havré 1765. In-f.°, 3 pp.

Ma bibl.

696. Ordonnances de sa majesté Qui fixent les qualités requises pour être admis à la Chambre de la Noblesse des Etats de Hainaut. Du 28 juin 1769. A Mons, Chez Leopold Varret, Imprimeur de Messeigneurs les Etats & de Messieurs les Magistrats, Ruë d'Havré 1769. In-4.°, 20 pp.

Ma bibl.

697. Theophile tragédie françoise dédiée à Messieurs, Messieurs les Magistrats de la ville de Mons, Par la libéralité desquels les Prix seront distribués. Représentée Par les Ecoliers de la Compagnie de Jésus à Mons le 27 août 1770, à deux heures précises pour les Dames seulement. Et le lendemain à la même heure pour les Messieurs seulement. A Mons, Chez Leopold Varret, Imprimeur de Messeigneurs les Etats et de Messieurs les Magistrats, Ruë d'Havré (1770). In-4.°

Ma bibl.

698. Amurat tragédie chrétienne, dediée a messieurs, messieurs les magistrats de la ville de Mons, representée par les ecoliers de leur College de Houdain, Le 26. & le 27. d'Août 1772. à deux heures après midi. Les Prix seront distribués par la libéralité desdits Messieurs. A Mons, Chez Leopold Varret, Imprimeur de Messieurs les Magistrats, Ruë d'Havré 1772. In-4.º, 10 pp.

Ma bibl.

699. Reglement pour la police dans le cas d'incendie en la ville de Mons, agréé et homologué par dépeches de sa majesté l'imperatrice douairiere et reine, Du 30. Septembre 1775. A Mons, Chez Leopold Varret, Imprimeur de Messeigneurs les Etats, & de Messieurs les Magistrats, Rue d'Havré 1775. In-4.º, titre et préliminaires 2 ff. non chiff., texte 47 pp., table 8 ff. non chiff.

Bibl. de M. R. Chalon. — Ma bibl.

Réimprimé par extrait, chez Léopold Varret, in-8.º de 16 pp.

700. A monseigneur l'archevêque duc de Cambrai, prince du saint-empire, &c. &c. &c. A Mons, Chez Leopold Varret, Imprimeur de Messeigneurs les Etats, & de Messieurs les Magistrats, Rue d'Havré 1776. In-4.º, 8 pp.

Bibl. de Mons, n.º 7,088 du catal., 4.ᵉ vol. — Ma bibl.

Réimpression de l'épitre en vers, imprimée chez Henri Hoyois, en 1765, et composée par l'abbé Louis Delobel, à l'occasion de la visite du diocèse par le cardinal-archevêque Fleuri.

701. Perillustri, ornatissimo doctissimoque domino. D. Francisco Mariæ Josepho baroni de Secus Hanno-Montano, celeberrimi pædagogii Porcensis philosopho emerito, In Publico quatuor Pædagogiorum concursu primo in artibus omnium Votis solemniter renunciato Lovanii XVIII Augusti 1778, Montes redeunti. Montibus, Typis Leopoldi Varret, Statuum & Senatûs Typographi, in Plateâ Havretanâ 1778. In-4.º, 6 pp.

Bibl. de Mons, n.º 7,088 du catal., 4.º vol.

Le baron François de Sécus, à qui une brillante réception fut faite, comme premier de l'Université de Louvain, à son retour à Mons, le 25 août 1778, était né en cette ville le 7 avril 1760. Il est mort à Bruxelles le 24 novembre 1856, après avoir, pendant de longues années, représenté dignement l'arrondissement de Mons aux États-Généraux, pendant la réunion de la Belgique à la Hollande, et depuis 1830 jusqu'à sa mort, au Congrès national et au Sénat belge.

MM. Lacroix et Hachez ont publié, en 1855, un opuscule intéressant imprimé chez MM. Masquillier et Lamir, et donnant une relation des fêtes qui eurent lieu à Mons pour la réception du baron de Sécus, comme *primus* de l'université de Louvain.

702. A son altesse monseigneur le duc d'Arenberg, prince du St. empire romain, duc d'Arschot et de Croy &c. &c. Grand D'Espagne de la Premiere Classe, &c. &c. &c. Au jour de son Entrée à Mons en qualité de grand bailli de Hainau, le 18. Janvier 1780. A Mons, Chez Leopold Varret, Imprimeur de Messeigneurs les Etats, & de Messieurs les Magistrats, Rue d'Havré 1780. In-8.º, 7 pp.

Bibl. de Mons, n.º 4,937 du catal. — Ma bibl.

Epitre en vers par l'abbé Louis Delobel.

703. A sa majesté Joseph second empereur des romains, roi de Hongrie et de Boheme &c. &c. &c. Au Jour Solemnel de Son Inauguration en qualité de Comte de Hainau. A Mons, Chez Leopold Varret, Imprimeur de Messeigneurs les Etats, & de Messieurs les Magistrats Rue d'Havré 1781. In-8.°, 8 pp.

Bibl. de Mons, n.° 7,088 du catal., 12.e vol. — Ma bibl.

Epître en vers composée par l'abbé Louis Delobel, pour l'inauguration, qui eut lieu à Mons, le 27 août 1781, de l'empereur Joseph II, comme comte de Hainaut.

704. Reglement pour l'admission Aux Etats de Hainau. Du 22. Avril 1780. & interprétation du 23. Mai 1781. A Mons, Chez Leopold Varret, Imprimeur de Messeigneurs les Etats & de Messieurs les Magistrats, Rue d'Havré 1781. In-4.°, 13 pp.

Ma bibl.

705. Reglement pour la place de Maire de la Ville de Mons, Du 10. Mai 1782. A Mons, Chez Leopold Varret, Imprimeur de Messeigneurs les Etats, & de Messieurs les Magistrats, Rue d'Havré 1782. In-f.°, titre 1 f, texte 5 pp.

Bibl. de M. R. Chalon. — Ma bibl.

706. Messeigneurs les Magistrats. *(Défense aux habitants de Mons de faire crédit ou prêter de l'argent aux personnes qui appartiennent au régiment de Teutschmeister, en garnison en cette ville).* A Mons, Chez Leopold Varret, Imprimeur de Messeigneurs les Etats, & de Messieurs les Magistrats, Rue d'Havré, 1785. In-f.° placard.

Bibl. de M. R. Chalon.

PIERRE-JEAN-JOSEPH PLON.

1746-1778.

Fils de Jacques-Joseph Plon et de Marie-Élisabeth Berger, cet imprimeur naquit à Mons le 29 décembre 1746. Ayant obtenu, le 19 janvier 1742, des lettres patentes d'imprimeur, il s'établit d'abord à Ath, et ne vint se fixer à Mons qu'en 1746.

Pendant l'occupation de cette ville par les Français, sous Louis XV, il fut chargé de l'impression des actes du gouvernement.

Les descendants de cet imprimeur montois exercent aujourd'hui avec beaucoup de distinction l'art typographique à Paris.

707. Arrest du conseil d'etat du roy, Qui indique les précautions à prendre contre la maladie épidémique sur les Bestiaux. A Mons, De l'Imprimerie de Pierre, J.-J. Plon, Imprimeur de monseigneur l'Intendant, Ruë de la Clef vis-à-vis le marché aux Herbes. 1746. In-f°, placard.

Archives communales de Mons; recueil des placards, 1655-1748, n.° 119.

708. De par le roy Jacques Pineau, Chevalier, Baron de Luce, etc. Intendant de la Province de Haynault, Pays d'entre Sambre & Meuse & doutre Meuse (*Ordonnance du 2 août 1746 du receveur des Domaines, impôts et moyens courants de la Prévoté de Mons et des Bureaux qui en dépendent, de faire payer sans différer ce qui reste à recouvrer sur l'année commencée le 1.er Juillet 1745.*) A Mons, De l'Imprimerie de Pierre J.-J. Plon, Imprimeur de monseigneur l'intendant, vis-à-vis le Marché aux Herbes, 1746. In-f.°, placard.

Ma bibl.

709. De par le roy. (*Avis du 24 août 1747, annonçant l'adjudication publique des travaux de terrassement à faire pour niveler les terrains occupés par les fortifications démolies de Mons et de Charleroi.*) A Mons, chez Pierre J. J. Plon, Imprimeur du Roy. Ruë de Nimis. 1747. In-f.°, placard.

Archives communales de Mons; recueil des placards, 1655-1748, n.° 160.

710. Relation de la Bataille de Lansfeld, gagnée par l'armée du Roy sur celle des Alliés, le 2 juillet 1747. Mons, Pierre J. J. Plon, impr. du Roy, avec permission de M. le Comte Danois. (1747). In-4.°, 8 pp.

Bibl. de M. Arthur Dinaux.

711.* La Chercheuse d'oiseaux. Opera Comique tout en vaudeville, de M. de Rozée comédien. Mons, chez Pierre J. J. Plon. 1748.

Catalogue de la bibliothèque dramatique de M. de Soleinne. t. II., p. 373, n.° 2,986.

712. Instruction nouvelle, Pour Enseigner aux Enfans

à connoître le Chiffre, & à sommer avec les Gets. Derniere edition. A Mons, De l'Imprimerie, De Pierre J. J. Plon, Imprimeur du Roy, & Marchand Libraire, Ruë de Nimis, vis-à-vis les filles de Nôtre-Dame, 1749. In-8.º, 32 pp.

Ma bibl.

713. Regles de la confrerie de notre-dame de bon-secours Canoniquement érigée en l'Eglise Paroissiale de Ste. Waudru dite du Beguinage. Contenant les riches Priviléges & Indulgences accordés par le Souverain Pontife Innocent XI. Et par Monseigneur l'Illustrissime & Révérendissime Archevêque & Duc de Cambray. Avec une très-belle & pieuse exhortation dédiée aux Confrères & Consœurs: puis les Litanies & Oraisons. A Mons, chez Pierre J. J. Plon Imprimeur, rue de Nimy. (1750). Pet. in-8.º, 32 pp.

Ma bibl.

Il existe une réimpression de cet opuscule faite par le même imprimeur.

714. Reflexions sur l'usage du thé Dans lesquelles, après avoir fait l'Histoire de cette Boisson étrangere, on donne les précautions nécessaires pour la prendre avec avantage. Par N * * * Licentié en Medecine. A Mons chez Plon Imprimeur ruë de Nimy 1750. Avec permission. Pet. in-8.º, 56 pp.

Ma bibl.

L'auteur de cette dissertation est Nicolas-François-Joseph Eloy, médecin distingué, qui naquit à Mons le 20 septembre 1714 et mourut dans la même ville le 8 mars 1788. Il avait épousé Jeanne-Marguerite Migeot, fille du dernier typographe montois de ce nom, et petite fille de Gaspard Migeot qui imprima la traduction du nouveau testament par les religieux de Port-Royal. On a d'Eloy d'autres ouvrages dont le plus important est le dictionnaire historique de la médecine.

715. Réflexions sur une brochure intitulée : Apologie du Thé pour servir d'étrennes à l'auteur de cet ouvrage. Par N*** Licentié en médecine. A Mons, Chez Plon, Imprimeur rue de Nimy. 1751. Pet. in-8.º, 75 pp.

Bibl. de M. R. Chalon. — Ma bibl.

C'est une réponse du médecin Eloy à la critique faite par un auteur anonyme de la dissertation qu'il avait publiée l'année précédente pour signaler les dangers de l'usage du thé.

716 Jubilé universel de l'année sainte, Avec l'Instruction pour ledit Jubilé. A Mons, chez P. J. J. Plon Imprimeur, ruë de Nimy. 1751. Avec permission. Pet. in-8.º, 35 pp.; instruction pour le jubilé 32 pp.

Ma bibl.

717. Methode facile pour faire la méditation. — Heureux l'homme qui médite la Loi du Seigneur. Ps. 1. — A Mons, chez P. J. J. Plon Imprimeur, ruë de Nimy. 1752. Avec Approbation & Permission. Pet. in-8.º, 99 pp., table 1 p.

Ma bibl.

718. Lettre de M. l'archevêque de Sens a Monsieur ** conseiller au parlement de Paris. du 25. Avril 1752. A Mons, chez Plon Imprimeur ruë de Nimy 1752, In-4.º, 15 pp.

Ma bibl.

719. Lettre d'un conseiller du parlement D*** a un conseiller du parlement de Paris. Exhortation de M. l'archevêque de Paris aux curés de son diocése &c. Lettre de dix-neuf evêques au roi. A Mons, chez Plon Imprimeur, ruë de Nimy. 1752. In-4.º, 12 pp.

Ma bibl.

720. Confrerie de S. Donat martir Canoniquement érigée en l'Eglise Paroissiale de Ste. Elizabeth à Mons en Hainault Diocése de Cambray. A Mons, chez P. J. J. Plon, Imprimeur, ruë de Nimy. 1753. Avec Approbation & Permission. In-12, 44 pp.

Bibl de M. R. Chalon. — Ma bibl.

721. Les privileges et indulgences de la confrerie de Saint Donat, martir, patron special contre la foudre, le tonnerre et la grele. Etablie à perpétuité par autorité de Notre Saint Pere le Pape Benoit XIV. dans l'Eglise des RR. PP. Carmes de Wavre, où il y a une partie des Reliques du même Saint. Approuvée par Monseigneur Paul-Godefroy Comte de Berlo de Franc-Douaire, Illustrissime & Reverendissime Evêque de Namur. A Mons, chez P. J. J. Plon Imprimeur, ruë de Nimy. 1753. Pet. in-12, 18 pp.

Bibl. de Mons, n.º 6,881 du catal., 27.e portefeuille.

722. Règles de la confrérie de S. Jean decolé dite de la Misericorde Erigée en la ville d'Ath par autorité du S Siège Apostolique et de Monseigneur l'Archevêque Duc de Cambray. Avec l'entretien pour la Ste. Messe, la pratique pour la Confession, pour la Communion, les sept Psaumes penitentiaux et plusieurs autres Prières très-dévotes. A Mons, Chez P. J. J. Plon Imprimeur, ruë de Nimy. 1754. Avec Approbation et Permission. Pet. in-12, 288 pp.

Bibl. de M. R. Chalon.

723. Mémoire pour Laurent-François-Joseph de Haro vicomte d'Enghien Demandeur aux Fins de sa Réquête du 14. Mars 1753. Contre les Exécuteurs du Testament du Sieur Jacques-Philippe Marin Intimés & Defendeurs. *Au*

bas de la dernière page : A Mons, chez Pierre J. J. Plon Imprimeur & Libraire, ruë de Nimy. (1756). In-f.°, 27 pp.

Ma bibl.

Factum de Procédure signé par l'avocat Ferdinand Posteau.

724. Chartes statuts, et ordonnances de polities de la ville d'Ath. Nouvellement revisitées & corrigées par les Chatelain, Mayeur, & Echevins de laditte Ville. A Mons. De l'Imprimerie de P. J. J. Plon, Imprimeur & Libraire rue de Nimi. 1760. In-8.°, titre 1 f., texte 114 pp., les deux dernières chiffrées par erreur 91 et 92.

Ma bibl.

725. La comédie de la comédie ou le préjugé vaincu, comédie en un acte Par le Sieur Terodak (*Cadoret*) Comédien du Roi. — Sublato Jure noscendi. — A Valenciennes, aux depens de l'auteur. Et se vend à Mons, chez Plon Imprimeur sur la Grand' Place (1760). Pet. in-8.°, 72 pp.

Ma bibl.

Cette pièce d'une très grande rareté et qui est restée inconnue à M. De Soleinne, est sortie des presses de l'imprimeur Plon. Elle est suivie de : *Arlequin musicien par hazard Prologue Pour servir d'Invitation au Concert qui fut accordé à l'Auteur, en forme de gratification par Monseigneur le Duc d'Aiguillon à Nantes en Bretagne, & qui fut exécuté sur le Théatre de cette Ville en* 1759.

726. Description du jubilé de deux cens ans et plus de l'érection de la très-pieuse & célèbre Confrérie du saint esprit Dans l'Eglise Paroissiale de Sainte Elisabeth en la ville de Mons. Avec les Litanies du Saint Esprit, & le Veni Creator en françois. A Mons, De l'Imprimerie de Pierre Jean

Joseph Plon, Imprimeur & Libraire rue de Nimi. Avec Approbation & Permission (1761). Pet. in-8.°, 16 pp.

Ma bibl.

727. Le chemin de la croix. Et Instruction pour pratiquer avec Brieveté & Utilité ce Saint Exercice. A Mons, chez Pierre J. J. Plon. Imprimeur & Libraire rue de Nimi. Avec Approbations & Permission. (1761). In-12, 24 pp.

Ma bibl.

728. Abregé de l'histoire des miracles de notre-dame de la fontaine Honorée en la Ville de Chievres depuis 400 ans.
   Les Eaux de la Fontaine
   Qui coulent en ce lieu,
   Sont les marques certaines
   De la grace de Dieu.

A Mons, chez Pierre Plon Imprimeur & Libraire, ruë de Nimy (1762). In-12, 72 pp.

Ma bibl.

729. Pratiques de piété pour honorer le très-saint sacrement de l'eucharistie. Avec les Indulgences de la Confrérie du Vénérable Saint Sacrement, érigée dans l'Eglise Paroissiale de Sainte Elisabeth à Mons. A Mons, chez P. J. J. Plon, Imprimeur sur la Grand'Place. Avec Approbation & Permission. (1766). In-12, 64 pp.

Ma bibl.

C'est une réimpression de l'édition publiée à Mons, en 1755, sans doute par P. J. J. Plon, et dont nous n'avons pas encore rencontré d'exemplaires.

730. Oraison a notre-dame de bon-secours. *Au bas de la dernière page* : A Mons, de l'Imprimerie de Pierre J. J. Plon, Libraire sur la grand'-Place. 1766. Pet. In-8.°, 7 pp.

Ma bibl.

731. La vie et les miracles du glorieux S. Antoine de Padoue. Avec une Pratique de Piété, pour sanctifier les neuf Mardis spécialement consacrés à son honneur. Par un R. P. Recollet, En faveur des Confréries érigées à l'honneur du Saint, dans les Villes de Bruxelles, Mons. Liége. &c. A Mons, Chez Pierre-Jean-Joseph Plon, Imprimeur sur la Grand'Place. M.D.CC.LXVII. Avec Approbations. In-8.°, titre, préliminaires et une gravure sur bois, par G. Dearric, représentant S. Antoine de Padoue avec l'enfant Jésus, 26 pp., texte 312 pp.

Ma bibl.

L'auteur de ce livre est François Cilienne, religieux recollet; il l'a dédié au prince Claude Lamoral François de Ligne.

732. Vie de S. Simphorien, martyr à Autun. A Mons, Chez Plon, Imprimeur-Libraire sur la Grand'Place. 1767. Avec Approbation & Permission. In-18, 23 pp.

Ma bibl.

Par Defacqz, curé de S.ᵗ-Symphorien.

733. Grammaire Françoise à l'usage des étudiants du collège de Houdain à Mons. Par P. F. D. J. P D P. A. C. D. H. (*Pierre-François Du Jardin*, *Professeur De Poésie Au Collège De Houdain.*) Mons. Pierre J. J. Plon imprimeur. 1768. Pet. in-12

Bibl. de M. Ad Mathieu.

Voir la première édition chez Henri Bottin, en 1760.

734. Reglement concernant l'administration de la ville de Lessines, Décreté par Sa Majesté l'Impératrice Douairiere Reine Apostolique. Le 15 Septembre 1768. A Mons, Chez Pierre-Jean-Joseph Plon, Imprimeur-Libraire sur la

Grand'Place. 1769. Avec Permission. *A la suite :* Coutumes et usages de la franche ville de Lessines. In-4.º, 82 pp. ; *A la suite encore* : Leopold-Philippe-Charles-Joseph duc d'Aremberg. *Ordonnance de la navigation sur la rivière de Tenre (Dendre).* 8 pp., table 1 f. non chiff.

Ma bibl.

735. Grammaire françoise A l'usage de Messieurs les Pensionnaires de l'Hermitage de Wilhours, près d'Ath. Revue, corrigée, rectifiée & augmentée de nouveau. A Mons, Chez Plon, Imprimeur-Libraire sur la Grand'Place. 1770. Avec Permission. Pet. in-8.º, 120 pp.

Ma bibl.

736. Le chretien sanctifié par diverses pratiques de piété. Sixième édition Revue, corrigée & augmentée. A Mons, chez Pierre J. J. Plon, Imprimeur sur la Grand' Place. 1771. Avec Approbation & Permission. In-12, titre et une gravure 2 ff. non chiff., texte 291 pp., approbation et table 5 pp. non chiff.

Ma bibl.

737. Mémoire pour les Dames Claire-Antoinette & Olimpe-Felicité d'Arberg ; *etc.* Contre Messire Nicolas-Antoine, Comte d'Arberg, *etc.* Pardevant le Conseil Souverain d'Hainaut & les Seigneurs Reviseurs adjoints. *Au bas de la dernière page :* A Mons, chez Pierre J. J. Plon, Imprimeur sur la Grand' Place, 1771. In-f.º, 51 pp.

Bibl. de Mons, n.º 2,423 du catal.

Ce mémoire est de l'avocat Charles De Marbaix.

738.* Mémoire justificatif du chevalier Desmarcq mousquetaire du Roy en sa seconde compagnie. A Mons, Chez J. J. Plon imprimeur sur la Grand'Place. 1772.

Cette innoffensive publication, faite sans la permission du magistrat, fut l'occasion d'une instruction judiciaire dont nous avons parlé dans notre introduction, page 65.

739.* Les Fêtes Namuroises, ou les échasses, petite comédie, ornée de chants et de danses, faite en l'honneur de S. A. R. Monseigneur l'Archiduc Maximilien d'Autriche, etc., par M. D'Arnaud. Mons, Pierre J. J. Plon, 1775. In-8.º, 34 pp.

Bibl. dramatique de M. de Soleinne, t. II, p. 105, n.º 1842.

740. Avis au public de la part des Etats de Hainau, pour éclairer les Cultivateurs sur les Mesures à prendre sur le danger dont est menacée cette Année la Culture du Lin, par la mauvaise qualité des Semences. A Mons, chez Pierre J. J. Plon, Imprimeur sur la Grand' Place. (1778). In-f.º, placard.

Ma bibl.

HENRI BOTTIN.

1749-1783.

Ce typographe naquit à Liége le 9 mars 1717, et mourut à Mons le 18 avril 1783. Il vint habiter cette dernière ville en 1738, et travailla d'abord dans l'atelier de Léopold Varret. Plus tard, il obtint du roi de France des lettres patentes d'imprimeur le 18 mai 1747, et de Marie-Thérèse le 5 juin 1750. Il reprit, en 1747, le fonds de Gaspard Migeot fils.

741. Extensio calendarum et iduum secundum usum Romanum. A Mons. Chez H. Bottin, Imprimeur & Libraire, Ruë de la Clef. (1749) In-24, 24 pp. non chiff.

Bibl. de M. R. Chalon.

742. Confrérie pour obtenir une sainte mort, sous la protection de Sainte Ursule. Erigée à Mons, chez les Religieuses Ursulines, le 24 Octobre 1672. Troisieme edition. A Mons, Chez Henri Bottin, Imprimeur & Libraire, rue de la Clef. 1751. In-12, 36 pp.

Ma bibl.

Il existe des exemplaires de cette troisième édition dont le titre ne porte pas de date.

743. Petit office de Saint Marcoul abbé et confesseur, Avec l'abregé de sa vie : Dont le Corps repose dans l'Eglise de Corbeny, Diocése de Laon, entre Reims & Nôtre-Dame de Liesse. A Mons, Chez Henry Bottin, Imprimeur & Marchand Libraire dans la Ruë de la Clef. 1751. Pet. in-12, 36 pp. et 3 ff. non chiff.

Ma bibl.

744. Confrerie de saint Joseph. Erigée en l'Eglise Paroissiale d'Asquillies par les Bulles Apostoliques placetées par Monseigneur l'Archevêque 1752. A Mons, Chez Henri Bottin, Imprimeur & Libraire, Ruë de la Clef. 1752. Pet. in-12, 24 pp.

Ma bibl.

745. Histoire abrégée de l'ancien testament, imprimée par l'ordre de Monseigneur l'évêque d'Amiens. Nouvelle édition. A Mons, Chez Henri Bottin, imprimeur et marchand libraire, rue de la Clef. Avec approbation et permission. (1752). In-8.º, titre et préliminaires, 2 ff. non chiff., texte 155 pp., approbation 1 p.

Bibl. de M. Joseph Chalon.

746.* Andronic tragédie en vers français entremêlés de danses et intermèdes, musique du prêtre Gossart A Mons, chez Henri Bottin.

Ouvrage cité par M. Arthur Dinaux, dans les *Archives du Nord de la France et du Midi de la Belgique*, 3.ᵉ série, t. I, p. 515.

747. Sommaire de la doctrine chrétienne A Mons, Chez Henri Bottin, Imprimeur & Marchand Libraire, rue de la Clef. Avec Approbation & Permission. (1754). In-8.º, 32 pp.

A la suite : Déclaration de la doctrine chrétienne, Imprimée en premier lieu à Mons en Hainaut, par Charles Michel l'An 1587. A l'instance de messieurs les magistrats, Sur-Intendans de l'Ecole Dominicale, pour l'Instruction de la Jeunesse; ensuite des Décrets du Sinode de Cambray. A Mons, Chez Henri Bottin, Imprimeur & Marchand Libraire, rue de la Clef. Avec Approbation & Permission. (1754). In-8.°, 92 pp., la dernière non chiff.

Ma bibl.

L'approbation signée par P. J. Dumont, curé de S.ᵗ-Germain, est datée du 24 janvier 1754.

748. Formulaire de prieres chrétiennes pour passer saintement la journée. Avec Une conduite pour la Confession & la sainte Communion. Des Instructions & des Prieres pour les principales Fêtes de l'année, divers petits Offices pour chaque jour de la semaine, les Sept Pseaumes, l'Office des Morts, & plusieurs autres exercices de Pieté. A l'Usage des Demoiselles Pensionnaires des Religieuses Ursulines de Mons. Nouvelle édition revûë & augmentée. A Mons, Chez Henri Bottin, Imprimeur & Marchand Libraire, Ruë de la Clef. 1754. Avec Approbation & Permission. In-8.°, titre et préliminaires 10 ff. non chiff., texte 508 pp.

Ma bibl.

Réimprimé par Henri Bottin en 1768 et en 1770.

749. Instructions chrétiennes pour les jeunes gens. Utiles à toutes sortes de Personnes, mêlées de plusieurs traits d'histoires & d'exemples édifians. Nouvelle Edition. Corrigée de nouveau, & ci-devant imprimée par l'ordre de Monseigneur l'Archevêque de Besançon. A Mons, Chez Henri Bottin, Imprimeur & Libraire, Ruë de la Clef. M.DCC.LIV.

Avec Approbation & Permission. Pet. in-8.º, titre et préliminaires 6 ff. non chiff., texte 433 pp., table 3 pp. non chiff.

Ma bibl.

750. Discours sur les erreurs vulgaires qui se commettent Dans le traitement de jeunes Enfans depuis leur naissance jusqu'à leur age adulte Où l'on fait voir la bonne méthode de les élever avec toute sûreté, aisée a concevoir par toutes personnes non Medecins. Par M. Dubrœucquez Licentié en Medecine. A Mons, Chez Henri Bottin, Imprimeur & Marchand Libraire, ruë de la Clef. M. D. CCLV. Pet. in-8.º, titre et préliminaires 2 ff. non chiff., texte 59 pp.

Ma bibl.

Dubrœucquet, Antoine-Joseph, fils de Jean-François, naquit en 1725 à Belœil, où son père, médecin distingué de la ville de Mons, résidait momentanément, comme médecin du prince de Ligne. Il est mort en cette ville en 1767.

751. Codex medicamentarius amplissimi senatus Montensis auctoritate munitus *etc*. Montibus Hannoniæ, Ex Typographia Henrici Bottin, in plâteâ Clavis. M.DCCLV. In-4.º, titre et préliminaires 6 ff. non chiff., texte 215 pp., index 46 pp. non chiff.

Ma bibl.

L'ouvrage est dédié aux Magistrats de la ville de Mons. Il a été composé par quatre médecins pensionnaires de la ville: A.-J. Rouear de Roechoudt, H.-J. Delecourt, G.-J. Jacquelart et N.-F.-J. Eloy. Il a donné lieu à une vive polémique et à une critique acerbe contre le médecin Eloy, laquelle a été imprimée à Maubeuge chez Nicolas Wilmet en 1755.

752. Eclaircissement touchant la dévotion au cœur de Jesus-Christ, Avec quelques Priéres pour honorer ce Sacré

Cœur. Nouvelle Edition avec quelque petites Additions. A Mons, Chez Henri Bottin, Imprimeur & Marchand Libraire, ruë de la Clef. 1755. Pet. in-12, 27 pp., approbation 1 p. non chiff.

Bibl. de M. R. Chalon. — Ma bibl.

Réimprimé par Bottin, en 1775.

753. Reglemens et exercices spirituels pour les freres servans de la congregation de l'oratoire de Jesus-Christ notre seigneur. A Mons, Chez Henri Bottin, Imprimeur & Marchand Libraire, ruë de la clef. M. D. CCLV. Avec approbation. Pet. in-8.º, 87 pp.

Ma bibl.

754. Réfutations des erreurs vulgaires sur le régime Que la Médecine prescrit aux Malades & aux Convalescens. Où l'on verra les suites funestes qui arrivent tous les jours de ces Erreurs : avec des principes intelligibles par toutes sortes de Personnes, pour se conserver le précieux Trésor de la Santé. Par M. Dubrœucquez Licencier en Médecine. A Mons, Chez Henri Bottin, Imprimeur & Marchand Libraire, Ruë de la Clef. Avec permission. (1756). Pet. in-8.º, titre et préliminaires 7 ff. non chiff., texte 156 pp., table 1 f. non chiff.

Ma bibl.

755. Les delices des ames dévotes ou le jardin des fleurs choisies, A l'usage du vrai Chrétien. Contenant une ample Méthode pour se Confesser & Communier, en forme de Dialogues entre Jésus-Christ & l'Ame dévote : des Offices & des Litanies pour chaque jour de la Semaine, avec un Recuëil de Prières affectueuses. Nouvelle Édition. Augmentée des Vêpres & des Complies du Dimanche. A Mons, Chez

Henri Bottin, Imprimeur & Marchand Libraire, Ruë de la Clef. 1756. Avec Approbation & Permission. Pet. in-8.º, titre et préliminaires 6 ff. non chiff., texte 318 pp., table et approbation 5 pp. non chiff.

Ma bibl.

756. Heures de notre dame a l'usage de Rome Sans Renvoy; Avec les Offices de la Ste. Croix, du S. Esprit, les Sept Pseaumes, l'Office des Morts, les quinze Effusions & autres Priéres Nouvellement revûës & corrigées dans cette derniere Edition. A Mons, Chez Henri Bottin. Imprimeur & Marchand Libraire, Ruë de la Clef. 1756. In-8.º, titre 1 f., texte 126 pp.

Bibl. de Mons, n.º 466 du catal. — Ma bibl.

757. Abregé des indulgences, privileges et miracles de l'archi-confrerie du Saint-Rosaire, Dont l'établissement a été commandé par la Sacrée vierge Mère de Dieu à S.t Dominique et à tout son Ordre. A Mons, chez Henri Bottin, Imprimeur et Marchand Libraire, Rue de la Clef, 1756. In-18, titre et préliminaires 3 ff. non chiff., texte 42 pp.

Bibl. de M. R. Chalon.

758. Methodus confessionis compendiaria, complectens prima rudimenta institutionis Puerorum ad pietatem, cultumque Dei, & bonos mores. Authore F. Claudio Viexmontio, Parisiensi, Ordinis Fontebraldensis. Hic addita etiam sunt carmina aliquot de Passione Domini, notatu dignissima, Authore eodem — Tob. 4. 2. Audi, fili mi, verba oris mei, & ea in corde tuo quasi fundamentum construe. — Eccl. I. d. Fili, concupiscens sapientiam, conserva justitiam & Deus præbebit illam tibi. — **Mon-**

tibus, Typis Henrici Bottin, in Plateâ Clavis, 1758. Cum approbatione. In-8.º, 100 pp., les 4 dernières non chiff.

Ma bibl.

Il existe une édition sans date imprimée chez Henri Bottin.

759. L'ange conducteur dans la dévotion chrétienne, réduite en pratique en faveur des ames dévotes, avec L'instruction des riches avantages dont jouïssent les Personnes associées dans la Confrérie de l'Ange Gardien. A Mons, Chez Henri Bottin, Imprimeur & Libraire, rue de la Clef. (1759). Pet. in-8.º, 427 pp., table et approbation 5 pp. non chiff.

Bibl. de Mons, n.º 1,369 du catal.

760. Grammaire française à l'usage des étudiants du collège d'Houdain à Mons par P. J. D. J. P. D. P. A. C. D. H. Mons Henri Bottin 1760. Pet. in-12.

Bibl. de M. Ad. Mathieu.

Réimprimée, en 1768, chez P. J. J. Plon, en 1775, chez Henri Hoyois, et, en 1786, chez A. J. Monjot. L'auteur de ce livre est Pierre-Joseph Dujardin, professeur de poésie au collège de Houdain.

761. Histoire admirable de notre dame de Tongre avec ses principaux miracles. Revue, corrigée & mise en meilleur stile par le soin de Messieurs le Curé, Administrateurs & Confrères de l'Eglise dudit Tongre. A Mons, Chez Henri Bottin, Imprimeur & Marchand Libraire, Rue de la Clef. 1760. Avec Approbation. In-8.º, titre et préliminaires 8 ff. non chiff., texte 151 pp., approbation et tables, 5 pp. non chiff.

Ma bibl.

762. Lettres spirituelles de messire Pierre-François Lafitau, évêque de Sisteron, Nouvelle Édition, revue & corrigée. A Paris, Et se vend A Mons, chez Henri Bottin, Libraire & Imprimeur, rue de la Clef. M.DCC.LX. Avec Approbation & Privilége du Roi. In-12, 472 pp., table, etc. 7 pp. non chiff.

Ma bibl.

763. Recueil alphabétique des pronostics Dangereux & mortels sur les différentes maladies de l'Homme, précédé D'une Explication des Maladies, & de quelques termes de Médecine, Pour servir à MM. les Curés, & autres personnes ayant charge d'Ames, dans l'administration des Sacrements. Par M**. A Paris, & se vend à Mons, Chez Henri Bottin, Libraire, rue de la Clef. M.DCC.LX. Avec Approbation & Privilége du Roi. Pet. in-8.º, X — 180 pp., approbations 2 pp. non chiff.

Ma bibl.

764. Hypermnestre, tragédie dédiée a messieurs messieurs du magistrat de la ville d'Ath, Dont la munificence ordinaire paroîtra à la fin de la Piéce. Représentée par les Eléves du Collége de ladite Ville, le 25 Août 1760. vers les deux heures après-midi. A Mons, chez Henri Bottin, Imprimeur & Libraire, Rue de la Clef. 1760. In-4.º, 8 pp., la dernière non chiff.

Ma bibl.

765. Instruction chrétienne pour les malades, contenant L'Utilité des Maladies, les Défauts & les Plaintes des Malades; les dispositions pour recevoir le S. Viatique & l'Ex-

trême-Onction ; des Avis, Reflexions & Sentimens pieux pour les Malades, pour ceux qui les approchent, pour les Infirmes & pour ceux qui se retablissent ; la Méthode d'accompagner le Très-Saint Sacrement lorsqu'on le porte aux Malades, & les Priéres pour les Agonisans. A Mons, chez Henri Bottin, Imprimeur & Libraire, rue de la Clef. 1760. Avec Approbation & Permission. Pet. in-8.º, titre et préliminaires 4 ff. non chiff., texte 320 pp.

Ma bibl.

766. Modus infirmis ministrandi sacramenta eucharistiæ et extremæ-unctionis, in diœcesi cameracensi, Piis quibusdam Actibus adjunctis, Ægroto ac præsertim Moribundo suggerendis. Montibus, Apud Henricum Bottin, Bibliopolam, in plateâ Clavis. M.DCC.LX. Cum Approbatione & Permissione. In-12, 136 pp., index et approbatio 3 pp. non chiff.

Ma bibl.

C'est une nouvelle édition de l'ouvrage imprimé par J. B. J. Varret, en 1748.

767. Le chrétien fortifié dans les souffrances. Ouvrage, où il est traité des Souffrances en général, & en particulier des Tentations, des Insultes, des Persécutions & de la Pauvreté ; & où on trouve des remedes aux fautes que commettent ceux qui souffrent, des réponses à leurs plaintes, des Sentiments & des Prieres pour les différens états de Souffrances. A Mons, Chez Henri Bottin, Imprimeur & Libraire, Rue de la Clef. 1761. Avec Approbation & Permission. In-8.º, titre et préliminaires 2 ff. non chiff., texte 445 pp., table et approbation 7 pp. non chiff.

Bibl. de Mons, n.º 1,327 du catal. — Ma bibl

768. Nouveau formulaire de Prieres. Contenant Un petit Traité sur la Priere, & les Prieres convenables à tout Chrétien, & a tous besoins. Avec Des Instructions, des Pratiques & des Prieres pour les principales Fêtes, & les principaux Temps de l'année. A Mons, Chez Henri Bottin, Imprimeur & Libraire, rue de la Clef. 1762. Avec Approbation & Permission. Pet. in-8.°, titre et préliminaires 8 ff. non chiff., texte 512 pp. et 3 gravures.

Bibl. de ma mère.

769. La vérité fleuriste, comédie vaudeville de la composition de M. Gaspariny, comédien à Mons. A Mons, chez Henri Bottin. 1762.

Bibliothèque dramatique de M. de Soleinne, t. II, p. 373, n.° 2,986.

770. Réflexions sur les points principaux de la morale chrétienne. Avec des Exemples tirés de l'Ecriture Sainte & des Vies des Saints, des résolutions sur chaque sujet, les Prieres du matin & du soir, & des Exercices pour la Ste. Messe, la Confession & la Communion. A Mons, Chez Henri Bottin, Imprimeur & Libraire, rue de la Clef. 1763. Avec Approbation & Permission. In-18, titre 1 f., préliminaires XL pp., texte 218 pp., table 2 ff. non chiff.

Bibl. de Mons, n.° 1,385 du catal.

771. Pensées et affections dévotes Sur les principales Fêtes de l'Année, et sur les mysteres de la passion de notre seigneur Jesus-Christ, Très-propres pour s'entretenir utilement pendant le temps de la Communion. Avec quelques Pratiques de dévotion pour la Messe & pour la Confession. A Mons, Chez Henri Bottin, Libraire, rue de la Clef. 1764.

Avec Apprabation & Permission. In-8.º, IV - 489 pp., table et approbation 3 pp. non chiff. et une gravure.

Ma bibl.

772. Rudiments des langues latine et françoise a l'usage du collége de Houdain a Mons. A Mons, Chez Henri Bottin, Imprimeur & Libraire Rue de la Clef, 1765. Avec Permission. Pet. in-8.º, titre 1 f., texte 190 pp.

Ma bibl.

773. Cérémonies et decorations funébres Au sujet des Obséques que les Confréres de S. Jean Décollé, dits de la Miséricorde, feront célèbrer en leur Chapelle, rue de Nimy de la ville de Mons, le 16 Décembre 1765. Pour le repos de l'ame de trés-haut, trés-puissant, trés-excellent monarque François I. Empereur des Romains, Roi d'Allemagne & de Jerusalem, Duc de Lorraine & de Bar, Grand Duc de Toscane &c. &c. &c. A Mons, chez Henri Bottin, Imprimeur & Libraire, rue de la Clef. 1765. Avec Permission. In-4.º, 19 pp.

Ma bibl.

774. Règles de la confrerie de N. dame de Tongre, Canoniquement érigée dans l'Eglise Collégiale du Noble & Illustre Chapitre de Ste. Waudru à Mons. Avec un abrégé des privileges et indulgences accordées par le souverain pontife Innocent XI. Et par Monseigneur l'Illustrissime & Reverendissime Archevêque, & Duc de Cambray. A Mons, Chez Henri Bottin, Imprimeur, rue de la Clef. 1766. In-12, 23 pp., approbation 1 p. non chiff.

Bibl de Mons, n.º 2,678 du catal. — Ma bibl.

775. Excellentissimo ac illustrissimo domino D. Leopoldo Carolo de Choiseul, dei et sanctæ sedis apostolicæ gratia, archiepiscopo duci cameracensi, sacri romani imperii principi, comiti cameracesci, &c., &c., &c. Die qua Urbem Montes suâ præsentiâ decorat. Montibus, Typis Henrici Bottin, in Plateâ Vulgò Clavis, 1766. In-f.º, placard.

Ma bibl.

C'est une pièce de vers latins composée par les élèves du collége de Houdain.

776. Officium Solemne 'Confraternitatis de Doctrina Christiana Montibus in Schola Dominicali erectæ, quarta die Dominica post Pascha celebrandum. *A la dernière page* : Montibus, Typis Henrici Bottin, in platea vulgò Clavis. 1767. In-8.º, titre 1 f., préliminaires 10 pp., texte 70 pp. et 6 gravures.

Ma bibl.

777. A la vertueuse trés-vertueuse dame Félicité Fontaine Au jour de son instalation en qualité de Prieure au Couvent de Nazareth à Ath. 1767. A Mons, chez Henri Bottin, Imprimeur & Marchand Libraire, rue de la Clef. 1767. In-f.º, placard.

Ma bibl.

778. Abrégé de la vie de sainte Jeanne-Françoise Frémiot de Chantal, Fondatrice & premiere Supérieure de l'Institut des Religieuses de la Visitation Sainte Marie. A Mons, Chez Henri Bottin, Imprimeur & Libraire, Rue de la Clef. 1768. Avec Approbation. Pet. In-8.º, 96 pp.

Ma bibl.

779. Dévotion à la sainte vierge, honorée aux Capucines de Mons, sous le titre de mere de belle-dilection. A Mons, Chez Henri Bottin, Imprimeur & Libraire, rue de la Clef. 1768. In-12, 24 pp.

Ma bibl.

780. Formulaire de prieres. Contenant Les Prieres convenables à tout Chrétien & à tous besoins. Avec Un Traité sur la Priere, des Offices pour chaque jour de la Semaine, des Instructions & des Pratiques pour les principales Fêtes & les différents Temps de l'année. A Mons, Chez Henri Bottin, Imprimeur & Libraire, rue de la Clef. 1768. Avec Approbation & Permission. In-8.º, titre et préliminaires 5 ff. non chiff., texte XXXVI-466 pp., les quatre dernières non chiff.

Ma bibl.

781. Manuel a l'usage des confrairies et de l'adoration perpetuelle du trés s. sacrement. Contenant Des Instructions, des Prieres & des Exemples. eXaLtons et benIssons Ce DIVIn saCreMent. A Mons, Chez Henri Bottin, Imprimeur & Marchand Libraire, rue de la Clef. M.D.CC.LXVIII. Avec Approbation & Permission. In-12, 288 pp., les deux dernières non chiff.

Ma bibl.

Réimprimé par Henri Bottin, en 1769, in-12, titre et préliminaires 4 ff. non chiff., texte 295 pp. chiff. de 3 à 301, table, approbation et permission 5 pp. non chiff.

782. Adoration perpetuelle du trés-saint sacrement. A Mons, Chez Henri Bottin, Imprimeur & Libraire, rue de la Clef. 1768. In-12, 48 pp.

Bibl. de Mons, n.º 6,881 du catal., 30.ª portefeuille.

783. Lyre maçonne ou recueil choisi des plus jolies chansons. Dédiées à M. le M.... de G.... Grand-Maître des Loges Jaunes dans les Pays-Bas. A Jerusalem, Chez Raphael, à l'Enseigne de la Ville de Nazareth. MMMMM.DCC.LXVIII. (Mons, Henri Bottin, 1768) In-8.º, 226 pp., table 7 ff. non chiff.

Ma bibl.

Le grand-maître des loges maçonniques, à qui ce livre est dédié, était, en 1768, pour les Pays-Bas Autrichiens, François-Bonaventure-Joseph Du Mont, marquis de Gages. Cet illustre maçon dirigeait en même temps l'atelier de la *Vraie et parfaite Harmonie*, à l'Orient de Mons, qui était à cette époque la mère-loge du pays.

784. Réglement de l'impératrice douairiere et reine pour la ville de Braine-le-comte Du 11 Janvier 1769. A Mons, chez Henri Bottin, Imprimeur & Libraire, Rue de la Clef. 1769. In-4.º, 32 pp.

Bibl. de Mons, n.º 2,337 du catal.

785. Abrégé de la vie de la bienheureuse Angele Merici, fondatrice de l'institut de Ste. Ursule. A Mons. Chez Henri Bottin, Imprimeur & Libraire, Rue de la Clef. 1769. Pet. in-8.º, titre 1 f., préliminaires VI pp., texte 93 pp., table 2 pp. non chiff.

Ma bibl.

786. Instructions et pratiques pieuses, a l'usage de la confrairie du très-saint sacrement, Erigée dans l'Eglise Collegiale & Paroissiale de Saint Germain à Mons. A Mons, Chez Henri Bottin, Imprimeur & Libraire, rue de la Clef. Avec Approbation. (1769) In-12, 24 pp. et une gravure.

Ma bibl.

787. Histoire du nouveau testament, où sont contenues les principales actions de la vie de notre seigneur Jesus-Christ. A Mons, Chez Henri Bottin, imprimeur et libraire, rue de la Clef. 1775. Avec Approbation et permission. In-8.°, 158 pp.

Bibl. de M. Joseph Chalon.

788. Eclaircissement touchant la dévotion au cœur de Jesus-Christ, Avec quelques Prieres pour honorer ce Sacré Cœur. Nouvelle Édition revue & augmentée. A Mons, Chez Henri Bottin, Imprimeur & Marchand Libraire, rue de la Clef. 1775. Avec Approbation & Permission. Pet. in-8.°, 40 pp.

Ma bibl.

789. De la dévotion envers les ames du purgatoire avec une préparation a la mort. A Mons, Chez Henri Bottin, Imprimeur & Marchand Libraire, rue de la Clef. 1775. Pet. in-8.°, 84 pp.

Ma bibl.

790. Callistene Tragédie dediée à Monsieur monsieur le chevalier d'Argout, général major, décoré de la croix d'*Elizabeth Théresien*, (sic), gouverneur de la ville d'Ath. Représentée par les Eleves du Collège le 29 août 1775 à deux heures du soir. La Munificence ordinaire de Messieurs du Magistrat distribuera les Prix après la pièce. A Mons, chez Henri Bottin, Imprimeur Libraire rue de la Clef. In-4.°, 8 pp.

Bibl. de M. R. Chalon.

791. Loix, chartes et coutumes du chef-lieu de la ville de Mons, et des villes et villages y ressortissans, Avec

plusieurs Decrets en dépendans. Du fond de G. Migeot. A Mons, Chez, Henri Bottin, Imprimeur & Libraire, Rue de la Clef. Pet. in-8.°, 90 pp., table 3 ff. non chiff. *A la suite*: Ordonnances et provisions decretées par le souverain chef-lieu dudit Mons. etc. 48 pp., la dernière non chiff.

Ma bibl.

Il existe une autre édition, aussi sans date, sortie des presses de H. Bottin, avec cette différence que ces mots du titre : *du fond de Gaspard Migeot*, sont supprimés et que la pagination ne comprend que 86 et 48 pp.

792. Confrérie pour obtenir une sainte mort, sous la protection de sainte Ursule. Erigée à Mons, chez les Religieuses Ursulines, le 24 Octobre 1672. Troisieme edition. A Mons, Chez Henri Bottin, Imprimeur & Libraire, rue de la Clef. In-12, 36 pp.

Ma bibl.

793. La grammaire françoise Donnant l'intelligence de cette Langue, pour la savoir parler & écrire, sans autre étude précédente que d'avoir appris à lire. Revue & augmentée de nouveau. A Mons, Chez Henri Bottin, Imprimeur & Marchand Libraire, rue de la Clef. Pet. in-8.°, 72 pp. *A la suite* : Regles de la bienséance 28 pp.

Ma bibl.

794. La civilité françoise pour l'instruction de la jeunesse, Enseignant leur devoir, tant à l'égard de Dieu, du prochain, que d'eux-mêmes, Et pour se bien conduire dans toutes sortes de compagnies. A Mons. Chez Henri Bottin, Marchand Libraire & Imprimeur, rue de la Clef. In-8.°, 79 pp., approbation 1 p. non chiff.

Ma bibl.

Imprimé en caractères de *civilité*. H. Bottin a donné une autre édition, aussi sans date, de ce livre classique, in.8.º, 80 pp.

795. Emmanuëlis Alvari societatis Jesu grammatica latina. Montibus, typis Henrici Bottin in plateâ vulgò Clavis. In-8.º, 142 pp.

Bibl. de M. Ad. Mathieu.

796. Latinæ grammatices liber secundus, seu etymologia Ad faciliorem iterum quàm priùs redacta methodum. Editio novissima, idiomate Gallico adaucta; & plurimorum suppressione Carminum, Studiosæ juventutis memoriæ magis accommodata. Ad Tyronem. *præCeptIs, tYro, MeDIata hIC parte LeVatIs Utere, DUM fas est; nostro neC parCe LaborI.* — *Jesus Maria.* — Montibus, Typis Henrici Bottin, in Plateâ Clavis. In-8.º, XXX - 189 pp. et 5 pp. non chiff.

Ma bibl.

797. La sainte confrérie ou confédération d'amour de Notre-Dame Auxiliatrice. Erigée à Munich, par authorité de feu Son Altesse Serénissime Electorale de Baviere & confirmée par Notre Saint Pere le Pape Innocent XI. le 18 Août. 1648. Avec plusieurs Prieres conformes à l'esprit de cette association. Ouvrage composé d'abord en Allemand, & traduit en François par un Prêtre de la Confrérie. Nouvelle Edition plus correcte que les précédentes. A Mons, Chez Henri Bottin, Imprimeur-Libraire, Rue de la Clef. Avec Approbations. (1753). Pet. in-12, 60 pp.

Ma bibl.

798. Histoire abrégée de l'ancien testament, imprimée par ordre de Monseigneur l'Eveque d'Amiens. Nouvelle

édition. A Mons, Chez Henri Bottin, Imprimeur & Marchand Libraire, rue de la Clef. Avec Approbation & Permission. In-12, titre et préliminaires 2 ff. non chiff., texte 156 pp.

Bibl. de M. R. Chalon.

799. Adoration perpetuelle du très-saint sacrement : A Mons, Chez Henri Bottin, Imprimeur & Libraire, rue de la Clef. Avec Approbation. In-12, 48 pp.

Bibl. de M. R. Chalon.

FRANÇOIS-JOSEPH MARTIN.

1764.

Cet imprimeur, fils de Pierre-Benoit Martin et de Marie-Jacqueline Noirsain, naquit à Mons le 18 septembre 1740.

Il fit son apprentissage, dans sa ville natale, chez Mathieu Wilmet, et, à Bruxelles, chez l'imprimeur Moris. Il demeurait dans cette dernière ville lorsqu'il obtint, le 8 février 1764, des lettres patentes pour exercer la typographie à Mons.

Nous ne connaissons aucune publication qui soit sortie des presses de Martin, et tout nous porte à croire qu'il renonça au projet qu'il avait conçu de venir établir une imprimerie à Mons.

Nous avons cru cependant, à cause de la patente qui lui a été accordée, devoir citer son nom dans notre travail.

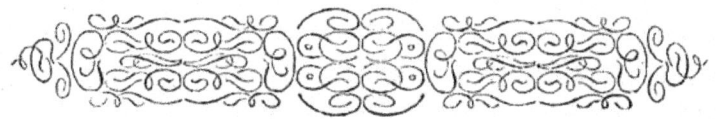

HENRI-JOSEPH HOYOIS.

1772-1783.

Ce typographe était fils de Louis-Joseph Hoyois et de Marie-Catherine-Joseph Loire. Il naquit à Mons le 15 février 1749 et mourut à Kehl, en Suisse, le 5 décembre 1785.

Après avoir fait successivement son apprentissage, à Mons, chez Henri Bottin son oncle, puis à Liége, chez Bassompierre et enfin à Paris, il obtint des lettres patentes d'imprimeur le 19 août 1772.

En 1785, il partit pour la Suisse, entra en collaboration avec l'imprimeur Nathey, de Nyon et publia dans cette ville un ouvrage, dont il est l'auteur et qui n'a été tiré qu'à 50 exemplaires. Cet ouvrage a pour titre : *Bibliographie des Pays-Bas avec quelques notes, à Nyon, en Suisse, de l'imprimerie de Nathey et compagnie.* MDCCLXXXIII. In-4.º de 4 ff. préliminaires et de 84 pp.

800. L'ange conducteur dans la devotion chrétienne, Contenant les Prieres convenables à tous Chrétiens. Avec des Pratiques pour les Fêtes principales de l'Année. Nouvelle edition. A Mons, Chez Henri Hoyois, Imprimeur & Libraire, rue de la Clef, près de la grande Place. 1773.

Avec Approbation & Permission. Pet. in-12, titre et préliminaires 6 ff. non chiff., texte 429 pp., table 3 pp. non chiff.

Ma bibl.

Réimprimé chez Henri Hoyois, (1776), in-12, titre et préliminaires 6 ff. non chiff., texte 284 pp., table et approbation 3 pp. non chiff.

801. Petit formulaire des prières, A l'usage des jeunes gens. A Mons, Chez Henri Hoyois, Imprimeur & Libraire, rue de la Clef. (1773). Petit in-12, texte et préliminaires 8 ff. non chiff., texte 270 pp., table 1 f. non chiff.

Ma bibl.

802. Instruction pour la premiere communion. A Mons, Chez Henri Hoyois, Imprimeur & Libraire, Rue de la Clef, près de la Grande Place. 1773. Avec Approbation & Permission. Pet. in 8.º, 52 ff. non chiff.

Ma bibl.

803. Les chartes nouvelles du pays et comté de Hainau. A Mons, Chez Henri Hoyois, Imprimeur & Libraire, rue de la Clef, près de la grande Place. Avec Permission. (1773). In-8.º, titre et préliminaires 4 ff. non chiff., texte 424 pp., les huit dernières non chiff.

Bibl. de Mons, n.º 2,360 du catal. — Ma bibl.

804. Du choix d'un état, et De la maniere de se bien comporter dans celui que l'on a choisi. Avec Des Prieres et des Exemples. A Mons, Chez Henry Hoyois, Imprimeur & Libraire, rue de la Clef, près de la grande Place. Avec Permission. (1773). Petit in-12, titre et préliminaires

8 ff. non chiff., texte XXXIV — 152 pp., table 1 f. non chiff.

Ma bibl.

805. Manuel a l'usage des confréries et de l'adoration perpétuelle du très-saint sacrement, Contenant des Instructions, des Prieres & des Exemples : Dédié a son altesse royale madame la duchesse de Lorraine et de Bar &c. &c. &c. A Mons, Chez Henri Hoyois, Imprimeur-Libraire, rue de la Clef. Avec approbation & permission. (1773). In-8.°, titre et préliminaires 3 ff. non chiff., texte 380 pp., table 3 pp. non chiff.

Ma bibl.

806. La civilité françoise pour l'instruction de la jeunesse, Enseignant leur devoir, tant à l'égard de Dieu, du prochain, que d'eux-mêmes, Et pour se bien conduire dans toutes sortes de Compagnies. A Mons, Chez Henri Hoyois, Imprimeur & Libraire, rue de la Clef, près de la grande Place. (1773). Pet. In-8.°, 80 pp.

Ma bibl.

Imprimé en caractères de *civilité*.

807. Catechisme du diocèse de Cambrai, imprimé Par Ordonnance de Monseigneur Leopold-Charles de Choiseul, Archevêque, Duc de Cambrai, Prince du Saint-Empire, Comte de Cambresis, &c. A Mons, Chez Henri Hoyois, Imprimeur & Libraire, Rue de la Clef, vis-à-vis du Patacon. 1774. In-32, 6 cahiers sans pagination, sign.: A.-F.

Bibl. de M. le chanoine Descamps, vicaire-général à Tournai.

808. Les baisers, précédés du mois de mai, poeme. A Paris. Et se vend à Mons, Chez Henri Hoyois, Imprimeur & Libraire, rue de la Clef, vis-à-vis du Patacon. M.DCC.LXXIV. Pet. in-8.º, titre et faux titre 2 ff., préliminaires XXI pp., texte 129 pp. et une gravure représentant le temple de l'amour.

Bibl. de M. R. Chalon. — Ma bibl.

809. Fables ou allegories philosophiques, par M. Dorat. A Paris, Et se vend à Mons, Chez Henri Hoyois, Imprimeur & Libraire, rue de la Clef, vis-à-vis du Patacon. M.DCC.LXXIV. Pet. in-8.º, 2 vol. : 1.er vol. XX — 114 pp. et 1 f. non chiff. ; 2.º vol. MDCCLXXIV 80 pp.

Ma bibl.

810. Idyle par M. Berquin. A Paris, Et se vend à Mons, Chez Henri Hoyois, Imprimeur & Libraire, rue de la Clef. M.DCC.LXXIV. Pet. in-8.º, titre et préliminaires VIII ff., texte 73 pp.

Ma bibl.

811. A l'archiduc Maximilien. A Mons. Chez Henri Hoyois, Imprimeur & Libraire, rue de la Clef. M.DCC.LXXIV. In-8.º, 6 pp.

Ma bibl.

Cette épître en vers, composée à l'occasion de l'arrivée à Mons de l'archiduc Maximilien d'Autriche, est de l'abbé Louis Delobel, chanoine de Saint-Germain et professeur de poésie au collége de Houdain. Né à Mons, le 7 août 1746, Louis Delobel est mort dans la même ville, le 1.er mai 1815.

Il avait laissé à son neveu Pierre-Louis Delobel, ancien bibliothécaire, décédé à Mons le 27 juillet 1847, la plupart de ses manuscrits, qui sont aujourd'hui en notre possession et parmi lesquels se trouvent plusieurs ouvrages inédits.

812. Cours élémentaire des accouchemens, distribué en quarante leçons avec L'Exposition sommaire de la matiere qu'on doit expliquer dans chacune d'elles. Rédigé pour l'instruction des éleves, par ordre des états du pays et comté d'Hainau. A Mons, Chez Henri Hoyois, Imprimeur-Libraire. M.D.CC.LXXV. In-12, titre 1 f., préliminaires XIX pp., texte 341 pp., table 5 pp. non chiff.

Bibl. de Mons, n.º 3,695 du catal.

Réimprimé par Henri Hoyois en 1782, in-8.º, XVIII — 507 pp. et 5 ff. non chiff.

L'auteur de cet ouvrage est Henri-Joseph Capiaumont, docteur en chirurgie et professeur à l'école d'accouchement de Mons. Il était né en cette ville le 10 décembre 1745, et il y mourut le 10 juillet 1808.

Le manuscrit autographe de ce livre repose à la bibliothèque publique de Mons; on y voit que l'auteur se proposait de le faire imprimer chez Léopold Varret, mais il n'a pas été donné suite à ce projet. Il n'existe donc pas, comme l'a pensé l'auteur de la Biographie montoise, d'édition sortie, en 1775, des presses de Varret.

813. Loix, chartes, et coutumes du pays et comté de Hainaut, de l'an 1534. Qui se doivent observer & garder en la Souveraine Cour à Mons, & Jurisdictions dudit Pays, ressortissantes à ladite Cour. A Mons, Chez Henri Hoyois, Imprimeur & Libraire, rue de la Clef. M.DCC.LXXV. In-12, titre et préliminaires 6 ff. non chiff., texte 130 pp., la dernière non chiff.

Bibl. de Mons, n.º 2,359 du catal. — Ma bibl.

814. Institution et établissement de la cour réformée du pays et comté de Hainaut. Avec le style & maniere de procéder en icelle. A Mons, Chez Henri Hoyois, Impri-

meur & Libraire, Rue de la Clef. M.D.CC.LXXV. In-12, VI - 230 pp.

Ma bibl.

815. Recueil de contes et de poëmes, par M. Dorat, ci-devant mousquetaire. Augmenté de l'hermitage de Beauvais. A Paris, Et se vend à Mons, Chez Henri Hoyois, Imprimeur-Libraire, rue de la Clef, vis-à-vis du Patacon. M.DCC.LXXV. Pet. in-8.°, titre 1 f., préliminaires V pp , sous-titre 1 f., texte 178 pp.

Bibl. de Mons, n.° 5,025 du catal — Ma bibl.

816. Lettres d'une chanoinesse de Lisbonne, à Melcour, officier françois; suivies de l'epitre intitulée ma philosophie, Et de quelques Poésies Fugitives. A Paris, Et se vend à Mons, Chez Henri Hoyois, Imprimeur & Libraire, rue de la Clef, vis-à-vis du Patacon. M.DCC.LXXV. Pet. in-8.°, titre 1 f., préliminaires XXVII pp., texte 152 pp., lettre d'un philosophe et epitre d'un curé XXXVI pp., table 1 f. non chiff., ensemble 219 pp.

Ma bibl.

817. Héro et Léandre, poëme de Musée. On y a joint la Traduction de plusieurs Idylles de Theocrite. Par M. M*** C**

Quid juvenis, magnum cui versat in ossibus ignem,
Durus Amor? nempe abruptis turbata procellis
Nocte natat cœcâ serus freta : quem super ingens
Porta tonat cœli, & scopulis illisa reclamant
Æquora : nec miseri possunt revocare parentes,
Nec moritura super crudeli funere virgo.

Virg. Georg. Lib. 3. v. 258.

A Paris, Et se vend à Mons, Chez Henri Hoyois, Imprimeur

& Libraire, rue de la Clef, vis-à-vis du Patacon. M.DCC.LXXV. Pet. in-8.°, titre et préliminaires XXIII pp., texte 96 pp.

Ma bibl.

Cette traduction est de Moutonnet Clairfons.

818. L'art d'aimer, et poésies diverses de M. Bernard. A Cythère, (Mons, Henri Hoyois.) M.DCC.LXXV. Pet. in-8.°, titre 1 f., texte 134 pp.

Ma bibl.

819. Anacréon, Sapho, Bion et Moschus, Traduction nouvelle en Prose, suivie de la veillée des fêtes de Venus Et d'un choix de Pièces de différents Auteurs, par M*** C*** *(Moutonnet Clairfons)*. A Paris, et se vend à Mons chez Henri Hoyois Imprimeur & Libraire, rue de la Clef, vis-à-vis du Patacon. M.DCC.LXXV. In-12, 299 pp. et une jolie gravure par Massard d'après Ch. Eisen.

Bibl. de M. R. Chalon.

820. Le comte de Valmont, ou les égarements de la raison, lettres recueillies et publiées Par M. (l'abbé Gérard). A Mons, Chez Henri Hoyois, Libraire & Imprimeur, rue de la Clef. M.DCC.LXXV. Avec Approbation & Privilege du Roi. In-12, 3 tomes: I. X-2-425 pp.; II. 2 ff. et 366 pp.; III. 2 ff. et 408 pp.

Bibl. de M. l'avocat Picquet.

821. Les vanneaux, poëme héroï-comique, a monsieur le marquis de Gages, Chambellan actuel de LL. MM. II. et RR. AA. &c. Par l'Abbé Vallez.

Ainsi sont faits ces Messieurs les Poëtes.
Pour un Oiseau, pour un Chien mort,
Voilà mes Gens aux champs d'abord.
DUCERCEAU.

(Mons, Henri Hoyois) M.D.CC.LXXV. In-8.º, titre et préliminaires 2 ff. non chiff., texte 43 pp.

Bibl. de Mons, n.º 7,088 du catal., 9.ᵉ vol. — Ma bibl.

Il existe des exemplaires dont le titre ne porte pas le nom de l'auteur.

822. A Monseigneur l'archevêque Duc de Cambrai prince du saint empire &c. &c. &c. A Mons, De l'Imprimerie d'Henri Hoyois. M.D.CC.LXXV. In-8.º, 7 pp.

Ma bibl.

Epitre en vers composée par l'abbé Louis Delobel.

823. L'inauguration de la statue du plus grand, du plus juste, et du plus magnanime de tous les princes, son Altesse Royale Monseigneur le Prince Charles Duc de Lorraine et de Bar &c. &c. &c. Par M. D'arnaud. A Mons, De l'Imprimerie d'Henri Hoyois. 1775. In-4.º, 16 pp.

Bibl. de Mons, n.º 6,681 du catal., 35.ᵉ portefeuille, n.º 604.

824. Le sacre et le couronnement de Louis XVI, surnommé le bienfaisant, ou la France triomphante. Par M. d'Arnaud. A Mons, De l'Imprimerie d'Henri Hoyois. M.D.CC.LXXV. In-4.º, 16 pp.

Bibl. de Mons, n.º 6,644 du catal., 7.ᵉ portefeuille. — Ma bibl.

825. Regles de la bienséance civile et chretienne, A Mons, Chez Henri Hoyois, Imprimeur-Libraire, rue de la Clef. M.DCC.LXXV. In-12, titre 1 f., texte 32 pp.

Bibl. de M. R. Chalon. — Ma bibl.

826. Grammaire françoise Donnant l'intelligence de cette Langue pour la savoir parler & écrire sans autre étude

précédente que d'avoir appris à lire. Nouvelle édition Corrigée, augmentée & méliorée, a l'usage des étudians du college d'Houdain, a Mons. Et de tous ceux qui aiment d'avoir des idées justes des principes du Langage. Par P. F. D. J. P. D. P. A. C. D. H. A Mons, Chez Henri Hoyois, Imprimeur-Libraire, rue de la Clef. (1775). In-12, 120 pp., les 4 dernières non chiff.

Bibl. de M. R. Chalon. — Ma bibl.

Les initiales du titre désignent Pierre-François Du Jardin, Professeur De Poésie Au Collége De Houdain.

827. Histoire du nouveau testament, Où sont contenues les principales actions de la Vie de Notre Seigneur Jesus-Christ. A Mons, Chez Henri Hoyois, Imprimeur & Libraire, rue de la Clef. 1775. Avec Approbation & Permission. In-8.º, 157 pp., approbation etc. 1 p. non chiff.

Ma bibl.

828. Histoire abrégée de l'ancien testament, Imprimée par l'Ordre de Monseigneur l'Evêque d'Amiens. Nouvelle édition. A Mons, Chez Henri Hoyois, Imprimeur & Libraire, rue de la Clef. 1775. Avec Approbation & Permission. In-8.º, titre et préliminaires 2 ff. non chiff., texte 155 pp.

Ma bibl.

829. Chartes, loix et coutumes du pays et comté de Hainaut de l'an 1410. A Mons, Chez Henri-Hoyois, Imprimeur & Libraire Rue de la Clef. MDCCLXXVI. In-8.º, 44 pp.

Bibl. de Mons, n.º 2,353 du catal.

830. Les coutumes de la ville et cheflieu de Valenciennes, Homologuées ès Années 1540 & 1619. A Mons,

Chez Henri Hoyois, Imprimeur & Libraire, Rue de la Clef. M.D.CC.LXXVI. In-8.º, 277 pp. et 3 pp. non chiff.

Bibl. de Mons, n° 2,218 du catal. — Ma bibl.

831. Coutumes de la ville, banlieu et cheflieu de Valenciennes, Revues & corrigées sur l'original & augmentées de l'Edit Perpétuel avec une Interprétation dudit Edit, & d'un Arrêt du Conseil d'Etat en faveur de ladite Ville. A Mons, Chez Henri Hoyois, Imprimeur & Libraire, Rue de la Clef. M.D.CC.LXXVI. In-8.º, 200 pp. et 3 ff. non chiff.

Ma bibl.

832. Instructions et prieres pour le jubilé de l'année sainte, imprimées par ordre de monseigneur l'archevêque duc de Cambrai. A Cambrai, & se vend à Mons, Chez Henri Hoyois, Imprimeur - Libraire, rue de la Clef. M.DCC.LXXVI. In-8.º, 40 pp. la dernière non chiff.

Ma bibl.

833. Mandement de Monseigneur l'archevêque duc de Cambrai, pour le jubilé de l'année sainte. A Cambrai, Et se vend à Mons, Chez Henri Hoyois, Imprimeur & Libraire, rue de la Clef. M.D.CC.LXXVI. In-8.º, 14 pp.

Bibl. de M. R. Chalon.

834. Explication des vérités de la religion chrétienne. Avec des Avis et des Exemples. A Mons, Chez Henri Hoyois, Imprimeur & Libraire, Rue de la Clef. M.D.CC.LXXVI. In-12, titre 1 f., texte 516 pp., table etc. 1 p. non chiff.

Ma bibl.

835.* Instructions chrétiennes pour les jeunes gens,

utiles à toutes sortes de personnes; mêlées de plusieurs traits d'histoire et d'exemples edifians. Nouvelle édition ci-devant imprimée par l'ordre de Mgr l'archevêque de Besançon. Corrigée de nouveau et augmentée de plusieurs exemples, des prieres du matin et du soir, et d'un exercice pour la sainte messe, et pour la confession et la communion. A Mons, chez Henri Hoyois, imprimeur-libraire, rue de la Clef. 1776. Avec approbation et permission. In-12, 456 pp.

856. L'imitation de Jesus-Christ, traduction nouvelle, Avec une Pratique & une Priére à la fin de chaque Chapitre, & l'Ordinaire de la Messe en François. Par le R. P. de Gonnelieu, de la Compagnie de Jesus. Nouvelle édition. A Mons, Chez Henri Hoyois, Imprimeur-Libraire, rue de la Clef, 1776. Avec Approbation & Permission. Pet. in-12, 437 pp., table 6 pp. non chiff.

Ma bibl.

857. Devotion A S. Donat martyr, avec des avis pour le tems d'orage. Les Reliques de ce Saint Protecteur contre la Foudre & le Tonnerre, reposent dans l'Eglise Collégiale & Paroissiale de Saint Germain, à Mons en Hainaut. A Mons, Chez Henri Hoyois, Imprimeur-Libraire, rue de la Clef. M.D.CC.LXXVI. Pet. in-12, 24 pp., la dernière chiffrée erronément 34.

Ma bibl.

858. Neuvaine a l'honneur du sacré cœur de Jesus, Avec des Prieres & des Pratiques pour chaque jour. Par l'Auteur de l'Ame élevée a Dieu. A Mons, Chez Henri Hoyois, Imprimeur-Libraire, rue de la Clef. M.DCC.LXXVI. In-12, XII - 157 pp., table, etc. 6 pp. non chiff.

Ma bibl.

839. Le palmier céleste, ou entretiens de l'ame avec Jesus-Christ, Par des exercices chrétiens, Offices, Litanies & Prieres. A Mons, Chez Henri Hoyois, Imprimeur-Libraire, rue de la Clef. (1776). Pet. in-12, 356 pp.

Ma bibl.

840.* Petit Paroissien Romain contenant des prières et des instructions pour vivre saintement, avec l'office de la vierge, les Messes et les Vêpres des principales fêtes de l'année, suivant le bréviaire Romain. Dédié à Madame la duchesse de Bourgogne, nouvelle édition augmentée des O de Noël, du Rithme *Puer nobis* pour le jour de Noël, du *lugentibus* pour les morts et du *stabat mater*. A Mons, chez Henri Hoyois, imprimeur libraire, rue de la Clef. (1776). Pet. in-12, titre et préliminaires 6 ff. non chiff., texte 518 pp.

841. Catalogue des livres délaissés, Par M. Philippe-François-Joseph Dewesemal, Ecuyer, Seigneur Desmayries & de la Tourelle, Greffier Echevinal de la Ville de Mons; qui se vendront à la Maison mortuaire, le 20 juin 1776, & jours suivans, à neuf heures du matin, & à deux heures l'après-midi. A Mons, Chez Henri Hoyois, Imprimeur-Libraire, rue de la Clef. In-8.º, 31 pp.

Ma bibl.

842. Principes généraux et particuliers de la langue française, Confirmés par des Exemples choisis, instructifs, agréables, & tirés de bons Auteurs; Avec les moyens de simplifier notre Ortographe, des Remarques sur les Lettres, la Prononciation, la Prosodie, les Accents, la Ponctuation, l'Ortographe & un Abrégé de la Versification Française.

Par M. de Wailly. Huitieme édition. Revue & considérablement augmentée.

> Sur-tout qu'en vos écrits la langue révérée,
> Dans vos plus grands excès vous soit toujours sacrée.
> BOILEAU.

A Paris & se vend à Mons, Chez Henri Hoyois, Imprimeur & Libraire, Rue de la Clef. M.D.CC.LXXVI. In-12, VI-1 f. non chiff.-X-XXIV-440 pp., table XXI pp. Ma bibl.

843. Contes nouveaux. — A Liége. (Mons, H. Hoyois). M.DCC.LXXVII. In-8.º, 135 pp. (Par le chevalier Andréa de Nerciat, Dédié au Prince de Ligne).

Bibl. de M. R. Chalon.

844. Discours sur l'histoire de notre-dame de Hal, Avec la Description du Jubilé Centenaire de l'Institution de la Confrérie érigée en son honneur dans l'Eglise paroissiale de Sainte Elisabeth, à Mons en Hainau. Dédiée a messieurs du magistrat. A Mons Chez H. Hoyois, Imprimeur-Libraire. (1777). Pet. in-8.º, 46 pp., approbation etc. 1. p. non chiff.

Bibl. de Mons, n.º 6262 du catal. — Ma bibl.

845. De la maniere d'enseigner et d'étudier les belles-lettres, Par rapport à l'esprit & au cœur. Par M. Rollin, ancien Recteur de l'Université de Paris, Professeur d'Eloquence au College Roial, & Associé à l'Académie Roiale des Inscriptions & Belles-Lettres. Nouvelle édition. A Mons, Chez Henri Hoyois, Libraire, rue de la Clef. M.DCC.LXXVII. Avec Approbation & Privilege du Roi. In-12, 4 tomes : I. titre 1 f., préliminaires CXX pp., texte 427 pp., approbation 1 p. non chiff. ; II. titre 1 f., texte 559 pp. ; III. titre 1 f., texte XII-489 pp., approbation et privilége

3 pp. non chiff. ; IV. titre et préliminaires 2 ff. non chiff., texte 604 pp.

Ma bibl.

846. Épitre a sa majesté impériale l'empereur Joseph II. Sur ce que dans son Voyage en France, il n'avoit pas vu Mr. de Voltaire, comme quelques Gazettes avoient annoncé qu'il se proposoit de le faire. A Paris. (Mons, Henri Hoyois). M.D.CC.LXXVII. Pet. in-8.°, 16 pp.

Ma bibl.

847. Voltaire de retour des ombres, Et sur le point d'y retourner pour n'en plus revenir ; a tous ceux qu'il a trompés. — Ergo erravimus & errare fecimus. — A Paris, Et se vend à Mons, Chez Henri Hoyois, Imprimeur-Libraire, rue de la Clef. (1777). In-8.°, titre 1 f., X-92 pp.

Ma bibl.

Cet opuscule est du prêtre dominicain Charles-Louis Richart.

848. Charte du huit avril quatorze-cens-quatre-vingt-trois. A Mons, Chez Henri Hoyois, Imprimeur-Libraire, rue de la Clef. 1778. In-4.°, titre 1 f., et 33 pp., la dernière non chiff.

Bibl. de Mons, n.° 2,354 du catal. — Ma bibl.

849. Dictionnaire historique de la médecine ancienne et moderne. Ou mémoires disposés en ordre alphabétique pour servir a l'histoire de cette science, Et a celle de Medecins, Anatomistes, Botanistes, Chirurgiens et Chymistes de toutes Nations. Par N. F. J. Eloy, Conseiller-Médecin ordinaire de son altesse royale monseigneur le duc Charles de Lorraine & de Bar, &c. &c. &c. & Medecin Pen-

sionnaire de la Ville de Mons. — *Il importe beaucoup de connoître l'Histoire de la Science à laquelle on s'attache. Eloge critique de Boerhaave.* — A Mons, Chez H. Hoyois, Imprimeur-Libraire, Rue de la Clef. M. DCC. LXXVIII. In-4.º, 4 vol. I. titre, faux-titre, et frontispice gravé 3 ff. non chiff., préliminaires VII et XII pp., texte 745 pp., errata 1 p. non chiff.; II. titre et faux-titre 2 ff., texte 649 pp., errata 1 p. non chiff.; III. titre et faux-titre 2 ff., texte 648 pp.; IV. titre et faux-titre 2 ff., texte 626 pp., permission et errata 1 f. non chiff.

Bibl. de Mons, n.º 7,958 du catal. — Ma bibl.

Ce dictionnaire est l'une des œuvres typographiques les plus importantes qui aient été imprimées à Mons. Il avait eu une première édition sortie des presses de Bassompierre à Liége, en 1775, in-8º, 2 vol.

850. L'histoire du vieux et du nouveau testament, avec des explications édifiantes tirées des SS. Peres, pour régler les mœurs dans toutes sortes de conditions. Dédiée à monseigneur le dauphin. Par feu M. le Maistre de Saci sous le nom du Sieur de Royaumont, Prieur de Sombreval. Nouvelle édition, revue & corrigée. A Paris, Et se vend à Mons, Chez Henri Hoyois, Imprimeur-Libraire, rue de la Clef. M.DCC.LXXVIII. In-12, VIII — 627 pp., table 5 pp. non chiff.

Bibl. de Mons, n.º 2,322 du catal. — Ma bibl.

851. La consolation du chrétien, ou Motifs de confiance en Dieu dans les diverses circonstances de la vie; Par M. l'Abbé Roissard. A Mons, Chez Henri Hoyois, Imprimeur & Libraire, rue de la Clef. M.DCC.LXXVIII. Avec Approbation & Permission. In-8.º, 2 vol. I. XVI-369

pp.; II. 3 ff. non chiff., 357 pp. et 3 pp. non chiff.
Bibl. de Mons, n.° 1329 du catal. — Ma bibl.

852. Recueil complet d'ariettes. A Paris avec permission. — La troisième partie : A Mons, Chez H. Hoyois, Imprimeur & Libraire, rue de la Clef. M.DCC.LXXVIII. Pet. in-12, 258 et 94 pp.
Bibl. de M. R. Chalon.

853. Exercices sur le mérite de la sphere et de la geographie, en une seance, Qui se tiendra le 24 Août 1778, à deux heures du soir, par Messieurs les Pensionnaires du Pensionnat dit l'Hermitage de Wilhours lez Ath. A Mons, Chez Henri Hoyois, Imprimeur-Libraire, rue de la Clef. (1778). In-4.°, 12 pp.
Ma bibl.

854. Catalogue des livres délaissés Par Monsieur Louis-Nicolas-Desiré Le Duc, Seigneur de Masnuy St. Pierre, &c. Dont la Vente se fera à la Maison mortuaire, le ..... A Mons, Chez H. Hoyois, Imprimeur-Libraire. (1778). Pet. in-8.°, titre 1 f., texte 17 pp.
Ma bibl.

855. Essai sur l'usage, l'abus et les inconvénients de la torture, dans la procédure criminelle. Par M.ʳ S. D. C. A Lausanne Et à Mons, Chez H. Hoyois, Imprimeur & Libraire, rue de la Clef. M.DCC.LXXIX. In-8.°, 112 pp.
Bibl. de M R. Chalon.

856. Nobiliaire des Pays-Bas, et du comté de Bourgogne, contenant les Villes, Terres & Seigneuries, érigées en titre de Principauté, Duché, Marquisat, Comté, Vicomté, & Baronnie. Les Personnes qui ont été honorées de la dignité

de Chevalier. Les Familles nobles, qui ont obtenu des Ornements à leurs armes, & le Nom & les Armes de ceux qui ont été annoblis ou réhabilités; par les princes des Augustes maisons d'Autriche et de Bourgogne Depuis le Régne de Philippe le Bon, Duc de Bourgogne, & de Brabant, &c., jusqu'à la mort de l'Empereur Charles VI. Rapportées par ordre Chronologique, Par M. D.*** S. D. H.*** A Louvain, Chez Jean Jacobs, rue de Tirlemont à la Clef Noire. 1760. Avec Approbation (Mons, chez Henri Hoyois, 1779). In-12, en 2 parties. I.re part. 379 pp.; II.e part. titre 1 f., texte 431 pp. chiffrées de 381 à 810, table des noms des familles 32 pp., tables des noms des Terres 6 pp., additions et corrections 5 pp. non chiff.

Bibl. de M. R. Chalon.

C'est une contrefaçon de l'édition de Louvain. Henri Hoyois avoue lui-même sa supercherie dans sa *Bibliographie des Pays-Bas*, p. 55. « J'ai acheté moi-même, dit-il, un exemplaire de cet ouvrage, à la Toison d'Or, à Mons, 52 livres 16 sols, *dans le tems que je l'imprimais, en 1779, sous Louvain 1760*; n'ayant pas annoncé ni avoué ma contrefaçon, ce livre a toujours été vendu au prix que je fixe. Il étoit permis aux libraires des Pays-Bas de vendre cet ouvrage, et il leur étoit défendu de le réimprimer; sa première valeur, en 1761, n'étoit que de 4 liv., elle a augmenté depuis la prohibition qui n'a été faite que pour complaire à certaines familles qui s'étoient mésailliées. »

L'imprimeur en copiste adroit a imité jusqu'aux fautes typographiques de l'édition originale que sa contrefaçon reproduit page pour page, ligne pour ligne, mot pour mot. Cependant il existe quelques indications qui peuvent servir à faire reconnaître l'édition contrefaite : les vignettes et fleurons diffèrent dans les deux impressions; dans la seconde le caractère italique est beaucoup plus gros que dans la première. Enfin les signatures ne sont pas les mêmes, on peut s'en convaincre en ouvrant le second volume. La première page du texte chiffrée 581 porte, dans l'*édition de Louvain,* la signature R2. et dans celle de Mons, la signature Bb2.

857. Aux manes de Voltaire, dithyrambe Qui a remporté le prix au jugement de l'Académie Françoise, en 1779. A Paris. (Mons, Henri Hoyois). M.D.CC.LXXIX. Pet. in-8.°, 40 pp. les neuf dernières non chiff.

Ma bibl.

On trouve après ce dithyrambe une épître à Voltaire, par M. De Murville, qui a obtenu l'accessit au même concours.

858. A Monseigneur, Monseigneur l'Archevêque, Duc de Cambrai, Prince du Saint-Empire, Comte du Cambresis, &c. &c. &c. M.DCC.LXXIX. (Mons, Henri Hoyois,) Pet. in-8.°, 7 pp.

Bibl. de Mons, n.° 7088 du catal., 4.e vol.

Épître en vers offerte par les élèves du collége d'Ath.

859. Catalogue des livres de Henri Hoyois, imprimeur-libraire, rue de la clef, a Mons. (Henri Hoyois) M.DCC.LXXIX. In-4.°, titre et préliminaires 3 ff. non chiff., texte 170 pp., les 3 dernières non chiff., Impressions des Elzevirs etc. 3 pp.

Ma bibl.

860. Supplément au catalogue des livres d'Henri Hoyois, Imprimeur-Libraire, rue de la Clef, à Mons. (Henri Hoyois). M.D.CC.LXXIX. In-4.°, 5 n.°s en 32 pp.

Ma bibl.

861. Supplement au catalogue des livres de Henri Hoyois, Imprimeur-Libraire, rue de la Clef, à Mons. (Henri Hoyois). M.DCC.LXXX. In-4.°, titre et préliminaires 4 ff. non chiff., texte 23 pp.

Ma bibl.

862. Institution au droit coutumier du pays de Hainaut, par messire André Boulé, Lieutenant-Général au Siege Royal de la Ville du Quesnoy, ensuite fait par le Roi, Conseiller en sa Cour du Parlement de Tournai, & en dernier lieu Premier-Président au Présidial du Hainaut. A Mons, Chez Henri Hoyois, Imprimeur-Libraire, rue de la Clef (1780). In-4.º, 2 tomes : I. 376 pp., table 1 f. non chiff.; II. 295 pp., table et permission 1 f. non chiff.

Bibl. de Mons, n.º 2,347 du catal. — Ma bibl.

863. Mémoire sur la marche, la nature, les causes et le traitement de la dyssenterie Qui a regné dans plusieurs cantons de la Province de Hainaut, en 1779. Par N. F. J. Eloy, Conseiller-Médecin Ordinaire de son altesse royale monseigneur le duc Charles de Lorraine et de Bar &c. &c. &c. Médecin Pensionnaire de la Ville de Mons, & Corespondant de la Société Royale de Médecine de Paris. — *Aucun médicament ne fortifie les malades, que ceux qui diminuent la maladie. Zimmermann*, Traité de la Dyssenterie. — A Mons, Chez H. Hoyois, Imprimeur-Libraire, rue de la Clef. M.DCC.LXXX. In-8.º, titre et faux-titre 2 ff., préliminaires 3-III pp., texte 98 pp., permission et avis 1 f. non chiff.

Ma bibl.

864. Lettre à Monsieur De Branvilla, écuyer, premier chirurgien de LL. M. I. R. A. et de leurs armées. Par M. De Cambon, Ecuyer, Premier-Chirurgien de feu S. A. R. la Duchesse de Lorraine & de Bar, &c. &c. sur trois opérations de la Symphyse. A Mons, Chez H. Hoyois, Imprimeur-Libraire, Et se trouve à Paris, Chez C. J. C. Durand,

Libraire, rue du Foin S. Jacques, au Griffon. M.DCC.LXXX. In-8.°, 28 pp.

Bibl. de Mons, n.° 3,699 du catal.

865. Les mois, poëme en douze chants, par M. Roucher. — *Per Duodena regit mundum Sol aureus astra (Virg.)* — A Paris, Et se vend à Mons, Chez H. Hoyois, Imprimeur-Libraire, rue de la Clef. M.D.CC.LXXX. In-8.°, 2 tomes : I. 226 pp. ; II. titre et faux-titre 2 ff., texte 230 pp.

Bibl. de Mons, n.° 5,015 du catal. — Ma bibl.

866. Choix de chansons. A Mons, chez H. Hoyois, imprimeur libraire, 1780. In-18, 164 pp.

Bibl. de M. Henri Delmotte.

867. Recueil des pieces qui ont paru concernant la mort de Marie-Therese, Archiduchesse d'Autriche, Impératrice-Douairière, Reine Apostolique de Hongrie & de Bohême &c. &c. &c. A Mons, Chez H. Hoyois, Imprimeur-Libraire, rue de la Clef. M. DCC. LXXXI. In-8.°.
Ma bibl.

Ce recueil contient les pièces suivantes :

Traduction du discours Que M. Sonnenfels prononça en Allemand dans une séance de l'Académie Thérésienne, après la mort de Marie-Thérèse. 14 pp.

Discours sur la mort de l'Impératrice-Reine de Hongrie. 10 pp.

Récit de ce qui s'est observé aux funérailles célébrées à Bruxelles. Pour sa Majesté Marie-Thérese, Impératrice-Douarière des Romains, Reine de Hongrie & de Bohême, &c. &c. Archiduchesse d'Autriche, &c. &c., Duchesse de Brabant, &c. &c. &c., décédée en son Palais à Vienne, le 29 Novembre 1780. 8 pp.

Oraison Funèbre de Marie-Thérèse, archiduchesse d'Autriche, Impératrice-Douairière et Reine Apostolique de Hongrie et de

Bohême, &c. &c. &c. Prononcée dans l'Eglise Collégiale des SS. Michel et Gudule, à Bruxelles le 23 décembre 1780, par M. l'abbé de Nelis, Chanoine de l'Eglise Cathédrale de Tournai, Vicaire-général du Diocèse & Président des Etats de Tournaisis. 20 pp.

Oraison funebre de très-haute, très-puissante et très-excellente princesse Marie-Thérèse archiduchesse d'Autriche, impératrice-douairière, reine apostolique de Hongrie et de Bohême &c. Duchesse de Lothier, de Brabant, de Limbourg, de Luxembourg, &c. Princesse de Suabe (sic) et de Transilvanie; Marquise du St. Empire Romain &c. Comtesse de Flandre, de Hainaut, de Namur, &c. Landgrave d'Alsace, Dame du Port-Naon & de Malines; Duchesse de Lorraine & de Bar, Grande Duchesse de Toscane, &c. &c. Abbesse, Patronne & Protectrice du Très-Noble & Très-Illustre Chapitre Royal de Ste. Waudru, à Mons. Prononcée dans l'Eglise Collégiale dudit Chapitre le 16 janvier 1781. Par le R. P. D. Bouillon Récollet, Prédicateur-Stationnaire. 36 pp.

Ce discours n'est pas sorti des presses d'Henri Hoyois mais de celles de C. J. Beugnies qui en avait publié déjà une édition in-4.º.

Oraison funebre de très-haute, très-puissante et très-excellente princesse Marie-Thérèse, Archiduchesse d'Autriche, Impératrice-Douairière et Reine-Apostolique de Hongrie et de Bohême, &c. &c. &c. Par M. Mathurin, Maître de Langue en cette ville. titre 1 f., texte 25 pp.

Essai sur l'eloge de Marie-Thérese Walpurge-Amelie-Christine d'Autriche, impératrice, reine de Hongrie et de Bohême, archiduchesse d'Autriche, souveraine des Pays-Bas, &c. &c. &c. 18 pp.

Oratio in funere Mariæ-Theresiæ-Augustæ vita functæ 29 novembris 1780. Habita Cùm in Basilica Cathedrali S. Bavonis Gandavi Parenti optimæ justa Exequiarum sollenni ritu solverentur die 4 Januarii 1781. A. R. D. Carolo Antonio Van Beu ghen, Eccl. Coll. S. Pharail. Canonico, Collegii Regii Gand. Gymnasiarcha. titre 1 f., texte 12 pp.

Oraison funebre de Marie-Thérese décédée le 29 novembre 1780. Prononcée en Latin, dans l'Eglise Cathédrale de S. Bavon à Gand. Par M. C. A. Vanbeughen. 15 pp.

Poëme sur la mort de l'imperatrice-reine Marie-Therese d'Autriche. Par M. de Rochefort, de l'Académie Royale des Inscriptions et Belles-Lettres. 16 pp., la dernière non chiff.

Ode par M. Poyard. 8 pp.

In mortem dilectissimæ Mariæ-Theresiæ, reginæ Hungariæ et Bohemiæ, imperatricis semper augustæ, Gymnasium Athense. 8 pp.

Stances, Prière, Epitaphe, Vers et Copie de la Lettre de l'empereur et Roi, Aux différentes Provinces des Pays-Bas. 4 pp., 2 ff. non chiff. et 2 pp.

868. Stances sur la mort de sa majesté l'impératrice reine de Hongrie et de Boheme, &c. &c. &c. Décédée le 29 novembre 1780. A Mons, Chez Henri Hoyois, Imprimeur-Libraire, rue de la Clef. (1781). In-8.º, 7 pp.

Bibl. de Mons, n.º 7,088 du catal., 12.ᵉ vol. — Ma bibl.

L'auteur de ces stances est Louis Delobel.

869. Idyle sur la mort de Marie-Therèse, reine de Hongrie et de Bohême, suivie d'une lettre de Madame *** Dame du palais de l'Impératrice Reine a Madame de Zuk.... son amie. (Mons, Henri Hoyois 1781.) In-8.º, 16 pp.

Bibl. de Mons, n.º 379 de l'inventaire.

870. Oraison funebre de Marie-Thérese imperatrice douairiere, reine apostolique de Hongrie et de Bohême, Prononcée à Limbourg le 16 Janvier 1781, Par le P.

Théodore Dorbeck, Récol. A Mons, Chez H. Hoyois, Imprimeur Libraire, rue de la Clef. 1781. In-8.°, 32 pp.

Bibl. de Mons, n.° 379 de l'inventaire.

871. Oraison funebre de très-haute, très-puissante et très excellente princesse, Marie-Therese archiduchesse d'Autriche, impératrice douairiere, reine de Hongrie et de Boheme, &c. &c. Prononcée dans l'Eglise de Paris, le 30 Mai 1781; Par Messire Alexandre Amédée de Lauzieres-Themines, Evêque de Blois. A Mons, Chez Henri Hoyois Imprimeur-Libraire, rue de la Clef. M.DCC.LXXXI. In-8.°, 52 pp.

Bibl. de Mons, n.° 4,623 du catal. — Ma bibl.

872. Oraison Funebre de très-haute, tres-puissante et très-excellente princesse Marie-Therese archiduchesse d'Autriche, impératrice douairiere, reine de Hongrie et de Bohême, Prononcée dans la Chapelle du Louvre le Vendredi 1er Juin 1781, en présence de Messieurs de l'Académie Françoise; Par M. l'Abbé de Boismont, Prédicateur Ordinaire du Roi, Abbé Commendataire de Grétain, & l'un des Quarante de l'Académie. A Mons, Chez Henri Hoyois, Imprimeur-Libraire, rue de la Clef. M DCC.LXXXI. In-8°, 54 pp.

Bibl. de Mons, n.° 4621 du catal. — Ma bibl.

873. Eloge de Marie-Thérese impératrice-reine de Hongrie et de Boheme, archiduchesse, &c. &c. Par l'Abbé Jumel, Vicaire de Sainte-Opportune. — *Magna facta est Bethuliâ.... & præclarior errat omni terræ Israël.* Judith, Chap. 16, v. 25.

— A Mons, Chez Henri Hoyois, Imprimeur-Libraire, Rue de la Clef. M.DCC.LXXXI. In-8.°, 28 pp.

Bibl. de Mons, n.° 4,622 du catal. — Ma bibl.

874. Lettre historique a madame la comtesse de ** sur la mort de sa majesté l'impératrice reine de Hongrie. A Mons, Chez Henri Hoyois, Imprimeur-Libraire, Rue de la Clef. M.DCC.LXXXI. In-8.°, 25 pp., épitaphe 1 p. non chif.

Ma bibl.

L'auteur de cette lettre est Caraccioli.

875. Relation de l'inauguration de S. M. l'empereur et roi Joseph II, en qualité de comte de Hainau, Solemnisée le 27 Août 1781, en la Ville de Mons. A Mons, De l'Imprimerie de Henri Hoyois, Libraire, rue de la Clef. (1781). In-4.°, 54 pp.

Bibl. de Mons, n.° 7,094 du catal. — Ma bibl.

876. A sa majesté impériale Joseph II, pere de la patrie. — *Expectate venis. Æneid. L. II.* — (Mons, Henri Hoyois, 1781). In-8.°, 24 pp.

Ma bibl.

C'est un poëme composé par l'abbé Delobel, qui se proposait de l'offrir à l'empereur Joseph II, qu'on attendait à Mons au mois de juillet 1781.

877. Stances à l'Empereur sur son arrivée aux Pays-Bas, par M.elle Murray. *A la dernière page*: De l'Imprimerie de Henri Hoyois, Libraire, à Mons. (1781) In-8.°, 3 pp.

Bibl. de Mons, n.° 6,881 du catal., 37.° portefeuille, n.° 669.

878. Examen de la question médico-politique: Si l'usage habituel du Caffé est avantageux ou doit être mis au rang des choses indifférentes à la conservation de la santé; s'il

peut se concilier avec le bien de l'Etat dans les Provinces Belgiques; ou s'il est nuisible & contraire à tous égards? Par N. F. J. Eloy, Conseiller-Médecin de feu S. A. R. le Duc Charles-Alexandre de Lorraine & de Bar, &c. &c. &c. Médecin-Pensionnaire de la ville de Mons, Correspondant de la Société Royale de Médecine de Paris. — *Laudatur ab his, culpatur ab illis Horatius, Lib. I. Serm. II.* — A Mons, Chez H. Hoyois, Imprimeur-Libraire, rue de la Clef, (1781). In-8.º, titre et faux-titre 2 ff., XLIV - 47 pp., permission 1 p. non chiff.

Ma bibl.

879. Le nouveau petit dictionnaire avec des entretiens en françois et en flamand. Dans cette nouvelle Edition on a ajouté des Déclinaisons & Conjugaisons. — Den nieuwen kleynen dictionnaris met eenige t' samen-spraken in't fransch en in't vlaemsch. In desen nieuwen Druk zyn bygevoegd de Declinatien en Conjugatien. A Mons, Chez Henri Hoyois, Imprimeur-Libraire, rue de la Clef. M.DCC.LXXXI. Pet. in-8.º, 144 pp.

Bibl. de Mons, n.º 4,480 du catal. — Ma bibl.

880. Les vrais principes de la lecture, de l'ortographe et de la prononciation françoise, Suivis de différentes Pièces de Lecture propres à donner des notions simples & faciles sur toutes les parties de nos connoissances. Ouvrage utile aux Enfans, qu'il conduit par degrés de l'Alphabet à la connoissance des règles de la prononciation, de l'Ortographe, de la Ponctuation, de la Grammaire & de la Prosodie Françoise : principalement destiné aux Etrangers, auxquels on s'est proposé d'abréger l'étude de notre prononciation, par

une suite de Tableaux rangés par ordre alphabétique, dans lesquels on écrit à côté de chaque mot la maniere dont il doit être prononcé. Par M. Viard, de l'Académie des Enfans. A Mons, Chez Henri Hoyois, Imprimeur-Libraire, rue de la Clef. M.DCC.LXXXI. In-8.°, IX-143 pp., table 5 pp. non chiff.

Ma bibl.

881. La journée du chrétien sanctifiée par la priere et la méditation, Par le R. P. Deville, de la Compagnie de Jesus. A Mons, Chez Henri Hoyois, Imprimeur-Libraire rue de la Clef. M.DCC.LXXXI. In-32, 229 pp. table 2 pp. non chiff.

Ma bibl.

882. Petit formulaire de prieres, avec des réflexions sur différens sujets. A Mons, Chez Henri Hoyois, Imprimeur-Libraire, rue de la Clef. (1781). Pet. in-12, 428 pp., table 3 pp. non chiff.

Ma bibl.

883. Heures chretiennes a l'usage des colleges des prêtres de l'oratoire. Contenant Les Prieres du Matin & du Soir, l'Exercice de la Ste Messe, la Pratique pour la Confession & la Communion, les Regles d'une Conduite Chrétienne pour la Jeunesse, &c. Avec Les Vêpres du Dimanche & les Complies, les sept Pseaumes, l'Office des Morts, l'Office de l'Enfant Jesus, &c. A Mons, Chez Henri Hoyois, Imprimeur-Libraire, Rue de la Clef, 1782. Avec Approbation & Permission. In-12, titre et préliminaires 7 ff. non chiff., texte 248 pp., table 1 f. non chiff.

Ma bibl.

884. Heures de notre dame a l'usage de Rome sans renvoi, Avec les Offices de la Ste. Croix, du S. Esprit, les sept Pseaumes, l'Office des morts, les quinzes (sic) effusions & autres Prieres. Nouvellement revues & corrigées dans cette derniere Edition. A Mons, Chez Henri Hoyois, Imprimeur & Libraire rue de la Clef. MDCCLXXXII. In-8.º, 126 pp., la dernière non chiff.

Ma bibl.

885. Hannoniæ leges comitis Balduini Sexti anni M.CC. (Montibus, typis H. Hoyois). M.DCC.LXXXIII — In-4.º, titre 1 f., texte 15 pp.

Bibl. de Mons, n.º 8,381 du catal., 1er vol. — Ma bibl.

886. Errotika Biblion. — Abstrusum excudit. — A Rome, de l'Imprimerie du Vatican. (Mons, H. Hoyois). M.DCCL.XXXIII. In-8.º, titre et préliminaires 2 ff. non chiff., texte 188 pp.

Bibl. de M. R. Chalon.

Ce volume sort certainement des presses d'Henri Hoyois ; c'est une contrefaçon de l'édition originale. Tout le prouve, papiers, caractères, fleurons. L'exemplaire que nous avons examiné est dans sa première brochure, et la couverture est doublée avec un avis imprimé chez Hoyois, la même année.

887. Catechisme ou sommaire de la doctrine chrétienne, divisé en trois parties. I. Partie. Contenant les premiers fondemens de la Foi Chrétienne. II. Le Devoir d'un bon Chrétien. III. L'Explication plus ample des choses nécessaires au Chrétien. Revu par l'ordre de son Altesse Monseigneur l'Archevêque Duc de Cambray. A Mons, Chez Henri Hoyois, Imprimeur & Libraire, Rue de la Clef, près de la

Grande Place. Pet. in-12, 6 cahiers sans pagination, sign. A.-F., 72 pp.

Bibl. de M. Descamps, vicaire-général, à Tournai.

888. Catechisme historique, Contenant en abrégé l'Histoire Sainte & la Doctrine Chrétienne. Par M. Fleury, Prêtre, Abbé du Loc-Dieu, ci-devant Sous-Précepteur du Roi d'Espagne, de Monseigneur le Duc de Bourgogne & de Monseigneur le Duc de Berry. A Mons, Chez Henri Hoyois, Imprimeur-Libraire, rue de la Clef. Avec Permission. Pet. in-12, 131 pp.

Ma bibl.

889. Methode pour apprendre les enfans pour la première communion. Derniere édition corrigée. A Mons, Chez Henri Hoyois, Imprimeur & Libraire, rue de la Clef. In-16, 32 pp.

Ma bibl.

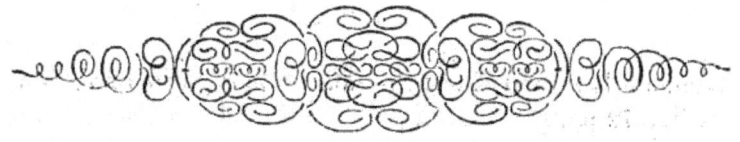

MARIE-JOSEPH WILMET.

1773-1794.

Marie-Joseph Wilmet, fille de Mathieu Wilmet et d'Anne-Marie Dusart, est née à Mons le 5 février 1727. Après avoir dirigé, durant les dernières années de la vie de son vieux père, l'établissement typographique qu'il avait créé, elle obtint des lettres patentes d'imprimeur le 5 avril 1773, et exerça cette profession jusqu'en 1794. Elle a imprimé un grand nombre d'actes du gouvernement autrichien et de la Cour souveraine du Hainaut. Elle est décédée à Mons le 27 novembre 1806.

890. Ordonnance de l'imperatrice-douairiere et reine. Donnée à Bruxelles le 5 Mars 1774. Concernant les prétentions à la charge des Maisons, Colléges, ou Caisses Provinciales de la Société supprimée des Jésuites. A Mons, Chés M. J. Wilmet, Imprim. de S. M. sur la grand'Place. (1774). In-f.º, 2 pp. non chiff.

Ma bibl.

891. Calendrier du Hainaut, pour l'an de grace M.D.C.C.LXXV. Contenant l'Etat de la Province de Hainaut, etc., etc. A Mons, Chés M. J. Wilmet Imprim. de S. M. sur la grand'Place. Avec permission. (1774). In-12, 160 pp.

Ma bibl.

Marie-Joseph Wilmet a continué d'imprimer annuellement et sans interruption, jusqu'en 1794, ce calendrier dont la publication avait été commencée par son père, en 1746. Voir n.° 587.

892. Directorium ad rite legendas horas canonicas missas que celebrandas Ad normam Breviarii & Missalis Romani pro anno domini M.D.CC.LXXV. Ad usum Cleri Prænobilis Ecclesiæ Collegiatæ Sanctæ Waldetrudis. etc. Montibus, Apud M. J. Wilmet, Typograph. Reg. Nobil. Cap. S. Waldetrud. In magno foro. Cum Gratiâ & Privilegio. (1774). In.-8.°

Ma bibl.

Marie-Joseph Wilmet a continué l'impression annuelle d'un calendrier ecclésiastique jusqu'en 1794. Voir n.° 604.

893. Officia propria peculiarium sanctorum Nobilis Ecclesiæ Collegiatæ S. Waldetrudis oppidi Montensis ad normam breviarii romani conformata, Additis antiquis Litaniis ejusdem Ecclesiæ. Montibus, Apud M. J. Wilmet, Typograph. Reg. & Nobil. Cap. S. Waldetrud. Cum Gratiâ & Privilegio. (1776). In-8.°, titre et préliminaires 4 ff. non chiff., texte 188 pp.

Bibl. de M. R. Chalon. — Ma bibl.

894. Reglement concernant l'établissement des écoles gratuites et publiques pour l'art d'accouchement. (du 18 mai 1778). Mons M. J. Wilmet. In-f.°

Bibl. de M. Houzeau de le Haie.

895. Edit portant proscription des feuilles périodiques intitulées Courier du Bas Rhin, et Courier politique et littéraire ou Courier de l'Europe (du 29 août 1778). Mons M. J. Wilmet. In-f.º

Bibl. de M. Houzeau de le Haie.

896. Convention entre l'impératrice reine de Hongrie et de Bohême et le roi très chrétien Concernant les Limites de leurs Etats Respectifs aux Pays-Bas, & d'autres objets relatifs aux frontieres. Conclue à Bruxelles le 18 Novembre 1779. A Mons. Chez M. J. Wilmet, Imprim. de S. M. sur la Place. M.DCC.LXXX. In-4.º, 21 pp.

Bibl. de M. R. Chalon. — Ma bibl.

897. Catéchisme ou sommaire de la doctrine chrétienne, Divisé en trois Parties. I. Partie, contenant les premiers Fondemens de la Foi Chrétienne. II. Les devoirs d'un bon Chrétien. III. L'explication plus ample des choses nécessaires aux Chrétiens. Revû par l'ordre de S. A. Monseigneur l'Archevêque Duc de Cambrai. A Mons, Chez M. J. Wilmet, Imp. de S. M. sur la grand' Place. 1782. In-16, titre et préliminaires 9 ff. non chiff., texte 80 pp.

Ma bibl.

898. Lettres patentes portant attribution de la juridiction supérieure au Conseil de Hainaut sur celui de Tournay et Tournaisis. (du 22 novembre 1782). Mons M. J. Wilmet. In-f.º

Bibl. de M. Houzeau de le Haie.

999. Instruction familiere, ou L'on enseigne les moyens de conserver la grace de la premiere Communion & de vivre chrétiennement. Avec différentes Pratiques de Piété. A

Mons, Chez M. J. Wilmet, Imprimeur de S. M. Sur la grand'Place. 1782. Avec Approbation & Permission. In-12, 447 pp.

Ma bibl.

900. Le chrétien persévérant dans la grace. Petit ouvrage, Où est contenu succintement ce qu'on doit faire & éviter pour conserver la Grace. Avec Des Prieres & des Exemples. A Mons, Chez M. J. Wilmet, Imprimeur de S.M. sur la grand'Place. Avec Approbation & Permission. (1783). Pet. in-12, 335 pp., table et approbation 5 pp. non chiff.

Ma bibl.

901. Edit de l'empereur concernant la suppression de plusieurs couvents inutiles dans les Pays-Bas. (Du 17 Mars 1783). Mons. M. J. Wilmet. In-f.º

Bibl. de M. Houzeau de le Haie.

902. Chartes du Hainau de l'an 1200. A Mons, Chez M. J. Wilmet, Imprimeur de S. M. sur la grand'Place. Avec Permission. (1784). In-12, 20 pp.

Bibl. de Mons, n.º 8,381 du catal., 1.er vol. — Ma bibl.

903. Chartes, loix et coutumes du pays et comté de Hainaut, de l'an 1410. A Mons, Chez M. J. Wilmet, Imp. de S. M. sur la grand'Place. Avec Permission. (1784). In-8.º, 50 pp., la dernière non chiff.

Bibl. de M. R. Chalon. — Ma bibl.

904. Charte du Hainaut Du 8 Avril 1483. A Mons, Chez M. J. Wilmet, Imp. de S. M. sur la grand'Place. Avec Permission (1784). In-8.º; 32 pp., la dernière non chiff.

Bibl. de M. R. Chalon. — Ma bibl.

905. Loix, chartes et coutumes du pays et comté de Hainaut, de l'an 1534. Qui se doivent observer & garder en la Souveraine Cour à Mons, & Jurisdictions dudit Pays, ressortissantes à la dite Cour. A Mons, Chez M. J. Wilmet, Imp. de S. M. sur la grand'Place. Avec Permission. (1784). In-8.º, titre 1 f., X - 156 pp.

Bibl. de M. R. Chalon. — Ma bibl.

906. Abrégé de l'histoire miraculeuse de l'église et de la Ste. image de notre dame de Tongre. Avec la Description du Jubilé cennaire (sic) de l'Erection de la Confrerie de notre dame de Tongre, dans l'Eglise Collégiale et Paroissiale de Ste. Waudru à Mons en Hainaut. Dedié aux Très-Nobles, & très-Illustres Dames du Chapitre Royal de Sainte Waudru. A Mons, chez M. J. Wilmet, Imp. de S. M. sur la grand'Place. Avec Approbation & Permission. (1784). Pet. in-8.º, titre 1 f., IV - 26 pp., et une figure sur bois.

Bibl. de M. le capitaine Dereume.

907. Catalogue des Livres des Couvents supprimés des Carmélites, Pauvres Claires, Annonciades, Capucines, Pénitentes à Mons & Trinitaires à Lens, qui se vendront au plus offrant, au Couvent des Annonciades le Mardi 23 Novembre 1784, depuis huit heures du matin jusques à midi & jours suivans à la même heure. A Mons, chez M. J. Wilmet, Imprimeur de S. M. sur la grand'Place. (1784). Pet. in-8.º, 95 pp.

Bibl. de Mons, n.º 8,125 du catal. — Ma bibl.

908. Déclaration de sa majesté Du 18. Août 1784. Additionnelle à l'Edit du 12 Février 1739., concernant les

Libelles & Écrits Satiriques, Diffamatoires & Séditieux, A Mons, Chez M. J. Wilmet, Imp. de S. M. sur la grand' Place. (1784). In-f.º, 4 pp.

Ma bibl.

909. Institutiones christianæ piétatis, seu Parvus Catechismus catholicorum. Auctore Petro Canisio Societatis Jesu Theologo. Montibus, Apud M. J. Wilmet, Typographum S. M. in Foro magno 1784. Très-pet. in-12, 96 pp.

Ma bibl.

910. Edit de l'empereur, Du 24 Mars 1785. Interdisant l'entrée & la circulation de la Feuille Périodique intitulée : Courier Politique & Litteraire, ou Courier de l'Europe. A Mons, Chez M. J. Wilmet, Imp. de S. M. sur la grand'Place. 1785. In-f.º, 3 pp.

Ma bibl.

Le courrier de l'Europe était rédigé par Serres de la Tour, l'abbé Perkins Mac-Mahon, irlandais, et Theveneau de Mirande, qui y a fait insérer les lettres d'un voyageur.

911. Catalogue des livres trouvés en la maison mortuaire de M. Guillaume Joseph Drion, agent général de l'ordre de Malthe, dont la vente se fera en son domicile sur la grand'place de Mons, le 25 avril 1786 et jours suivans à 9 heures du matin et à 2 heures de relevée. Avertissant qu'il se trouvera à la suite de ce catalogue, celui de Monsieur Drion, en son vivant Doïen du chapitre de St. Germain et Curé de Ste. Waudru, dont la vente se fera à la même maison. A Mons, chez M. J. Wilmet, imprimeur de S. M. sur la grand'Place. (1786). In-8.º, 79 pp.

Bibl. de M. R. Chalon.

912. Essai sur la maniere de porter dans le cours des procédures, les divers appointemens ou decrets, Au moyen desquels on pourvoira à ce que le Reglement judiciaire du 3 Novembre 1786 soit exactement observé. etc. A Mons, Chez M. J. Wilmet, Imprim. de S. M. sur la grand'Place. 1787. In-8.°, 80 pp.

Bibl. de Mons, n.° 6,881 du catal. 45.° portefeuille. — Ma bibl.

913. Instructions touchant la juridiction volontaire, pour les tribunaux de premiere instance établis aux Pays-Bas Autrichiens, etc. A Mons, chez M. J. Wilmet, imprim. de S. M. sur la grand'Place. (1787). In-8.°, 56 pp. plus 3 tableaux.

Ma bibl.

914. Reglement de la procédure civile pour les Pays-Bas Autrichiens. etc. A Mons, Chez M. J. Wilmet, Imprim. de S. M. sur la grand'Place. M.DCC.LXXXVII. In-8.°, titre et préliminaires 2 ff. non chiff., texte 140 pp.

Bibl. de M. R. Chalon. — Ma bibl.

915. Intructions (sic) générales pour les tribunaux de justice établis aux Pays-Bas Autrichiens. A Mons, Chez M.-J. Wilmet, Imprim. de S. M. sur la grand'Place. M.DCC.LXXXVII. In-8.°, 136 pp. et 6 tableaux.

Bibl. de M. R. Chalon. — Ma bibl.

916. Recueil De Placards, Décrets, Édits, Ordonnances, Réglemens, &c. Que l'on a cru rendre utile au Public, tant pour les Personnes du Barreau que pour les Maires & Echevins du Païs de Hainau; où se trouve inseré le Réglement donné à ceux de Soignies, le 23 octobre 1690. Avec

une Table des dits Placards, &c. qui indique l'ordre de date de leur Emanation ; & leur Relation par le renvoi des chiffres. A Mons, Chez M. J. Wilmet, Imprim. de S. M. sur la grand'Place. 1787. In-8.°, 604 pp.

Bibl. de Mons, n.° 2,335 du catal. — Ma bibl.

917. Documents historiques sur la révolution belgique, imprimés par M. J. Wilmet, en 1787 et 1788[1].

4 JANVIER 1787. — Edit de l'empereur concernant le dénombrement des biens du Clergé et des bénéfices, offices et fondations ecclésiastiques aux Pays-Bas. In-f.°, 12 pp.

8 JANVIER. — Copie de la représentation approuvée par les Etats du Hainaut pour obtenir de l'empereur la suspension de la publication du réglement pour la procédure civile aux Pays-Bas autrichiens. In-f.°, 4 pp.

20 JANVIER. — Ordonnance de l'empereur Prescrivant un dénombrement de toutes les fondations pieuses séculières. In-f.°, 8 pp.

12 MARS. — Edit de l'Empereur Portant Etablissement des Intendances de Cercles aux Pays-Bas. In-f.°, 4 pp.

5 AVRIL. — Edit de l'Empereur pour la Réformation de la Justice aux Pays-Bas. In-f.°, 20 pp.

20 AVRIL. — Ordonnance de S. M. l'empereur portant établissement des tribunaux de justice civile et criminelle de première instance dans le Hainaut et le Tournaisis. In-f.°, 4 pp. et 5 tableaux.

28 MAI. — Declaration de l'empereur et roi Portant surséance au nouveau règlement de la procédure civile. In-f.°

28 MAI. — Declaration de l'empereur et roi Portant suppression des Intendances. In-f.°

---

[1] Ces pièces se trouvent dans ma bibliothèque.

27 JUIN. — Arrêt de la noble et souveraine Cour à Mons, qui proscrit les feuilles périodiques ayant pour titre : *Journal général de l'Europe*. (N.os 510 et 512 du 2 et du 7 juin). In-f°, 2 pp.

28 JUIN. — Arrêt de la noble et souveraine Cour à Mons, prescrivant des précautions pour maintenir la tranquilité et le bon ordre.

25 JUILLET. — Déclaration de l'empereur, Portant Defense de faire, de distribuer, colporter & imprimer des libelles. In-f.°

28 AOUT. — Declaration de l'empereur, pour toutes les provinces Belgiques Concernant la Police & le maintien du bon ordre. In-f.°, 2 pp.

22 NOVEMBRE. — Edit de l'Empereur, Défendant de composer, imprimer, distribuer des Libelles ou Ecrits satiriques, diffamatoires, scandaleux ou séditieux. In-f.°, 5 pp.

5 DÉCEMBRE. — Ordonnance de l'empereur Portant Défense d'insulter des personnes constituées en dignité ou qui sont en fonctions publiques. In-f.°, 2 pp.

26 JANVIER 1788. — Edit de l'empereur, portant proscription des journaux intitulés, l'un : *Journal historique et littéraire*, et l'autre : *Journal historique et politique des principaux évenements du temps présent, ou Esprit des gazettes et journaux politiques de l'Europe*. In-f.°

918. Grammaire françoise à l'usage de l'hermitage de Cocar, Revue, corrigée, rectifiée & augmentée en cette nouvelle Édition. A Mons, chez M. J. Wilmet, Imprim. de la Noble & Souveraine Cour à Mons, sur la grand'Place. Avec Permission. (1788). In-8.°, 127 pp., table 1 p. non chiff.

Ma bibl.

919. Documents historiques sur la révolution belgique, imprimés par M. J. Wilmet, en 1789, 1790 et 1791[1].

14 AOUT 1789. — Édit de l'empereur, Concernant les séminaires. In-f.º, 4 pp.

1.ᵉʳ SEPTEMBRE. — Déclaration de l'empereur, Concernant les bruits inquiétants que répandent les Perturbateurs du repos public. In-f.º, 2 pp.

30 SEPTEMBRE. — Ordonnance de l'empereur, Concernant les émigrants. In-f.º, 2 pp.

1.ᵉʳ OCTOBRE. — Réglement concernant l'établissement des reverberes en la ville de Mons. In-f.º, 7 pp.

22 OCTOBRE. — Déclaration et ordonnance ampliative de l'Empereur concernant les émigrations, les armements, attroupements et autres complots contre l'État. In-f.º, 5 pp.

20 NOVEMBRE. — Déclaration de l'empereur annonçant la suppression du séminaire de Louvain. In-f.º, 5 pp.

26 NOVEMBRE. — Déclaration de l'empereur au sujet d'une amnistie générale. In-f.º, 2 pp.

1.ᵉʳ JANVIER 1790. — Ordonnance du conseil souverain de Hainaut au sujet du serment à prêter par tous les fonctionnaires publics. In-f.º

29 JANVIER. — Arrêt de la cour, qui proscrit l'imprimé intitulé: *Nouvelle correspondance littéraire et politique*. In-f.º

8 AVRIL. — Le conseil souverain de Hainau. Proclamation d'amnistie. In-f.º

20 AVRIL. — Arrêt du conseil souverain de Hainau, qui proscrit la feuille intitulée: *Journal général de l'Europe*. In-f.º

12 AOUT. — Les États du pays et Comté de Hainau. (Ordonnance décrétant que l'on cessera d'observer les édits sur la religion, émanés dans ces derniers temps.) In-f.º, 4 pp.

---

[1] Ces pièces se trouvent dans ma bibliothèque.

14 AOUT. — Pardon général pour les déserteurs des États Belgiques-Unis. In-f.º. 2 pp.

15 SEPTEMBRE. — Les États du pays et comté de Hainau. (Ordonnance qui met en vigueur le réglement sur les monnaies de cuivre émané le 14 août 1790 du congrès souverain, avec les empreintes des monnaies). In-f.º, 4 pp. et 1 planche gravée.

20 SEPTEMBRE. — Les États du pays et comté de Hainau. (Ordonnance qui règle le mode de paiement d'un million de florins, imposé à la province dans l'emprunt décrété par le congrès souverain.) In-f.º, 4 pp.

16 NOVEMBRE. — Vu au Conseil Souverain de Hainaut. (Déclaration ordonnant la suppression et défendant toute impression ultérieure du libellé intitulé : Peuple du Hainaut.) In-f.º

920. Documents historiques sur la première restauration du pouvoir autrichien en Belgique, imprimés par M. J. Wilmet en 1790, 1791 et 1792[1].

4 DÉCEMBRE 1790. — Le Conseil Souverain de l'empereur et roi en Hainau. (Arrêté qui prescrit une nouvelle publication de l'édit du 26 juillet 1749 concernant les patrouilles et autres précautions de police.) In-f.º

7 DÉCEMBRE. — Le conseil souverain de l'empereur et roi en Hainau. (Arrêté qui défend aux personnes qui ne sont pas attachées au service militaire de porter des cocardes ou autres signes distinctifs.) In-f.º

28 JANVIER 1791. — Déclaration défendant de mettre en circulation les monnaies d'or, d'argent et de cuivre, fabriquées pendant les derniers troubles, sous le nom des soi-disant États Belgiques-Unis. In-f.º

29 JANVIER. — Déclaration concernant les dignités, bénéfices et

---

[1] Ces pièces se trouvent dans ma bibliothèque.

offices ecclésiastiques, de même que les emplois civils conférés pendant les troubles. In-f.º

16 MARS. — Déclaration de l'empereur et roi, Portant révocation de différents Édits, Ordonnances & Décrets en matière Ecclésiastique. In-f.º, 3 pp.

19 MARS. — Déclaration de l'empereur et roi, concernant la convention de La Haye, du 10 Décembre 1790 & la ratification de sa Majesté y ensuivie. In-f.º, 11 pp.

19 MARS. — Édit de l'empereur et roi, sur le fait des attroupements et contre les perturbateurs du repos public. In-f.º, 4 pp.

22 MARS. — Copie de la lettre adressée aux États de Hainaut par le comte de Mercy-Argenteau. In-f.º, 4 pp.

11 AVRIL. — Les président et gens du Conseil Souverain. (Ordonnance prescrivant aux fonctionnaires de renouveler le serment de fidélité à l'empereur). In-f.º

28 JUILLET. — Marie-Christine et Albert. (Décret accordant aux habitants du Hainaut un oubli parfait de l'insurrection et une amnistie entière et absolue). In-f.º, 2 pp.

22 AOUT. — Déclaration de l'empereur et roi (qui ajourne à trois mois toute action en justice tendante à la réparation des injures etc., à l'occasion des troubles passés). In-f.º, 4 pp.

19 SEPTEMBRE. — Édit de l'empereur et roi, Concernant les sentences portées, & autres actes de juridiction exercés durant les troubles. In-f.º 4 pp.

8 OCTOBRE 1792. — Édit de l'empereur, interdissant l'entrée et la circulation des feuilles périodiques de France et d'autres ouvrages qui tendroient à propager les principes de la révolution françoise. In-f.º, 3 pp.

25 OCTOBRE. — Déclaration de Sa Majesté l'empereur et roi, concernant les émigrés françois. In-f.º, 3 pp.

921. Documents historiques sur la seconde restauration

du pouvoir autrichien en Belgique, imprimés par M. J. Wilmet en 1793 et 1794[1].

15 AVRIL 1793. — Sur le réquisitoire du conseiller avocat de S. M. Les grand bailli, président et conseillers en la noble et souveraine Cour à Mons, défendent toutes assemblées de l'un et l'autre sexe, à ceux qui étaient membres de la soi-disant société des amis de la liberté et de l'égalité *ou club des jacobins.*

20 JUILLET. — De par l'empereur et roi. (Déclaration, datée de Condé, de la jointe établie pour l'administration provisoire des Pays conquis). In-f.º

31 DÉCEMBRE. — Décret attribuant, par provision, à la Cour à Mons, la jurisdiction supérieure et d'appel sur toutes les parties du Hainau françois nouvellement conquises. In-f.º

Litanies Du Lion Belgique Montois. *Au bas de la dernière page :* A la Vérité. Snom ed Inalluh sed fehc W. J: G. rap 1793. (Ces mots doivent être lus de droite à gauche). Pet. in-8.º, 1 f. non chiff. et 12 pp.
Ma bibl.

Ce pamplet très mordant contient une liste des promoteurs du système français à Mons, qu'on signale à la vengeance du gouvernement autrichien.

15 FÉVRIER 1794. — Octroi de S. M. l'empereur et roi Pour un emprunt de deux millions quatre cent mille florins de change. In-f.º

26 FÉVRIER. — Depeche de l'empereur et roi, donnant les instructions nécessaires pour la levée de l'argent de la dépositairerie générale du pays, afin de le soustraire au pillage ou à la spoliation dans le cas possible d'une invasion ou d'une excursion des François. In-f.º

---

[1] Ces pièces se trouvent dans ma bibliothèque.

17 MARS. — Ordonnance de sa majesté l'empereur et roi, portant défense de faire des paiements ou remises d'argent aux personnes résidantes en France. In-f.º, 2 ff. non chiff.

26 MARS. — Edit de l'empereur et roi, interdisant tout commerce avec la France. In-f.º

4 AVRIL. — Ordonnance de l'empereur et roi, concernant les fauteurs du système François. In-f.º, 4 pp.

922. La clef du paradis et le chemin du ciel, Avec les Révélations faites par la bouche de Jésus-Christ, à Ste-Élisabeth, Ste-Brigitte & Ste-Mechtilde, qui avoient désiré savoir le nombre des coups qu'il avoit reçu en sa Passion. A Mons, Chez M. J. Wilmet, Imprim. sur la grand'Place. Pet. in 12, 11 pp., approbation 1. p. non chiff.

Ma bibl.

CHARLES-JOSEPH BEUGNIES.

1780-1784.

Ce typographe naquit à Mons le 22 mars 1747; il était fils de Henri-Jean Beugnies et de Hélène Varret. Après avoir fait son apprentissage à Bruxelles, chez De Boubers, et à Louvain, chez Urban, il obtint, le 15 janvier 1780, des lettres patentes pour exercer l'imprimerie et la librairie à Mons.

923. Oraison funebre de très-haute, très-puissante et très-excellente princesse Marie-Therese archiduchesse d'Autriche, etc. Par le R. P. D. Bouillon Récollet, Prédicateur-Stationaire. A Mons, Chez C. J. Beugnies, Imprimeur & Libraire Rue d'Henghien (sic) 1781. Avec Permission. In-4.º, 21 pp.

Bibl. de M. R. Chalon. — Ma bibl.

Il existe une autre édition, in-8.º, 56 pp., imprimée la même année, par Beugnies, pour le recueil d'Henri Hoyois, titre 1 f. et 24 pp. Voir n.º 867.

924. Oraison funebre de très-haute, très-puissante et très-excellente Marie-Therese archiduchesse d'Autriche, Imperatrice-Douairiere, Reine Apostolique de Hongrie et de Boheme &c., &c., &c. Prononcée le 18 de Janvier 1781, à la requisition de Messieurs du Magistrat, dans l'Église Collégiale de Ste Monegonde a Chimay, Par le R. P. Jerome Buissin, Recollet-Stationaire. A Mons, Chez C. J. Beugnies, Imprimeur-Libraire Rue d'Enghien 1781. Avec permission. In-8.º, 35 pp.

Ma bibl.

925. Ode sur la mort de Marie-Therese Impèratrice Douairiere, reine de Hongrie et de Boheme, archiduchesse d'Autriche &c. &c. &c. Par Mr. Poyart Professeur d'Éloquence au College Royal d'Anvers. — *In omni ore quasi mel indulcabitur ejus memoria. Eccl.* 49 v. 2. — A Mons, Chez C. J. Beugnies, Imprimeur-Libraire Rue d'Henghien (sic) 1781. In-8.º, 16 pp.

Bibl. de Mons, n.º 6,881 du catal. 35.e portefeuille. — Ma bibl.

926. Le veritable récit du voyage de l'empereur aux Pays-Bas, l'année 1781. A Mons, Chez C. J. Beugnies, Imprimeur-Libraire Rue d'Enghien. (1781). In-8.º, 44 pp.

Bibl. de Mons, n.º 6,881 du catal., 37.e portefeuille. — Ma bibl.

927. A sa majesté impériale Joseph II, pere de la patrie. — Expectate venis. Æneid. II. — Par l'Abbé Delobel. A Mons, Chez C. J. Beugnies, Imprimeur-Libraire Rue d'Enghien (1781). In-8.º, 23 pp.

Bibl. de Mons, n.º 7,088 du catal., 12.e vol. — Ma bibl.

928. A sa majesté Joseph II, empereur des romains, roi de Hongrie et de Bohême, &c. &c. &c. Au Jour Solemnel de Son Inauguration en qualité de Comte de Hainaut. Par M. l'Abbé Delobel. A Mons, Chez C. J. Beugnies, Imprimeur-Libraire, Rue d'Enghien. (1781). In-8.º, 8 pp.

Bibl. de M. R. Chalon. — Ma bibl.

929. Vers au sujet de l'inauguration des etats du Hainaut, a Mons, Le 27 Août 1781. Par L. M. D. V. François. A Mons, Chez C. J. Beugnies, Imprimeur - Libraire Rue d'Enghien. (1781). In-8.º, 8 pp.

Ma bibl.

L'auteur de ces vers naquit à Mons dans la première moitié du 18.e siècle.

930. Discours sur l'inauguration de sa majesté Joseph II, célébrée A Mons le 27 aout 1781. Par V. Mathurin. A Mons, Chez C. J. Beugnies, Imprimeur - Libraire, Rue d'Enghien. (1781). In-8.º, 7 pp.

Ma bibl.

931. Stance au sujet de l'inauguration (de Joseph II). (Mons, C. J. Beugnies 1781). In-8.º, 3 pp.

Par Antoine Fromont.

Ma bibl.

932. Vers présentès a l'empereur Par M. Poyart, à Anvers. *A la dernière page*: A Mons, de l'Imprimerie de C. J. Beugnies. In-8.º, 7 pp., les deux dernières non chiff.

Bibl. de Mons, n.º 7,095 du catal, — Ma bibl.

933. Vers A l'empereur Joseph II. Par M. le marquis de Bertlamoth Citoyen de Liege, Colonel au service de

Sa Majesté Imperiale &c. &c. (Mons, Beugnies. 1781). In-8.°, 4 pp.

Ma bibl.

934. Recueil des pieces qui ont paru à la Louange de l'empereur A Mons, Chez C. J. Beugnies, Imprimeur-Libraire Rue d'Enghien. (1781). In-8.°, 48 pp.

Bibl. de M. R. Chalon. — Ma bibl.

935. Lettre du pape Pie VI, à l'Empereur (Joseph II). *A la dernière page* : A Mons, Chez C. J. Beugnies, imprimeur libraire, rue d'Enghien. (1781). In-12, 12 pp.

Bibl. de Mons, n.° 6,881 du catal., 37.° portefeuille.

936. Le chretien sanctifié contenant Des Exercices pour tous les jours de la semaine. Nouvelle Édition. A Mons. Chez C. J. Beugnies, Imprimeur rue d'Enghien. M.DCC.LXXXI. In-12 sur demi feuilles, titre et préliminaires 5 ff. non chiff., texte 157 pp., table, 1 p. non chiff.

Ma bibl.

Réimprimé par Beugnies en 1782.

937. La confrerie de la tres-sainte trinité et redemption des captifs. A Mons, Chez C. J. Beugnies, Rue d'Enghien 1781. Pet. in-12, 109 pp., approbation 1 p. non chiff. *A la suite* : Supplément qu'on a jugé à propos d'inserer dans la reimpression de cet ouvrage 45 pp., la dernière non chiff.

Ma bibl.

938. Le pour et contre les spectacles Premiere édition. Par M. l'Abbé M*** A Mons, Chez C. J. Beugnies, Imprimeur-Libraire, Rue d'Enghien. M.DCC.LXXXII. In-8.°, 145 pp., approbation 1 p. non chiff.

Bibl. de M. R. Chalon. — Ma bibl.

Les mots : *première édition*, qui ne se mettent jamais sur un titre, annoncent que l'auteur avait envie de réimprimer son ouvrage. C'est peut-être ce qui a causé l'erreur dans laquelle M. Hécart est tombé en disant qu'un ouvrage sur le même sujet et avec presque le même titre, composé par l'abbé Parisis de Valenciennes, était la seconde édition du livre imprimé à Mons en 1782. Ce dernier est de l'abbé Mann.

939. Dictionnaire onomastique des chartes du pays et comté de Hainaut de l'année 1619. Par le Comte Joseph de S. Genois, Baron du S. Empire, &c. Membre de la Chambre de la Noblesse du Haynaut. (Mons, Beugnies). M.D.CC.LXXXII. In-8.º, titre 1 f., préliminaires IV pp., texte 130 pp.

Bibl. de M. R. Chalon. — Ma bibl.

940. Marie-Thérèse d'Autriche, impératrice apostolique, a son fils l'empereur Joseph II. De l'imprimerie royale du Roi du Ciel. (Mons, C. J. Beugnies). M. DCC. LXXXII. In-8.º, 36 pp.

Ma bibl.

941. Lettre d'un moine a un avocat sur les affaires présentes. A Cologne. (Mons, C. J. Beugnies). M.DCC.LXXXII. In-8.º, 36 pp.

Bibl. de Mons, n.º 6,781 du catal., 37.ᵉ portefeuille, n.º 683. — Ma bibl.

942. Reponse a la lettre d'un moine a un avocat, sur les affaires présentes. A Cologne, (Mons, C. J. Beugnies). M.DCC.LXXXII. In-8.º, 30 pp.

Ma bibl.

943. Mes reflexions sur la lettre d'un moine a un avocat, et sur la réponse qu'on y a faite. Par madame de ***. A

Cologne, (Mons, C. J. Beugnies). M. DCC. LXXXIII. In-8.º, 48 pp.

Ma bibl.

944. Nouveau Nabuchodonosor ou Raynal parmi les Quadrupèdes, A Mons, Chez C. J. Beugnies, Imprimeur-Libraire, Rue d'Enghien. M. DCC. LXXXII. In-12.

Bibl. de M. Arthur Dinaux.

945. Journée du Chrétien sanctifié par la priere & la meditation. A Mons, Chez C. J. Beugnies, Imprimeur-Libraire, Rue d'Enghien. M. DCC. LXXXII. In-12.

Bibl. de M. Arthur Dinaux.

946. Petit Paroissien abrégé, Contenant les Vêpres du Dimanche, Complies, Antiennes, &c. &c. A Mons, Chez C. J. Beugnies, Imprimeur-Libraire, rue d'Enghien. M. DCC. LXXXII. In-12.

Bibl. de M. Arthur Dinaux.

947. Heures de l'Eglise Romaine. A Mons, Chez C. J. Beugnies, Imprimeur-Libraire, rue d'Enghien. M.DCC.LXXXII. In-12.

Bibl. de M. Arthur Dinaux.

948. Petit formulaire de prieres Contenant toutes prieres convenables aux Chrétiens. A Mons, C. J. Beugnies, Imprimeur-Libraire, Rue d'Enghien. M. DCC. LXXXII. In-12.

Bibl. de M. Arthur Dinaux.

949. L'ange conducteur dans la dévotion chrétienne. Mons. Beugnies. 1782. In-12.

Bibl. de M. Arthur Dinaux.

950. Abrégé des principes de la grammaire françoise,

Extraits des meilleurs Auteurs, & mis à la portée des Enfants que l'on destine à l'Etude de la Langue Latine, & à l'usage des Couvents où l'on tient des Pensionnaires. Par V. Mathurin, Maître de Langues, à Mons. A Mons, Chez C. J. Beugnies, Imprimeur-Libraire, Rue d'Enghien. M.DCC.LXXXII. Avec Approbation. In-8.°, XII-78 pp., table 1 f. non chiff.

Ma bibl.

951. Históriæ Romanæ compendium in VIII Epochas divisum. Montibus, E Typographiâ C. J. Beugnies. M.DCC.LXXXII. Pet in-12, 100 pp.

Bibl. de M. R. Chalon.

952. Catalogue des livres qui se vendront en la maison mortuaire de l'Avocat Derbaix, le 2 Décembre 1782 (lisez 2 Janvier 1783), à 9 heures du matin & à 2 de l'après midi. A Mons, chez C. J. Beugnies, Imprimeur-Libraire, rue d'Enghien. (1782). In-8.°, 17 pp.

Ma bibl.

953. La magie des artistes, étrennes aux amateurs des arts et des sciences ou colleltion (sic) complette des secrets utiles, Contenant nombre de procédés curieux & intéressants. Ouvrage de la plus grande utilité, pour tous les états. Premiere partie. A Harlem. Et se trouve, à Mons, Chez C. J. Beugnies. M.DCC.LXXXIII. In-12, titre et préliminaires 2 ff. non chiff., texte XVII - 214 pp. et 1 f. non chiff. *A la suite* : Calendrier des Amants, ou bouquet aux Dames, pour l'année 1783. A Harlem, Et trouve, (sic) chez C. J. Beugnies, Imp. Lib. rue d'Enghien, à Mons, 9 ff. non chiff.

Bibl. de M. R. Chalon. — Ma bibl.

Il devait paraître tous les six mois un tome de ce recueil, mais cette première partie seulement a été publiée.

Il existe des exemplaires de ce livre avec cet autre titre : *Recueil des secrets à l'usage des artistes. A Paris.* M.DCC.LXXXIII.

954. Remarques sur les erreurs de l'histoire philosophique et politique de Mr. Guillaume Thomas Raynal par rapport aux affaires de l'Amérique-Septentrionale, &c. Par M. Thomas Paine Maître ez-Arts de l'Université de Pensylvanie, Auteur de diverses Brochures publiées sous le Titre de Sens Commun, Ministre des Affaires Étrangères pour le Congrès, &c., Traduites de l'Anglais & augmentées d'une préface & de quelques notes, par A. M. Cerisier. A Mons, Chez C. J. Beugnies. Imprimeur-Libraire, Rue d'Enghien. M.DCC.LXXXIII. In-8.°, XVI-127 pp., table 1 p. non chiff.

Ma bibl.

955. Catalogue des livres, de Jean-Baptiste-Joseph Laisné Licentié en Droit, & Avocat au Conseil Souverain de sa Majesté l'Empereur et Roi en Hainaut Dont la vente se fera chez le Revendeur de la Ville Rue d'Hâvré, Mercredi 20 Août 1783. A Mons, Chez C. J. Beugnies, Imprimeur-Libraire, Rue de la Clef, vis-à-vis du Patacon. (1783) Pet. in-8.°, 36 pp.

Ma bibl.

956. Poème dédié au reverend trés reuerend don Augustin Leto très-digne abbé du célebre monastère de S.t-Ghislain, prince du saint empire Romain et de Wiherie, primat de Hainaut, Comte de Baze des seigneurs de la ville de Saint-Ghislain, d'Hornu, Wasmes, Dour, Blaugies &c le jour de sa bénédiction 14 septembre 1783. A

Mons chez C. J. Beugnies, imprimeur libraire, rue de la Clef. (1783). In-12.º, 16 pp.

Bibl. de Mons, n.º 5,016 du catal.

957. Lettre de monseigneur de Malines, Aux Réligieuses supprimées. A Mons, Chez C. J. Beugnies, Imprimeur-Libraire, Rue d'Enghien. (1783) Pet. in-8.º, 6 p.

Bibl. de Mons, n.º 5,887 du catal. — Ma bibl.

958. Receuil des lettres adressées a la reverende mere prieure des carmelites de cette ville de Mons, Depuis la nouvelle de la suppression en 1782 jusqu'à présent. Avec un détail du jour de leur départ Pour servir de Mémoire à l'avenir. A Mons, Chez C. J. Beugnies, Imprimeur-Libraire, Rue d'Enghien. (1783). Pet. in-8.º, titre 1 f., texte IV-28 pp.

Bibl. de Mons, n.º 5,887 du catal. — Ma bibl.

959. Copie de la lettre de madame Louise de France, carmelite a Paris, fille de Louis XV, aux carmelites de Mons. Ce 22 Avril 1783. A Mons, Chez C. J. Beugnies, Imprimeur-Libraire, Rue d'Enghien. (1783). Pet. In-8.º, 7 p.

Bibl. de Mons, n.º 5,887 du catal. — Ma bibl.

960. Les avantages de l'édit de l'empereur, Concernant les Provisions de la Cour de Rome, les Résignations, & Permutations des Bénéfices & les Appels du For Ecclésiastique. Du 24 Novembre 1783. (Mons, C. J. Beugnies). M.D.CC.LXXXIII. Pet. in-8.º, 16 pp.

Bibl. de Mons, n.º 6,681 du catal., 33.º portefeuille. — Ma bibl.

961. Critique sur le libel intitulé les avantages de

l'édit de l'Empereur, Du 24 Novembre 1783. (Mons C. J. Beugnies). M.D.CC.LXXXIV. Pet. in-8.°, 32 pp.

Bibl. de Mons, n° 6,681 du catal., 39.° portefeuille, n.° 709. — Ma bibl.

Attribué à l'abbé Fonson.

Michel-Joseph Fonson, né à Mons le 3 février 1744, est mort dans la même ville le 27 décembre 1812. Il est auteur de plusieurs opuscules dont le plus intéressant est le suivant :

962. Le Petit Tableau de la ville de Mons, capitale du Hainaut autrichien; Des mœurs & caractères de ses habitants. Suivi De la Fondation de ses Maisons Religieuses. (Mons C. J Beugnies). M.D.CC.LXXXIV. Pet. in-8.°, 86 pp.

Bibl. de Mons, n.° 7,088 du catal., 9.° vol. — Ma bibl.

963. Exhortation très-courte aux religieuses supprimées, Qui sont d'avis de demeurer dans le Monde. — *Æmulor vos Dei æmulatione, despondi vos uni (sic) viro Virginem Castam exibere Christo. 2. Cor. II.* — Par l'Abbé Fonson, Prêtre, Gradué en Théologie, & Droits. A Mons, Chez C. J. Beugnies, Imprimeur-Libraire, rue de la Clef. (1784). Pet. in-8.°, 13 p.

Ma bibl.

964. Les adieux de sœur Rose a son cloître. — *Nos larmes sont à nous... nous pouvons les répandre.* — Héloïse à Abeilard. — A Vienne, Chez Noble De Trattner, Imprimeur de S. M. l'Empereur Joseph II. (Mons, C. J. Beugnies). MDCCLXXXIV. Pet. in-8.°, titre et faux titre 2 ff., texte 68 pp.

Bibl. de Mons, n.° 6,881 du catal., 39.° portefeuille. — Ma bibl.

Attribué à l'abbé Fonson.

965. Plan de reforme de sa majesté l'empereur et roi, Concernant le nouvel Impôt de 1785. A Vienne, (Mons C. J. Beugnies). M.D.CC.LXXXIV. Pet. in-8.º, titre 1 f., texte 10 pp.

Bibl. de Mons, n.º 6,681 du catal., 39.e portefeuille. — Ma bibl.

966.* Plan pour un échange des Pays-Bas Autrichiens. Mons C. J. Beugnies. In-4.º, 8 pp. (Par A. Ph. Raoux).

967.* Les faux barons allemands, Comédie en 2 actes et en prose, par M. A. Philipon. Mons C. J. Beugnies.

Ouvrage cité dans le catalogue de la bibliothèque dramatique de M. De Soleinne, t. 2, p. 575, n.º 2,986.

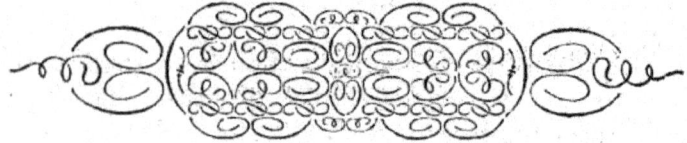

AMAND DE BOUBERS.

1782.

Nous ne connaissons aucune production typographique d'Amand de Boubers ; nous pensons même qu'il n'en existe pas. Cependant comme nous avons lu sur une requête du 22 août 1782, qui se trouve aux archives du conseil privé à Bruxelles (carton, n.º 1,529), qu'Amand de Boubers a obtenu, le 23 septembre 1782, des lettres patentes pour établir une imprimerie à Mons, nous ne pouvions omettre son nom dans la nomenclature des imprimeurs montois.

HENRI BOTTIN (la Veuve).

1783-1789.

Marguerite-Joseph Loire, veuve de Henri Bottin, mourut à Mons le 31 janvier 1789, à l'âge de 78 ans.

968. Joseph tragédie en cinq actes, tirée de l'écriture sainte, Représentée par la Jeunesse d'Attre & Mevergnies, le 11, 18, 25, 29 Mai, 1, 9, 15, 19, 22, 29 Juin & 6 Juillet, dans la Grange de la Basse-Cour du Château dudit Attre. Avec le permission de Son Excellence Monseigneur le Comte de Gomegnies, Conseiller intime d'Etat & Chambellan actuel de Sa Majesté l'Empereur & Roi &c. &c. &c. — *On fait ce qu'on peut, non ce qu'on veut.* — A Mons, chez la Veuve Bottin, Imprimeur-Libraire, rue de la Clef. 1783. In-4.°, 7 pp.

Ma bibl.

969. Description de l'indulgence accordée par N. S. P. le pape, a la confrerie de S. pierre, Erigée canoniquement

dans l'Eglise Collégiale & Paroissiale de Saint Germain à Mons, depuis trois cens quarante-quatre ans. A Mons, Chez la Veuve Bottin, Imprimeur-Libr. rue de la Clef. 1783. Avec Approbation & Permission. In-12, 20 pp., la dernière non chiff. et une figure sur bois.

Ma bibl.

970. Catalogue des livres Qui se trouvent chez la Veuve Bottin, Imprimeur-Libraire, rue de la Clef. A Mons, (Imprimerie de la Veuve Bottin). M.DCC.LXXXIII. In-8.º 160 pp.

Ma bibl.

971. Recœuil d'exemples de rhétorique françoise, tirés de différents orateurs. A Mons, Chez la Veuve Bottin, Imprimeur-Libraire, rue de la Clef. 1784. Pet. in-8.º, 68 pp.

Ma bibl.

972. Reverendissimo amplissimo Domino D. Gerardo Gerard, Namurano, Celeberrimi ac perantiqui Cœnobii B. Mariæ de Alnâ ordinis Cisterciensis abbati Emerito. Henricus Bottin. (Vidua Henrici Bottin) 1785. In-f.º

Bibl. de Mons, n.º 6,881 du catal., 40.º portef. n.º 714.

973. Ornatissimo doctissimoque domino, d. carolo-ludovico-ferdinando-alexandro Verdbois, ex Solre ad Sabim, Liliensis pædagogii, collegiique Thudiniensis Alumno, in generali artium promotione, Lovanii, primo. Anno M.DCC.LXXXV. Montibus, typis Viduæ Bottin, Bibliopolæ in plateà vulgò Clavis. (1785). In-f.º

Ma bibl.

Pièce de vers latins composée par les élèves du Collége de Thuin, et indiquant en note les noms des élèves de ce collége qui, depuis

1666 jusqu'en 1785, sont sortis premiers et seconds des Universités de Louvain et de Douai. On voit, en outre, que l'on conservait dans une galerie de cet établissement les portraits de ceux qui avaient obtenu ces distinctions.

974. Catalogue des livres, délaissés par feu madame la comtesse de Merode ditte de Montfort, Chanoinesse de l'Illustre Chapitre Royal de Sainte Waudru, à Mons : etc. A Mons, Chez la Veuve Bottin, Imprimeur-Libraire, rue de la Clef 1787. In-8.º, 48 pp.

Ma bibl.

975. Heures chretiennes a l'usage des Colleges, des prêtres de l'oratoire, Contenant les prières du Matin et du soir &c. &c. A Mons Chez la Veuve Bottin, Imprimeur-Libraire rue de la Clef. 1788. Avec Approbation et Permission. In-18, titre et préliminaires 7 ff. non chiff., texte 248 pp.

Ma bibl.

976. Epithalame sur le mariage de monsieur nicolas Marin, ecuyer, seigneur de Bracq, Saint-Paul, Thieusies, &c. &c. &c. Avec mademoiselle désirée de Behault du Carmois, Célébré le 7 juillet 1788. A Mons, chez la Veuve Bottin, Imprimeur-Libraire, rue de la Clef. (1788). In-f.º

Ma bibl.

Par l'abbé Louis Delobel.

977. Catalogue des livres de piété, de droit, de médecine et d'histoire, Des Bibliotheques de feu L. Migeot, Avocat au Conseil Souverain de Hainau; & de N. F. J. Eloy, Médecin-Pensionnaire de la ville de Mons. etc. A Mons, Chez la Veuve Bottin, Imprimeur-Libraire, rue de la

Clef. (1788). In-8.°, catal. de Migeot, titre 1 f., texte 116 pp.; catal. d'Eloy, 100 pp.

Bibl. de Mons, n.° 8,127 du Catal. — Ma bibl.

978. Manuel a l'usage des confréries et de l'adoration perpétuelle du trés-saint sacrement, Contenant des Instructions, des Prieres & des Exemples : dédié à son altesse royale madame la duchesse de Lorraine et de Bar &c.&c.&c. A Mons, Chez la Veuve Bottin, Imprimeur-Libraire, rue de la Clef. Avec Approbation & Permission. In-8.°, titre et préliminaires 3 ff. non chiff., texte 303 pp., table 3 pp. non chiff.

Ma bibl.

Réimpression de l'édition de 1769 publiée par Henri Bottin.

979. Historiæ romanæ compendium, in VIII epochas divisum Editio altera, priore emendatior & succinctior. Montibus, Typis Viduæ Henrici Bottin, Bibliopolæ, in plateâ Clavis. (1783). In-8.°, 60 pp.

Ma bibl.

La première édition a paru chez Beugnies en 1782.

980. Le martyre de saint Agapit. *Au bas de la dernière page* : A Mons, chez la Veuve Bottin Imprimeur-Libraire, rue de la Clef. Pet. In-8.°, 7 pp.

Ma bibl.

NICOLAS-JOSEPH BOCQUET.

1783-1805.

Né à Mons le 4 avril 1752, cet imprimeur mourut dans sa ville natale, le 30 novembre 1805.

Il fit son apprentissage chez Henri Hoyois et obtint, le 4 juin 1783, des lettres patentes pour exercer l'imprimerie et la librairie à Mons. Son établissement était situé rue de la Clef, à l'enseigne de *l'étoile d'or*.

Il avait adopté, comme marque parlante, une vignette représentant un écureuil, vulgairement appelé *boqué*.

Bocquet a imprimé un grand nombre d'actes des Etats et de l'administration de la ville de Mons.

981. A Monsieur Delobel, licencié en droits, professeur de poésie, et chanoine de S. Germain, Au jour de sa prise de Possession. *A te principium, tibi desinet. Virg. Églog. VIII.* De l'Imprimerie de Nicolas-Joseph Bocquet, Libraire, rue de la Clef, à Mons, 1784. In-4°, 8 pp.

Ma bibl.

L'auteur de cette épître en vers français est Adrien-Jacques-Joseph Le Mayeur, avocat, secrétaire-général de la faculté de droit à l'Académie de Bruxelles, né à Gœgnies-Chaussée en 1764, mort à Mons le 25 février 1846.

982. Traduction et paraphrase en vers françois du pseaume 50. Miserere meî, Deus, &c. Par M. Le Mayeur, Avocat. A Mons, Chez N. J. Bocquet, Libraire, Imprimeur des États & de la Ville, rue de la Clef, vis-à-vis du Patacon. (1784). In-4.º, 8 pp.

Ma bibl.

983. Avis pour régler les montres par le Sr Delcourt, Horloger. A Mons, chez Nicolas-Joseph Bocquet, imprimeur-libraire, rue de la Clef. (1784). In-12, 15 pp.

Bibl. de M. R. Chalon.

984. Montibus, in collegio hodano. Habita ratione locorum totius anni M.DCC.LXXXIV. Montibus, Typis Nicolai-Josephi Bocquet, Bibliopolæ, in plateâ Clavis. 1784. In-f.º, placard.

Ma bibl.

Bocquet a continué à imprimer chaque année les programmes des exercices publics et des distributions des prix du collége de Houdain.

985. La civilité françoise pour l'instruction de la jeunesse, Enseignant leur devoir, tant à l'égard de Dieu, du Prochain que d'eux-mêmes, Et pour se bien conduire dans toutes sortes de Compagnies. A Mons, Chez Nicolas-Joseph Bocquet, Imprimeur-Libraire, rue de la Clef. (1785). In-12, 80 pp.

Ma bibl.

986. Messieurs les Magistrats, (Ordonnance du 14

juillet 1785 enjoignant aux habitants de Mons de faire instruire leurs enfants dans la religion catholique, et de leur faire prendre une profession, à peine de punitions à la charge des enfants et des pères et mères). A Mons, Chez N. J. Bocquet, etc. (1785). In-f.º

Archives communales de Mons; recueil des ordonnances, 1772-1789.

987. Nobilibus Amplissimis Ac Consultissimis Dominis, D. Urbis Montanæ Senatoribus, Pro Merito Secundò Continuatis. Montibus, Ex Officinâ Nicolai-Josephi Bocquet, Statuum & Senatus Montensis Typographi. 1785. In-f.º

Ma bibl.

Epitre en vers latins adressée par les élèves du collége de Houdain au conseil de ville de Mons, à l'occasion de sa réélection.

988. Catalogue des livres d'Amand de Boubers saisis a la traite de ses créanciers, etc. A Mons, Chez N. J. Bocquet, etc. (1785). In-8.º, 141 pp.

Bibl. de M. R. Chalon.

989.* Catalogue des livres de feu Louis Denis Dobies, écuyer, qui se vendront le 5 décembre 1785. A Mons, Chez N. J. Bocquet, etc. (1785). Pet. in-8.º

990. Annonces et avis pour le Hainaut. (Mons, N. J. Bocquet, 1786). In-8.º, 202 pp.

Ma bibl.

C'est le premier journal qui ait été imprimé à Mons; il paraissait le dimanche. La collection se compose de 27 numéros qui ont été publiés depuis le 2 juillet jusqu'au 31 décembre 1786.

Pierre-François-Joseph Delneufcour, avocat, né à Mons le 4 janvier 1756, mort dans la même ville le 8 avril 1827, fut le fondateur et le rédacteur en chef de cette publication destinée à l'insertion des annonces de la localité et à l'examen de questions de jurisprudence. Nous ne connaissons pas d'autre exemplaire que le nôtre de ce recueil périodique.

991. Catalogue des livres de maitre Fonson, prêtre, Dont la Vente se fera en son Domicile, près du Pont de Londres, en la Ville de Mons, Mardi, 8 Août 1786, etc. A Mons, Chez N. J. Bocquet, etc., (1786). Pet. in-8.°, 92 pp.

Ma bibl.

992. Essai d'un éloge historique de Viglius de Zuichem, d'Aytta, Chef & Président du Conseil Privé aux Pays-Bas, sous les Regnes de Charles V & de Philippe II, Proposé par l'Académie Impériale & Royale des Sciences & Belles-Lettres de Bruxelles, pour Prix d'Eloquence de 1780. Par M. Raoux, Avocat au Conseil souverain de Hainaut. — Vir (Viglius) omni laude & propter integritatem & summam in rebus agendis prudentiam dignus. De Thou, Liv. 64. — Bruxelles. (Mons, N. J. Bocquet). M.DCC.LXXXVII. In-8.°, 39 pp.

Bibl. de Mons, n.° 7,982 du catal. — Ma bibl.

993. Vœux des négociants du Hainau, Adressés aux États, Pour l'Établissement d'un Canal vers la Flandre. M.DCC.LXXXVII. (Mons, N. J. Bocquet). In-8.°, 45 pp.

Ma bibl.

Par l'avocat Criquillion de Mons.

994. Mémoire présenté aux États de Hainau, A leur Assemblée générale du 30 Mars 1784, Pour l'Établissement d'un Canal dans la Province. M.DCC.LXXXVII. (Mons, N. J. Bocquet). In-8.°, 13 pp.

Ma bibl.

Par l'avocat Criquillion.

995. Second mémoire présenté aux États de Hainau, A leur Assemblée générale du mois de Janvier 1786. etc. M.DCC.LXXXVII. (Mons, N. J. Bocquet). In-8.º, 10 pp.
Ma bibl.

Par l'avocat Criquillion.

996. Affaires des parlements de France. — Arrêté du parlement de Dauphiné, Du 21 Août 1787. Grenoble. (Mons, N. J. Bocquet). M.DCC.LXXXVII. In-12, 12 pp.
Ma bibl.

997. Traité et confédération dit la pacification de Gand Entre les États des Pays-Bas d'une part, & le Prince d'Orange avec les États de Hollande, Zélande &c. d'autre, Fait à Gand, le 8 Novembre 1576. A Mons, Chez N. J. Bocquet, Libraire, Imprimeur des États & de la Ville, rue de la Clef. M. DCC. LXXXVII. In-8.º, 27 pp.
Bibl. de Mons, n.º 6,995 du catal. — Ma bibl.

998. Acte d'union des états des Pays-Bas, Du 9 Juillet (*lisez 9 janvier*) 1577. Auquel ont accédé les États de Hainau, le 26 Avril suivant. A Mons, Chez N. J. Bocquet, Libraire, Imprimeur des États & de la Ville, rue de la Clef. M.DCC.LXXXVII. In-8.º, 8 pp.
Ma bibl.

999. Edit perpétuel, ou Traité & Accord entre le Prince Don Jean d'Autriche, au nom de Philippe II, Roi d'Espagne, & les États Généraux des Pays-bas. Fait à Bruxelles, le 17 Février 1577. *Au bas de la dernière page* : A Mons, Chez N. J. Bocquet, Libraire, Imprimeur des États & de la Ville, rue de la Clef. 1787. In-8.º, 16 pp.
Ma bibl.

1,000. Traité conclu à Arras, Le 17 Mai 1579, Entre les Commissaires de S. M. Philippe II, Roi d'Espagne, & les Députés des Provinces d'Artois, de Hainau & des Villes de Lille, Douai & Orchies ; éclairci & signé à Mons le 12 Septembre suivant : auquel ont accédé, le même jour, les Députés des Ville & Province de Malines, de la Ville de Nivelles, des deux Villes et Comté d'Alost, & des Villes & Châtellenie de Bourbourg. A Mons, Chez N. J. Bocquet, Libraire, Imprimeur des États & de la Ville, rue de la Clef. (1787). In-8.°, 23 pp.

Ma bibl.

1,001. Lettres d'agréation du traité d'Arras, Du 17 Mai 1579, Données le 4 Juillet suivant, par Philippe II, Roi d'Espagne, portant en même temps sauf-conduit pour tous ceux qui voudront y accéder. (Mons, N. J. Bocquet, 1787). In-8.°, 3 pp.

Bibl. de Mons, n.° 6,881 du catal., 3.° portefeuille. — Ma bibl.

1,002. Articles de la capitulation proposez par les estats du pays et comté d'Haynau, et par les magistrats de la ville de Mons (le 18 janvier 1710). A Mons, Chez N. J. Bocquet, Libraire, Imprimeur des États & de la Ville, rue de la Clef. M.D.CC.LXXXVII. In-8.°, 24 pp.

Bibl. de Mons, n.° 7,101 du catal. — Ma bibl.

1,003. Serments Prêtés par S. M. Joseph II, Empereur & Roi, lors de son Inauguration, en qualité de Comte de Hainau, solemnisée en la Ville de Mons le 7 Août 1781, extraits de la Relation de l'Inauguration. *Au bas de la dernière page* : A Mons, Chez N. J. Bocquet, Libraire,

Imprimeur des États & de la Ville, rue de la Clef. (1787).
In-8.º, 8 pp.

Ma bibl.

1,004. Documents historiques sur la révolution belgique, imprimés par N. J. Bocquet, en 1787, 1788 et 1789[1].

12 JANVIER 1787. — A sa Majesté (Représentation des États du Hainaut au sujet des changements projetés dans les lois constitutionnelles du pays). In-8.º, 5 pp.

5 FÉVRIER. — Remontrance du conseil souverain de Hainau, au sujet du nouveau Réglement de la Procédure civile. In-8.º, 7 pp.

30 AVRIL. — Madame, Monseigneur, (Représentation des États du Hainaut adressée aux archiducs pour le maintien des lois fondamentales du pays). In-8.º, 2 pp.

8 MAI. — Copie du (sic) dépêche adressée au Conseil Souverain d'Hainaut (par laquelle les archiducs annoncent qu'il sera sursis à la réorganisation judiciaire). In-8.º, 5 pp.

16 MAI. — Vu au Conseil Souverain de l'Empereur & Roi en Hainau. (Proclamation du conseil souverain qui déclare l'établissement des intendants, etc. contraire aux constitutions et franchises du pays). In-f.º

28 MAI. — Madame, Monseigneur, (Représentation des États du Hainaut contre l'établissement de nouveaux tribunaux dans les Pays-Bas). In-f.º

30 MAI. — Madame, Monseigneur, (Représentation du conseil souverain du Hainaut au sujet des atteintes portées par différents édits aux priviléges et franchises du pays). In-8.º, 8 pp.

5 JUIN. — Madame, Monseigneur, (Adresse des États du Hai-

---

[1] Les pièces sans indication de sources se trouvent dans ma bibliothèque, ou à la bibliothèque de Mons dans une collection portant le n.º 6,881 du catalogue, portefeuilles 41, 42, 43, 47, 48, 49, 50, 51 et 71.

naut, à LL. AA. RR. etc., au sujet du mouvement qui eut lieu en cette ville le jour où le peuple prit la cocarde tricolore). In-8.º, 8 pp., les trois dernières non chiff.

6 JUIN. — Marie-Christine, Albert-Casimir, (Dépêche des archiducs informant les États du Hainaut qu'ils tiennent en surséance, à l'égard de cette province, toutes dispositions contraires à la constitution). In-f.º

7 JUIN. — Madame, Monseigneur, (Adresse de remerciments des États du Hainaut à LL. AA. RR. au sujet de la dépêche du 6 juin). In-f.º

7 JUIN. — Récit de tout ce qui s'est passé à Mons au sujet du changement du Conseil souverain du Hainaut et de la magistrature de la ville de Mons Depuis le 7 janvier jusqu'au 7 juin 1787. In-8.º, 48 pp.

14 JUIN. — Discours prononcés par le peuple du Hainaut à leurs Altesses Royales et à son Altesse le duc d'Aremberg. In-8.º, 2 pp. non chiff.

19 JUIN. — Projet d'une représentation présenté aux États de Hainau (au sujet des infractions aux constitutions du pays). In-8.º, 16 pp.

19 JUIN. — Madame, Monseigneur, (Nouvelle adresse des États du Hainaut à LL. AA. RR. au sujet de la dépêche des Archiducs du 6 juin). In-8.º, 19 pp.

22 JUIN. — Les États du Pays et Comté de Hainau (informent que tous corps et particulier peuvent s'adresser au comité chargé du travail des représentations à faire au gouvernement au sujet des atteintes portées à leurs droits ou priviléges). In-f.º

25 JUIN. — Madame, Monseigneur, (Adresse des États du Hainaut à LL. AA. RR. contre l'intervention des étrangers dans l'administration des affaires du pays). In-8.º, 2 pp.

28 JUIN. — Madame, Monseigneur, (Adresse des États du Hai-

naut présentant de nouvelles observations à l'appui de leur réclamation du 25 juin). In-8.°, 2 pp.

30 JUIN. — Madame, Monseigneur, (Adresse de gratitude des États du Hainaut envers LL. AA. RR. au sujet de la communication qu'Elles leur ont faite des dispositions favorables du prince de Kaunitz, avec une copie de la dépêche écrite à ce dernier). In-8.°, 4 pp.

3 JUILLET. — Marie et Albert, (Dépêche de LL. AA. RR. aux États du Hainaut, en réponse aux représentations des 25 et 30 juin). In-8.°, 3 pp.

5 JUILLET. — Madame, Monseigneur, (Nouvelle représentation des États du Hainaut au sujet de l'intervention des étrangers dans l'administration des affaires du pays). In-8.°, 2 pp.

6 JUILLET. — Marie et Albert, (Communication aux États du Hainaut d'une dépêche reçue de Vienne le 29 juin 1787, et faisant connaître que S. M. désire que toutes les provinces des Pays-Bas envoient à Vienne des députés choisis dans les trois ordres, à l'effet d'exposer leurs griefs). In-8.°, 2 pp.

6 JUILLET. — Résolution des États de Hainau concernant l'abolition de certains impôts et la suppression de la genièvrerie d'Hyon. In-f.°

9 JUILLET. — Madame, Monseigneur, (Adresse des États du Hainaut exprimant aux gouverneurs-généraux les regrets qu'ils ont éprouvés à l'annonce de leur rappel, et leur transmettant copie d'une représentation qu'ils viennent d'adresser à ce sujet à l'Empereur). In-8.°, 8 pp.

9 JUILLET. — Marie, Albert, (Communication faite aux États du Hainaut, au sujet de l'envoi à Mons du conseiller d'État Comte Cornet de Grez chargé de faire connaître les intentions paternelles de l'empereur). In-8.°, 1 f.

18 JUILLET. — L'heureux départ. (Vers en l'honneur de Marie Christine et d'Albert Casimir). In-4.°, 1 f.

24 AOUT. — Précis de la Lettre écrite aux États du Hainau par leurs députés à Vienne. In-8.°; 5 pp.

18 SEPTEMBRE. — Du 18 Septembre 1787. (Avis des États du Hainaut, annonçant que le Comte de Murray est autorisé par l'Empereur à déclarer que les constitutions seraient maintenues). In-8.°, 1 f.

Exposition de la constitution, des lois fondamentales, libertés, franchises et privileges du pays et comté de Hainau, Et des principales infractions qui y ont été faites, Conçue dans un Comité établi par les États du Pays. M.DCC.LXXXVII. In-8.°, titre 1 f., IV-87 pp.

Par le conseiller Charles De Marbaix.

Il existe une autre édition de cet ouvrage sortie, la même année, des presses de N.J. Bocquet. In-8.°, de II-56 pp. plus le titre.

Extrait d'une lettre adressée à M. l'illustre D. Nicol. Du Four, Établi par Sa Majesté, Commissaire de l'Etat Ecclesiastique dans les Pays-Bas Autrichiens, par Nicodème March-Droit, sitoyen (sic) dans la rue de Ponti-faux à Liége. A Liége, Chez Trop-Court, imprimeur sur la place de Comedie à L'enseigne des Pantoufiles d'Orées. (sic). M.DCC.LXXXVII. In-8.°, 12 pp.

Rélation authentique de la maladie, du trépas, Après Confession, & des Funérailles solemnelles de Messire ***. En Brabant. M.DCC.LXXXVII. In-8.°, 14 pp.

Ode a son Altesse Monseigneur le Duc d'Aremberg, d'Arschot et de Croy; Prince du Saint-Empire Romain, &c, Pair de Hainau; Grand d'Espagne de la première classe; chevalier de l'Ordre de la Toison d'Or; Grand-Bailli & officier souverain du Pays & comté de Hainau. &c, &c, &c. M.DCC.LXXXVII. In-8.°, 7 pp.

Cette pièce est de M. l'avocat Le Mayeur.

Vœu des patriotes adressé aux États de Hainaut (contre les innovations de Joseph II). [1787]. In-8.°, 8 pp.

L'auteur de cet opuscule est Pierre-Philippe-Joseph Harmignies, avocat, né à Beloeil en 1753, mort à Mons le 26 janvier 1825. On lui attribue encore :

Abrégé historique des révolutions des Pays-Bas pour L'An 1787 : ou Les visions complettes du bienheureux Labre avec figures. De l'imprimerie des convulsionnaires. In-8.º 15 pp., et une gravure représentant le bienheureux Labre dans son cercueil au cimetière de S.ᵗ-Médard.

12 MAI 1788. — Messieurs les Magistrats de la ville de Mons. (Recommandation d'exécuter l'ordonnance de l'Empereur au sujet des désordres qui ont eu lieu la veille, entre 10 et 11 heures du soir, sur la place S.ᵗ-Jean, par un rassemblement escortant une musique turque). In-f.º

11 AOUT. — Messieurs les Magistrats de la ville de Mons. (Ordonnance prescrivant des mesures de police pour le maintien de la tranquillité publique). In-f.º

Archives communales de Mons ; recueil des ordonnances, 1772-1789.

23 JANVIER 1789. — Messieurs les Magistrats de la ville de Mons. (Ordonnance sur la repression des propos ou écrits séditieux). In-f.º

Archives communales de Mons ; recueil des ordonnances, 1772-1789.

31 JANVIER. — Messieurs les Magistrats de la ville de Mons. (Ordonnance pour le maintien de la tranquillité publique). In-f.º

Archives communales de Mons ; recueil des ordonnances, 1772-1689.

16 MAI et 23 JUIN. — Copie des lettres du Comte de Trauttmansdorff à l'Empereur Joseph II. In-8.º, 16 pp.

14 AOUT. — Règlement pour la conciergerie de la ville de Mons. In-4.º, 14 pp., la dernière non chiff.

22 NOVEMBRE. — Lettre de Monsieur D'Aboncourt aux Magis-

trats de la ville de Mons, (écrite du grand Rœulx et menaçant de mettre la ville de Mons en feu si, le lendemain à midi, le peuple n'a pas déposé les cocardes et n'est pas rentré dans l'ordre). In-8.°, 2 pp.

8 DÉCEMBRE. — Messieurs les Magistrats et Messieurs du Comité de Police de la ville de Mons (font défense d'imprimer, de vendre ou distribuer aucun mémoire, pièce ou écrit qui n'auraient pas reçu leur approbation préalable). In-f.°

Archives communales de Mons; recueil des ordonnances, 1772-1789.

12 DÉCEMBRE. — Lettre à MM. du Comité de Mons, (annonçant l'évacuation de Bruxelles par les troupes du général d'Alton). In-8.°, 1 p.

13 DÉCEMBRE. — Lettre Adressée à M. Dirix, Commandant des Patriotes de la Ville de Mons, (annonçant le désarmement de 550 soldats du régiment de Bender, à Hal). In-8.°, 1 p.

21 DÉCEMBRE. — Nosseigneurs les Etats du pays et comté de Hainau. (Déclaration d'indépendance du pays et de la déchéance de Joseph II). In-8.°

21-22 DÉCEMBRE. — Messieurs du comité général de la province. (Procès-verbal de ce qui s'est passé au sujet de la déclaration d'indépendance prononcée par les États). In-8.°, 6 pp.

28 DÉCEMBRE. — Extrait des délibérations et résolutions du Comité général du Hainau. In-8.°, 7 pp.

Journal historique de la révolution du Hainau (1789). In-8.°, 20 pp.

Recueil de diverses lettres écrites par différentes personnes, à l'avocat Gobart, en 1787, 1788, 1789. In-8.°, 62 pp.

1,005. Les chartes nouvelles du pays et comté de Hainau, Nouvelle Édition, Où l'on cite les rapports des Articles de ces Chartes entre eux, & leurs rapports aux Chartes anciennes, à celle des Chefs-lieux de Mons & de Valenciennes, aux Décrets des pleins Plaids, aux Points & Articles conçus au mois de Mars 1601, au Réglement de l'Institution de la noble & souveraine Cour à Mons, &c. &c. &c A Mons, Chez N. J. Bocquet, Libraire, Imprimeur des États & de la Ville, rue de la Clef. Avec Permission. 1789. In-8°, titre et préliminaires 3 ff. non chiff., texte 432 pp., la dernière chiffrée erronément 342, table des chapitres 3 ff. non chiff., sommaire des matières 93 pp.

Bibl. de Mons, n.° 2,370 du catal. — Ma bibl.

1,006. Documents historiques sur la révolution belgique, imprimés par N.-J. Bocquet, en 1790. [1]

3 JANVIER. — Lettre écrite au comité général du Hainaut (par M. De Royer de Woldre qui se justifie d'avoir abandonné la ville de Mons, le 5 décembre 1789). In-8.°, 6 pp.

4 JANVIER. — Manifeste de la province de Flandre. In-8.°, 25 pp.

9-10 JANVIER. — Le Baron De Royer, Conseiller Pensionnaire de cette Ville, ne voulant pas laisser ignorer à ses Concitoyens le motif qui le déterminoit à s'absenter de Mons, n'y (sic) celui qui le porte à y revenir, croit devoir leur communiquer la Lettre lui écrite par MM. les Magistrats de cette ville, ainsi que la réponse. In-12, 4 pp.

11 JANVIER. — Extrait des résolutions de l'assemblée générale des états Belgiques-unis (relativement à l'extension du commerce). In-f.°

15 JANVIER. — Messieurs les Magistrats de la ville de Mons. (Proclamation exhortant les soudoyés dont la solde a cessé d'être

[1] Les pièces sans indication de sources se trouvent dans ma bibliothèque, ou à la bibliothèque de Mons dans une collection portant le N.° 6,881 du catalogue, portefeuilles 50, 52, 53, 54, 55, 56, 59, 61, 62, 63, 64, 65, 71 et 72.

payée, à se rendre dans leurs ateliers pour y reprendre leurs travaux). In-f.º

15 JANVIER. — De par le bureau de la guerre, (Avis relatif à la réduction du terme du service militaire). In-f.º

24 JANVIER. — Discours prononcé dans l'église de S.t Nicolas en Havré, A l'occasion des Prières ordonnées par Mgr. l'Archevêque Duc de Cambrai, pour la prospérité de la chose publique, Par Maître Boulenger, curé de la dite Paroisse. In-8.º, 8 pp.

13 FÉVRIER. — Discours au sujet de la cérémonie de la bénédiction des drapeaux des troupes nationales du Hainaut, prononcé par Maître Deghaye, curé et doyen de Lessines. In-8.º, 7 pp.

15 FÉVRIER. — Messieurs les Magistrats (défendent de se masquer pendant le carnaval). In-f.º

22 FÉVRIER. — Messieurs composant les ordres du clergé et de la noblesse des États de ce pays de Hainau (déclarent renoncer à toutes exemptions d'impositions quelconques et vouloir contribuer à toutes les charges publiques). In-f.º

28 FÉVRIER. — Lettre de M. de Cobenzl aux États de Hainau (annonçant la mort de l'empereur Joseph II, décédé à Vienne, le 20 février). In-8.º, 4 pp.

2 MARS. — Lettre de LL. AA. RR., ci-devant gouverneurs-généraux des Pays-Bas, aux États de Hainau, y joint un mémoire de l'archiduc, grand-duc de Toscane, (concernant les affaires des Pays-Bas). In-8.º, 16 pp., la dernière chiffrée 6.

5 MARS. — Lettre du congrès souverain des états belgiques unis, aux États de Hainau. (Appel à l'union et au patriotisme des belges). In-8.º, 1 f. et 6 pp.

8 MARS. — Extrait Du Rapport fait aux États de Hainau, par Messieurs leurs Députés à Bruxelles (concernant l'échange des prisonniers). In-8.º, 4 pp.

30 MARS. — Pleins pouvoirs de LL. AA. RR. pour le gouvernement général des Pays-Bas. In-8.º, 8 pp.

Bibl. de M. Houzeau de le Haie.

31 MARS. — Manifeste du Pays et Comté de Hainaut. — In-8.º, 55 pp.

Ce manifeste est l'œuvre du conseiller C.-J. Demarbaix.

Il existe une autre édition imprimée par Bocquet, la même année, in-8.º, 55 pp.

7 AVRIL. — Copie d'une lettre écrite de Namur (sur le général Vandermersch). In-8.º, 4 pp.

20 AVRIL. — Les États du Pays et Comté de Hainau (au sujet d'un emprunt à faire en rentes heritières et perpétuelles à 4 $^1/_2$ pour cent à raison des besoins du moment). In-f.º

23 MAI. — Relation authentique de ce qui s'est passé entre les armées des États belgiques unis et autrichiennes, le 23 Mai 1790 et jours suivants. In-8.º, 15 pp.

27 MAI. — Hauts et Puissants Seigneurs, (Dépêche du Congrès souverain des États Belgiques, transmettant copie des rapports alarmants reçus de Namur). In-8.º, 1 p.

27 MAI. — Notification du magistrat de la ville de Mons, annonçant que, vu les circonstances, ils ont résolu de remettre à des temps plus opportuns les plaisirs de la dédicace. In-f.º

Bibl. de M. Houzeau de le Haie.

29 MAI. — Messeigneurs, (Dépêche aux États du Hainaut par ses députés au congrès souverain à Bruxelles, et par son conseiller commissaire à Namur, concernant les événements). In-8.º, 8 pp.

30 MAI. — Hauts et puissants seigneurs, (Lettre des députés des États du Hainaut près du Congrès souverain à Bruxelles, concernant la situation des affaires). In-8.º, 4 pp.

31 MAI. — Ordonnance de police des magistrats de la ville de

Mons concernant les attroupements et les insultes par voies de fait. In-f.°

Bibl. de M. Houzeau de le Haie.

3 JUIN. — Messeigneurs, (Lettre de Lebrum d'Ostregnies adressée de Namur aux États du Hainaut sur l'état des choses). In-8.°, 2 pp.

9 JUIN. — Appel de la part du bureau de la guerre aux braves et courageux habitants du Hainau. (Invitation aux jeunes gens qui savent tirer un coup de fusil avec adresse à prendre parti dans les chasseurs-volontaires). In-f.°

Bibl. de M. Houzeau de le Haie.

17 JUIN. — Bulletin officiel de l'armée de la république, Imprimé par ordre du Congrès. Pet. in-8.°

La collection de ces bulletins qui rendent compte des opérations de l'armée des Patriotes contre les Autrichiens, se compose de 27 numéros. Le premier porte la date du 17 juin et le dernier celle du 24 octobre 1790. Indépendamment de l'édition de Bocquet, il en existe trois autres imprimées à Mons par A. Jevenois, A.-J. Lelong et A. Monjot.

24 JUIN. — Les États du Pays et Comté du Hainau ont unanimement arrêté les points & articles suivants : (Mesures pour récompenser les citoyens qui auront bien mérité de la patrie et souscription volontaire des trois ordres des États). In-8.°. 11 pp.

26 JUIN. — Continuation, ensuite des résolutions du 24 juin 1790, de la liste des souscriptions pour les levées ouvertes à la recette générale des États du Hainau, à raison de 4 & demi pour cent. In-8.°, 3 pp.

30 JUIN. — Deuxième continuation de la liste des souscriptions pour les levées. In-8.°, 4 pp.

20 JUILLET. — Messieurs les Magistrats de la ville de Mons (invitent les habitants depuis l'âge de 18 ans jusqu'à soixante,

à souscrire pour une garde à monter, à tour de rôle, au poste de la grand'garde). In-f.º

27 JUILLET. — Déclaration (signée à Reichenbach, au nom du roi de Prusse par le comte de Hertzberg, concernant les affaires des Pays-Bas autrichiens). In-8.º, 4 pp.

29 JUILLET. — Copie d'une lettre officielle adressée aux États du Hainau (écrite de Paris et annonçant que la permission prétendûment accordée par le roi de France aux troupes autrichiennes de passer sur le territoire de ce pays, est retirée par suite d'une décision de l'assemblée nationale). In-8.º, 1 p.

5 AOUT. — Monsieur, (Circulaire par laquelle le pensionnaire Dupré communique la résolution des États, portant que toutes charges de juges, bénéfices, offices ou emplois que conférait le ci-devant souverain se conféreront par les trois Ordres des États). In-f.º

6 AOUT. — Les États du pays et comté de Hainau. (Publication des statuts d'une société formée par les ennemis de la patrie sous l'emblême *Pro patriâ*). In-f.º

7 AOUT. — Avis aux Belges ; (dénonçant une tentative de contre révolution concertée par les mécontents de France et les partisans de la maison d'Autriche, et les excitant à s'enrôler volontairement pour la défense de la république belgique). In-8.º, 4 pp.

25 AOUT. — Les États du pays et comté de Hainau. (Invitation à tous les citoyens en état de porter les armes de s'enrôler dans les corps de volontaires à former d'après le projet du congrès souverain). In-8.º, 4 pp.

13 SEPTEMBRE. — Extrait des résolutions des États généraux des provinces Belgiques-Unies (concernant le paiement des pensions ou pains d'abbayes dus à des particuliers par des communautés religieuses). In-8.º, 8 pp.

17 SEPTEMBRE. — Insinuation verbale. (Par les ministres des

trois puissances médiatrices pour faire cesser les hostilités). In-8.º, 8 pp.

14 OCTOBRE. — Déclaration de l'empereur et roi. (Manifeste de l'empereur Léopold, daté de Francfort, pour reprendre possession des provinces belgiques et contenant les conditions d'une amnistie). In-8.º, 8 pp.

22 OCTOBRE. — Duplique envoyée par le Congrès souverain, à La Haye, pour être remise aux ministres des trois puissances alliées, par forme de réponse à leurs propositions touchant l'amnistie. In-8.º, 4 pp.

30 OCTOBRE. — Copie d'une lettre de Namur (annonçant au congrès souverain que le laboratoire à poudre a sauté ce jour là, à 11 heures du matin). In-8.º, 1 p.

14 NOVEMBRE. — Hauts et Puissants Seigneurs. (Lettre datée de Naninnes, par laquelle le colonel Debraine transmet aux États la liste de souscription des officiers du régiment de Hainaut, n.º 9, sous ses ordres). In-8.º, 2 pp.

16 NOVEMBRE. — Copie De la Note à remettre aux ministres des trois puissances médiatrices, à La Haye, par Messieurs Degrave, Baillet, Petitjean & le Chevalier de Bousies. In-8.º, 8 pp.

20 NOVEMBRE. — Hauts & Puissants Seigneurs. (Dépêche adressée aux États-généraux par MM. Petitjean de Pré, C. J. Degrave, le chevalier de Bousies, le comte de Baillet et G. W. Van Leempoel, sur leur première audience avec les ministres). In-8.º, 4 pp.

20 NOVEMBRE. — Hauts & Puissants Seigneurs. (Dépêche des députés des États du Hainaut transmettant la déclaration des ministres des trois puissances à La Haye). In-8.º, 4 pp.

21 NOVEMBRE. — Copie de la Lettre écrite par les États généraux, à M. le Maréchal Baron de Bender (annonçant que les États généraux des provinces Belgiques ont proclamé l'archiduc

Charles souverain héréditaire et grand-duc de Belgique). In-8.º, 8 pp.

22 NOVEMBRE. — Messeigneurs. (Lettre adressée de Namur aux États de Hainaut par MM. Lebrum d'Ostregnies et De Bousies de Ferriere-le-Petit, annonçant la retraite des patriotes). In-8.º, 2 pp.

22 NOVEMBRE. — Copie d'une lettre de S. E. le Ministre plénipotentiaire le comte de Mercy-Argenteau, (écrite de La Haye au maréchal Bender pour lui faire connaître la volonté de l'empereur de traiter les personnes et les propriétés avec ménagement et un complet oubli du passé). In-8.º, 4 pp.

25 NOVEMBRE. — Au bureau de la guerre suivant l'armée. (Lettre de Lebrum d'Ostregnies et de Bousies aux États de Hainaut, annonçant la reprise des hostilités par les Autrichiens). In-8.º, 5 pp.

24 NOVEMBRE. — Lettre de MM. Lebrum d'Ostregnies et de Bousies De Ferrieres-le-Petit, adressée de Namur aux États de Hainaut pour leur annoncer que les États de Namur ont consenti à recevoir les Autrichiens dans leur ville. In-8.º, 1 p.

26 NOVEMBRE. — Rapport verbal du sieur Cramillion, Lieutenant de la Maréchaussée du Hainau, envoyé par les États de cette province vers Sombref, (annonçant que les Autrichiens sont entrés la veille à Namur). In-8.º, 1 p.

Mémoire de Balthazar-Louis-Joseph Fleur, Avocat & promu à l'emploi de Greffier du Conseil Souverain de Hainau, qui vacquoit par la mort de Monsieur le Greffier Durieu. M.DCC.XC. In-8.º, 51 pp.

Les Etats du Pays et Comté de Hainaut (Appel au patriotisme des volontaires de la province. (1790). In-8.º, 4 pp.

Les patriotes vengés, comédie En Prose Et en deux Actes. Par un Anonime patriote. De l'Imprimerie Patriotique, au Temple de la Liberté. 1790. In-8.º, 78 pp.

Le curé, le bailli et le berger de village. Avis essentiel aux Belges villageois, Par un de leurs amis. In-8.º, 24 pp.

Le livre noir du pays et comté de Hainaut, ou correspondance du ci-devant gouvernement des Pays-Bas Autrichiens, Avec quelques Agents subalternes, ses espions. 1790. In-8.º, treize cahiers de 198 pages et trois cahiers de supplément contenant 96 pages; ensemble 294 pages.

Copie des lettres de monsieur De Robaulx, seigneur de Hantes, prévôt de Beaumont. In-8.º, 16 pp.

Recueil de quelques pièces, Servant à la justification de l'Avocat C. J. Fontaine, trouvées au Bureau des recherches d'où l'on a tiré le Livre Noir. In-8.º, 24 pp.

1,007. Catalogue des livres de piété, de droit, d'histoire et autres, de la Bibliothèque de feu Augustin Houzeau De La Perriere, Ecuyer, Greffier échevinal de la Ville de Mons, dont la Vente se fera à la maison mortuaire vis-a-vis des Oratoires, mardi 30 9bre 1790, etc. A Mons, Chez N. J. Bocquet, etc. (1790). In-8.º, 44 pp.

Ma bibl.

1,008. Nobilibus, amplissimis ac consultissimis dominis D. urbis Montanæ senatoribus in felici revolutione electis. Ex Officinâ Nicolai Josephi Bocquet, Hannoniæ Comitiorum Senatûsque Montensis Typographi, in plateâ Clávis. 1790. In-f.º

Ma bibl.

Epître en vers latins composée à l'occasion de la nomination du nouveau conseil de ville en 1790.

1,009. Documents historiques sur la première restauration du pouvoir Autrichien en Belgique, imprimés par N. J. Bocquet en 1790 et 1791 [1].

1ᵉʳ DÉCEMBRE 1790. — Lettre de S. M. l'empereur et Roi, signée de sa propre main, écrite aux Etats du Hainau, leur adressée par LL. AA. RR. les Lieutenants, Gouverneurs généraux des Pays-Bas, & reçue le 9 janvier 1791, (annonçant la confirmation et la continuation des pouvoirs de l'archiduchesse Marie Christine et du duc Albert comme gouverneurs des Pays-Bas). In-8.º, 4 pp.

1ᵉʳ DÉCEMBRE. — Declaration datée du quartier-général de Bray et signée par le Comte Baillet de La Tour, faisant connaître qu'il y a un pardon général pour les déserteurs avant et depuis les troubles. In-f.º

2 DÉCEMBRE. — Messieurs les magistrats de la ville de Mons. (Défense aux habitants d'insulter les militaires). In-f.º

5 DÉCEMBRE. — Messieurs les magistrats de la ville de Mons. (Défense à toutes personnes qui ne sont pas attachées au service militaire de porter des cocardes ou des signes distinctifs). In-f.º

6 DÉCEMBRE. — Lettre de l'ambassadeur Comte de Mercy-Argenteau à S. E. M. le Maréchal Baron de Bender, Datée de La Haye, (pour le féliciter du succès de ses armes). In-8.º, 4 pp.

6 DÉCEMBRE. — Pleins-pouvoirs de Leurs Altesses Royales (Marie Christine et Albert Casimir) Pour le Gouvernement général des Pays-Bas. In-8.º, 8 pp.

10 DÉCEMBRE. — Convention Relative aux affaires des Pays-Bas, signée (à La Haye) entre les Ministres plénipotentiaires de S. M. l'Empereur, de Leurs Majestés les Rois de la Grande-

---

[1] Les pièces sans indication de sources se trouvent dans ma bibliothèque, ou à la bibliothèque de Mons, dans une collection portant le n.º 6,881 du catalogue, portefeuilles 56, 64 et 65.

Bretagne & de Prusse, & de L. H. P. les États généraux des Provinces-Unies. In-8.°, 16 pp.

16 décembre. — Extrait Des Rapports de Messieurs les Députés des États de Hainau vers S. E. le Comte de Mercy-Argenteau, à La Haye. In-8.°, 16 pp.

Février 1791. — A leurs Altesses Royales. (Représentation des États du Hainaut contre l'interprétation restreinte du traité de La Haye du 10 décembre 1790, en ce qui concerne l'amnistie). In-8.°, 4 pp.

1er mars. — Les États du Pays et Comté du Hainau. (Représentation adresée au Comte de Mercy-Argenteau contre les changements apportés au mode de nomination des membres du Conseil de Hainaut). In-8.°, 8 pp.

5, 6, 13, 16, 18, et 25 mars. — Rapports de Vienne (adressés aux États de Hainaut par leurs députés à Vienne). In-8.°, 25 pp. chiffrées 4, 7, 4, 2, 4 et 2.

22 mars. — Réflexions d'un citoyen, sur la Lettre adressée aux États de Hainaut par Son Excellence le Comte de Mercy-Argenteau, & le décret d'organisation d'un Tribunal supérieur dans la Province. In-8.°, 22 pp.

24 mars. — Procés-verbal de la Cour à Mons. (Protestation des Conseillers contre les modifications apportées à l'organisation de la Cour). In-8.°, 7 pp.

24 mars. — La présentation d'un terne, lors de la vacance d'une place de conseiller, en Hainaut, tient-elle à la Constitution? In-8.°, 4 pp.

26 mars. — Mémoire sur la question: Si l'usage de présenter un terne lors de la Vacance d'une place de Conseiller au Conseil de Hainaut, tient à la Constitution? In-8.°, 12 pp.

26, 27, 28, 29, et 30 mars. — Résolutions prises par les trois Ordres des États de Hainau, ensuite de la Dépéche de Son Excellence M. le Comte de Mercy-Argenteau, concernant le Conseil souverain de ce Pays. In-8.°, 20 pp.

27 mars. — Avis au peuple du Hainaut. (Par une Société des Amis du bien public). In-8.º, 4 pp.

30 mars. — Observations Sur le Décret émané, le 19 mars 1791, au nom de Sa Majesté, au sujet de la réorganisation du Conseil Souverain de Hainau & sur les procédés des anciens membres de ce corps. In-8.º, 8 pp.

3 avril. — Réponse A quelques Articles de l'imprimé du 26 mars 1791, intitulé Mémoire sur la question si l'usage de présenter un terne lors de la vacance d'une Place de Conseiller au Conseil de Hainau, tient à la Constitution. In-8.º, 8 pp.

4 avril. — Représentation faite à Sa Majesté par le Tiers-État du Pays & Comté de Hainau, (au sujet de la réorganisation du Conseil souverain de cette province). In-8.º, 4 pp.

6 avril. — Lettre des conseillers au conseil souverain de Hainau, Ecrite à Son Ex. le Ministre, le 30 mars 1791, etc. (concernant le mode de nomination des conseillers). In-8.º, 16 pp.

11 avril. — Le Mémoire que Messieurs les Députés des Etats du Hainau ont remis à Son Altesse Royale, Monseigneur l'Archiduc, le 14 du mois passé. (Dépêche de Vienne, informant les États du Hainaut que Sa Majesté agrée l'hommage de la province et que les désirs manifestés dans le mémoire seront soumis aux ministres plénipotentiaires). In-8.º, 3 pp.

25 avril. — Au Conseil souverain de Hainau. (Représentation des Maire, Echevins, et Conseil souverain de la ville de Mons contre la nomination du sieur Delaroche à la place de trésorier de cette ville). In-8.º, 4 pp.

27 avril au 4 mai. — Extrait du Registre des Résolutions de Messieurs du Tiers-État du Pays et Comté de Hainau (portant qu'il sera représenté à S. Exc. le Ministre plénipotentiaire de l'Empereur que les avocats Durieux et X. Demarbaix, ne faisant plus partie du Tiers-État, n'ont aucune qualité pour aller à Vienne comme députés de cet ordre, et qu'il sera prié

de n'admettre aux négociations que les membres du Tiers-État légalement constitué). In-8.º, 20 pp.

10 MAI. — Extrait Du Registre des Résolutions de Messieurs du Tiers-État du Pays & Comté de Hainau, (concernant les négociations entamées à Vienne). In-8.º, 6 pp.

14 MAI. — Florimond, comte de Mercy Argenteau &c. (Dépêche aux États du Hainaut, au sujet de la fixation du jour de l'inauguration de l'Empereur comme Comte de Hainaut). In-8.º, 1 f. non chiff.

16, 23 ET 24 MAI. — Florimond, comte de Mercy Argenteau &c. (Dépêche adressée aux États du Hainaut et résolution de cette assemblée, au sujet de l'inauguration de l'Empereur). In-8.º, 5 pp.

8 JUIN. — Sur le rapport fait du résultat des Conférences entre Messieurs les Commissaires de S. M. & les Députés de ces États relativement à la dette de la Province, (offre d'un don gratuit de 450,000 florins par l'Ordre du Clergé). In-8.º, 4 pp.

16 JUIN. — Déclaration de S. M. l'Empereur et Roi. Concernant l'organisation du conseil souverain du Hainau. In-8.º, 8 pp.

27 JUIN. — Marie-Christine, Albert-Casimir, &. &. &. (Dépêche adressée aux États du Hainaut pour les informer que l'inauguration de l'Empereur est fixée au 12 juillet). In-8.º, 2 pp.

29 JUIN. — Madame, Monseigneur. (Adresse des États du Hainaut aux Archiducs, pour les assurer du désir de cette assemblée de travailler au rétablissement des affaires dans cette province, et leur exprimer le bonheur qu'ils éprouvent d'apprendre que son Altesse Royale fera en personne l'inauguration de Sa Majesté Léopold II, à Mons). In-8.º, 5 pp.

4 JUILLET. — Marie-Christine, Albert-Casimir, &. &. &. (Dépêche de LL. AA. RR. relative à la convention de La Haye). In-8.º, 2 pp.

12 JUILLET. — Précis de la solennité de l'inauguration de Sa

Majesté l'Empereur Et Roi Léopold II comme comte de Hainaut. In-8.°, 15 pp.

12 JUILLET. — Leurs Altesses Royales ayant eu connaissance du zèle et de l'affection que quatre Compagnies bourgeoises de Mons, ont fait éclater à l'occasion de la solennité de l'inauguration de Sa Majesté comme Comte de Hainau, (ont ordonné de leur payer une gratification de 100 louis). In-8.°, 1 p.

29 JUILLET. — Léopold, etc. (Octroi accordé aux États du Hainaut de faire une levée de 964,418 florins 10 sols). In-8.°, 5 pp.

6 OCTOBRE. — Extrait du Registre des Résolution de Messieurs les Magistrats de la Ville de Mons, prises sur la vue de la Dépêche de Sa Majesté en date du 5 octobre 1791, (concernant la mise en liberté de l'avocat Sirault) In-8.°, 2 pp.

Les communes de Hainaut à Léopold II, Empereur et Roi. (1791). In-8.°, 12 pp.

1,010. Catechisme ou sommaire de la doctrine chrétienne, Divisé en trois parties. I. Partie. Contenant les premiers fondements de la Foi Chrétienne. II. Le Devoir d'un bon Chrétien. III. L'Explication plus ample des choses nécessaires au Chrétien. Revu par l'ordre de Son Altesse Monseigneur l'Archevêque Duc de Cambrai. A Mons, Chez N. J. Bocquet, Imprimeur-Libraire, rue de la Clef, n.° 11. (1791). In-32, 80 pp. non chiff. 5 cahiers A-E.

Ma bibl.

1,011. Catalogue des livres Trouvés chez feu Monsieur le Conseiller Kovalh, dont la Vente se fera en la maison mortuaire, le (26) mars 1791. A Mons, Chez N. J. Bocquet, etc., (1791). In-8.°, 80 pp.

Ma bibl.

1,012. Directorium ad horas canonicas ritè recitandas, missasvè celebrandas, juxta novam dispositionem Breviarii ac Missalis Romano-Franciscani, Ad usum P. F. Minorum Recollectorum Provinciæ Flandriæ, pro Anno bissextili M. DCC. XCII. etc. Montibus, Typis N. J. Bocquet. 1791. Cum Approbatione & Permissu Superiorum. In-8.º, 16 ff. non chiff.

Ma bibl.

1,013. Documents historiques sur la première restauration du pouvoir autrichien en Belgique, imprimés par N. J. Bocquet en 1792[1].

28-29 avril 1792. — Rapport De ce qui s'est passé à Quiévrain, (lors d'une tentative d'invasion des Français qui furent repoussés par le général Beaulieu). In-8.º, 3 pp.

29 avril. — Adresse des Belges à l'armée du roi apostolique. (Protestation de dévouement au gouvernement autrichien et de résistance contre la France). In-8.º, 3 pp.

29 avril. — Proclamation (adressée au peuple belge par les gouverneurs généraux pour l'engager à entretenir la paix et la tranquillité dans l'intérieur du pays). In-8.º, 7 pp.

29 avril. — Proclamation et avertence De la part du Commandement général de l'Armée de Sa Majesté apostolique aux Pays-Bas Autrichiens). In-8.º, 4 pp.

11 juin. — Direction pour la solennité de l'inauguration de Sa Majesté le Roi de Hongrie et de Boheme, François I, comme Comte de Hainau, Fixée au 11 juin 1792.

[1] Les pièces sans indication de sources se trouvent dans ma bibliothèque, ou à la bibliothèque de Mons, dans des collections portant les n.ᵒˢ 6,881, 67.ᵉ portefeuille, et 7,088 du catalogue, 1.ᵉʳ vol.

11 juin. — A Sa Majesté François I, roi de Hongrie et de Bohême, &c. &c. &c. Au jour de son Inauguration solemnelle dans la ville de Mons. (Epitre en vers composée par P. C. Caillon, professeur de poésie au collège de Houdain). In-8.º, 7 pp.

23 juillet. — Manifeste contre la révolution françoise (donné au quartier général de Coblence). In-8.º, 37 pp.

1,014. Documents historiques sur la première invasion de la Belgique par les armées de la République française, imprimés par N.-J. Bocquet, en 1792 et 1793[1].

7 novembre 1792. — Discours adressé au Général en Chef de l'Armée Belgique, Dumouriez, par le Président de la société des Amis de la Liberté & de l'Égalité, séant dans la Ville libre de Mons, à l'ouverture de la première séance publique. In-f.º

7 novembre. — De la part du Général de la République françoise, Dumouriez. (Information aux soldats autrichiens qui peuvent être cachés en la ville de Mons, qu'ils sont libres et peuvent prendre parti dans les troupes de la République). In-f.º

8 novembre. — Aux citoyens de la ville libre de Mons. (Avertissement à ceux qui ont atteint 21 ans de se rendre, le jeudi 8 novembre 1792, à 3 heures de l'après-midi, à l'église de Sainte Waudru, pour choisir des représentants provisoires). In-f.º

8 novembre. — Procès-verbal (de la nomination des administrateurs provisoires par le peuple assemblé dans l'église de Sainte-Waudru). In-f.º

8 novembre. — Les administrateurs provisoires Elus librement par le Peuple de Mons, à leurs Concitoyens. In-f.º

---

[1] Les pièces sans indication de sources se trouvent dans ma bibliothèque, ou à la bibliothèque de Mons, dans une collection portant le n.º 6,881 du catalogue, 67.ᵉ portefeuille.

8 novembre. — Promulgation des administrateurs provisoires, (déclarant que les liens qui unissaient les Belges à la maison d'Autriche sont brisés et que tous les anciens pouvoirs ont cessé d'exister. In-f.°

9 novembre. — Au nom du peuple souverain. (Défense de recruter ou engager aucun soldat, à moins d'y être autorisé par le général en chef Dumouriez.). In-f.°

9 novembre. — Au nom du peuple souverain (Défense de rien entreprendre contre la sûreté des personnes et des propriétés). In-f.°

9 novembre. — Les Citoyens Administrateurs Provisoires du Peuple souverain de la Ville libre de Mons (déclarent que les anciens titulaires continueront à exercer provisoirement les fonctions de receveurs des deniers publics). In-f.°

9 novembre. — Citoyens. (Invitation de la municipalité de Mons, à déposer au ci-devant couvent des Repenties toutes les couvertures dont on peut disposer pour les libérateurs de la patrie). In-f.°

10 novembre. — Les administrateurs provisoires De la Ville libre de Mons (donnent à connaître qu'une caisse est ouverte, en la maison commune, pour recevoir les dons patriotiques). In-f.°

10 novembre. — Citoyens. (Proclamation de l'administration provisoire de la province concernant les paiements en assignats par les soldats français). In-f.°

10 novembre. — Frères et citoyens. (Circulaire des administrateurs provisoires de la ville libre de Mons, adressée aux villes, bourgs et villages du Hainaut, aux fins de se choisir des administrateurs en remplacement de leurs maires et échevins). In-f.°

11 novembre. — Les administrateurs provisoires (déclarent que tous privilèges et exemptions en matière d'impôt sont supprimés). In-f.°

11 NOVEMBRE. — Résolution des administrateurs provisoires de la ville de Mons touchant les patrouilles et l'arrestation des vagabonds, des perturbateurs du repos public et des criminels en flagrant délit. In-f.º

14 NOVEMBRE. — Proclamation des administrateurs provisoires au sujet du cours des pièces d'or et d'argent de France. In-f.º

14 NOVEMBRE. — Assemblée générale des représentants du peuple souverain du Hainau belgique. (Proclamation concernant le maintien provisoire et le recouvrement des impôts existants). In-f.º

15 NOVEMBRE. — Citoyens. (Circulaire du comité des finances de l'administration provisoire, adressée aux receveurs des deniers publics, concernant le serment à prêter par eux). In-f.º

17 NOVEMBRE. — Les administrateurs provisoires, etc. (Arrêté relatif à l'administration provisoire de la justice dans l'arrondissement de Mons). In-f.º

18 NOVEMBRE. — Citoyens administrateurs. (Lettre du sieur Lebrun donnant avis que le peuple de Bruxelles vient de choisir quatre-vingts de ses représentants). In-f.º

18 NOVEMBRE. — Aux citoyens composant l'Administration provisoire. (Lettre du citoyen Leblanc, inspecteur des fourrages de l'armée de la Belgique, fixant le prix des foins, pailles, avoines). In-f.º

19 NOVEMBRE. — Les administrateurs provisoires de Mons (défendent de porter d'autres cocardes que celles aux trois couleurs : rouge, bleu et blanc; d'arracher les affiches émanées de l'administration et d'afficher aucun écrit sans signature de l'auteur et le nom de l'imprimeur). In-f.º

19 NOVEMBRE. — Du 19 novembre, an premier de la République, 6 heures du soir, etc. (Procès-verbal de l'assemblée des administrateurs provisoires du peuple du Hainaut ajournant le vote pour la nomination des juges de paix). In-f.º

24 NOVEMBRE. — Extrait de la Lettre du lieutenant-général Moreton adressée au Général Commandant la ville de Mons, (pour faire connaître l'intention du général Dumouriez de maintenir les administrateurs provisoires jusqu'à l'organisation de l'administration générale et de les protéger contre les factieux). In-f.º

22 NOVEMBRE. — Assemblée générale des représentants du peuple souverain du Hainau Belgique. (Procès-verbaux des séances).

Ces procès-verbaux ont été imprimés par ordre de l'assemblée des représentants des communes du Hainaut, qui se réunirent pour la première fois le 22 novembre 1792, et prirent le 26 le titre d'*assemblée générale des représentants du peuple souverain du Hainau Belgique*. Ils paraissaient par numéro d'une feuille ou d'une demi-feuille d'impression, comprenant une ou plusieurs séances ; la collection de ces procès-verbaux, devenue fort rare, et dont je possède un exemplaire complet, se compose de 54 numéros. Le premier est daté du 22 novembre 1792 et le dernier du 21 janvier 1793, jour de la dissolution de l'assemblée ; les sept premiers ne portent pas de numéros, les suivants portent les numéros 8 à 50, les n.ºˢ 20, 23, 29 et 46 sont répétés.

L'impression de ces procès-verbaux fut confiée à deux imprimeurs, Bocquet et Monjot.

On connaît deux éditions du n.º 2, l'une par Bocquet, l'autre par Monjot. Le n.º 24 a également été réimprimé pour rectifier des erreurs qui s'étaient glissées dans la première édition. Les procès-verbaux de cette collection qui ont été imprimés par Bocquet, sont : les n.ºˢ 2, 3, 5, 7, 9, 11, 13, 14, 15, 17, 19, 20, 21, 22, 24, 24 bis, 25, 27, 29, 30, 32, 34, 36, 37, 40, 41, 42, 43, 45, 46, 46 bis, 47 et 50.

Indépendamment des 54 numéros qui composent cette collection, il a été imprimé par Bocquet, Lelong et Monjot, dans le même format et en vertu d'arrêté de l'assemblée, divers documents qui en font partie comme annexes. Ceux de ces documents qui ont été imprimés par Bocquet sont :

1.º Projet présenté par la société des Amis de la liberté et de l'égalité séant à Mons sur l'organisation des tribunaux provisoires de justice, 4 pp. ;

2.º Discours prononcé par le citoyen Ferdinand De La Barre, dans la séance du matin du 20 décembre 1792, 4 pp.

A ces documents qui font partie essentielle de la collection, on joint encore plusieurs pièces qui sont sorties des presses de Bocquet, Lelong et Monjot, mais sans que l'assemblée en ait ordonné l'impression. De ces pièces Bocquet a imprimé la suivante :

Déclaration des citoyens De Bousies, d'Huart, Durand et Legay lue à la séance du 1.er décembre 1792, et par laquelle ces députés donnent leur démission des fonctions d'administrateurs provisoires de la ville libre de Mons, in-4.º, 4 pp.

28 NOVEMBRE. — Aux citoyens administrateurs provisoires De la Ville de Mons et Département en dépendant. (Avis du citoyen Louis Henrion, au sujet des réquisitions de chariots à amener au parc S^t.-Jean, à Mons, pour le service de l'armée Belgique). In-f.º

6 DÉCEMBRE. — Assemblée générale des représentants du peuple souverain du Hainau. (Décret ordonnant la réimpression des résolutions des 23 et 24 novembre 1792, concernant la publicité de ses séances). In-f.º

6 DÉCEMBRE. — Assemblée des représentants du peuple souverain du Hainau. (Décret ordonnant la publication de ses résolutions 1.º du 26 novembre 1792, concernant le changement du titre : *Assemblée générale des communes du Hainau* en celui de : *Assemblée générale des Représentants du Peuple souverain du Hainau Belgique* ; 2.º du 5 décembre suivant, quant à l'inviolabilité de la personne des députés ; et 3.º du 7 du même mois, relativement à l'abolition du droit de plantis appartenant aux seigneurs). In-f.º

10 janvier 1793. — Proclamation de l'Assemblée générale des Représentants du Peuple souverain de Hainau, sur l'établissement provisoire des Tribunaux de justice. In-f.º

14 janvier. — L'assemblée générale des représentants du peuple souverain de Hainau. (Proclamation faisant connaître à la nation la portée des décrets du 11 janvier relatifs aux biens ecclésiastiques et à ceux des émigrés). In-f.º

17 janvier. — L'assemblée générale des représentants du peuple souverain de Hainau. (Décret portant interprétation de celui du 11 janvier 1793, concernant les biens ecclésiastiques). In-f.º

22 février. — Les administrateurs provisoires de la Ville libre de Mons. (Arrêté concernant la rentrée des sommes dues par les débiteurs d'impôts, maltôtes et droits de barrières). In-f.º

2 mars. — Copie de la Lettre du citoyen Legier, Commissaire du Conseil exécutif dans le Hainau, adressée au Citoyen Général Commandant Ferrand (et faisant connaître que la Convention nationale a voté à l'unanimité la réunion du Hainaut à la France. Cette province formera un 86.e département sous le nom de *département de Jemmapes* et elle aura le droit d'envoyer provisoirement dix députés à la Convention). In-f.º

2 mars. — Extrait du Procès-verbal de la Convention nationale (concernant la réunion de la province de Hainaut à la France). In-f.º

5 mars. — Les administrateurs provisoires de la Ville libre de Mons. (Arrêté portant que les receveurs des biens ecclésiastiques ne pourront acquitter les pensions assignées sur leurs caisses qu'aux maisons religieuses supprimées en Hainaut). In-f.º

14 mars. — Au nom de la république françoise. Les administrateurs provisoires de la ville libre de Mons. (Arrêté contre le recel des argenteries des églises et des maisons religieuses). In-f.º

1,015. Documents historiques sur la seconde restauration du pouvoir autrichien en Belgique, imprimés par N.-J. Bocquet en 1793[1].

17 MARS 1793. — Décret de S. M. François, empereur d'Autriche, qui confère le gouvernement des Pays-Bas à son frère l'archiduc Charles-Louis d'Autriche. In-4°.

Bibl. de M. Houzeau de le Haye.

2-5 AVRIL. — Le général Dumouriez à la nation françoise. (Proclamation, datée des bains de S.t-Amand, tendant à la justification de ce général). *A la suite :* Le prince de Saxe Cobourg aux François. In-8.°, 15 pp.

5 SEPTEMBRE. — Décret de la Convention nationale, Relatif aux Personnes prévenues d'avoir fait le commerce d'Assignats, d'en avoir refusé en paiement, ou d'avoir cherché à les décréditer. In-f.°

28 OCTOBRE. — Requête des habitants de Hal aux États du Hainaut, protestant de leur attachement à la religion, aux lois des pays, et de leur concours en cas d'une nouvelle invasion de la France. In-8.°, 2 ff. non chiff.

21 NOVEMBRE. — Dépêche de Charles-Louis Archiduc d'Autriche aux États de Hainau, engageant les habitants de cette province à seconder les efforts de l'empereur par des fournissements d'hommes et d'argent.

Bibl. de M. Houzeau de le Haie.

14 DÉCEMBRE. — Les États du pays et comté de Hainau. (Exhortation de remettre à l'État contre récépissé les bijoux, les argenteries des particuliers et même des établissements religieux, pour en tirer parti et faire face aux dépenses de l'armée). In-8.°, 7 pp.

---

[1] Les pièces sans indication de sources se trouvent dans ma bibliothèque.

14 décembre. — Les trois ordres des États du Pays et Comté de Hainau. (Appel à une souscription volontaire et patriotique en faveur de la caisse militaire du gouvernement autrichien, dans le but de conserver la tranquillité dans le pays et de résister aux entreprises de la France). In-8.º, 16 pp.

Nouveau calendrier à l'usage d'une république établie depuis peu dans un pays qu'on appelle France, D'après les tables jacobino-républico-astronomiques Du Sr. Fabre d'Esglantine, Astronome-Pensionnaire de la République, Pour l'An II de la République des Sans-Culottes. A Jacobinopolis, Aux dépens de la Société. (1793). In-12, 55 pp., la dernière chiffrée par erreur 43. — *A la suite :* Le Revers de la médaille, ou almanach royal pour l'an de grâce 1794, dédié Aux Souverains et aux Peuples. In-12, 14 pp. non chiff.

1,016. Ordo officii divini recitandi, missæque celebrandæ, Ad normam Calendarii Romani &c. Dispositus Pro Anno Domini M. DCC. XCIV. Montibus, Typis N. J. Bocquet. 1793. In-8.º, 20 ff. non chiff.

Ma bibl.

1,017. Histoire du nouveau testament, etc. Mons, N. J. Bocquet. 1794. In-12, 144 pp.

Bibl. de M. R. Chalon.

1,018. Documents historiques sur la seconde restauration du pouvoir autrichien en Belgique, imprimés par N.-J. Bocquet, en 1794 [1].

4 janvier 1794. — Assemblée générale de Messieurs les Abonnés au Concert Bourgeois, spécialement convoqués à effet de délibérer sur le don Patriotique à offrir à Sa Majesté. In-8.º, 3 pp.

Les pièces sans indication de sources se trouvent dans ma bibliothèque.

L'assemblée vota un don de 1,600 livres pour aider le gouvernement autrichien à continuer la guerre contre la France.

24 FÉVRIER. — Charles-Louis, Archiduc d'Autriche, etc. (Témoignage de satisfaction adressé aux États de Hainaut pour la part prise par cette province à la souscription patriotique). In-8.º, 1 p.

25 FÉVRIER. — L'Empereur & Roi. (Déclaration portant que les proclamations militaires du 14 mars 1791 et du 29 avril 1792 doivent être regardées comme non avenues, les habitants ne devant être traités que suivant les lois et usages du pays). In-8.º, 1 p.

12 AVRIL. — Exhortation de la part de Messieurs les députés des États du Hainaut, pour les dons volontaires. In-8.º, 8 pp.
Bibl. de Mons, n.º 7,088 du catal., 10.º vol.

15 AVRIL. — Extrait du régistre des résolutions de Messieurs les députés des États du Pays et Comté de Hainau. (Compte-rendu de la démarche faite par la députation des États, chargée d'aller complimenter François II à son arrivée à Bruxelles, le 9 avril 1794). In-8.º, 12 pp.

21 AVRIL. — Ordre de la Marche pour l'Entrée de Sa Majesté l'Empereur & Roi, dans la Ville de Mons. In-8.º, 2 pp. non chiff.

21 AVRIL. — Relation de ce qui s'est passé à l'occasion de l'Entrée solennelle de Sa Majesté l'Empereur et Roi François II, dans la ville de Mons. In-8.º, 15 pp.

21 AVRIL. — A Sa Majesté François II, Empereur d'Allemagne, &c. &c. &c. Présenté par les Écoliers du Collége de Houdain. In-8.º, 4 pp.
Épitre adressée à François II le jour de son entrée à Mons, le 21 avril 1794.

21 AVRIL. — Chanson A François II, &c. &c. &c. Pour la présentation des Vins d'honneur. (Présentée par les Écoliers du Collége de Houdain). In-8.º, 4 pp.

21 AVRIL. — Tableau Des Dons volontaires des habitants de la ville de Mons, dont l'offrande a été mise aux pieds de Sa Majesté, au nom de la Communauté, au Bureau de l'Hôtel de Ville lundi 21 avril 1794. In-f.º, 56 pp.

30 AVRIL. — L'Empereur & Roi. (Dépêche aux États du Hainaut, datée du quartier général de Catillon, concernant la nécessité de nouvelles ressources pécuniaires pour faire face aux besoins de l'armée). In-8.º, 4 pp.

28 MAI. — Lettre de Son Altesse Royale l'Archiduc Charles-Louis d'Autriche, Gouverneur-général des Pays-Bas, &c. &c. adressée à Messieurs les Magistrats de la ville de Mons (en témoignage de la satisfaction de l'empereur pour les dons volontaires offerts par la ville de Mons). In-.8º, 1 f.

1,019. Documents historiques sur la seconde invasion de la Belgique par les armées de la république française, imprimés par N. J. Bocquet, en 1794 [1].

2 JUILLET 1794. — Liberté. Égalité. Mons, 14 Messidor, l'an deuxième de la République. (Arrêté des Représentants du Peuple envoyés près les armées du Nord, nommant les fonctionnaires de la municipalité, du comité de surveillance, de la justice de Paix, des tribunaux civils et criminels de Mons). In-f.º

3 JUILLET. — 15 Messidor an II. Les Représentants du Peuple Français ordonnent que les assignats auront cours dans la ville de Mons et dans tous les lieux évacués par l'ennemi, et seront reçus au pair. In-f.º

10 JUILLET. — Laurent Représentant du Peuple près l'armée du Nord. (Arrêté, daté de Mons, annulant toutes décisions émanées de l'autorité autrichienne, qui auraient privé les habi-

---

[1] Ces pièces se trouvent dans ma bibliothèque.

tants du pays évacué par l'ennemi de tout ou partie de leurs biens, à cause de leur attachement aux principes républicains). In-f.º

1,020. Abregé des principes de la grammaire françoise, par M. Restaut, A l'usage des Colléges des Pays-Bas. Nouvelle édition Corrigée & augmentée des Verbes irréguliers. A Mons, Chez N. J. Bocquet, Imprimeur-Libraire, rue de la Clef, n.º 11. (1795). Pet. in-8.º, titre et préliminaires 4 ff., II-115 pp., table 1 p. non chiff.

Ma bibl.

1,021. Douze questions proposées au c^{en} Huleu, archiprêtre de l'église de Malines, Par un ci-devant Notaire des Pays-Bas, pour servir de Réponse à la Brochure intitulée : *Aurora veritatis*. 1798. (Mons, N. J. Bocquet). In-8.º, titre 1 f. et 21 pp.

Ma bibl.

L'auteur de cet opuscule est l'abbé Hippolyte-Joseph Duvivier, qui naquit à Mons le 20 avril 1792, et mourut à Tournai le 25 janvier 1834. Cet écrivain a publié, sous le voile de l'anonyme, un grand nombre d'ouvrages de polémique religieuse contre les innovations de Joseph II et contre les mesures prises à l'égard du clergé par le gouvernement français, à la fin du siècle dernier. La plupart de ces opuscules ont été imprimés à Malines et à Mons avec des noms de lieux supposés ; ils sont aujourd'hui assez rares.

1,022. Seconde lettre du jurisconsulte françois au ci-devant notaire des Pays-Bas, sur la question : Peut-on en conscience communiquer *in divinis* avec les Ministres de la Religion catholique qui ont prêté le serment de haine à la royauté? M. DCC. XCVIII. (Mons, N. J. Bocquet). In-8.º 3 ff. non chiff., et 16 pp.

Ma bibl.

Par l'abbé Duvivier.

1,023. Troisieme lettre du jurisconsulte françois au ci-devant notaire des Pays-Bas, Sur les rapports des événemens présens avec la fin du monde. Servant d'antidote aux Catholiques Contre le Calendrier républicain, les Décadis, les Fêtes dites nationales, les processions civiques, les nouveaux Plans d'éducation, les Ecoles centrales, normales, primaires; en un mot, contre tous les moyens de séduction & de perversion généralement connus sous le nom d'institutions républicaines. M. DCC. XCVIII. (Mons, N. J. Bocquet). In-8.º, titre 1 f et 29 pp.

Ma bibl.

Par l'abbé Duvivier.

1,024. Les analogies historiques, ou morceaux choisis de l'histoire, Pour servir de guide aux Orthodoxes dans les nouvelles controverses, & de préservatif contre les erreurs du temps. In-8.º

N.º 1. M. DCC. XCVIII. (Mons, N. J. Bocquet), 35 pp.
N.º 2. A Liege: (Mons, N. J. Bocquet), 38 pp.
N.º 3. (Mons, N. J. Bocquet), 31 pp.
N.º 4. (Mons, N. J. Bocquet), 24 pp.
N.º 5. A Paderborn. 1801. (Mons, N. J. Bocquet), 32 pp.

Ma bibl.

Par l'abbé Duvivier.

1,025. Avis aux catholiques sur les nouvelles supercheries des jureurs fructidoriens, etc. 1800. (Mons, N. J. Bocquet). In-8.°, 8 pp.

Bibl. de Mons, n.° 7,088 du catal., 16.e vol. — Ma bibl.
Par l'abbé Duvivier.
Il existe une *nouvelle édition*, imprimée chez N. J. Bocquet, en 1801, in-8.°, 8 pp.

1,026. Supplément à l'avis aux catholiques sur les nouvelles supercheries des jureurs fructidoriens, Contenant Quatre autres autorités importantes, avec un exposé de la regle qui fut toujours suivie par les Catholiques dans les contestations religieuses; Écrit tenant lieu de Replique au Mandement publié par la scission fructidorienne du vicariat de Tournay, le 12 septembre 1800. etc. 1800. (Mons, N. J. Bocquet). In-8.°, 12 pp.

Ma bibl.
Par l'abbé Duvivier.

1,027. Notice sur l'abbé Sicard, Instituteur des Sourds & Muets, pour l'intelligence de ses Annales philosophiques, morales & littéraires, par rapport au serment du 19 fructidor. (Mons, N. J. Bocquet. 1800). In-8.°, 16 pp.

Bibl. de Mons, n.° 7,088 du catal., 16.e vol. — Ma bibl.
Par l'abbé Duvivier.

1,028. Un mot sur le mandement des vicaires généraux scissionnaires de Tournai, faisant suite A l'Avis aux Catholiques, au Suplément & à la Notice sur l'abbé Sicard.
— Excusatio non petita est accusatio manifesta. — M. DCCC. (Mons, N. J. Bocquet). In-8.°, 12 pp.

Bibl. de Mons, n.° 7,088 du catal., 16.e vol. — Ma bibl.
Par l'abbé Duvivier.

1,029. Éclaircissemens sur la question : Si les Religieux belges supprimés avant la réunion, peuvent toucher leur pension sans se soumettre aux lois qui exigent le serment, ou réponse à diverses objections pour l'affirmative. etc. 1800. (Mons, N. J. Bocquet). In-8.°, 16 pp.

Ma bibl.

Par l'abbé Duvivier.

1,030. Lettre De D. Anselmo B***, ancien Historiographe de l'Université de Pavie, au Citoyen Bonaparte, Consul de la République française, sur le nouveau serment de liberté et d'égalité. (Datée d'Embrun, le 18 novembre 1799). (Mons, N. J. Bocquet). In-8.°, 8 pp.

Bibl. de Mons, n.° 7,088 du catal., 16.° vol. — Ma bibl.

Par l'abbé Duvivier.

1,031. Seconde lettre de D. Anselmo B***, Ancien Historiographe de l'Université de Pavie, au citoyen Bonaparte, premier Consul de la République Française, sur les suites du 18 Brumaire et sur la promesse de fidélité à la constitution. (Datée de Valence le premier Février 1800). (Mons, N. J. Bocquet). In-8.°, 15 pp.

Bibl. de Mons, n.° 7,088 du catal., 16.° vol. — Ma bibl.

Par l'abbé Duvivier.

1,032. Nouvelle lettre de D. Anselmo B***, Ancien Historiographe de l'Université de Pavie, à Buonaparte, Sur la Paix. (Datée de Valence, le 1 Nov. 1801). (Mons, N. J. Bocquet). In-8.°, 22 pp.

Bibl. de Mons, n.° 7,088 du catal., 16.° vol.—Ma bibl.

Par l'abbé Duvivier.

Le pouvoir fit rechercher et saisir ces trois lettres avec une sévérité si active que les exemplaires en sont d'une grande rareté. Les deux premières n'ont eu que deux éditions, mais la troisième a été réimprimée en divers endroits, sans être pour cela plus facile à trouver parcequ'elle a été l'objet de rigueurs spéciales de la part de la police de Napoléon.

1,033. Mr Ernst condamné par lui-même, ou quatrieme lettre du jurisconsulte françois au ci-devant notaire des Pays-Bas, Sur l'obligation d'éviter la communion des jureurs fructidoriens; obligation résultant des erreurs philosophiques qu'ils soutiennent & favorisent dans leurs ouvrages, leurs sermons & leurs discours particuliers, etc. 1801, (Mons, N. J. Bocquet). In-8.°, 39 pp.

Bibl. de Mons, n.° 7,888 du catal., 16.° vol. — Ma bibl.

Par l'abbé Duvivier.

1,034. Nouveau manege du clergé fructidorien Au sujet des Mémoires justificatifs qu'il a présentés au S. Siege, & du Silence que le S. Siege garde sur ces Mémoires. A Paderborn. 1801. (Mons, N. J. Bocquet). In-8°, 24 pp.

Bibl. de Mons, n.° 7,088 du catal., 16° vol. — Ma bibl.

Par l'abbé Duvivier.

1,035 Doctrine et tradition de l'église Sur la nature, la propriété, l'usage & l'administration des biens ecclésiastiques, depuis les Apôtres jusqu'à nos jours. etc. A Leipsick 1801. (Mons, N. J. Bocquet). In-8.°, 80 pp.

Ma bibl.

Par l'abbé Duvivier.

1,036. Entretien curieux et important, qui eut lieu pendant le trajet de Douvres a Calais, sur le rétablissement de la religion catholique en France, entre Mr. le comte et madame la comtesse de ***, émigrés françois et un missionnaire anglois. (1801. Mons, N. J. Bocquet). In-8.º, titre 1 f. et 18 pp.

Ma bibl.

Par l'abbé Duvivier.

1,037. Catalogue des livres délaissés par feu J. J. Dehaussy, ci-devant avocat, Dont la vente se fera à Mons, le premier floréal an 9, etc. A Mons, De l'Imprimerie De N. J. Bocquet, etc. (1801). In-8.º, 55 pp.

Ma bibl.

1,038. Lettre d'un curé des départemens réunis, Déporté à l'Ile de Cayenne, a ses paroissiens. A Bruxelles. 1802. (Mons, N. J. Bocquet). In-8.º, 15 pp.

Bibl. de Mons, n.º 7,088 du catal., 16.º vol. — Ma bibl.

Par l'abbé Duvivier.

1,039. Mémoire sur la nature de la fourmorture en Hainaut et dans les coutumes voisines, etc. Par le C^{en}. Raoux. De l'imprimerie de N. J. Bocquet, Libraire à Mons, rue de la Clef, n.º 11. (1802). In-4.º, 53 pp. la dernière non chiff.

Ma bibl.

Il existe un supplément à ce mémoire, in-4.º, 24 pp.; mais il a dû être imprimé à Bruxelles.

1,040. Catalogue des livres délaissés Par Jean-François-Joseph Recq, Ci-devant Chanoine de l'église collégiale de St. Pierre à Leuze, Dont la vente se fera à Mons, le 15 messidor an XI. A Mons, De l'Imprimerie de N. J. Bocquet, etc. (1803). In-8.º, 48 pp.

Ma bibl.

1,041. Supplément au catalogue des livres De M. Recq. A Mons, De l'Imprimerie de N. J. Bocquet, (1803). In-8.º, 8 pp.

Ma bibl.

1,042. Catalogue des livres délaissés par M. Paridaens, En son vivant Conseiller en la Cour à Mons, Dont la vente se fera en sa maison mortuaire, rue verde (sic), le 9 frimaire an XII. A Mons, Chez N. J. Bocquet, etc. In-8.º, 29 pp.

Ma bibl.

1,043. Regles de la confrerie de saint Hilaire, canoniquement érigée dans l'Eglise Collégiale et Paroissiale de Saint Germain, à Mons, l'an 1560, à présent 1802, remise dans celle de Sainte-Waudru de la même Ville; avec un abregé des Privileges et Indulgences accordées par le Souverain Pontife Clément XII, et par Monseigneur l'Illustrissime et Révérendissime, Archevêque et Duc de Cambrai. L'abregé de la vie de Saint Hilaire, les litanies de la Très Sainte Trinité, et l'Oraison. M. DCCC.III. (Mons, N. J. Bocquet). In-12, 23 pp.

Bibl. de M. Léopold Devillers.

1,044. Ode a sa sainteté le souverain pontife Pie VII, au jour du couronnement de sa majesté l'empereur des français. Par M. Le Mayeur, Habitant de la ville de Mons, département de Jemappes, auteur de l'Épitre au 1.er Consul, à son arrivée dans la Belgique; de l'Ode sur l'avénement de Napoléon Bonaparte à l'Empire des Français, &c. &c. A Mons, Chez N. J. Bocquet, Imp. Lib. rue de la Clef, N.º 11. Et se trouve à Paris, Chez Leclerc, Imp. Lib. de

Son Éminence le Cardinal Caprara, Légat du St. Siege. (1804). In-8.°, titre 1 f. et 12 pp.

Bibl. de Mons, n.° 4,952 du catal. — Ma bibl.

1,045. Hymne dévot et de grande efficace a S. Fiacre, patron des malades et affligés, Duquel la Confrerie est érigée en l'Église paroissiale de Saint Nicolas à Mons. Ensemble quelques Prieres fort utiles aux Vivants & Trépassés. A Mons, De l'Imprimerie de N. J. Bocquet, Libraire, rue de la Clef. Très petit format, 16 pp., les trois dernières non chiff.

Bibl. de M. Léopold Devillers.

1,046. Extensio kalendarum nonarum et iduum secundum usum romanum. Montibus, Typis N. J. Bocquet, Bibliopola, in via Clavis, N.° 11. In-32, 8 ff. non chiff.

Bibl. de Mons, n.° 1,292 de l'inventaire.

ERNEST - ANTOINE - JOSEPH JEVENOIS.

1785-1822.

Cet imprimeur, fils de Pierre-Joseph Jevenois et de Marie-Agnès Deblock, naquit à Mons le 17 février 1759, et mourut en cette ville le 9 janvier 1836.

Après avoir travaillé successivement dans les ateliers de Mathieu Wilmet, de la veuve Bottin, d'Henri Hoyois, à Mons, et de Jorry, à Paris, il obtint, le 16 novembre 1785, des lettres patentes pour exercer l'art de l'imprimerie dans sa ville natale.

Il se retira définitivement des affaires en 1822, mais, à partir de 1811, il n'imprima plus que des pièces fugitives et sans importance.

1,047. Documents historiques sur la révolution belgique, imprimés par A. Jevenois, en 1787 et 1788 [1].

1.er SEPTEMBRE 1787. — Catechisme constitutionnel à l'usage de la nation belgique, par H. J. Vander Hoop, Avocat au Conseil Souverain de Brabant. In-8.º, 52 pp.

---

[1] Ces pièces se trouvent dans ma bibliothèque, ou à celle de Mons dans des collections portant les n.os 6,881, 43.e portefeuille, et 7,088 du catal., 5.e volume.

21-23 SEPTEMBRE. — Relation de ce qui s'est passé en la ville de Mons, capitale du Hainaut; pendant les journées des 21, 22 & 23 du mois de septembre 1787. Par un volontaire. In-8.º, 12 pp.

Note écrite par le comte de Tranttmansdorff, ministre de l'empereur au Pays-Bas, concernant la façon de penser de S. A. R. le Grand Duc de Toscane, sur le système de l'Empereur. (1787). In-8.º, 2 pp.

27 MAI 1788. — Copie d'une dépêche de leurs altesses royales Adressée aux États de Brabant. (Promesse d'oubli du passé faite au nom de l'empereur relativement aux troubles). In-8.º, 5 pp.

1,048. La vie de la très-sainte vierge Marie mere de Dieu, avec Des Réflexions des Saints Peres & des Docteurs de l'Église. A Mons, Chez E. A. Jevenois, Imprimeur-Libraire, sur la Grand'Place, vis-à-vis de l'Hôtel de ville, 1788. Avec Approbation & Permission. In-8.º, 63 pp. Ma bibl

1,049. Documents historiques sur la révolution belgique, imprimés par A. Jevenois, en 1789 et 1790 [1].

Dialogue entre Joseph second, empereur d'Allemagne et Louis seize, roi de France (1789). In-8.º, 52 pp.

Manifeste du pays et Comté de Hainaut. (1789), In-8.º, 48 pp.

Ode à son éminence le cardinal de Franckenberg, archevêque de Malines, primat des Pays-Bas, &c., &c., &c. Par M. Le Mayeur, Avocat. 1789. In-8.º, 8 pp.

Le triomphe des montois, ou recit exact de leur victoire, Pour servir de suite à l'Histoire des Pays-Bas; Leur sortie & leur

---

[1] Ces pièces se trouvent dans ma bibliothèque, ou à celle de Mons dans des collections portant les n.ᵒˢ 6,881 du catal. 51.ᵉ, 52.ᵉ, 56.ᵉ, 61.ᵉ, 72.ᵉ portefeuilles, et 7,088, 3.ᵉ, 9.ᵉ et 10.ᵉ volumes.

rentrée dans Mons. De l'Imprimerie Patriotique. 1789. In-8.º, VI-21 pp.

26 JANVIER 1790. — Comité-général du Hainaut. (Résolution prise par les États de choisir des commerçants de chaque ville de la province, pour rédiger le « Mémoire au fait du Commerce »).

30 JANVIER. — Le Comité-général du Hainaut. (Invitation aux négociants et marchands de Mons de présenter leurs observations à la jointe établie en cette ville dans l'intérêt du commerce et des manufactures). In-f.º

7 AVRIL. — Copie d'une lettre de Momsieur (sic) le général Dirix, Ecrite de Namur, à Madame son Epouse, etc. In-8.º, 4 pp.

25 MAI - 19 JUIN. — Journal général de la province et comté de Hainau, etc. Tome premier. De l'imprimerie patriotique. In-8.º, titre et préliminaires 2 ff. non chiff., texte 81 pp., la dernière abusivement chiffrée 18; suite au n.º 4, 4 pp.

Ce journal paraissait le samedi de chaque semaine; le premier numéro a été publié le 25 mai 1790, et le cinquième qui est le dernier, le 19 juin suivant. On trouve dans cette publication quelques notes relatives à l'histoire des comtes de Hainaut.

17 JUIN. — Bulletin officiel de l'Armée de la République, Imprimé par ordre du Congrès. Pet. in-8.º

Voir n.º 1,006, à la date du 17 juin 1790.

25 AOUT. — De par les Trois États représentant le Peuple des Pays et Duché de Brabant. (Invitation du Congrès souverain à un enrôlement volontaire dans tout le pays). In-8.º, 8 pp.

15 NOVEMBRE. — Bruxelles, etc. (Avis portant que les volontaires flamands, au nombre de 40,000 ont témoigné au congrès souverain le désir de défendre la liberté et exprimé la volonté d'être libres ou de mourir). In-8.º, 2 pp.

Exercice et manœuvre d'infanterie. Dedié A Messieurs les Commandants, Officiers et Volontaires du Hainaut etc. 1790. In-4.º, 2 ff. non chiff. et 4 pp.

Ne dépendons que de nous, ou réflexions rapides Sur les intérêts de la France, de l'Angleterre, de la Prusse, & de la Hollande, considérés dans leurs rapports politiques avec la révolution consommée en Décembre 1789, dans les Provinces Belgiques, & sur l'organisation d'une force Militaire, fondée sur les mœurs & les usages des Habitants de ces Provinces. Par Mr. Bompard. A la libertés (sic). 1790. In-8.º, 24 pp.

Chronique brabançonne, dédiée aux bons amis de la liberté. Philadelphie, M.DCC.XC. In-12. 21 pp. *A la suite:* Lamentations du général d'Alton, etc. Aux Ardennes. 1790. 1 f. non chiff. et 7 pp.

1,050. Mémoire sur les causes de la décadence du commerce des Pais-Bas, Et sur les moïens de le rétablir d'une façon avantageuse, à la Nation. etc. Par M. Criquillion, Avocat au Conseil Souverain du Hainau. A Mons, De l'Imprimerie de A. Jevenois, Libraire, sur la Grand' Place. (1790). In-8.º, 115 pp.

Bibl. de Mons, n.º 1,834 du catal. — Ma bibl.

1,051. Soirées villageoises ou anecdotes et aventures avec des secrets intéressants par M. le marquis de Langle. Amsterdam, et se trouve à Mons, chez A. Jevenois. Imp.-Lib. 1790. In-8.º, 120 pp.

Ma bibl.

1,052. Traité sur l'art d'écrire ou principes d'écritures à l'usage des jeunes gens de l'un & de l'autre sexe; D'après les plus habiles Maitres. A Mons, Chez A. Jevenois, Imprimeur Libraire sur la Grand'Place. 1792. In-8.º, 101 pp.

Bibl. de Mons.

Par Quevreux.

1,053. Documents historiques sur la première invasion

de la Belgique par les armées de la République française, imprimés par A. Jevenois, en 1792 et 1793[1].

4 DÉCEMBRE 1792. — Décret de la convention nationale confisquant, au nom de la République, tous les deniers & objets mobiliers appartenant aux émigrés, saisis en pays étrangers par les armées françaises. In-f.°

31 JANVIER 1793. — Extrait du procès-verbal de la convention nationale (décrétant que les généraux de la République prendront les mesures nécessaires pour la tenue des assemblées primaires dans les pays occupés par les armées françaises, afin que le peuple émette son vœu sur la forme du gouvernement qu'il veut adopter). In-f.°

FÉVRIER. — Au nom de la République française. (Proclamation du maréchal de camp Ferrand, portant que le décret du 15 décembre 1792 ne porte aucune atteinte à la souveraineté des peuples, et engageant les citoyens à se hâter d'exercer les droits dont la République française leur accorde l'exercice). In-f.°

8 FÉVRIER. — Au nom de la République Française, etc. (Invitation du maréchal de camp Ferrand aux citoyens de Mons, de se réunir le lundi 11 fevrier 1793, à 8 heures du matin, en l'église de Sainte-Waudru, pour émettre leurs vœux sur la forme de gouvernement qu'ils veulent adopter). In-f.°

1,054. Documents historiques sur la seconde invasion de la Belgique par les armées de la République française, imprimés par A. Jevenois, en 1796 et 1797[2].

1794. — Liberté. Égalité. Extrait de l'arrêté du citoyen J. B. La Coste, etc. Commissaire dans les départemens du Nord, &c.

---

[1] Ces pièces se trouvent dans ma bibliothèque.
[2] Idem.

(enjoignant aux propriétaires, directeurs, employés et ouvriers des mines à charbon du département de Jemmapes, de continuer les travaux d'exploitation jusqu'à nouvel ordre). In-f.º

30 MARS 1796. — Procès-verbal de la fête de la jeunesse, qui a été célébrée à Mons, département de Jemappes. Le 10 Germinal 4.me Année de la République Française. In-4.º, 8 pp.

10 AOUT. — Discours prononcé Le vingt-trois Thermidor de l'an 4. pour la fête du 10 août. (v. s.) In-8.º, 8 pp.

12 SEPTEMBRE. — L'administration municipale du canton de Mons, à ses concitoyens du departement de Jemappes. (Programme de la fête commémorative de la fondation de la République, à célébrer à Mons, le 1.er vendémiaire an V). In-f.º

22-29 OCTOBRE. — Mémoire de l'administration municipale de la commune et canton de Mons, En réponse à la Circulaire de l'Administration Centrale du Département de Jemappes, du 17 Vendémiaire de l'an 5.me de la République Française, rélative à un projet d'une nouvelle démarcation des Neuf Départemens réunis. Rédigé en ses Séances des 1.er, 5, 7 et 8 Brumaire. In-8.º, 19 pp.

31 MARS 1797. — Département de Jemappes, Canton de Mons, section du Nord. (Procès-verbal de la séance, tenue le 11 Germinal an V, pour la nomination des officiers de l'administration municipale). In-8.º, 6 pp.

2 AVRIL. — Extrait du procès-verbal de l'Administration Municipale du Canton de Mons, chef-lieu du Département de Jemappes, séance du 15 Germinal 5.me année Républicaine. (Installation des administrateurs municipaux). In-8.º, 8 pp.

25 DÉCEMBRE. — Mémoire pour Jean-Denis Lefevre, ex-Garde-

Magasin des Chauffages et Lumières de la Place de Mons, contre Jean-Baptiste Paulée, etc. In-8.º, 4 pp.

1,055. Catalogue des livres de la succession, Du Citoyen Jacques Hypolite Meurisse, homme de loi, décédé en la Commune de Mons le 5 Ventose an 7; etc. De l'Imp. de A. Jevenois sur la Grand'Place. (1799). In-8.º, titre 1 f., texte 52 pp.

Ma bibl.

1,056. Mandement et ordonnance de prieres publiques pour la paix rendue à l'église et à l'état. A Mons, Chez A. Jevenois, Imprimeur, sur la Grand'Place. N.º 15. (1801). In-8.º, 12 pp.

Ma bibl.

Ce mandement a été donné par les vicaires-généraux du diocèse de Tournai, le 17 décembre 1801.

1,057. Société d'encouragement pour l'agriculture et l'industrie du département de Jemmape. A Mons, de l'Imprimerie de A. Jevenois, Imprimeur de la Société. In-8.º

Séance d'Inauguration de la Société, 31 mai 1808. 7 pp.
Séance du 15 juin 1808. 9 pp.
Séance du 12 juillet 1808. 15 pp.
Projet de règlement. 8 pp. la dernière non chiff.
Reglement (du 12 juillet 1808). 8 pp.
Séance du 11 octobre 1808. 10 pp.
Extrait du procès-verbal de la séance du 8 octobre 1810, 15 pp.
Procès-verbal de la plantation faite dans l'inspection forestiere de Binche, arrondissement de Jemmape, en commémoration du Mariage de Sa Majesté l'empereur et roi. Février 1811. In-8.º, 15 pp.

Bibl. de Mons, non catalogué. — Ma bibl.

M. Camille Wins a publié, en 1855, l'histoire de cette société. (Mons, Masquillier et Lamir). Pet. in-8.º, 64 pp.

1,058. Notes sur l'abolition des jachères et les avantages de la culture flamande, Présentées à Messieurs les Président et Membres composant la Société pour l'encouragement de l'Agriculture et de l'Industrie du département de Jemmape; Par J.-B.te Mondez, Maire, Cultivateur-Propriétaire, à Frasnes, et Fermier du château de Baulet-lez-Fleurus; Membre de la dite Société. etc. A Mons, Chez A. Jevenois, Imprimeur-Libraire, sur la Grande-Place, N.º 15. (1811). In-8.º, 92 pp., deux planches avec légendes, un tableau, et 2 ff. de table non chiff.

Bibl. de Mons, n.º 3,273 du catal. — Ma bibl.

1,059. Confrérie de N.-D. de Hal. Canoniquement érigée en l'Église Paroissiale de Sainte Élisabeth à Mons, l'an 1677. A Mons, De l'Imprimerie de A. Jevenois, Libraire, sur la Grand' Place. N.º 15. (1812). In-12, 15 pp.

Bibl. de Mons, n.º 2,676 du catal.

1,060. Catalogue de livres qu'on vendra publiquement en la maison mortuaire de M. le Medecin Lefebvre, rue des Gades N.º 27 à Mons le 19 septembre 1814, etc. A Mons de l'Imprimerie de A. Jevenois libraire. In-8.º, 28 pp.

Bibl. de M. R. Chalon.

1,061.* L'Ange conducteur dans la dévotion chrétienne avec un Recueil de Prières les plus propres à inspirer la dévotion. Nouvelle édition. A Mons, Chez A. Jevenois, Imprimeur-Libraire, sur la grand Place. Avec approbation. Pet. in-12.

1,062. Confrerie de S. Donat martir Canoniquement érigée en l'Eglise Paroissiale de Sainte Elisabeth à Mons en Hainaut Diocèse de Cambray. A Mons, de l'Imprimerie de Jevenois, Grand'Place N.º 15. Avec Approbation et Permission. Pet. in-12, 44 pp.

Bibl. de M. Léopold Devillers.

1,063. La soirée édifiante, ou instruction familiere d'un pere à ses enfans, Ouvrage moral et unique en son genre, dédié à la Jeunesse, par Antoine Joseph Moutier, ex Maire, ci-devant Juge, Défenseur Officieux, à Maubeuge, Département du Nord, Empire français. De l'Imprimerie de A. Jevenois, Lib. grand'place n.º 15, à Mons. Pet. in-8.º, 48 pp.

Ma bibl.

1,064. Le livre des enfans, ou idées générales et définitions Des choses dont les Enfans doivent être instruits. A Bruxelles; Et se vend à Mons, chez E. A. Jevenois, Imprimeur-Lib. sur la Grand'Place, vis-à-vis de l'Hôtel de Ville. In-8.º, 69 pp., table 2 pp. non chiff.

Ma bibl.

AUGUSTE-JOSEPH LELONG.

1785-1800.

Fils de Baudouin-Joseph et de Marie-Caroline Deridoux, Auguste Lelong naquit à Mons le 16 novembre 1761, et mourut dans la même ville le 20 messidor an VIII (9 juillet 1800).

Il fit son apprentissage dans les ateliers d'Henri Hoyois, et ayant obtenu des lettres patentes d'imprimeur le 3 décembre 1785, il s'établit à Mons, rue de la Chaussée.

Ses presses ont principalement fonctionné pour la publication des actes de l'administration provisoire de Mons et pour la réimpression des décrets de la convention nationale.

1,065. Dissertation sur la nature de notre existence. Analyse philosophique du Commerce, Observations sur l'étendue de ses vissicitudes; moyens de remédier aux désastres qui poursuivent les Négocians, Manufacturiers, Fabricans & Marchands malheureux; de respecter leur fortune en assurant celle de leurs Créanciers. Et Réflexion sur l'état actuel de l'Europe. Par L. A. Baudy, Citoyen de Genève. Premiere Édition. A Mons, Chez A. J. Lelong, Imprimeur-Libraire, Rue de la Chaussée. M.DCC.LXXXVII. In-8.º, 315 pp., avis des éditeurs et table 4 pp. non chiff.

Ma bibl.

1,066. Documents historiques sur la révolution belgique, imprimés par A. J. Lelong en 1787, 1788 et 1790 [1].

Défense de Joseph II, ou mémoire apologétique sur les droits de l'église et sur ceux du souverain, relativement au gouvernement de la religion, pour servir de réponse à la brochure intitulée : Réflexions sur les édits émanés aux Pays-Bas, de la part de l'empereur, en matière ecclésiastique. (1787). In-8.º, 80 pp.

Par l'abbé Duvivier.

Réflexions d'un citoyen pacifique sur l'affaire de Louvain, Où l'on prouve par le Commentaire de l'Ordonnance du 16 Octobre 1786, que la position actuelle du Séminaire Général n'est en aucune maniere obstative à l'entier accomplissement des préalables, tels qu'ils sont exigés par l'Empereur. etc. M.DCC.LXXXVIII. In-8.º, 40 pp.

Bibl. de M. Augustin Lacroix.

Par l'abbé Duvivier.

Recueil de lettres originales de l'empereur Joseph II, au général d'Alton, Commandant les Troupes aux Pays-Bas, depuis Dé-

---

[1] Les pièces sans indication de sources se trouvent dans ma bibliothèque, ou à la bibliothèque de Mons dans des collections portant les n.ᵒˢ 6,881, 52ᵉ, 53ᵉ, 54ᵉ, 56ᵉ, 58ᵉ portefeuilles et 7,088 du catal., 15.ᵉ vol.

cembre 1787, jusqu'en Novembre 1789. 1790. In-8.°, X pp., 1 f. et 58 pp.

Lettre de M. Linguet a l'empereur Joseph second Sur la révolution du Brabant et du reste des Pays-Bas. (1790). In-8.°, 26 pp.

Bibl. de M. Augustin Lacroix.

14 JANVIER 1790. — Extrait d'une lettre adressée à Mr. le colonel Debraine (de la part de M. le général Dirix, au sujet de MM. Cambon, Honorez et De Patoul De Petit Cambrai). In-4.°

Relation de ce qui s'est passé en la ville de Halle, Depuis le 25 Novembre 1789, jusqu'à la fin de Janvier 1790. In-8.°, 15 pp.

20 FÉVRIER-8 MARS. — Observations données au comité général, à Mons. (Par l'avocat Delneufcour). In-8.°, 15 pp.

5 AVRIL. — Extrait Du Registre des Résolutions du Corps d'Officiers des Volontaires de Mons. (Adhésion à la conclusion du manifeste des États du Hainaut). In-8.°, 4 pp.

24 MAI. — Extrait D'une Lettre ministérielle de Berlin, (concernant les conditions de la paix entre Léopold et les États-Unis Belgiques). In-8.°

26 MAI. — Messeigneurs, (Dépêche adressée de Namur aux États de Hainaut, par Lebrum d'Ostregnies, sur les opérations militaires près d'Assesses). In-8.°, 4 pp.

27 MAI. — Messeigneurs. (Dépêche adressée de Namur aux États de Hainaut par Lebrum d'Ostregnies, sur les opérations militaires du côté de Namur). In-12, 5 pp.

28 MAI. — De par le comité général du Hainau. (Ordonnance contre ceux qui répandent des bruits inquiétants). In-f.°

29 MAI. — Messeigneurs. (Dépêche adressée de Namur au congrès souverain des États Belgiques par ses députés plénipo-

tentiaires, pour réclamer l'envoi de nouveaux volontaires). In-12, 5 pp.

1.er JUIN. — Namur. (Lettre de Lebrum d'Ostregnies aux États de Hainau au sujet de la marche des volontaires belges venant au secours de la Patrie). In-8.º, 2 pp.

10 JUIN. — Namur. (Lettre annonçant la défaite de l'ennemi près d'Andoy et de Bouvigne et faisant l'éloge de la belle conduite des volontaires montois). In-8.º, 2 pp.

11 JUIN. — Copie d'une lettre de Namur (au sujet de la guerre). In-8.º, 2 pp.

10-12 JUIN. — Extrait D'une Lettre d'un Officier Montois, écrite de l'Armée du Camp de Monsée. In-8.º, 4 pp.

6 JUILLET. — Relation Exacte de l'entrée des Habitants de la Ville du Rœux & de plusieurs Villages voisins dans la Capitale du Hainau. In-8.º, 4 pp.

1.er AOUT. — Discours Prononcé aux États du Pays et Comté de Hainau représentans le Peuple. (Par les habitants de Stambruge, Ville, Hautrage, Villerot et Grand-Glise). In-8.º, 2 pp.

7 AOUT. — Réglement pour le corps des volontaires de la Ville de Mons, etc. In-8.º, 12 pp.

31 OCTOBRE. — Déclaration des Ministres de leurs Majestés les Rois de la Grande Bretagne & de Prusse, et de leurs Hautes Puissances les États Généraux de la République des Provinces-Unies, remise à Mr. Vanleempoel, à Lahaye. In-8.º, 3 pp.

6 NOVEMBRE. — Copie de l'Apostille sur la Note des Nations du 5 Courant, par le Souverain Congrès Belgique. In-8.º, 1 p.

Tableau de la souscription patriotique de la province du Hainau. M.DCC.XC. In-4.º, 1 f. non chiff. et 46 pp.

La délivrance de la Belgique. Ode, etc. Par M. le Mayeur, avocat. 1790. in-4.º, 11 pp.

Veto ou mandat impératif du peuple du Hainaut, Sur la conclusion du Manifeste de cette Province, & sur le préambule de la Déclaration du 12 d'Août 1790. 1790. In-8.°, 12 pp.

1,067. Instruction particuliere du roi de Prusse aux officiers de son armée principalement a ceux de cavalerie. Indè. A Mons, Chez Auguste-Joseph Lelong, etc. M.DCC.XC. Pet. in-8.°, titre et avis 2 ff. non chiff., VI-79 pp., table 1 p. non chiff.

Ma bibl.

1,068. A son altesse sérénissime monseigneur le prince de Ligne, Le jour de son Entrée solemnelle à Mons, en qualité de grand-bailli de Hainau. Le 8 d'Août 1791. *Au bas de la dernière page* : De l'imprimerie d'Auguste-Joseph Lelong, etc. In-8.°, 3 pp.

Ma bibl.

Épitre en vers présentée par les élèves du collége de Houdain.

1,069. Histoire ecclésiastique et profane du Hainaut, Par Mr. l'Abbé Hossart. A Mons, Chez A. J. Lelong, Imprimeur-Libraire, rue de la Chaussée. 1792. In-8.°, 2 tomes. I. titre et préliminaires 2 ff. non chiff. et 416 pp.; II. 1 f. et 367 pp.

Philippe-François Hossart naquit à Givry le 9 mai 1741, et mourut à Mons le 27 février 1792.

1,070. Documents historiques sur la première invasion de la Belgique par les armées de la République française, imprimés par A.-J. Lelong, en 1792 et 1793 [1].

[1] Les pièces sans indication de sources se trouvent dans ma bibliothèque, ou à la bibliothèque de Mons dans des collections portant les n.° 6,881, 67.° et 68.° portefeuilles, et 54.° portefeuille in-f.°

15 NOVEMBRE. — La Société des Amis de l'Egalité & de la Liberté, séant en la Ville libre de Mons, à leurs Freres les Habitants de la Campagne. (Exhortation aux habitants des campagnes de faire acte de souveraineté, en nommant des représentants). In-f.º

15 NOVEMBRE. — Motion Du Citoyen Alexis Criquillion, Habitant de la Ville libre de Mons, à l'Assemblée y tenue par les Amis de la Liberté & de l'Égalité. In-4.º, 4 pp.

21 NOVEMBRE. — Proclamation du lieutenant général commandant les places de Bruxelles, Mons, etc. (défendant tout rassemblement dans la ville de Mons sans la permission des administrateurs provisoires). In-f.º

25 NOVEMBRE. — Discours Prononcé par le Citoyen P. J. Deaerric, etc., en la séance des Amis de La Liberté & de l'Égalité. In-8.º, 3 pp.

28 DÉCEMBRE. — Citoyens Représentants du Peuple François. (Adresse de la Société des Amis de la Liberté & de l'Égalité de la ville de Mons, pour engager l'assemblée nationale à ne pas rapporter son décret du 15 de ce mois, par lequel elle s'est réservé le pouvoir révolutionnaire dans les pays conquis). In-8 º, 4 pp.

Prédiction de Nostradamus. (Menace révolutionnaire des partisans du communisme). (1792). In-f.º

30 JANVIER 1793. — Au nom de la liberté. Les Administrateurs de la Ville de Mons. (Invitation aux citoyens qui désireraient entrer comme officiers dans les régiments à former sous le titre de : *Hussards de la Liberté belgique* et de *Dragons d'Hainau*, d'adresser leurs demandes à la commission militaire établie à Mons). In-f.º

Ordre de la Cérémonie qui aura lieu pour la Fête civique, indiquée le Mercredi 6 Février prochain (à l'occasion de la mort de Lepelletier St. Fargeau). In-f.º

5 février. — Discours Prononcé par un Officier Brestois, au nom de ses Freres d'Armes, à la Salle des séances de la Société des Amis de la Liberté & de l'Égalité de la Ville libre de Mons. In-8.º, 3 pp.

6 février. — Description De la Fête Civique qui a eu lieu en la ville de Mons, à l'invitation des Amis de la Liberté & de l'Égalité, etc. In-8.º, 16 pp.

12 février. — Administration provisoire. (Défense à tous citoyens de signer des protestations contre le vœu du peuple concernant la réunion de la Belgique à la France, sous peine d'être traités comme ennemis de la patrie). In-f.º

15 février. — Au nom de la République française. (Arrêté des commissaires de la Convention, ordonnant que les émigrés français et les prêtres déportés doivent quitter dans les 5 jours les pays occupés par les armées françaises). In-f.º

17 février. — Avis au peuple. (Dernière invitation à tous les privilégiés et nobles de l'ancien régime de renoncer en personne, dans les 24 heures, à leurs privilégés, et de faire acte d'adhésion au gouvernement établi, sous peine d'être expulsés de la province). In-f.º

17 février. — Administration provisoire. (Arrêté portant que le Chapitre de S.te Waudru et celui de S.t Germain sont supprimés; que l'église de ce dernier chapitre sera démolie et que celle de Sainte-Waudru servira seule à l'avenir à l'usage des paroissiens de S.t Germain). In-f.º

17 février. — Discours Prononcé par le Citoyen Lemerel, en la Société des Amis de la Liberté & de l'Égalité de la Ville libre de Mons. In-8.º, 4 pp.

19 février. — Les Administrateurs provisoires, etc. (Arrêté portant que les Citoyennes nobles doivent renoncer à leurs anciens priviléges). In-f.º

19 FÉVRIER. — Éloge du citoyen Vander mersch, Général en chef de la premiere Armée Belgique. In-8.°, 16 pp.

2 MARS. — Copie de la Lettre des citoyens Duvivier et Wolff, adressée (de Paris) à la Société des Amis de la Liberté & de l'Égalité (pour leur annoncer que la Convention vient de prononcer la réunion à la France de la province de Hainaut, qui formera un 86.e département sous le nom de département de Jemappes). In-f.°

5 MARS. — Au nom de la République Françoise. (Arrêté des commissaires de la Convention, ordonnant à l'administration provisoire de Mons d'organiser une garde nationale). In-f.°

9 MARS. — Extrait des Délibérations de l'Assemblée générale des Administrateurs provisoires de la Ville libre de Mons. (Ordre à tous les citoyens et citoyennes de Mons et de la banlieue, qui ont des armes, de les remettre à la chambre de police de l'hôtel commun, pour être distribuées aux *compagnies de sans-culottes* ou *gardes nationales* de la Ville de Mons). In-f.°

11 MARS. — Au nom de la République Françoise. (Procès-verbal de la fête civique célébrée à Mons, à l'occasion de la réunion du Hainaut à la France). In-f.°

21 MARS. — Au nom de la République Françoise. Les Administrateurs provisoires de Mons. (Arrêté prorogeant au 15 Avril suivant le terme fixé aux religieux pour quitter leur costume et prendre l'habit séculier). In-f.°

1,071 Documents historiques sur la seconde invasion de la Belgique par les armées de la République française, imprimés par A. J. Lelong, depuis 1794 jusqu'en 1798[1].

6 JANVIER 1794. — Oraison funebre, Rédigée par le Sans-Culottes

---

[1] Les pièces sans indication de sources se trouvent dans ma bibliothèque, ou à la bibliothèque de Mons dans des collections portant les n.os 5,872, 3.e et 5.e vol., 7,088, 8.e et 10.e vol. du catal. et 54.e portefeuille in-f.°

Delneufcour, & prononcée par un des Amis de la Liberté & de l'Égalité, sur la Grand'Place de la Ville libre de Mons, à la Fête civique célébrée en mémoire des Citoyens soldats, morts à la journée de Jemappes. In-8.°, 4 pp.

4 JUILLET. — Arrêté du représentant du peuple Laurent, défendant aux juifs de suivre l'Armée, à peine de mort. In-f.°

4 - 5 AOUT. — Liberté. Égalité. Jugement rendu (le 17 Thermidor, An II) par le tribunal criminel du département de Jemappes ; Etabli par arrêté des Représentants du Peuple, Laurent & L. B. Guyton, du 14 Messidor, l'an 2.ᵉ de la République Française, Une & Indivisible. Qui condamne à la peine de mort les nommés Guillaume Ernaux, Pierre Josse & Jean-Joseph-Dieudonné Cordier, natifs & habitants du village d'Anderlu, convaincus d'être auteur & complices de l'assassinat commis en la personne des deux Volontaires de la République Française. Autre jugement Du 18 Thermidor, (condamnant à la peine de mort, comme complices du même fait, Jean-Joseph Ernaux, Pierre Hocquet, Jean-Joseph Dubru, et Jean-Joseph Detournay, habitants de la commune d'Anderlues). In-f.°

Bibl. de M. Houzeau de le Haie.

15 AOUT. — Liberté. Égalité. Jugement rendu (le 28 thermidor an II) par le tribunal criminel du département de Jemappes, etc., Qui condamne à la peine de mort le nommé Charles-Louis Richart, Religieux-Prêtre de l'Ordre de St. Dominique, ex-noble, natif de Blainville en Lorraine. In-f.°

10 FÉVRIER 1793. — Liberté. Égalité. Les maire et officiers municipaux de la commune de Mons, à la convention nationale. (Protestation de dévouement à la cause de la liberté avec l'expression du désir de voir la réunion prochaine de la Belgique à la France). In-8.°, 4 pp.

28 MAI. — La commission municipale de la commune de Mons.

(Adresse de félicitation à la convention nationale, au sujet des mesures de salut public décrétées par cette assemblée, le 5 prairial an III). In-8.º, 3 pp.

8 JUIN. — Discours prononcé par le citoyen Lengrand, administrateur de l'arrondissement du Hainaut, Au Temple de la Raison, le 20 Prairial, an troisieme républicain; relativement à la publication de la Paix entre la République Française & les Provinces-Unies. In-8.º, 15 pp.

29 JUIN. — La veuve persécutée sous le règne du terrorisme ou les sujets reconnaissants, drame nouveau en prose et en trois actes, représenté pour la première fois, le 29 juin 1795 (vieux style) sur le théatre de Mons, par la troupe du citoyen Voisel. In-8.º, 42 pp.

L'auteur de cette pièce, Nicolas-Joseph-Henri Descamps, n'avait que 20 ans lorsqu'il la composa; il la considérait lui-même comme un essai de jeune homme.

27 JUILLET. — Discours prononcé, le IX thermidor, au temple de la loi, a Mons, par le citoyen Guillemin, notaire public. In-8.º, 12 pp.

7 OCTOBRE. — Constitution de la République française. (Constitution du 5 fructidor an III, publiée à Mons le 15 vendémiaire an IV). In-8.º, 48 pp.

Il existe une autre édition, imprimée par Lelong. In-8.º, 52 pp.

8 JANVIER 1796. — Extrait du Registre aux arrêtés du département de Jemappes. (Arrêté de l'administration centrale, du 18 Nivose an IV, ordonnant des mesures de police pour réprimer les tentatives contre le gouvernement républicain et interdisant la lecture de certains journaux). In-f.º

24 MARS. — Le Citoyen Delneufcour, Commissaire du Pouvoir exécutif, etc. (Circulaire du 1.er germinal an IV, recommandant de dénoncer et de poursuivre les ennemis de la République). In-4.º, 4 pp.

30 MARS. — Discours pour la fête de la jeunesse, prononcé par le citoyen Rosier Commissaire du Directoire Exécutif, près l'Administration municipale du canton de Mons, le 10 Germinal An 4. In-8.º, 8 pp.

12-15 AVRIL. — Victoires remportées par l'Armée d'Italie sur les Piémontais et les Autrichiens les 23, 24, 25 et 26 Germinal, an quatre, dans les Batailles de Montenotte, de Millesimo, etc. In-8.º, 15 pp.

30 SEPTEMBRE. — Discours prononcé au temple de la loi, par le citoyen P. A. Défacqz, Président de l'Administration centrale du Département de Jemmapes, Au sujet de l'Anniversaire de la Réunion de la ci-devant Belgique à la République Française, Décretée le neuf Vendémiaire an IV. In-8.º, 8 pp.

10 AOUT 1797. — Discours prononcé, le 25 thermidor, de l'an V, au temple de la loi, à Mons, par le citoyen Giraud, Accusateur public, Pour la Fête du 10 Août (v. st.) In-8.º, 15 pp.

22 SEPTEMBRE. — Discours prononcé le premier vendémiaire, de l'an VI, au temple de la Loi, à Mons, par le citoyen Delneufcour, Commissaire du Directoire exécutif, du Département de Jemappes, Pour la Fête de la Fondation de la République. In-8.º, 7 pp.

21 OCTOBRE. — Discours prononcé au temple de la Loi, en la commune de Mons, par le citoyen Senault, commandant temporaire de la place de Mons. Le 30 Vendémiaire an 6, jour de la célébration de la pompe funèbre, décrétée par la loi du six du dit mois, en mémoire du général Hoche, commandant en chef les Armées de Sambre et Meuse et de Rhin et Moselle, décédé à Wetzlaer, le troisième jour complémentaire de l'an V de la République Française. In-8.º, 8 pp.

Bibl. de M. Ad. Mathieu.

27 JANVIER 1798. — Lettre écrite de Rome, au sujet du ser-

ment prescrit par la loi du 19 fructidor an V, avec sa traduction du latin en français, et quelques notes du traducteur. In-8.°, 4 pp.

27 FÉVRIER. — Extraits traduits du flamand, d'un ouvrage, jusqu'ici en trois cahiers; Composé par Mr. Huleu, Vicaire général et Archi-Prêtre du Diocèse de Malines; ayant pour titre : Devoirs de tout Citoyen Catholique. Imprimé à Malines, chez Hanicq, en 1798. In-8.°, 28 pp., la dernière non chiff.

27 MARS. — Précis de l'état politique de la commune et canton d'Ath avant l'assemblée primaire de l'an six. Protestation des vrais Patriotes, amis du peuple, contre les opérations de l'assemblée soi-disant primaire, séante aux capucins, même commune, le 7 germinal an six; dénonciation contre les commissaires du directoire exécutif près le même canton. In-8.°, 16 pp.

Bibl. de M. Henri Delmotte.

29 MAI. — Discours prononcé Le 10 Prairial, an VI, au temple des lois de la commune de Mons, par le citoyen Thomeret, Professeur de Législation à l'École centrale du Département de Jemappes; Pour la célébration de la Fête des Victoires et de la Reconnaissance. In-8.°, 12 pp.

28 JUIN. — Discours prononcé à la fête de l'agriculture, Le 10 Messidor, an VI, par le citoyen Pradier, Commissaire du Directoire exécutif, près de l'Administration centrale du Département de Jemappes. In-8.°, 7 pp.

14 JUILLET. — Discours prononcé au temple des lois, en la commune de Mons, par le citoyen Volckerick, Administrateur du Département de Jemappes, Pour la célébration de l'anniversaire du 14 juillet 1789, Célébré le 26 Messidor an 6. In-8.°, 7 pp.

9 AOUT. — Procès-verbal De la Fête qui a eu lieu en la Commune de Mons, Chef-lieu du Département de Jemappes, le 22 Thermidor an 6, jour de la publication solennelle de l'Arrêté du

Directoire exécutif, du 7 du dit mois, qui assure la liberté de la Navigation de l'Escaut et des Rivières y affluentes. In-8.º, 7 pp.

19 SEPTEMBRE. — Discours prononcé par le citoyen Charles-Stanislas Troye, Président de l'Administration centrale du Département de Jemappes, au temple décadaire de la commune de Mons, Où les Autorités Locales, Civiles et Militaires, s'étoient réunies pour rendre les honneurs funèbres au Citoyen Charles-Augustin-Joseph Hanot, Président de l'Administration Municipale de la dite Commune, décédé le premier jour complémentaire de l'an 7 de la République Française. In-8.º, 6 pp.

30 MARS 1799. — Discours prononcé au temple décadaire de la commune de Mons, par le citoyen Dutillœul, instituteur primaire, le jour de la fête de la jeunesse, célébrée le 10 germinal an 7. In-8.º, 8 pp.
Bibl. de M. Ad. Mathieu.

28 JUIN. — Discours prononcé dans le temple décadaire de la commune de Mons, le décadi 10 Messidor de l'an 7.me de la république française une et indivisible, par J.-B. Hyppolite Rosier accusateur public, près le tribunal criminel du département de Jemappes. In-8.º, 10 pp.
Bibl. de M. Ad. Mathieu.

10 AOUT. — Discours prononcé dans le temple décadaire de la commune de Mons, Le 23 Thermidor, an 7 de la République Française, correspondant au 10 Août, (v. st.) pour la célébration de l'anniversaire de la chûte du trône, par le citoyen Barthelemi Masson, Professeur de Belles-Lettres à l'École Centrale du Département de Jemappes. In-8.º, 13 pp.

27 AOUT. — Discours prononcé au temple décadaire de la commune de Mons, le 10 Fructidor an 7, pour la célébration de la fête des vieillards, par le citoyen Sta commissaire du Directoire exécutif près les tribunaux civil et criminel du département de Jemappes. In-8.º, 8 pp.

1,072. Le palmier céleste ou entretiens de l'ame avec Jesus-Christ, Par des Exercices chrétiens, Offices, Litanies et Prieres. A Mons, Chez A. J. Lelong. Imprimeur-Libraire, rue de la Chaussée. In-12, titre et préliminaires 5 ff. non chiff., texte 274 pp., table 2 ff. non chiff.

Ma bibl.

<small>Réimprimé plusieurs fois par A. J. Lelong avec ce titre et celui de : Journée du Chrétien.</small>

1,073. Nouvelle grammaire et dialogue françois-flamands, avec Une nouvelle Méthode très-facile pour acquérir en peu de tems l'usage des deux Langues ; contenant Les Principes nécessaires pour l'Orthographe Françoise & Flamande : etc. Ainsi que des Formules de diverses sortes de Lettres &c. Jusqu'à présent sous le Nom de Claude Mauger, Plusieurs fois réimprimée, Et dans cette Nouvelle Édition sur le modele des meilleurs Auteurs de nos jours augmentée & corrigée. De l'Imprimerie, d'Auguste Joseph Lelong Imprimeur Libraire, rue de la Chaussée, à Mons. In-8.°, 352 pp.

Ma bibl.

ANTOINE-MELCHIOR MONJOT.

1788-1825.

Fils de Melchior Monjot et d'Aldegonde Babusiaux, cet imprimeur naquit à Mons le 23 janvier 1765, et mourut dans sa ville natale le 5 janvier 1840.

Après avoir fait son apprentissage à Bruxelles, chez Lefrancq, il obtint des lettres patentes d'imprimeur le 15 décembre 1788, et s'établit à la maison de la veuve Bottin, rue de la Clef.

Investi de la confiance de l'administration centrale et de la préfecture du département de Jemmapes, ainsi que de celle du gouvernement provincial du Hainaut, ce typographe s'est surtout occupé de l'impression des actes de ces diverses autorités.

Le 1.er juillet 1825, il se retira des affaires et remit son important établissement à son fils, M. Charles-Louis Monjot, qui en continue avec succès l'exploitation.

1,074. Instruction de la jeunesse dans la piété chrétienne, Très-utile aux Personnes plus avancées en âge : Tirée de l'Écriture Sainte & des Saints Peres. Par M. C. G. Docteur de Sorbonne. A Mons, chez Monjot, Libraire, Imprimeur de Mgr. l'Archevêque de Cambrai, rue de la Clef. N.º 19. Avec Approbation & Permission. (1788). In-8.º, 88 pp.

Ma bibl.

Réimprimé plusieurs fois.

1,075. Grand catéchisme pour servir de suite au petit catéchisme, qui est en usage dans les diocèses de Cambrai, de Liege et de Namur. Ou extrait du développement de ce petit catéchisme Pour les personnes plus avancées et plus instruites. A Mons, Chez Monjot, etc. (1788). In-12, 276 pp. et 8 pp. non chiff.

Ma bibl.

Réimprimé plusieurs fois par A. Monjot.

1,076. Ode aux belges Sur le danger de la désunion & des innovations politiques. Par M. Le Mayeur Avocat. — Injurioso ne pede proruas Stantem columnam. Horace liv. I. Ode 30. — A l'union. Et se trouve à Mons, chez A. Monjot, Imp. Libraire, rue de la Clef, maison de feue la veuve Bottin. (1789). In-4.º, 7 pp.

Bibl. de M. Léopold Devillers.

1,077. Nouveau recueil de cantiques spirituels, et de poésies morales. A Mons, Chez A. Monjot, Imprimeur-Libraire, rue de la Clef. 1790. In-8.º, 119 pp., approbation et permission 1 p. non chiff.

Bibl. de Mons, non catalogué.

1,078. Paraphrase sur l'oraison dominicale, et la salutation angélique, Avec quelques belles Oraisons, très-utiles en tems de guerre, famine, maladies contagieuses, persécution, & autres calamités publiques. Traduites du Latin en Flamand en 1787, & du Flamand en François, en 1790, par Joseph Guise, natif & habitant de Hal en Hainau. De l'Imprimerie de A. Monjot, Libraire, rue de la Clef, à Mons. (1790). In-8.°, 28 pp.

Ma bibl.

1,079. Documents historiques sur la révolution belgique, imprimés par A. Monjot, en 1790 [1].

29 JANVIER 1790. — Capitulation de la citadelle d'Anvers. In-4.°, 8 pp.

JANVIER. — Entretien d'un borain avec un montois, En forme de Catéchisme Patriotique, pour servir d'instruction aux Villageois. (1790). In-12, 20 pp.
Bibl. de M. Augustin Lacroix.

12 MARS. - 12 MAI. — Consultatio doctorum Lovaniensium, Pro Monasteriorum redintegratione. — Consultation de MM. les docteurs de Louvain Sur le Rétablissement des Monasteres supprimés. In-8.°, 56 pp.

4 JUIN. — Griefs du général d'Alberg, ou reponse de H. J. Van der Hoop, avocat, A deux Dépêches du Souverain Congrès & Département général de la Guerre, sur la Validité de l'Arrêt de cet individu, pour servir d'avis à la Nation Belgique. In-8.°, 12 pp.

7 JUIN. — Mandement de monseigneur l'eveque d'Ypres, Qui ordonne des Prieres publiques pour implorer la bénédiction de Dieu sur les armes de la Belgique Confédérée. In-8.°, 4 pp.

---

[1] Les pièces sans indication de sources se trouvent dans ma bibliothèque, ou à la bibliothèque de Mons dans des collections portant les n.°⁵ 6,881 du catalogue, 52.°, 54.°, 55.°, 56.°, 59.°, 71.° et 72.° portefeuilles, et 7,088, 5.° et 10.° vol.

17 juin. — Bulletin officiel de l'Armée de la République, imprimé par ordre du Congrès. Pet. in-8.º
Voir n.º 1,006, à la date du 17 juin.

Juin. — Copie D'une Lettre adressée à M. l'abbé de Tongerloo. (sur la fin de juin 1790, par J. Jansen, Lieutenant-Colonel, relativement au succès des troupes sous ses ordres). In-8.º, 2 pp.

30 juin. — Relation de la journée du 30 juin 1790. (Entrée à Mons des habitants de Binche et des communes voisines, au nombre de 4 à 5,000, qui viennent offrir leurs bras et leurs services pour la défense de la Patrie). In-8.º, 3 pp

11 juillet. — Discours Adressé à Nosseigneurs les Etats de Hainau, au nom de la Ville, du Chapitre de Leuze & Villages circonvoisins, prononcé par Mr. le Chanoine Gendebien. In-8.º, 2 pp.

11 juillet. — Nosseigneurs. (Discours prononcé par M. J. J. F. Loth, ancien curé de Braine-le-Comte.) In-8.º, 2 pp.

12 juillet. — Relation Exacte de l'Entrée des Habitans de la Ville d'Ath & de la Chatelenie, dans la Ville de Mons. In-8.º, 8 pp.

13 juillet. — Copie D'une Lettre du Major Lestienne, datée d'Andenne, (au sujet des événements de la guerre). In-8.º, 2 pp.

14 juillet. — Discours De M. Simon Curé de Lens adressé à Nosseigneurs les États de Hainau, au nom de la Ville de Chievres & Villages de la Terre de Lens, &c. à leur arrivée à Mons. In-8.º, 4 pp.

14 juillet. — Discours Prononcé par M. Pierre-Joseph Poulet, premier Officier Municipal de la Ville de Maubeuge. In-8.º, 3 pp.

15 juillet. — Discours Prononcé par les Habitans de la Ville & Pairie d'Enghien à l'assemblée générale de Trois Ordres des États du Pays & Comté de Hainau. In-8.º, 1 p.

15 juillet. — Discours Prononcé à l'Assemblée de Trois Ordres du Pays & Comté de Hainau, au nom de la Bonne-Ville de

Lessines & de toutes les Communautés composant la Terre dite de Débat. In-8.º, 4 pp.

18 JUILLET. — Vœux des habitants De la Terre & Baronnie d'Eugies prononcé par le Sr. Mayeur à l'Assemblée des Etats du Pays & Comté de Hainau. In-8.º, 2 pp.

18 JUILLET. — Discours Prononcé par les Habitants de la Ville de Hal à l'Assemblée générale des trois Ordres des États du Pays & Comté de Hainau. In-8.º, 2 pp.

25 JUILLET. — Discours Adressé à Nosseigneurs les États du Hainau, au nom de la Ville de Beaumont & des Habitants des Villages circonvoisins, etc. In-8.º, 2 pp.

1.er AOUT. — Discours Prononcé aux États du Pays & Comté de Hainau représentans le Peuple. (Par les habitants des communautés de Stambruge, Ville, Hautrage, Villerot et Grandglise). In-8.º, 2 pp.

8 AOUT. — Détail du bulletin n.º XVI. Du camp de Solliers, (sur les événements de la guerre). In-8.º, 4 pp.

8 AOUT. — Extrait des résolutions Du Congrès Souverains (sic) des États Belgiques-Unis. In-8.º, 2 pp.

8 AOUT. — Extrait d'une lettre écrite au camp de Batisse près d'Herve. In-8.º, 8 pp.

12 AOUT. — Discours Prononcé au Capitaine de Leuze & à son Escadron, après l'action de Sollieres au camp de Wierde, (par Noirsain, Lieutenant et directeur de comptes). In-8.º, 2 pp.

24 AOUT. — Extrait d'une lettre de Namur, (rendant compte du combat d'Andenne). In-8.º, 2 pp.

27 AOUT. — De par les trois états Représentans le Peuple du Pays & Duché de Brabant. (Appel aux volontaires, suivi du projet du Souverain Congrès du 25 août 1790. In-8.º, 8 pp.

28 AOUT. — Priere pour le succès de nos armes. — Cantique des Belges avant l'attaque générale des Troupes Autrichiennes, par Mr. le Mayeur, Avocat à Mons. In-8.º, 4 pp.

11 septembre. — Extrait d'une lettre du camp de Monia. In-8.º, 2 pp.

15 septembre. — Extrait d'une lettre d'Andoy. In-8.º, 2 pp.

22 septembre. — Mémoire justificatif Pour Pierre-Antoine Faider, Aubergiste de la Couronne, à Mons, adressé à Messieurs du Comité général & du Bureau de la Guerre, de la Province de Hainau, (pour repousser l'accusation d'avoir tenté de détourner des volontaires de Quiévrain, et notamment le sieur Wuillot, de se rendre à l'armée patriotique). In-8.º, 4 pp.

24 septembre. — Bureau de la guerre du pays et comté de Hainau. (Rapport sur les opérations de l'armée des patriotes). In-8.º, 4 pp.

50 septembre. — Bureau de la guerre du pays et comté de Hainau. (Remerciments adressés aux dames de Mons pour leurs soins charitables envers les blessés). In-8.º, 5 pp.

26 octobre. — Extrait d'une lettre Adressée (de Bouvignes) au Département Général de la Guerre, par Monsieur le général-major Koehler. In-8.º, 2 pp.

27 octobre. — Points arrêtés dans le congrès de Bruxelles, Pour la Recrue des Troupes Belgiques, tant pour les Nationaux que pour les Étrangers. (Par Vander Noot et Van Eupen). In-8.º, 3 pp.

5 novembre. — Note Remise aux deux premiers Ordres des États de Brabant, par les Nations. In-8.º, 4 pp.

Lettre adressée par le Congrès Souverain à tous les habitants des Pays-Bas. (Par Van Eupen). In-8.º, 4 pp.

Prière Pour le temps dangereux. In-8.º, 4 pp.

Tribut de reconnaissance des citoyens de la ville d'Ath, Aux États du Pays & Comté de Hainau. In-8.º, 5 pp.

1,080. Bibliotheca rhetorum exempla ad oratoriam

facultatem pertinentia, complectens. Auctore P. Gab. Franc. Le Jay. Editio nova. Montibus, Typis Antonii Monjot, Typographi, in Platea Clavis. M.DCC.LXXXX. In-8.°, 272 pp.

Ma bibl.

1,081. Rudiments des langues latine et françoise, a l'usage du college de Houdain à Mons. *(Par Gravrel)*. A Mons, Chez A. Monjot, Imprimeur-Libraire, rue de la Clef. 1790. In-8.°, titre 1 f., texte 197 pp.

Ma bibl.

1,082. Catalogue des livres de piété, de droit et d'histoire, De Feue la Veuve Bottin. etc. A Mons, Chez A. Monjot, Imprimeur, rue de la Clef. In-8.°, 1 f. et 101 pp.

Ma bibl.

1,083. Documents historiques sur la première restauration du pouvoir autrichien en Belgique, imprimés par A. Monjot, en 1791 [1].

19 MARS 1791. — Déclaration de l'empereur et roi. Concernant la Convention De la Haye du 10 Décembre 1790 & la Ratification de sa majesté y ensuivie. (Au sujet du rétablissement de la Constitution belge). In-8.°, 15 pp.

13 AVRIL. — A nos chers fils les cardinaux de la sainte église romaine, etc. (Bref du pape Pie VI sur les principes de la constitution du clergé). In-8.°, 24 pp.

15 AVRIL. — Lettre de M. l'archevêque de Cambrai, Aux Curés, Vicaires & autres Ecclésiastiques de la partie Française de

[1] Les pièces sans indication de sources se trouvent dans ma bibliothèque, ou à celle de Mons, dans des collections portant les n.ᵒˢ 5,872 du catal., 1.ᵉʳ vol., 6,881, 64.ᵉ portefeuille et 7,088, 16.ᵉ vol.

son Diocèse, qui n'ont pas prêté le Serment ordonné par l'Assemblée Nationale. In-8.º, 32 pp.

11 - 14 JUIN. — Mémoire des états de Tournay, Arrêté le 11 & remis le 14 Juin 1791, à Son Excellence le Comte de Mercy-Argenteau, Ministre Plénipotentiaire de Sa Majesté aux Pays-Bas, sur les avantages et la nécessité d'une Détermination claire & précise de la Constitution des Provinces Belgiques. In-8.º, 20 pp.

Idée sommaire de l'état déplorable de l'église de France, Après la révolution opérée en conséquence du Serment exigé des Ecclésiastiques fonctionnaires publics. Nouvelle édition corrigée & augmentée. In-8.º, 23 pp.

1,084. Catalogue des livres Délaissés par feu Dame Marie-Joseph Oudin, Veuve d'Ignace-Joseph d'Assonleville, Conseiller au Conseil Souverain de Hainau, etc. A Mons, Chez Monjot, etc. (1791). In-8.º, 32 pp.

Ma bibl.

1,085. Catalogue des livres De Piété, de Droit, d'Histoire & autres, de la Bibliotheque de feu J. Emmanuel Petit, Avocat en la Noble & Souveraine Cour à Mons, etc. A Mons, Chez Monjot, etc. (1791). In-8.º, 34 pp.

Ma bibl.

1,086. Catalogue des livres de piété, de droit, d'histoire, et autres. De la Bibliotheque de feu le Sr. Jean-François Rousseau, Avocat en la Noble & Souveraine Cour à Mons, etc. A Mons, chez Monjot, etc. (1791). In-8.º 29 pp.

Bibl. de M. R. Chalon. — Ma bibl.

1,087. Simonis Verepæi etymologia Ad faciliorem quàm

priùs redacta methodum, sive latinæ grammaticæ liber II. In usum Studiosæ Juventutis. Editio novissima, errorum scaturigine emendata, E' idiomate Gallico adaucta, ac brevi explicatione Carminum ad calcem Libri adjectâ. Montibus, Typis Antonii Monjot, *etc.* 1792. In-8.°, 183 pp.

Ma bibl.

1,088.* Questions nationales sur l'autorité et le droit du peuple dans le gouvernement. Par l'abbé Barruel. A Mons, chez Monjot, Imprimeur. 1792. In-8.°

1,089. Bref du pape Pie VI. *Au bas de la dernière page :* A Rome De l'Imprimerie de la Chambre Apostolique. Et se trouve, A Mons chez Monjot, Imprimeur Libraire, rue de la Clef. N.° 19. (1792). In-8.°, 27 pp.

Bibl. de Mons, n.°, 5,872 du catal., 1.er vol.

1,090. Mandement et ordonnance de M. l'évêque de Soissons, Pour la publication du Bref monitorial de N. S. P. le Pape, du 19 mars 1792. A Bruxelles, Et se trouve à Paris, Chez Crapart, Imprimeur-Libraire. A Mons, chez Monjot, Imprimeur-Libraire, rue de la Clef, 1792. In-8.°, 62 pp.

Bibl. de Mons, n.° 5,872, du catal., 5.e vol.

1,091. Documents historiques sur la première invasion de la Belgique par les armées de la République Française, imprimés par A. Monjot, en 1792 et 1793[1].

10 NOVEMBRE 1792. — Précis des séances de la société des amis

---

[1] Les pièces sans indication de sources se trouvent dans ma bibliothèque, ou à la bibliothèque de Mons dans une collection portant le n.° 6,881 du catal. 67.e et 68.e portefeuilles.

de la liberté et de l'égalité Etablie en la Ville libre de Mons. Pet. in-4.º, 4 pp.

15 NOVEMBRE. — Discours du Citoyen Blareau à la Société des Amis de la Liberté & de l'Egalité de la Ville libre de Mons. In-8.º, 4 pp.

15 NOVEMBRE. — Discours Prononcé par le Citoyen Foncez, Président de la Société des Amis de la Liberté & de l'Egalité à l'ouverture de sa Séance du 15 Novembre 1792 l'an I.er de la République Belgique. In-8.º, 5 pp.

26 NOVEMBRE - 2 JANVIER 1793. — Recueil des décrets de l'assemblée des représentants du peuple souverain du Hainau. Depuis le 26 Novembre 1792, jusques, le 2 Janvier 1793. An Deuxieme de la Liberté Belgique. In-4.º, 25 pp. non chiff.

Ce recueil a été formé en vertu d'une résolution de l'assemblée du 25 décembre 1792, par les soins d'une commission qu'elle avait nommée à cet effet; une seconde résolution du 1.er janvier 1793 en ordonna l'impression et l'envoi à toutes les municipalités de la province. L'assemblée avait décidé, le 20 janvier 1793, l'impression d'une suite de ce recueil, mais sa dissolution opérée le lendemain l'a empêché de faire exécuter cette décision. Il faut joindre à cette publication : 1.º un recueil des décrets rendus par l'assemblée sur l'organisation de la justice. (Mons, Monjot, 1793) In-4.º, 12 pp. non chiff.; 2.º un arrêté du 10 janvier 1793, portant rectification du recueil des decrets (Mons, Monjot, 1793). In-4.º, 1 p.

15 DÉCEMBRE. — Le général d'Armée fait connoître aux Peuples sur le Territoire desquels se trouvent les Armées Françaises, le Decret suivant de la Convention Nationale (proclamant la liberté et la souveraineté de ces peuples). In-4.º, 2 ff. non chiff.

DÉCEMBRE. — Coup-d'œil sur les principaux points d'une constitution A adopter dans la République Belgique. Par un Citoyen Belge. In-8.º, 40 pp.

Calendrier pour l'an II de la république française. In-32, 15 pp.

Ce calendrier, divisé en deux colonnes, donne dans la première colonne, en regard des noms de saints et des dénominations anciennes des jours de la semaine, les noms de légumes, de fruits, d'instruments aratoires et les nouvelles dénominations des jours.

11 JANVIER 1793. — L'assemblée générale des représentants du peuple souverain de Hainau. (Décret concernant le séquestre provisoire des biens situés dans la province de Hainaut, appartenant à des belges au service de la maison d'Autriche). In-f.º

Le général Dumouriez au peuple de la Belgique. In-8.º, 3 pp.

11 FÉVRIER. — Société des amis de la liberté et de l'égalité, Séante en la Ville de Mons, Département de Gemappes. (sic)· Procès-verbal de la Séance. In-8.º, 4 pp.

FÉVRIER. — Au nom de la République française. (Proclamation des administrateurs de la ville de Mons pour engager les jeunes gens à se ranger sous les drapeaux, pour défendre le territoire menacé par l'ennemi et pour inviter les pères de famille à faire des dons patriotiques). In-f.º

1.ᵉʳ MARS. — Proclamation (du prince de Saxe-Coburg, au nom de sa majesté l'empereur et roi, donnée au quartier-général à Aldenhoven). In-f.º

2 MARS. — Extrait du décret De la convention nationale, portant réunion du Pays de Hainaut à la République Française sous le nom de Département de Jemappes. In-4.º, 8 pp.

12 MARS. — Au nom de la republique française. (Arrêté des administrateurs provisoires de la ville de Mons ordonnant aux religieux et religieuses des couvents situés dans toute l'étendue du département de Jemmapes de quitter, dans la huitaine, leur costume et de prendre l'habit séculier). In-f.º

19 MARS. — Lettre des citoyens juges au tribunal supérieur de justice au département de Jemappes. Aux citoyens commis-

saires de la convention nationale dans la Belgique, le pays de Liége, etc. In-4.º, 8 pp.

1,092. Documents historiques sur la seconde restauration du pouvoir autrichien en Belgique, imprimés par A. Monjot, en 1793 et 1794 [1].

27 MARS. — Adresse des belges à l'armée de l'empereur et roi apostolique. In-8.º, 5 pp.

5 AVRIL. — Discours de son excellence le comte de Metternich, etc. au conseil souverain de Brabant. In-8.º, 4 pp.

9 AVRIL. — Le Maréchal Prince de Saxe-Coburg, (sic) aux Français. (Proclamation datée du quartier général de Mons). In-8.º, 5 pp.

9 AVRIL. — Journal authentique des armées combinées de la campagne de 1794. In-8.º, 15 numéros formant 56 pp.

Ce journal destiné à rendre compte des opérations militaires des armées coalisées contre la république française, était rédigé au *quartier général* du prince de Saxe-Cobourg et imprimé par A. Monjot qui suivait la marche des armées avec une presse ambulante.

5 MAI. — Lettre de l'archiduc Charles-Louis d'Autriche à Monseigneur l'archevêque de Cambrai, (annonçant la naissance d'un archiduc et requérant de faire chanter le dimanche 12 mai, à Mons, une messe solennelle avec Te Deum). In-4.º, 1 f.

23 MAI. — De Quievrain. (Bulletin de l'armée). In-4.º, 1 p.

24 MAI. — De Quievrain. (Bulletin de l'armée). In-4.º, 1 p.

MAI. — Le retour de la paix dans la Belgique, ou la véritable liberté reconquise. Premier recueil de chansons, stances, vers, etc. In-8.º, 76 pp.

Bibl. de M. R. Chalon.

[1] Les pièces sans indication de sources se trouvent dans ma bibliothèque, ou à la bibliothèque de Mons dans une collection portant le n.º 6,881 du catal., 68.ᵉ et 69.ᵉ portefeuilles.

Mai. — Le schisme déclaré, ou lettres d'un curé de Cambray à ses anciens paroissiens, Sur les malheurs actuels de la Religion. Lettre premiere contenant le développement & causes de l'acharnement contre les Prêtres, &c. Dirigé par M. l'abbé Barruel. In-8.º, titre et préliminaires 2 ff. non chiff., texte 105 pp.

7 juin. — Indulgence en forme de jubilé pour les provinces belgiques autrichiennes. (Accordée par le Pape Pie VI, et suivie du mandement de Monseigneur l'archevêque de Cambrai). In-4.º, 15 pp.

25 juin. — Du quartier général. (Bulletin de l'armée assiégeant Valenciennes). In-8.º, 1 p.

12 juillet. — Du quartier général de Bettignies. (Bulletin de l'armée). In-4.º, 1 p.

28 juillet. — Articles de capitulation. Proposés par le général de division Ferrand, commandant les troupes de la République Française à Valenciennes A Fréderick duc d'Yorck. Commandant l'armée combinée du siège de Valenciennes. In-4.º, 6 pp.

11 septembre. — Capitulation Proposée par le Chef de Brigade Goullus, Commandant en chef les troupes de la République Française en la ville du Quesnoy assiégée. Au comte de Clerfayt, général Commandant l'Armée Impériale des assiégeans du Quesnoy. In-4.º, 4 pp.

11 septembre. — Extrait d'une lettre du quartier-général de Bermerain. In-4.º, 1 p.

Septembre. — Le repos des rois et des peuples. Par M. l'Abbé Hansotte, Auteur du Reveil des Rois. In-8.º, 127 pp. et 1 p. non chiff.

22 octobre. — Du Quartier Général de Bavay. (Bulletin des opérations de l'armée autrichienne). In-8.º, 1 p.

25 octobre. — Extrait d'une Lettre du Quartier-Général. (Sur les avantages remportés par l'armée autrichienne). In-8.º, 1 p.

28 octobre. — A Messeigneurs, Messeigneurs les Députés des Etats du Pays & Comté de Hainau. (Requête des habitants de Hal protestant de leur attachement à la religion et aux institutions du pays). In-8.º, 2 ff. non chiff.

29 octobre. — Extrait d'une Lettre du Quartier Général. (Sur la reprise de Menin). In-8.º, 2 pp.

Ode sur le rétablissement de la religion en France. Par M. Le Mayeur, avocat. (1793). In-8.º

La vie et le martyre de Louis XVI, roi de France et de Navarre, immolé le 21 janvier 1793; Avec un examen du Décret régicide. Par M. de Limon. etc. In-8.º, titre 1 f. et 86 pp.

Les malheurs et la mort de Marie-Antoinette, archiduchesse d'Autriche, reine de France, Immolée à Paris le 16 8bre. 1793. Par Esquirou de Duyé. In-8.º, 42 pp.

Adresse congratulatoire aux armées des souverains coalisés, pour rétablir l'ordre et la religion dans la France bouleversée par la plus étrange anarchie. Par le Pere Charles-Louis Richard, ancien professeur en théologie. (1793). In-8.º, 16 pp.

Réflexions sur l'insurrection des sujets contre leurs Souverains. On y a joint une Lettre de Congratulation aux Troupes de l'Empereur François II. In-8.º, 15 pp.

Par le père dominicain Charles-Louis Richard.

Reglement provisoire de S. A. Mgr. le P.ce de Rohan, archevêque duc de Cambrai, Pour MM. les Curés, Desservans, & Vicaires de la Partie Française de son Diocèse, lors de leur rentrée dans leur Paroisse (1793). In-8.º, 1 f. et 18 pp.

Examen de la décision de plusieurs docteurs de Paris et de plusieurs grands vicaires de différents diocèses, en faveur du serment de liberté et d'égalité, décrété par l'assemblée nationale, au mois d'Août 1792, victorieusement refuté. etc. 1793. In-8.º, 28 pp.

Le sens-commun. Ouvrage adressé aux américains, Et dans lequel on traite de l'origine & de l'objet du Gouvernement, de la Constitution Angloise, de la Monarchie héréditaire, & de la situation de l'Amérique Septentrionale. Traduit de l'Anglois de Th. Paine, Auteur des Droits de l'Homme & d'une Lettre à G. Th. Raynal 1793. In-8.°, 1 f. et iv-81 pp.

On rencontre des exemplaires de cette édition avec le titre suivant : Le sens-commun. Par Thomas Paine, Auteur des Droits de l'Homme.

Les droits de la maison d'Autriche sur la Belgique. 1794. In-8.°

Par le père dominicain Charles-Louis Richard.

Parallèle des Juifs, qui ont crucifié J. C. leur messie, et des françois qui ont guillotiné Louis XVI leur roi. Par le Père Richard, Dominicain. In-8.°

Bibl. de M. R. Chalon.

C'est pour avoir publié cet opuscule que le père Richard, vieillard octogénaire, qui avait émigré et s'était réfugié dans le couvent des dominicains de Mons, fut condamné à la peine de mort par le tribunal criminel du département de Jemmapes, le 28 thermidor an II (15 août 1794), et fusillé, le lendemain, devant un parapet de sable, sur la grand'place de Mons.

L'imprimeur Monjot, qui avait prêté ses presses pour la publication de cet opuscule et de plusieurs autres du père Richard, que nous avons cités plus haut, fut aussi arrêté, et il ne dut qu'à une démarche courageuse de sa femme et à l'officieuse intervention d'un ami près du commissaire civil Jasmin Lamotze, d'échapper à une mise en jugement qui, dans ces temps de terreur, eût été sans doute bientôt suivie d'une sentence capitale.

Cet opuscule d'une très grande rareté, car les détenteurs en ont brûlé la plupart des exemplaires dans la crainte d'être compromis, a été réimprimé, en 1842, par les soins de M. Renier Chalon, dans le *Messager des Sciences historiques de Belgique*.

Charles-Louis Richard, né à Blainville-sur-l'Eau, en Lorraine, au mois d'avril 1711, est auteur d'un grand nombre d'ouvrages, cités dans Quérard, et dont le plus important est le Grand Dictionnaire des sciences ecclésiastiques, imprimé à Paris en 1760, 6 vol. in-folio, et réimprimé en 1821-1827, 29 vol. in-8.º

1,093. Calendrier ecclésiastique du diocèse de Cambrai, aux Pays-Bas autrichiens Pour l'an de Notre Seigneur J. C. M.D.CC.XCIV. etc. A Mons, chez Monjot, etc. In-12. 153 pp., avis et avertissement 3 pp. non chiff.

Ma bibl.

1,094. Les rudimens de la langue latine. Par M. Tricot. A l'usage des Colleges des Pays-Bas. Troisième édition : A Mons chez Monjot, etc. M.D.CC.XCIV. In-12, 1 f. et 282 pp.

Ma bibl.

1,095. Mémoires du général Dumouriez écrits par lui-même. A Londres, chez P. Elmsly, Libraire. etc. (Mons, A. Monjot). 1794. In-8.º, 2 vol. I. XVI-99 pp.; II. 164 pp.

Bibl. de M. R. Chalon.

1,096. Documents historiques sur la seconde invasion de la Belgique par les armées de la République Française, imprimés par A. Monjot, en 1794 et 1795 [1].

14 AOUT 1794. — République Française. Arrêté des représentans du peuple, Envoyés près les Armées du Nord & de Sambre & Meuse, (concernant la police, l'administration générale et l'ordre à observer dans la Belgique et dans les autres pays conquis par les armées de la République). In-.4º, 1 f. et 10 pp.

SEPTEMBRE. — Liberté. Égalité. Fraternité, ou la Mort. Jasmin

---

[1] Toutes ces pièces sont dans ma bibliothèque.

Lamotze, commissaire civil près le département de Jemmapes. (Arrêté du 22 fructidor, an II, qui dissout les Sociétés ou réunions populaires). In-f.º

Septembre. — Liberté, Égalité, Fraternité. (Arrêté des représentants du peuple envoyés près les armées du Nord, etc. portant suppression du tribunal criminel établi à Mons). In-f.º

27 octobre. — Liberté, Égalité. (Circulaire par laquelle Jasmin Lamotze, commissaire civil près le département de Jemmapes, le comté de Namur et le pays d'entre Sambre et Meuse, adresse ses adieux aux habitants de ces contrées). In-4.º, 4 pp.

22 novembre. — Discours prononcé par Roger-Ducos, Représentant du peuple Français, à l'installation de l'administration établie à Mons. In-4.º, 4 pp.

Chanson républicaine. In-8.º, 3 pp.

Instruction Pour tous les Citoyens qui voudront exploiter eux-mêmes du Salpêtre. In-8.º, 8 pp.

6 janvier 1795. — Contribution (de quinze cent mille livres imposée au district d'Ath par les Représentants du peuple près les Armées du Nord et de Sambre et Meuse). In-f.º

21 janvier. — Discours Prononcé à Mons le 2 Pluviôse 3.me année Républicaine, au Temple de la Raison; tant pour son inauguration que pour célébrer l'anniversaire de la mort du dernier tyran de France. Par le Citoyen Lengrand Administrateur de l'Arrondissement du Hainau. In-8.º, 7 pp.

7 mars. — Proclamation du directoire executif aux français, Sur les Assemblées primaires. In-8.º, 54 pp.

2 avril. — Liberté, Égalité. etc. Les Représentans du Peuple, près les Armées du Nord & de Sambre & Meuse. (Règlement concernant l'administration forestière.) In-8.º, 15 pp.

20 juillet. — Discours prononcé Par J. Lefebvre (de Nantes) représentant du peuple, Envoyé près les Armées du Nord & de Sambre & Meuse, Le decadi 20 Messidor, A la Fête célébrée

pour l'anniversaire de l'entrée victorieuse des Armées Républicaines dans la Belgique. In-8.º, 4 pp.

3 SEPTEMBRE. — Égalité. Liberté. Département de Jemappes. Les Administrateurs de l'Arrondissement du ci-devant Hainaut, à la convention nationale. (Demande de réunion de la Belgique à la France.) In-8.º, 3 pp.

5 OCTOBRE. — Discours Sur les avantages de la Réunion de la Belgique à la France, Prononcé au Temple des Loix de la Commune de Mons, Département de Jemmappes, par le Citoyen Latteur, Président du Tribunal Civil du District de Mons. In-8.º, 8 pp.

5 OCTOBRE. — Procès-verbal De la proclamation du Décret de Réunion, publié en la Commune de Mons. Pet-in-8.º, 4 pp.

7 OCTOBRE. — Constitution de la république française. In-8.º, 64 pp.

15 OCTOBRE. — Liberté. Egalité. Département de Jemmappes. Les Administrateurs de l'Arrondissement du ci-devant Hainaut. (Adresse à la Convention nationale, au sujet de la Réunion de la Belgique à la France.) In-8.º, 4 pp.

25 DÉCEMBRE. — Division du département de Jemmappes. (Par cantons.) In-8.º, 6 pp.

30 DÉCEMBRE. — Circulaire (de l'administration centrale du département de Jemmapes) Aux Administrations municipales et de canton, Contenant des Instructions sur les différents objets de leurs fonctions. In-8.º, 15 pp.

Le cri de l'équité, ou réclamation de toute la Belgique, Contre l'effet rétroactif que l'injustice si nuisible à la vraie liberté s'efforce à donner à l'égard des Rentes & Dettes contractées avant la domination de la République Française dans ce pays, aux Lois ordonnant de recevoir le Papier-Monnaie au pair du numéraire. Par J. J. Foslard, Avocat à Mons, & Secrétaire de l'Administration de l'Arrondissement du Hainau. 1795. In-8.º, 52 pp.

Foslard, Jacques-Joseph, né à Mons le 17 avril 1749, mort dans la même ville le 12 décembre 1828.

1,097. Directorium ad horas canonicas ritè recitandas, missas-vè celebrandas, Juxtà novam dispositionem Breviarii ac Missalis Romano-Franciscani. Ad usum FF. Minorum Recollectorum Provinciæ Flandriæ. Pro anno domini MDCCXCV. Montibus, Typis Monjot, in plateà Clavis. (1794). In-12, 20 ff. non chiff.

Ma bibl.

Ce *directorium* a été imprimé par Antoine Monjot depuis 1795 jusqu'en 1825, et le titre qu'il porte a été parfois changé en ceux de : *Ordo divini officii*, et de : *Praxis seu directio pro horis canonicis*. A partir de 1826, M. Monjot fils a continué la publication de cet ouvrage.

1,098. Code hypothécaire, contenant la loi générale du 9 Messidor, an 3, & toutes les loix additionnelles postérieures, concernant le nouveau régime des hypothèques. Avec une table des titres & sommaires. A Mons, chez Monjot, Imprimeur-Libraire, rue de la Clef, N.º 19. An 4 de la République Française. In-8.º, titre et préliminaires 3 ff. non chiff, texte 88 pp. et 1 tableau.

Ma bibl.

1,099. Instructions sur les principales vérités de la religion, et sur les principaux devoirs du christianisme, Adressées, par Monseigneur l'Illustrissime & Révérendissime Evêque, Comte de Toul, Prince du St. Empire, au Clergé Séculier & aux Fidèles de son Diocèse. Nouvelle édition, Augmentée des Prieres du Matin & du Soir, & de l'Exercice pour la Sainte Messe. A Mons, chez Monjot, *etc.*

M. D. CC. XCVI. In-8.º, 417 pp., table, etc. 7 pp. non chiff.

Ma bibl.

1,100. Documents historiques sur la seconde invasion de la Belgique par les armées de la République Française, imprimés par A Monjot, en 1796 et 1797[1].

22 AVRIL 1796. — Proclamation. L'Administration Centrale du Département de Jemappes, A ses Administrés. In-8.º, 8 pp.

29 MAI. — Discours Pour la Fête des Victoires & de la Reconnoissance, Célébrée en la Commune de Mons, Par le Citoyen A. J. P. Latteur ex-Président du Tribunal civil, Juge au Tribunal criminel de ce Département. In-8.º, 16 pp.

20 DÉCEMBRE. — Lois et arrétés Sur l'organisation de l'Ordre judiciaire en matière civile. In-8.º, 88 pp.

20 AVRIL 1797. — Extrait De la Séance de l'Administration Centrale du Département de Jemmappes. In-8.º, 4 pp.

7 SEPTEMBRE. — Le tombeau de Varon, Ex-Administrateur du Département de Jemmappes, décédé à Mons, le 24 Frimaire, an V. In-8.º, 3 pp.

1,101. Lettre d'un catholique de Mons a son parent vice-pasteur de la paroisse de Ste. Catherine a Bruxelles, Sur la déclaration civique; suivie d'une seconde lettre, postérieure à l'Arrêté du Département de Jemmappes du 26 Floréal, an V, (15 mai 1797). A Mons, chez Monjot, Imprimeur-Libraire, rue de la Clef, N.º 19. (1797). In-8.º, 8 pp.

Bibl. de Mons, n.º 7,088 du catal., 16.º vol. — Ma bibl.

---

[1] Toutes ces pièces se trouvent dans ma bibliothèque.

1,102. Compte-rendu par l'administration centrale du département de Jemmappes, Depuis le 2 frimaire, an 4, jusqu'au 1.er floréal, an 5 de la République. A Mons, De l'Imprimerie de Monjot, Libraire. An VI. In-4.º, 66 pp. et 4 tableaux.

Ma bibl.

1,103. Troisieme lettre d'un catholique de Mons, A son parent vice-pasteur de Sainte Catherine à Bruxelles, lui envoyant copie de la pétition des Curés de Mons à l'Administration centrale du Département de Jemmappes, suivie de ladite pétition. (Mons, Monjot, 1797). In-8.º, 8 pp.

Ma bibl.

1,104. Caractères de la vraie dévotion, Par M. l'Abbé Grou. A Mons, Chez Monjot, etc. 1797. In-12, 179 pp., approbation 1 p. non chiff.

Ma bibl.

1,105. Discours prononcé à l'assemblée électorale du département de Jemmapes, par le citoyen Lucy, électeur de Tournay, vérificateur de l'enregistrement et du domaine national, le 24 Germinal an VI. Mons, Monjot. (1798). In-8.º, 6 pp.

Ma bibl.

1,106. Liste des émigrés du département de Jemmappes. *Au bas de la dernière page*: A Mons, de l'Imprimerie de Monjot, Libraire. (1798). In-8.º, 24 pp.

Ma bibl.

1,107. Compte des administrateurs du département de Jemmapes élus par l'assemblée électorale de l'an V. depuis le 1.er floréal de la dite année, jusqu'au 2 vendémiaire de l'an VI. A Mons, de l'Imprimerie de Monjot, Libraire, an VI. In-4.º, 92 pp. et 3 tableaux.

Ma bibl.

La publication de ces comptes-rendus, dont le premier a paru en l'an V, était prescrite par la constitution de l'an III; mais le gouvernement consulaire ayant aboli l'usage de ces publications, celle-ci est la dernière qui ait été faite. Les comptes administratifs n'ont plus été par la suite adressés chaque mois qu'en copie au ministre de l'intérieur. Ils existent en minutes aux archives du gouvernement provincial du Hainaut.

1,108. L'erreur combattue, la vérité reconnue. *Au bas de la dernière page*: A Mons, de l'Imprimerie de Monjot, Libraire. (1798). In-8.º, 13 pp.

Bibl. de Mons, n.º 7,088 du catal., 16.e vol. — Ma bibl.

Par Bourgeois, juge au tribunal civil du département de Jemmapes.

1,109. Instruction sur le moyen de préserver le froment de la carie, Par la Société d'Agriculture du Département de la Seine. Publiée par ordre du gouvernement. *Au bas de la dernière page*: A Mons, chez Monjot, etc. (1798). In-8.º, 14 pp.

Ma bibl.

1,110. Extrait des tables de comparaison entre les mesures anciennes et celles qui les remplacent dans le nouveau système métrique, avec leur explication et leur usage; Publiées par l'Agence temporaire des Poids et Mesures. A Mons, De l'Imprimerie de Monjot, An VI. (1798). In-8.º, 21 pp.

Ma bibl.

1,111. Almanach du département de Jemmappes, pour l'an VII. de la république française une et indivisible. A Mons, Chez Monjot, Imprimeur de l'Administration centrale du Département de Jemmappes. (1798). In-8.º, 64 et 96 pp.

Ma bibl.

A dater de l'an VII de la république française jusqu'aujourd'hui, il a été publié chaque année, excepté en 1814, un almanach ou annuaire du département de Jemmapes et de la province de Hainaut. *L'Almanach du département de Jemmapes* a conservé son titre jusqu'en l'an X, époque où il parut avec celui d'*Annuaire du département*; il reprit son titre primitif de 1806 à 1816, et depuis lors il porte celui d'*Almanach de la province de Hainaut*. Le dernier de ces almanachs, imprimé par Antoine Monjot, est celui de 1825. M. Monjot, fils, en continue depuis la publication. Voir n.º 587.

1,112. Enquête Du 16 Pluviôse an VII, a la demande des crédirentiers anversois, contre Joseph de Saint-Génois. *Au bas de la dernière page*: A Mons, de l'Imprimerie de Monjot, Libraire. (1799). In-4.º, 4 pp.

Ma bibl.

1,113*. Mons, le 28 germinal 7.e année de la République Française, une et indivisible. Mathieu, électeur, à l'assemblée électorale du département de Jemmapes, (refuse les fonctions de représentant du peuple auxquelles il avait été appelé). (Mons, Monjot, an VII), In-8.º, 3 pp.

1,114. Ode Sur la mort des Ministres Plénipotentiaires de la République Française au Congrès de paix de Rastadt, assassinés par les ordres et les soldats de la maison d'Autriche, le 9 Floréal an 7. (Mons, Monjot). An VII. in-8.º, 4 pp.

Ma bibl.

Par Masson, professeur de belles-lettres à l'École centrale du département de Jemappes.

1,115. Mémoire pour Jean-Benoît Hemelaer, à titre de Marie-Jacobe Devreese, son épouse; etc. *Au bas de la dernière page* : A Mons, de l'Imprimerie de Monjot, Libraire, rue de la Clef. (1799). In-4.º, 15 pp. et 2 tableaux généalogiques.

Ma bibl.

Ce mémoire est de l'avocat Jean-François Dolez.

1,116*. Catalogue des livres délaissés par Gaspard-Joseph Bureau. (1799). A Mons, Chez Monjot, imprimeur libraire, rue de la Clef, N.º 19. In-8.º

1,117. Constitution de la République Française (du 22 Frimaire an VIII.). A Mons, de l'Imprimerie de Monjot, Libraire. In-8.º, 29 pp.

Bibl. de Mons, n.º 168 du catal. — Ma bibl.

1,118. Recueil des arrêtés du directoire exécutif, Qui ont ordonné la publication des Lois de la République française dans les neuf Départemens réunis par la Loi du 9 Vendémiaire an IV, etc. A Mons, Chez Monjot, Imprimeur de l'Administration centrale du Département de Jemmappes. An VII (1799). In-8.º, 480 pp. table chronologique, 22 pp.

Ma bibl.

1,119. Dictionnaire portatif à l'usage des agens municipaux des communes et des administrations de canton, Nécessaire à chacun d'eux pour connaître tout ce que les Lois leur ordonnent de faire dans l'exercice de leurs fonctions. Par J^h. Girard, Homme de Loi. A Mons, Chez Monjot, etc. (1799). In-12, 120 pp., table et avis 6 ff. non chiff.

Ma bibl.

1,120. Mémoire sur la nature de la fourmorture dans la coutume de Mons, Dans lequel on démontre qu'elle était la succession anticipée du superstit des époux, qu'en conséquence elle est sujette à être rapportée par les enfans du premier lit, rappellés par la loi nouvelle à partager avec ceux du second la succession mobiliaire du parent commun. etc. Par le citoyen Dolez, homme de loi. A Mons, de l'Imprimerie de Monjot, (1800). In-4.º, 63 pp., appendice 12 pp.

Ma bibl.

Réimprimé en 1802 chez Monjot, in-8.º

1,121. Recueil authentique d'indulgences. *Au bas de la dernière page.* A Mons, chez Monjot, Imp.-Lib. (1800). In-32, 16 pp., la dernière non chiff.

Bibl. de Mons N.º 5,872 du catal., 7.º vol., n.º 93.

1,122. Les heureux effets de la paix, ou discours sur la liberté des cultes, précédé D'une Lettre à Bonaparte, et suivi d'observations, 1.º Sur la nullité des remboursemens en assignats au pair; 2.º Sur le paiement des cours des rentes sur les ci-devant États, &c., à échoir après la paix. Par J. J. Foslard, Juge de Paix en la ville d'Enghien, département de Jemappes, ci-devant Avocat. An IX de la République. 1801. (Mons, Monjot). In-8.º, titre et préliminaires 3 ff. non chiff., texte 80 pp.

Ma bibl.

1,123. L'anti-sorcier, ou les préjugés dévoilés, tels que les sortileges, les charmes, les esprits, l'art de prédire l'avenir et dire la bonne aventure, par le desir d'en prevenir les funestes effets, ou les prevenus, De Silly et de Bassilly, D'actes de violences graves et d'attentat à la sûreté individuelle d'une pauvre femme, come prétendûment sorciere, ou d'avoir comencé à la pendre et à la brûler, le 28 germinal an 9. Par J. J. Foslard, Juge de Paix en la ville d'Enghien, département de Jemmappes, et ci-devant Avocat. An IX. (Mons, Monjot. 1801). In-8.º, 32 pp.

Bibl. de Mons, n.º 4,003 du catal. — Ma bibl.

1,124. Abrégé des particules, etc, Mons, chez Monjot, etc. 1801. In-16, titre 1 f. et 158 pp., table 3 ff., non chiff.

Bibl. de M. Ad. Mathieu.

1,125. Articles organiques de la convention du 26 Messidor an 9 (15 juillet 1801, entre le Pape et Bonaparte 1.er consul). *Au bas de la dernière page*: De l'Imprimerie de Monjot, etc, (1801). In-8.º, 24 pp.

Ma bibl.

1,126. Bulle De ratification de la Convention signée entre la République française et Sa Sainteté. *Au bas de la dernière page*: A Mons, chez Monjot, etc. (1801). In-8.º, faux titre 1 f. et 21 pp.

Bibl. de Mons, n.º 7,088 du catal. 13.º portef.

1,127. Instruction relative à l'exécution des lois. Concernant les Mines, Usines, et Salines. A Mons, De l'Imprimerie de Monjot, etc. An X. (1801). In-8.º, titre 1 f. et 34 pp.

Ma bibl.

1,128*. Concordat de l'an X. Mons, Monjot 1802. In-8.º

1,129. Discours de M. l'évêque de Tournay, Prononcé à l'ouverture de l'église de Sainte Waudru à Mons, Dimanche, 18 Vendémiaire an 11 (10 Octobre 1802). A Mons, chez Monjot, Imprimeur-Lib. rue de la Clef, N.º 19. (1802). In-8.º, 44 pp.

Bibl. de Mons, n.º 7,088 du catal., 13.º vol. — Ma bibl.

1,130. Corps législatif. Discours prononcé Par Portalis, orateur du gouvernement, Relatif à la convention conclue entre le Gouvernement français et Sa Sainteté Pie VII. Séance du 15 germinal an 10. (5 avril 1802). *Au bas de la dernière page*: De l'Imprimerie de Monjot, rue de la Clef, n.º 19, à Mons. (1802). In-8.º, 80 pp., projet de loi, 32 pp.

Bibl. de Mons, n.º 7,088 du catal., 14.º vol.

1,131. Lettre d'un habitant de la ville de Mons, Écrite à un journaliste français le 12 Thermidor an 10 (31 juillet 1802). (Mons, Monjot, 1802). In-8.º, 4 pp.

Bibl. de Mons, n.º 7,088 du catal., 9.º vol.

1,132. Décret sur la nouvelle organisation du diocèse de Tournay. A Mons, Chez Monjot, etc. An 12. 1803. In-8.º, 259 pp., table 9 pp., non chiff.

Bibl. de Mons, n.º 2,700 du catal. — Ma bibl.

1,133. Adresse de MM. les curés à leurs paroissiens, Lors de leur rentrée dans leur Paroisse. etc. A Mons, chez Monjot, Imprimeur de Monseigneur l'Archevêque de Cambrai, etc. (1803). In-8.º, 25 pp.

Bibl. de Mons, n.º 5,872, du catal. 1.er vol. — Ma bibl.

1,134. Préservatif contre la suite du sophisme dévoilé. Par un prêtre du diocèse de Tournay. A Mons, Chez Monjot, An XI. (1803). In-8.º, 1 f. et 69 pp.

Bibl. de Mons, n.º 7,088 du catal., 7.e vol. — Ma bibl.

C'est une réponse du chanoine Duvivier à une attaque dirigée par M. Stevens contre M. Hirn, évêque de Tournay, sous le titre: *Le Sophisme dévoilé.*

1,135. Remarques sur le système gallican, ou sur les articles de la déclaration du clergé de France, Assemblé en 1682. Par le R. P. S.**** A Mons, (chez A. Monjot), 1803. In-8.º, 227 pp., table et errata 4 pp., non chiff.

Ma bibl.

1,136. Antidote salutaire Contre le poison moral du diabolisme de la Consultation ci-jointe des Médecins Mauroy et Bourlard, de Mons, du 15 vendémiaire an II (6 octobre 1802), pour ou plutôt contre les enfants du charpentier Giroux, ou défense de l'anti-sorcier ci-joint, Comme servant aussi de Réfutation du diabolisme de la Consultation, par le desir d'en prévenir les funestes effets. An XI. (Mons, Monjot). In-8.º, 18 pp.

Ma bibl.

Par J. J. Foslard.

1,137. Prières publiques, pour l'heureux succès de la guerre d'Angleterre, avec une prière pour Bonaparte 1er.

Consul de la république française. A Mons, Chez Monjot, (1803). In-12, titre 1 f. et 21 pp.

Ma bibl.

1,138. Encyclopédie des enfans, ou abrégé de toutes les sciences, etc. Avec figures. A Mons, Chez Monjot, etc. 1803. In-12, VI-160 pp. plus le feuillet 57 bis.

Ma bibl.

1,139. Lettres spirituelles de feu messire Louis-François-Gabriël d'Orléans De La Motte, évêque d'Amiens. A Paris, Et se trouve à Mons, chez Monjot, Imprimeur-Libraire. 1803. In-8.°, VIII-376 pp. et un faux titre.

Ma bibl.

1,140*. L'imitation de Jesus-Christ, par le P. Gonnelieu, nouvelle édition, avec belles figures; etc. A Mons, chez A. Monjot. (1803). In-12.

1,141. Catalogue des livres de la bibliothèque De feu J. B. Serel, en son vivant, Chanoine de la Collégiale de Saint-Pierre, à Leuze, etc. A Mons, De l'Imprimerie de Monjot, etc. (1803). In-8.°, 27 pp.

Ma bibl.

1,142. Discours prononcé à Mons Le 23 Vendémiaire an XIII (15 Octobre), aux funérailles de Mr. Louis-Dominique-Joseph Regis-Dewolff de la Marselle, Général au service de S. M. l'Empereur d'Autriche et d'Allemagne, Chevalier de l'Ordre de Marie-Thérèse, etc. etc. Par Mr. le Capitaine Rey, Aide-de-Camp du Général Commandant le département de Jemmape. A Mons, De l'Imprimerie de Monjot, Libr., rue de la Clef. (1804). In-8.°, 11 pp.

Bibl. de Mons, n.° 4,626 du catal. — Ma bibl.

1,143. Indulgence pléniere en forme de Jubilé, Accordée par notre Saint Père le Pape Pie VII, à l'occasion du rétablissement de l'exercice public de la Religion Catholique en France; Avec le Mandement et l'Instruction de M. l'Evêque de Tournay. A Mons, Chez Monjot, etc. (1804). In-16, 59 pp.

Ma bibl.

1,144. Lettre pastorale de M. l'évêque de Tournay, Ordonnant une Messe solemnelle et des Prières publiques en actions de graces de l'heureux avénement de Napoléon Bonaparte au Trône Impérial des Français, et pour implorer les lumières et les bénédictions du Ciel sur Sa Majesté, sur son Auguste Famille, et sur les Peuples confiés à ses soins. A Mons, Chez Monjot, etc. Prairial an XII, (Juin 1804). In-4.°, 15-20 pp.

Ma bibl.

1,145. Réglement de la société des tireurs d'arc de la ville de Mons, Arrêté en Assemblée générale du 16 Thermidor an XII, présidée par Monsieur Wallef, Sous-Directeur. (Mons, Monjot. 1804). In-4.°, 8 pp.

Ma bibl.

1,146. Officia propria antiquissimæ ecclesiæ cathedralis, et diœcesis Tornacensis; Cùm adjectis pluribus Officiis, quæ nova postulat Diœcesis circumscriptio; omnia ab Illustrissimo et Reverendissimo in Christo Patre Domino Francisco-Josepho Hirn recognita et emendata, etc. Montibus, Ex Officinâ Typographicâ Antonii Monjot, in Plateâ Clavis N.° 19, Anno Domini 1805. Rp. Gall. 13. In-12, 270 pp.

Bibl. de Mons, N.° 452 du catal. — Ma bibl.

1,147. Mémoires de la jeune Pauline. Par Melle. D***** etc. A Mons, Chez Monjot, etc. 1806. In-12, 2 tomes. I. titre et faux titre 2 ff. non chiff., texte 180 pp.; II. 225 pp.

Ma bibl.

L'auteur de ce roman est Mademoiselle Bonne-Philippine Dumont, née à Mons, le 19 mars 1773, morte dans la même ville, le 10 Messidor an XIII (29 juin 1805).

1,148. Tarifs métriques de tous les anciens poids et mesures du département de Jemmape, Et de ceux des Départemens de Sambre et Meuse, de la Dyle, du Nord, de la Lys et de l'Escaut; etc. Publiés avec l'approbation de M.^r le préfet, Par J. B. Renard, Inspecteur des Contrib.^ns du dép.^t de Jemmape. A Mons, Chez Monjot, etc. An 1806. In-12, titre 1 f. et LII-554 pp., errata 1 p. non chiff.

Ma bibl.

1,149. Traité de Paix (Paix de Presbourg, signée le 26 Décembre 1805). Mons, Imprimerie de Monjot, (1806). In-8.°, 12 pp.

Bibl. de M. Arthur Dinaux.

1,150. Feuille de Mons et Département de Jemmape. (Mons, Monjot, 1806). In-8.° (Deux numéros de une à deux feuilles d'impression par semaine).

Bibl. de M. l'avocat Le Tellier.

Ce journal, fondé par le Père Lambiez, fut imprimé d'abord par la Veuve A. J. Lelong, qui en publia les 27 premiers numéros, du 11 avril au 17 juillet 1806. A dater de cette époque, l'impression en fut confiée à Antoine Monjot qui en continua la publication jusqu'au 24 juillet 1807, c'est-à-dire du 28.e au 154.e numéro inclusivement. A l'occasion de ce changement d'imprimeur, le titre du journal fut modifié et converti, dès le 29.ᵉ numéro, en celui de *Feuille du département de Jemmapes*. Lorsque Antoine Monjot fit paraître, le 24 juillet 1807, le *Mémorial du département de Jemmapes*, le Père Lambiez retourna chez la veuve Lelong. Seulement à dater du 1.ᵉʳ août 1807 (numéro 158), il changea les jours de sa publication, afin qu'ils ne coïncidassent pas avec ceux du *Mémorial*. Son journal parut le mercredi et le samedi, au lieu du mardi et du vendredi de chaque semaine. La veuve Lelong ayant entrepris, le 1.ᵉʳ janvier 1811, la publication de la feuille d'annonces de la ville de Mons, le Père Lambiez fut encore obligé de changer d'imprimeur ; il s'adressa à H. J. Hoyois qui imprima son journal à dater du 1.ᵉʳ janvier 1811 jusqu'au 27 juin de la même année (n.ᵒˢ 555-629), époque de la suppression de cette feuille par un arrêté du préfet en date du 18 mai 1811. Ainsi, dans ces temps de despotisme, un préfet pouvait disposer arbitrairement de l'existence des journaux même les plus inoffensifs.

La collection complète de ce journal comprend, en une seule série, 629 numéros, datés, le premier du 11 avril 1806, le dernier du 27 juin 1811 ; les séries de pagination qui embrassaient d'abord tout un trimestre, furent ensuite restreintes à chaque numéro.

Il a paru deux tables alphabétiques, de 4 pages d'impression chacune. L'une comprend les n.ᵒˢ 1 à 185, l'autre les n.ᵒˢ 186 à 500.

1,151. Mémorial du département de Jemmape (Mons, Monjot). In-8.ᵒ, 488 numéros du 24 juillet 1807 au 3 janvier 1812.

Ma bibl..

Ce journal paraissait deux fois la semaine par numéro d'une demi-feuille d'impression. Il a pris par la suite les titres suivants : *Journal du département de Jemmape*, du 5 janvier 1812 au 6 octobre 1815 ; *Journal de la province de Hainaut*, du 10 octobre 1815 au 31 décembre 1830 ; enfin, *Moniteur du Hainaut*, titre qui lui fut donné le 4 janvier 1831 et sous lequel il parait encore aujourd'hui.

1,152. Réglement et statut (en date du 10 novembre 1768) De la Société du Concert des Abonnés de la Ville de Mons (Mons, Monjot, 1807). In-8.°, 8 pp.

Ma bibl.

1,153. Tarif des frais et dépens qui sont dus aux officiers ministériels, Pour la poursuite des Procès et Actes extrajudiciaires, etc. A Mons, Chez Monjot, etc. Mars 1807. In-8.°, titre 1 f. et 70 pp., table 1 f. non chiff.

Ma bibl.

1,154. Elémens de la grammaire françoise par Lhomond, professeur-émérite en l'université de Paris. Dixième édition. Mons, Chez Monjot, etc. 1807. In-8.°, 96 pp., les cinq dernières non chiff.

Ma bibl.

1,155. Modus infirmis ministrandi sacramenta eucharistiæ et extremæ-unctionis, in diœcesi cameracensi, etc. Montibus, Typis Monjot, etc. (1807). In-16, 128 pp., 1 f. non chiff. et 12 pp.

Ma bibl.

1,156. Préfecture du département de Jemmape (Publication du rapport fait au sénat par le ministre des relations extérieures, au sujet de la nouvelle guerre déclarée à l'Autriche par la France). (A Mons, Chez Monjot, 1809). In-8.°, 53 pp.

Ma bibl.

1,157. Paris, 2 mai. Premier bulletin. (Bulletins de la guerre de 1809 entre la France et l'Autriche avec le traité de Vienne du 14 octobre de la même année). A Mons, Chez Monjot, Imp.-Lib., rue de la Clef (1809). In-8.º, 156 pp. Ma bibl.

Cette collection se compose de 50 bulletins, le premier daté du quartier général de Ratisbonne, le 24 avril 1809, et le dernier de Vienne, le 30 juillet suivant.

Il existe une édition en forme de placard.

1,158. Stances, à messieurs messieurs les confrères de la miséricorde, à Mons, présentées par un ancien de la confrairie, le jour de la décollation de saint Jean-Baptiste, 29 Août 1809, Epoque de l'Anniversaire de son Jubilé de 50 ans Par L. D.*** A Mons, De l'Imprimerie de Monjot, etc. (1809). In-8.º, 13 pp.

Bibl. de Mons, n.º 7,088 du catal., 4.ᵉ portefeuille. — Ma bibl.

Ces stances sont de l'abbé Louis Delobel.

1,159. Loi concernant les mines, les minières et les carrières, du 21 avril 1810, suivie de l'instruction de S. E. le ministre de l'intérieur, En date du 3 Août 1810. A Mons, De l'Imprimerie de Monjot, etc. (1810). In-8.º, titre et préliminaires 2 ff. non chiff., texte 23 pp., instruction 36 pp., table 1 f. non chiff., corps législatif 60 pp.

Ma bibl.

1,160. Journal du département de Jemmape (A Mons, De l'Imprimerie de Monjot). (3 janvier 1812 - 6 octobre 1816). In-8.º, (deux et trois numéros par semaine).

Bibl. de Mons, n.º 8,276 du catal. — Ma bibl.

Voir n.º 1,151.

1,161. Tarif décimal ou nouvelle évaluation des pièces

de monnaie, Conformément aux Décrets Impériaux des 18 août et 12 septembre 1810, etc. Nouvelle Édition augmentée. A Mons, Chez Monjot, etc. In - 12, 69 pp., table 1 f. non chiff.

Ma bibl.

1,162. Statuts et réglement de l'académie de musique de la ville de Mons. Adoptés en 1812 (Mons, Monjot). Février 1812. In-8.º, 19 pp.

Ma bibl.

1,163. Grande Armée (Bulletins de la campagne de Russie, en 1812, et rapports à S. M. l'Impératrice sur la situation de l'armée en 1813). A Mons, De l'Imprimerie de Monjot, etc. 1812, In-f.º

Ma bibl.

La collection de ces bulletins se compose de 54 numéros imprimés en forme de placard.

1,164. L'impartialité à la prévention (Mons, Monjot, 1813). In-8.º, 7 pp.

Ma bibl.

Cet écrit fut distribué à Mons le 25 décembre 1813; on l'attribue à M. Duty, général commandant le département de Jemmapes. Il avait pour but de prémunir les Belges contre les promesses des puissances alliées.

1,165. Instruction Sur le caractère des Accidens auxquels les Ouvriers Mineurs sont exposés, et sur la nature des Secours qui doivent leur être administrés lorsque ces accidens ont lieu. Mons, Imprimerie de Monjot, rue de la clef (1813). In-8.º, 15 pp.

Ma bibl.

1,166. Documents historiques sur les événements de la fin de l'empire français, imprimés par A. Monjot en 1814[1].

1.er AVRIL 1814. — Proclamation du Conseil Général du Département de la Seine et du Conseil Municipal de Paris (qui renoncent à toute obéissance envers Napoléon Bonaparte, et expriment le vœu que le gouvernement monarchique soit rétabli en France dans la personne de Louis XVIII et de ses successeurs). In-f.º

1.er AVRIL. — Nouvelles officielles. (Annonce de l'occupation de Paris par les armées alliées). In-f.º

1.er AVRIL. — Sénat conservateur. (Nomination d'un gouvernement provisoire). In-f.º

2 AVRIL. — Adresse (du gouvernement provisoire aux armées françaises). In-f.º

2 AVRIL. — Pièce officielle. Message au Gouvernement Provisoire (annonçant que le Sénat a prononcé la déchéance de l'empereur Napoléon et de sa famille, et délié le peuple français et l'armée du serment de fidélité). In-f.º

50 MAI. — Traité de Paix (signé à Paris). In-8.º, 15 pp.

1,167. Note sur la navigation de la Haine. (Mons, Monjot, 1814). In-8.º, 4 pp.

Ma bibl.

1,168. Flore du département de Jemmape, ou définitions des plantes qui y croissent spontanément, Faites d'après le système de Linnée, à l'usage des élèves en Botanique. Par M.r Hocquart, Prêtre, Principal et Professeur de Mathématiques et de Botanique au Collége d'Ath. A Mons, Chez

[1] Toutes ces pièces se trouvent dans ma bibliothèque.

Monjot, Imprimeur-Libraire. 1844. In-12, VIII-303 pp., errata 1 p. non chiff.

Bibl. de Mons, n.° 3,213 du catal. — Ma bibl.

1,169. Journal de la province de Hainaut (A Mons de l'imprimerie de A. Monjot). In-8.° (du 10 octobre 1815 au 31 décembre 1830 — deux et trois numéros par semaine).
Bibl. de Mons, n.° 8,276 du catal. — Ma bibl.

Voir n.° 1,151.

1,170. Documents sur l'organisation du royaume des Pays-Bas, imprimés par A. J. Monjot en 1815[1].

7 MARS 1815. — Extrait du journal du département de Jemmapes. (Relation de la fête qui a eu lieu à Mons, le Dimanche 5 Mars, pour célébrer l'avènement de Son Altesse royale le prince d'Orange-Nassau, au trône des Pays-Bas). In-8.°, 4 pp.

16 MARS. — Proclamation (par laquelle le roi Guillaume fait connaître son acceptation de la Couronne des Pays-Bas). In-f.°

5 JUILLET. — Articles de la suspension d'armes entre les armées alliées et l'armée française. In-4.°, 4 pp.

5 AOUT. — Discours Prononcé par Mr. De Thiennes, commissaire-général de la Justice à Bruxelles, à l'ouverture de la Séance des Présidens des Notables. In-8.°, 7 pp.

Avis aux belges sur le projet de constitution pour le royaume des pays-bas, avec le texte de ce projet et des notes, etc. In-8.°, 63 pp.

Loi fondamentale du royaume des Pays-Bas, avec des notes explicatives. Suivie de l'arrêté de S. M., en date du 24 août 1815. In-8.°, 68 pp.

[1] Toutes ces pièces se trouvent dans ma bibliothèque.

1,171. Grammaire française de Letellier, etc. A Mons, chez A. Monjot, imprimeur, etc. 1816. In-12.

Ma bibl.

Réimprimé plusieurs fois par A. Monjot.

1,172 Discours Prononcé par S. Ex. M.^{r} le Gouverneur de la Province de Hainaut, lors de l'installation des États Provinciaux, le lundi 1.er Juillet 1816. (Mons, Monjot), 1816. In-8.°, 7 pp.

Ma bibl.

Les gouverneurs, d'après leurs instructions, avaient l'obligation d'adresser, chaque année, au Roi, un rapport sur tout ce qui leur avait paru intéressant dans l'exercice de leurs fonctions; ils devaient aussi présenter à l'assemblée générale des États un rapport sur la situation des affaires de la province.

La collection de ces discours, aujourd'hui fort rare, se compose de 9 brochures, dont 8 in-8.°, et une in-4.°, qui ont été imprimées par Antoine Monjot, depuis 1816 jusqu'en 1825.

1,173. Projet de Réglement des Etats (de la province de Hainaut pour l'ordre de leurs séances, présenté par la Députation des États, dans la session de 1816). A Mons, de l'Imprimerie de Monjot, (1816). In-f.°, 8 pp.

Ma bibl.

1,174. Réplique de M. Gendebien, ancien jurisconsulte, a la réfutation Publiée à Mons en 1816, de ses Questions de Droit Public sur les Mines, imprimées à La Haye, en Janvier de la même année, par M. le Conseiller Delattre. Mons, de l'imprimerie de Monjot, libraire, rue de la Clef, N.° 19. Avril 1817. In-8.°, 38 pp.

Ma bibl.

1,175. Réglement qui détermine le mode d'après lequel les États de la Province de Hainaut exercent leur pouvoir conformément à la loi fondamentale. (Approuvé par arrêté royal du 22 juin 1817. Mons, Monjot, 1817). In-8.º

Ma bibl.

1,176. Projet de règlement pour l'administration des campagnes ou communes rurales, dans la province de Hainaut. (Présenté par la Députation des États à l'assemblée générale dans la session de 1817. Mons, Monjot 1817). In-f.º, 9 pp.

Ma bibl.

1,177. États du Hainaut. Session de 1817. Séance du 21 juillet. (Rapport de la section d'Agriculture, de Commerce et des Fabriques). Mons, Imprimerie de Monjot. (1817). In-8.º, 23 pp.

Bibl. de Mons, n.º 7,088 du catal., 10.ᵉ vol. — Ma bibl.

1,178. Mémoire sur la nécessité d'un canal de jonction, par le territoire du royaume, du Canal actuel de Mons à Condé, avec l'Escaut; etc. présenté Par la Chambre de Commerce et des Fabriques de Mons, aux États de la Province de Hainaut, en leur Session de Juillet 1817. Mons, Imprimerie de Monjot, rue de la Clef, N.º 19. In-4.º, 8 pp.

Bibl. de Mons, n.º 1856 du catal. — Ma bibl.

1,179. Réglement du 28 février 1818, n.º 58, concernant la formation des États de la province de Hainaut. (Mons, Monjot, 1818). In-12, 28 pp.

Ma bibl.

1,180. Exposé de la situation de la province de Hainaut.

(1818-1825). Mons, Imprimerie de Monjot, Libraire, rue de la Clef, N.º 19. In-8.º

Ma bibl.

La collection de ces exposés, jusqu'en 1858, se compose de 35 volumes in-8.º, dont 8 ont été publiés par M. Monjot père, de 1818 à 1825, et 27 par M. Monjot fils, de 1826 à 1858. Il n'en a pas été publié en 1830, 1831, 1832, 1833 et 1836.

1,181. Règlement pour le corps équestre de la province de Hainaut (approuvé par arrêté royal du 16 septembre 1817). (Mons, Monjot, 1818). In-8.º, 7 pp.

Ma bibl.

1,182. États provinciaux du Hainaut. — Session de 1818. Séance du 8 Juillet. — Discours prononcé Par Monsieur Charles Le Cocq (sur le commerce et les douanes). Mons, Imprimerie de Monjot, Rue de la Clef, N.º 19. (1818). In-8.º, 35 pp.

Ma bibl.

1,183. Mémoire pour Madame Marie-Isabelle-Françoise Lebrun d'Ostergnies, Comtesse de Robiano, etc., Contre Monsieur Ferdinand-Louis-François Comte De Leroy de Ville, etc. Mons, Imprimerie de Monjot, rue de la Clef. (1818). In-4.º, 70 pp.

Ma bibl.

Ce mémoire est de l'avocat Jean-François Dolez.

1,184. Appendice au mémoire de Madame la Comtesse de Robiano, intimée, contre Monsieur le Comte De Leroy de Ville, appelant. Mons, Imprimerie de Monjot, (1818). In-4.º, 24 pp.

Ma bibl.

1,185. Réplique et démonstration des moyens pour La Dame Jeanne-Louise Leblud, Epouse du Sieur Dominique-Joseph Wery, Maître en Pharmacie, Contre le sieur Jean-Baptiste André, ancien Maître en Pharmacie, et la Dame Angélique-Françoise-Joseph Leblud. Mons, Imprimerie de Monjot, Libraire, rue de la Clef, N.º 19. 1818. In-f.º, 1 f. et 148 pp.

Ma bibl.

Ce mémoire est de l'avocat Jean-François Dolez.

1,186. Catalogue d'une collection de livres de théologie, sciences, arts, belles-lettres, histoire, etc.; D'une nombreuse collection de Plantes etc., etc. Le tout délaissé par feu M.ʳ l'Abbé Hocquart, Principal du Collége d'Ath, Membre de la Société Royale d'Agriculture et de Botanique de Gand, de la Société Médicale de Tournay, Auteur de la Flore de Jemmape, etc., etc. Mons, Imprimerie de Monjot, Libraire, rue de la Clef (1818). In-8.º, 31 pp.

Bibl. de Mons, n.º 8,127 bis du catal.

1,187. Recueil des Actes administratifs. (Mons, Chez A. Monjot, 1819 - 1825). In-8.º

Bibl. de la députation permanente du Conseil provincial du Hainaut.

A partir de l'année 1819, l'éditeur du Journal de la Province de Hainaut publia, indépendamment de ce journal, un recueil exclusivement destiné à la publication des actes administratifs. Il en paraissait un cahier ou bulletin aussi souvent qu'on pouvait en former une feuille d'impression. Ce recueil a été imprimé par Antoine Monjot jusqu'au 1.ᵉʳ juillet 1825, et, depuis cette époque, par M. Monjot fils, sauf les n.ᵒˢ 1 à 9, à partir du 30 septembre 1830, qui sont sortis des presses de Lemaire De Puydt.

Jusqu'en 1830 ce recueil n'est pas divisé en volumes, et il se compose de 225 numéros ou bulletins d'une feuille au moins d'impression chacun. Les n.ᵒˢ 1 à 147, comprenant les années 1819 à 1826, n'ont qu'une seule série de pagination et forment ensemble 1,252 pages; les n.ᵒˢ 148 à 223 qui comprennent les années 1827 à 1830 ont une pagination spéciale par année, savoir : Année 1827 Numéros 148 à 164. 144 pp.
— 1828 — 165 à 181. 152 pp.
— 1829 — 182 à 204. 160 pp.
— 1830 — 205 à 225. 108 pp.

Chaque année une table alphabétique des matières fut publiée avec un titre destiné à réunir les actes de cette année et portant simplement ; « Province de Hainaut. — Recueil des actes administratifs. » Ces tables ont : en 1819 et 1820, XI pp ; en 1821 et 1822, X pp.; en 1823, XIII pp.; en 1824, XIV pp.; en 1825, XIII pp.; en 1826 et 1827, XIV pp.; en 1828, XIII pp.; en 1829, XII pp. ; en 1830, XV pp.

Ce recueil prit, en 1831, le titre de *Bulletin administratif de la province de Hainaut* et en 1836 celui de *Mémorial administratif de la province de Hainaut*, sous lequel il continue de paraître chez M. Louis Monjot.

1,188. Huitième, neuvième et dixième questions de droit public sur les mines, faisant suite Aux sept Questions imprimées à La Haye, en Janvier 1816; Par M.ʳ Gendebien, Membre des États-Généraux, Qui fut Rapporteur, en 1810, dans la Commission de l'Intérieur du Corps-Législatif de France, de la quatorzième Rédaction du projet de Loi sur les Mines, communiquée officieusement, deux mois avant la présentation officielle faite par M.ʳ le Comte Regnault de Saint-Jean d'Angely, le 13 avril 1810. Mons, Imprimerie de Monjot, Libraire, rue de la Clef, N.ᵒ 19. In-8.ᵒ, 16 pp.
Ma bibl.

Les onzième, douzième et treizième questions de droit public sur les mines par M. Gendebien ont été également imprimées par Antoine Monjot, la quatorzième est sortie en 1831 des presses de M. Monjot fils.

Jean-François Gendebien, jurisconsulte et publiciste distingué, naquit à Givet le 24 février 1753 et mourut à Mons le 4 mars 1838.

1,189. Mémoire sur la jonction du canal de Mons avec l'Escaut, par la Dendre, présenté Aux Nobles et Très-Honorables Seigneurs les États de la Province de Hainaut, En leur Session de 1819. Mons, Imprimerie de Monjot, (1819). In-8.º, 22 pp.

Ma bibl.

1,190. La chambre de commerce et des Fabriques de Mons, Aux Nobles et Très-Honorables Seigneurs les Etats du Hainaut, en leur Session de 1819. (Mémoire au sujet d'une communication à ouvrir entre le Canal de Mons à Condé et l'Escaut). (1819). In-8.º, 35 pp.

Ma bibl.

1,191. Navigation intérieure. Province de Hainaut. Mémoire par F. Paridaens, Vérificateur de l'Administration de l'Enrégistrement et des Domaines. Mons, Imprimerie de Monjot, Libraire, rue de la Clef. 1819. In-8.º, 31 pp.

Bibl. de Mons, n.º 1,857 du catal. — Ma bibl.

Ferdinand-Charles-Hyacinthe-Joseph Paridaëns, né à Mons, le 14 septembre 1785 et mort à Saint-Josse-ten-Noode, le 10 mai 1851, est auteur de plusieurs ouvrages dont le plus important est une histoire de Mons.

1,192. Projet de réglement pour les chemins vicinaux et les courans d'eau du plat-pays de la province de Hainaut, présenté à la séance des états provinciaux Du 16 Juillet 1819, par la Section de l'Intérieur. Mons, Imprimerie de Monjot, Libraire, rue de la Clef. (1819). In-8.º, 26 pp.

Ma bibl.

1,193. Projet de règlement sur les chemins vicinaux (suivi d'un exposé des motifs présenté à l'assemblée des Etats du Hainaut, dans sa session de 1819, par M. J. Parmentier, rapporteur de la section de l'intérieur). Imprimerie de Monjot. (1819). In-8.º, 22 pp.

Ma bibl.

1,194. Catalogue des livres provenant de la bibliothèque De feue M.me la Douairière de Masnuy, née Secus. Mons, Imprimerie de Monjot. (1819). In-8.º, 42 pp.

Ma bibl.

1,195. Rapport fait A l'assemblée des États de la province de Hainaut, au nom de la section des travaux publics, Le 12 juillet 1820. Mons, Imprimerie De Monjot. (1820). In-8.º, 54 pp.

Ma bibl.

1,196. Discours prononcé a l'assemblée des états de la province de Hainaut, par M.r Matthieu, Député du District d'Asquillies (sur les logements militaires). A Mons, de l'Imprimerie de Monjot (1820). In-8.º, 13 pp.

Ma bibl.

1,197. Réglement pour la réparation et l'entretien des chemins vicinaux. A Mons, de l'Imprimerie de Monjot (1820). In-8.º, 12 pp.

Ma bibl.

1,198. Arrêté du 15 Décembre 1820, portant Instruction pour les gouverneurs dans les Provinces. Mons, Imprimerie de Monjot (1820). In-8.°, 20 pp.

Ma bibl.

1,199. Réglement pour le corps équestre de la province de Hainaut. Mons, Imprimerie de Monjot, rue de la Clef (1821). In-8.°, 15 pp.

Ma bibl.

1,200. Adresse à sa majesté; par la chambre de commerce de Mons. (Contenant des observations contre le nouveau système d'impôts proposé par le gouvernement). (1821). In-8.°, 14 pp.

Ma bibl.

1,201. A sa majesté le Roi des Pays-Bas, grand-duc de Luxembourg, etc. (Adresse des États du Hainaut au sujet de l'entretien des routes de 2.e classe). Mons, Imprimerie de Monjot. (1822). In-8.°, 12 pp.

Ma bibl.

1,202. Réglement pour la réparation et l'entretien des chemins vicinaux de la Province de Hainaut. Mons, Imprimerie de Monjot. 1822. In-8.°, 14 pp.

Ma bibl.

1,203. Réglement du 28 février 1818, n.° 58, concernant la formation des États de la province de Hainaut (suivi de plusieurs décisions royales interprétatives). (Mons, Monjot, 1823). In-8.°, 24 pp.

Ma bibl.

1,204. Abrégé de l'histoire de la province de Hainaut

et du Tournaisis; Par M.ʳ Dewez. Mons, de l'imprimerie de Monjot, 1823. In-12, 107 pp.

Ma bibl.

<small>Une seconde édition a été imprimée chez H. J. Hoyois, en 1827.</small>

1,205. Le modèle des instituteurs ou le pensionnat belge, histoire classique, aussi agréable qu'intéressante sous tous les rapports concernant l'éducation de la jeunesse. Par J. F. Mazion. Mons, Monjot, Imprimeur-Libraire 1823. In-12, VI-168 pp.

Bibl. de Mons, n.° 5,272 du catal. — Ma bibl.

1,206. Recueil des lois, arrêtés et instructions sur les mines, minières, carrières et usines; etc. Mons, Imprimerie de Monjot. (1824). In-8.°, titre et faux-titre 2 ff. non chiff., texte 255 pp.

Ma bibl.

<small>Un supplément à ce recueil a été imprimé par M. Monjot fils, en 1829, in-8.°</small>

1,207. Province de Hainaut. — Réglement Pour la Réparation, l'Entretien et la Police des Chemins vicinaux et des Courans d'eau. (Mons, Monjot, 1824). In-8.°, 15 pp.

Ma bibl.

1,208. Règlement concernant la formation des états de la province de Hainaut (approuvé par arrêté royal du 10 juin 1825). Mons, Imprimerie de Monjot, (1825). In-8.°, 27 pp.

Ma bibl.

1,209. Règlement d'administration pour le plat-pays de la Province de Hainaut (approuvé par arrêté royal du 23 juillet 1825). (Mons, Monjot, 1825). In-8.°, 28 pp.

Ma bibl.

1,210. Projet de règlement pour l'amélioration de la race des chevaux dans la province de Hainaut. Mons, Imprimerie de Monjot (1825). In-8.°, 9 pp.

Ma bibl.

1,211. Question de droit sur les mines. *Au bas de la dernière page* : Mons, Imprimerie de Monjot, rue de la Clef. In-8.°, 18 pp.

Ma bibl.

Par Jean-François Gendebien.

1,212. Traité d'arithmétique, à l'usage des élèves de la congrégation des filles du sacré cœur de Jesus. Mons, Imprimerie de Monjot. 1825. In-12, faux-titre 1 f., texte 140 pp.

Ma bibl.

1,213. Catéchisme ou sommaire de la doctrine chrétienne, etc. A Mons, Chez Monjot, Imprimeur, etc. In-12, 106 pp.

Ma bibl.

1,214. Eclaircissement touchant la dévotion au cœur de Jesus-Christ, etc. Nouvelle Édition revue et augmentée de l'abrégé de la Vie de Marguerite-Marie à la Coque. A Mons, Chez Monjot. In-8.°, 92 pp.

Ma bibl.

1,215. Histoire abrégée de l'ancien testament, Imprimée par l'ordre de Monseigneur l'Evêque d'Amiens. A Mons, Chez Monjot, etc. In-8.°, 136 pp.

Ma bibl.

1,216. Histoire du nouveau testament, Où sont contenues les principales Actions de la Vie de Notre Seigneur Jesus-Christ. A Mons, Chez Monjot, etc. In-8.°, 138 pp.

Ma bibl.

1,217. Instruction pour la premiere communion. A Mons, Chez Monjot, etc. In-16, 96 pp.

Ma bibl.

1,218. Grammaire françoise à l'usage de l'hermitage de Cocar, Revue, corrigée, rectifiée et augmentée en cette nouvelle édition. A Mons, Chez Monjot, etc. In-8.°, 112 pp.

Ma bibl.

1,219. La philosophie de tous les tems et de tous les ages. Seconde édition, Avec des additions importantes. Par l'abbé Somain. A Mons, Chez Monjot. In-12, 4-111 pp. et 2 pp. non chiff.

Ma bibl.

1,220. Instruction nouvelle Pour enseigner aux Enfans à connoître le Chiffre, et à sommer avec les Jets. Nouvelle Edition. A Mons, Chez Monjot, etc. In-8.°, 32 pp.

Ma bibl.

1,221. Oraison funebre de Monsieur de Turenne. A Mons, Chez Monjot, etc. In-8.°, 60 pp.

Ma bibl.

1,222. Abrégé des principes de la grammaire française. Par M. Restaut. Nouvelle Édition. A Paris, Et se trouve à Mons, chez Monjot, etc. In-8.°, 1 f., 2-98 pp., table 1 f. non chiff.

Ma bibl.

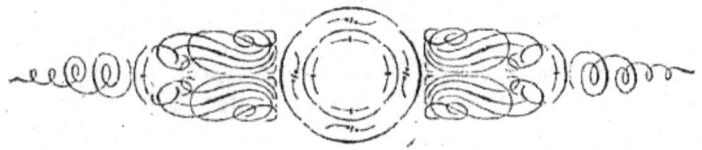

HENRI-JOSEPH HOYOIS (le Fils).

1798-1834.

Ce typographe, fils de Henri-Joseph Hoyois et de Marie-Joseph Foslard, naquit à Mons le 20 septembre 1775 et mourut dans la même ville le 9 octobre 1841. Il entra chez N.-J. Bocquet en 1786, pour y faire son apprentissage d'imprimeur et de libraire, et ayant fait la succession de sa grand'tante Marguerite Loir, veuve de Henri Bottin, il monta, en 1798, rue des Fripiers N.º 12 (26 nouveau), un établissement typographique qu'il transféra, plus tard, même rue N.º 24 (4 nouveau).

Henri Hoyois s'attacha plus particulièrement à l'impression des classiques à l'usage des écoles primaires et il donna à sa librairie, en 1816, le titre de Librairie d'éducation qu'elle a conservé depuis. Il édita notamment, à dater de 1817, les ouvrages de M.ʳ G.-B.-J. Raingo qui ont puissamment contribué au développement de l'enseignement élémentaire dans les provinces méridionales du royaume des Pays-Bas et qui ont eu un grand nombre d'éditions.

Hoyois se retira des affaires au mois de juin 1854, cédant son imprimerie à son fils Emmanuel déjà établi depuis 1828, rue des Clercs N.º 10 (17 nouveau), et sa librairie à sa fille madame Manceaux-Hoyois.

Les connaissances bibliographiques de cet imprimeur étaient

étendues et variées; il est l'auteur de l'ouvrage suivant : *Musée bibliographique; collection d'ouvrages imprimés et manuscrits, dont le moindre prix est de mille francs; recueillis et publiés par H.-J. Hoyois, ancien imprimeur-libraire. Mons, typographie d'Hoyois-Derely, libraire.* 1837, in-8.º de XIV, X et 92 pp.

La Société des Bibliophiles Belges de Mons, dont il fut l'un des membres fondateurs en 1835, lui a consacré une notice biographique dans ses publications.

1,223. L'institution des enfans ou conseils d'un père à son fils, etc. Par N. François (de Neufchâteau). A Mons, De l'Imprimerie de H. J. Hoyois, Libraire, rue des Fripiers, N.º 12. An VI de la République française (1798). In 8.º, 8 pp.

Ma bibl.

Réimprimé plusieurs fois.

1,224. Reglement du pensionnat de l'ecole centrale du departement de Jemmappes. (An VII). In-4.º, 4 pp.

Ma bibl.

1,225. Feuille décadaire du département de Jemmapes dirigée par la Société Philomatique de Mons. In-8.º

Bibl. de M. R. Chalon.

La Société Philomatique ou des Amis de l'Instruction fut fondée à Mons au mois de frimaire an VIII. Elle comptait parmi ses membres MM. Robert, professeur de belles-lettres à l'école centrale, Philibert Delmotte, bibliothécaire, Thomeret, Malghem, Flescher et Anthoine, professeurs de cette école et MM. Fourny, Pradier et Richer, qui furent les collaborateurs de la *Feuille décadaire*.

Ce journal paraissait tous les quartidis de chaque décade; le premier numéro porte la date du 4 messidor an VIII (24 juin 1800), et le dernier celle du 4 germinal an IX (25 avril 1801).

La collection se compose de 28 numéros dont 27 de 12 pages et le dernier de 8 pp., avec une pagination particulière pour chacun.

Le bureau du journal se tenait à l'école centrale, rue des Ursulines, chez M. Robert, rédacteur en chef.

1,226. Couplets à l'occasion de la paix, adressés à son ami Le Citoyen Voidel, Conservateur des Hypothèques, etc., à Mons, Par le Citoyen Pagès, Parisien, âgé de 86 ans, Domicilié depuis environ 25 ans au Château de Belœil, département de Jemmappes. (1800). In-8.°, 8 pp.

Bibl. de M. l'avocat Letellier.

1,227. Coup-d'œil sur l'usage des poêles à bouille, ou réponse à l'avis sur l'usage des prédits poêles. Par L. J. Mauroy, Médecin-Pensionnaire de la ville de Mons. Nivose an IX de la république (1800). In-8.°, 31 pp.

Bibl. de Mons, n.° 3,498 du catal. — Ma bibl.

L'auteur de cet opuscule, Léopold-Joseph Mauroy, docteur en médecine, naquit à Mons le 26 août 1752 et mourut dans la même ville le 11 février 1826.

1,228. Tableaux de comparaison entre les mesures anciennes du département de Jemmappes, Et celles qui les remplacent dans le nouveau système métrique, Publiés par ordre du Préfet de ce département. Vendémiaire an X (1801). In-8.°, 110 pp. non chiff.

Ma bibl.

Cet ouvrage fut rédigé par une Commission nommée par le préfet, M. Garnier, et qui se composait de MM. Richer, ingénieur du département de Jemmapes, Anthoine, professeur de mathématiques et J. Malghem, professeur de grammaire générale à l'école centrale.

1,229. Catalogue de livres délaissés par feu Nicolas-Bonfils Pollart, dit de Warnifosse, etc. (1802). In-8.°, 40 pp.

Bibl. de Mons, n.° 8,099 du catal.

1,230. Existe-t-il des circonstances dans lesquelles les secours moraux Peuvent être considérés comme principaux moyens curatifs? ou essai Sur la Question proposée par la Société médicale de Londres, en l'année 1787, conçue en ces termes : Quelles sont les maladies qui peuvent être calmées ou guéries en excitant ou calmant des affections particulières de l'ame ? Par L. J. Mauroy, Médecin-Pensionnaire de la ville de Mons, Associé national de la Société de Médecine de Paris, Membre du Jury d'instruction publique. An XI (1803). In-8.°, 1 f. et 13 pp.

Bibl. de Mons, n.° 5,565 du catal. — Ma bibl.

Cet ouvrage a obtenu une mention honorable au concours ouvert par la Société Médicale de Londres.

1,231. Formularum pharmaceuticarum, codex ad usum nosocomiorum nec non indigentium ægrorum urbis Montensis. Anno Republicæ XI (1803). In-4.°, 24 pp.

Ma bibl.

Réimprimé par H.-J. Hoyois, en 1811.

1,232. Principes de la langue françoise extraits des meilleurs grammaires, et mis à la portée des Eleves. Première partie. An VI (1803). In-12, 71 pp.

Bibl de M. Henri Delmotte.

1,233. Catalogue des livres delaissés par A. Caroly,

Prêtre, ex-Jésuite, etc. (1803). A Mons, in-8.º, 1 f. et 84 pp.

Ma bibl.

1,234. Abrégé de toutes les sciences, a l'usage des enfans, Nouvelle édition, etc. Avec figures, A Mons, chez H. J. Hoyois, Imp. Lib., rue des Fripiers, n.º 24. Août 1807. In-8.º, titre et préliminaires 6 ff. non chiff., texte 175 pp.

Ma bibl.

Hoyois a donné une nouvelle édition de ce livre en 1825, in-12.

1,235. Mémoire particulier pour la compagnie des produits, sous Jemmape et Quaregnon, En opposition aux demandes des Sieurs Mauroy, Ducamp, Spitaels et autres. (1807). In-4.º, 10 pp.

Ma bibl.

1,236. Mémoire à l'appui des oppositions formées par les sociétés exploitant les houillières, qui se trouvent dans les communes de Cuesmes, Jemmapes et Quaregnon, Connues sous la dénomination de Charbonnage du Flénu, aux demandes à fin de concession nouvelle de leur exploitation (1807). In-4.º, titre 1 f., et 12 pp.; Mémoire additionnel 1 f. et 16 pp.

Ma bibl.

Par Jean-François Gendebien.

1,237. Code de Commerce avec les exposés des motifs présentés au corps législatif, etc. 1807. In-12, 216 pp.

Bibl. de M. l'avocat Wery.

1,238. La Contre-Marseillaise. 1808.

Ma bibl.

Par Le Mayeur.

1,239. Mémoire sur l'avantage du mode actuel d'exploitation suivi jusqu'ici par les charbonniers du flénu, et sur les inconvénients et dangers qu'il y aurait à lui en substituer un autre (1808). In-4.°, 13 pp.

Ma bibl.

1,240. Catalogue des livres de théologie sciences et arts, Belles lettres et histoire, dont la vente se fera le 28 avril en la maison de la veuve Carion-Bocquet, etc. (1808). In-8.°

Ma bibl.

1,241. Resumé pour les charbonniers du flénu. (1809). In-4.°, 33 pp.

Ma bibl.

1,242. Observations de la société des vingt-actions sur le mémoire intitulé : Résumé pour les charbonniers du Flénu, Imprimé en mars 1809. Juillet 1809. In-4.°, 14 pp.

Ma bibl.

1,243. Très-humbles remontrances des exploitans des mines de charbon de terre dans le département de Jemmape, Présentées à Sa Majesté l'Empereur et Roi, en son Conseil d'Etat, à cause du projet d'une loi nouvelle sur les Mines. (1810). In 4.° 1 f. et 15 pp.

Ma bibl.

Par Nicolas-Joseph-Germain Delattre, avocat, né à Mons le 26 mai 1848, mort à Jemmapes le 9 octobre 1831.

1,244. Traité de la nature du droit de charbonnage, dans le ci-devant Hainaut. Par N. J. G. Delattre. In-8.º, 9 pp.

Ma bibl.

Hoyois a imprimé une seconde édition de cet opuscule en 1816, in-8.º, 9 pp.

1,245. Réglement de la société de l'amitié, à Mons. 1810. In-8.º, 14 pp.

Ma bibl.

1,246. Essai de refutation d'un pamphlet intitulé : Traité de la Nature du Droit de Charbonnage dans le ci-devant Hainaut. In-8.º, 18 pp.

Ma bibl.

Par Alexandre Miché, ingénieur en chef des mines du département de Jemmapes.

1,247. Feuille du département de Jemmapes. (1811). In-8.º.

Ma bibl.

La veuve Lelong ayant cessé d'imprimer ce journal, H.-J. Hoyois en continua la publication depuis le 1.ᵉʳ janvier 1811 jusqu'au 27 juin de la même année.

Voir n.º 1,150.

1,248. Histoire monumentaire du nord des gaules, Appuyée sur les traces marquantes et les vestiges durables des anciennes colonies qui ont illustré les Fastes Belgiques. Par J.-B. Lambiez, membre de plusieurs sociétés savantes. Tome premier. (1811). In-8.º, 324-IV pp. et 3 planches.

Ma bibl.

Le tome second n'ayant pas paru, bien qu'on en trouve des fragments dans la feuille du département de Jemmapes, Hoyois a imprimé plus tard un autre titre, que portent un petit nombre d'exemplaires, et où les mots *tome premier* ont été remplacés par l'épigraphe suivante : *Nec te pœnitcat duro subiisse labori.* Tibull. L. 2.

1,249. Mémoire pour Dominique Lebourgeois contre E. Dupré, I. Warocqué et A. Fromont. 1811. In-4.º, 1 f. et 36 pp., mises du sieur Fromont 3 pp. non chiff., pièces justificatives 9 pp.

Ma bibl.

Par l'avocat Trouliez.

1,250. Precis Pour M. Edmond Dupré, et pour M. Isidore Warocqué, Négociant, etc.; Contre M. Lebourgeois, Capitaine au service de France, etc. (1811). In-4.º, 1 f. et 36 pp.; Note Additionnelle Ou Précis De Monsieur Warocqué. In-4.º, 15 pp.

Ma bibl.

Par l'avocat Jean-François Dolez.

1,251. Nouvelle architecture pratique, ou Bullet rectifié et entièrement refondu etc. etc. etc. par M. Alexandre Miché, Ingénieur en chef au Corps impérial des Mines, ancien Architecte et Inspecteur de Bâtimens, et Membre de diverses sociétés s'occupant d'Arts et Sciences. 1812. In-8.º, 1 f., XXXIII-636 pp. et 23 planches.

Bibl. de Mons, n.º 4,166 du catal. — Ma bibl.

1,252. Génie poétique de la langue française, ou Principes généraux de la Grammaire Développés par des exemples tirés de nos meilleurs Poëtes, etc. Par Jean-François

Mazion, maître de pension et auteur du Code moral de la société. 1813. In-12, titres et préliminaires 3 ff. non chiff. et 144 pp.

Bibl. de Mons, n.° 4,379 du catal. — Ma bibl.

1,253. Catéchisme historique, contenant en abrégé l'histoire Sainte et la doctrine chrétienne. Par M. Fleury, etc. Nouvelle édition. 1813. In-12, 108 pp.

Ma bibl.

1,254. Instruction sur le mode d'exécution de l'Ordonnance du 11 Février 1816, relative au droit de patente. (1816). In-4.°, 64 pp.

Ma bibl.

1,255. Stances lyriques, épitre et conte en vers, par F. Paridaens. 1816. In-8.°, 16 pp.

Ma bibl.

1,256. Recueil de fables suivies D'explications Morales, propres à former l'Esprit et le Cœur des Enfans. 1816. In-12, 104 pp.

Ma bibl.

Réimprimé chez Hoyois, en 1817 et en 1820.

Les explications sont de M. Théodore-Joseph Dubuisson, né à Mons le 21 juin 1760, décédé en la même ville le 23 décembre 1836.

1,257. Leçons grammaticales extraites des meilleurs auteurs, Et destinées à apprendre aux enfans les Élémens de la Langue française, par le moyen de différentes Dictées ou Tableaux analytiques, propres au développement et à l'application des principes. Cet Ouvrage est suivi d'une instruction sur l'art de l'Écriture. Par T. J. Dubuisson, Instituteur primaire, à Mons. (1817). In-12, titre et préliminaires 2 ff. non chiff., texte 184 pp., table et fautes à corriger 5 pp. non chiff.

Ma bibl.

Réimprimé plusieurs fois chez H. Hoyois.

1,258. Notices sur le commerce du département de Jemmape, après la paix du 30 mai 1814. Par M. D..... (Delneufcour) Juillet 1814. In-8.º, 8 pp.

Ma bibl.

1,259. Guerre de quatre jours dans la Belgique. Par un vieux Curé de village. (1815). In-8.º, 24 pp.

Ma bibl.

C'est une satire en vers contre Napoléon I, à l'occasion de la bataille de Waterloo.

1,260. Quelques mots d'un impot en general, et d'un impot sur le charbon de terre, D'une surveillance et d'une Administration des Mines de Charbon, d'une Ecole et d'un projet de Loi sur les Mines. Par M. Delneufcour. (1816). In-8.º, titre 1 f. et 21 pp., suite 10 pp.

Ma bibl.

1,261. Notice sur la ville de Chalcroy (sic) par Théodore-Joseph Prunieau, maire de cette ville. (1816). In-8.º, 17 pp.

Ma bibl.

1,262. Réfutation du système adopté, dans les questions de droit-public sur les mines, imprimées à La Haye, en janvier 1816, à l'égard du droit d'extraction des mines de charbon en Hainaut. Par N.-J.-G. Delattre, Ancien Conseiller à la cour, à Mons. 1816. In-8.º, 28 pp.

Ma bibl.

1,263. Mémoire sur les houillieres des provinces de Hainaut, Namur, Liege et Limbourg; sur les Charbons qu'on en extrait, et sur leur circulation et consommation. Avril 1816. In-8.°, 39 pp.

Ma bibl.

1,264. Adresse à sa majesté le roi des Pays-Bas, présentée au nom des propriétaires des houilleres de la province de Hainaut, A l'Audience Royale du 7 Mai 1816, à la Haye. *(Contre l'impôt projeté sur les houilles.* 1816). In-4.°, 7 pp.

Ma bibl.

1,265. Petition aux états-généraux, assemblés en session ordinaire à la Haye, présentée par les propriétaires Exploitant les Mines de Houilles de la Province de Hainaut, en Juin 1816. *(Contre l'établissement d'un impôt sur les houilles.* 1816). In-4.°, 19 pp.

Ma bibl.

1,266. Épitre de Corinne à Osvald, par F. Paridaens. 1817. In-12, 11 pp.

Ma bibl.

1,267. Votum pro primogenito serenissimi Belgarum principis hæreditarii filio recèns orto. (1817). In-4.°, 4 pp.

Ma bibl.

1,268. Memoire pour la société de la vieille pompe-à-feu du Buisson sur Hornu, contre la société du nord d'Hornu et Wasmes, dite Champré. An 1817. In-4.°, 55 pp.

Ma bibl.

Par l'avocat Jean-François Dolez.

1,269. Demande de la jonction du canal de Mons avec

l'Escaut, Dans la Direction sur Ath et la Dendre, par les seuls et vrais intéressés au commerce sur ce canal, présentée à sa majesté au nom des pétitionnaires, le 24 Septembre 1817, Par M^r. Delneufcour. Suivie de Notes, d'un Discours d'un Député, en Séance des Etats, d'un Tableau des intérêts et d'une Carte des bords du Canal. (1817). In-8.º, titre 1 f., texte 20 - 11 pp., et 3 pp. non chiff.

Ma bibl.

1,270. Quelques idées d'un négociant Sur le Projet de jonction du Canal de Mons à l'Escaut. (1817). In-8.º, 8 pp.

Bibl. de Mons, n.º 1,855 du catal. — Ma bibl.

Par N.-J. Delattre, avocat, ancien conseiller.

1,271. Opinion de Mr Delneufcour, Sur les Projets de Jonction du Canal de Mons avec l'Escaut, ou par Ath ou par Antoing. (1817). In-8.º, 4 pp.

Ma bibl.

1,272. Réfutation de l'opinion de Mr Delneufcour, Que je lui ai adressée le 15 Août 1817, sur le canal de jonction vers Ath. (1817). In-8.º, 11 pp.

Ma bibl.

Par M. Larivière, ancien inspecteur-général des travaux publics.

1,273. Un mot sur la jonction du canal de la Haine à l'Escaut, et de l'importance des canaux. In-8.º, 11 pp.

Bibl. de Mons, n.º 1,858 du catal. — Ma bibl.

Par P.-J. Delneufcour.

1,274. Reponse pour le Sieur Jean-Baptiste André, et la Dame Angélique-Françoise-Josephe Leblud, Son Epouse, contre Le Sieur Dominique-Joseph Wery, et la Dame Jeanne-Louise Leblud, son Epouse, Avril 1818. In-4.°, titre 1 f. et 45 pp.

Ma bibl.

Par l'avocat J.-B. Petit.

1,275. Vocabulaire des mots homonymes les plus usités, accompagnés d'exemples choisis, relatifs à leurs différentes significations, ou mots qui offrant le même son à l'oreille, présentent une signification différente. 1818. In-12, 118 pp.

Bibl. de M. Henri Delmotte.

Par T.-J. Dubuisson.
Réimprimé par H. Hoyois en 1821 et en 1825.

1,276. Du grisoux et des moyens de préserver les mines de houille de son inflammation, ou Résumé des Observations qui ont conduit à la découverte des Lampes de sûreté, inventées par M.r Davy, propres à éclairer les travaux, ainsi que les ouvriers, dans les mines de houille, en les préservant des explosions du gaz inflammable, (dit grisoux) auxquelles ils sont exposés par l'ancien mode d'éclairage. Publié par les soins de la Chambre de Commerce et des Fabriques de Mons, avec des notes et des résultats d'expériences fournis par M.r Gossart, Président de ladite Chambre, et Pharmacien adjoint au Jury de Médecine de la Province de Hainaut. 1818. In-8.°, 27 pp, la dernière chiffrée par erreur 26, une planche et explications 2 pp. non chiff.

Ma bibl.

1,277. Traité d'arithmétique à l'usage des écoles moyennes

et primaires. Première partie. 1818. In-8.°, titres et préliminaires 5 ff. non chiff., texte 95 pp.

Ma bibl.

Cet ouvrage qui a été plusieurs fois réimprimé est de MM. Maximilien Malbrenne et Germain-Bénoit-Joseph Raingo, professeurs au collége de Mons. La seconde partie a paru chez le même imprimeur en 1849, in-8.°, IV - 116 pp.

1,278. Essai d'un projet de réglement pour les chemins vicinaux et les courans d'eau de la province de Hainaut. (présenté à l'assemblée des Etats du Hainaut le 6 juillet 1841). Par J.-F. Senault, Avocat, Inspecteur-Voyer de l'Arrondissement de Mons. (1819). In-8.°, 1 f. et 43 pp.

Ma bibl.

Jean-François Senault, né à Mons le 20 janvier 1780, mort dans la même ville le 15 juin 1858.

1,279. L'esprit de la bonne société. Lettres à Eugénie. Par Jean-François Mazion. 1819. In-16, 106 - IV pp.

Ma bibl.

1,280. Réglemens d'ordre et de police intérieurs pour le collège et le pensionnat de la ville de Mons. 1819. In-8.°, 53 pp., table 1 p. non chiff.

Ma bibl.

1,281. Nouveau cours de rhétorique à l'usage des jeunes gens qui se destinent à la chaire ou au barreau. Par Aug. Sotteau, chanoine régulier du ci-devant monastère d'Oignies, chanoine honoraire de la Cathédrale de Namur et professeur de Rhétorique à l'Athénée. 1819. In-12.

2 vol. 1 titre et préliminaires 4 ff. non chiff., texte 379 pp., table 3 pp. II 402 pp., table 3 pp.

Bibl. de M. Ad. Mathieu.

Sotteau, Augustin-Hyacinthe-Joseph, né à Mons le 24 décembre 1768, mort à Namur le 29 novembre 1828.

1,282. Vœu des anciens états du Hainaut pour la jonction de la Haine avec l'Escaut, par la Dendre, et étonnantes tentatives opposées à ce vœu. Opuscule faisant suite à la demande des vrais intéressés au commerce du canal de Mons. Par M. Delneufcour. 1819. In-8.°, 1 f. et 20 pp.

Ma bibl.

1,283. Rapport du collége à la session des états provinciaux du Hainaut, en Juillet 1819, sur la navigation et les projets de canaux. 1819. In-8.°, 1 f. et 16 pp.

Ma bibl.

1,284. La Chambre de commerce et des fabriques de Mons aux nobles et très honorables seigneurs des Etats du Hainaut, en leur session de 1819. (1819). In-8.°, 35 pp.

Ma bibl.

1,285. Tracé de la tenue extraordinaire de la R∴ □∴ de la concorde, à l'Or∴ de Mons, du 18.me jour du 3.me mois de l'an 5819. (*A l'occasion de la visite faite à la loge de Mons par le prince héréditaire des Pays-Bas, Guillaume d'Orange-Nassau, le 18 mars 1819*). In-8.°, 1 f. et 16 pp.

Ma bibl.

1,286. Ode sur la charité maçonnique, couronnée au concours de la R∴ □ des trois niveaux, O∴ d'Ostende, le 27.ᵐᵉ jour du 10.ᵉ mois de l'an de la V∴ L∴ 5,819. Par Le F∴ François, M∴ A La R∴ ☐ de la concorde, O∴ de Mons. (1819). In-8.°, 7 pp.

Ma bibl.

1,287. Bibliothèque des instituteurs, ouvrage utile à tous ceux qui sont chargés directement ou indirectement de l'éducation de la jeunesse. MDCCCXIX — MDCCCXXXIV. In-8.°, 16 tomes. I. (1819) 245 pp. et 1 p.; II. (1820) 282 pp. 2 et 4 pp.; III. (1821) 284 pp.; IV. (1822) 2 ff., 283 pp. et 1 p. non chiff.; V. (1823) 279 pp., 8 pp. et 1 p. non chiff.; VI. (1824) 284 pp., 7 pp., 1 p. non chiff. et 11 p.; VII. (1825) 465 pp. et 8 pp.; VIII (1826). 474 pp.; IX. (1827) 463 et 5 pp.; X. (1828) 473 et 7 pp.; XI. (1829) 480 pp.; XII. (1830) 444 pp.; XIII (1831) 352, 4, 52 et 8 pp.; XIV. (1832) 384 pp. et 1 p. non chiff.; XV. (1833) 240 pp., 20 pp. et 64 pp.; XVI. (1834) 168 pp.

Ma bibl.

Ce recueil publié par M. G.-B.-J. Raingo, parut avec le titre ci-dessus, d'abord six fois l'an par cahiers de trois feuilles d'impression se succédant de deux mois en deux mois, ensuite, à dater du 1ᵉʳ janvier 1825, par livraisons mensuelles de deux feuilles d'impression avec le titre de : *Bibliothèque des instituteurs primaires, journal officiel de l'instruction moyenne et primaire dans les provinces wallones.*

En 1841, M. Raingo eut l'intention de reprendre cette publication interrompue depuis 1834, mais il n'en fit paraître qu'une livraison de 16 pp. sortie des presses de M. Manceaux-Hoyois.

1,288. Mercure surveillant. 1820-1821. In-f.°

Ma bibl.

Ce journal quotidien, dont le premier n.º fut publié à Mons le 15 juin 1820, avait pour éditeur-propriétaire M. Silvain Levenbach, né à Sittard (Duché de Limbourg), mort à Mons le 4 avril 1824, à l'âge de 37 ans. Il a cessé de paraître le 31 décembre 1821, époque où il fut réuni au journal de la province de Hainaut. Produit d'une fusion du *Surveillant* qui se publiait à Bruxelles et du *Mercure* qui paraissait à Liége, le *Mercure-Surveillant* fut successivement imprimé dans ces deux villes, puis à Mons.

Cette feuille était patronée par le gouvernement hollandais.

1,289. Mémoire pour la dame Jeanne-Baptiste Merlin, veuve de Bernard-Joseph Cordier, négociante, demeurant à Mons, appelante, contre monsieur le gouverneur de la province de Hainaut, intimé. (1820). In-4.º, 50 pp.

Ma bibl.

1,290. Des batimens et enclos sur les mines concédées, ou examen d'une question y relative, à l'usage du propriétaire de la surface et du mineur. Par M. Delneufcour, Ancien Administrateur, etc., Juge à Mons, Propriétaire de surface et intéressé dans une Houillière. (1820). In-8.º, 1 f. et 93 pp.

Bibl. de Mons, n.º 2,434 du catal. — Ma bibl.

1,291. Cacographie ou recueil de phrases à corriger, rangés selon l'ordre grammatical, par tableaux adaptés à la méthode démonstrative et simultanée, Par T.-J. Dubuisson, instituteur-primaire, professeur de grammaire française, à l'école normale de la province de Hainaut. (1820). In-12, 1 f. et 75 pp.

Ma bibl.

Réimprimé plusieurs fois par H.-J. Hoyois.

1,292. Réglement pour l'académie des arts, érigée en la ville de Mons. (1820). In-8.º, 14 pp.

Ma bibl.

1,293. Discours prononcé par N.-J.-G. Delattre, echevin de la ville de Mons, à la rentrée des élèves à l'étude du dessin En 1820. (1820). In-8.º, 10 pp.

Ma bibl.

1,294. Observations sur quelques opinions émises dans la discussion du réglement pour les chemins vicinaux projetté par les états de Namur, en 1819, et adopté par ceux du Hainaut, en leur session de 1820. Par N.-J.-G. Delattre, échevin de la ville de Mons. 1820. In-8.º, 25 pp.

Ma bibl.

1,295. Réglement pour la composition de la régence de Mons, province de Hainaut. (Approuvé par arrêté royal du 19 mai 1820). In-8.º, texte 47 pp., table 1 p. non chiff., modifications et interprétations émanées depuis la date du réglement des régences: supplément n.º un 8 pp.; supplément n.º deux 4 pp. non chiff.

Ma bibl.

1,296. Mémoire présenté aux états de la province de Hainaut, par le collège des bourgmestre et échevins de la ville de Mons, au sujet de quelques doutes élevés relativement à l'administration des établissemens de charité. (1820). In-8.º, 24 pp.

Ma bibl.

1,297. Cours complet d'instruction primaire à l'usage des enfants des deux sexes par G.-B.-J. Raingo, régent au

Collége de Mons, Professeur de mathématiques, d'Histoire, de Géographie, etc., à l'école normale de la Province de Hainaut.

N.º 1. Cours pratique de lecture d'après les nouvelles méthodes, 1.re Partie. 1820. In-8.º, 32 pp.

N.º 2. Idem. 2.e partie. 1820. In-8.º, 32 pp.

N.º 3. Abrégé de l'histoire sainte, 1821. In-12, 32 pp.

N.º 4. Arithmétique élémentaire, 1820. 64 pp.

N.º 5. Grammaire des Commençans aussi complète que celle de Letellier et de Lhomond, 1820. 64 pp.

N.º 6. Syntaxe Française, 1822. In-12.

N.º 7. Historiettes morales, à la portée des enfants, 1.re partie, 1821. In-12, 32 pp.

N.º 8. Idem. 2.e partie, 1821. In-12.

N.º 9. Notions élémentaires de géographie, avec 2 cartes enluminées, 1821. In-12.

N.º 10. Géographie des Pays-Bas, avec une carte enluminée, 1822. In-12.

N.º 11. Lectures morales à l'usage des écoles inférieures, 1.re partie. 1828. In-12, 60 pp.

N.º 12. Idem. 2.e partie, 1828. In-12, 60 pp.

N.º 14. Petite cosmographie.

Ma bibl.

Cet ouvrage a eu un grand nombre d'éditions.
Le numéro 13 n'a pas été publié.

1,298*. Nouvelle géographie élémentaire, par G.-B.-J. Raingo, avec 4 cartes enluminées. 1821. In-12.

Réimprimé plusieurs fois.

1,299. Observation pratique sur l'ophthalmie qui règne

parmi les soldats de l'armée du royaume des Pays-Bas, par le docteur Delemarre, chirurgien-major de la 3.me division d'infanterie. 1821. In-8.º, 13 pp.

Ma bibl.

1,300. Traité médico-légal sur les blessures graves et mortelles de nécessité, et sur les blessures graves et mortelles par accident, principalement à l'usage des médecins et chirurgiens assermentés pour les visites judiciaires. Par L. Descamps, de Jemmappes, docteur en médecine, membre d'une société médico-chirurgicale, etc. 1821. In-8.º, 65 pp.

Ma bibl.

1,301. Tracé de la tenue extraordinaire de la R∴ □ ∴ de la concorde, a l'or∴ de Mons, du 27.me jour du 4.me mois de l'an 5,821. (*Au sujet de la fête jubilaire des FF∴ Nickmilder et Em. Duval.* 1821) In-8.º, 31 pp

Ma bibl.

1,302. Projet de réglement pour les coupes de bois appartenant aux communes ou établissemens publics. Juillet 1821. In-8º, 12 pp.

Ma bibl.

1,303. Histoire de la province de Hainaut, ouvrage rédigé pour l'instruction de la jeunesse, par J.-F. Mazion. 1822. In-8.º, VIII - 160 pp. chiff. de 13 à 172.

Bibl. de Mons, n.º 2,231 du catal. — Ma bibl.

1,304. Livret à l'usage des commençans, avec 30 figures. Par G.-B.-J. Raingo. 1822. In-12.

Ma bibl.

1,305. Chartes du Hainaut de l'an 1200, en langue gauloise, françoise et latine, avec des notes sur la nature allodiale du pays et comté de Hainaut, sur son ancienne législation, sur les attributions du magistrat de la ville de Mons, et sur la composition et les pouvoirs des états de la province jusqu'en 1794, dédiées Aux Jurisconsultes et aux Historiens, Par N.-J.-G. Delattre, ancien conseiller à la cour à Mons, échevin de ladite ville. 1822. In-8.°, 154 pp.

Bibl. de Mons, n.° 2,352 du catal. — Ma bibl.

1,306. Observations sur l'écrit intitulé : Mémoire au roi, par les Propriétaires des Chaufours de Tournay. Janvier 1822. In-4.°, 14 pp.

Ma bibl.

1,307. Tracé de la tenue extraordinaire de la R∴ ☐∴ de la concorde, a l'or∴ de Mons, du 3.° jour du 7.ᵐᵉ mois de l'an de la V∴ L∴ 5821. Or∴ de Mons 5822. (1822). In-8.°, 16 pp.

Ma bibl.

1,308. Satire première, sur le dix-neuvième siècle, adressée à Monsieur le Comte Darcourt. MDCCCXXII. In-8.°, 1 f. et 8 pp.

Ma bibl.

Cette satire, signée par l'Ermite de la Berlière, est de François-Joseph-Narcisse Robert, baron de Saint-Symphorien.

L'auteur, né à Chimai le 24 novembre 1780, est décédé à Domerie, hameau de Grandmetz, le 18 avril 1834; il composa un assez grand nombre de poésies fugitives dont la plupart sont restées inédites.

1,309. Beautés de l'école des mœurs, ou maximes de l'honnête homme; ouvrage destiné à l'instruction de la jeunesse. 1824. In-12, 142 pp.

Ma bibl.

Réimprimé plusieurs fois.

1,310. Reglément de la Société philharmonique de l'union. 1823. In-8.º, 10 pp.

Ma bibl.

1,311. Exhaure ou dessèchement des houillières et description du flénu avec ses accidens, utiles à quelques-uns et intéressans pour tous. 1823. In-8.º, titre et faux-titre 2 ff. non chiff., texte IV-114 pp.

Ma bibl.

Par P.-J. Delneufcour.

1,312. Principes de la langue française, sur un nouveau plan, A l'usage des écoles moyennes et primaires. Par V.-J. Van Der Elst, Instituteur à Cuesmes. 1824. In-8.º, 1 f. et 30 pp.

Ma bibl.

1,313. Exercices d'orthographe, de syntaxe, de prononciation et de ponctuation, etc. Ces exercices sont suivis d'un Vocabulaire d'Homonymes. Par V.-J. Van der Elst, Instituteur. In-12, 8 et 100 pp.

Ma bibl.

1,314. Réglement pour l'administration de la ville de Mons, province de Hainaut. (Approuvé par arrêté royal du 22 janvier 1824). 1824. In-8.º, 65 pp.

Ma bibl.

1,315. Catalogue des livres de M. le conseiller N.-J.-G. Delattre. 1824. In-8.º

Ma bibl.

1,316. Catalogue des livres doubles de la Bibliothèque publique de la ville de Mons. 1824. In-8.º, 21 pp.

Ma bibl.

1,317. Cours théorique et pratique de la langue hollandaise, Par le Professeur G.-B.-J. Raingo. — Le langage est un des moyens les plus puissants pour unir les cœurs et créer un esprit national. — M DCCC XXIV In-8.º, XII - 327 pp.

Ma bibl.

Réimprimé en 1826 par H.-J. Hoyois, in-8.º, 2 vol., et en 1829 par Hoyois-Derely, in-8.º

1,318. Instruction sur le nouveau système des poids et mesures. 1824. In-8.º, 27 pp.

Bibl. de Mons, n.º 1,909 du catal. — Ma bibl.

Par G.-B.-J. Raingo.

1,319. Solutions des exercices et des problêmes compris dans les deux parties du traité élémentaire d'arithmétique, Par G.-B.-J. Raingo, 1824. In-8.º, 60 pp.

Bibl. de Mons, n.º 3,788 du catal.

Réimprimé par H.-J. Hoyois en 1829, in-8.º, 2 vol.

1,320*. Nouvelle grammaire française, théorique et pratique, particulièrement rédigée pour les écoles wallones; par G.-B.-J. Raingo. 1825. In-12.

Réimprimé plusieurs fois par H.-J. Hoyois.

1,321. Précis de l'histoire des Pays-Bas, à l'usage des écoles moyennes et primaires; par G.-B.-J. Raingo,

1825. In-12, titre et préliminaires 2 ff. non chiff., texte 188 pp.

Bibl. de M. Léopold Devillers.

Réimprimé plusieurs fois par H.-J. Hoyois.

1,322. La nouvelle Cacographie composée de phrases morales et historiques, rangées selon l'ordre grammatical, ou exercices sur l'orthographe, la syntaxe et la ponctuation. 1825. In-12, 154 pp.

Ma bibl.

1,323. Evaluation des monnaies des ci-devant Pays-Bas autrichiens, de Liège et de Luxembourg, en nouveaux florins des Pays-Bas, en francs et en argent courant de Brabant; etc. (1825). In-8.º, titre 1 f. et 28 pp. la dernière non chiff., supplément 20 pp.

Ma bibl.

1,324. Nouvelle évaluation, d'après l'arrêté du 8 décembre 1824, des monnaies des ci-devant Pays-Bas autrichiens, etc. Avec Empreintes. (1825). Pet. in-8.º, 28 pp.

Ma bibl.

1,325. Le dragon. (1825-1826). In-4.º et in-f.º

Bibl. de Mons, non catalogué. — Ma bibl.

Ce journal parut d'abord deux fois par semaine, puis trois fois, à partir du 1.er octobre 1825. Le premier numéro porte la date du 9 juillet 1825, le dernier celle du 31 mars 1827.

MM. Henri Delmotte, Victor François, Auguste Defontaine et Adolphe Grart d'Affignies furent les principaux collaborateurs de cette feuille périodique jusqu'au 26 octobre 1826, époque où M. Valentin Van der Elst en prit la direction et la rédaction.

Ce journal fut imprimé par H.-J. Hoyois, depuis sa fondation jusqu'au 24 décembre 1826 inclusivement, et par Adolphe Piérart, depuis cette date jusqu'à la fin de sa publication.

1,326. Rapport du gouverneur de la province de Hainaut, prononcé à l'ouverture de la Session des Etats, le 4 juillet 1826, imprimé d'après la résolution prise en séance du même jour. (1826). In-8.º, 48 pp.

Ma bibl.

1,327. Principes de lecture et d'écriture; à l'usage des écoles primaires. Par T.-J. Dubuisson, instituteur-primaire, Professeur à l'école normale de la province de Hainaut. 1826. In-12, 31 pp.

Ma bibl.

1,328. Choix de lectures morales et historiques, propres a former le cœur et l'esprit de la jeunesse. A l'usage des Écoles Primaires. Par T.-J. Dubuisson, instituteur-primaire, professeur à l'école normale de la province de Hainaut. 1826. In-12, 2 ff. et 68 pp.

Ma bibl.

1,329. Lectures choisies pour les élèves de la classe supérieure dans les écoles primaires. Par G.-B.-J. Raingo. Tome 1.er Lectures morales. 1826. In-12, 132 pp.

Bibl. de Mons, n.º 1,768 du catal.

Réimprimé plusieurs fois.

1,330. Mémoire sur l'importance et l'organisation des écoles moyennes. (1826). In-8.º, 12 pp.

Bibl. de M. Henri Delmotte.

Par M. G.-B.-J. Raingo.

1,331. Collection de Vues prises dans l'ancienne enceinte

et dans les environs de la ville de Mons; dessinées et lithographiées par G. L'Heureux, Peintre et Dessinateur. 1826. 20 lithographies et 40 pp. de notices historiques.

Ma bibl.

Tiré à 50 exemplaires seulement.

Les notices historiques sont de M. Adolphe Demarbaix, aujourd'hui conseiller à la cour d'appel de Bruxelles, et de feu Louis Fumière, auteur d'un résumé de l'histoire de Mons.

1,332. Catalogue de livres (de la bibliothèque de M. Henri Flescher, ancien bailli d'Harchies). (1826). In-8.° 24 pp.

Bibl. de M. R. Chalon. — Ma bibl.

1,333. Cacographie rangée selon l'ordre grammatical, ou exercices français sur l'orthographe, la syntaxe et la ponctuation; à l'usage des maisons d'éducation. Par P.-L. Campion, instituteur primaire, à Mons. 1827. In-12, 72 pp.

Ma bibl.

1,334. Exercices cacographiques, avec le corrigé, par P.-L. Campion, instituteur. 1827. In-12.

Ma bibl.

1,335. Abrégé de Mythologie, contenant en outre les animaux, les arbres et les plantes consacrés aux divinités; les symboles des animaux, et les emblèmes des arbres, des plantes et des couleurs; à l'usage des maisons d'éducation. 1827. In-12.

Ma bibl.

1,336. Précis de l'histoire littéraire des Pays-Bas par De Siegenbeek. 1827. In-12.

Ma bibl.

1,337. Abrégé de l'histoire de la province de Hainaut et du Tournaisis; par M. Dewez. Seconde édition, revue et corrigée. 1827. In-12, 104 pp.

Ma bibl.

La première édition est sortie des presses de A. Monjot. Voir n.º 1,204.

1,338*. Nieuw nederduitsch leesboekje, tengebruike der Lagere Scholen; door P.-L. Campion, schoolmeester, te Bergen. (Nouveau petit livre de lecture hollandais, à l'usage des Écoles Primaires; par P.-L. Campion, instituteur primaire.) 1827. In-12 à deux colonnes, en français et en hollandais, titre et faux-titre 2 ff. non chiff., texte 68 pp.

1,339. Le mentor des enfants et des adolescents, ou maximes, traits d'histoire et fables en vers, propres à former l'esprit et le cœur de la jeunesse. 1827, In-12, 200 pp.

Ma bibl.

Réimprimé plusieurs fois.

1,340. Tracé de la tenue extraordinaire de la R∴ ▢∴ de la Concorde à l'O∴ de Mons, du 5ᵉ j∴ du 2ᵐᵉ M∴ de l'an de L∴ V∴ L∴ 5827, ayant pour objet la pompe funèbre du tr∴ ill∴ f∴ Du Pré, ancien vén∴ O∴ de Mons. (1827.) In-8.º, 32 pp.

Bibl. de Mons, n.º 7,263 du catal. — Ma bibl.

1,341. La syntaxe enseignée par une nouvelle méthode, mise à la portée des élèves des écoles primaires, par T.-J. Dubuisson, Instituteur primaire, Professeur à l'Ecole Normale de la province de Hainaut. 1827. In-8.º, titre et préliminaires 2 ff. non chiff., texte 80 pp ; Deuxième Partie, Exercices. (1828). II-84 pp.

Ma bibl.

1,342. Recueil de dialogues, proverbes et expressions propres à la langue Hollandaise; suivi de quelques historiettes, bons-mots et anecdotes; par Ch. De Grave-Gantois, Instituteur et Maitre de langues. 1828. In-8.°, 2 ff. et 63 pp. (En français et en hollandais).

Ma bibl.

1,343. Traité élémentaire de dessin linéaire et de Géométrie pratique, extrait des meilleurs auteurs; Par Ph. Neute, Instituteur en chef de l'École gratuite de la ville de Mons. 1828. In-8.°, 79 pp., errata et table 3 pp. non chiff., et 7 planches lithographiées.

Bibl. de Mons, n.° 3,828 du catal. — Ma bibl.

1,344. Deux mots à l'industriel à propos de l'ouvrage de M. Neute. (1828). In-8.°, 1 f. et 9 pp.

Bibl. de Mons, n.° 3,829 du catal. — Ma bibl.

Par M. Adolphe Mathieu.

1,345. Société d'horticulture de la ville de Mons. (1828-1834). In-8.°

Ma bibl.

Fondée à Mons, le 28 mai 1828, par l'initiative de quelques amis de Flore, et sous le patronage de l'administration communale, cette société eut pour premier président M. le Baron Théodore Tahon De la Motte, bourgmestre de Mons. Elle a pour but de développer dans cette ville et ses environs, le goût de la culture des fleurs. Deux expositions publiques ont lieu chaque année, l'une au printemps, l'autre à l'automne, et des médailles sont décernées en prix aux concurrents. La première de ces expositions s'est ouverte le 8 juin 1828.

Depuis sa fondation, la société a publié tous les ans les comptes-rendus de ses expositions, qui ont été imprimés par Henri Hoyois jusqu'en 1834, par Hoyois-Derely jusqu'en 1838, par Adolphe Piérart jusqu'en 1850, et par la veuve de ce dernier jusqu'aujourd'hui.

1,346. Société d'encouragement pour l'instruction élémentaire, dans la province de Hainaut. (Règlement provisoire arrêté par la Commission provinciale d'instruction, à Mons le 17 avril 1828). (1828). In-8.º, 8 pp.

Ma bibl.

Cette société se constitua à Mons, le 24 octobre 1828; elle avait pour but de favoriser l'introduction des bonnes méthodes d'enseignement et de faciliter l'acquisition, à prix réduit, des ouvrages les plus propres à propager les connaissances utiles. Elle a cessé d'exister en 1830.

1,347. Province de Hainaut. Société d'encouragement pour l'instruction élémentaire. (Règlement définitif arrêté en assemblée générale le 4 juin 1829, avec le rapport de la commission et la liste des souscripteurs). (1829). In-8.º, 8, 7 et 12 pp.

Ma bibl.

1,348. Maitre Pierre ou le savant de village. Entretien sur la Physique. 1829. In-8.º, 72 pp.

Ma bibl.

1,349. La journée ou l'emploi du temps. Ouvrage contenant les premiers éléments des connaissances utiles à la première enfance; par Jauffret. 1829. In-18.

Ma bibl.

1,350. L'orthographe enseignée par une nouvelle méthode, composée de phrases morales et historiques. Par T.-J. Dubuisson. 1830. In-12, IV - 44 pp.

Ma bibl.

1,351. Documents historiques sur la révolution belge de 1830, imprimés par H.-J. Hoyois[1].

1.er SEPTEMBRE 1830. — Proclamation (adressée aux habitants par le conseil de régence de la ville de Mons pour les engager à se mettre en garde contre les menées des agitateurs). In-f.º

19 SEPTEMBRE. — Ordonnance sur la réorganisation de la garde urbaine. In-4.º, 8 pp.

20 SEPTEMBRE. — Plan d'organisation de la garde urbaine de la ville de Mons. In-f.º

1,352. Province de Hainaut. — Congrégation jésuitique. — Des faiseurs orangistes et de leur influence. (1831). In-4.º, 6 pp.

Ma bibl.

L'auteur de cet écrit, Alexis-Joseph Delcourt, né à Mons le 26 octobre 1782, décédé en cette ville le 21 mai 1850, se plaint avec aigreur de la perte de son emploi au gouvernement provincial du Hainaut.

1,353. Conduite à tenir pour se preserver du choléra. (1832). In-8.º, 16 pp.

Ma bibl.

1,354. Cours complet d'arithmétique élémentaire et raisonnée, à l'usage des jeunes Belges; Par F.-J.-X. Navez,

[1] Ces pièces se trouvent dans ma bibliothèque.

professeur de mathématiques au pensionnat du Rœulx. MDCCCXXXIII. In-8.°, VIII-227 pp.

Ma bibl.

1,355. Catalogue des livres de la bibliothèque de feu M. Degorge, sénateur, et autres particuliers. (1833). In-8.°, 14 pp.

Bibl. de M. R. Chalon.

1,356. Géographie spéciale de la Belgique, Par G.-B.-J. Raingo. 1834. In-12, 1 f. et 25 pp., questions 1 p.

Ma bibl.

1,357. Exposé sur l'établissement, dans le royaume des Pays-Bas, d'une Banque Hypothécaire. Par Jean-François Mazion, Directeur de l'Académie d'éducation Civile et Commerciale, établie à Mons depuis 1804. In-8.°, 18 pp.

Bibl. de Mons, n.° 1900 du catal. — Ma bibl.

1358. Instruction nouvelle pour enseigner aux enfans a connoitre le chiffre et a sommer avec les jets. Nouvelle édition, revue et corrigée. Avec permission. In-12, 32 pp.

Ma bibl.

1,359. Catalogue d'une belle collection de livres de jurisprudence, d'histoire, de littérature, provenant de la bibliothèque de M. Winant. In-8.°, 24 pp.

Ma bibl.

AUGUSTE-JOSEPH LELONG

(la Veuve).

1800-1834.

Marie-Angélique-Agnès Empain, veuve d'Auguste-Joseph Lelong, naquit à Mons le 2 avril 1765 et mourut dans la même ville le 19 janvier 1834.

A la mort de son mari, au mois de juillet 1800, elle prit la direction de l'établissement typographique créé par celui-ci, et auquel succéda en 1834 son fils Jean-Joseph Lelong, qui l'exploite encore aujourd'hui.

Elle occupa presqu'exclusivement l'activité de ses presses, depuis 1818 jusqu'au jour de son décès, à l'impression des actes de l'administration communale de Mons.

1,560. Introduction à la lecture; ou Principes simples et faciles, qu'on ne peut trop répéter aux jeunes élèves; pour les faire lire en très-peu de temps. En faveur des pauvres de l'École Dominicale, rétablie à Mons, sous la protection de M. François-Joseph Hirn, Evêque du Diocese de Tournai, et sous celle de M. Garnier, Préfet du département de Jemappes. A Mons, Chez la veuve A.-J. Lelong, Imprimeur-Libraire, rue de la Chaussée, N.° 22. (1800). In-12, 24 pp.

Ma bibl.

1,361. Grammaire française, Donnant l'intelligence de cette langue, pour la savoir parler et écrire sans autre étude précédente que d'avoir appris à lire. Nouvelle édition. etc. A l'usage des étudians du collège d'Houdain, à Mons, Et de tous ceux qui aiment d'avoir des idées justes des principes du langage. Par M. Dujardin, ancien Professeur. (1801). In-12, 116 pp., Règles de la bienséance 28 pp.

Ma bibl.

1,362. Simonis Verepæi syntaxis, Perspicuis exemplis, lectissimisque Scriptorum sententiis illustrata, sive latinæ grammaticæ liber III. In usum Studiosæ Juventutis. Editio postrema et correctior, cui summa nunc manus addita. (1802). In-8.°, 176 pp., Extensio kalendarum, etc. 13 pp. non chiff., Errata 1 p.

Ma bibl.

1,363. Instruction contenant les devoirs, privileges et indulgences des confreres du saint scapulaire de notre-dame du Mont-Carmel. (1803). In-12, 23 pp.

Ma bibl.

1,364. Pratique de piété à l'usage des fideles de la paroisse de sainte Waudru. M.DCCC.IV. In-12, 108 pp.

Ma bibl.

1,365. La Clef de l'histoire monumentaire du nord

des gaules, etc. Par J.-B. Lambiez, dit le Pere Grégoire, Membre de plusieurs sociétés savantes. (1805). In-8.º, 31 pp.

Ma bibl.

1,366. Heures chrétiennes, A l'usage des Colleges, etc. (1806). In-8.º, titre et préliminaires 12 ff. non chiff., texte 311 pp., la dernière non chiff.

Ma bibl.

1,367. Feuille de Mons et département de Jemmapes. In-8.º (1806).

Ma bibl.

Voir n.º 1150.

1,368. Instruction pour les confreres et les consœurs de l'archiconfrérie du très-saint sacrement, En l'Eglise paroissiale et ancienne collégiale de Sainte Waudru, à Mons. 1806. In-16, 44 pp.

Ma bibl.

1,369. Le petit office de la providence En latin et en français. etc. 1809. In-16, 1 f. VIII-165 pp.

Ma bibl.

1,370. Code moral de la société, Ou Maximes propres à l'Éducation de la Jeunesse de l'un et de l'autre sexe. Par Jean-François Mazion. Seconde Édition, revue, corrigée et augmentée. An 1809. In-12, 1 f. IX-187 pp.

Ma bibl.

La première édition a paru à Bruxelles chez André Leduc, en l'an XII (1804). In-8.º

1,371. Traité d'assurance et conventions entre des marchands de charbon de terre des bords de la Haine; Avec le décret du 26 juin 1810. In-4.º, 8 pp.

Ma bibl.

1,372. Le lumeçon, poëme burlesque. In-8.º, 4 pp.

Bibl. de M. Henri Delmotte.

Par M. Motte, avocat, puis juge de paix, à Mons.

1,373. Catalogue des livres De médecine, etc., qui se vendront en la maison de madame la veuve Capiaumont, etc. (1810). In-8.º, 1 f. et 28 pp.

Ma bibl.

1,374. Catalogue des livres de feu M. Empain, recteur. de Saint Nicolas, en Havré. etc. (1811). In-8.º, 1 f. et 32 pp.

Ma bibl.

1,375*. Feuille d'Annonces de la Ville de Mons, chef-lieu du département de Jemmapes. (1811-1834). In-8.º, deux et ensuite trois numéros d'une demi-feuille d'impression par semaine.

Ce journal, spécialement destiné à la publication des annonces de la ville de Mons, parut pour la première fois le 1.ᵉʳ janvier 1811, et donna, jusqu'au 1.ᵉʳ février 1814, deux numéros d'une demi-feuille d'impression par semaine, les mardis et samedis. La série des numéros a été continuée sans interruption pendant ces trois années, et s'est terminée au n.º 233.

A l'époque de l'invasion des alliés, dit M. Charles Delecourt dans son introduction à l'histoire administrative du Hainaut, ce journal devint l'organe semi-officiel des chefs de l'armée d'invasion, en ce sens qu'il fut soumis à leur censure. A cette occasion, il changea de titre, prit celui de *Journal de la ville de Mons*, et ouvrit une nouvelle série de numéros dont le premier parut le vendredi 11 février 1814. Le n.º 2, portant la date du 15 février, publia une lettre du lieutenant-général prussien De Borstel au maire de Mons, ainsi conçue :

« Monsieur le Maire,

» Les Hautes-Puissances aimant que les nouvelles qui se ré-
» pandent dans le public par la voie des journaux soient véri-
» diques, et qu'il ne soit jamais trompé par des annonces men-
» songères, je vous préviens, qu'en autorisant la veuve Lelong
» à continuer la gazette qui s'imprime chez elle, je lui ai enjoint
» par cette raison de soumettre à ma censure tous les articles
» politiques qu'elle désirerait y insérer.

» Je vous invite, Monsieur le Maire, de faire passer copie de
» ma lettre à la veuve Lelong.

» A mon quartier général à Mons, le 15 février 1814.

De Borstell. »

Après le départ des alliés, ajoute M. Delecourt, et à dater du n.º 122, (15 novembre 1814), le journal reprit son ancien titre de *Feuille d'Annonces de la ville de Mons, chef-lieu du département de Jemmapes*, titre qu'il modifia, lors de la constitution du royaume des Pays-Bas, en celui de *Feuille d'Annonces de la ville de Mons, capitale de la province de Hainaut*. Le premier numéro portant ce titre est le n.º 262, du samedi 7 octobre 1815. Depuis cette époque, le journal a continué de paraître sous ce dernier titre et avec la même série de numéros. A dater du 19 janvier 1854 jusqu'en 1848, époque où il a cessé d'exister, ce journal a été imprimé par M. J.-J. Lelong, fils.

1,376. Office du sacré cœur de Jesus. Pour servir d'aliment journalier à la piété des ames qui font profession de lui être spécialement dévouées. Par M. J. B. D.***,

(Jean-Baptiste Deruesne) Lic. Théol., Curé du Diocèse de Tournay. M.DCCC.XIV. In-12, 120 pp.

Ma bibl.

1,377. Mémoire présenté aux états de la province de Hainaut par la régence de la ville de Mons, Sur la direction à suivre pour la jonction du Canal de Mons, avec l'Escaut. (1818). In-8.º, 8 pp.

Ma bibl.

1,378. Cacographie rangée selon l'ordre grammatical, ou exercices sur l'orthographe, la syntaxe et la ponctuation, à l'usage des écoles primaires, Par P.-L. Campion, Instituteur Primaire, à Mons. An 1821. In-8.º, 128 pp.

Ma bibl.

1,379. Recueil des homonymes les plus usités, et des substantifs de Différents Genres, Sous Différentes Significations, mis en tableaux comparatifs, à l'usage des écoles primaires; Par P.-L. Campion, Instituteur Primaire, à Mons. An 1821. In-8.º, titre et faux-titre 2 ff. non chiff., texte 75 pp.

Ma bibl.

1,380. Recueil des ordonnances et autres actes imprimés de la régence de la ville de Mons, depuis le jour de son installation, 3 septembre 1817, jusques et compris le 31 décembre 1820 (1817-1821). In-4.º, avec des tables chronologiques et alphabétiques.

Ma bibl.

Un semblable recueil, dont nous possédons aussi un exemplaire, a été formé pour les ordonnances et autres actes de la

Régence de Mons, depuis le 1.er janvier 1821, jusques et compris le 5 mars 1824.

1,381. Catalogue des livres délaissés par M.r Nicolas-Joseph Godart, d'Harmignies, décédé recteur de la paroisse de Quaregnon, etc. (1821). In-8.º, 11 pp.

Ma bibl.

1,382. Histoire de l'image miraculeuse de notre-dame de Messine, Avec l'Origine, les Régles et les Privilèges de la Confrérie érigée en son honneur. (1823). Pet. in-8.º, 48 pp.

Ma bibl.

1,383. L'Ange conducteur dans la Dévotion chrétienne. (1825). In-12, 240 pp.

Ma bibl.

1,384. Le Guide du jeune négociant ou Tenue des Livres simplifiée, suivi Des instructions sur les lettres de change, etc., etc. Et terminé par des tables des Monnaies de tous les états, évaluées en florins des Pays-Bas et en francs. A l'usage des Ecoles Primaires. Par Ph. Neute, Instituteur en Chef de l'Ecole Gratuite de la ville de Mons. In-8.º, 75 pp. et 2 tableaux.

Bibl. de Mons, n.º 1,838 du catal. — Ma bibl.

1,385. Documents historiques sur la révolution belge de 1830, imprimés par la veuve A. J. Lelong[1].

29 AOUT 1830. — Ville de Mons. (Discours prononcé par M. le baron Théodore Tahon de la Motte, bourgmestre, après la revue, passée par la Régence, de la Garde Urbaine et du poste de la Garde communale stationné à l'hôtel-de-ville). In-4.º, 4 p.

[1] Ces pièces se trouvent dans ma bibliothèque.

30 aout. — Adresse de la Régence de la ville de Mons à Sa Majesté (signalant les vœux de la population). In-4.º, 4 pp.

30 aout. — La Garde Urbaine de la ville de Mons à ses concitoyens. (Invitation au calme). In-f.º

31 aout. — Aux habitants de Mons. (Proclamation de l'administration communale, annonçant qu'une adresse récapitulative des divers points qui font l'objet des vœux publics, vient d'être transmise au Roi). In-f.º

1.er septembre. — La garde communale de Mons à ses concitoyens. (Protestation de dévouement à la cause de l'union et de l'ordre). In-f.º

2 septembre. — Rapport (de MM. d'Hooghvorst, Alexandre Gendebien, Félix de Mérode, Frédéric de Sécus, et Paelmart, père, sur le résultat de leur démarche à La Haye, près du roi Guillaume). In-f.º

4 septembre. — Proclamation (de la Régence de Mons, à l'occasion des désordres qui ont eu lieu dans la nuit du 3 septembre). In-f.º

4 septembre. — Les Bourgmestre et Échevins de la ville de Mons (invitent les habitants à placer, jusqu'à nouvelle disposition, sur la façade de leurs maisons, une ou plusieurs lumières, à compter de 7 heures du soir). In-f.º

6 septembre. — Publication (de la Régence de Mons, pour rappeler aux habitants que le service de la garde urbaine est une charge civique, dont personne ne peut se dispenser). In-f.º

8 septembre. — Publication (de l'autorité militaire, annonçant la rentrée dans leurs casernes respectives des troupes de la garnison de Mons.) In-f.º

8 septembre. — Adresse au Roi (par la Régence de Mons, exprimant le vœu d'une séparation administrative entre les provinces septentrionales et les provinces méridionales des Pays-Bas). In-4.º, 1 p.

8 septembre. — Gardes urbaine et communale de la ville de Mons. Proclamation (des officiers de ces deux corps, au sujet de la démarche faite par eux près des officiers du quartier-général de la garnison). In-f.º

11 septembre. — Discours Prononcé par M. le Bourgmestre de la ville de Mons, lors de la remise des drapeaux à la Garde Urbaine. In-4.º, 1 p.

16 septembre. — Publication (de la Régence de Mons, au sujet des désordres qui ont eu lieu en cette ville dans la soirée du 15 septembre). In-f.º

17 septembre. — Publication (de la Régence de Mons, démentant le bruit de l'arrivée de nouvelles troupes en cette ville). In-f.º

18 septembre. — Ordonnance (de la Régence de Mons, prescrivant des mesures de police extraordinaires pour maintenir la tranquillité publique). In-f.º

19 septembre. — Ordonnance sur la réorganisation de la garde urbaine. In-f.º

20 septembre. — Avis (des bourgmestre et échevins de la ville de Mons, annonçant que la réorganisation de la garde urbaine n'aura lieu que le lendemain, et qu'en attendant les bons citoyens appartenant à l'ancienne garde sont invités à se trouver en armes à l'hôtel-de-ville, à 5 heures du soir). In-f.º

20 septembre. — Publication (par laquelle les bourgmestre et échevins de la ville de Mons défendent tout rassemblement après 8 heures du soir, informent les habitants qu'ils viennent de recevoir une lettre de M. le gouverneur de la province, annonçant que le lieutenant-général Howen, commandant supérieur de la forteresse; a résolu de tenir toutes les nuits la garnison sous les armes, et de repousser par la force toute attaque dirigée contre ses troupes ou les établissements militaires). In-f.º

23 SEPTEMBRE. — Ordonnance (de la Régence de Mons, rapportant l'ordonnance du 19 de ce mois, au sujet de la réorganisation de la garde urbaine, et requérant les habitants qui ont fait partie de ce corps de remettre dans les 48 heures, au bureau de police, les armes qu'ils ont reçues). In-f.º

24 SEPTEMBRE. — Publication. (Les bourgmestre et échevins de la ville de Mons, sur l'invitation du lieutenant-général commandant supérieur de la forteresse, informent les habitants que, la tranquillité publique étant rétablie, chacun peut en toute sécurité rentrer au foyer domestique et se livrer à ses affaires. In-f.º

28 SEPTEMBRE. — Publication (de la Régence de Mons, exhortant les citoyens à éviter toute collision avec l'autorité militaire). In-f.º

29 SEPTEMBRE. — Ordonnance de la régence de Mons, réorganisant la garde urbaine, après la remise de la forteresse aux bourgeois). In-4.º, 2 pp.

2 OCTOBRE. — Publication (de la Régence de Mons, invitant les habitants à remettre dans les 48 heures au bureau de police les armes ou effets d'équipement abandonnés par les soldats, et dont ils pourraient être détenteurs). In-f.º

5 OCTOBRE. — Publication (par laquelle le gouverneur du Hainaut fait connaître que les cris : *A bas la Régence. Nous voulons son remplacement par une commission de sûreté*, qui ont été proférés la veille dans des attroupements, ne peuvent tendre qu'à troubler l'ordre et sont absolument opposés aux intentions du gouvernement). In-f.º

12 OCTOBRE. — Élections pour la recomposition de la Régence. (Ordonnance prescrivant les dispositions relatives à ces élections). In-f.º

14 OCTOBRE. — Élections pour la recomposition de la Régence. (Ordonnance portant que la réunion des notables, fixée au 15 octobre, est ajournée). In-f.º

19 OCTOBRE. — Élections pour la recomposition de la Régence. (Information donnée aux habitants que le jour de l'élection est fixé au lundi 25 de ce mois). In-f.º

21 OCTOBRE. — Ordonnance (de la Régence de Mons, apportant certaines modifications à l'organisation de la garde urbaine). In-f.º

1.ᵉʳ NOVEMBRE. — Élections pour le Congrès national. Programme de l'ordre suivant lequel il sera procédé à ces élections dans le district administratif de Mons, (le 3 novembre). In-f.º

1,386. Regles de la confrérie de St. Jean Décollé, dite de la miséricorde, érigée En la ville de Mons, etc. In-18, titre et préliminaires 7 ff., texte 239 pp., approbation et table 4 pp. non chiff.

Ma bibl.

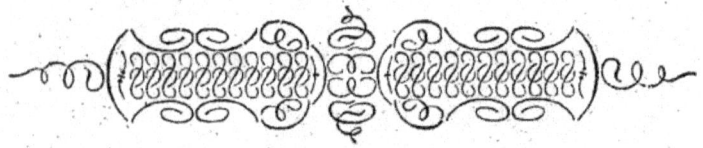

NICOLAS-JOSEPH CAPRONT.

1800-1854.

Né à Mons le 27 décembre 1778, cet imprimeur fit son apprentissage chez Nicolas-Joseph Bocquet; il acquit, en 1800, le matériel de l'imprimerie de Léopold Varret, et établit son atelier en la rue du Haut-Bois, d'où il le transféra à la rue des Fossés, puis à la rue des Gades. Il s'occupa principalement de ces ouvrages de ville qu'en termes d'imprimerie on nomme *bilboquets*. En 1854, il s'est retiré des affaires.

1,387. Éclaircissement touchant la dévotion au sacré cœur de Jésus-Christ, Avec quelques prières pour honorer ce Sacré Cœur. Réimpression revue & augmentée. A Mons, Chez N. J. Capront, Imprimeur-Libraire, rue du Haut-Bois, N.° 58. 1802. Avec Approbation & Permission. In-16, 40 pp.

Ma bibl.

1,388. Maximilien Plissart (Mémoire justificatif rédigé après son acquittement). In-4.°, 16 pp.

Ma bibl.

1,389. Confrérie pour obtenir une sainte mort, sous

la protection de sainte Ursule. Erigée à Mons, chez les Religieuses Ursulines, le 24 Octobre 1672. Quatrième édition. (1815). Pet. in-12, 36 pp.

Ma bibl.

1,390*. La règle du tiers-ordre de Saint-François. In-12, 64 pp.

1,391. Le petit homme rouge, le petit homme vert, le petit homme blanc, ou la destinée de Bonaparte. Poëme en trois chants. Par un Paysan. (C. H. Philippron). In-12, 12 pp.

Bibl. de M. R. Chalon.

1,392. La bataille de Waterloo, ode 19.ème A Sa Majesté le Roi des Pays-Bas, Prince d'Orange Nasseau, grand Duc de Luxembourg. &c. &c. &c. 1816. Pet. in-8.°, 8 pp.

Bibl. de Mons, n.° 4,942 du catal. — Ma bibl.

Par F. N. Robert de Saint-Symphorien.

1,393. Le jugement de la Dewezade. Par A.-C.-G. Mathieu. A Bruxelles, Chez les Marchands de Nouveautés. 1822. In-8.°, titre et préliminaires 2 ff., texte 10 pp.

Ma bibl.

1,394. Ode sur la mort de Lesage-Senault, ex-conventionnel... etc... Décédé à Mons le 24 avril 1823. In-8.°, 7 pp.

Bibl. de M. R. Chalon.

Réimpression d'une pièce de vers, qui occasionna des poursuites judiciaires contre son auteur, M. Adolphe Mathieu.
La première édition parut à Louvain, en 1825.

1,395*. Ode a l'espérance ou les soupirs d'un exilé.
Par F. N. Robert de Saint-Symphorien.

1,396. Réduction des griefs à leur plus simple expression. (1830). In-12, 4 pp.

Ma bibl.

C'est un écrit de P. L. Campion en faveur du gouvernement hollandais.

1,397. Tableau botanique, De la Méthode naturelle de Jussieu, rédigé par l'Abbé Michot, sur le plan de l'ouvrage de Ventenat, et dédié à M.r le Chanoine Descamps, Doyen de Ste. Waudru à Mons, Vicaire Général du Diocèse de Tournay. 1842. 10 feuilles, in-plano.

Bibl. de Mons, n.º 3,184 du catal.

1,398. Notice historique sur la procession de Mons. Par Léopold Devillers. 1849. In-8.º, 40 pp.

Ma bibl.

Il existe une dernière édition de cet ouvrage sortie en 1858 des presses de Masquillier et Lamir.

CARION-BOCQUET (la Veuve).

1806-1808.

Marie-Joseph Bocquet, veuve de Charles-Adrien Carion, née à Mons le 14 mai 1749, mourut dans la même ville le 17 mai 1840. Héritière de son frère Nicolas-Joseph Bocquet, elle reprit l'imprimerie et la librairie délaissées par ce dernier, et en continua l'exploitation jusqu'en 1808, époque où elle se défit de son établissement et vendit les caractères de sa typographie à un fondeur de Paris.

Nous ne connaissons que deux ouvrages sortis des presses de la veuve Carion-Bocquet.

1,399. Paraphrase de la prose *Dies iræ* ou sentiment d'un pécheur qui désire travailler sincèrement à sa conversion. Nouvelle édition. A Mons, de l'imprimerie de la veuve Carion-Bocquet rue de la Clef, N.° 11. (1806). In-12, 180 pp.

Bibl. de M. l'avocat Wéry.

1,400. Recueil des livres qui se trouvent chez la veuve Carion-Bocquet, etc. 1808. In-8.°, 51 pp. non chiff.

Ma bibl.

PHILIPPE-JOSEPH TAHON.

1806-1812.

Fils de Philibert-Joseph Tahon et de Jeanne-Baptiste Beugnies, cet imprimeur naquit à Mons le 12 novembre 1768, et mourut dans la même ville le 6 mars 1812, laissant à sa veuve l'établissement qu'il avait formé, lorsqu'il acquit en 1806 une partie du matériel de l'imprimerie de Marie-Joseph Wilmet.

A l'exception du livre dont le titre suit, il n'imprima que des abécédaires, des catéchismes et des ouvrages de ville.

1,401. Histoire admirable de notre dame de Tongre, avec ses principaux miracles, Réimprimée par les soins de MM. les Curé et Administrateurs de l'Eglise de Tongre-Notre-Dame. A Mons, de l'Imprimerie de P. Tahon, Marché aux Herbes N.° 2. Avec Approbation. (1810). Petit in-8.° X - 127 pp. et 1 p. non chiff.

Ma bibl.

TAHON (la Veuve).

1812 - 1846.

Marie-Amélie Demontée-Famariaux, née à Somzée (province de Namur), veuve en premières noces de Gaspard Sautié et en secondes de Philippe-Joseph Tahon, mourut à Mons le 21 mars 1846, à l'âge de 80 ans.

De même que Philippe-Joseph Tahon, elle imprima presqu'exclusivement des ouvrages de ville.

1,402. Memoire pour le sieur Henri Mather, Manufacturier, domicilié à Mons, contre la Société de la Manufacture de Velours et Perkales, façon anglaise, Connue sous la dénomination de société du rivage, Ayant son principal établissement au Rivage, à Mons. A Mons, De l'Imprimerie de la veuve Tahon, marché aux Herbes, N.º 2. (1814). In-f.º, 1 f., et 12 pp. mémoire etc. 33 pp.

Ma bibl.

1,403. La maison méphitique, ou les malheureux Dans la Maison d'Arrêt à Mons. Poeme en trois chants par C.-H. Philippron, ex-maire d'Havré. In-8.º, 27 pp.

Bibl. de M. R. Chalon.

L'auteur, Charles-Henri Philippron, né à Binche en 1759 et mort à Havré le 20 mars 1822, composa cet opuscule à l'occasion de sa détention dans la prison de Mons.

1,404*. Ode sur la prise de Paris, dédiée à Sa Majesté Alexandre Paulowitz Grand Empereur de toutes les Russies. In-8.°, 4 pp.

1,405*. Souvenir de Sainte-Hélène. In-8.°, 12 pp.

1,406. Les Grecs, Ode; Par F. Roland. (1825). In-8.°, 6 pp.

Ma bibl.

1,407. Au bénéfice des grecs. — Le jeune belge, ou le départ pour la Grèce. Par F. Roland. (1825). In-8.°, 3 pp.

1,408*. Les destinées de la patrie, par Ch.-Eug. De Biseau d'Hautteville. In-12, 14 pp.

1,409. Catéchisme ou sommaire de la doctrine chrétienne, divisé en trois parties, etc. In-32, 80 pp.

Bibl. de M. le chanoine Descamps, vicaire-général, à Tournai.

Réimprimé plusieurs fois.

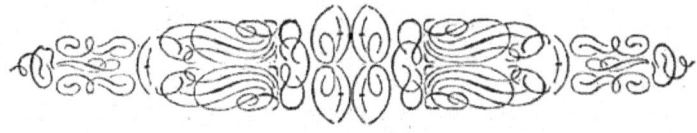

VICTOR & CHARLES DELECOURT.

1818 - 1823.

Ces deux frères, qui devaient se distinguer un jour par leur mérite mais que la mort enleva prématurément à la science et à la patrie, éprouvèrent bien jeunes encore cette innocente passion des livres qui fut le charme de leur courte existence. Dès leurs débuts dans les études humanitaires, au lieu de rechercher les récréations bruyantes et les passe-temps frivoles de leur âge, ils voulurent se créer des plaisirs intelligents, et ils montèrent, du fruit de leurs épargnes, une petite imprimerie d'amateur, d'où sont sorties quelques facéties devenues d'une excessive rareté, car elles étaient tirées à très peu d'exemplaires et destinées seulement à un petit nombre de camarades de collége.

Ils avaient aussi une presse lithographique, qui leur servit à reproduire un certain nombre de caricatures inoffensives, et à publier des romances dont les paroles et la musique étaient composées par eux ou leurs jeunes amis.

L'aîné, Victor-Humbert-Joseph-Hubert, jurisconsulte et linguiste, s'est beaucoup occupé de littérature flamande et s'est fait connaître par des écrits publiés dans cette langue, sous le pseudonyme de Vanden Hove. Il était né à Mons le 4 mai 1806, et, lorsqu'il mourut à Ixelles le 16 novembre 1853, il remplissait les fonctions de président du tribunal civil de première instance de Bruxelles.

Le puîné, Charles-Jean-Baptiste-Joseph, débuta avec succès comme avocat, comme bibliophile et comme publiciste. Il naquit à Mons le 19 mars 1808, et mourut dans sa ville natale le 4 juin 1859.

1,410. Catalogue des livres du médecin Delecourt, le 19 août l'An 1818. *A la fin de la dernière page* : De l'imp. de C. D. et V. D. amateurs. Pet. in-8.º, 6 pp.

Bibl. de M. Jules Delecourt.

1,411. Recueil d'énigmes, charades et logogriphes, en vers et en prose. 1819. Petit in-8.º, 12 pp.

Bibl. de M. Jules Delecourt.

1,412. Journal mordant ou Mémoire Historique, Politique, etc., Récréatif et amusant, pour servir à l'histoire des Pays-Bas ou Ponant. etc. (1820). Pet. in-12 format carré de 49 pp.

Bibl. de M. R. Chalon.

1,413. Almanach de poche d'un étudiant du Collège de Mons. Mons. 1821. *Au bas de la dernière page* : De l'Imprimerie des Frères Delecourt Amateurs. Pet. in-12 format carré, 1 f. et 29 pp.

Ma bibl.

1,414*. Poésies de Camille Wins. Pet. in-12, 16 pp.

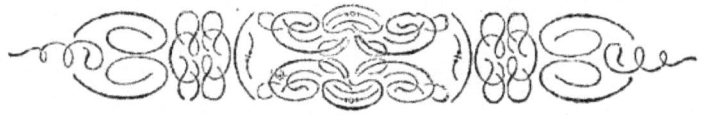

PIÉRART Y PERALTA.

1821-1824.

Eugène-Michel-Joseph Piérart, fils de Joseph-Christophe Piérart, avocat au conseil souverain du Hainaut, et de Marie-Thérèse Desmarez, naquit à Mons le 15 mai 1785, et mourut à Madrid le 26 décembre 1851.

Il épousa une espagnole du nom de Peralta et s'établit à Madrid où il obtint le brevet d'imprimeur du Roi. Mais en 1820 une révolution éclata dans la Péninsule, et il se vit forcé de quitter ce pays. Il revint dans sa ville natale et y fonda, en 1821, rue de Bertaimont, n.º 20, un établissement typographique dont il abandonna l'exploitation à son frère Adolphe en 1824, lorsque les circonstances politiques lui permirent de rentrer en Espagne.

1,415. La médecine curative, ou La Purgation dirigée contre la cause des Maladies, reconnue et analysée dans cet Ouvrage. Par Leroy, chirurgien-consultant. D'après la dixième édition, revue, corrigée, et augmentée d'une seconde partie. Première Partie. etc. Mons, de l'imprimerie de Piérart-Peralta. 1823. In-12. XV-347 et 8 pp.

Ma bibl.

La seconde partie n'a pas été publiée par Piérart-Peralta.

1,416. Epitre A Mon Ami ****. 1824. In-8.º, 10 pp.
Ma bibl.

Par M. Adolphe Mathieu.

1,417. Ode sur l'établissement d'une société nationale de commerce, adressée à S. M. le roi des Pays-Bas, par Lucien-Adolphe Brouta. 1824. In-8.º, 12 pp.
Ma bibl.

1,418. Catalogue de livres d'histoire, de politique, de littérature, etc., etc., délaissés par feu S. Levenbach, rédacteur du journal de la province de Hainaut. 1824. In-8.º, 20 pp.
Bibl. de M. R. Chalon.

LEMAIRE-DE PUYDT.

1823-1831.

Charles-Augustin-Mémorin Lemaire, ancien élève de l'école polytechnique, naquit à Cherbourg, et mourut à Ixelles-lez-Bruxelles, en 1856.

Il épousa, à Mons, en 1817, Mademoiselle Adèle De Puydt.

Il reprit en 1825, l'ancienne maison de A. Jevenois, sur la Grand'Place, et y établit une imprimerie qu'il transféra, en 1827, à la rue des Sars, et qu'il cessa d'exploiter en 1831. Il exerçait, à l'époque de sa mort, les fonctions d'intendant militaire dans l'armée belge.

1,419. Requête en réponse pour messieurs Richebé frères, enfans et héritiers d'Ambroise Richebé, intervenants et défendeurs contre la société charbonnière des produits, etc. Mons, Imprimerie de Lemaire de Puydt, Libraire, Grand'Place N.º 15. (1823). In-4.º, 1 f. et 57 pp., contrat de vente 5 pp., contrat de cession 5 pp.

Ma bibl.

Par Jean-François Dolez, avocat.

1,420. Eloge historique du comte d'Egmont. Mémoire

qui a remporté le premier prix au concours ouvert par la Société royale des Beaux-Arts et de Littérature, à Gand, etc. Par P. Laitat. 1824. In-8.°, VII-65 pp. et une gravure.

Ma bibl.

Philippe Laitat, inspecteur en chef des contributions directes, douanes et accises, naquit à Mons le 9 décembre 1795 et mourut à Ixelles-lez-Bruxelles le 19 janvier 1847.

1,421. Iphigénie conduite au sacrifice. Tableau de David. 1824. In-8.°, 1 f. et 8 pp.

Ma bibl.

1,422. La calomnie confondue. (1825). In-8.°, 12 pp.

Ma bibl.

Par Charles Taintenier, avocat, membre des États-Généraux sous le royaume des Pays-Bas, et plus tard conseiller à la cour de cassation de Belgique.

1,423. De l'instruction, ouvrage destiné à compléter les connaissances acquises dans les colléges et les maisons d'éducation; Par F. C. Turlot, de la bibliothèque du roi. 1825. In-8.°, titres et préliminaires 3 ff. non chiff., texte 348 pp, table 1 p.

Ma bibl.

1,424. Coralie tragédie en cinq actes suivie: 1.° D'un Essai sur Dieu. etc. Par Charles Bricoux. 1827. In-8.°, titre et faux-titre 2 ff. non chiff., X pp., 1 f. non chiff. et 69 pp.

Ma bibl.

1,425. Guide pour la formation des comptes des distillateurs; ouvrage propre à accélérer et faciliter les calculs et opérations des employés des accises, par T. Cousin, Receveur des Contributions Directes et des Accises dans la province du Hainaut. 1827. In-8.º, VII et 33 pp., table 1 p. non chiff.

Ma bibl.

1,426. Rapport du directeur des contributions directes, etc, à M. le gouverneur sur la nécessité de mesures réglementaires, concernant les recouvrements et les poursuites en matière de contributions directes. (1829). In-8.º, 29 pp.

Ma bibl.

1,427*. Tableau chronologique de l'origine et des progrès de la philosophie. 1829. 3 feuilles in-plano.

Par François Bouvier.

FÉLIX-AUGUSTE-JOSEPH
JEVENOIS (le fils).
1823-1849.

Fils d'Ernest-Antoine-Joseph et de Catherine-Joséphine Barbieur, cet imprimeur naquit à Mons le 18 mai 1801 et mourut dans la même ville le 7 avril 1857. A part quelques feuilles volantes sans importance, on ne connait de lui que les impressions suivantes :

1,428. Méditations amoureuses du nouvel Abeilard, Par M. A. J. A. A Mons, de l'imprimerie de Jevenois fils, rue des clercs, N.º 7. 1823. In-8.º, 44 pp.

Ma bibl.

L'auteur de cet opuscule, M. Alexandre, de Marche-lez-Dames, qui occupait les fonctions de maître d'étude au collége de Mons, encourut une disgrâce administrative, à l'occasion de cette publication.

1,429. Ode Par A.-J. Alexandre. Sur le Procès fait à ses Écrits et son Départ de la Ville de Mons. (1823). In-8.º, 8 pp.

Ma bibl.

1,430. Directorium ad horas canonicas ritè recitandas, missas-vè celebrandas Juxta actualem dispositionem Breviarii ac Missalis Romano-Franciscani : ad normam novi Indulti apostolici, dati Parisiis die secundâ Aprilis 1802. ad usum FF. Min. Recoli. Provinciæ Flandriæ, pro Anno bis-sextili 1824. etc. (1823). In-12, 32 pp.

Ma bibl.

Félix Jevenois a imprimé de semblables annuaires, en 1825 et en 1826.

1,431. Catalogue de la belle et riche collection de livres, de feu Mr. Massart, ancien chef de bureau au gouvernement de la province de Hainaut. (1838). In-8.º, 24 pp.

Ma bibl.

1.432. Réglement pour les pensions des Employés de l'Administration des Hospices de Mons, de leurs Veuves et de leurs Enfants.. 1839. In-8.º, 1 f. et 7 pp.

Ma bibl.

ADOLPHE PIÉRART.

1824-1850.

Cet imprimeur naquit à Mons le 19 novembre 1795 et mourut dans la même ville le 27 novembre 1850.

Il a collaboré à la rédaction des différents journaux qui sont sortis de ses presses.

1,433. A mon ami L.-A. B*****, (Lucien-Adolphe Brouta) en réponse à sa lettre, insérée au 39.me numéro du dragon. Mons, de l'imprimerie de Piérart. 1825. In-8.°, 8 pp.

Ma bibl.

Épitre en vers, par M. Adolphe Mathieu, sous le pseudonyme de Kritiko-Pacifikountas.

1,434. Premier bulletin. A messieurs les éditeur, rédacteurs, etc., du dragon. 1825. In-8.°, 8 pp.

Ma bibl.

Satire par M. Adolphe Mathieu.

1,435. Dissertatio inauguralis juridica de usuris, etc., quam in academia Gandavensi, ad gradum doctoris summosque in jure romano ac hodierno honores ritè ac legitimè obtinendos, publicè defendet N.-F.-J. De Fuisseaux, Montensis. (1825). In-4.°, 18 pp.

Ma bibl.

Nicolas-François-Joseph Defuisseaux, avocat, ancien conseiller provincial, ancien sénateur, ancien président de la Société des Sciences, des Arts et des Lettres du Hainaut, et membre de la Société des Bibliophiles belges, naquit à Mons le 2 février 1802 et mourut à Baudour le 24 novembre 1857.

1,436. Une heure au camp de Maizières, tableau militaire en un acte et en prose, mêlé de chants, à l'occasion de la revue royale. Représenté à Mons, le 16 octobre 1825, sous la direction de monsieur Fiévez. Par M^r. J.-B.^{to}-L. Camel. Dédié à la garnison. 1825. In-8.°, 24 pp.

Ma bibl.

1,437. Influence du traitement sur les maladies. Par Renard, docteur en médecine, etc. Édition augmentée de faits de pratique recueillis à Mons. 1825. In-12, 84 pp.

Ma bibl.

1,438. Fragment d'un poëme sur la régénération de la nation hellénique par Mathieu. Mons, 1er janvier 1826. In-8.°, 14 pp.

Bibl. de M. Henri Delmotte.

1,439. La mort de David par A. M. (Adolphe Mathieu). 1826. In-18, 23 pp.

Bibl. de M. Henri Delmotte.

1,440. Le Baiser, poème. 1826. Pet. in-8.°, 30 pp.

Ma bibl.

1,441. Le siége de Rupelmonde, ou la croisade brabançonne, poème héroï-comique en vingt-six chants; dédié à S. A. R. la princesse héréditaire d'Orange. Par l'ermite du mont Saint-Pierre. 1826. Pet. in-12, VIII pp., 1 f. non chiff. et 12 pp.

Ma bibl.

Par F.-N. Robert de Saint-Symphorien.
Le 1.er chant de ce poème a seul paru.

1,442. Cours théorique et pratique de langue hollandaise, Par le Professeur G.-B.-J. Raingo. Seconde Edition, revue et augmentée. Tome second. Syntaxe. 1826. In-8.°, IV-148 pp.

Ma bibl.

Le tome premier a été imprimé par H.-J. Hoyois, en 1824. Voir n.° 1,317.

1,443. Le directeur de spectacle destitué. Manifeste de Dupré-Nyon, etc. (1826). In-8.°, 72 pp.

Ma bibl.

1,444. Introduction a l'étude du droit romain, traduite de l'allemand de M. F. Mackeldey, etc. Par M. L.-A. Warnkœnig, etc. MDCCCXXVI. In-8.°, titres et préliminaires XIII pp., texte 196 pp.

Ma bibl.

1,445. Le dragon. (21 décembre 1826-31 mars 1827). In-4.°

Ma bibl.

Voir n.° 1,525.

1,446. L'Echo du Hainaut. (1er avril - 27 septembre 1827). Pet. in-f.°

Ma bibl.

Ce journal, fondé par Adolphe Piérart, a succédé au *Dragon*.

Il paraissait les mardis, jeudis et samedis. La collection se compose de 78 numéros. Le principal rédacteur de cette feuille périodique était M. Adolphe Mathieu.

1,447. Épitre a monsieur de F*****, sur les cafés de province. Par Lucien-Adolphe Brouta. MDCCCXXVII. In-8°, 15 pp.

Bibl. de Mons n.° 4,955 du catal. — Ma bibl.

Lucien-Adolphe Brouta, capitaine du génie, naquit à Mons le 11 décembre 1800 et mourut à Philippeville le 6 août 1846.

1,448. Catalogue des livres composant la bibliothèque de feu M. Rousseau de Launois; (1827). In-8.°, 1 f. et 20 pp.

Ma bibl.

1,449*. Cantique spirituel, en forme de complainte, sur l'aventure étonnante, merveilleuse, prodigieuse, incroyable et pourtant véritable, du combat de Monseigneur Gilles de Chin contre un dragon énorme, monstrueux et même assez gros, qui désolait le territoire du village de Wasmes; et de l'incomparable victoire que cet invincible Chevalier, qui n'était pas manchot, remporta, par la force de son bras, sur ce furieux animal féroce, l'an de grâce de Notre Seigneur Jésus-Christ 1133, le 31 novembre, à cinq heures du matin. (1828). In-12, 12 pp.

Par M. Adolphe Caremelle et feu Henri Delmotte.

Pot-pourri tiré à 150 exemplaires, dont 50 sur velin, accompagnés d'une lithographie.

Réimprimé par M. Emmanuel Hoyois, in-8.°, 12 pp.

1,450. L'art de danser en société, enseignée en douze leçons, par M. Paul.., premier danseur de l'académie royale de musique. Dédié aux Dames. etc. MDCCCXXVIII.

In-18, titre et préliminaires 3 ff. non chiff., texte 138 pp.

Bibl. de M. Henri Delmotte.

1,451*. Grammaire française par A. Caron. 1828. In-8.º

1,452. Omnibus montois, ou locutions vicieuses les plus répandues à Mons et dans les provinces wallonnes, recueillies par L. Dethier, typographe. MDCCCXXIX. In-32, titre et faux-titre 2 ff. non chiff., texte 118 et 5 pp.

Ma bibl.

Une seconde édition a paru en 1830.

1,453. Une Kermesse de village, silhouettes, caricatures et portraits. In-18, 46 pp.

Ma bibl.

Par M. Adolphe Mathieu.

Réimprimé plusieurs fois.

1,454*. El' Doudou ein si plat montois qué c' n'é rié d'el dire. Dédié aux geins des caches et aux porteurs au sac. (1829). In-8.º, 4 pp.

Par feu Henri Delmotte.

1,455. École du canonnier; précédée d'un supplément à l'école du soldat. (1831). In-8.º, 1 f. et 38 pp.

Ma bibl.

1,456. École du canonnier a cheval. (1831). In-12, 33 pp.

Ma bibl.

1,457. Nomenclature des harnais, leurs propriétés et leur usage. (1831). In-8.º, 23 pp.

Ma bibl.

1,458. Note à l'appui de la demande en concession

d'un chemin de fer, formée par les sociétés charbonnières de Belle et Bonne, S.t Placite et S.te Thérèse, etc. (1833). In-8.º, 16 pp. — Réfutation du résumé publié par M. Alex.e Vifquain, etc. en opposition à la demande en concession d'un chemin de fer pour le Bas Flénu, etc. In-8.º, 43 pp.

Ma bibl.

Par M. Adolphe Mathieu.

1,459. Note additionnelle, en réponse aux oppositions. In-4.º, 12 pp.

Ma bibl.

Par le même.

1,460. Le nouveau double jardin d'amour, Contenant la méthode de bien faire une déclaration d'amour et d'y répondre d'une façon convenable. Edition augmentée D'un Recueil de Lettres galantes, de Conversations entre des Amans, etc. MDCCCXXXIV. Pet: in-12, 36 pp.

Ma bibl.

1,461. Réponse au mémoire de la Chambre de commerce D'Ypres sur les projets de jonction de la Haine à la mer du Nord, par la Lys et l'Yperlée. Par Un Habitant de Hainaut. MDCCCXXXIV. In-4.º, 15 pp.

Ma bibl.

1,462. Considérations sur deux nouvelles communications qu'on propose d'établir entre la Sambre et le canal de Mons à l'Escaut, etc. MDCCCXXXV. In-8.º, 28 pp.

Ma bibl.

Par M. V. J. Vander Elst.

1,463. Considérations sur un chemin de fer à l'usage des charbonnages de Cache-après, Crachet et Ostennes, et discussion des avantages que la commune de Cuesmes doit en retirer; par V.-J. Vander Elst, etc. MDCCCXXXV. In-8.°, 16 pp.

Ma bibl.

1,464. Observations sur un écrit intitulé : extrait du registre aux procès-verbaux du conseil de régence de la ville de Mons; séance du 29 mars 1835. In-4.°, 16 pp., annexes 4 pp. non chiff.

Ma bibl.

1,465. La Revue journal de la Province de Hainaut. (1836). Pet. in-f.°

Ma bibl.

Ce journal, qui paraissait le mercredi et le samedi de chaque semaine, fut imprimé par M. Hoyois-Derely, depuis le 7 août jusqu'au 30 décembre 1835 et par Adolphe Piérart, depuis le 2 janvier 1836 jusqu'au 24 décembre de la même année. Il fut alors remplacé par l'*Éveil*.

La Revue avait pour rédacteurs-propriétaires MM. Adolphe Mathieu et G. B. J. Raingo.

1,466. De l'utilité publique du chemin de fer du vallon de la Haine, comparée à celle du chemin de fer de Charleroy à Mons. Par V.-J. et A.-X. Vander Elst, etc. MDCCCXXXVI. In-8.°, 13 pp.

Ma bibl.

1,467. L'Eveil journal du Hainaut. (1836-1838). Pet. in-f.°

Ma bibl.

La collection de ce journal qui paraissait les mardi, jeudi et samedi de chaque semaine, se compose de 186 numéros; le premier a été publié le mardi 27 décembre 1836 et le dernier, le jeudi 8 mars 1838.

Les propriétaires-rédacteurs de ce journal étaient MM. Adolphe Mathieu et G.-B.-J. Raingo.

1,468. Note de la régence de la ville de Mons, en faveur de l'ouverture du canal destiné à joindre la Sambre à l'Escaut. MDCCCXXXVI. In-4.°, 1 f., 7 pp. et 6 pp. non chiff.

Ma bibl.

1,469*. Cabinet de lecture, ou recueil d'histoires, d'anecdoctes, de fables, de sentences, de proverbes, etc.; MDCCCXXXVI. In-12, 2 ff. et 144 pp., la dernière non chiff.

Par l'abbé Hansen.
Réimprimé plusieurs fois.

1,470. Réflexions sur l'utilité des écoles gardiennes, présentées à Messieurs les Bourgmestre, echevins et membres du conseil communal de Mons, par un ecclésiastique de cette ville. (M. Voisin, curé de S.¹-Nicolas en Havré, aujourd'hui chanoine et vicaire-général à Tournai). MDCCCXXXVII. In-8.°, 24 pp.

Ma bibl.

1,471. Des projets de chemin de fer de Mons à Ath et Tournay et de canalisation de la Dendre d'Ath à Alost, etc. Par V.-J. et A.-X. Van der Elst, MDCCCXXXVII. In-8.°, 24 pp. et une carte.

Ma bibl.

1,472. Considérations sur le projet de chemin de fer des

Écaussinnes, etc. Par V.-J. et A.-X. Vander Elst, frères. MDCCCXXXVII. In-8.º, 56 pp.

Ma bibl.

1,473. Réglement de la société des concerts et des redoutes de la ville de Mons. MDCCCXXXVII. In-8.º, 16 pp.

Ma bibl.

1,474. Question des houilles. — Observations adressées par la Chambre de Commerce de Mons à la représentation nationale. — Décembre 1837. MDCCCXXXVII. In-4.º, 28 pp. et 5 tableaux.

Ma bibl.

1,475. Le Modérateur. (1838-1850). Pet. in-f.º

Ma bibl.

Adolphe Piérart édita et imprima ce journal depuis le 10 mars 1838 jusqu'au 27 novembre 1850. Cette feuille paraissait les dimanches, mercredis et vendredis. Elle a continué d'être publiée par Madame veuve Piérart jusqu'au 27 juin 1852, époque où elle fut remplacée par le *Constitutionnel de Mons*.

1,476 Passe-temps poétiques d'Adolphe Mathieu. Deuxième édition; revue. MDCCCXXXVIII. In-32, XII et 297 pp. *A la suite*: Une kermesse de village etc., X-46 pp.

Ma bibl.

C'est la troisième et non la deuxième édition de ce recueil de poésies; deux éditions antérieures ayant été imprimées par M. Hoyois-Derely.

1,477. Roland de Lattre, par Adolphe Mathieu. 1838. In-12, 76 pp.

Ma bibl.

Réimprimé en 1840 par Adolphe Piérart, in-8.º

1,478. Administration communale de Mons. — Correspondance relative au canal projeté de Mons à la Sambre. (1838). In-4°, 26 pp.

Ma bibl.

1,479. Réclamation des exploitants des charbonnages du couchant de Mons à la députation permanente de la province de Hainaut, sur le retard apporté à l'adjudication publique du canal de l'Espierre. MDCCCXXXVIII. In-4.°, 6 pp. et 1 tableau.

Ma bibl.

1,480. Deux mariages pour un, vaudeville en un acte et en vers, par Adolphe Mathieu, Représenté pour la première fois sur le théâtre de Mons, le 11 mars 1836, etc. 1839. Pet. in-8.°, 48 pp., la dernière non chiff.

Ma bibl.

1,481. Olla podrida, par Ad. Mathieu. MDCCCXXXIX. In-32, titres et préliminaires 4 ff. non chiff., texte 290 pp., table 1 f. non chiff.

Ma bibl.

1,482. Musée d'histoire universelle, ou abrégé de l'histoire, en forme de catéchisme, etc. Par P. Hansen, Prêtre. MDCCCXXXIX. In-12, VII-152 pp.

Ma bibl.

1,483. OEuvre du bon-pasteur. — Fondation de Mons. (1839). In-8.°, 17 pp.

Ma bibl.

1,484. Notice biographique sur M. G.-J. Hallez, Peintre, professeur a l'académie des arts de Mons, membre de plusieurs sociétés savantes ; Par Louis Fumière. MDCCCXXXIX. In-32, 15 pp.

Ma bibl.

1,485. Réglement de vie après la première communion. 1839. In-32, 48 pp.

Ma bibl.

1,486. Rubens, poème, par Antoine Clesse. MDCCCXL. In-8.°, 14 pp.

Ma bibl.

1,487. Histoire de la Belgique, par demandes et par réponses, a l'usage des écoles primaires et moyennes; dédiée A S. A. le prince de Ligne. Première partie comprenant ce qui s'est passé depuis les premiers temps jusqu'en 1204. Par P.-J. Rousseau. 2.me édition. (1840). In-8.°, 104 - IV pp.

Ma bibl.

La deuxième partie a paru en 1841, chez Adolphe Piérart, in-8.°, 130-V pp.

1,488. Société royale d'horticulture de la ville de Mons. (1839-1850). In-8.°

Ma bibl.

Voir n.° 1,545.

1,489. Histoire Nationale. Épisode du règne de Jean de Bavière, surnommé Jean sans pitié, élu de Liége; suivi de documents historiques inédits. (Hainaut et Liége). 1406. Par Augustin Lacroix, etc. 1841. In-8.°, 50 pp.

Ma bibl.

1,490. Tarif des droits d'enregistrement a percevoir sur les baux a ferme ou a loyer, etc. 1842. In-8.º, 21 pp.

Ma bibl.

1,491. Poésies d'Antoine Clesse. MDCCCXLI. In-32, 146 pp. et 1 f. non chiff.

Ma bibl.

1,492. Mons et ses environs. M DCCC XLII. In-32, 31 pp.

Ma bibl.

Par M. Adolphe Mathieu.

1,493. Salle de spectacle de Mons, Inaugurée le mercredi 18 octobre 1843. — Manuel de l'amateur. (1843). In-32, 2 ff. non chiff. et 52 pp.

Ma bibl.

Par M. Adolphe Mathieu.

1,494. Civilité de l'enfance. 1843. In-32, 52 pp.

Ma bibl.

Réimprimé plusieurs fois.

1,495. Tribunal correctionnel de Mons. — Les élections d'Ath et le curé de Moustiers. (1843). In-12, 24 pp.

Ma bibl.

1,496. Abécédaire moral ou premier livre de lecture, applicable à toutes les méthodes, par un instituteur. (P.-J. Rousseau). In-12.

Réimprimé plusieurs fois.

1,497. Second livre de lecture, faisant suite à l'abécédaire moral, ou premier livre de lecture ; par un instituteur. (P.-J. Rousseau). M DCCC XLIII. In-12, 48 pp.

Ma bibl.

1,498. Mémoire et devis estimatif de la canalisation de la Dendre d'Ath à Alost. 1845. In-8.º, 16 pp.

Ma bibl.

Par MM. Augustin et Valentin Vander Elst.

1,499. Appel a l'opinion publique sur la nécessité de modifier l'administration de la ville de Mons. 1845. In-8.º, 50 pp.

Ma bibl.

1,500. Opinion de M. Michot, Rapporteur de la Commission nommée par la Société des Sciences, des Arts et des Lettres du Hainaut, pour l'examen de la maladie des pommes de terre. 1845. In-8.º, 14 pp.

Ma bibl.

1,501. Réponse a quelques objections concernant la concession du canal de Mons à la Sambre. 1845. In-8.º, 1 f. et 19 pp.

Ma bibl.

Par M. Valentin Vander Elst.

1,502. Elections. A messieurs les membres de la majorité du conseil communal. 1845. In-8.º, 28 pp.

Ma bibl.

Satire par M. Adolphe Mathieu.

1,503. Une ascension aérostatique à Mons. — 25 mai 1845. — In-32, 8 pp.

Ma bibl.

Par M. Adolphe Mathieu.

1,504. Homicide point ne seras. — 17 juillet 1845. — In-32, 4 pp.

Ma bibl.

Par M. Adolphe Mathieu.

1,505. Le peuple a Faim. — 30 novembre 1845. — In-32, 4 pp.

Ma bibl.

Par M. Adolphe Mathieu.

1,506. Association de l'opinion libérale de l'arrondissement de Mons. (Assemblée générale du 26 juin 1846). In-8.°, 15 pp.

Ma bibl.

1,507. Fleurs poétiques et parlementaires. 1846. In-32, 11 pp.

Ma bibl.

Par M. Adolphe Mathieu.

1,508. Une élection a Soignies. (Souvenirs du 27 juillet 1846). In-8.°, 18 pp.

Ma bibl.

Par M. Adolphe Mathieu.

1,509. Poésies de clocher, par Adolphe Mathieu. MDCCCXLVI. In-32, 268 pp.

Ma bibl.

1,510. Banquet offert a M. Léopold Doutremer, président de l'association de l'opinion libérale de l'arrondissement de Mons, le 25 mai 1847. In-8.°, 14 pp.

Ma bibl.

1,511. Theroigne (Lambertine), (1847). In-8.º, 56-XII pp. et 1 f. non chiff.

Ma bibl.

Par M. Adolphe Mathieu.

1,512. Notice nécrologique sur M. Léopold-Lambert Doutremer. MDCCCXLVII. In-8.º, 8 pp.

Ma bibl.

1,513. Nécrologie de Emmanuel-Joachim-Joseph Claus, batonnier de l'ordre des avocats de Mons. Décembre M DCCC XLVIII. In-8.º, 8 pp.

Ma bibl.

1,514. Association de l'opinion libérale de l'arrondissement de Mons. Assemblée générale du 7 mai 1848. In-8.º, 11 pp.

Ma bibl.

1,515. Les mémoires d'outre-tombe. MDCCCXLIX. In-12, 24 pp., la dernière non chiff.

Ma bibl.

Par M. Adolphe Mathieu.

1,516. Situation de la Belgique en 1849 et moyens de l'améliorer, etc. par l'abbé P. Hansen. (1849). In-8.º, 167 pp.

Bibl. de Mons, n.º 8375 du catal.

1,517*. Confrérie de l'avalement perpétuel. Pet. in-8.º, 8 pp.

1,518. Abrégé de mythologie, a l'usage des maisons d'éducation. In-12, 71 pp.

Ma bibl.

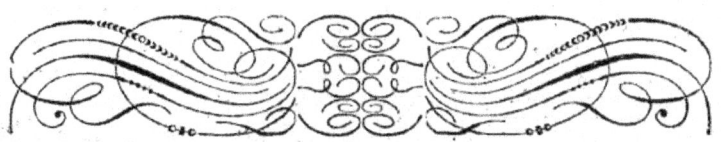

L.-F. MOUREAUX & C.ie

1840-1845.

M. Louis-François Moureaux, né à Coulonges-sur-Sarthe, près d'Alençon (département de l'Orne), qui résidait à Mons depuis 1834, fut le gérant d'une association qui établit, en 1840, une imprimerie en cette ville, sous la raison sociale *L.-F. Moureaux et C.*ie

1,519. La gazette de Mons, journal de la province de Hainaut. (15 août 1840-30 mai 1845). In-f.°

Bibl. de Mons, non catalogué.

Cette feuille périodique, dont le premier numéro parut le 15 août 1839, s'imprima d'abord chez MM. Masquillier et Lamir jusqu'au 26 mai 1840 (n.° 63), puis elle sortit des presses de la société L.-F. Moureaux et C.ie jusqu'au 30 mai 1845, (7.e année n.° 125). Madame la veuve Lelouchier en reprit alors l'impression qu'elle continue aujourd'hui.

La *Gazette de Mons*, qui ne paraissait à l'origine que les mardis, jeudis et samedis, se publie six fois la semaine depuis le 28 septembre 1840.

1,520. Traité abrégé de docimasie ou résumé des leçons données à l'école des mines du Hainaut; accompagné de seize planches de figures, dont treize coloriées;

par Le Dr. Victor Van den Broeck, professeur de chimie et de métallurgie, membre de plusieurs sociétés savantes nationales et étrangères. 1841. In-8.º, XXVIII-338 pp., la dernière chiff. 238 et 16 planches.

Bibl. de Mons, n.º 3,163 du catal.

1,521. Façon d'Agir de la société des sciences, des arts et des lettres du Hainaut, en matière scientifique. 1841. In-8.º, 2 ff. non chiff. II - 57 pp.

Ma bibl.

Par M. Victor Van den Broeck.

1,522. Quelques objections à la théorie de M. Jobard, sur les causes de l'explosion des chaudières à vapeur, et sur quelques phénomènes météorologiques; par Victor Van den Broeck, docteur en médecine, etc. 1842. In-8.º, 22 pp.

Ma bibl.

1,523. Façon dont M. Jobard entend la discussion scientifique, par Victor Van den Broeck. 1842. In-8.º

Ma bibl.

1,524. Mémoire justificatif du colonel en non activité Dollin du Fresnel, concernant Ses démêlés avec le Lieutenant-Général Daine, relatifs aux troubles du borinage. 6 février 1842. In-8.º, 2 ff. non chiff. et 68 pp.

Ma bibl.

1,525. Exposé de l'état de la Sidérurgie dans la province de Hainaut, fait conformément à l'article 14 du règlement d'ordre intérieur, arrêté le 17 novembre 1837, par la Députation permanente du conseil provincial. —

Discours prononcé par M. Van den Broeck. (1843). In-8.º, 15 pp.

1,526. Pièce d'inauguration du théâtre de Mons, ouvert le 17 octobre 1843. Par Antoine Clesse. (1843). In-12, 10 pp.

Ma bibl.

1,527. L'épreuve préparatoire, à-propos en un acte. Par M. Félix Potel. Représenté pour la première fois sur le Théâtre de Mons, Le 17 (lisez 18) octobre 1843, jour de l'ouverture de la nouvelle salle. 1843. In-8.º, 40 pp.

Ma bibl.

ADOLPHE-CHARLES-GHISLAIN MATHIEU.

1844.

M. Adolphe Mathieu est né à Mons le 22 juin 1804.

A la suite de dissentiments avec l'administration communale qui donnèrent lieu à une polémique ardente, M. Mathieu eut la pensée de publier une revue satirique, paraissant chaque mois. Dans ce but il fit transporter chez lui, rue de Nimy, n.° 168 (16 nouveau), un matériel d'imprimerie et prit une patente de typographe le premier janvier 1844.

Cette revue dont il n'a paru que six livraisons porte le titre suivant :

1,528. Le guersillon. Mons. Typographie d'Ad. Mathieu, rue de Nimy, 168. 1844. In-8.°, 316 pp.

Ma bibl.

Le frontispice représente un patient mis au guersillon.

JACQUES-JOSEPH SAUTIÉ.

1846-1847.

Fils de Gaspard Sautié et d'Amélie Démontée, qui épousa en secondes noces Philippe Tahon, cet imprimeur naquit à Mons le 22 juillet 1792 et mourut dans la même ville le 8 octobre 1847. Il succéda à la veuve Tahon, sa mère, et n'imprima que des ouvrages de ville, des catéchismes, des abécédaires. A sa mort, il fut remplacé par son beau-frère, M. François Levert.

LOUIS-BENJAMIN PEILLEUX.

1849-1850.

M. Louis Peilleux, officier de l'université de France, se réfugia en Belgique après les journées de juin 1848, et rédigea à Mons un journal démocratique qui portait le titre suivant :

1,529. Le Hainaut. (1849-1850). In-f.º

Ma bibl.

Les 91 premiers numéros de ce journal furent imprimés dans l'atelier de M. François Levert, rue du Haut-Bois ; les numéros suivants, jusqu'à la cessation du journal, sortirent des presses que M. Peilleux avait établies dans une maison située Grand'Place, n.º 10.

Le Hainaut a paru depuis le 2 janvier 1849 jusqu'au 4 mai 1850.

AUGUSTE-JOSEPH-ANTOINE BOURDON.

1850-1853.

Cet imprimeur, natif de Cambrai, établit à Mons, en 1850, un atelier typographique qu'il cessa d'exploiter en 1853. Il n'imprima que des ouvrages de ville et le journal dont voici le titre :

1,530. Journal de Mons, organe de l'agriculture et du commerce dans le midi de la Belgique. Mons. Imprimerie de A. Bourdon, 6, rue des Epingliers. (1850-1851). In-f.°
Ma bibl.

Ce journal paraissait les mercredi, vendredi et dimanche de chaque semaine. Il a changé son titre primitif en celui de *Journal de Mons et du Borinage,* le 12 février 1851, et a cessé d'exister le 3 septembre suivant.

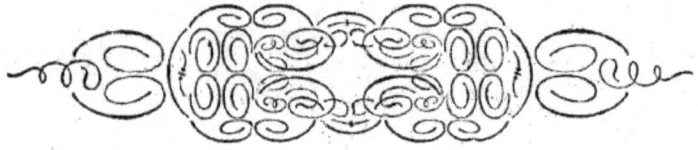

ASMON (la Veuve) & PHILIPPE-JOSEPH ASMON, son Fils.

1851 - 1853.

Ces imprimeurs exerçaient leur industrie à Soignies, lorsqu'ils vinrent résider à Mons, où ils établirent un atelier typographique.

1,531. Courrier de Mons et du Hainaut. 1851. In-f.º

Ma bibl.

Ce journal, qui était destiné à remplacer le *Journal de Mons et du Borinage*, n'eut pas de succès. Quelques numéros seulement ont paru; le premier porte la date du 28 septembre 1851.

1,532. L'Écho de Mons, (22 octobre - 29 décembre 1852). In -f.º

Ce journal, fondé par une société d'actionnaires, fut imprimé par la veuve Asmon et son fils jusqu'au 29 décembre 1852. A cette date, il parut sous le nom de M. F. Manet, et, depuis le 29 décembre 1856, il est imprimé à Bruxelles.

1,533. Petites affiches du Hainaut, Journal d'Annonces

et des Faits divers de Mons et de la Province. Paraissant le mardi, le jeudi et le samedi. (1853). In-f.°

Bibl. de Mons, non catalogué.

Cette feuille périodique parut pour la première fois le 26 février 1853 et cessa d'exister le 26 octobre de la même année.

1,534. Notice Historique sur la procession de Mons, par Léopold Devillers, etc. 1853. In-12, 1 f. et 9 pp.

Ma bibl.

1,535. Recherches sur quelques Anciens Monuments de Mons, par Léopold Devillers, etc. 1853. In-12, 1 f. et 25 pp.

Ma bibl.

LÉOPOLD-FERDINAND MANET.

1852-1856.

La Société qui avait fondé l'*Écho de Mons*, ayant cessé, au mois de décembre 1852, de confier l'impression de son journal à la veuve Asmon et à son fils, établit à cette époque un atelier typographique, et fit prendre, pour continuer la publication de cette feuille, une patente d'imprimeur par M. Léopold-Ferdinand Manet.

M. Manet est né à Mons, le 24 août 1831.

1,536. L'Écho de Mons. Mons, typ. de F. Manet. (29 décembre 1852 - 29 décembre 1856). In-f.°

Bibl. de Mons, non catalogué.

Voir n.° 1,552.

1,537. Essai sur la résidence à Mons Des Juifs et des Lombards. 1853. In-8.°, 37 pp.

Ma bibl.

Par M. Félix Hachez.

1,538. Variétés historiques. Une contravention de police à Mons, en 1608, par Félix Hachez. In-8.°, 4 pp.

Ma bibl.

1,539. La peste de 1615 et la chapelle de Saint-Roch à Mons par Félix Hachez. 1853. In-8.°, 1 f. et 36 pp.

Ma bibl.

1,540. Quelques jubilés célébrés à Mons au XVIII.ᵉ siècle par Félix Hachez. 1854. In-8.°, 1 f. et 39 pp.

Ma bibl.

1541. Notice historique sur la confrérie de N.-D. de Tongre, à Mons, etc. Par L. Devillers. 1854. In-8.°, 10 pp.

Ma bibl.

1,542. Les œuvres de la charité, Poésies, suivies d'une discussion littéraire sur la Passion, Hymne traduit de Manzoni, par A. B. J. Marsigny. 1854. In-12, 44 pp.

Ma bibl.

1,543. Recherches sur l'histoire et l'architecture de l'Eglise de Sainte-Waudru, à Mons, par Léopold Devillers. In-8.°, 64 pp. et 8 pp. contenant des épitaphes recueillies dans l'église de Sainte-Waudru.

Ma bibl.

Ce n'est qu'un essai de l'ouvrage qui a été publié, en 1857, chez Masquillier et Lamir, sous le titre de *Mémoire historique et descriptif sur l'église de Sainte-Waudru, à Mons,* in-4.°, 150 pp. avec gravures.

1,544. Société de S. Vincent de Paul. Conférences de Mons. Rapport pour l'année 1853. In-8.°, 44 pp.

Ma bibl.

1,545. Notice sur les paroisses de la ville de Mons. In-8.°, 7 pp.

Ma bibl.

1,546. L'École dominicale de Mons par Félix Hachez. 1855. In-8.°, 1 f. et 11 pp.

Ma bibl.

1,547. Le culte de la vierge Marie dans le Hainaut par Félix Hachez. 1855. In-8.°, 28 pp., errata 1 p. non chiff.

Ma bibl.

1,548. La mort d'un dominicain, à Mons, le 16 aout 1794. In-8.°, 3 pp.

Ma bibl.

1,549. Variétés historiques inédites, N.° 10. Biographie. — Beaux-Arts. — Recherches sur Jacques Du Broeucq, Statuaire et Architecte montois au XVI.° siècle; par A. Lacroix. Mons. — 1855. In-8.°, 2 ff. non chiff., 24 pp. et un *fac-simile* de l'écriture de Dubrœucq.

Ma bibl.

1,550*. Vie de Saint-Lambert, évêque de Tongres et de Maestricht, Patron de l'Église paroissiale de Montrœul-sur-Haine. 1855. In-8.°, 32 pp. et 1 gravure.

1,551. Souvenirs de la révolution des patriotes à Mons (1787-1790). Par Félix Hachez. 1855. Petit format carré, 1 f. et 102 pp.

Ma bibl.

1,552. Inauguration des comtes de Hainaut In-8.°, 16 pp.

Ma bibl.

HENRI CHEVALIER.
1854 - 1856.

Né à Lessines le 15 octobre 1827, M. Henri Chevalier reprit, le 1.er mai 1854, l'établissement typographique de la veuve Asmon, sa belle-mère, et le transféra, le 1.er juin suivant, de la rue des Orphelins, N.º 5, à la rue de la Coupe, N.º 27. Il a cédé son imprimerie à M. Alfred Thiemann, le 1.er janvier 1856.

1,553. Histoire de l'ordre maçonnique en Belgique par A. Cordier, Membre de la loge la Parfaite Union de Mons. Mons, H. Chevalier, imprimeur-éditeur, 27, rue de la coupe. 1854. In-8.º, titre et faux-titre 2 ff. non chiff., VIII-618 pp.

Ma bibl.

1,554. Tableau analytique et synoptique des lois sur l'expropriation forcée, la surenchère sur aliénation volontaire et la saisie des rentes, promulgées le 15 aout 1854 et obligatoires le 25 du même mois, etc., par Capilion, avoué à Mons. (1854). In-plano.

Ma bibl.

1,555. Essai philosophique sur les principaux systèmes politiques, par A. D. B. (Auguste Debove) docteur en droit. 1855. In-16, XIV-271 pp, errata 1 p.

Ma bibl.

1,556*. Chansons par Pierre Moutrieux. Publication mensuelle. In-16.

LISTE

des imprimeurs de Mons en 1858.

NOMS ET PRÉNOMS.	DÉBUTS.	DEMEURES.
Monjot, Louis,	1.er juillet 1825,	Rue du Haut-Bois, n.º 54.
Hoyois, Emmanuel,	15 octobre 1828,	Rue de Nimy, n.º 26.
Lelong, Joseph,	19 janvier 1834,	Rue de la Chaussée, n.º 31.
Masquillier & Lamir,	1.er janvier 1838,	Grand'Rue, n.º 25.
Lelouchier, (la Veuve),	15 mai 1845,	Rue du Miroir, n.º 6.
Levert, François,	15 avril 1847,	Rue des Tuileries, n.º 5.
Manceaux-Hoyois,	août 1847,	Rue des Fripiers, n.º 4.
Montenez, Jean-Bapt.,	28 décembre 1849,	Rue de Cantimpret, n.º 6.
Piérart (la Veuve),	27 novembre 1850,	Rue d'Havré, n.º 36.
Thiemann, Alfred,	1.er janvier 1856,	Rue d'Havré, n.º 136.
Algrain, Joseph,	15 octobre 1856,	Grand'Rue, n.º 76.
Duquesne, Albert,	11 mai 1857,	Rue de la Clef, n.º 18.

TABLE ALPHABÉTIQUE

DES AUTEURS

dont les ouvrages sont cités dans la bibliographie montoise.

N. B. Les chiffres indiquent les numéros d'ordre.

ALEXANDRE, A.-J., 1428, 1429.
ALLEN, Guillaume, 17.
ALVAREZ, Emmanuel, 424, 795.
ANACRÉON, 819.
ANGE, Laurent, 482.
ANVERS (Daniel d'), 420.
ARNAULD, Antoine, 391.
ARRAS (Jean d'), 384.
ARSÈNE DE SAINT ROBERT, 644.
ARTOIS (Jean d'), 58.
ARTUS, Désiré, 18.
ASSIGNIES (Jean d'), 80, 87, 102, 109.
AVERTANUS DE SAINT ANTOINE, 428.
BARBENSON, 234, 235, 238.
BARRAUT, François, 341.
BARRUEL, (l'abbé), 1088, 1092.
BAUDY, L. A., 1065.
BERNARD, 818.
BERQUIN, 810.
BERTLAMOTH (le marquis de), 933.
BINET, Étienne, 166, 193, 217.
BION, 819.
BLAREAU, 1091.
BLOIS (Louis de), 215, 386, 409, 490, 491, 492.
BOISMONT (l'abbé de), 872.
BONAVENTURE (Saint), 75, 81, 87, 102, 108, 411, 453, 489.

BOSQUET, Jean, 19, 35, 41.
BOSQUIER, Philippe, 45, 63.
BOUDON, Henri-Marie, 388.
BOUILLON, D., 867, 923.
BOULÉ, André, 862.
BOULENGER, 1006.
BOURGEOIS, 1108.
BOURGEOIS, Jacques, 60, 62.
BOURGEOIS, Jean, 307.
BOURGEOIS, Maurice, 241.
BOURGOINE, François, 180.
BOUSSU (Gilles de), 481, 518, 523, 554, 558, 566, 622, 625, 636, 647, 649, 650, 672.
BOUVIER, François, 1427.
BRASSEUR, Philippe, 243 à 252, 255, 260, 263, 264, 269, 271, 277 à 280, 340, 345.
BRICOUX, Charles, 1424.
BRISSEAU, 448.
BROUTA, Lucien-Adol., 1417, 1447.
BUFFIER, 618.
BUIRETTE, Samuel, 229.
BUISSERET, François, 42, 53, 678.
BUISSIN, Jérôme. 924.
CADORET, 725.
CAILLON, P.-C., 1013.
CAMEL, Jean-Baptiste-L., 1436.

CAMPESTER, Laurent, 37.
CAMPION, P.-L., 1333, 1334, 1338, 1378, 1379, 1396.
CANISIUS, Pierre, 909.
CAPIAUMONT, Henri-Joseph, 812.
CAPILION, 1554.
CARACCIOLI, 874.
CAREMELLE, Adolphe, 1449.
CARON, A., 1451.
CARTHEGNY (Jean de), 145.
CHAUD, (l'abbé), 399.
CHARLE-ROI (Antoine de), 619, 623.
CHIFLET, Laurent, 396.
CHOCQUET, Romain, 258.
CHOKIER, Erasme, 218.
CHRYSOSTOME (Saint Jean), 261, 397.
CICERO (Marcus Tullius), 228, 360, 536.
CILIENNE, François, 731.
CLARIUS, J., 10.
CLERADIUS, Alix, 281.
CLESSE, Antoine, 1486, 1491, 1526.
CLIVIER, Antoine, 379.
COGNIAUX, François, 582.
COLIN, 70.
COLINS, Pierre, 197, 259.
CORDIER, A., 1553.
CORET, Jacques, 417, 419.
CORVINUS, Messala, 360.
COSPEAU, Adrien, 354.
COSPEAU, Pierre, 171, 216.
COULLEMONT (baron de), 692.
COUSIN, Toussaint, 1425.
CRINON, 692.
CRIQUILLION, 993, 994, 995, 1050, 1070.
CUNERUS, 11.
DANIEL, François, 561.
D'ARNAUD, 823, 824.
DEARRIC, P.-J., 1070.
DE BISEAU D'HAUTEVILLE, Charles-Eug., 1408.
DEBOVE, Auguste, 1555.
DECAMBON, 864.

DEFACQZ, 732.
DEFACQZ, P.-A., 1071.
DEFUISSEAUX, Nicolas, 1435.
DE GRAYE, 1006.
DE GONNELIEU, 836, 1140.
DEGRAVE-GANTOIS, Ch., 1342.
DE LA HAIZE, Maximilien, 207.
DELAMOTTE, Jean, 111.
DELAMOTTE, Louis-François-Gabriel d'Orléans, 1139.
DELATTRE, Nicolas-Joseph-Germain, 1243, 1244, 1262, 1270, 1293, 1294, 1305.
DELCOURT, 983.
DELCOURT, Alexis-Joseph, 1352.
DELECOURT, H.-J., 751.
DELEMARRE, 1299.
DELEWARDE, Michel, 552.
DELMOTTE, Henri, 1449, 1454.
DELNEUFCOUR, Pierre-François-Jos., 990, 1066, 1071, 1258, 1260, 1269, 1271, 1273, 1282, 1290, 1311.
DELOBEL (l'abbé Louis), 700, 702, 703, 811, 822, 868, 876, 927, 928, 976, 1158.
DEMARBAIX, Adolphe, 1331.
DEMARBAIX, Charles, 737, 1004 à 1006.
DEMURVILLE, 857.
DENISART, Jean Damascène, 411.
DEROCHEFORT, 867.
DE ROYER DE WOLDRE, 1006.
DE ROZÉE, 711.
DERUESNE, Jean-Baptiste, 1376.
DESCAMPS, L., 1300.
DESCAMPS, Nicolas-Joseph-Henri, 1071.
DE SIEGENBECK, 1336.
DES LIONS, Antoine, 325.
DE THIENNES, 1170.
DETHIER, L., 1452.
DEVILLE, 881.
DEVILLERS, Antoine, 580.
DEVILLERS, Léopold, 1398, 1534, 1535, 1541, 1543.

DE WAILLY, 842.
DEWEZ, 1204, 1337.
DIANA, Antonin, 198, 199. 214.
DICÆUS, Lambertus, 355.
DOLEZ, Jean-François, 1115, 1120, 1183 à 1185, 1250, 1268, 1419.
DOLLIN DU FRESNEL, 1524.
DORAT, 808, 809, 815, 816.
DORBECK, Théodore, 870.
DREXELE, Jérémie, 299.
DUBROEUCQUEZ, Antoine-Joseph, 750, 754.
DUBROEUCQUEZ, Jean-François, 565, 578.
DUBUISSON, Théodore-Joseph, 1256, 1257, 1275, 1291, 1327, 1328, 1341, 1350.
DU CYGNE, Martin, 536.
DUEZ, Paul, 160, 161, 162.
DUJARDIN, Pierre-Joseph-François, 733, 760, 826, 1361.
DULIER, Célestin, 619.
DUMAREZ, Engelbert, 365.
DUMONT, Bonne-Philippine, 1147.
DUMOURIEZ, 1095.
DUPONT, Louis, 172.
DUPRÉ-NYON, 1443.
DUTERTRE, 431.
DUTILLOEUL, 1071.
DUTY, 1164.
DUVERGER DE HAURANNE, Jean, 332.
DUVIVIER (l'abbé Hippolyte-Joseph), 1021 à 1036, 1038, 1066, 1134.
ELOY, Nicolas-François-Joseph, 714, 715, 751, 849, 863, 878.
ERMITE DE LA BERLIÈRE, (pseudonyme de François-Joseph-Narcisse Robert, baron de Saint-Symphorien), 1308.
ERMITE DU MONT S.-PIERRE, (Idem), 1441.
ESPIENNES (Jean d'), 163.
ESQUIROU DE DUYÉ, 1092.

EUDE, Jean, 304, 318.
FELLERIES (F. Augustin de), 375, 376.
FERRIER, Vincent, 309.
FLEUR, Balthazar-Louis-Joseph, 1006.
FLEURY, 888, 1253,
FLOEUR, 380.
FLORITIUS DE SAINT FRANÇOIS, 564.
FONCEZ, 1091.
FONSON, (l'abbé Michel-Joseph), 961 à 964.
FOSLARD, J. J., 1096, 1122, 1123, 1136.
FRANÇOIS (de Neufchâteau), 1223.
FRANÇOIS, L. M. D. V., 929.
FRANÇOIS, Philippe, 167.
FRANÇOIS, Victor, 1286.
FROIDMONT, 692.
FROMONT, Antoine, 931.
FUMIÈRE, Louis, 1331, 1484.
GALLEMART, Patrice, 287.
GALOPIN, Georges, 211, 242, 301.
GARDÉ, François, 223.
GASPARD DE LA MÈRE DE DIEU, 322, 323, 327, 333.
GASPARINY, 769.
GAZET, Guillaume, 270.
GENDEBIEN, Jean-François, 1174, 1188, 1211, 1236.
GENDEBIEN (le chanoine), 1079.
GÉRARD, (l'abbé), 820.
GERMES, (Gilles de), 147.
GIRARD, J., 1119.
GIRAUD, 1071.
GOSSART, 1276.
GRAVREL, 1081.
GRENADE (Louis de), 70.
GROU (l'abbé), 1104.
GUILLEMIN, 1071.
GUISE, Joseph, 1078.
HACHEZ, Félix, 1537 à 1540, 1546, 1547, 1551.
HACHUSANUS, Guillaume, 146.
HAMILTON, F. N., 377.
HANNARD VAN GAMEREN, 25.

Hansen (l'abbé), 1469, 1482, 1516.
Harmignies, Pierre-Philippe-Joseph, 1004.
Hauport (Robert de), 76.
Herme. Charles, 514.
Hocquart, 1168.
Hossart (l'abbé), 1069.
Houssiere (Jean de la), 236, 286.
Houthem, Libert, 6, 7, 21, 22, 27, 28.
Huart, Georges, 413, 426.
Inchino (Don Gabriel), 145.
Jacquelart, G.-J., 751.
Jansen, J., 1079.
Jaspart, Hubert, 231, 305, 330.
Jauffret, 1349.
Jean de Sainte Marie, 564.
Joachim de Jesus Maria, 505.
Jouvenci, Joseph, 603.
Jumel (l'abbé), 873.
Juste-Lipse, 450.
Lacroix, Augustin, 1489, 1549.
Ladesou, Othon, 226.
Lafitau, Pierre-François, 762.
Lafontaine, 394, 395.
Laisné, Jean-Baptiste-Joseph, 955.
Laitat, Philippe, 1420.
Lalaing, (Georges de), 12.
Lambert de Saint Jean, 564.
Lambiez (le père), 1150, 1248, 1365.
Lamormaini (Guillaume-Germo de), 212.
Langle (le marquis de), 1051.
Larivière, 1272.
Latteur, 1096, 1100.
Lauzières-Themines (Alexandre-Amédée de), 871.
Lebeghe, Henri, 570.
Leblanc, Alexandre, 619.
Lecocq, Charles, 1182.
Lecorreur, 398.
Lefebvre (de Nantes), 1096.
Lefort, dit Fortius, 196, 343, 407, 541.

Le Jay, P.-Gab.-Franç., 1080.
Le Maistre de Saci, 403, 532, 850.
Lemayeur, Jacques-Joseph, 981, 982, 1004, 1044, 1066, 1076, 1079, 1092, 1238.
Lemerel, 1070.
Lenglez, Maximilien, 202.
Lengrand, 1071, 1096.
Léonardi, Thomas, 288.
Lepoivre, Jacques, 400, 522.
Leroy, 1415.
Le Roy, Bauduin, 349.
Le Tellier, 402, 1171.
Levenbach, Sylvain, 1288.
Le Wys, Denys, 316.
Lhomond, 1154.
Libotte, Grégoire, 567.
Livius, Titus, 360.
Loth, 1079.
Louchier, 632.
Lucy, 1105.
Macort, 534.
Mahy, C., 547.
Malbrenne, Maximilien, 1277.
Mangeart, (Dom), 601.
Manger, Claude, 1075.
Mann (l'abbé), 938.
Mansuet du Neuf Chasteau, 393.
Marchant, Jacques, 170, 182, 183, 187, 188, 205, 208, 221, 222, 296, 302, 303, 308, 320.
Marissal, Louis, 140.
Marlier, Jérôme, 493.
Mars, Siméon, 422.
Marsigny, Agathon, 1542.
Martin, Gilles, 571.
Martin, Mathieu, 173.
Masson, Barthélémy, 1071, 1114.
Mathieu, Adolphe, 1344, 1393, 1394, 1416, 1433, 1434, 1438, 1439, 1453, 1458, 1459, 1476, 1477, 1480, 1481, 1492, 1493, 1502 à 1505, 1507 à 1509, 1511, 1515, 1528.

Mathieu, 1113.
Mathieu (d'Asquillies), 1196.
Mathurin, F., 671, 673.
Mathurin, V., 867, 930, 950.
Mauroy, Léopold-Joseph, 1227, 1230.
Mayeur, 1079.
Mazion, Jean-François, 1205, 1252, 1279, 1303, 1357, 1370.
Meyer, (Antoine de), 26.
Michet, Alexandre, 1246, 1251.
Michot, (l'abbé), 1397, 1500.
Mondez, Jean-Baptiste, 1058.
Morchipont (De Glarges de), 257, 317.
Mory (Philippe de), 289.
Moschus, 819.
Mote, 1372.
Moutonnet Clairfons, 817, 819.
Moutier, Antoine-Joseph, 1063.
Moutrieux, Pierre, 1556.
Murray, Melle, 877.
Musée, 817.
Natalis de la Nativité, 564.
Natalis de St Philippe, 510.
Navez, F.-J.-X., 1354.
Nélis (l'abbé de), 867.
Nerciat (le chevalier Andréa de), 843.
Neute, Ph., 1343, 1384.
Nicole, 539.
Notau, Fulgence, 501.
Notel, Michel, 59.
Odet, Philippe, 441.
Odwyer, Jean, 372.
Oran, Nicolas, 148, 153, 192.
Oultreman (Philippe d'), 164, 178, 220, 315, 338, 339, 401.
Ovidius Naso (Publius), 151.
Pacenius, Bartholus, 155.
Pagès, 1226.
Paine, Thomas, 954, 1092.
Paradis, Crépin, 410.
Paridaens, F., 1191, 1255, 1266.
Parmentier, J., 1193.
Parmentier, Philippe, 465, 494.

Paternotte, Antoine, 545.
Pennequin, Pierre, 275, 276, 282, 353.
Perdu, Corneille, 300, 331.
Perrault, Nicolas, 440.
Pescher, 433, 446.
Petit, Jean-Baptiste, 1274.
Philipon, A., 967.
Philippron, C.-H., 1391, 1403.
Plissart, Maximilien, 1388.
Portalis, 1130.
Posteau, Ferdinand, 723.
Potel, Félix, 1527.
Pottier, Corneille, 517.
Pottier, Nicolas, 224, 273, 310.
Pouillon, Augustin, 516.
Poulet, Pierre-Joseph, 1079.
Poyart, 867, 925, 932.
Pradier, 1071.
Prévot, Gilbert, 292.
Procureur, Pierre, 174 à 177, 195, 525 à 527.
Prunieau, Théodore-Joseph, 1261.
Quarré, J. H., 194.
Quevreux, 1052.
Raingo. Germain-Bénoit-Jos., 1277, 1287, 1297, 1298, 1304, 1317 à 1321, 1329, 1330, 1356, 1442.
Raoux, 992, 1059.
Reims (Jean-François de), 200.
Renard, 1437.
Renard, J. B., 1148.
Restaut, 1020. 1222.
Rey, 1142
Richard, Charles-Louis, 847, 1092.
Rinuccini, Jean-Baptiste, 341.
Robert, baron de Saint-Symphorien, François-Joseph-Narcisse, 1392, 1395 ; (Ermite de la Berlière), 1308, (Ermite du Mont St-Pierre), 1441.
Rodriguez, Alphonse, 160, 161, 162.
Roger-Ducos, 1096.
Roissard (l'abbé), 851.
Roland, 662.

ROLAND, F., 1406, 1407.
ROLLIN, 845.
ROMBISE (Antoine de), 256.
ROSIER, 1071.
ROUGAR DE ROECHOUDT, A. J., 751.
ROUCHER, 865.
ROUSSEAU, P. J. 1487. 1496, 1497.
RUTEAU, Antoine, 283, 294, 348.
SAINT-GENOIS (le comte Joseph de), 939.
SALADIN, Barnabé, 503.
SALES (François de), 181, 186.
SALLUSTIUS, 441.
SAPHO, 819.
SEBILLE, Frédéric, 567.
SENAULT, 1071.
SENAULT, Jean-François, 1278.
SEXTUS, Ruffus, 560.
SIMON, 1079.
SIMON, Jacques, 203.
SMET, Henri, 152.
SOMAIN (l'abbé), 1219.
SOTO (André de), 147.
SOTTEAU, Auguste, 1281.
STA, 1071.
STORCK, 691.
SURIUS, Laurent, 59, 60.
TAINTENIER, Charles, 1422.
TERENTIUS, P., 412.
THAULERE, Jean, 321.
THOMERET, 1071.
TRICOT, 1094.
TROULIEZ, 1249.
TROYE, Charles-Stanislas, 1071.
TUBERO, Oratius, 442.
TURLOT, F.-C., 1423.
TURLOT, Nicolas, 342.

VALLEZ (l'abbé), 821.
VAN BEUGHEN, Charles-Antoine, 867,
VAN DEN BROECK, Victor, 1520 à 1523, 1525.
VAN DER BURCH, François, 213.
VANDER ELST, A.-X., 1466, 1471, 1472, 1498.
VANDER ELST, Valentin, 1312, 1313. 1462, 1463, 1466, 1471, 1472, 1498, 1501.
VANDER HOOP, H.-J., 1047.
VANDER NOOT, 1079.
VAN EUPEN, 1079.
VARRET, Jean-Baptiste-Joseph, 653, 654.
VEREPÉE, Simon, 591, 1087, 1362.
VERNULEUS, 306.
VIARD, 880.
VIEXMONTIUS, Claude, 758.
VILLERS (Antoine de), 580.
VINCHANT, François, 285.
VOISIN, 1470.
VOLKERICK, 1071.
WADINGO, Lucas, 306.
WALBERT DE SAINTE ALDEGONDE, F., 629, 643.
WARNKOENIG, L.-A., 1444.
WAUDRÉ, Julien, 154, 253, 254, 266, 284.
WAULDE, Gilles, 227, 237.
WILLART, Vincent, 274, 311 à 314, 324.
WILLOT, Bauduin, 265.
WINS, Camille, 1414.
YEUVAIN, André, 219.
ZANCHUS, Basilius, 149.
ZUALLART, Gilles, 408.

TABLE ALPHABÉTIQUE

DES OUVRAGES SANS NOMS D'AUTEURS,

décrits dans la Bibliographie montoise.

N. B. Les chiffres indiquent les numéros d'ordre.

Abrégé de la vie d'Angèle Merici. 785.
— de S.te Anne 597.
— de S.te Jeanne Frémiot de Chantal. 778.
Abrégé de l'histoire de N. D. de Tongre. 457. 906.
Abrégé de l'histoire de N. D. de Lorette. 495.
Abrégé de l'histoire de N. D. du Mont-Serrat. 563.
Abrégé de l'histoire de N. D. de la Fontaine. 728.
Abrégé de l'histoire de N. D. du Pilier. 512.
Abrégé de Mythologie. 1335. 1518.
— des indulgences de l'archiconfrérie du S.t Rosaire. 757.
Abrégé des particules. 600. 1124.
— de toutes les sciences. 1234.
— historique de l'invocation de S.t Donat. 675.
Acta concilii provincialis Cameracensis. 435.
Acte de protection pour l'ordre de Malthe. 366.

Acte d'union des Etats des Pays-Bas. 998.
Admirable et prodigieuse mort de Henri de Valois. 48.
Adoration perpétuelle du très Saint Sacrement. 782. 799.
Adresse à S. M. au sujet du projet d'un nouveau système d'impôts. 1200.
Adresse contre l'impôt projeté sur les houilles. 1264.
Adresse de MM. les curés à leurs paroissiens. 1133.
Adresse au sujet de l'entretien des routes de 2.e classe. 1201.
Advertissement chrestien. 24.
— de la victoire obtenue au mois de septembre 1580. 4.
Advertissement pour Philippes Helduyer. 233.
Advis de ceux qui ont esté à Bloys. 47.
Affaires des parlements de France. 996.
A Jean-Philippe-René d'Yve. 690.
A l'archevêque, duc de Cambrai. 858.

Almanach de poche d'un étudiant du collége de Mons. 1413.
Almanach du département de Jemmapes. 1111.
Amour et fidélité conjugal d'Ausberta. 373.
Amurat, tragédie chrétienne. 698.
Andronic, tragédie. 746.
Ange conducteur (l'). 759. 800. 949. 1061. 1383.
Annonces et avis pour le Hainaut. (Journal). 990.
Appel à l'opinion publique sur la nécessité de modifier l'administration de la ville de Mons. 1499.
Apologie du thé. 682.
Arcs de triomphe dressez à l'entrée de S. A. Électorale de Bavière à Mons. 498.
Arrêt du conseil du roy, qui indique les précautions à prendre contre la maladie épidémique sur les bestiaux. 707.
Arrêt du conseil souverain de Hainaut, au sujet de la procédure contre le s.r Bardon, chanoine de Leuze. 635.
Arrêt ordonnant que les exempliares du mémoire du Sr.... seront brûlés sur la place de Mons. 589.
Arrêté du 15 décembre 1820, portant instruction pour les gouververneurs dans les provinces. 1198.
Art de danser en Société (l'). 1450.
Articles de capitulation proposés par les États du Hainau et par les magistrats de Mons. 479. 1002.
Articles du traité des ville de Bruges et païs du Francq. 31.
Articles du traité entre le prince de Parma et la ville de Bruxelles. 34.

Articles organiques de la convention du 26 messidor an 9. 1125.
A. S. A. le prince de Ligne, le jour de son entrée à Mons, en qualité de grand Bailli du Hainau. 1068.
A S. A. R. Charles-Alexandre duc de Lorraine, la première fois qu'il vient à Mons. 684.
Association de l'opinion libérale de Mons. 1506. 1514.
A très vertueuse dame Félicité Fontaine. 777.
Aux mânes de Voltaire. 857.
Avantages de l'édit concernant les provisions de la cour de Rome. 960.
Avis aux personnes des différents âges. 666.
Avis concernant la démolition des fortifications de Mons et de Charleroi. 709.
Avis relatif à la culture du lin. 740.
Baiser (le) poëme. 1440.
Baisers (les) précédés du mois de Mai. 808.
Banquet offert à M. Léopold Doutremer, 1510.
Beautés de l'école des mœurs. 1309.
Bref du pape Pie VI. 1089.
Briefve relation de l'arrivée de S. M. à Almada. 16.
Bulle de ratification de la convention entre la république française et sa Sainteté. 1126.
Bulle d'Innocent X. 334.
Bulletins de la campagne de Russie, et rapports sur la situation de l'armée en 1813. 1163.
Bulletins de la guerre de 1809. 1157.
Calendrier du diocèse de Cambrai. 1093.
Calendrier du Hainaut, 587. 891.

Calendrier romain pour la lecture des auteurs latins 610.
Callistène. Tragédie. 790.
Canones et decreta concilii cameracensis. 38. 79. 436.
Capitulation accordée à la ville de Mons. 447.
Capitulation pour les troupes autrichiennes de garnison à Mons. 585. 646.
Capitulation proposée pour la garnison de Saint Ghislain. 584.
Catalogue des livres de la V.e d'Assonleville. 1084; — la Bibliothèque de Mons, (livres doubles) 1316; — la V.e Bottin. 970. 1082; — Gaspard Bureau. 1116; — la V.e Capiaumont. 1373; — la V.e Carion-Bocquet. 1240; — Caroly. 1233; — Couvents supprimés de Mons. 907; — De Boubers. 988; — De Gorge. 1355; — De Haussy. 1037; — N.-J.-G De Lattre. 1315; — Delecourt. 1410; — Derbaix. 952; — Dewesemal. 841; — Dobies. 989, — Drion. 911; — Eloy. 977; — Empain. 1374; — Flescher. 1332; — Fonson. 991.; — Godart. 1381; — Hocquart. 1186; — Houzeau de la Perrière. 1007; — Henri Hoyois. 859 à 861; — Kovalh. 1011; — Laisné. 955; — Le Duc. 854; — Lefebvre. 1060; — Levenbach. 1418; — de Masnuy. 1194; — Massart. 1431; — de Mérode. 974; — Meurisse. 1055; — Migeot. 977; — Paridaëns. 1042; — Petit. 1085; — Pollart. 1239; — Recq. 1040. 1041; — Rousseau. 1086; — Rousseau-Delaunnois. 1448; — Serel. 1141; — Winant. 1359.

Catéchisme du diocèse de Cambrai. 807.
Catéchisme ou sommaire de la doctrine chrétienne. 537. 593. 887. 897. 1010. 1213. 1409.
Cérémonies funèbres à Mons pour le repos de l'âme de l'empereur François I.er. 773.
Cérémonies pour les vestures. 418.
Charte du 8 avril 1483. — 848.
Chartes et coutumes de Binche. 61.
Chartes nouvelles du pays et comté de Hainaut. 156. 158. 196. 267. 421. 455. 541. 803. 1005.
Chartes statuts et ordonnances de polities de la ville d'Ath. 724.
Chemin de la Croix. 727.
Choix de chansons. 866.
Choix d'un état. 665. 804.
Chrétien (le) fortifié dans les souffrances. 767.
Chrétien (le) persévérant dans la grâce. 661. 900.
Chrétien (le) sanctifié par diverses pratiques de piété. 736. 936.
Cicercule vierge et martyr. 515.
Civilité de l'enfance. 1494.
— françoise. 794. 806. 985. 1361.
Clef du paradis et chemin du ciel. 922.
Code de commerce. 1237.
— hypothécaire. 1098.
Colloque spirituel d'un ecclésiastique et d'un berger. 326.
Comédie dévote sur la vie de saint Vincent et de sainte Waudru. 319.
Compte rendu par l'administration centrale du département de Jemmapes. 1102. 1107.
Concilium Cameracense in oppido Montis Hannoniæ habitum, anno 1586. 39. 78. 434.
Concordat de l'an X. 1128.

Conditions du traité des contributions. 677.
Conditions pour l'adjudication de la ferme des impôts. 633.
Conduite à tenir pour se préserver du choléra. 1353.
Confrérie de la très sainte Trinité et rédemption des captifs. 553. 937.
Confrérie de l'avalement perpétuel. 1517.
Confrérie de N.-D. de Hal. 1059.
— de S.t Donat. 720. 1062.
— de S.t Joseph. 744.
— pour obtenir une sainte mort sous la protection de sainte Ursule. 415. 634. 742. 792. 1389.
Congrégation de l'agonie de Jésus. 655.
Constitution de la république française. An VIII. 1117.
Constitution du monastère de Port royal. 389.
Convention concernant les limites aux Pays-Bas. 896.
Copie de certaine lettre close. 3.
— de la lettre de Louise de France aux Carmélites de Mons. 959.
Copie du traité de Denremonde. 32.
Correspondance relative au canal projeté de Mons à la Sambre. 1478.
Courrier de Mons et du Hainaut. 1531.
Coutume de la ville et chef-lieu de Valenciennes. 830. 831.
Cryée du vendage de la terre de Gommegnies. 240.
Daphnis, pastorale. 555.
Debitæ pietatis extrema officia. 204.
Déclaration de la doctrine chrétienne. 351. 423. 458. 544. 550.
Déclaration de la terre de Gommegnies. 239.

Déclaration de S. M. concernant les libelles. 908.
Déclaration sur la continuation des officiers royaux du Hainaut en leurs offices. 138.
Déclaration pour la conduite des marchandises, à l'entrée et à la sortie. 359.
Déclaration pour l'établissement de la capitation générale. 463.
Décret au sujet des terres de débat. 581; — au sujet du renouvellement des fiefs. 474; — interdisant la distillation des eaux-de-vie. 461; — relatif à la juridiction du conseil souverain de Hainaut. 486. 586; — sur la navigation de la Haine. 500; — sur la nouvelle organisation du diocèse de Tournay. 1132; — touchant les catalogues de livres. 607; — sur les mesureurs et portefaix de la ville de Mons. 685.
Decreta synodi cameracensis. 82. 84. 437. 439.
Décrets concernant les gens de mainmorte. 595; — la justice. 468; — la souveraine cour à Mons. 67. 105; — pour le souverain chef-lieu de Mons. 90; — touchant la permission de travailler les jours de dimanches. 576.
Délices des âmes dévotes. 755.
Description de l'assiette, maison et marquisat d'Havré. 89.
Description de l'indulgence accordée à la confrérie de S.t Pierre, à Mons. 969.
Description du jubilé centenaire de la sodalité sous le titre de la Visitation à Mons. 546.
Description du jubilé de la confrérie du S.t Esprit à Mons. 726.

Devoirs de la confrérie du Saint-Nom de Jésus. 628.
Devoirs des confrères du Saint-Scapulaire de N.-D. du Mont-Carmel. 509.
Dévotes pensées sur la naissance du petit-grand Jésus. 268.
Dévotion à la sainte Vierge honorée aux Capucines de Mons. 779.
Dévotion à la très sainte Vierge. 670.
— à S.t-Donat. 837.
— envers les âmes du purgatoire. 789.
Dialogi è selectis auctoribus excerpti. 414.
Dialogue familier entre Parthénophile et Philarète. 295.
Directorium ad ritè legendas horas canonicas. 604. 892. 1012. 1097. 1430.
Discours de l'évêque de Tournay prononcé à l'ouverture de l'église de S.te Waudru, à Mons. 1129.
Discours funèbre sur Charles Le Danois. 361.
Discours prononcé par le gouverneur du Hainaut, lors de l'installation des États provinciaux. 1172.
Discours sur l'histoire de N.-D. de Hal. 844.
Discours véritable des choses advenues au siège de Calais. 64.
Diverses lettres tant du duc d'Anjou que d'autres. 8.
Documents historiques sur la révolution belgique. 917. 919. 1004. 1006. 1047. 1049. 1066. 1079; — sur la première restauration du pouvoir autrichien en Belgique. 920, 1009, 1015, 1083; — sur la 2.me restauration. 921, 1015, 1018. 1092; — sur la 1.re invasion de la Belgique par les armées de la république française. 1014. 1053. 1070. 1091; — sur la 2.me invasion. 1019 1054. 1071. 1096. 1100; — sur les événements de la fin de l'empire français. 1166; — sur l'organisation du royaume des Pays-Bas. 1170; — sur la révolution belge de 1830. — 1351. 1385.
Dragon (le)- 1325. 1445.
Echo de Mons (l'). 1532. 1536.
Echo du Hainaut (l'). 1446.
Eclaircissement touchant la dévotion au cœur de Jésus-Christ. 752. 788. 1214. 1387.
Ecole du canonnier. 1455.
— à cheval. 1456.
Edict perpétuel ou traité et accord entre Don Jean d'Autriche et les Etats Généraux des P. B. 999.
Edits portant proscription des feuilles périodiques : *Le Courier du Bas-Rhin* et *le Courier politique et littéraire* ou *Courier de l'Europe*. 893. 910; — Idem sur l'admission dans les ordres religieux. 615; — Sur les biens et droits sequestrés. 364. 444; — Sur la chasse. 190; — Sur la désertion des gens de guerre. 57; — Sur les duels. 117; — Sur les homicides. 51; — Sur les monnaies. 52. 71. 77. 92. 94. 100. 374; — Sur la suppression de plusieurs couvents inutiles dans les P. B. 901; — Sur la taincture de toutes sortes de soyes. 95; — Sur les titres et marques d'honneur ou de noblesse. 596; — Sur les voleurs, etc. 101.
Elections d'Ath (les) et le curé de Moustiers. 1495.

Elegantiarum aldi manutii flores. 445.
Encyclopédie des enfans. 1138.
Enormité du péché mortel. 427.
Enquête contre Joseph de S. Genois. 1112.
Epître à Joseph II. 846.
Erotemata rhetorices. 20.
Errotika biblion. 886.
Esclarcissement de leurs altezes pour le maintenement des autoritez de leur grand bailly de Haynnau. 121.
Essai sur la manière de porter les divers appointements ou décrets. 912.
Essai sur l'usage, l'abus et les inconvénients de la torture. 855.
Etrenne de l'année M DCC X présentée aux congréganistes de la Visitation à Mons. 524.
Evaluations des monnaies. 588. 1323.
Eveil (l'), journal du Hainaut. 1467.
Evesque de cour (l'), 443.
Excellentissimo Leopoldo Carolo de Choiseul, archiepiscopo duci cameracensi. 775.
Exercice public de la religion catholique en France. 1143.
Exercice sur le mérite de la sphère et de la géographie. 853.
Explication des vérités de la religion chrétienne. 834.
Exposé de la situation de la province de Hainaut. 1180.
Exposition de la foi catholique touchant la grâce et la prédestination. 404.
Extensio Kalendarum. 579, 741, 1046.
Extrait de deux lettres escrites par Messire George de Lalaing. 12.

Extrait des tables de comparaison entre les mesures anciennes et celles qui les remplacent. 1110.
Faceliæ poeticæ. 335.
Fêtes Namuroises, ou les échasses. 739.
Feuille d'annonces de la ville de Mons. 1375
Feuille décadaire du département de Jemmapes. 1225.
Feuille de Mons et département de Jemmapes. 1150, 1367.
Feuille du département de Jemmapes. 1247.
Fleurettes de piété. 347.
Formulaires de prières. 748. 780
Formularum pharmaceuticarum codex. 1231.
Gazette de Mons (la). 1519.
Grammaire française à l'usage de l'hermitage de Wilhours. 735.
Grammaire françoise. 793. 826.
— à l'usage de l'hermitage de Cocar. 918. 1218.
Grand catéchisme pour servir de suite au petit. 1075.
Guerre de quatre jours dans la Belgique. (1815). 1259.
Hainaut (le). 1529.
Hannoniæ leges Anni M CC. 885.
Herodes ou l'ambition punie. 179.
Heures chrétiennes. 883. 975. 1366.
— de la sodalité. 575.
— de l'église romaine. 947.
— de N.-D. à l'usage de Rome. 529. 756. 884.
Heures de N.-D. selon l'usaige de l'église de Sainte-Waldru. 30.
Histoire abrégée de l'ancien testament. 745. 798. 828. 1215.
Histoire admirable de N.-D. de Tongre. 456. 559. 761. 1401.

Histoire de l'ancien Tobie et de son fils. 403.
Histoire de la sainte Face. 667.
— de N.-D. d'Alsemberghe. 669.
— de N.-D. de Messine. 674. 1382.
Histoire de N.-D. de Bon Vouloir. 209.
Histoire de N.-D. de Cambron. 568. 657.
Histoire de port royal. 540.
Histoire du nouveau testament. 787. 827. 1017. 1216.
Histoire du saint Sang du miracle. 58.
— et concorde des quatre évangélistes. 391.
Historiæ romanæ compendium. 951. 979.
Homologation de la convention au sujet de la juridiction sur les terres de débat. 676.
Hymne dévot à saint Fiacre. 1045.
Hypermnestre, tragédie. 764.
Idyle sur la mort de Marie-Thérèse. 869.
Inauguration des comtes de Hainaut. 1552.
Indulgence accordée à l'occasion du rétablissement de l'exercice public de la religion catholique en France. 1143.
Indulgence plénière accordée à la confrérie sous l'invocation de saint-Fiacre. 664.
Indulgences concédées par Grégoire XV. 225.
Institut des hermites du diocèse de Cambray. 533.
Institution de la cour réformée du pays & comté de Haynaut. 130, 814.
Instruction chrétienne pour les malades. 765.

Instruction contenant les devoirs des confrères du saint scapulaire de N. D. du Mont-Carmel. 1363.
Instruction de la jeunesse dans la piété chrétienne. 1074.
Instruction familière pour vivre chrétiennement. 656. 899.
Instruction nouvelle pour enseigner aux enfans à connoître le chiffre et à sommer avec les gets. 406. 425. 452. 528. 608. 712. 1220. 1358.
Instruction particulière du roi de Prusse aux officiers de son armée. 1067.
Instruction pour la première communion. 658. 802. 1217.
Instruction pour le fermier du droit sur le houblon. 141. 232.
Instruction pour le jubilé de l'année sainte. 592. 716. 832.
Instruction pour les confrères et les consœurs du très saint sacrement. 1368.
Instruction relative à l'exécution des lois sur les mines. 1127.
Instruction relative au droit de patente. 1254.
Instruction servante à la levée des impositions. 86.
Instruction sur le caractère des accidents auxquels les ouvriers mineurs sont exposés. 1165.
Instruction sur le moyen de préserver le froment de la carie. 1109.
Instructions chrétiennes pour les jeunes gens. 749. 835.
Instructions et pratiques pieuses à l'usage de la confrérie du très Saint-Sacrement. 786.
Instructions pour les tribunaux de justice établis aux Pays-Bas Autrichiens. 915.

Instructions sur les principales vérités de la religion, 1099.
Instructions touchant la juridiction volontaire. 913.
Introduction à la lecture. 1360.
Iphigénie conduite au sacrifice. 1421.
Joseph, tragédie. 968.
Journal de Mons. 1530.
Journal de la province de Hainaut. 1169.
Journal des choses arrivée, durant le siége de Valenciennes (1656). 352.
Journal du département de Jemmapes. 1160.
Journal mordant. 1412.
Journée chrétienne. 453.
Journée du chrétien. 945.
Jubilé de l'année sainte pour le diocèse de Cambray. 572. 716.
Justification de l'Oratoire de Braine-le-Comte. 502.
Latinæ grammatices. 796.
Lettre de Mgr. l'archevêque de Sens à M.r..., conseiller au parlement de Paris. 718.
Lettre de Mgr. de Malines aux religieuses supprimées. 957.
Lettre des archiducs rappelant la défense d'exporter aucune espèce de métal. 125.
Lettre d'un catholique de Mons. 1101.
Lettre d'un conseiller du parlement D*** à un conseiller du parlement de Paris. 719.
Lettre d'une chanoinesse de Lisbonne à Melcour. 816.
Lettre d'un habitant de Mons à un journaliste français. 1131.
Lettre d'un moine à un avocat. 941.
— pastorale de l'évêque de Tournay. 1144.

Lettre du pape VI à l'empereur Joseph II. 935.
Lettres d'agréation du traité d'Arras. 1001.
Lettres du prince de Parme aux bourguemaistres, etc de Bruxelles. 5.
Lettres patentes attribuant la juridiction supérieure au conseil de Hainaut sur celui de Tournay. 898.
Lettres patentes par lesquelles l'autorité que usurpent les quatre membres de Flandres est abolie. 13.
Lettres patentes sur l'exécution de la bulle portant suppression de l'ordre des Jésuites. 616.
Lettres théologiques et historiques. 638.
Liste des émigrés du département de Jemmapes. 1106.
Liste et déclaration des impôts au pays de Hainaut. 29. 54.
Livre des enfants. 1064.
Lois, chartes et coutumes du chef-lieu de la ville de Mons. 69. 107. 206. 336. 382. 449. 454. 488. 555. 543. 606. 631. 791.
Lois, chartes et coutumes du pays et comté de Hainaut. 66. 104. 407. 485. 813. 829. 902 à 905. 1305.
Lois, chartes et coutumes du village de Wodecque. 599.
Lois concernant les mines. 1159.
Lyre maçonne. 783.
Magie des artistes (la). 953.
Maître Pierre ou le savant de village. 1348.
Mandement de l'évêque de Soissons. 1090.
Mandement pour la paix rendue à l'église. 1056.

Mandement pour le jubilé de l'année sainte. 833.
Manuel à l'usage des confréries. 781, 805, 978.
Marie-Thérèse à son fils Joseph II. 940.
Martyr de saint Agapit. 980.
Mémoire au sujet d'une communication à ouvrir entre le canal de Mons à Condé et l'Escaut. 1190.
Mémoire concernant l'hôpital royal de Mons, 551.
Mémoire justificatif du chevalier Desmacq. 738.
Mémoire justificatif pour Maximilien Plissart. 1388.
Mémoire particulier pour la Compagnie des Produits. 1235.
Mémoire pour dame Florence Delanghe veuve du comte de la Bucquière. 641.
Mémoire pour Henri Mather. 1402.
— pour la dame Merlin veuve Cordier. 1289.
Mémoire pour les pauvres sœurs du Béguinage de Mons. 663.
Mémoire pour Philippe de Wintre de Marpent contre Lamoral de Latre du Bosqueau. 642.
Mémoire présenté par la régence de Mons relativement à l'administration des établissements de charité. 1296.
Mémoire sur la direction à suivre pour la jonction du canal de Mons avec l'Escaut. 1377.
Mémoire sur la jonction du canal de Mons avec l'Escaut par la Dendre. 1189.
Mémoire sur la nécessité d'un canal de jonction du canal de Mons à Condé avec l'Escaut. 1178.

Mémoire sur l'avantage du mode d'exploitation suivi par les charbonniers du Flénu. 1239.
Mémoire sur les houillères. 1263.
Mémorial du département de Jemmapes. 1151.
Mentor des enfants et des adolescents. 1339.
Mercure surveillant (le), 1288.
Méthode facile pour faire la méditation. 717.
Méthode pour la première communion. 889.
Miracles advenus en l'abbaye de Cambron. 124.
Mise en vente de parties du domaine de Mons. 358.
Modérateur (le), 1475.
Modus infirmis ministrandi sacramenta Eucharistiæ. 648. 766. 1155.
Montibus, in collegio Hodano, habita ratione locorum anni 1784. — 984.
Mort d'un Dominicain à Mons. 1548.
Nécrologie de M. Emmanuel-Joachim-Joseph Claus, 1513.
Nemesis carolina. 416.
Neuvaine à l'honneur du Sacré cœur de Jésus. 838.
Nobiliaire des Pays-Bas. 856.
Nobilibus urbis Montanæ magistratibus recens electis. 681.
Nobilibus urbis Montanæ senatoribus in felici revolutione electis. 1008.
Nobilibus urbis Montanæ senatoribus pro merito secundo continuatis. 987.
Nomenclature des harnais. 1457.
Note de la régence de Mons en faveur du canal destiné à joindre la Sambre à l'Escaut. 1468.

Note sur la navigation de la Haine. 1167.
Notice nécrologique sur M. Léopold-Lambert Doutremer, 1512.
Notice sur les paroisses de la ville de Mons, 1545.
Nouveau double jardin d'amour. 1460.
Nouveau formulaire de prières. 768.
Nouveau Nabuchodonosor ou Raynal parmi les quadrupèdes. 944.
Nouveau petit dictionnaire avec des entretiens en français et en flamand. 879.
Nouveau recueil de cantiques spirituels et de poésies morales. 1007.
Nouveau testament. 390. 521. 531.
Nouveau traité de la civilité. 592.
Nouvelle cacographie. 1322.
— évaluation des monnaies. 1324.
Nouvelle grammaire et dialogue françois-flamands. 1073.
Observations de la société des 20 actions. 1242.
Observations sur l'écrit intitulé : Mémoire au Roi par les propriétaires des chauffours de Tournay. 1306.
Observations sur un écrit intitulé : Extrait du registre aux procès-verbaux du conseil de régence de la ville de Mons. 1464.
Obstination punie (l'). 369.
Ode sur la prise de Paris. 1404.
Œuvre du Bon Pasteur. Fondation de Mons, 1483.
Office de la vierge Marie. 511. 538.
Officia propria ecclesiæ cathedralis Tornacensis. 1146.
Officia propria ecclesiæ S. Waldetrudis. 508. 893.

Officia propria sanctorum. 201.
Officium confraternitatis de doctrinâ christianâ. 776.
Oraison à N.-D. de Bon-Secours. 730.
Oraison de N.-D. du Rosaire 262.
Oraison funèbre de M. de Turenne. 1221.
Ordonnances concernant : l'administration de la justice, 116 ; — l'administration de la ville de Mons, 688 ; — l'admission à la chambre de la noblesse des Etats du Hainaut, 696 ; — les bandes d'ordonnances, 118 ; — les biens des ci-devant jésuites, 617 ; — les colléges et autres écoles, 611 ; — le commerce des grains, 36 ; — la confiscation des biens appartenant aux sujets du roi de France, 363 ; — la convention des limites, 613 ; — la culture des terres, 602 ; — le droit de péage, 139 ; — l'entérinement des lettres de noblesse, 478 ; — l'exercice de la pharmacie à Mons, 679 ; — l'exportation des houblons, 142 ; — les gardes à monter par les bourgeois de Mons, 637 ; — les gens de guerre, 120, 130, 371 ; — les honoraires des notaires, 476 ; — l'interprétation des chartes échevinales, 68, 106 ; — la location des maisons à Mons, 477 ; — la maltote des vins, 165, 329 ; — les matières fiscales, 85 ; — la mendicité, 134 ; — les monnaies, 97, 110, 128, 473, 590 ; — l'obéissance aux commandements de l'église catholique, 129 ; — l'obligation imposée aux parents d'instruire leurs enfants dans la religion catholique et de leur faire apprendre un état, 986 ; — la

police des funérailles, 467 ; — la police des livres, 487, 612, 620 ; — les prétentions à charge de la société supprimée des Jésuites, 890 ; — les prêts d'argent au régiment de Teutschmeister, en garnison à Mons, 706 ; — la reconstruction des maisons, 513, 609 ; — le recouvrement des impôts, 708 ; — une remise de fusils, 621 ; — la résidence des juifs à Mons, 687 ; — les réunions nocturnes, 483, 630 ; — le salaire des ouvriers, 44, 93 ; — le service militaire à l'étranger, 131, 144 ; — la sorcellerie, 91 ; — le trafic du sel de brovage, 136 ; — les voleurs, etc., 133.

Ordo officii divini recitandi, 1016.

Origine de l'église et du pèlerinage de S.ᵗ Antoine en Barbefosse, 556.

Ornatissimo Carolo Verdbois, 973.

Palmier céleste, 839, 1072.

Paraphrase de la prose *Dies iræ*, 1399.

Paraphrasis psalmorum Davidis elegiaca, 284.

Particulæ gallico-latinæ, 451.

Parvus catechismus, 496.

Pastorale dédiée à M.ᵉˡˡᵉ de Zomberg, 506.

Pensées et affections dévotes, 771.
— et pratiques de piété, 297.

Per illustri domino Francisco de Secus primo Lovanii Montes redeunti, 701.

Petites affiches du Hainaut, 1533.

Petit formulaire de prières, 660, 801, 882, 948.

Pétition contre l'établissement d'un impôt sur les houilles, 1265.

Pétition de la chambre de commerce de Mons aux Etats du Hainaut, 1284.

Petit office de la providence, 1369.

Petit office de S.ᵗ Marcoul, 743.

Petit paroissien romain, 840, 946.

Placarts concernant : l'acquisition des biens immeubles par les gens de main-morte, 594 ; — la chasse, 123, 143, 357, 368, 598 ; — le commerce des vins de France, 119, 191 ; — la conservation de divers droits (impôts) des Etats du pais de Hainau, 472 ; — le droit sur les alluns, 96 ; — l'exécution des decrets de la synode de Cambray, 40 ; — les filatiers et marchands de laines, etc., 126, 293, 680 ; — la généralité des mestiers, 43 ; — les gens de guerre, 15, 113 ; — les grains, 65, 169, 185 ; — le houblon, 157 ; — l'importation des soyes crues, ouvrées ou teintes, 135 ; — l'interdiction de porter des petites pistoles (pistolets), 127 ; — la mendicité, 168 ; — les monnaies, 14, 74, 88, 98, 103, 114, 122, 132 ; — le respect dû à la foi catholique, 115 ; — les salaires et le prix des denrées, 49.

Plan de réforme concernant le nouvel impot de 1785, 965.

Plan pour un échange des Pays-Bas autrichiens, 966.

Poème dédié au révérend Don Augustin Leto, abbé de S.ᵗ Ghislain, 956.

Pointz et articles advisez par les eschevins de Mons pour l'advanchement et l'abréviation de la justice, 50.

Pointz et articles conceuz tant par renforchement de la court à Mons que par les trois membres des Estatz de ce pays de Haynnau, 73, 159.

Pointz et articles des charges proposées contre Guillaume de Hornes, 9.

Pointz et articles soubz lesquelz les magistratz de Gand se sont réconciliez à S. M. 33.

Pratique de piété à l'usage des fidèles de Sainte Waudru, 1,364.

Pratique pieuse quand on porte le S.t Sacrement aux malades, 562.

Pratiques de piété pour honorer le très S.t Sacrement de l'Eucharistie, 729.

Preparatio et gratiarum actio missæ sacrificii, 484.

Prières publiques pour l'heureux succès de la guerre d'Angleterre, 1137.

Principes de la langue françoise, 1232.

Privilége acordé à Jean-Baptiste Van Lemens de fabriquer des voires de cristal, 184.

Privilége accordé à Thomas Gramay, de cultiver 400,000 *plançons de meûriers blancs*, afin de faciliter l'élève des vers à soie dans les Pays-Bas, 99.

Priviléges et indulgences de la confrérie de S.t Donat, 721.

Projet de règlement des Etats du Hainaut, 1173.

Projet de règlement pour l'administration des campagnes, 1176.

Projet de règlement pour l'amélioration de la race des chevaux dans le Hainaut, 1210.

Projet de règlement pour les chemins vicinaux et les courans d'eau du Hainaut, 1192.

Publication du rapport fait au sénat au sujet de la guerre déclarée à l'Autriche, 1156.

Publication pour les coupes de bois, 1302.

Question des houilles. Observations adressées par la chambre de commerce de Mons, 1474.

Question d'importance si les danses sont défendues aux chrétiens ? 499.

Rapport de la section d'agriculture, aux Etats du Hainaut, 1177.

Rapport du collège sur les projets de canaux, 1283.

Rapport du gouverneur du Hainaut, à l'ouverture des Etats, 1326.

Rapport fait au nom de la section des travaux publics, 1195.

Rapport sur la nécessité des mesures réglementaires en matière de contributions indirectes, 1426.

Réclamation sur le retard apporté à l'adjudication du canal de l'Espierre, 1479.

Recueil alphabétique des pronostics dangereux et mortels, 763.

Recueil authentique d'indulgences, 1121.

Recueil complet d'ariettes, 852.

— d'énigmes, charades, logogriphes, 1411.

Recueil de placards, décrets, édits, ordonnances, règlements, etc., 916.

Recueil de plusieurs placarts fort utiles au pays de Haynaut, 337, 383, 459.

Recueil des actes administratifs du Hainaut, 1187.

Recueil des arrêtés du directoire exécutif, 1118.

Recueil des lettres adresséés à la mère prieure des Carmélites de Mons, 958.
Recueil des livres qui se trouvent chez la veuve Carion-Bocquet, 1400.
Recueil des lois sur les mines, 1206.
— des ordonnances de la régence de Mons, 1380.
Recueil des pièces qui ont paru à la louange de Joseph II, 934.
Recueil des pièces qui ont paru concernant la mort de Marie-Thérèse, 867.
Recueil d'exemples de rhétorique françoise, 971.
Recueil historique des bulles, 402, 550.
Réflexions au sujet de la succession à la monarchie d'Espagne, 520.
Réflexions sur la lettre d'un moine à un avocat, 943.
Réflexions sur les points principaux de la morale chrétienne, 770.
Règle du tiers-ordre de S.t François, 1390.
Règlement concernant : l'académie des arts à Mons, 1292; — l'administration de la ville de Mons, 693, 1314; — l'administration de la ville de Braine-le-Comte, 784; — l'administration de la ville de Lessinnes, 734 : — l'administration du plat pays de la province de Hainaut, 1209, — l'admission aux Etats de Hainau, 704; — la chaussée de Mons à Bruxelles, 475; — la composition de la régence de Mons, 1295; — le conseil souverain en Hainau, 480; — le corps équestre de la province de Hainaut, 1181, 1199; — la discipline militaire, 55, 56, 283, 290, — l'établissement des écoles gratuites pour l'art d'accouchements, 894; — le fait de la garde, 344, 350, 637; — la fondation de la Houssière, 519; — la formation des Etats du Hainaut, 1179, 1203, 1208; — le franc poids de la ville de Mons, 694; — les huissiers de la cour souveraine à Mons, 583; — l'impôt de la bière en Hainaut, 370; — la levée de nouveaux impôts dans la ville de Mons, 460; — la levée des droits dans l'étendue de la province de Hainaut, 462; — les meusniers de la ville de Mons, 328 : — le mode d'après lequel les Etats du Hainaut exercent leur pouvoir, 1175; — l'office de la dépositairie générale de la province de Haynau, 470; — le paiement des rentes sur l'impôt de Flandres, 112; — le papier scelé, 432; — le pensionnat de l'école centrale du département de Jemmapes, 1224; — les pensions des employés des hospices de Mons, 1432; — la place de Maire de la ville de Mons, 705; — la police des édifices à front de rue dans la ville de Mons, 695; — la police des incendies, 699; — la police des marchés, 291, 378, 381, 587; — la procédure civile pour les P.-B. autrichiens, 914; — la réparation et l'entretien des chemins vicinaux de la province de Hainaut, 1197, 1202, 1207; — la société de l'amitié, 1245; — la société du concert de la ville de Mons, 1152; — la société des concerts et des redoutes de la ville de Mons, 1473; — la société phil-

harmonique de l'Union, 1310 ; — la société des tireurs à l'arc de la ville de Mons, 1145.
Règlement de vie après la première communion, 1485.
Règlement donné à ceux de Soignies, 605.
Règlement d'ordre et de police intérieur pour le collége et pensionnat de la ville de Mons, 1280.
Règlement pour la petite congrégation sous l'invocation de S.t François de Salles, 686.
Règlemens et exercices spirituels pour la congrégation de l'Oratoire, 753.
Règles de la bienséance civile et chrétienne, 825.
Règles de l'archiconfrérie du très saint sacrement, 668.
Règles de la confrérie de l'ange gardien, 659.
Règles de la confrérie de N.-D de Bon-Secours, 645, 713.
Règles de la confrérie de N.-D. de Tongre, 430, 573, 774.
Règles de la confrérie de S.t Hilaire, 1043.
Règles de la confrérie de S.t Jean décolé, dite de la Miséricorde, 627, 722, 1386.
Règles de la congrégation de la S.te Vierge, 72, 626.
Regrets et lamentations par madame de Guyse, 46.
Regula sanctissimi patris Benedicti, 137.
Relation de la bataille de Lansfeld, 710.
Relation de l'inauguration de Joseph II, en qualité de comte de Hainau, 875.

Relation du voyage mystérieux de l'isle de la Vertu à Oronte, 542
Relation de la grande victoire remportée par le prince Eugène sur les Turcs, 548.
Remarques sur le système gallican, 1135.
Renart découvert (le), 1.
Réponse à la lettre d'un moine à un avocat, 942.
Réponse à quelques objections concernant la concession du canal de Mons à la Sambre, 1593.
Réponse au mémoire sur les projets de jonction de la Haine à la mer du Nord, 1461.
Resquette présentée par les pasteurs de la province d'Haynau pour obtenir la confirmation de leurs priviléges, 569.
Résumé pour les charbonniers du Flénu, 1241.
Retour de la concorde aux Pays-Bas, 2.
Reverendissimo domino D. Gerardo Gerard, 972.
Revue (la), journal de la province de Hainaut, 1463.
Rudiments des langues latine et françoise. 772.
Sacra viconia seu historica relatio de ejusdem reliquiis. 272.
Sacré bouquet de la Vierge Marie. 298.
Sainte confrérie de N. D. Auxiliatrice. 797.
Sainte face, confrérie érigée en l'église de S. Vincent, à Soignies. 640.
Sainte famille, confrérie érigée en l'église de S.te Elisabeth à Mons. 639.

Sainteté (la) triomphante de S. Gertrude. 385.
Sentence rendue par le roi en matière de jurisdiction. 189. 210. 362. 471.
Serenissimo Maximiliano, Montes Hannoniæ invisenti. 504.
Serments prêtés par Joseph II, lors de son inauguration en qualité de comte de Hainaut. 1003.
Société d'encouragement pour l'agriculture du département de Jemmapes. 1057.
Société d'encouragement pour l'instruction élémentaire, 1346, 1347.
Société de S. Vincent de Paul. 1544.
Société d'horticulture de la ville de Mons. 1345, 1488.
Sommaire de la doctrine chrétienne. 429. 652. 747.
Sommaire des grâces et indulgences de la confrérie du Saint Sacrement de l'autel. 624.
Souvenirs de S.te Hélène, 1405.
Stances au sujet de l'inauguration de Joseph II. 931.
Statuts et reglement de l'académie de musique de la ville de Mons. 1162.
Stile et manière de procéder par devant le conseil souverain en Hainaut. 573, 614.
Supplément à l'apologie du thé. 683.
Synodus diœcesana Cameracensis, 85. 438. 1550.
Tableau de comparaison entre les mesures anciennes du département de Jemmapes et celles qui les remplacent. 1228.
Tarif décimal. 1161.
— des droits d'enregistrement à percevoir sur les baux à ferme ou à loyer. 1490.

Tarif des frais et dépens pour la poursuite des procès 1153.
Théophile, tragédie. 697
Theses theologicæ de incarnationis mysterio. 577.
Tracé de la tenue extraordinaire de la R.·. ☐ ·. de la Concorde, à l'Or.·. de Mons. 1322. 1307,
Tracé de la tenue extraordinaire de la R.·. ☐ ·. de la Concorde, à l'O.·. de Mons, à l'occasion de la visite du prince héréditaire des Pays-Bas. 1285.
Tracé de la tenue extraordinaire de la R.·. ☐ ·. de la Concorde, à l'Or.·. de Mons, au sujet de la fête des FF.·. Nickmilder et Em. Duval. 1301.
Tracé de la tenue extraordinaire de la R.·. ☐ ·. de la Concorde, à l'Or.·. de Mons, ayant pour objet la pompe funèbre du T.·. Ill.·. F.·. du Pré. 1340.
Traité conclu à Arras. 1000.
— d'arithmétique. 1212.
— d'assurance entre des marchands de charbon de terre des bords de la Haine. 1371.
Traité de la paix de Presbourg. 1149.
— de paix conclu à Nimègue. 367.
Traité dit la pacification de Gand. 997.
Traité de la paix de Ryswick. 464. 497.
Traité fait en exécution de celui de Ryswick. 469.
Traité général des maladies des bêtes. 631.
Transports de joie au sujet du retour du corps de S.te Aldegonde, à Maubeuge. 356.
Trêve de vingt-quatre ans. 549.

Troisième lettre d'un catholique de Mons. 1103.
Utilité de la confrérie de S.ᵗ Hiacinthe et de S.ᵗ Charles Boromée. 557.
Véritable récit du voyage de l'empereur aux P. B. 926.
Vie de la très Sainte Vierge Marie. 1048.

Vie de S.ᵗ Lambert, 1550.
— du glorieux saint Fiacre. 560.
— pure et sainte. 507.
Votum pro primogenito Belgarum principis hæreditarii filio. 1267.
Vraye relation de ce que le prince de Parme fait proposer aux Etats des provinces réconciliées 23.
Xercès, tragédie. 689.

TABLE DES MATIÈRES.

	PAGES.
Préface	I

INTRODUCTION.

§ I.er Essai sur l'histoire littéraire de la ville de Mons	1
§ II. De l'établissement de l'imprimerie à Mons	36
§ III. Esquisse historique sur la police des livres et sur la législation de la presse, en Belgique	50
§ IV. Sommaire chronologique des édits et règlements concernant la police des livres en Belgique et notamment à Mons, depuis le règne de Charles-Quint jusqu'à nos jours	71
Règne de Charles-Quint	72
Domination espagnole	77
Domination autrichienne	92
Gouvernement français	105
Gouvernement des Pays-Bas	115
Gouvernement Belge	120

ANNALES DE L'IMPRIMERIE A MONS.   PAGES.

Rutger Velpius 127
Charles Michel 155
Lucas Rivius 199
Adamus Gallus 206
Lucas Rivius, (la veuve) 207
Charles Blaise 208
François de Waudret 209
Claude Henon 247
Jean Havart 249
Jean Lebrun 282
François de Waudret, fils 284
Jean Bellère 295
François Stiévenart 296
Erneste de la Bruyère 300
Philippe de Waudret 302
Jean Havart, (la veuve) 308
Mathieu Longone 312
Gilles-Ursmer Havart 313
Jean Havart, (les héritiers) 319
Siméon de la Roche 321
Gaspard Migeot 325
Siméon de la Roche, (la veuve) 339
De Waudret, (la veuve) 351
Hugues Bilanges 352
Paul de la Flèche 353
Lenoir 354
Erneste de la Roche 355
Gilles-Albert Havart 361
Jacques Grégoire 369

Laurent Preud'Homme	375
Pierre Lagrange	383
Gaspard Migeot, (la veuve)	384
Gaspard Migeot, fils	388
Laurent Preud'homme, (la veuve)	394
Jacques Havart	396
Jean-Nicolas Varret et la veuve Laurent Preud'homme	398
Jean-Nicolas Varret, (seul)	401
Mathieu Wilmet	408
Jean-Nicolas Varret, (la veuve)	423
Jean-Baptiste et Michel Varret	424
Michel Varret, (seul)	425
Jean-Baptiste-Joseph Varret (seul)	432
Léopold-Joseph Varret	445
Pierre-Jean-Joseph Plon	455
Henri Bottin	465
François-Joseph Martin	483
Henri-Joseph Hoyois	484
Marie-Joseph Wilmet	512
Charles-Joseph Beugnies	526
Amand de Boubers	537
Henri Bottin, (la veuve)	538
Nicolas-Joseph Bocquet	542
Ernest-Antoine-Joseph Jevenois	586
Auguste-Joseph Lelong	595
Antoine-Melchior Monjot	609
Henri-Joseph Hoyois, fils	657
Auguste-Joseph Lelong, (la veuve)	688
Nicolas-Joseph Capront	699
Carion-Bocquet, (la veuve)	702

	PAGES.
Philippe-Joseph Tahon	703
Tahon, (la veuve)	704
Victor et Charles Delecourt	706
Piérart y Peralta	708
Lemaire-De Puydt	710
Felix-Auguste-Joseph Jevenois, fils.	713
Adolphe Piérart	715
Louis-François Moureaux et C.ie	730
Adolphe-Charles-Ghislain Mathieu	733
Jacques-Joseph Sautié	734
Louis-Benjamin Peilleux	735
Auguste-Joseph-Antoine Bourdon	736
La veuve Asmon et Philippe-Joseph Asmon, son fils.	737
Léopold-Ferdinand Manet	739
Henri Chevalier	742
Liste des imprimeurs de Mons en 1858.	743
Table alphabétique des auteurs dont les ouvrages sont cités dans la Bibliographie montoise	745
Table alphabétique des ouvrages sans noms d'auteurs, décrits dans la Bibliographie montoise	751

ERRATA.

Page 2, 2.e alinéa, 11.e ligne, au lieu de : *chœfs-d'œuvre*, il faut : *chefs-d'œuvre*.

Page 14, 4.e ligne, *hâche*, il faut : *hache*.
— 23.e — *l'Ascencion*, il faut : *l'Ascension*.

Page 23, à la note, *Ch. Delcourt*, il faut : *Ch. Delecourt*.
— 33. Cette page aurait dû être chiffrée 25.
— 35, 2.e alinéa, 8.e ligne, *hésité d'élever*, il faut : *hésité à élever*.
— 45, à la note, 3.e — il faut supprimer le mot *aussi*.
— 48, 3.e alinéa, 5.e — 27 ans, il faut : 25 ans.
— 48, 3.e — 6.e — 1597, il faut : 1605.
— 48, 3.e — 10.e — 1607, il faut : 1605.
— 52, 2.e — 2.e — *suivent*, il faut : *suivit*.
— 57, 5.e — 1.re et 2.e lignes, *nos lecteurs*, il faut : *du lecteur*.
— 57, à la note, *registre aux placards*, il faut : *recueil des placards*.
— 59, — 1.re ligne, *recueil*, il faut : *liasse*.
— 91, 15.e ligne, *et dans d'autres ouvrages*, il faut : *et d'autres ouvrages*.
— 156, dernier alinéa, 2.e ligne, *Douai*, il faut : *Cambray*.
— 179, n.º 89, à la note, 2.e alinéa, *à la bataille de Fontenoi*, il faut : *envoyée, en 1602, au secours d'Ostende assiégée*.

Page 187, n.º 111, à la note, 2.e alinéa, *né à Valenciennes*, il faut : *à Mons*, et, *de cette ville*, il faut : *Douai*.

Page 218, à la note, 2.e alinéa, 1.re ligne, *vers 1550*, il faut : *en 1592*.
— 233, 14.e ligne, *166-69 pp.*, il faut : *166-84 pp*.
— 234, 13.e — après les mots *contubernalem suum*, il faut ajouter *è vivis, inter Angelos translatum*.

Page 310, 15.e ligne, 1665, il faut : 1655.
— 388, 5.e — 1747, il faut : 1749.
— 465, 7.e — 1747, il faut : 1749.
— 666, les n.ºs 1,258 et 1,259 auraient dû venir après le n.º 1,253.
— 678, le n.º 1,309 aurait dû venir après le n.º 1,311.
— 706, 2.e ligne, 1818-1823, il faut : 1818-1821.

www.ingramcontent.com/pod-product-compliance
Lightning Source LLC
Chambersburg PA
CBHW052035290426
44111CB00011B/1516